儒家文明论坛

（第二期） 上

儒家文明协同创新中心 编

主 编 颜炳罡
副主编 徐庆文 蔡祥元

山东人民出版社
国家一级出版社 全国百佳图书出版单位

图书在版编目（CIP）数据

儒家文明论坛 . 第二期/颜炳罡主编 . —济南：

山东人民出版社，2016.11

ISBN 978 - 7 - 209 - 09685 - 0

Ⅰ.①儒… Ⅱ.①颜… Ⅲ.①儒家—文集
Ⅳ.①B222.05 - 53

中国版本图书馆 CIP 数据核字（2016）第 116038 号

儒家文明论坛（第二期）

颜炳罡　主编

主管部门　山东出版传媒股份有限公司

出版发行　山东人民出版社

社　　址　济南市胜利大街39号

邮　　编　250001

电　　话　总编室（0531）82098914

　　　　　市场部（0531）82098027

网　　址　http：//www. sd - book. com. cn

印　　装　青岛国彩印刷有限公司

经　　销　新华书店

规　　格　16开（184mm×250mm）

印　　张　36.5

字　　数　700千字

版　　次　2016年10月第1版

印　　次　2016年10月第1次

印　　数　1—1000

ISBN 978 - 7 - 209 - 09685 - 0

定　　价　76.00元（全两册）

如有印装质量问题，请与出版社总编室联系调换。

《儒家文明论坛》 第二期

编辑说明

　　由国际历史学会(ICHS)主办、中国史学会和山东大学承办的第22届国际历史科学大会,于2015年8月23日至29日在济南举行。作为第22届国际历史科学大会的济宁卫星会议——儒家文明与当代世界,由儒家文明协同创新中心主办,于2015年8月27日在儒家文明的圣地曲阜举行。山东是伟大思想家、教育家孔子的故乡,是儒家学派的诞生地,至今仍有保存完好的、享誉全球的作为儒家文明载体的世界文化遗产:孔庙、孔府、孔林。有鉴于此,第22届国际历史科学大会特设"儒家文明与当代世界"济宁卫星会议。邀请海内外在儒家文明领域造诣精深的学者发表学术演讲。本次会议重点研讨了儒家文明的历史、儒家文明与当代世界、儒家文明的未来发展等问题,具有较强的时代性与前瞻性。本文集即是这次会议的论文集。参加会议的学者中,有的学者没有提供论文,有的学者的论文已经在其他地方发表,有的学者不同意收录于此文集中,我们均尊重作者意见,没有收录。

儒家文明协同创新中心

2015年9月5日

目 录
CONTENTS

壹 儒家文明的历史考察

贰　儒家文明与当代世界

叁　儒家文明的未来发展

壹 儒家文明的历史考察

儒家文化的历史生成

陈　炎　山东大学

摘　要　出于治理黄河的需要，华夏先民们在没有铁质农具，从而私有财产并不发达的情况下，借助氏族社会的血缘关系，以部落联盟的形式建立了早期的国家政权。尽管夏朝废除了早期氏族社会以推举、禅让来延续权力的民主制度，形成了以血缘因袭王位的世袭制度，但其内部的权力继承制度尚不稳固，其血缘关系也很难渗透到十一支姒姓氏族以外的部落群体。继之而起的商朝将游动不拘的部落联盟演变为相对稳定的方国联盟，从而加强了地域—血缘的稳定联系，并用制度化的血缘继承关系改变了夏代"有王与无王"的混乱局面。但商朝诸方国之间的血缘关系仍然是外在的，其内部的权力继承尚存在"兄终弟及"和"父死子继"的两种形式。以周公为代表的西周统治者在充分吸取夏、商两代经验教训的基础上，创立了以嫡长子继承制为核心的宗法制度，并通过分封诸侯的形式使王室的血缘关系渗透到整个国家的势力范围，再通过"制礼作乐"来维护和巩固这种"家国一体"的社会形态。正是在这样的历史背景下，从亲子血缘关系出发，以"爱有差等"来论证"礼有别异"的儒学诞生了。

关键词　血缘　国家　宗法　礼乐　儒家　文化

中华文明的主干是儒家，儒家文化的基础是家族。家族作为一个血缘单位，在迄今为止的任何文明社会中都是一个不可或缺的研究对象。然而研究结果却告诉我们，在不同的文化环境下，家族的社会地位是不尽相同的，其所承载的社会功能也并不一样。伏尔泰就曾指出，中国"是唯一把一切都建立在父权基础上的国家"[①]；黑格尔也认为，"中国纯粹建筑在这一种道德的结合上，国家的特性便是客观的'家庭孝敬'"。[②] 随着西方学者对中国认识的逐渐深入，这种观点也得到了进一步深化，如恩格斯的"家内奴

---

① ［法］伏尔泰著：《哲学辞典》，王燕生译，商务印书馆 2009 年版，第 340 页。
② ［德］黑格尔著：《历史哲学》，王造时译，上海书店出版社 2001 年版，第 122 页。

隶制”理论、韦伯的“父系家长制”理论、许烺光的“二次集团选择”理论，都深刻地论述了中国家族社会的特点。从这一意义上讲，家族血缘关系不仅是中华民族的核心要素，也是我们区别于其他文化的标志性特征。“家族是中国文化的基本单位，也是中国文化的微缩景观。毫不夸张地说，谁若理解了中国的家族血缘关系，谁就掌握了打开中国文化之门的钥匙。”①

然而，尽管中外学者对此问题多有分析，且已基本达成共识，但这些分析大多是从静态的社会现象入手的，这些共识也主要是基于中国文化的宏观特征。因此，要对中国古代家族与社会关系有着更加深入地理解，我们的研究有必要从静态转向动态，由宏观转向微观：去详细地梳理这一文化现象生成的历史，去认真地考察这一文化现象与社会结构之间的关系。

一

谈到人类不同文化的起源问题，人们常常会引用雅斯贝尔斯在《历史的起源与目标》一书中所提到的“轴心时代”的观点，即将希腊文化、犹太文化、印度文化、儒家文化的形成归结为公元前 5 世纪前后所出现的那些著名的思想家。然而细想起来，“轴心时代”的概念是相当粗疏的，且不说雅斯贝尔斯将以婆罗门教为主体的印度文化归结为释迦牟尼的做法已犯了常识性的错误，而且他将某种文化归结为某几个思想家的做法也难免有些简单化的嫌疑。其实这种观点也并不新鲜，我们宋代的古人不就有过“天不生仲尼而万古如长夜”的慨叹吗？然而慨叹归慨叹，研究归研究。我们的研究不仅要准确地判定作为思想家的孔子对儒家文化所做出的实际贡献，而且要深入地说明，为什么偏偏在华夏文明的土地上会出现孔子这样的思想家。

无论东方还是西方，随着地下考古资料的发现，人们逐渐认识到，人类各文化板块形成的历史较之所谓“轴心时代”更为久远。也就是说，在雅斯贝尔斯所称颂的那些人物诞生之前，世界各主要文化区域就已经形成了相对完备且各具特性的文化制度。正如吕思勉所言：“先秦诸子之学，非至晚周之世，乃突焉兴起者也。其中前此，旁薄郁积，蓄之者既已久矣。”② 因此，要寻找儒家文化生成的动因，我们需要越过孔子而上溯三代，在夏、商、周的历史中寻找文化的秘密。

中国古代的历史年表始自夏代，但夏代是什么样子，其实我们并不十分清楚。因为夏代没有文字，还不是严格意义上的信史。根据文献传说和出土文物，历史学家一般认为，夏朝大约存在于公元前 21 世纪至公元前 16 世纪之间，是一个有着多个部落联盟或

---

① 陈炎：《多维视野中的儒家文化》，山东教育出版社 2006 年版，第 35 页。
② 吕思勉：《先秦学术概论》，中国大百科全书出版社 1985 年版，第 4 页。

复杂酋邦制度的国家。它的核心区域西起河南省西部、山西省南部，东至河南省、山东省和河北省三省交界处，属于黄河中游地区。考古学上的河南二里头文化被视为夏代遗存的重要标志，这一区域的出土文物中有一定数量的青铜和玉制的礼器，属于早期青铜时代。① 这一时期夏后氏的中央王室与十一支姒姓部落之间有着血缘上、政治上、经济上的多重关系。

马克思曾经指出："有粗野的儿童，有早熟的儿童。古代民族中有许多是属于这一类的。希腊人是正常的儿童。"② 从"生产力决定生产关系"的角度上看，与希腊文明这一"正常的儿童"相比，华夏文明只能算是"早熟的儿童"。因为早在公元前 11 世纪至公元前 8 世纪的"荷马时代"，西方人已经发明了铁器。而我国的夏、商和西周时代，非但没有铁制的生产工具，就连青铜的冶炼也主要用于礼器和兵器的制造。正像张光直所指出的那样，我国"在青铜时代开始之前与之后的主要农具都是耒耜、石锄和石镰。没有任何资料表示那社会上的变化是从技术上引起来的"③。既然没有生产技术的历史性突变，作为社会生活的巨大变化，早期的国家制度又是怎样出现的呢？这大概与我们的祖先所处的自然环境有关。

英国学者汤因比在《历史研究》中曾经提出过"挑战与应战"的著名观点。按照这一观点，任何一种文化的形成和发展，都是对于"挑战"的"应战"。所谓"挑战"，就是外在的自然环境和社会环境向人们提出了一些不容回避的历史课题；而所谓"应战"，就是人们在这些课题的要求下调动主观能动性而产生的文化对策。因此，每一次"应战"的成功，都会导致一种文化模式的出现或变革；而每一次"应战"的失败，都会导致一种文化模式的衰亡或破产。我们知道，今天的巴尔干半岛只有五分之一的土地适于农业生产。要在这片贫瘠的土地上拓荒耕作，希腊人就必须发明坚硬的铁质农具；而为了在较少的土地上养活较多的人口，希腊人就必须去漂洋过海，从事远洋贸易。一方面，生产力的发展催生了私有财产；另一方面，远洋贸易的活动又破坏了血缘关系。于是，当原有的氏族血缘关系瓦解后，为了约束自由民的肉体行为，希腊人不得不在坚硬的海岛上建立起以法律为基础的国家政权；而为了凝聚自由民的精神寄托，希腊人又不得不在虚幻的奥林波斯山上建立起超越血缘的神学体系。于是，作为对自然"挑战"的社会"应战"，希腊文明诞生了。

与希腊文明不同，生活在黄河流域的先民们既不需要发明坚硬的铁制农具去耕耘贫瘠的土地，也不需要为了远洋贸易去进行海外移民。作为华夏文明的发祥地，黄河流域

---

① 中国社会科学院考古研究所编著：《中国考古学·夏商卷》第一、二章，中国社会科学出版社 2003 年版。
② 《马克思恩格斯选集》第 2 卷，人民出版社 1972 年版，第 114 页。
③ 张光直：《中国青铜时代》，三联书店 1983 年版，第 18 页。

的冲积平原有两大特点：一是其松软的土壤为铁质农具发明以前的古代先民们提供了耕作的可能性，二是其频繁的洪涝又使得人们必须建立大规模的社会组织才能加以治理。"根据考古学和历史地理学所提供的证据表明，在距今 4600 至 4000 年之间，黄河经由豫东南、淮北平原、苏北平原的淮河一线入海；夏商周三代，黄河又改道河北平原入海。而尧舜禹时期正是黄河由南线入海改道为由北线入海的时期。当时的河水泛滥成灾特别严重，周秦文献里有许多这方面的记录。"① 《尚书·尧典》记载当时："汤汤洪水方割，荡荡怀山襄陵，浩浩滔天。"《孟子·滕文公上》也说："当尧之时，天下犹未平，洪水横流，泛滥于天下……禹疏九河，瀹济、漯而注诸海；决汝、汉，排淮、泗而注之江。然后中国可得而食也。当是时也，禹八年于外，三过其门而不入，虽欲耕，得乎？"我们知道，治理黄河的工作可不是少数人所能完成的，也不是某个部落群体能单独胜任的，它需要大量的人力和高度的社会组织结构。这种活动，显然为早熟的国家创造了条件。作为夏后氏部落的首领，夏代的创始人禹联合其他部落一同疏浚河道，并在这一过程中树立了自己的权威、整合了其他部落，从而将部落联盟演变为国家制度，致使他的儿子启废除了部落首领靠选举、禅让而产生的原始制度，最终建立起以血缘沿袭王位的国家政权，从而使中国古代的第一个奴隶制国家集团过早地诞生了。

马克思在《政治经济学批判大纲》手稿（1857 – 1858 年）中谈及"亚细亚生产方式"的特点时曾经指出："在这种情况下，那些通过劳动而实际上占有的公共条件，如在亚细亚各民族中起到过非常重要作用的灌溉渠道，以及交通工具等等，就表现为更高的统一体，即高居于各小公社之上的专制政府的事业。"② 在此基础上，美籍德裔学者魏特夫在《东方专制主义》一书中提出了饱受争议而又影响深远的"治水社会"说。他指出："如果灌溉耕作取决于有效地管理大量的水源供应，那么水的明显的特性——大量聚集——就在制度上变成为具有决定性意义的事了。只有投入大量的劳动力才能疏导和储积大量的水，而这大量的劳动力还必须进行协调，赋予纪律和加以领导。因此，许多迫切希望征服干旱低地和平原的农民只好被迫采用组织手段，而在机器时代以前的技术基础上，这些手段只有一个成功的机会：他们必须与同伴合作，并使自己服从于一个进行指挥的权威力量。"③ 于是，一种特殊的社会组织乃至文化形态出现了。"一个已知的治水经济中空间上（和组织上）结合的程度，主要取决于它的用水供应是否联成一气。治水国家在只有一个主要水源地区倾向于建立一个单一的或多或少连接在一起的灌溉和防洪体系。"④ 从考古学的角度上看，我国南北东西各地都有许多早期文化的历

① 江林昌：《夏代早期国家是如何建立起来的》，《考古发现与文史新证》，中华书局 2011 年版，第 117 页。
② 《马克思恩格斯全集》第 46 卷上册，人民出版社 1966 年版，第 474 页。
③ 魏特夫：《东方专制主义》，中国社会科学出版社 1989 年版，第 9 页。
④ 魏特夫：《东方专制主义》，中国社会科学出版社 1989 年版，第 164 页。

史遗存，但文明的突变却发生在黄河流域，这并不是没有原因的。因为面对如此庞大的天然水系，必须建立起庞大的社会组织；而庞大的社会组织不仅可以发挥治水的功能，还可以兼并其他的周边地区。因为治水地区不仅具有自然资源上的优势，而且具有社会组织上的优势。正是在这种情况下，多元一体的中华文化出现了。

由于夏王朝是先民们针对黄河流域自然环境严峻"挑战"而做出的"应战"结果，这便决定了早熟的中华民族注重宗族血缘的文化特征。我们知道，无论在东方还是在西方，人类最初的社会群体都是由血缘组成的。然而在从原始部落向国家形态演进的过程中，不同地区的人们所面临的条件不同，血缘关系的变化也不同。由于古希腊的商业交易和海外移民逐渐打破了原始的血缘纽带，从而形成了以公民个体为基础的早期共和制国家。而古中国的缔造者却必须在具有竞争关系的部落之间发展壮大自己，通过强化血缘内部的凝聚力而在众多的部落之中脱颖而出，成为部落联盟的共主。在这种情况下，原始的血缘关系不仅没有被破坏，反而被不断地加强了。见于《竹书纪年》《史记》《国语》等古籍中的少量资料表明，夏王朝不仅开创性地采取了以血缘来继承最高统治地位的制度性安排，而且以保存完好的姒姓部落为新型国家的统治基础。当然了，尽管十一支姒姓部落在国家政权的整合中起到了至关重要的作用，但在当时的情况下，这种血缘关系的范围还是有限的。"夏商周断代工程推定夏代始年为公元前 2071 年，夏商之交为公元前 1600 年，在这 471 年夏代的历史阶段中，整个黄河中下游地区实际上仍然处于部落联合体的状态，各个部落都以血缘为单位自行管理。其中夏部落率先建立了国家机器，步入文明时代，因其强大、影响深远，而成为中原部落联盟的共主。这共主的威力只能对联合体中的其他部落产生外在的影响，而无法渗透到其内部，因为各部落内部仍然实行其本族的血缘管理。"[1]

总之，在治理黄河的过程中，尽管夏朝草创了华夏式国家的基本模式，但其制度并不完备，基础并不牢固。单从帝位的传承来看，在启之后即有太康失国的纷乱，说明夏与其他部族之间仍然处在激烈的争斗中，夏朝内部的权力继承还没有稳定的制度保障。夏要压制其他部落就需要有足够的实力不断征伐，传说中的九夷部落就曾成为夏的主要对手。而夏朝本身也需要在与各部斗争中保持自己的强势地位，一旦实力不济就会造成王朝权力的旁落。《汲冢纪年》云："自禹至桀十七世，有王与无王，用岁四百七十一年。"说明夏在王权统治的过程中可能出现过断裂失位的情况，这也从侧面说明夏朝的国家形式还很不稳固，它所确立的血缘制度还没有形成有效的约束机制。然而无论如何，作为华夏文明的第一个王朝，夏代并没有用新的国家机器来取代旧的血缘关系，而

---

[1] 江林昌：《文献所见夏民族的活动范围与考古学上对夏文化的探索》，《考古发现与文史新证》，中华书局 2011 年版，第 128 页。

是借助于旧的血缘关系形成新的政治制度。这一特点对中国文化日后的发展起了极为重要的作用。

二

由于有了甲骨文的发现，我们对商代的了解似乎比夏代详细了许多。然而，一来甲骨文是商代后期才出现的文字，最早的不超过公元前 1300 年，大多反映盘庚迁殷至纣王间 270 年间的历史，对商代早期生活的记载不多；二来甲骨文本为卜辞，绝大多数是记录占卜活动的文字，对整个社会的描述不全。然而无论如何，结合后代的文献传说和出土文物，我们对商代的了解毕竟比夏代详尽多了。

早在传说中的尧、舜、禹时代，商作为一个部族就已经存在了。相传商的始祖契原本领导着一个以畜牧业为主的东方部落，后因帮助夏朝的创始人禹治水有功而受封于商。夏朝末年，商的势力由黄河下游发展到中游，渗透到夏的统治地区，建立了强大的部落联盟，开始向奴隶制过渡。"夏商周断代工程"认为，商取代夏而成为中原联盟共主的时间约为公元前 1556 年，至公元前 1046 年被周所灭，共 510 年。在这五百多年的时间里，商曾多次迁都，都城中的多个均在河南境内。考古学家在河南的安阳市发现了出土甲骨文的殷墟，在商丘市、郑州市、偃师市、温县、辉县、新郑市等许多地方也发现商朝文化遗存。这些遗存表明，商朝的畜牧业、农业、手工业发展都比较快，青铜器的冶炼与制造技术相当成熟。商朝的势力范围也要比夏朝大得多，不仅包括黄河流域，而且波及长江流域。

从生产方式的角度上讲，商人大约经历了一个由畜牧业到农业的发展过程。"周灭殷，称商人为夷。……夷字从大，从弓，从弓就是表示他们善于射猎之意。龙山文化是夷族的文化，所以他出土的箭镞比仰韶文化中多得多，而且种类也很多。"[1] 甲骨文中就有狩猎的"狩"字，其字形很像捕兽之物与被捕之兽。与狩猎相联系，商人的畜牧业也很发达。徐中舒指出："畜牧在殷商也是普遍的。马、牛、羊、鸡、犬、豕六畜和象都有，而且都是家畜。"[2] 杨升南认为："畜牧业在商代已成为一个独立的经济部门，其标志是它已作为当时人们食物的主要来源之一。"[3] 我们知道，从事畜牧业的人要逐草而生，"而商人之所以屡迁，正与他们仍处于游牧流动生活有关"[4]。此后，随着社会的发展和进步，商人的农业生产渐渐取代了畜牧业的地位。据 1929－1932 年所发掘的

---

① 徐中舒：《徐中舒先秦史讲义》，天津古籍出版社 2008 年版，第 40 页。
② 徐中舒：《徐中舒先秦史讲义》，天津古籍出版社 2008 年版，第 63 页。
③ 杨升南：《商代经济与科技》，中国社会科学出版社 2010 年版，第 181 页。
④ 江林昌：《商族先公的起源与相关史事》，《考古发现与文史新证》，中华书局 2011 年版，第 175 页。

安阳殷墟的 7 处灰坑统计，出土石镰达 3640 件，其中一个灰坑即有 444 件。① 在农业社会中雨量的多寡是关乎国家命运的大事，因而甲骨文中记录了大量占卜求雨的事件，甚至多次为求雨而焚人。从维系血缘关系的角度上看，守土重迁的农业生产显然要比不断迁徙的畜牧业生产更加有利于血缘关系的稳定。

从政治制度的角度上讲，商朝大致经历了一个由游动为主的氏族联盟向以城邑为中心的方国制度发展的过程。殷人的都邑，是经过多次迁徙的。王国维在《说自契至于成汤八迁》一文中论证自契至于成汤，都邑迁徙过八次的过程。张守节在《史记·殷本纪》的《正义》中说："汤自南亳迁西亳，仲丁迁隞，河亶甲居相，祖乙居耿，盘庚渡河南居西亳，是五迁也。"说明成汤以后又迁徙了五次。从时间上来看，前八次迁徙所占的时间短，后五次迁徙所占的时间长，这说明农业生产有一些发展，用不着通过频繁的迁徙来改变地理条件了。而到了商代后期，商王朝最终稳定了下来，形成了以殷墟为核心的权力辐射地带。"这时，方国联盟发展到十分成熟的阶段，商民族居于'中商''大邑商'之内，成了方国联盟的真正共主。而且在行政上，出现了地域管理的观念。商族称商王与贵族所居的'中商''大邑商'为内服，而'中商'以外的广大地区，按亲疏关系分为侯、甸、男、卫、邦伯五个层次，合称外服。"② 这种地域与血缘同形同构的关系，为以后西周的分封授土授民制度奠定了基础。

从权力更迭的角度上讲，商民族的统治者有着连续的血缘承续系统，而不像夏王朝那样出现过"有王与无王"的混乱局面，但是商王朝的血缘承续又有着一个从"兄终弟及"到"父死子继"的演变过程。我们知道，甲骨卜辞记载的商王共 29 位，其承续系统与《史记·殷本纪》中记载的 31 位大体一致。王国维在《殷周制度论》中指出："特如商之继统法，以弟及为主，而以子继辅之，无弟然后传子。自成汤至于帝辛三十帝中，以弟继兄者凡十四帝（外丙、中壬、大庚、雍己、大戊、外壬、河亶甲、沃甲、南庚、盘庚、大辛、小乙、祖甲、庚丁）；其以子继父者，亦非兄之子，而多为弟之子（小甲、中丁、祖辛、武丁、祖庚、廪辛、武乙）。惟沃甲崩，祖辛之子祖丁立；祖丁崩，沃甲之子南庚立；南庚崩，祖丁之子阳甲立；此三事独与商人继统法不合。"后人据此进一步分析，商朝前期与后期又有着明显的不同。商朝的前期，王位传承采取"兄终弟及"与"父死子继"两种方式，"兄终弟及"甚至还略占上风；商代后期，自康丁（庚丁）开始不再采取"兄终弟及"的方式，而只采用"父死子继"的方式，直至商代灭亡。有学者推测，"兄终弟及"的继承方式可能与早期商人与北方有娀族实行"普那鲁亚婚"有关。在这种婚姻制度下，兄弟共妻对方氏族的姐妹，姐妹共夫对方氏族的兄

---

① 石璋如：《第七次殷墟发掘：E 区工作报告》，《安阳发掘报告》第 4 期，第 723 页。
② 江林昌：《商族先公的起源与相关史事》，《考古发现与文史新证》，中华书局 2011 年版，第 173 页。

弟。兄弟之间共同生产、共同生活，并按照年龄大小而依次掌管共有的财产，从而为"兄终弟及"的王位继承制度奠定了基础。显然，这种兄弟关系重于父子关系的社会习俗，还处在早期人类由母系社会向父系社会转变的过程之中，而随着父系社会的完全确立，以男性为中心的亲子血缘关系才真正建立起来，于是有了"祖甲改制"。《国语·周语》云："玄王勤商，十有四世而兴，帝甲乱之，七世而陨。"当然了，祖甲改制未必就是导致商朝灭亡的真正原因，因为由"父死子继"的制度来取代"兄终弟及"的传统实际上是父系社会发展成熟的必然结果。有了这种制度上的保障，以男权为中心的家族血缘关系才能够真正建立起来，从而为以后的分封制度奠定基础。

从意识形态的角度上讲，商朝则大致经历了一个由宗教信仰到祖先崇拜的过程。从有限的资料可知，商代是一个充满巫术迷信和宗教信仰的时代。殷墟卜辞中所记载的祭法与祭名，计有上百种之多。王室贵族上自国家大事，下至私人生活，如祭祀、气候、收成、征伐、田猎、病患、生育、出门，无不求神问卜，以得知吉凶祸福并决定行为举止。除了占卜之外，各种祭祀活动也无处不在，各种天神地祇笼罩着整个王朝，即使是青铜器上的饕餮纹饰，也充满了一种恐怖与神秘的气氛。所有这一切，与后来《礼记·表记》关于"殷人尊神，率民以事神，先鬼而后礼，先罚而后赏"的表述是完全吻合的。因此，学术界一致认为，殷商文化基本上是一种神本文化。然而，通过对甲骨卜辞的分期研究，人们发现，越是早期的甲骨卜辞有关祭祀自然神的内容就越多，越是晚期的甲骨卜辞有关祭祀祖先神的内容就越多。宋镇豪认为："商代武丁之后，王权相对稳定，先王先妣神的致祭大盛，并日趋规范化，而早先带有自然神属性的诸神，几乎汰去十之七八。"[①] 商代后期，家族血缘观念开始向规范化方向发展，因而从政治需要出发，那些带有自然神属性的原始崇拜便只能让位于先王先妣的祖先崇拜了。自祖甲开始，商王朝对祭祀活动进行了改制，重新规定了祀典的规则和礼仪，创立了周祭制度。所谓"周祭制度"，就是殷人运用五种方式对其祖先周而复始地轮番祭祀，一个王世接着一个王世持续不断地举行，并在甲骨卜辞中记录下来。这种制度的意义就在于通过祭祀先王来确立后王的合法性，与嫡长子继承制的王位传承相为表里，可以看作是宗法血缘制度化建设的重要标志。

总之，无论是从不断迁徙的畜牧业生产到守土重迁的农业生产，还是从以游动为主的氏族联盟到以城邑为中心的方国制度；无论是从"兄终弟及"的王位继承到"父死子继"的权力演变，还是从自然崇拜的宗教信仰到祖先崇拜的祭祀方式，作为黄河文明的产物，商代在夏代的基础上进一步发展和维系了氏族血缘关系在社会政治生活中的地位，从而为周代宗法制度的建立奠定了基础。

---

① 宋镇豪：《商代史论纲》，中国社会科学出版社 2010 年版，第 332 页。

三

凭借文献记载、历史传说和考古资料的发现，我们对周代的了解要比夏、商两代详尽得多。相传，周人的历史与夏、商一样悠久，其祖先是黄帝曾孙帝喾之妻姜嫄的儿子弃，也就是被后世称为农神的"后稷"。这个以农业起家的姬姓氏族因受游牧部落的侵扰而多次迁徙，直到古公亶父时才在陕西关中渭河流域岐山下的平原安定下来。在周原这片肥沃的土地上，姬姓自称周人，其农业经济得到了快速的发展。为了保障部族的安全，古公亶父与占据中原的商朝建立起稳定的同盟关系，以方国的身份在商的保护下积聚力量。古公亶父传位季历，季历与商联姻，成为商王朝在西方最为重要的一位方伯。后来，商王为扼制周族势力的发展，以确保商朝的地位不受威胁，杀了不再那么听话的季历。季历的儿子姬昌即位后忍辱负重、励精图治，一方面发展生产，一方面武力扩张，先是兼并了周边的方国，后又蚕食商朝的领土，并迁都于今陕西省西安市户县沣河西岸的丰都，准备进取殷商。姬昌死后，其子姬发即位，率重兵与商军决战于今河南汲县的牧野。结果是商军倒戈，周军大胜，商纣王于鹿台兵败自焚。姬发以武王名义建立周朝，追封父亲姬昌为文王。

"武王克殷二年，天下未宁而崩。"（《史记·封禅书》）据说武王在临终前要把王位传给德才兼备的弟弟姬旦——周公。周公涕泣不止，不肯接受。武王死后，太子诵继位，是为成王。"成王少，周初定天下，周公恐诸侯畔周，公乃摄行政当国。"（《史记·周本纪》）为了巩固新生的政权，周公平定了"三监"的叛乱，保卫了新生的国家政权；迁徙了殷之遗民，将前朝旧族拆散瓦解；实行了周朝的分封政策，将姬姓宗族的血缘纽带扩展到全国各地；营建了东都洛邑，扩大了对中原地区的影响；建立了礼乐制度，形成了一整套维护国家制度的行为规范……在完成了这些丰功伟绩之后，周公并没有自称天子，而是将整顿好了的国家还给武王的儿子成王。

关于周公还政于成王的原因，后人有不少揣测。有人认为周公并非不想篡权，实在是迫于各种压力而不得不功成身退的。其实这种揣测不仅没有史料的根据，也不合情理。事实上，即使没有武王传位于周公的允诺，周公自称为天子的条件也是相当充分的。第一，周公的出身很高贵，他以文王之子的身份继承王位，是完全可以被接受的。况且武王有一位兄长，他本人也并非长子。姬发因其兄伯邑考被商纣王所杀而得以继位，姬旦也同样有理由因其兄姬发早逝而得以继位。第二，周朝所取代的商朝本身就存在着"兄终弟及"和"父死子继"的两种继承习惯。况且当时周朝初立，采取何种继承形式完全是可以重新约定的。第三，周公不仅辅佐武王打败了殷商，而且继武王之后捍卫了国家，有功于这个新生的王朝。况且当时他大权在握，于名于实都可以自称为天子。第四，武王去世时其子只有 12 岁，周公还政时成王也只有 19 岁，一个文韬武略的政治家不太可能是被一个黄口小儿逼下台的。况且从周公退位后写给成王的文字看，现存于《尚书》中的《无逸》篇完全是一种长辈告诫晚辈的口吻，丝毫也没有被迫让位的口气。因此，正像王国维所指出的那样："舍弟传子之法，实自周始。当武王之崩，天下未定，国赖长君，周公既相武王克殷胜纣，勋劳最高，以德以长，以历代之制，则继武王而自立，固其所矣。而周公乃立成王，而已摄之，后又反政焉。摄政者，所以济变也，立成王者，所以居正也。"① 那么既然如此，周公为什么一定要还政于成王呢？这其中必然隐含着超出权力之上的更高的政治信念和精神追求，即创建一种新的、有利于长治久安的国家政体：以长子继承制为核心的宗法分封制度。

我们知道，周朝之前的商朝是传弟和传子并存的。由于任何人的兄弟都是有限的，因而传弟终究还要传子。这样一来，在传弟和传子的过程中不仅会出现传长与传贤的矛盾，而且会出现传兄之子与传弟之子之间的矛盾。这些矛盾往往会引发王室内部的纷争，导致王权的衰落。或许正是为了杜绝这一隐患，殷代从康丁以后便不再采取"兄终弟及"的传位方式而连续采取"父死子继"的传位方式。尽管如此，以长子继承制为核心的宗法制度还没有真正建立起来。不仅商朝如此，就先周的姬姓氏族的传位方式来看，周公之前也没真正确立嫡长制。我们知道，继周太王古公亶父之位的不是长子太伯和次子虞仲，而是少子季历。而周公以身作则，一方面杜绝了"兄终弟及"的传位方式，一方面确立了嫡长子制的继承法则。自此以后，周朝历经成王、康王、昭王、穆王、共王、懿王，除去孝王外直到幽王都是传子的，这不是偶然的。这种嫡长子继承制的确立不仅避免了王室内部的权力纷争，而且为分封制的实施奠定了基础。正像《吕氏春秋·慎势》中所说的那样："立天子，不使诸侯疑焉；立诸侯，不使大夫疑焉；立嫡子，不使庶孽疑焉。疑生争，争生乱。是故诸侯失位则天下乱，大夫无等则朝廷乱，妻妾不分则家室乱，嫡孽无别则宗族乱。"因为除了嫡长子之外，那些无权继承天子、诸侯之位的王子、王孙们，也可以通过分封而获得自己的邦国或采邑，将自己的权力欲望在外部世界得以实现，并通过这种实现而反过来拱卫王室，从而形成"家庭"与"国家"一体、"血缘"与"权利"同构的宗法网络系统。正像王国维在《殷周制度论》中所分析的那样："是故有立子之制，而君位定；有封建子弟之制，而异姓之势弱，天子之位尊；有嫡庶之别，于是有宗法，有服术，而自国以至天下为一家。"② 从这一意义上讲，作为中国历史上极为重要的一个朝代，周朝虽然是由文王奠定的基础、武王打下的天下，但却是周公建立的制度。周公所建立的这个制度主要包括"分封诸侯"与"制礼作乐"两部分组成，前者是这个王朝的权力构架，后者是这个王朝的行为准则。

---

① 徐洪兴编：《王国维文选》，上海远东出版社 2011 年版，第 329 – 330 页。
② 徐洪兴编：《王国维文选》，上海远东出版社 2011 年版，第 338 – 339 页。

　　有人认为，商代自"祖甲改制"后，即已有"大宗""小宗"之分，出现了宗法制的雏形。但真正成熟的宗法分封制，显然是周初开始的。《左传·昭公二十八年》记载："昔武王克商，光有天下，其弟子之国十有五人，姬姓之国四十人，皆举亲也。"《左传·僖公二十四年》记载："周公弟二叔之不咸，故封建亲戚以蕃屏周。管、蔡、成、霍、鲁、卫、毛、聃、郜、雍、曹、滕、毕、原、酆、郇，文之昭也。邗、晋、应、韩，武之穆也。凡、蒋、邢、茅、胙、祭，周公之胤也。"《荀子·儒效》则曰："周公兼制天下，立七十一国，姬姓独居五十三人。"尽管这几处记载的分封诸侯的时间或有不同，但都是从周初开始的。考虑到武王克商后二年即薨，即使是由他开始的，也是在周公辅佐下完成的。尽管这几处记载的封国的数量有些出入，但以姬姓为核心的宗法分封制度确实是建立起来了。

　　"据近人考究，'宗法'制度大略是这样的：譬如天子世世相传，每世的天子都是以嫡长的资格继承父位，奉戴始祖，是为大宗，他们的众子（包括嫡长子的诸母兄弟与庶子）封为诸侯，为小宗。每世的诸侯也是以嫡长子的资格继承父位，奉始祖为大宗；他们的众子各有食地为小宗。凡大宗必是始祖的嫡裔，而小宗则或宗其高祖，或宗其曾祖，或宗其祖，或宗其父，而对大宗则都称为庶。诸侯对天子为小宗，但在本国则为大宗；卿大夫对诸侯为小宗，但在本族则为大宗……"[1] "在宗法制度之下，从天子起到士为止，可以合成一个大家族。大家族中的成员各以其对宗主的亲疏关系而定其地位的高低。"[2] 诸侯受封于天子，必须服从于天子的号令，为天子镇守疆土、交纳贡赋，并定期朝觐述职。卿大夫受封于诸侯，为诸侯承担劳役和作战任务……"分封在外的诸侯，一方面是华夏的代表，一方面也与各地方原有的文化接触与交流。西周三百多年来，华夏意识渗入中原各地，自西徂东，无往而没有分封网的触角伸入各地，当地文化层次，一方面吸收取新成分，一方面反哺华夏文化，经过三千多年的融合，西周代表的华夏世界终于铸成一个文化体系，其活力及韧度，均非政治力量可比拟。这一段过程中，政府不复仅以人治为本而趋于组织化与制度化。封建的分封制度不再只是点状的殖民与驻防，而趋于由邦国与田邑层级式的组织。"[3] 也就是说，与殷人不同：商朝的统治者主要依靠强大的武力威慑而使周边的方国俯首称臣；周代的统治者则主要依靠以血缘为纽带的政治制度将国家的权力渗透到周边地区。"于是周人的世界，是一个'天下'，不是一个'大邑'；周人的政治权力，抟铸了一个文化的共同体。"[4] 显然，这个"文化的共同体"是建立在"血缘的共同体"基础之上的，这便是所谓的宗法制。诚如

①　童书业：《春秋史》，山东大学出版社 1987 年版，第 6 页。
②　童书业：《春秋史》，山东大学出版社 1987 年版，第 7 页。
③　许倬云：《历史分光镜》，上海文艺出版社 1998 年版，第 194 页。
④　许倬云：《历史分光镜》，上海文艺出版社 1998 年版，第 193 页。

《礼记·大传》中所说的那样，"亲亲故尊祖，尊祖故敬宗，敬宗故收族，收族故宗庙严，宗庙严故重社稷，重社稷故爱百姓，爱百姓故刑罚中，刑罚中故庶民安"。

从血缘—地域关系的历史整合来看，周朝的这种宗法联盟显然要比夏朝的部落联盟和商朝的方国联盟更具有凝聚力。因为部落的聚集地是游动的，血缘只限于内部的统一，因而部落间的联盟常常是临时的、松散的；方国的聚集地虽然相对固定，方国与共主国之间也会出现一些联姻，但共主国的血缘统治并没有渗透到各方国的内部，因而其联盟也是靠不住的。而在周朝的宗法分封制度下，"国"就成为放大了的"家"，"君君""臣臣"就成为放大了的"父父""子子"，从而形成了以天子—诸侯—卿大夫—士为阶梯的权力金字塔。这种权力的金字塔很像一个家族的族谱：在这个权力结构的最底层，是比"士"更低的"庶民"，这里的"庶"字显然具有"庶出"之类的血缘含义。这意味着，越是血缘关系网络中的嫡系近支，越应该在权力关系中占据重要地位；越是血缘关系网络中的旁系远支，越应该在权力关系中占据次要地位。

"这个宗法制度，将周人的姬姓联系在一起；但这还不够，还有许多异姓，即不同姓的国家、不同姓的部落。于是周代就用婚姻将他们联系在一起。"[1] "以齐国来说，齐国的统治者是姜姓（姜太公的后代），姜姓跟姬姓，是世世代代结婚姻的，姜姓的夫人们，常常姓姬，姜姓的女儿，经常嫁给姓姬的人家去。"[2] 就这样，通过同姓的血缘关系和异姓的婚姻关系，使整个国家的统治者都成为周人的亲属。不仅如此，这种血缘—权力关系甚至还可以向下延伸到奴隶阶层，就像恩格斯所说的那样："在东方，家族奴隶制是特殊的，即是，在这里，奴隶不是直接地形成生产的基础，而仅是间接的氏族成员。"[3] 田昌五认为："中国古代社会结构的特点在于其中存在着不同层次的宗族，自由人和非自由人都是笼罩在宗族之中的。奴隶虽无宗族，但他们的主人是有宗族的，因而他们也通过自己的主人和宗族发生了联系。这样就形成了一种宗族社会结构，其奴隶制的特征为宗族奴隶制。奴隶也好，奴隶主也好，都是生活在宗族社会结构之中的。只有抓住这种特征，我们才能够理解中国古代社会。"[4] 这种融"血缘地位"与"政治地位"为一体的政治制度，最大限度地利用了"黄河文明"所保存完好的家族血缘关系，有利于"家""国"一体的政治稳定。

如果说"分封诸侯"是一种权力构架，那么"制礼作乐"则是一种行为法则。《说文解字》云："礼，履也，所以事神致福也。"作为沟通人神关系的一种规则和仪式，夏、商时代即有了一定的"礼制"，而周公则十分巧妙地将这套礼乐制度改造成为行为

---

① 许倬云：《历史分光镜》，上海文艺出版社1998年版，第214页。
② 许倬云：《历史分光镜》，上海文艺出版社1998年版，第215页。
③ 恩格斯：《资本主义生产以前各形态》，人民出版社1956年版，第15页。
④ 田昌五：《商代社会结构探析》，《中国古代社会发展史论》，齐鲁书社1992年版。

规范，从而服务于周朝的宗法制度。"夏商二代，（礼）散亡多缺。洎周武既没，成王幼弱，周公摄政，六年致太平，述文武之德，制《周官》及《仪礼》，以为后王法。"（杜佑《通典·礼典第四十一》）尽管这段记载出自后人，且《周礼》与《仪礼》的成书也未必是一蹴而就的，但整个周礼的系统形成显然与周公有着极为密切的联系，而这一系统又与夏、商之礼有着很大的不同。

首先，从对象来看，周人之礼不是以祭拜鬼神为主，而是以祭祖、祭天为主。周人祭祖的规矩与商人不同。"故商人祀其先王，兄弟同礼；即先王兄弟之未立者，其礼亦同，是未尝有嫡庶之别也。"① 尽管这种制度在祖甲改制之后有所改善，但仍不完备。而周人的祭祖则与宗法制度紧密相关。按照嫡长子继承制的规定，嫡系大宗不会增加，旁系的小宗则会蔓延。而祭祖的意义，既是要通过共同的祖先而获得同族人内部的凝聚力，又是要区分族内的血缘关系以厘清彼此的长幼、嫡庶关系。譬如，作为文王的继承者，武王是大宗，而被封为诸侯的其他王子则为小宗。这些王子们没有单独祭祀文王的权利，只能在武王的统领下参与祭祀。祭祀时，与文王血缘关系远近不同的人穿戴不同的服饰，占据不同的位置，做出不同的仪态。从表面上看，此礼是面对死去的前辈，即祖先的；但在实际上，其更重要的意义是要明确家族内部的血缘关系，以辨别长幼、嫡庶的尊卑关系。以此类推，各被封的诸侯在本国内则为大宗，死后接受其继承者的祭祀。诸侯的其他儿子作为小宗无权单独举行祭祀活动，只有在作为其继位者的嫡长子的率领下才能进行祭祀。这便是《礼记·郊特记》中所谓的："诸侯不敢祖天子，大夫不敢祖诸侯。"从宫廷直至民间，这类敬祖、收族的活动成为周代礼制的核心内容。《礼记·大传》云："有百世不迁之宗，有五世则迁之宗。"一般说来，除了天子、诸侯家族之外，只是共有高祖、曾祖、祖父、父亲的五代人之间才会进行共同的祭祖活动，而这种祭祖活动与丧礼中的"五服制度"又是完全吻合的。按照这一制度，祭拜者根据其与死者血缘远近的不同，需要穿着不同的丧服：亲者服重，疏者服轻，依次递减，是为斩衰、齐衰、大功、小功、缌麻。"丧服的等级，因亲疏远近而有严格的等级。因此，丧礼也是厘定社会关系的场合。整个丧葬事实上表现社会关系的意义，大于个人的情感意义。丧葬一方面表现了纵的封建等级，另一方面也表现了横的宗族联系。"② 这种贯穿于宫廷与民间的祭祀活动与分封制度的权力构架、宗法制度的社会土壤是相为表里的。

除了祭祖之外，周人也祭天。但正如祭祖是一种权利一样，祭天也是一种权利，而且是一种特殊的权利。《礼记·祭法》云："天子祭天地，诸侯祭社稷，大夫祭五祀。"

---

① 徐洪兴编：《王国维文选》上海远东出版社 2011 年版，第 329 页。
② 许倬云：《历史分光镜》，上海文艺出版社 1998 年版，第 187 页。

《礼记·曲礼》云："天子祭天地，祭四方，祭山川，祭五祀，岁遍。诸侯方祀。祭山川，祭五祀，岁遍。大夫祭五祀，岁遍。士祭其先，凡祭，有其废之莫敢举也，有其举之莫敢废也。"周代的最高统治者不称"皇帝"，而称"天子"，以示其具有天之骄子的独特地位，同时也就占有了祭祀天地的独特权利。然而，周人对天的态度与殷人不同。商王宣称："我生不有命在天。"（《尚书·商书·西伯戡黎》）因而只要供奉丰厚的祭品就可以永远获得上天的护佑；周王则认为："天命靡常，唯德是辅。"（《尚书·多士》）"天降丧于殷，罔爱于殷，惟逸。"（《周书·召诰》）"惟不敬厥德，乃早坠厥命。"（《周书·酒诰》）因而不仅要祭天、敬天，还必须按照天的意志勤政爱民，才能够永远获得上天的护佑。这样一来，敬天、尊祖、保民就成了周天子三位一体的宗教—政治哲学和礼仪—行为规范。

其次，从主体来看，周礼不仅注重祭祀对象的功能，更加注重祭祀主体的权利。不同血缘身份和政治地位的人不仅参与礼乐活动的权利不同，而且拥有祭祀活动的资源也不同。周代实行"庙数制度"："天子七庙，诸侯五庙，卿大夫三庙，士一庙，民无庙。"（《礼记·祭法》）与"庙数制度"相一致的是周代的"鼎彝制度"："天子九鼎，诸侯七，大夫五，元士三。"（何休注《公羊·桓公二年传》）这样一来，原本以信仰为主体的宗教—神秘活动就变成了以权利为主体的伦理—世俗行为；原本是用于祭祀活动的场所和器皿，却被赋予了超出祭祀活动的权力等级，这就是所谓的"藏礼于器"。换言之，周代的礼乐制度并不只是一种与信仰相关的行为方式，而且是一种与政治相关的权利法则。如果有人违背了这一法则，便是"逾制"，而严重的"逾制"是要被杀头的。说到底，周初的统治者之所以制定这套礼乐制度，就是要让不同身份的人们在制度所规定的范围内循规蹈矩地生活，而不要有逾越制度的幻想和贪欲。而当人们都安分守己、各就各位之后，国家的秩序也就自然得到了保障。正像许倬云所说的那样："礼仪的系统化与制度化，一方面意味着一个统治阶层的权力已由使用武力作强制性的统治，逐步演变到以合法的地位的象征。另一方面，规整的礼仪也代表统治阶层内部秩序的固定，使成员间的权利与义务有明白可知的规律可以遵循，减少内部的竞争与冲突，增强了统治阶级本身的稳定性。"①

最后，从范围来看，周礼有着将宗教仪式转化为世俗规范的泛化倾向。根据现有的资料可知，周礼的内容极为广泛，无论是冠、婚、葬、祭、享、燕，还是朝聘、衣服、车马、宫室，都可以被纳入礼乐的规范之中。从衣、食、住、行到婚、丧、嫁、娶，无处没有礼乐的法则，无处没有等级的规定。如《礼记·聘义》记载："聘礼：上公七介，侯伯五介，子男三介，所以明贵贱也。"《周礼·宗伯》记载："以玉作六瑞，以等

---

① 许倬云：《历史分光镜》，上海文艺出版社 1998 年版，第 183 页。

邦国：王执镇圭，公执桓圭，侯执信圭，伯执躬圭，子执谷圭，男执蒲璧。"《周礼·巾车》记载："服车五乘：孤乘夏篆，卿乘夏缦，大夫乘墨车，士乘栈车，庶人乘役车。"《仪礼·乡饮酒礼》记载："献君，君举旅行酬；而后献卿，卿举旅行酬；而后献大夫，大夫举旅行酬；而后献士，士举旅行酬；而后献庶子。"不仅人们生前的衣着配饰、行为举止要受到这种法则的约束，就连死后的埋葬方式也要受这些规定的限制。所谓"天子棺椁七重，诸侯五重，大夫三重，士再重"。（《庄子·天下》）可见，《礼记·礼器》中所说的"经礼三百，曲礼三千"绝非夸大其词。正像王国维在《殷周制度论》中指出的那样："且古之所谓国家者，非徒政治之枢机，亦道德之枢机也。使天子、诸侯、大夫、士各奉其制度典礼，以亲亲、尊尊、贤贤，明男女之别于上，而民风化于下，此之谓'治'，反是，则谓之'乱'。是故天子、诸侯、卿大夫、士者，民之表也。制度典礼者，道德之器也。周人为政之精髓，实存于此。"谁要是违反了礼仪、居室、服饰、用具等等的具体规定，便视为非礼、僭越。李泽厚也认为："所谓'周礼'，其特征确实是将以祭祀（祖先）为核心的原始礼仪加以改造制作，予以系统化、扩展化，成为一套早期奴隶制的习惯统治法规（仪制）。"①

总之，西周的礼乐规范就是这样一整套建立在宗法血缘政治上的典章制度，它将殷商时代的宗教仪式转化为世俗的伦理法则，并将其与每个人的血缘身份和政治地位联系在一起，使所有社会成员都处在礼仪的层级网状结构中。一方面，由于这套体制以人们先天的血缘关系为纽带，其条件是自足的；另一方面，由于这套体制与人们后天的等级制度相适应，其功能又是自洽的。有了这套制度，人们的肉体行为不需要借助法律也可以实现自我的约束；有了这套制度，人们的精神追求不需要借助宗教也可以找到寄托。于是，在周公舍弃天子地位而为之奋斗的努力下，一种新的政治制度出现了。诚如王国维所指出的那样："此种制度，固亦由时势之所趋，然手定此者，实惟周公。原周公所以能定此制度，以公于旧制，本有可以为天子之道，其时又躬握天下之权，而顾不嗣位而居摄，又由居摄而致政，其无利天下之心，昭昭然为天下所共见，故其所设施，人人知为安国家、定民人之大计，一切制度，遂推行而无所阻矣。"② 从人类历史的发展来看，一种新的政治制度的确立，往往需要某些伟大的政治家做出表率乃至牺牲。从这一意义上讲，将三千年前的周公比作中国历史上的华盛顿，似乎并不为过。因为华盛顿的急流勇退只是杜绝了美国总统的终身制，而周公的功成身退则不仅奠定了周朝的宗法分封制度，而且在一定程度上铸造了古代的华夏文明。

①　李泽厚：《中国古代思想史论》，人民出版社 1986 年版，第 10 页。
②　徐洪兴编：《王国维文选》，上海远东出版社 2011 年版，第 339 页。

四

　　或许正是由于作为权力构架的"分封诸侯"与作为行为规范的"制礼作乐"相为表里、相得益彰，才使得周朝成为一个相当稳定的王朝。从公元前1046年至公元前256年，作为中国历史上最为漫长的朝代，周朝一共延续了790年之久。然而，从西周初期的周公到春秋末年的孔子，五百多年过去了。在五百多年的光阴里，家族的社会地位发生了悄然的变化：原来一些身份显赫的贵族，其后代渐渐衰落了；原来一些地位卑微的官吏，其子孙渐渐发达了。衰落者已不再有能力继续享受周礼所规定的奢华生活，发达者也不再甘心继续忍受周礼的约束了。于是，一个"礼崩乐坏"的时代来临了。

　　生活于这一时代的孔子，以"克己复礼"为己任，其毕生最敬仰的人物正是周公。他曾慨叹道："甚矣吾衰也！久矣吾不复梦见周公。"（《论语·述而》）正因如此，当他得知鲁国的大夫季氏不顾周公之礼的规范，在家里演奏天子应享受的舞蹈时，才会愤怒地指出："八佾舞于庭，是可忍也，孰不可忍也？"（《论语·八佾》）显然，孔子在这种践踏礼乐的行为中预感到了一种"山雨欲来"的社会危机。也许有人会问：季氏的僭越行为与孔子何干？孔子究竟是干什么的呢？我们知道，孔子是"儒"。

　　徐中舒认为，甲骨文中的"需"字即为"儒"字，因而"儒在殷商时代已经存在了"[1]。"需"在甲骨文中的字形有沐浴濡身之状，与《礼记·儒行》所谓"儒有澡身而浴德"相吻合，表明"儒"的身份与沐浴斋戒的祭祀活动有关。章太炎认为："儒之名盖出于需。需者，云上于天，而儒亦知天文，识旱潦。……庄周言儒者冠圜冠者知天时，履句履者知地形，缓佩玦者事至而断，明灵星舞子吁嗟以求雨者谓之儒，故曾皙之狂而志舞雩，原宪之狷而服花冠，皆以忿世为巫，辟易放志于鬼道。"[2] 许慎《说文》云："需，须也。遇雨不进止须也。从雨，而声。""近代有学者认为，'儒'的前身是古代专为贵族服务的巫、史、祝、卜；在春秋大动荡时期，'儒'失去了原有的地位，由于他们熟悉贵族的礼仪，便以'相礼'为谋生的职业。"[3] 从祈雨的术士到相礼的儒生，其功能的转变正与殷、周之际由宗教崇拜向世俗伦理的历史性变化相同步。

　　事实上，在孔子将"儒"变成一种"家"、变成一种"学"之前，他所从事的"儒"确确实实是一种职业。所谓"俎豆之事则尝闻之矣，军旅之事未之学也"。（《论语·卫灵公》）所谓"出则事公卿，入则事父兄，丧事不敢不勉，不为酒困，何有于我哉"。（《论语·子罕》）都是明证。不仅如此，我们还清楚地知道，作为"儒"的孔子

---

① 徐中舒：《甲骨文所见的儒》，《四川大学学报》1975年第4期。

② 《章太炎学术史论集》，中国社会科学出版社1997年版，第192页。

③ 胡乔木主编：《中国大百科全书·哲学》下卷，中国大百科全书出版社1988年版，第73页。

所施行的"礼"既不是夏礼，也不是殷礼，而是周礼。因为孔子明确地表示："夏礼吾能言之，杞不足征也；殷礼吾能言之，宋不足征也。"（《论语·八佾》）"周监于二代，郁郁乎文哉！吾从周。"（《论语·八佾》）唯其如此，我们才能够理解，为什么孔子常常梦见周公；唯其如此，我们才能理解，为什么孔子在得知季氏僭越周礼的时候会如此愤慨。——如果人人都像季氏这样践踏周礼的话，还要我们这些"儒"干什么？然而孔子不仅是"儒"，而且是"家"。如果孔子仅仅是是个职业的相礼者，他就会告诉季氏：按照周礼，以你的身份不应该享受八佾舞，而只能享受四佾舞。但是作为思想家的孔子，不仅要告诉人们应该怎样做，而且要告诉人们为什么要这样做。

"子曰：礼云礼云，玉帛云乎哉？乐云乐云，钟鼓云乎哉？"（《论语·阳货》）难道礼乐只是玉帛钟鼓之类好看好听的外在形式吗？不是，礼乐的背后一定有着深刻的内容。"子曰：人而不仁，如礼何？人而不仁，如乐何？"（《论语·八佾》）一个"人"如果没有"仁"的思想和情怀，施礼作乐又有什么意义呢？可见"礼"是形式，"仁"是内容。"礼"是周公的遗产，"仁"是孔子的贡献。许慎《说文解字·人部》云："仁，亲也，从人二。"也就是说，孤立的一个人，没有"仁"的问题，所谓"仁"的问题，必须涉及人与人之间的亲情关系。"子曰：仁者人也，亲亲为大；义者宜也，尊贤为大。亲亲之杀，尊贤之等，礼所生焉。"（《礼记·中庸》）所以，孔子的学生有子才会说："君子务本，本立而道生。孝弟也者，其为仁之本与！"（《论语·学而》）我们知道，在中国古代的人际关系中，父子曰孝，兄弟曰悌。所以，孔子的"仁爱"，绝对不是外加的，更不是从上帝那儿获得的，它来源于人与人之间的血缘情感。父亲爱儿子，儿子也爱父亲。这对于中国人来说，是最好理解不过的事情了。但是由于人们的血缘地位并不是并列的，这种来自血缘的亲伦之爱也不是平等的。父亲爱儿子叫作"慈"，儿子爱父亲叫作"孝"，这种"父慈子孝"的关系绝不能颠倒过来。在倡导"博爱"的基督教文化中，时时处处强调人与人在上帝面前的人格"平等"；而在主张"仁爱"的儒家文化中，时时处处强调的是人与人在血缘之中的人格"差等"：在父与子之间，在兄与弟之间，在夫与妻之间……说得极端一点儿，在任何两个传统的中国人之间，都不可能是完全平等的，哪怕是双胞胎，也有兄弟之分、姊妹之别。这种不平等的爱，要通过不平等的礼来表现出来。过年的时候，儿子要给父亲磕头，而父亲却不能给儿子磕头，父亲拍拍儿子的肩膀，就算是还礼了。而周公制礼作乐的实质，无非要区分出人的长幼尊卑而已。这样一来，孔子便在"亚细亚生产关系"的社会土壤中，为周公所规范的行为准则重新找到了心理依据。正像李泽厚指出的那样："孔子没有把人的情感心理引导向外在的崇拜对象或神秘境界，而是把它消融满足在以亲子关系为核心的人与人的世间关系之中，使构成宗教三要素的观念、情感和仪式统统环绕和沉浸在这一世俗伦理和日常心理的综合统一体中，而不去建立另外的神学大厦。"①

如果说，"分封诸侯"是一种权力构架，"制礼作乐"是一种行为规范，那么"以仁释礼"则是一种意识形态。它的功能，就是将存在裂痕的前两部分有机地黏合在一起，以实行"一日克己复礼，天下归仁焉"（《论语·颜渊》）的政治理想。正是由于孔子在人们的内心深处找到了遵循周礼的情感依据，才使得"儒"从一种职业上升为一种思想、一种理论、一种学说，乃至一种文化。一般认为，孔子所创立的儒学，具有"内圣"与"外王"两个方面。

所谓"内圣"，就是在国人的内心深处找到一种做人的价值尺度、超越的精神向度。在一些不懂儒家文化的外国人看来，中国人不信仰任何宗教，简直就是行尸走肉。殊不知，中国人在肉体之上，也有更高的精神追求。"子曰：朝闻道，夕死可矣。"（《论语·里仁》）只是这里所说的"道"不是"天道"而是"人道"。"子曰：道不远人，人之为道而远人，不可以为道。"（《中庸·第十三章》）所以，中国人的精神追求，不是指向彼岸的天堂，而是指向此岸的历史。即通过"太上有立德，其次有立功，其次有立言"（《左传·襄公二十四年》）的现实努力，而达到"人生自古谁无死，留取丹心照汗青"（文天祥《过零丁洋》）的不朽境界，使人们不通过外在的信仰主体也可以超越现实人生。正因如此，在世界几大文化圈内，唯中国人保留下煌煌的十三经和泱泱的二十四史，以一种"崇经重史"的方式将有限的个体与无限的族类联系起来。

所谓"外王"，就是在国人的外在行为中形成一种规范和秩序，将个人、家庭、社会井然有序地凝聚到一起，这就是"半部《论语》治天下"的意义所在。读过《论语》的人都知道，在这部语录集中，孔子很少使用政治术语，更多的是一些伦理学说。"或谓孔子曰：子奚不为政？子曰：书云：'孝乎惟孝，友于兄弟，施于有政。'是亦为政，奚其为为政？"（《论语·为政》）"子曰：为政以德，譬如北辰居其所而众星共之。"（《论语·为政》）"子曰：道之以政，齐之以刑，民免而无耻；道之以德，齐之以礼，有耻且格。"（《论语·为政》）可是，在这些伦理学说中却潜含着治国、平天下的深刻哲理，这就是所谓的"以德治国"。孔子的学生有子说得好："其为人也孝弟，而好犯上者，鲜矣；不好犯上，而好作乱者，未之有也。君子务本，本立而道生。孝弟也者，其为仁之本与！"（《论语·学而》）孔子本人也曾指出："弟子，入则孝，出则弟，谨而信，泛爱众，而亲仁。"（《论语·学而》）这种将家族伦理社会化的行为模式在以宗法血缘为基础的分封制度下有其深厚的社会土壤。因为在"家""国"一体的政治环境下，血缘和地域的关系是相对稳定的，血缘和政治的关系也是相对稳定的。直到今天，中国的农村还保存着一些以家族—姓氏为名称的传统村落，从而保存着浓厚的乡土观

---

① 李泽厚：《中国古代思想史论》，人民出版社1986年版，第21页。

念；直到今天，中国人仍然习惯让自己的子女称异姓的同事为叔叔、阿姨，以泛血缘和拟血缘的方式来对待他人；直到今天，中国人仍然称呼所在区域的行政领导为"父母官"……在这种文化环境下，中国人很容易推己及人，即通过"老吾老，以及人之老；幼吾幼，以及人之幼"（《孟子·梁惠王上》）的方式实现家族伦理的社会化；而儒学也正是利用了这种文化因子而实现着"迩之事父，远之事君"（《论语·阳货》），从"亲亲"的伦理法则过渡到"尊尊"的政治秩序，将"修身""齐家"与"治国""平天下"统一起来。正像汤因比在与池田大作的谈话中指出的那样："就中国人来说，几千年来，比世界任何民族都成功地把几亿民众，从政治文化上团结起来。他们显示出这种在政治、文化上统一的本领，具有无与伦比的成功经验。"[①] 而这种经验的萃取，就是所谓的儒学。

总之，所谓儒学，并不是凭空产生的，也不是孔子一人所创造的。在孔子之前，至少还有周公。我们知道，在唐代以前，儒家的文庙一直是以周公为主祀、孔子等先贤为陪祀的。后因唐玄宗李隆基不能容忍周公在武王逝世、成王年幼时期一度"摄政"的行为，而出于"正统"的意识形态需要才下令取消周公在文庙中被供奉的资格，改以孔子为主。从原始儒学的两大范畴来看，"仁"固然是孔子发明的，"礼"则是周公创造的。因此，如果我们不能将周公视为儒家学派的创立者，至少也可以称之为儒学的先驱。然而，即使是这位先驱性人物，也不是任意就可以创造儒学的。如果说，孔子的成功有赖于周公的铺垫，那么周公的成功则根植于夏、商、周三代的历史。正是由于早熟的"亚细亚的生产方式"完好地保存了早期国人的家族血缘关系，才使得儒学将家族伦理社会化的理论建构成为可能。有了这种理论建构，中国文化的要义便不在形而上的宗教，也不在形而下的法律，而在形而中的伦理。正因如此，与其他文化背景下的民族相比，唯中国人可以不需要任何法律而井然有序地处理日常事务，唯中国人可以不需要任何宗教而视死如归地面对现实人生。

---

① 汤因比、池田大作：《展望二十一世纪》，国际文化出版公司 1985 年版，第 294 页。

"中道"观念与中国史学传统

杨朝明　王纪东　孔子研究院

摘　要　中国早期史学传统具有独特的风格，不仅务求真实记录，而且运用褒扬和贬抑等书法义例评判历史，其依据则是"中道"观念。"中道"观念是上古圣王为政理民的智慧结晶，其传承与发展与中国早期史学传统的品格关联密切，影响后世很大。

关键词　史学传统　中道　政治文化

近百年间，对中国传统文化进行怀疑和批判曾经成为学界的思潮，有学者甚至将中国正史说成"不过是为帝王将相作家谱也"[1]，史家治史被说成专为君权专制服务的工具。20世纪80年代曾有"历史危机"论，人们追问"研究历史有什么用"。显然，所谓"用"，"不能变为功利主义的用"[2]，功利化了的"用"是被降低了标准的"用"。中国传统史学最根本的作用在于惩劝政治，这便是通常所谓"史载笔，士载言"[3]。中国史事"史不绝书"[4]，早已形成了"君举必书"[5]、"书法不隐"[6]、"天子无戏言，言则史书之"[7]、"烈士殉名，壮夫重气"[8]等富有礼学精神的史学传统。本文试图申说的是，这种史家治史不局限于记事，而且通过褒扬和贬抑等书法对其进行评判，功过必书于史册，务求使"元凶巨慝有所畏，正人君子有所宗"[9]，深深体现了中国上古的"中道"观念。

---

① 梁启超：《中国之旧史》，《梁启超文集》，北京燕山出版社1997年版。

② 李学勤：《文物中的古文明》，商务印书馆2008年版，第82页。

③ 朱彬撰，沈文倬、水渭松校点：《礼记训纂·曲礼上》，浙江大学出版社2010年版，第39页。

④ 《春秋左传集解·襄公二十九年》第三册，上海人民出版社1977年版，第1119页。

⑤ 《春秋左传集解·庄公二十三年》第一册，上海人民出版社1997年版，第186页。

⑥ 《春秋左传集解·宣公二年》第二册，上海人民出版社1997年版，第541页。

⑦ 司马迁：《史记·晋世家》，中华书局2006年版，第240页。

⑧ 刘知几著，张振佩笺注：《史通笺注·直书》，贵州人民出版社1985年版，第255页。

⑨ 柳诒徵：《国史要义》，上海古籍出版社2007年版，第10页。

一、史官制度与上古政治文化

世传创造文字的仓颉和沮诵是中国最早的史官①，但不论如何，中国的史官出现很早，最迟在殷商时期就已经有了史官制度②。史官的职责主要是记事，其后再根据所记，整理为史籍。近人指出："史之初义为史官而非史书……在中国，史书是后起之义，由史官而引申成史官所写之史书。"③ 史书出自史官记事，蕴含了史官的治世理念或政治思想。

不难理解，史官与史官制度的出现，标志着人类历史意识的高度发展，在某种程度上，显示了人们对自然和社会的发展理论有了很高水平的认知。正如柳诒徵先生所认为的那样，研究中国历史和史学之起源，有益于深入认识中华民族富于政治性色彩的内在原因。我们观察史官制度与上古政治文化的关系问题甚为重要。④

（一）史：以手持"中"

中国汉字具有表义功能。"历史"的"史"，其文字构型本身十分明确地表达了中国早期"史"与"中"的关系。

史学研究源自史籍，史籍撰自史家，中国最早的史家出自史官。从"史"字本义看，《说文》记载说："史，记事者也，从又持中。中，正也。"江永释其义为："凡官署薄书谓之中，故诸官言治中受中，小司寇断庶民讼狱治中，皆谓薄书，犹今之案卷也。此中字之本义，故张文书者谓之史。其字从又，从中，又者右手，以手持薄书也。"⑤ 对于这里"中"字之义，目前学界存有多种注释。我们以为可以理解为"中道"是最为恰当的。孔子说："政者，正也。"⑥ 政治之根本就是"正"，所谓"正"，就是符合"礼"。孔子说："礼也者，理也。"⑦ "合理"的才是"合礼"的。这便是《孔子家语·论礼》中记载的孔子之言："夫礼，所以制中也。"⑧

史官治史关键是"持中"，就是说，史官记事同时肩负着评判其事是否符合礼的职责。《周礼·地官司徒》说：师氏"掌国中、失之事，以教国子弟。凡国之子弟学焉"。

---

① 刘知几著，张振佩笺注：《史通笺注·史官建置》，贵州人民出版社 1985 年版，第 392 页，载："史之建官，其来尚矣。昔轩辕氏受命，仓颉、沮诵，实居其职。"

② 杜维运先生认为中国最迟在商代，或者在夏代，就已经设立史官了。详参杜维运：《中国史学史》第一册，商务印书馆 2010 年版，第 40 页。

③ 李宗侗：《中国史学史》，中华书局 2010 年版，第 1 页。

④ 参见柳诒徵：《国史要义》，上海古籍出版社 2007 年版，第 2 页。

⑤ 江永：《周礼疑义举要·秋官》，上海人民出版社，四库全书本。

⑥ 朱彬撰，沈文倬、水渭松校点：《礼记训纂·哀公问》，浙江大学出版社 2010 年版，第 762 页。

⑦ 杨朝明、宋立林主编：《孔子家语通解·论礼第二十七》，齐鲁书社 2009 年版，第 319 页。

⑧ 杨朝明、宋立林主编：《孔子家语通解·论礼第二十七》，齐鲁书社 2009 年版，第 318 页。

郑玄注："教之者，使识旧事也。中，中礼也；失，失礼者也。"①《逸周书·武顺解》说："人道尚中，耳目役心。"又说："人道曰礼。"②"尚中"与崇礼的观念是一致的。这样看来，在中国早期政治理念中，"礼"和"中"关联非常密切，甚至可以说衡量"中道"的标准就是"礼"，或可说"礼"是为政理民的范式准则，而"中道"则是实现、保持"礼"的理念和方法。

近代曾有学者考《周官》五史之职掌，认为"归纳于一则曰礼"，又说："礼者，吾国数千年全史之核心也。"③ 这种说法是有道理的。史官治史要把持"中道"，其实就是要遵循天道，合乎情理，顺应人心。

（二）"史"的职责在"赞治"

商周时期是史官出现的早期，史官把握"中道"及其与"礼"的关系，或者那个历史时期史官的职能，使之与当时的政治文化存在着密切的关联。

《周礼》释"史"说："史，掌官书以赞治。"郑玄注："赞治，若今起文书草文书也。"④ 赞治，就是"佐治"，即帮助国家治理，不会仅仅像今日之"文书"而已。郑玄所说恐怕有简单化的嫌疑。《大戴礼记》载："天子御者，内史、太史，左右手也。"⑤中国自上古时期，天子与诸侯行事，就设立史官在侧随时记录，"动则左史书之，言则右史书之"⑥，天子视内史、太史为执政的"左右手"，如此看重史官，绝不仅限于他们的记事备忘，更重要的是依靠他们的监督、指正效用。

"清华简"《保训》篇的问世给我们带来了一个重要的启示。《保训》篇记载周文王对太子发讲了两件上古的史事传说，用这两件史事，说明他要求太子遵行的一个思想观念即"中"，也就是后来说的中道。"中"的观念是《保训》全篇的中心。前者是关于舜的，文王说："昔舜旧作小人，亲耕于历丘，恐求中，自稽厥志，不违于庶万姓之多欲。"⑦ 强调舜出身民间，能够自我省察，不违反百姓的种种愿求。他在朝廷内外施政，总是设身处地，从正反两面考虑，将事情做好，从而达到中正之道。第二件是关于微的。微就是上甲，是商汤的六世祖。文王说："昔微假中于河，以复有易，有易服厥罪，微无害。乃归中于河。"⑧ 这里讲的是微为其父王亥复仇的故事。周文王说微"假中于

---

① 郑玄撰，贾公彦疏，彭林整理：《周礼注疏·地官司徒》，上海古籍出版社 2010 年版，第 496 页。
② 黄怀信、张懋镕、田旭东：《逸周书汇校集注·武顺解》，上海古籍出版社 2007 年版，分见第 326、327 页。
③ 柳诒徵：《国史要义》，上海古籍出版社 2007 年版，分见第 5、10 页。
④ 郑玄撰，贾公彦疏，彭林整理：《周礼注疏·天官冢宰》，上海古籍出版社 2010 年版，第 91 页。
⑤ 孔广森：《大戴礼记补注·盛德第六十六》，中华书局 2013 年版，第 156 页。
⑥ 朱彬撰，沈文倬、水渭松校点：《礼记训纂·玉藻》，浙江大学出版社 2010 年版，第 438 页。
⑦ 李学勤：《清华简〈保训篇〉释读补正》，《中国史研究》2009 年第 3 期。
⑧ 李学勤：《清华简〈保训篇〉释读补正》，《中国史研究》2009 年第 3 期。

河",即凭靠河伯能秉持中道,公正行事,最终使有易服罪。按照《保训》记载,微由此把"中"传赠子孙,至于成汤,于是汤得天下。和上面讲的舜一样,"中"的观念起了重要作用。

由《保训》的启发,我们又想到《逸周书》。《逸周书·五权解》记载,武王临终时,同样希望儿子尽力做到"中"。于是,他对辅佐成王的周公说:"先后小子,勤在维政之失。"要他勤勤恳恳,力求避免政治上出现偏失。武王还强调,希望儿子"克中无苗"。"苗"通"谬",即谬误、偏失。意思是尽力做到适中无邪,以"保"成王在位。武王接着说:"维中是以,以长小子于位,实维永宁。"① 既要"保"其在位,又要"长"其于位,使他在王位上尽快成长起来。那么,怎么成长?就是要"维中是以","以"的意思是"用",即维中是用。

无论周文王还是周武王,他们临终前训诫太子的嘱托中,所强调的竟然都是一个"中"字。文王、武王以后,周人认真遵行了"中"的思想。西周时期,"中道"思想很受重视。西周职官中有"师氏",具体职掌邦国事情是否合乎法度或礼制,以之教育后代。原来,西周时期是以"中"来教育国中子弟。

这样看来,"中道"观念在西周时期就已经被周天子视为治世之圭臬。史官担负着"左右手"的重任,天子、诸侯必定选择深谙礼法,善于掌握"中道"的德才兼优之人担任应该是合乎情理的。

上古时期,史官的职权范围很广,他们所职掌的史书,也是广义的,包括一切典章制度。史官职掌全国乃至累世相传的史书,所治史书又不是泛泛的记事,而是评判政治得失的政典。中国上古时期就具有"天聪明,自我民聪明;天明畏,自我民明畏"② 的传统,历代"圣王"从民俗而知天命,原天理而制定礼仪,后世儒家推尚的"王道政治",绝非一王一圣所能创垂,而是听取总结民意,长期累积经验凝集沉淀而成。班彪称:"唐虞三代,诗书所及,世有史官,以司典籍。"③ 上古十分重视以史劝诫政治,形成了"未尝离事而言理"④ 的传统,推助着"王道"政治文化的塑成和传承。

二、史官谏王之制与"中道"

商周时期的史官"赞治",是通过上古的政治制度实现的。中国史官一贯就有秉笔

① 黄怀信、张懋镕、田旭东:《逸周书汇校集注·五权解》,上海古籍出版社 2007 年版,分见第 521、530 页。
② 孙星衍:《尚书今古文注疏·皋陶谟》,中华书局 1986 年版,第 87 页。
③ 范晔:《后汉书·班彪列传》,中华书局 1965 年版,第 1325 页。
④ 章学诚:《文史通义·易教上》,中华书局 1985 年版,第 1 页。

直书之传统，治史"不虚美、不隐恶"①，有时，为坚守"中道"，甚至冒着生命危险，彰显出史家的高贵气节。但这不仅仅是出于史官的"史德"，而是有辅政谏王制度的保障。在这样的情况下，史官记事便有了共同必守之法，也就是说，这是由他们的权力与职责所决定的。

（一）史官辅政谏王之制

早在三代时期，中国就形成了史官据法典谏王的制度。《大戴礼记·保傅篇》称："三代之礼，天子春朝朝日，秋暮夕月……食以礼，彻以乐，失度则史书之，工诵之，三公进而读之，宰夫减其膳。"② 又，《国语·周语》记载："天子听政，使公卿至于列士献诗，瞽献典，史献书，师箴，瞍赋，矇诵，百工谏，庶人传语，近臣尽规，亲戚补察，瞽史教诲，耆艾修之，而后王斟酌焉。是以事行而不悖。"③《礼记·王制》篇也记载着天子受谏、百官受质之文，都是由太史典礼执简以记录的文辞。

在那时，史官有其为官之"义"。典籍记载说："史之义不得不书过，不书过则死"④；"史不记过，其罪杀之"⑤；以及"君举必书"⑥。在那个时期，共同的史官纪事原则，是"德刑礼义，无国不记"⑦，乃至以典礼史书限制君权，监督"天子不得为非"⑧。这是史官的天职，甚至有"一日失职，则死及之"⑨ 的说法。君待史官如师友，尊为"社稷之臣"⑩，依靠他们辅助执政而补阙拾遗于左右。

天子一人尊于万民之上，如果像《左传》襄公十四年所引《夏书》所说的那样"以从其淫"，必定为祸至烈。因此，古代圣哲深虑预防之策略，乃以典礼史书加以节制，"勿使过度"⑪。因此，"古之先王，世有史官，君举必书，所以慎言行，昭法式也"⑫。即使贵为天子，如果处事失度，史官必定会据法给予惩劝。有学者指出，中国古代"史权之高于一切"⑬ 绝不是一句虚言。历史证明，除去桀、纣、幽、厉等昏主之外，但凡中材之主都能尊奉史权之约束。

---

① 司马光撰，胡三省注：《资治通鉴·唐纪》第十三册，中华书局1957年版，第6203页。
② 孔广森：《大戴礼记补注·保傅第四十八》，中华书局2013年版，第66页。
③ 《国语·周语》上册，上海古籍出版社1988年版，第9页。
④ 孔广森：《大戴礼记补注·保傅第四十八》，中华书局2013年版，第65页。
⑤ 《毛诗正义·邶风·静女》，上海古籍出版社1990年版，第104页。
⑥ 《春秋左传集解·庄公二十三年》第一册，上海人民出版社1977年版，第186页。
⑦ 《春秋左传集解·僖公七年》第一册，上海人民出版社1977年版，第263页。
⑧ 孔广森：《大戴礼记补注·保傅第四十八》，中华书局2013年版，第67页。
⑨ 《春秋左传集解·昭公二十九年》第四册，上海人民出版社1977年版，第1576页，记：物有其官，官修其方，朝夕思之。一日失职，则死及之。
⑩ 朱彬撰，沈文倬、水渭松校点：《礼记训纂·檀弓下》，浙江大学出版社2010年版，第141页。
⑪ 《春秋左传集解·襄公十四年》第三册，上海人民出版社1977年版，第916页。
⑫ 班固：《汉书·艺文志》，中华书局1962年版，第1715页。
⑬ 柳诒徵：《国史要义》，上海古籍出版社2007年版，第31页。

上古时期，史官与天子实为亦师亦友之关系，"尚德而互助"①，天子任用史官记事，一方面以备遗忘，一方面考证得失，相勉于善，补阙拾遗。《尚书·皋陶谟》称："臣哉邻哉！臣哉邻哉！"又称："予违汝弼，汝无面从，退有后言，钦四邻。"② 古之圣王为政，上畏天命，下顺民心，唯恐失政害民，所以设立史官匡弼箴规，视之如"四邻"，或为师友。

周成王时，史佚与周公、召公、太公并为四圣，"乱为四辅"，其主要职责是"博闻强记，接给而善对"，周成王为政"虑无失计，而举无过事"③，四圣辅翼之功至为关键。史佚位居其一，史官辅政之重要性可见一斑。

（二）史官之气节与政治秩序

史官辅政不仅监督君权，对于谋篡叛逆，不合法度的权势人物，一样坚守史德，"书法不隐"④，每冒生命危险。上古史家，艳称南、董。《左传》宣公二年载："晋灵公不君……赵穿攻灵公于桃园，宣子（赵盾）未出山而复。太史书曰：赵盾弑其君。以示于朝。宣子曰：'不然。'对曰：'子为正卿，亡不越竟，反不讨贼，非子而谁？'宣子曰：'乌乎！诗曰：'我之怀矣。自诒伊戚，其我之谓矣。'"⑤ 文中所言的太史就是董狐，孔子称誉他为"古之良史"，直书赵宣子的过失，使其背上弑君的罪名。

又，《左传》襄公二十五年，太史书曰："崔杼弑其君。崔子杀之，其弟嗣书，而死者二人，其弟又书，乃舍之。南史氏闻太史尽死，执简以往，闻既书矣，乃还。"⑥上古史官书事，公开不惧强权，后世史家赞曰："盖烈士殉名，壮夫重气；宁为兰摧玉折，不作瓦砾长存"⑦；"南董之仗气直书，不避强御，韦崔之肆情奋笔，无所阿容"⑧。这种评价并不为过，上古史官"位尊地要"⑨，天子必须择取气节高尚兼博学多识的人士担任，并实行世袭的制度，在家学渊源和一脉相承的传统中，养成刚正不阿的品格是合乎情理的。

三、孔子"中道"与传统史学

在古代史书中，孔子"作"《春秋》，最明显地体现了上古时期的"中道"观念。

① 柳诒徵：《国史要义》，上海古籍出版社 2007 年版，第 31 页。

② 孙星衍：《尚书今古文注疏·皋陶谟》，中华书局 1986 年版，第 96 页、106 页。

③ 孔广森：《大戴礼记补注·保傅第四十八》，中华书局 2013 年版，第 68 页。

④ 《春秋左传集解·宣公二年》第二册，上海人民出版社 1977 年版，第 541 页。

⑤ 《春秋左传集解·宣公二年》第二册，上海人民出版社 1977 年版，第 539 页。《公羊传》《谷梁传》及《晋世家》略同《春秋左传集解·宣公二年》。

⑥ 《春秋左传集解·襄公二十五年》第三册，上海人民出版社 1977 年版，第 1024 页。

⑦ 刘知几著，张振佩笺注：《史通笺注·直书》上册，贵州人民出版社 1985 年版，第 255 页。

⑧ 刘知几著，张振佩笺注：《史通笺注·直书》上册，贵州人民出版社 1985 年版，第 255 页。

⑨ 王国维：《观堂集林》上册，中华书局 2006 年版，第 269 页。

据《论语·八佾》，孔子曾说："周监于二代，郁郁乎文哉！吾从周。"① 他"祖述尧舜，宪章文武"②，将自尧、舜至文、武、周公以来的"中道"思想给以系统提升，形成了他的"中庸"思想。就像《孟子》所记述的，孔子不欲将自己的思想学说"载之空言"，于是整理鲁国历史，"作《春秋》"，寄寓自己的微言大义，表达自己的政治思想，从而"寓褒贬，别善恶"，将他的"中道"思想观念体现在他的政治著作之中。

孔子的"《春秋》笔法"乃是继承了商周以来的传统，因为如《国语·鲁语上》所说的"书而不法，后嗣何观"③。孔子以前历史记载众多，这正如《墨子》中说到的"百国春秋"，这些历史记载自己都有自己的"书法义例"。不仅如此，在前人的基础上，孔子又有自己对于社会与人生的看法或者独特认识，有自己对于当时的历史与政治的独到理解，因此他的"《春秋》笔法"，他在"作《春秋》"时所表现出来的"义例"，便体现了他的"中道"理解，这就是他"礼"的政治思想学说，就是他心目中的社会人生之"理"。

（一）孔子与"中道"

如上所说，孔子的中庸思想渊源有自。《尚书·虞书·大禹谟》有所谓"十六字心传"："人心惟危，道心惟微，惟精惟一，允执厥中。"④ 孔子儒家的"中庸"思想就来源于此。孔子及其以后的儒家谈论"人情"与"人义""天理"与"人欲"，无非是讲求人的社会性与自然性的最佳结合点，这个点其实就是"中"，就是"礼"，就是"理"。《礼记·仲尼燕居》记载孔子说："礼也者，理也；乐也者，节也。君子无理不动。无节不作。"⑤《礼记·礼器》说："礼也者，合于天时，设于地财，顺于鬼神，合于人心，理万物者也。"⑥ 说的都是这个道理。

孔子称"中庸"为"至德"，是人生的最高境界。《礼记·中庸》说："致中和，天地位焉，万物育焉。"⑦ "天地位"就是和谐，"万物育"就是发展。《中庸》又说："中也者，天下之大本也；和也者，天下之达道也。"⑧ 从根本上说，孔子所说的"中道"既是社会稳定之道，又是社会发展之道。

在孔子看来，治理天下的"达道"就是"中庸"。不难理解，孔子作《春秋》乃具有用历史来维持人类文明的深义。从孔子的"《春秋》大义"来看，他继承了上古史学

① 杨伯峻：《论语译注·八佾》，中华书局 1980 年版，第 28 页。
② 朱彬撰，沈文倬、水渭松校点：《礼记训纂·中庸》，浙江大学出版社 2010 年版，第 767 页。
③《国语·鲁语》上册，上海古籍出版社 1988 年版，第 153 页。
④ 王先谦：《尚书孔传参正》，中华书局 2011 年版，第 153 页。
⑤ 朱彬撰，沈文倬、水渭松校点：《礼记训纂·仲尼燕居》，浙江大学出版社 2010 年版，第 735 页。
⑥ 朱彬撰，沈文倬、水渭松校点：《礼记训纂·礼器》，浙江大学出版社 2010 年版，第 353 页。
⑦ 朱彬撰，沈文倬、水渭松校点：《礼记训纂·中庸》，浙江大学出版社 2010 年版，第 759 页。
⑧ 朱彬撰，沈文倬、水渭松校点：《礼记训纂·中庸》，浙江大学出版社 2010 年版，第 759 页。

"持中"的传统,并扩充、发展了"中庸之道"。在周代,自君师以至国子乡民,都崇尚"中和"。孔子"祖述尧舜,宪章文武",并以"文武之政,布在方策"① 来回应"哀公问政",欣羡"郁郁乎文哉"② 的周政,表示"从周",孔子显然受周代"中道"观念影响很深。这一点,从他对"中庸"的推崇程度亦为明证。他极力推崇"中庸",要求人们"依乎中庸","遵道而行",为政治国要"执其两端,用其中于民"③。

关于"中庸"的解释很多,有的不免玄妙或庸俗化。其实,简言之,"中庸"就是"使用中道"。古时"庸"与"用"相通,这一点,从《易经》和不久前问世的地下文献(如郭店楚简《五行》篇)中都已经得到证明。郑玄注《中庸》说道:"名曰《中庸》者,以其记中和之为用也。庸,用也。"④ 又,庄子《齐物论》称:"庸也者,用也。"所谓"中庸"即是"用中",就是在实际中使用"中道",凡事要求合乎情理、恰到好处。有学者认为"中庸"是儒家在修身养性、齐家治国方面最核心的原则⑤,极是!《礼记·中庸》说:"喜怒哀乐之未发,谓之中;发而皆中节,谓之和。"⑥ 所谓"中",也是人正常的情绪与心境,它的正常、适度、有节的表达,才会达到"和"。

"中庸"是一种境界,要长期做到"中"并不容易,所以孔子强调:"中庸之为德也,其至矣乎,民鲜久矣。"⑦《中庸》说:"莫见乎隐,莫显乎微,故君子慎其独也。"又说:"诚则明矣,明则诚矣。"⑧ 认为要做到"中庸"贵在心"诚","故至诚如神"。在这里,"中庸"之道强调的是修身,孔子儒家一贯主张"修己以安人",⑨ 通过"修己",人有了个体素养的提升,有了对社会人生的深刻体认,才有可能理解"中道"。从实质上讲,孔子儒家的"中庸之道"是修身之道,是君子之道,更是为政之达道。在孔子看来,"以德教民,而以礼齐之"⑩ 是为政治民的最佳途径,如前所说,"中"来自礼,"以礼制中","中道"观念建立在"礼"的牢固基础上,具有相对的稳定性。儒家主张"以和为贵",同时强调"以礼节和",认为不可在追求和谐的同时,必须用礼加以节制。礼贵得"中",知有所"节"则知所"中"。其次是以政治引导人民,但是政教并不意味着排斥刑罚。对于"伤义败俗"而又屡教不改的人,就要使用刑罚,即

① 朱彬撰,沈文倬、水渭松校点:《礼记训纂·中庸》,浙江大学出版社 2010 年版,第 762 页。
② 杨伯峻:《论语译注·八佾》,中华书局 1980 年版,第 28 页。
③ 朱彬撰,沈文倬、水渭松校点:《礼记训纂·中庸》,浙江大学出版社 2010 年版,第 759 页。
④ 朱彬撰,沈文倬、水渭松校点:《礼记训纂·中庸》,浙江大学出版社 2010 年版,第 759 页。
⑤ 庞朴:《中国文化十一讲》,中华书局 2004 年版,第 133 页。
⑥ 朱彬撰,沈文倬、水渭松校点:《礼记训纂·中庸》,浙江大学出版社 2010 年版,第 759 页。
⑦ 杨伯峻:《论语译注·雍也》,中华书局 1980 年版,第 64 页。
⑧ 朱彬撰,沈文倬、水渭松校点:《礼记训纂·中庸》,浙江大学出版社 2010 年版,分见第 759、764 页。
⑨ 杨伯峻:《论语译注·宪问》,中华书局 1980 年版,第 159 页。
⑩ 杨朝明、宋立林主编:《孔子家语通解·刑政第三十一》,齐鲁书社 2009 年版,第 355 页。

"以刑教中"。就是从"刑"即型塑的特殊角度，告诉人们什么是"中"，什么样的行为违背了社会规范。所以，孔子的"中道"思想符合社会发展规律，同时又合乎社会伦常的完整的社会管理之道。

《中庸》说："君子而时中。"① "中"有时也是"变"，因时而权变，与时俱进。"中"是动态的，不是固定不变的。无论"以礼制中"还是"以刑较中"都着眼于对整个社会的影响，使其和谐有序。在孔子看来，社会和谐发展必须遵循一定的规则，这个规则就是"中道"。这样看来，在孔子生活的时代背景下，他作《春秋》，就是要用史学的方式来诠释什么是"中道"，《公羊传》说："拨乱世，反诸正，莫近诸《春秋》。"② 极是。孔子之《春秋》为中国史学树立了正气，影响了此后两千多年的传统文明的价值取向。

（二）"中道"与传统史学

孔子是中国历史上有确切记载的以私人身份著史的第一人。孔子晚年整理古籍，删《诗》《书》，订《礼》《乐》，"其功莫大于《春秋》"③。孔子正是看到了其时"世道衰微，邪说暴行有作，臣弑其君者有之，子弑其父者有之"④ 的状况，心忧天下而作《春秋》，以"道名分"⑤，以"辨是非"⑥，以"惩恶而劝善"⑦，达到了以历史弘扬"中道"的至高境界。

孔子继承了史学传统中的求真精神。孔子据鲁史而作《春秋》，既注重考据又能阙疑。《春秋》之中，一字之微，必有根据，疑则阙之，"信以传信，疑以传疑"。孔子"多闻阙疑，慎言其余"⑧，坚持"无徵不信"⑨，"与其所不知，盖阙如也"⑩。对于史书记载之不足，孔子根据所见，小心求证给予补充，对于多种传闻必定互参以求实，"信则书之，疑则阙之"⑪。所有这些，对后世史家治史有着深远的影响。

孔子作《春秋》，创立了编年史体例，以事系日，以日系月，以月系时，以时系年，将历史事件具体到某一天，弥补了过去"过分注重记言"⑫ 的不足。《春秋》纪事

---

① 朱彬撰，沈文倬、水渭松校点：《礼记训纂·中庸》，浙江大学出版社 2010 年版，第 759 页。
② 刘尚慈：《春秋公羊传译注·哀公十四年》，中华书局 2010 年版，第 650 页。
③ 章学诚：《文史通义·浙东学术》，中华书局 1985 年版，第 524 页。
④ 曾振宇：《孟子诠解·滕文公下》，山东友谊出版社 2012 年版，第 166 页。
⑤ 郭庆藩：《庄子集释·天下篇》，中华书局 1961 年版，第 1067 页。
⑥ 司马迁：《史记·太史公自序》，中华书局 2006 年版，第 760 页。
⑦ 《春秋左传集解·成公十四年》第二册，上海人民出版社 1977 年版，第 735 页。
⑧ 杨伯峻：《论语译注·为政》，中华书局 1980 年版，第 19 页。
⑨ 朱彬撰，沈文倬、水渭松校点：《礼记训纂·中庸》，浙江大学出版社 2010 年版，第 766 页。
⑩ 杨伯峻：《论语译注·子路》，中华书局 1980 年版，第 133 页。
⑪ 顾炎武著，黄汝成集释：《日知录集释·所见异词》，上海古籍出版社 1985 年版，第 276 页。
⑫ 杜维运先生指出《尚书》与《逸周书》等早期文献的缺陷之一是"没有记载明确的时间"。杜维运：《中国史学史》第一册，商务印书馆 2010 年版，第 72 页。

与上古史家"未尝离事而言理"的治史传统一脉相承,不尚"空言",主张"见之于行事之深切著明"①。《春秋》涉及各国之事,而以鲁国为主。自隐公迄于哀公十四年,共记二百四十二年史事,"《春秋》之中,弑君三十六,亡国五十二,诸侯奔走不得保其社稷者不可胜数"②。《春秋》以事实为依据,孔子分析其成败得失,又加以功过贬褒。孟子评《春秋》:"其事则齐桓、晋文,其文则史。孔子曰:'其义则丘窃取之矣。'"③《谷梁传》称:"《春秋》贵义而不贵惠,信道而不信邪。"④ 这里所说的"道",就是"中道"。孔子治史,其意在弘"道"。

在《春秋》之中,孔子的确在畅畅快快地"以礼制中"。正是因为如此,《史记》说:"夫《春秋》,上明三王之道,下辩人事之纪,别嫌疑,明是非,定犹豫,善善恶恶,贤贤贱不肖,存王国,继绝世,补敝起废,王道之大者也。"⑤ 孔子又说:"夫君不君则犯,臣不臣则诛,父不父则无道,子不子则不孝。此四者,天下之大过也。以天下之大过予之,则受而敢辞。"⑥ 这与孔子"君君、臣臣、父父、子子"⑦ 的政治主张完全契合。孔子儒家的终极理想是使社会合"礼",而达到礼制的途径就是"中道"。司马迁称《春秋》为"礼义之大宗",所以他说:"知我者其惟《春秋》乎?罪我者其惟《春秋》乎?"⑧

孔子发展了他以前历史记载的贬褒书法。关于《春秋》,《史记·孔子世家》所谓"文成数万,其指数千","约其文辞而指博"⑨,都是说的孔子陈义"中道"于《春秋》,他蕴含褒贬于其中的"笔削书法",已经达到了中国史学的"最高境界"⑩。《孔子家语·问玉》和《礼记·经解》都记载了孔子说的:"属辞比事,《春秋》教也。"⑪又称:"属辞比事而不乱,则深于《春秋》者也。"⑫"属辞"指遣词用字,"比事"是排比史事。《春秋》之贬褒书法,简明而达义⑬ 比如记战争,讨罪称"伐",掠境称"侵",两军相接称"战",环城称"围",造其国都称"入",毁人社稷称"灭"。又

① 司马迁:《史记·太史公自序》,中华书局 2006 年版,第 760 页。
② 司马迁:《史记·太史公自序》,中华书局 2006 年版,第 760 页。
③ 曾振宇:《孟子诠解·离娄下》,山东友谊出版社 2012 年版,第 201 页。
④ 承载:《春秋穀梁传译注·隐公元年》,上海古籍出版社 2004 年版,第 1 页。
⑤ 司马迁:《史记·太史公自序》,中华书局 2006 年版,第 760 页。
⑥ 司马迁:《史记·太史公自序》,中华书局 2006 年版,第 761 页。
⑦ 杨伯峻:《论语译注·颜渊》,中华书局 1980 年版,第 128 页。
⑧ 曾振宇:《孟子诠解·滕文公下》,山东友谊出版社 2012 年版,第 166 页。
⑨ 分见:司马迁:《史记·太史公自序》,中华书局 2006 年版,第 760 页;《史记·孔子世家》,第 330 页。
⑩ 杜维运:《中国史学史》第一册,商务印书馆 2010 年版,第 80 页。
⑪ 杨朝明、宋立林主编:《孔子家语通解·问玉第三十六》,齐鲁书社 2009 年版,第 411 页。
⑫ 朱彬撰,沈文倬、水渭松校点:《礼记训纂·经解》,浙江大学出版社 2010 年版,第 722 页。
⑬ 司马迁:《史记·孔子世家》,中华书局 2006 年版,第 330 页,载:"孔子在位听讼,文辞有可与人共者,弗独有也。至于为《春秋》,笔则笔,削则削,子夏之徒不能赞一词。"

如：同为记杀人，有无罪见杀称"杀"，有罪当杀称"诛"，以下杀上称"弑"等不同书法，"《春秋》之义，昭乎笔削"①。孔子精湛的"笔削"书法，以贬褒阐明《春秋》大义，所谓"《春秋》之称，微而显，婉而辩，上之人能使昭明，善人劝焉，淫人惧焉，是以君子贵之"②。孔子治史论政评理，其深义即在以史育人，蓄德立说。

儒家思想一贯主张"士志于道"③，正如人们所知道的，中国古代思想家所说的"道"，其"人间性"是非常明显的，其突出特点就是"强调人间秩序的安排"。古人强调"人道尚中"④。所谓"尚中"，就是指"人间秩序的安排"要符合"中道"，顺应自然，合乎礼，顺乎情。中国史学传统看重义理，历代精通史学的人们都首先以立德为根本，治史爱憎分明，"隐恶而扬善"，主张在长期潜移默化中自觉地塑成正气，化民成俗，为中华民族追求"真""善""美"⑤ 的文化品格埋下了根基。

---

① 章学诚：《文史通义·答客问上》，中华书局 1985 年版，第 470 页。
② 《春秋左传集解·昭公三十一年》第四册，上海人民出版社 1977 年版，第 1592 页。
③ 杨伯峻：《论语译注·里仁》，中华书局 1980 年版，第 37 页。
④ 黄怀信、张懋镕、田旭东：《逸周书汇校集注·武顺解》，上海古籍出版社 2007 年版，第 326 页。
⑤ 庞朴先生认为，"中庸"的"中"，其价值意义可以分为"真""善""美"三层意思。

试论传统儒家制度的伦理基础①

沈顺福　山东大学儒学高等研究院

摘　要　率性自然的伦理精神体现了传统儒家对普通人自主能力的不信任。由此，制度不是出自普通之人。它们或者出自本性（孟子），或者受教于圣王、先师，均不能体现民众的心声。在制度体系中，君主是牧羊人，民众是被管理的对象，如同牲畜。民众几乎没有尊严可言。制度建设的目的，不是为了民众，甚至也不是为了君主。这种无视民众心声、仅仅为了管理民众的制度，显然与现代制度相距甚远。我们在建设现代制度的过程中需要反省儒家传统。

关键词　儒家　制度　君　民众

儒家经典之一《大学》倡导三纲八目，其中的八目，贯穿了个体的道德修养与平定天下的政治追求。因此，政治，从来就是儒家关注的核心。故，《庄子》将儒家的思想概括为"内圣外王"，其中的"外王"便指儒家的政治。那么，儒家政治的伦理基础是什么？假如我们设想儒家政治最终落实为系统的规范或制度，那么，儒家的这些制度的伦理基础是什么？或者说，什么是儒家的制度伦理？这是本文所关心的主要问题。

一、率性与非心：对人的自主能力的不信任

孟子政治哲学的基础是其性善论。他认为人人都有四端之心："无恻隐之心，非人也；无羞恶之心，非人也；无辞让之心，非人也；无是非之心，非人也。恻隐之心，仁之端也；羞恶之心，义之端也；辞让之心，礼之端也；是非之心，智之端也。人之有是四端也，犹其有四体也。有是四端而自谓不能者，自贼者也；谓其君不能者，贼其君者也。凡有四端于我者，知皆扩而充之矣。若火之始然，泉之始达。苟能充之，足以保四

---

①　基金项目：国家社科基金一般项目"比较视野下的儒家哲学基本问题研究"（项目编号15BZX052）阶段成果之一。

海；苟不充之，不足以事父母。"（《孟子·公孙丑上》）修身、成人无非是由性而为。这种由性而为的形式，《中庸》称之为"道"："率性之谓道。"（《礼记·中庸》）道即率性。由此，孟子为儒家人道理论确定了基调，即："人天生有颗善良的本心或良知，所谓做人，便是任由其本性自然，而不需要有任何的刻意或人为。率性自然乃是传统儒家的伦理精神。"①

率性的伦理精神成为儒家人道理论的基础。率性或顺性自然是成人之道。那么，对于人来说，顺其自然便可以了。人无须任何的主观的故意，即，对于普通人来说，我们无须自己去思考、去判断和去选择。这一立场集中体现在孟子的养勇论中。孟子剖析了北宫黝与孟施舍后说："北宫黝之养勇也"（《孟子·公孙丑上》），在于无惧，即，无知者无畏之"勇"，而"孟施舍之所养勇也……虑胜而后会"（《孟子·公孙丑上》），他懂得取舍之策略，意在思考。孟子对此也不以为然："孟施舍之守气，又不如曾子之守约也。"（《孟子·公孙丑上》）在孟子看来，能够持守本性、顺应本性之然的曾子才是真正的勇敢。故，孟子曰："舜明于庶物，察于人伦，由仁义行，非行仁义也。"（《孟子·离娄下》）任由仁义之性而行才是正道。

孟子的这种率性论，不仅仅无视或忽略了人类的自主的、理性的能力，而且褫夺了个体的独立判断和选择的权利。我们顺性自然，无须思考，也不应该自己思考、判断和选择。

事实上，从政治哲学来看，孟子倡导仁政。其仁政的核心便是顺性而为。任何故意的政治活动比如行政，孟子皆不以为然："'我能为君辟土地，充府库。'今之所谓良臣，古之所谓民贼也。君不乡道，不志于仁，而求富之，是富桀也。'我能为君约与国，战必克。'今之所谓良臣，古之所位民贼也。君不乡道，不志于仁；而求为之强战，是辅桀也。"（《孟子·告子下》）单纯的行政者无异于"民贼"者、"富桀"者，因为这是一种有意的行为。孟子反对有意的作为。

对有意行为的消极态度体现了孟子对人类自主的、理性的选择能力的不信任。孟子的这种不信任态度为儒家的人道理论设定了基调。传统儒家从来就不相信百姓能够依靠自己的力量理性地做出正确的判断、产生正确的想法，并用以指导自己的行为。

荀子的人道观，本质上说，完全继承了孟子的这一立场。荀子曰："心者，形之君也，而神明之主也，出令而无所受令。自禁也，自使也，自夺也，自取也，自行也，自止也。故口可劫而使墨云，形可劫而使诎申，心不可劫而使易意，是之则受，非之则辞。故曰：心容，其择也无禁，必自现，其物也杂博，其情之至也不贰。"（《荀子·解蔽》）心乃形身之主，它能够无限制地自由活动，这很危险。如，心"未尝不臧""未

---

① 沈顺福：《自然与中国古代道德纲领》，《北京大学学报》（哲学社会科学版）2014 年第 2 期。

尝不动"和"未尝不两":"心未尝不臧也,然而有所谓虚;心未尝不两也,然而有所谓壹;心未尝不动也,然而有所谓静。人生而有知,知而有志;志也者,臧也;然而有所谓虚;不以所已臧害所将受谓之虚。心生而有知,知而有异;异也者,同时兼知之;同时兼知之,两也;然而有所谓一;不以夫一害此一谓之壹。心卧则梦,偷则自行,使之则谋;故心未尝不动也;然而有所谓静;不以梦剧乱知谓之静。未得道而求道者,谓之虚壹而静。"(《荀子·解蔽》)从今天的角度来说,"未尝不臧"影响到人们的价值判断如善恶,"未尝不两"影响到人们的理性判断如知识,"未尝不动"则体现了人类的意识活动。三个"未尝"充分体现了荀子对个体之心的不信任。于是,"虚壹而静"与改造心灵便是必然的选择。

孟子率性而为的成人之道,暗示了他对人类自主能力的忽视与自主抉择的权利的褫夺。荀子的心论则进一步证明了人类自主抉择行为的风险与危害。于是,个人的独立自主的、理性认识便被贴上了危险或邪恶的标签,即,人心惟危。既然自己之心靠不住,那就只能够听他人的。于是,道德说教、礼法制度便成了养民之道。故,孟子曰:"上无道揆也,下无法守也;朝不信道,工不信度;君子犯义,小人犯刑:国之所存者,幸也。"(《孟子·离娄上》)对于君子来说,自发之义可以约束自己。但是对于平民来说,外在的刑、法是不可缺的。荀子曰:"故先王圣人为之不然:知夫为人主上者,不美不饰之不足以一民也,不富不厚之不足以管下也,不威不强之不足以禁暴胜悍也,故必将撞大钟、击鸣鼓、吹笙竽、弹琴瑟,以塞其耳;必将錭琢刻镂、黼黻文章,以塞其目;必将刍豢稻粱、五味芬芳,以塞其口。然后众人徒、备官职、渐庆赏、严刑罚,以戒其心。使天下生民之属,皆知己之所愿欲之举在是于也,故其赏行;皆知己之所畏恐之举在是于也,故其罚威。赏行罚威,则贤者可得而进也,不肖者可得而退也,能不能可得而官也。"(《荀子·富国》)只有礼法制度才能够约束民心、导民致善。

孟子和荀子在此问题上达成一致:人不能自己独立地思考、判断和选择,不能够自行其是。这是我们的第一个结论。孟子和荀子皆不信任人的理性能力和自主能力。对个体能力的不信任直接影响到儒家的制度建设。

二、制度的起源与个体意愿

礼仪制度等人道的来源是什么?在这个问题上,传统儒家有两种观点,分别以孟子和荀子为代表。

在孟子看来,仁义礼智等人道(似乎不包括法律等)起源于人类自身之性。孟子曰:"人皆有不忍人之心。先王有不忍人之心,斯有不忍人之政矣。以不忍人之心,行不忍人之政,治天下可运之掌上。……恻隐之心,仁之端也;羞恶之心,义之端也;辞让之心,礼之端也;是非之心,智之端也。"(《孟子·公孙丑上》)王政源自仁心、礼仪本自辞让之心等。故，孟子曰："君子所性，仁义礼智根于心；其生色也，睟然见于面，盎于背，施于四体，四体不言而喻。"（《孟子·尽心上》）本心是仁义礼等制度的本原。"本心主要指作为本原的人性。"① 故，制度源自人性。或者说，人性或德性是某些制度或人道的基础。这是孟子的观点。

孟子似乎不太讨论法等制度、人道的基础。荀子则直面这一问题，并提出了和孟子不同的观点，即，礼法制度源自圣王。荀子指出："古者圣王以人性恶，以为偏险而不正，悖乱而不治，是以为之起礼义，制法度，以矫饰人之情性而正之，以扰化人之情性而导之也，始皆出于治，合于道者也。今人之化师法，积文学，道礼义者为君子；纵性情，安恣孳，而违礼义为小人。"（《荀子·性恶》）远古的圣人看到俗人出于性情而好利、争夺，导致悖乱，便发明了仁义礼法等一系列的社会规范与制度，从而约束人性、治理社会。荀子曰："故圣人化性而起伪，伪起而生礼义，礼义生而制法度。然则礼义法度者，是圣人之所生也。"（《荀子·性恶》）制度是圣王的产物。圣王制定制度，并将其灌输给百姓。故，依荀子之见，制度的基础是外部的灌输即教化。

针对孟子的性善论或性本论，荀子明确回应曰："凡礼义者，是生于圣人之伪，非故生于人之性也。故陶人埏埴而为器，然则器生于陶人之伪，非故生于人之性也。故工人斲木而成器，则器生于工人之伪，非故生于人之性也。圣人积思虑，习伪故，以生礼义而起法度，然则礼义法度者，是生于圣人之伪，非故生于人之性也。"（《荀子·性恶》）礼法制度与人的本性无关，而是出于圣人的创造。

孟荀的制度或人道起源论，分别阐述了制度的本原或基础。然而，从这些起源来看，无论是孟子的本性制度，还是荀子的教化制度，均和个体的意愿、想法无关，即，无论是孟子还是荀子，他们的制度并没有体现群体成员或个体的意愿和想法。

在孟子那里，有限的制度源自本性。从本性到礼仪制度，是一个自然的过程，比如交往之礼。"万章问曰：'敢问交际何心也？'孟子曰：'恭也。'曰：'却之却之为不恭，何哉？'曰：'尊者赐之，曰其所取之者，义乎，不义乎，而后受之，以是为不恭，故弗却也。'曰：'请无以辞却之，以心却之，曰其取诸民之不义也，而以他辞无受，不可乎？'曰：'其交也以道，其接也以礼，斯孔子受之矣。'"（《孟子·万章下》）交际之礼便是一个自发的、自然的过程，无关乎行为人独立的、理性的思考。如果此时反思"合适与否"，这便是不恭敬、不合礼。交际之礼，自然成就，无待思维。

即便是仁政中的战争，也是自然的。比如，《尚书》中的"葛伯仇饷"所引发的汤征葛伯事件也是自然的："为其杀是童子而征之；四海之内，皆曰：'非富天下也，为匹夫匹妇复雠也。'汤始征，自葛载；十一征而无敌于天下。东面而征，四夷怨，南面

---

① 沈顺福：《人心与本心——孟子心灵哲学研究》，《现代哲学》2014 年第 5 期。

而征，北狄怨，曰：'奚为后我？'民之望之，若大旱之望雨也；归市者弗止，芸者不变；诛其君，吊其民，如时雨降，民大悦。……不行王政云尔，苟行王政，四海之内，皆举首而望之，欲以为君；齐、楚虽大，何畏焉。"（《孟子·滕文公下》）发自本心的行为，即便是杀戮，孟子认为也是仁政、王政：它出于本心的自发，或者是君王的本心自发，或者是百姓的本心自发。这种战争是自发的、自然的。

所以，在孟子看来，人类制度、政治行为等，都是本性之自然，无关乎个人的思考或想法。也就是说，这些源自本性的礼仪等仅仅是人性自然发展的结果，而不是人类理智思考、理性选择的产物。它既然无关乎理性思考，便不能说它表达了作为参与者的个体成员的意愿和想法。故，孟子的礼仪制度并不在意成员的想法。依照荀子的制度起源论，礼法制度源自圣王，更与普通个体意愿无关。相反，荀子认为个体天生有自己的想法，这些想法在未被教化之前是靠不住的，即"人心惟危"便是。

这便是我们的第二个观点，即，无论是孟子的人性起源论，还是荀子的圣人起源论，都将礼法制度等看作是与个体成员的意愿、想法几乎无关的事情，或者说，礼法制度并没有表达广大个体的意愿或想法。制度不是其成员个体自己想的事情。

三、君、群与牧：制度中的人

在制度规定的群体中，君民各分享什么样的角色呢？

群体之群，本义为羊群。它由羊与君组成。这意味着：群内含两类角色，即，羊与君。其中，君是管理者，羊是被管理者。羊与君合成群体。这反映了早期人们对待群体的基本认识。荀子基本保留了这种认识："君者，善群也。群道当，则万物皆得其宜，六畜皆得其长，群生皆得其命。故养长时，则六畜育；杀生时，则草木殖；政令时，则百姓一，贤良服。"（《荀子·王制》）君主即统治者，其角色是统治、管理万物、六畜和群生。百姓也是其中之一。在群体中，有充当统治者的君主，也有被统治的百姓、民众。荀子曰："人之生不能无群，群而无分则争，争则乱，乱则穷矣。故无分者，人之大害也；有分者，天下之本利也；而人君者，所以管分之枢要也。"（《荀子·富国》）君主是管理者、统治者，是群体制度建设的重要部分，具有重要的功能。它统领百姓："君者仪也，民者景也，仪正而景正。君者盘也，民者水也，盘圆而水圆。君者盂也，盂方而水方。君射则臣决。楚庄王好细腰，故朝有饿人。故曰：闻修身，未尝闻为国也。君者，民之原也；原清则流清，原浊则流浊。"（《荀子·君道》）在政治团体中，君主的言行能够决定性地影响到民众的举止。荀子将君主比作民众的父母："故天地生君子，君子理天地；君子者，天地之参也，万物之总也，民之父母也。无君子，则天地不理，礼义无统，上无君师，下无父子，夫是之谓至乱。"（《荀子·王制》）君主是民众的父母、决定者。这一思维后来演化为中国传统政治思维，即，代表君主的官员为自己的父母。

君主依靠制度管理群体。这个制度便是道。荀子曰："道者，何也？曰：君之所道也。君者，何也？曰：能群也。能群也者，何也？曰：善生养人者也，善班治人者也，善显设人者也，善藩饰人者也。善生养人者人亲之，善班治人者人安之，善显设人者人乐之，善藩饰人者人荣之。四统者俱，而天下归之，夫是之谓能群。不能生养人者，人不亲也；不能班治者，人不安也；不能显设人者，人不乐也；不能藩饰人者，人不荣也。四统者亡，而天下去之，夫是之谓匹夫。故曰：道存则国存，道亡则国亡。"（《荀子·君道》）君主以道治国，具体为生养、班治、显设和藩饰等方面。这四个方面分别要求不同的人员配置与制度安排："省工贾，众农夫，禁盗贼，除奸邪：是所以生养之也。天子三公，诸侯一相，大夫擅官，士保职，莫不法度而公：是所以班治之也。论德而定次，量能而授官，皆使人其事，而各得其所宜，上贤使之为三公，次贤使之为诸侯，下贤使之为士大夫：是所以显设之也。修冠弁衣裳，黼黻文章，雕琢刻镂，皆有等差：是所以藩饰也。"（《荀子·君道》）在这些人员配置中，既有与君主（天子、诸侯）接近的三公、宰相等，也有工商业者、农民等民众，甚至还包括盗贼与奸邪之徒等小人。其中，广大的民众（包括那些小人、坏人等）如同牲畜一般需要生养。这便是荀子等儒家给民众的基本定位。

在荀子看来，人天生分享一致的本性："材性知能，君子小人一也；好荣恶辱，好利恶害，是君子小人之所同也。"（《荀子·荣辱》）这些一致的本性，便是人的生物本性："凡人有所一同：饥而欲食，寒而欲暖，劳而欲息，好利而恶害，是人之所生而有也，是无待而然者也，是禹桀之所同也。目辨白黑美恶，耳辨声音清浊，口辨酸咸甘苦，鼻辨芬芳腥臊，骨体肤理辨寒暑疾养，是又人之所常生而有也，是无待而然者也，是禹桀之所同也。"（《荀子·荣辱》）这些本性，简单地说，便是趋利避害、近乎人的动物性本能。这些生物性本性，荀子以为恶："人之性恶，其善者伪也。今人之性，生而有好利焉，顺是，故争夺生而辞让亡焉；生而有疾恶焉，顺是，故残贼生而忠信亡焉；生而有耳目之欲，有好声色焉，顺是，故淫乱生而礼义文理亡焉。然则从人之性，顺人之情，必出于争夺，合于犯分乱理，而归于暴。"（《荀子·性恶》）人天生性恶，如果不予以教化与改造，邪恶之性会导致政体灭亡。

在荀子看来，邪恶之性是人的生存基础。荀子曰："凡贵尧禹君子者，能化性，能起伪，伪起而生礼义。然则圣人之于礼义积伪也，亦犹陶埏而为之也。用此观之，然则礼义积伪者，岂人之性也哉！所贱于桀跖小人者，从其性，顺其情，安恣睢，以出乎贪利争夺。故人之性恶明矣，其善者伪也。"（《荀子·性恶》）人天生具有成为小人的基质、倾向或条件。化性起伪者可以成为君子、圣人，成为统治者。而那些纵性任情、不待教化者，则沦为小人。在整个社会中，成为君子、圣人者毕竟是少数。多数人，尽管努力化性起伪，却终究未能够如愿。在儒家看来，占绝对多数的民众并没有被教化好，依然是小人。故，民众是缺乏教化或教化不够的小人。荀子曰："君子以德，小人以力；力者，德之役也。百姓之力，待之而后功；百姓之群，待之而后和；百姓之财，待之而后聚；百姓之执，待之而后安；百姓之寿，待之而后长。"（《荀子·富国》）在此，小人之力即百姓之力，百姓等同于小人。

孟子也有类似的观点：民众是小人、野人。孟子将人分为大人和小人两类："从其大体为大人，从其小体为小人。……耳目之官不思，而蔽于物；物交物，则引之而已矣。心之官则思，思则得之，不思则不得也。此天之所与我者，先立乎其大者，则其小者不能夺也：此为大人而已矣。"（《孟子·告子上》）顺从本性者便是大人。"放心"者便是小人。民众便是这等小人："然则治天下独可耕且为与？有大人之事，有小人之事。且一人之身，而百工之所为备。如必自为而后用之，是率天下而路也！故曰：或劳心，或劳力；劳心者治人，劳力者治于人；治于人者食人，治人者食于人，天下之通义也。"（《孟子·滕文公上》）民众是劳力者，是小人。民众又叫野人："子之君，将行仁政；选择而使子，子必勉之。夫仁政必自经界始；经界不正，井地不均，谷禄不平。是故，暴君污吏，必慢其经界。经界既正，分田制禄，可坐而定也。夫滕，壤地褊小：将为君子焉，将为野人焉；无君子莫治野人，无野人莫养君子。"（《孟子·滕文公上》）野人即在荒郊野外劳作的民众。

小人、野人的重要特征是不离生物本能，唯利是图。故，孟子提出："无恒产而有恒心者，惟士为能。若民，则无恒产，因无恒心。苟无恒心，放辟邪侈，无不为已。及陷于罪，然后从而刑之，是罔民也。焉有仁人在位，罔民而可为也！是故，明君制民之产，必使仰足以事父母，俯足以畜妻子；乐岁终身饱，凶年免于死亡。然后驱而之善，故民之从之也轻。"（《孟子·梁惠王上》）对于小人来说，利益是主导其行为的主要动力，即，有恒产者有恒心。

这些小人或民众需要教化与约束。制度因此必要："至道大形：隆礼至法则国有常，尚贤使能则民知方，纂论公察则民不疑，赏克罚偷则民不怠，兼听齐明则天下归之；然后明分职，序事业，材技官能，莫不治理，则公道达而私门塞矣，公义明而私事息矣：如是，则德厚者进而佞说者止，贪利者退而廉节者起。……夫是之谓政教之极。"（《荀子·君道》）制度能够确定秩序、归化民心，然后百姓能够修身止行。这便是政、教的目标。

其中，政侧重于刚性的制度，比如刑罚制度，教化侧重于软性的制度，比如礼乐规范等。礼法制度的功能便是改造天生邪性的民众、小人。在荀子看来，民众、小人几乎类似于畜生，需要政教改造之："请问为政？曰：贤能不待次而举，罢不能不待须而废，元恶不待教而诛，中庸不待政而化。分未定也，则有昭缪。虽王公士大夫之子孙也，不属于礼义，则归之庶人。虽庶人之子孙也，积文学，正身行，能属于礼义，则归之卿相士大夫。故奸言、奸说、奸事、奸能，遁逃反侧之民，职而教之，须待之，勉之以庆赏，惩之以刑罚。安职则畜，不安职则弃。五疾，上收而养之，材而事之，官施而衣食之，兼覆无遗。才行反时者死无赦。夫是之谓天德，是者之政也。"（《荀子·王制》）教化、规范和改造民众是政治活动的重要内容。

在荀子等人的眼里，庶人、民众类似于牲畜。因此，对待这些民众，要和对待动物一般进行生养："不违农时，谷不可胜食也；数罟不入洿池，鱼鳖不可胜食也；斧斤以时入山林，材木不可胜用也；谷与鱼鳖不可胜食，材木不可胜用，是使民养生丧死无憾也；养生丧死无憾，王道之始也。"（《孟子·梁惠王上》）民如同动物一般需要养。"省工贾，众农夫，禁盗贼，除奸邪：是所以生养之也。"（《荀子·君道》）农夫、工商业者以及盗贼等需要养。故，荀子强调"富国"："不富无以养民情，不教无以理民性。故家五亩宅，百亩田，务其业，而勿夺其时，所以富之也。立大学，设庠序，修六礼，明七教，所以道之也。诗曰：'饮之食之，教之诲之。'王事具矣。"（《荀子·大略》）富国以养民，再而教之，王事成矣。

事实上，荀子等将民众几乎等同于动物。他常常以动物来类比民众："臣以政知之。昔舜巧于使民，而造父巧于使马；舜不穷其民，造父不穷其马；是以舜无失民，造父无失马。"（《荀子·哀公》）民等同于马等牲畜。对于动物来说，感性需求是第一位的。故，"圣王之制也：草木荣华滋硕之时，则斧斤不入山林，不夭其生，不绝其长也。鼋鼍鱼鳖鳅鳣孕别之时，罔罟毒药不入泽，不夭其生，不绝其长也。春耕、夏耘、秋收、冬藏，四者不失时，故五谷不绝，而百姓有余食也。污池渊沼川泽，谨其时禁，故鱼鳖优多，而百姓有余用也。斩伐养长不失其时，故山林不童，而百姓有余材也。"（《荀子·王制》）民众如动物一般，满足生理需求是第一位的。

故，在儒家制度中，民众始终是被管理者、被统治者。只有极少数的平民可能会通过自己的努力上升至统治阶层，成为统治者，但是绝大多数人终生是平民。这意味着绝大多数平民终生是庶人、小人，几乎不参与制度管理活动。它们仅仅是被管理、被统治的对象，如同牲畜一般。这便是民众在儒家制度设计中的角色。

四、制度的目的

儒家制度建设的目的是什么呢？在荀子看来，制度建设的直接目的是为了秩序，其最终目的是政体的稳定和生存。

首先，荀子指出了社群对于人类生存的意义："水火有气而无生，草木有生而无知，禽兽有知而无义，人有气、有生、有知，亦且有义，故最为天下贵也。力不若牛，走不若马，而牛马为用，何也？曰：人能群，彼不能群也。人何以能群？曰：分。分何以能行？曰：义。"（《荀子·王制》）人因为能够形成群体或团体，故而能够战胜群雄。因此，群体形式对人类生存有用。

其次，荀子以性恶论为基础，提出了制度建设的必要性。荀子曰："然则从人之性，顺人之情，必出于争夺，合于犯分乱理，而归于暴。故必将有师法之化，礼义之道，然后出于辞让，合于文理，而归于治。"（《荀子·性恶》）人天生之性好利。如果不进行有效的控制或改造，人性的滋生繁衍会引发争夺，从而乱理，并最终导致灭亡。故，制度是矫正人情、安治天下的最好方式。即，只有制度才能够确保群体的秩序。荀子指出："故人生不能无群，群而无分则争，争则乱，乱则离，离则弱，弱则不能胜物；故宫室不可得而居也，不可少顷舍礼义之谓也。能以事亲谓之孝，能以事兄谓之弟，能以事上谓之顺，能以使下谓之君。君者，善群也。群道当，则万物皆得其宜，六畜皆得其长，群生皆得其命。故养长时，则六畜育；杀生时，则草木殖；政令时，则百姓一，贤良服。"（《荀子·王制》）群体需要制度来维护秩序，否则则乱。"川渊深而鱼鳖归之，山林茂而禽兽归之，刑政平而百姓归之，礼义备而君子归之。故礼及身而行修，义及国而政明，能以礼挟而贵名白，天下愿，令行禁止，王者之事毕矣。……无土则人不安居，无人则土不守，无道法则人不至，无君子则道不举。故土之与人也，道之与法也者，国家之本作也。君子也者，道法之总要也，不可少顷旷也。得之则治，失之则乱；得之则安，失之则危；得之则存，失之则亡，故有良法而乱者有之矣，有君子而乱者，自古及今，未尝闻也。"（《荀子·致士》）令行禁止、制度严明是确保政体稳定的基本手段。

那么，维护秩序的目的是什么呢？首先可以肯定的是：制度或秩序从来就不是以民众为目的。这不仅仅是儒家政治理论，也是千年来的历史事实。从儒家理论来看，制度产生的基础决定了它不以民众为目的。在儒家看来，制度或者出自圣王，或者出自本性，与民众的想法几乎无关。这些制度并没有直接体现民众的意愿和想法，即，制度不是民众自己想的事情。只有出于自己的想法、自己想的事情，才是自足的目的、最终目的。故，一个忽略了民众的心声的制度，我们很难说它能够真正地为其服务。

在儒家哲学体系中，制度不是为个体之人服务的。人不是目的。从伦理来看，它表现为无视人的尊严。无视民众心声的制度，必定无视民众的个体尊严。尊严，按照康德的观点，"人类的以及所有的理性自然物的尊严的基础是自律"①。它不仅体现在意志自我立法上，即，"人性的尊严存在于人具有能够普遍立法的能力上"②，而且表现于自我

---

① Immanuel Kant, *Kritik der Praktischen Vernunft und andere kritische Schriften*, Koenemann, 1995, p. 234.

② Immanuel Kant, *Kritik der Praktischen Vernunft und andere kritische Schriften*, Koenemann, 1995, p. 240.

对"自己给出的法则（即道德律）的遵从"①，即，"我们不是出于害怕它，也不是因为喜欢它，而是因为我们尊重法则，并因此给我们的行为带来的道德价值"②。所以，立法和守法是自律的基本内容，也是人的尊严的基础。"在康德理论的基础上，我们形成了关于尊严的伦理意义，并成为后来《人权的普世宣言》的基本框架"③ 或基础。也就是说，通常认为，尊严的基础在于：自己立法、自己守法。对民众心声的无视，便剥夺了民众的（自我）立法权（社会制度立法和个体道德立法）。无论是社会制度如法律等，还是道德规范等，按照儒家的逻辑，皆与个体意愿无关。故，个体没有立法权（制度立法和道德立法）。对于民众来说，他只有守法的义务，却无立法的权利。缺少了立法权、无法表达自己的意愿，显然谈不上尊严。因此，在儒家传统文化中，民众几乎没有尊严可言。

从法律的角度来看，儒家化的法律制度的目的并不主张民众的利益。故，中国传统法律即中华法系的主要内容是刑律，而无民法。后者关注于民众的私利。

儒家制度不以人为目的，即，它不仅仅不以民众为目的，而且即便是统治者，也不是它的目的。在早期儒家体系中，君主并没有绝对权威的地位。如孟子曰："民为贵，社稷次之，君为轻。"（《孟子·尽心下》）君轻于政体。在孟子看来，君主不合格，完全可以更换。荀子甚至说："天之生民，非为君也；天之立君，以为民也。故古者，列地建国，非以贵诸侯而已；列官职，差爵禄，非以尊大夫而已。"（《荀子·大略》）君主是上天为了民众而安排的。即便是汉代的董仲舒，在将君主、天子神话的同时，也强调："天之生民非为王也，而天立王以为民也。故其德足以安乐民者，天予之；其恶足以贼害民者，天夺之。"（《春秋繁露·尧舜不擅移汤武不专杀》）君主不合格，老天也会废除的。因此，在儒家体系中，君主也不是目的，至少不是直接的目的。

因此，从形式上来看，儒家倡导的制度既不以民众为目的，也不以统治者为目的。如果要说有目的的话，政体自身可能是其目的，即，它的目的是为了政体的稳定和持久存在。这便是儒家的大学之道：修齐治平。荀子曰："听政之大分：以善至者待之以礼，以不善至者待之以刑。两者分别，则贤不肖不杂，是非不乱。贤不肖不杂，则英杰至，是非不乱，则国家治。"（《荀子·王制》）好的政治即王道政治、王者之事，它的目的是为了国治家安。尤其是国家的安定与存亡，乃是第一要务。荀子曰："凡古今天下之所谓善者，正理平治也；所谓恶者，偏险悖乱也：是善恶之分也矣。今诚以人之性固正理平治邪，则有恶用圣王，恶用礼义哉？虽有圣王礼义，将曷加于正理平治也哉？"

---

① Immanuel Kant, *Kritik der Praktischen Vernunft und andere kritische Schriften*, Koenemann, 1995, pp. 232 – 233.

② Immanuel Kant, *Kritik der Praktischen Vernunft und andere kritische Schriften*, Koenemann, 1995, p. 239.

③ Milton Lewis, *A Brief History of Human Dignity: Idea and Application*, *Perspectives on Human Dignity: A Conversation*, Edited by Jeff Malpas and Norelle Lickiss, 2007 Springer, p. 95.

（《荀子·性恶》）安治天下、保存政体才是荀子等儒家政治哲学的终极目的。

当然，民众不是目的，并不是说民众不重要。民众是本，是政权的基础，因此非常重要。孟子曰："诸侯之宝三：土地、人民、政事。"（《孟子·尽心下》）民众和土地一样是君主、政体的重要要素，十分珍贵，此即"民为贵"：它仅仅表示民众很重要，如土地对于国家的重要性一般，而不涉及人格、尊严等。

结论　儒家制度伦理的反思

两千年来，儒家为了中华民族文化的传承、正统的承续、政权的稳定等，在制度建设方面做出了许多杰出的贡献，如提出君君臣臣、三纲五常等制度。这些制度不仅有其历史价值，而且有些可能还会有些现实价值，如兄友弟恭等。但是，从现代伦理学和政治哲学的角度来看，它的制度伦理需要被认真地检讨和反思，有些可能需要彻底抛弃。

从近代以来，以康德的"人是目的"的口号为代表的思潮将人类在宇宙世界中的地位提到了前所未有的高度，即，人类是世界的主人，也是自己的主人。人从来就不应该被当作手段。相反，人是目的。这意味着：第一，制度应该反映民众的心声。这便是民主政治的中心。对此，儒家显然忽略了。其次，制度仅仅是手段，其目的是为民众服务。这是契约论的基本理念，即，以制度为工具来确保自己的利益，以实现自己的目的。第三，人是理性的、自由的主人。这便是近代哲学提供给人类的关于人的崭新理论。儒家仅仅将民众视作一种特殊的动物，以生养和富贵来对待它。人从未得到过真正的尊重，也没有尊严可言。

尽管我们承认制度对于任何一个社会与团体的重要性，也相信团体对于人类的价值，但是团体、政体和制度终究是为人服务的。人是目的。任何一种制度和政体建设，都应该以此为基础。传统儒家制度伦理忽略了这一基础。这便是儒家制度伦理的最大不足。这也是我们在重新审视儒家传统时必须面对的问题，是我们在继承儒家传统时必须注意的事项。

"生生"：儒家对生命的诠释

陶新宏　东南大学人文学院

摘　要　"生生"是中国哲学的重要范畴。"生生"思想贯注于儒家哲学的历史发展和内在结构之中。通过文本发掘，呈现儒家"生生"之创生、续生，共生、养生，贵生、护生等丰富内涵，进而以多个视角深入探寻"生生"之要求、动因及形式，展现儒家生命伦理的精神内核，以期彰显民族生生不息、傲然挺立于世界民族之林的精神之源。

关键词　儒家　生生　生命　阴阳

在儒家哲学中，宇宙万物是一个"生生"不断的演进过程。天、地、人不是各自独立、相互对峙的系统，而是同处于一个充满生机的生命体系之中。"生生"是世界最根本的事实，一切事物莫不在生生不息的运动中汇成滚滚的生命洪流向前涌动。

一、儒家"生生"观念之内蕴

"生生"一词，历来为儒家哲学的重要范畴。《尚书·盘庚》中就有四处出现"生生"；《诗经·大雅》中有"天生烝民，有物有则"①（注：以下所引同一出处只注明章节）；孔子也说"天生德于予"②（《论语·述而》）。《周易》则明确提出并系统阐述了"生生"思想。《周易》中《易经》成书"当在西周初年"③。《易传》则是先秦儒家解释《易经》的文献。宋儒从周敦颐始，皆追寻、体认以"生生"为特征和纽带的天地万物一体境界。以下我们就"生生"的内涵作些许探讨：

（一）创生与续生

最早出现在《尚书·盘庚》中的"往哉生生，今予将试以汝迁，永建乃家""联不

① 程俊英：《诗经译注》，上海古籍出版社 2004 年版。
② 杨伯峻：《论语译注》，中华书局 2006 年版。
③ 高亨：《周易古经今注》，中华书局 1984 年版。

肩好货，敢恭生生""无总于货宝，生生自庸，式敷民德，永肩一心"①（《盘庚·中》）。孔颖达疏曰："物之生长，则必渐进，故以'生生'为'进进'。王肃亦然。'进进'是同心原乐之意也。"（《尚书正义》卷九盘庚中第十）（也有学者认为："'生生'应当读为'谨谨'，谓敬慎而不骄侈。"②）其实，此处"生生"在终极义和普遍义上，应有不断创生、存生不已之义。

《乾象传》曰："大哉乾元！万物资始，乃统天。云行雨施，品物流形。"③《坤象传》言："至哉坤元！万物资生，乃顺承天。坤厚载物，德合无疆。"这是说乾的功能是开始创生万物，坤的功能则是承接滋养万物。《系辞传》则具体指出创生的内容："乾道成男，坤道成女。乾知大始，坤作成物。""夫乾，其静也专，其动也直，是以大生焉。夫坤，其静也翕，其动也辟，是以广生焉。"天下万物皆如此创生。对于"生生之谓易"，孔颖达疏曰："生生，不绝之辞。阴阳变转，后生次于前生，是万物恒生谓之易也。"（《周易正义·系辞上》卷七之五）即认为"易"就是讲生命的产生、成长和存续之道。北宋张载亦曰："生生，犹言进进也。"④（《横渠易说·系辞上》）"生生"就是化育无穷明。来知德认为"生生"即"始终代谢，其变无穷"⑤。《系辞传》又曰："易有太极，是生两仪。两仪生四象，四象生八卦。"显然这种"创生"是以太极作为"生生"之始点，以八卦为"生生"之终点。八卦表征的自然现象是天地、水火、山泽、风雷。因此，八卦是表达如何创生一个现实世界。又曰："有天地然后有万物，有万物然后有男女，有男女然后有夫妇，有夫妇然后有父子，有父子然后有君臣，有君臣然后有上下，有上下然后礼义有所措。"这样，《易传》就完整地描绘出了一幅从"太极"经"阴阳"到"万物"以至人类社会的男女、夫妇、父子、君臣的宇宙万物创生图式。

天地"生物"，亦可以说是天地之道"生物"，孔子曰："天何言哉，四时行焉，百物生焉，天何言哉！"（《论语·阳货》）《中庸》说："天地之道，可一言而尽也；其为物不贰，则其生物不测。天地之道，博也，厚也，高也，明也，悠也，久也。"⑥ 天地的根本功能是"创生生物"，也就是以"生"为道。接着，《中庸》又具体描述了天地的覆载生养的功能，"今夫天，斯昭昭之明也，及其无穷也，日月星辰系焉，万物覆焉。今夫地，一撮土之多，及其广厚，载华岳而不重，振河海而不淹，万物载焉"。

---

① 刘运兴：《论〈尚书·盘庚〉之"生生"》，《殷都学刊》1996 年第 3 期。
② 孔颖达：《尚书正义》，黄怀信整理，上海古籍出版社 2007 年版。
③ 孔颖达：《周易正义》，九州出版社 2004 年版。
④ 张载：《张载集》，章锡琛点校，中华书局 1978 年版。
⑤ 来知德：《周易集注》，张万彬点校，九州出版社 2004 年版。
⑥ 朱熹：《四书集注》，王浩整理，凤凰出版社 2008 年版。

儒家认为，宇宙万物的创生并非偶然完成的，而是一个持续不断的延续过程，蕴藏着绵绵的生机。"'生生'即生而又生，亦即日新。"① 事实上，世上万事万物从出现到消亡的运动过程中都会受到相关规律的制约与支配。从《周易》的六十四卦中可以看出，卦序排列环环相扣，其实就是表征着万物变化的阶段性与规律性。诸如，《乾》卦辞曰："元、亨、利、贞。"唐李鼎祚注曰："《子夏传》曰：元，始也。亨，通也。利，和也。贞，正也。"②（《周易集解》卷一）其实，这四个字表征了生命新陈代谢的四个不同时期，宇宙万物有元就有亨，继之以利和贞，这是一个生机不滞、生生不息的循环系统。反之，若有元亨而无利贞，则是有始而无终，万物"生生"的生命历程就不能完成。不仅如此，在这些不同的生命阶段之内，同样始终贯穿着创生和生机，而不是一成不变的机械的存在。

值得注意的是，针对天地创生结果的复杂多样性的阐释，张横渠曰："游（流动之意）气纷扰，合而成质者，生人物之万殊。"③（《朱子语类》卷九十八）朱熹释曰："阴阳五行，循环错综，升降往来，所以生人物之万殊，立天地之大义。"显然，这就是天地创生的根本特性，从而阐释了天地创生结果上存有差异。

（二）共生与养生

《周易》从八经卦以推衍出六十四别卦，并且别卦既能各自独立、又能各守其位，做到并存而不相妨害。这就表征了宇宙创生与万物共生过程中"生生"的镜像。"儒家完全是把宇宙世界视为一个生命的有机体。"④《系辞传》曰："在天成象，在地成形，变化见矣"，而且"其道甚大，百物不废"。这是说人与万物虽各具形态，变动不居，但却与天地共生共荣。《中庸》曰："万物并育而不相害，道并行而不相悖"，说的就是这个道理。因此，儒家主张"成己"与"成物""立己"与"立人""己达"与"人达"。其实，成就自己是在成就别人和他物的共生关系中实现的。成就自己，同时必须尊重别人，否则，不仅不能成就自己，人们之间也不可能和谐共处。

事实上，由于宇宙中人与万物共生、共存，因而所有生命体都应得到充分、持续的葆养，而不应该被任意削弱与剥夺。因为每个生命体都不是一成不变的存在，而是有着内在活力、能够靠自身来实现生命历程。《坤·文言》曰："天地变化，草木蕃；天地闭，贤人隐。"天地通过不断地运转变化，使生物界欣欣向荣、充满了生机和活力。否则，生命就会枯萎、凋谢、毁灭。

为此，要想葆养生命，就应做到"往来不穷，谓之通"（《系辞传》）。葆养生命的

---

① 张岱年：《张岱年全集（第七卷）》，河北人民出版社 1996 年版。
② 李鼎祚：《周易集解》，李一忻点校，九州出版社 2003 年版。
③ 黎靖德编：《朱子语类》，王星贤点校，中华书局 2007 年版。
④ 李承贵：《试论中国哲学的五大特质》，《学术研究》2015 年第 3 期。

关键就是运动，以运动促进变化，才会使生命体各个部分的机能保持和谐通畅，人的身心才会和谐而健康。进一步，人还要"顺万物之情"，努力养成与万物共存共荣的心态，在对待自我生命上，不违背喜怒哀乐之情，并使之保持相对的平衡，从而达到维持生命的"中和"状态，保证生命的健康。此外，生命葆养还不能以外力强行遏制人们的正常欲求。正如荀子所言，"虽为守门，欲不可去，性之具也。虽为天子，欲不可尽"①。（《荀子·正名》第二十二）不管是卑微的守门人，抑或是高贵的天子，都不可完全断除或完全满足他的欲望，因为正当欲求应该是生命体的基本需要，理应得到满足。

孟子所倡导的"仁政"之中，其实就蕴涵共生养生的"生生"观念，他主张"制民之产，五亩之宅，百庙之田，勿夺其时""必使仰足以事父母，俯足以畜妻子，乐岁终身饱，凶年免于死亡""是使民养生丧死无憾也"②。（《孟子·梁惠王上》）事实上，这种"生生"是不以身份地位为评判的，甚至越是地位卑贱，越是要先受到照顾。值得注意的是，《礼记·礼运》所阐述的"老有所终，壮有所用，幼有所长，鳏寡孤独废疾者皆有所养"③，就是一副"生生"和谐大同世界的镜像。

值得关注的是，孟子还将葆养生命的范围提升至精神层面。他强调作为生命的精神层面的"良心"是人生而具有的，必须加以认真葆养，他主张："夜气不足以存，则其违禽兽不远矣。……故苟得其养，无物不长；苟失其养，无物不消。"（《孟子·告子上》）人的"良心"虽先天所具有，但还是需要葆养的。假使人的"夜气"不足，离禽兽就不远了。此外，孟子还主张应该"养吾浩然之气"，以使人们达到"直于天地万物上下同流"的人生境界。

（三）贵生与护生

儒家主张以"仁民爱物""以诚心待物"的方式处理人与物的关系，事实上，这就是一种尊重生命、爱护生命发展的态度，并非将宇宙万物视为与生命无关的外在之物加以役使。

生命是最重要的。为了生存，即使传统也应该被打破。"往哉，生生！今予将试以汝迁，永建汝家。"（《尚书·盘庚中》）盘庚认为只有迁都百姓才有生路。因为其实"《诗》三百首"无不流淌着一种把生命视为最优先、最重要的价值的观念。《系辞传》"日新之谓盛德"则体现了一种强烈的生命意识和贵生的情感。这些都表征了儒家对生命的尊重。

---

① 荀况：《荀子》，刘向整理，燕山出版社 1995 年版。
② 杨伯峻：《孟子译注》，中华书局 2005 年版。
③ 孙希旦：《礼记集解》，沈啸寰、王星贤点校，中华书局 1989 年版。

事实上，儒家不仅在理论上强调尊重生命，而且在实践上主张保护生命。孔子主张"钓而不网，弋不射宿"（《论语·述而》），荀子强调"草林荣华滋硕之时，斧斤不入山林，不夭其生，不绝其长也"（《荀子·王制》），进而提出"不时不食"。儒家认为"断一树，杀一兽，不以其时，非孝也"（《礼记·祭义》），反对社会上那些竭泽而渔、一网打尽的做法，明确告诫人们不能为取得眼前利益而破坏生态平衡，而应该以仁爱之心对待生灵万物。儒家认为，只有善待自然、尊重自然，人类才是真正地保护自己。值得注意的是，孟子从社会层面主张尊重生命、保护生命。他反对兼并战争，反对严刑峻法，强烈抨击毁灭生命的行为。他说："争地以战，杀人盈野，争城以战，杀人盈城，此所谓率土地而食人肉，罪不容于死，故善战者服上刑。"（《孟子·离娄上》）残酷的战争会剥夺大量生命，所以应该对那些"善哉"者处以重刑以保护无辜的生命。宋儒程明道书窗前茂草覆盖了石阶，有人劝其锄去，他说："不可，欲常见造物生意。"①（《遗书》卷二上）

因此之故，儒家尊重、重视生命并竭力保护生命，追求社会的稳定与和谐的思想已深深地渗透到了民族意识之中，并在制度和风俗上时时得以体现。这也是中华民族在世界东方这块并非最富饶的土地上几千年来繁衍不息的重要因素之一。

二、儒家"生生"观念之要求

儒家思想中蕴涵的丰富而深远"生生"的观念，其源盖出于人与天地万物为一体互动的生命系统模式。

儒家把宇宙视为一个大生命系统，是一个和谐统一的整体。作为构成世界最重要的三大要素天、地、人，并不是并列的。"有天地，然后有万物；有万物，然后有男女。"（《序卦传》）这是说，人是天地万物的一部分，天、地、人既相互独立，又紧密联系，他们相互作用、相互依赖。《说卦传》指出："《易》之为书也，广大悉备，有天道焉，有地道焉，有人道焉。兼三才而两之，故六，六者非它也，三才之道也。"这里说的"三才之道"，就是天地人的法则。其中"天地变化，圣人效之"（《系辞上传》），人的行为要效法大自然的规定。这就是儒家试图将天地人都纳入到统一的宇宙大化流行之中，唯有如此，人才能在生命之流中寻求存在的意义。由此，天人一体互动的生命系统模式便得以确立。

孟子说："万物皆备于我矣。反身而诚，乐莫大焉。强恕而行，求仁莫近焉。"（《孟子·尽心上》）万物即我，我即万物。孟子以"与万物为一体"为乐，并且，强调要悟"天人一体"之道，亦即达"仁"之境界。《中庸》指出："唯天下之至诚，为能

---

① 程颢、程颐：《二程集》，中华书局 2004 年版。

尽其性……则可以赞天地之化育，则可以与天地参矣。"何为"诚"？"诚者，天之道也；诚之者，人之道也。""诚"既是一种工夫，也是一种境界，"诚"的境界也就是"天人一体"的境界。其实，"人与天地万物的共同根基是'气'，天地万物都是'气'的表现形式，因而由'气'观天地万物人，实为一体。此'气'即'诚'即'仁'。'诚'是由'自然、真实'之品质表现'气'，故'诚'可打通天道和人道，所谓'反身而诚，乐莫大焉'，此莫大之乐，就是因为'诚'而实现了'人与天地万物为一体'。'仁'是由'生生、生命'之品质表现'气'，而万物皆为生，故'仁者以天地万物为一体'。"①

"天人一体"的观念，不仅表达了人类之间是伙伴关系，还意味着人类和其他动物、植物、树木乃至石头等，都是一个整体。人类与自然万物不仅在生存模式上有相关性，而且彼此之间有互动，天人之间也彼此交互感通。"四方上下曰'宇'，往古来今曰'宙'。宇宙便是吾心，吾心即是宇宙……宇宙内事，是己分内事；己分内事，是宇宙内事。"②（《陆九渊集·杂说》）心就是道，就是宇宙的本体。张载说："民吾同胞，物吾与也。"（《正蒙·乾称》）程颢说："仁者以天地万物为一体，莫非正也。"（《遗书》卷二上）程颐也说："天地人只一道也，才通其一，则余皆通。"（《遗书》卷十八）王阳明也说："大人者，以天地万物为一体者也。其视天下犹一家，中国犹一人焉。"③（《传习录·大学问》）并强调"明明德者，立其天地万物一体之体也，亲民者，达其天地万物一体之用也"。（《传习录·大学问》）

值得注意的是，"天人一体互动"观展示了一幅恢宏的天地万物同生共荣的"生生"景观。它所蕴涵的深刻整体辩证智慧，使中国哲学和西方哲学传统颇相异趣。这种生命系统模式在思维方式上是一种典型的"类推式"。如，《周易》描述道："是故《易》有太极，是生两仪，两仪生四象，四象生八卦，八卦定吉凶，吉凶生大业。"（《系辞上传》）"天地然后有万物……有君臣然后有上下，有上下然后礼义有所措。"（《序卦传》）《系辞下传》云："天地絪缊，万物化醇。男女构精，万物化生。"又如，董仲舒认为，人间有"三纲"，是因为自然界有阴阳；而人间之所以君为臣纲、父为子纲、夫为妻纲，是因为自然界阳在阴上："君臣父子夫妇之义，皆取诸阴阳之道。君为阳，臣为阴，父为阳，子为阴；夫为阳，妻为阴。"④（《春秋繁露·基义》）可见，儒学在论述其思想观点时，"类推比附"的确是一种基本方法。

儒家思想流淌着丰富的生命情怀，往往倾向于以"阴阳""天地""乾坤""道"

① 李承贵：《儒家思想中的自然主义及其特质》，《江南大学学报（人文社科）》，2009 年第 4 期。
② 陆九渊：《陆九渊集》，钟哲点校，中华书局 1980 年版。
③ 王阳明：《传习录》，凤凰出版社 2001 年版。
④ 董仲舒：《春秋繁露》，叶平注译，中州古籍出版社 2010 年版。

"理"等富有动态特征的概念来揭示宇宙"生生"的动力、秩序和结构。"生生"的动力既表现于事物的外部，又根源于事物内部刚柔相推、阴阳相荡的对立和冲突。

三、儒家"生生"观念之机制

（一）"生生"之内在动力：阴阳互动

在宇宙间"生生"的生命洪流中，天是行动的主体，地是承接"天意生物"的场合，"天施地生，其益无方。凡益之道，与时偕行"。（《益卦·象传》）天地以阴阳二气的交感相合，涌动出无限生机，从而创造了万物并使之生生不息。"阴阳"是天地的两个根本属性，"阳"表征主动、刚健、升腾的能量，"阴气"表征被动、顺承、潜静的力量。天地通过阴阳交感相荡化育万物，所以才有"天地感，而万物化生"（《易·咸象》），才会有对天地乾坤生养万物的特性表达赞美之情："大哉！乾元，万物资始，乃统天"（《乾·象》）"至哉！坤元，万物资生，乃顺承天"（《坤·象》）。这里"天地交，泰；后以财成天地之道，辅相天地之宜，以左右民"。（《易传·象上》）这是说，天地、阴阳各居不同的位置，只有彼此互相交合才能生养万物，否则必然会造成严重的后果："天地不交，而万物不兴。"（《归妹·象传》）

《系辞上》用乾坤间的"阖辟之变"解释了宇宙"生生"的内在动力。"阖户谓之坤，辟户谓之乾。一阖一辟谓之变，往来不穷谓之通。""阖辟之变"犹如不断地开门关门、往来反复。往来的动力源于一阴一阳本身。又说："一阴一阳之谓道，继之者善也，成之者性也。"天地之道，乃阴阳之道，阴阳刚柔相摩相荡而生变化，变化的结果就是"生"。这种生生不息、创造不已的阴阳互动，都是承天之道、顺天而行。《系辞下》提出"天地之大德曰生"。天地最大的德行是使万物生生不息，人亦在自然的恩泽滋润之下成长。男女生物的过程被看作天地生物的象征，"天地纲缊，万物化醇，男女构精，万物化生"（《系辞下》）。孔颖达疏曰："姻缊，相附着之义。……唯二气纲缊，共相和会，万物感之变化而精醇也。""构，合也。言男女阴阳相感……故合其精则万物化生也。"否则，"则万物不化生也"（《系辞下卷八》）。

后代儒者也都以阴阳二气相交不已、万化无穷解释"生生"。如，"二气阳入阴，阴入阳，二气交互不停，故曰生生之谓易"[1]（《阴阳二气说》）。周敦颐的《太极图说》曰："二气交感，化生万物，万物生生，而变化无穷焉。二气者：乾坤，天地之气也；男女，阴阳之气也。"[2] 显然，"生生"被理解为阴阳二气相互交感与会通的现实结果。张载亦曰："游气纷扰，合而成质者，生人物之万殊；其阴阳两端，循环不已者，立天

---

① 京房：《京氏易传》文渊阁四库全书本。
② 周敦颐：《周敦颐集》，中华书局 2009 年版。

地之大义。"朱熹说："易只是一阴一阳。"（《朱子语类》卷六十五）又曰："易是变易，即阴阳无一日不变，无一时不变。庄子分明说'易以道阴阳'。要看易，须当恁地看，事物都是那阴阳做出来。"（《朱子语录》卷七十四）在他看来，"生生"的根源在于阴阳变易。王阳明认为："太极生生之理，妙用无息，而常体不易。太极之生生，即阴阳之生生。"（《传习录·答陆原静书》）王夫之说："阴阳具于太虚细缊之中，其一阴一阳，或动或静，相与摩荡，乘其时位以著其功能，五行万物之融结流止，飞潜动植，各自成其条理而不妄。"①（《张子正蒙注·太和篇》）戴震亦说："一阴一阳，盖言天地之化不已也，道也。一阴一阳，其生生乎？其生生而条理乎？以是见天地之顺。"②

"生生"通过阴阳之间不断地交合、感应和转化而得以完成。阴与阳的和合转化是十分奇妙的，很难加以预测和把握，是故称其为"神"。《系辞上》云："阴阳不测之谓神。"《说卦传》亦云："神也者，妙万物而为言者也。"阳为"天"为"乾"，阴为"地"为"坤"，一为"资始"，一为"资生"。"阴阳交感""天地细缊""乾坤相交""男女构精"，天下万物莫不如此，这样，"生生"就从阴阳二气之动，以成天地、男女及万物。由此，一幅充满生意的"天地位焉，万物育焉"的"生生"景象便呈现了出来。

（二）"生生"之外在形式：异质多样的统一

"生生"的动力不仅根源于事物内部阴阳相摩相荡，而且还进一步通过异质元素的和合而生物。这表现于事物的外部就是多样性的统一。我们知道，易卦是由阴爻和阳爻以及它们所处的不同卦位所构成的，阴阳两爻代表着不同性质的事物，不同的爻位也代表其不同的性质。爻位分为初、二、三、四、五、上等六个层次，初与二代表地位，三与四代表人位，五与上代表天位。这样，与此相对应的天地人三才也不是单一的，而是充满着矛盾的，天有阴阳，地有刚柔，人有仁义。《说卦传》曰："立天之道曰阴与阳，立地之道曰柔与刚，立人之道曰仁与义。兼三才而两之，故《易》六画而成卦。"由此可见，易卦包含着各种复杂的关系，表现出宇宙万物的多元性、差异性，但同时又具有有序及和谐性。因此，易卦表征的是一个多层次的、内涵丰富的"生生"景象。

"夫和实生物，同则不继。以他平他谓之和，故能丰长而物归之；若以同裨同，尽乃弃矣。故先王以金、木、水、火、土杂，以成百物。"③（《国语·郑语》）这里，只有具有"杂""多"之性的"和"，才能生成新的事物，纯而又纯的绝对的同一不可能形成万物。《礼记·乐记》亦云："和，故百物皆化。"（《乐记》第十九）不同属性的物

---

① 王夫之：《张子正蒙注》，中华书局1975年版。
② 戴震：《戴震全书（卷六：原善·卷上）》，黄山书社1995年版。
③ 左丘明：《国语》，鲍思陶校点，齐鲁书社2005年版。

质或不同物质的属性之间的互动、激荡，就可以生成种类繁多的生命体。此外，自然界中经常出现的诸如昼夜更替、四季转换、寒暑往来、日月轮替以及风雨雷电的激荡的现象。这些复杂变换的自然现象，也是生养生命必不可少的因素。如果只有某一种因素存在，万物绝不能顺利生成和存续。另一方面，万物要"生生不息"就必须汲取自然界中丰富而多样的能量和资源，不断地培育和激发新生命的生机和活力。由此可见，异质多样的统一的确是万物生存变化的外在动力与形式。《中庸》说："天地之道，可一言而尽也，其为物不二，则其生物不测。"这就是说，世界既是"为物不二"，作为一个整体存在的，也是具有"生物不测"的生生不息和丰富多样性的。唯有如此，才会有生生不息的"化育"流行。

先秦儒家道德哲学中的群己之辨

王　正　中国社会科学院哲学研究所

先秦儒家普遍采取严辨义利之辨的态度，之所以如此，在于儒家认为义利不仅是个人的问题，更牵涉到整个社群、国家的秩序是否良好。由此可见，儒家非常重视社群的利益，但是这是否意味着儒家就反对个人利益呢？其实并不是，儒家强调的是个人和社群利益的协调一致，换句话说，儒家认为个人的真正利益和社群的利益是一致的。不过，这样一种看法却并不是西方功利主义的所有人利益的总和就是最大利益的观念，而是一种与西方现代道德哲学、政治哲学中的社群主义更接近的群己观念。

一、社群主义的群己观念

西方近代以来道德哲学以及政治哲学一贯的传统是自由主义，但随着现代、后现代思潮的兴起，以及全球化时代各种文化对西方文化的挑战，自由主义受到了质疑，而其中最具有批判价值和现实意义的一个理论，就是社群主义。

（一）自由主义的两支

自由主义哲学有两支，英美传统的功利主义和大陆传统的新自由主义。功利主义建立在功利主义自由观的基础上，强调由追求私利的个人出发订立契约以建立民主制度；新自由主义则从道德理性个人的自我观出发，强调由正义、平等和公意观念来形成民主国家。

功利主义认为，判断个人行为正当和不正当的基本标准就是功利原则，所有人类行为的最终目标就是善的最大化。而善与恶取决于个人的快乐与痛苦，不过这种快乐与痛苦，不仅是肉体的，也是精神的。而由于善具有包容性，所以在有利于个人的同时，也会有利于他人和社会。所以，每个人在自由追求个人利益的同时，全社会的公益也随之增加。因此，这种个人功利的实现，必然要求整个社会的自由，相应的，只有在自由的社会中，人们才能追求并实现高级的快乐。因此，政府的目的就是为了最大限度地实现公民的快乐，即保持道德判断上的中立以求维持一个自由的社会，除非公民伤害到他人的利益，国家才能干涉。

新自由主义则认为，所有社会的基本利益，如自由和机会、收入和财富，以及所有保证个人自尊和个性发展的客观条件，都必须平等分配，除非这种不公平的分配有利于每一个人的利益。因此新自由主义强调一种关于分配的正义。同时，社会的和经济的不平等应这样安排，它们被合理地期望适合于每一个人的利益，并向所有人开放。新自由主义是以康德哲学为基础的，强调从原初状态出发的自由而平等的道德人，他们在无知之幕的限制下，选择一套规范社会的正义原则。说到底，新自由主义的核心思想是，必须给正义、公平和个人权利以优先的地位。因此，在法律中，必须提供一个公平的社会框架，而公民在这种框架中追逐自己的利益，而不与他人相冲突。

（二）社群主义对自由主义的三点批判

社群主义主张用公益代替权利，之所以如此，在于社群主义对自由主义的三点批判：

一是自由主义的个人主义的原子论自我观。这种批评的代表人物是迈克·桑德尔。针对混沌无知的自我，他提出了环境化的自我。自由主义者所说的混沌无知的自我是一种完全脱离现实社会的不受任何社会历史背景、经济文化传统影响的自我，而这样的自我可以自由地选择自己的生活方式。桑德尔说，自由主义的这种自我在现实中是不可能不存在的。在现实中，任何自我都必然受到各种归属的限制，我们是某一家庭、社区、民族乃至国家的成员，是某一历史文化传统的传承者。而这种社会的归属是不以人的意志为转移的，个人选择几乎不起作用①。

二是自由主义预设的普遍主义立场。这种批评的主要代表是阿拉斯达尔·麦金太尔。他指出新自由主义是以康德绝对道德命令先验的存在于所有人的内心为理论基础的，而这种理论实际上预设了一个最大的不受时空限制的普遍性，由此，新自由主义就成了一种超越时空的普遍理论。麦金太尔则认为，每个人所处的社会历史背景和社会现实是千差万别的，个人所处的不同的社会现实使得每个人都有自己的利益、道德、权利、义务观念。所以，所有的道德、政治原则本质上都是历史的，因而也就是多种多样的，那种永恒不变的和普遍的正义根本不存在②。

三是自由主义的国家中立观念。社群主义者从两方面对此提出异议。首先，他们认为作为公共利益基础的公民美德不是生来就有的，而是在社会中形成的，是通过教育而获得的，而唯有国家才能引导公民确立正确的价值观，对公民进行美德教育。其次，他们认为自由主义国家的中立原则有害于民主政治的合法性。由于过分强调个人自由，而

---

① 桑德尔：《自由主义与正义的局限》，译林出版社 2005 年版，第 62 页。
② 参见麦金太尔：《追寻德性》，译林出版社 2004 年版。

不鼓励更好的生活方式，公民们就不可能达成对价值的共识，于是就无法形成共同生活方式。而国家对此采取不干预政策，就会使个人日益缺乏对公共利益的认同，进而不愿承担相应义务，结果把国家为了推行福利政策而建立的秩序当作是对公民自由的侵害。

（三）社群主义哲学的模式

在上一部分我们看到了社群主义对自由主义的批判，那么，社群主义自身的哲学模式又是如何呢？社群主义者强调社群的公益和至善是最重要的，他们因此以此为出发点，要求社会应当提倡美德，民众应当为了善的目的尽义务，而国家也要积极地进行福利建设，同时对民众进行教育指导以追求至善。

按照社群主义的观点，每个人都生活在某一社群之中，而这个社群则赋予社群成员以共同的目的和价值，进而形成个人的成员资格认同。所以，个人的善就天然地与社群的善结合在一起，而真正的善就是个人之善和整个社群之善的同时达成，也就是一种公共的善。这里看似和自由主义的功利主义论说非常相似，但是关键的一点是，功利主义是认为每个人的利益都实现了之后社会的功利就会自然增加，而社群主义则认为每个人的善就是为了整体社群的善做贡献，所以本质上实现的是社群的善，个人的善只是因为有了社群的善所以才是善的，这两者的出发点完全不同。

因此，个人的善说到底就是美德，而美德这种个人品格是个体在社群中通过实践活动而历史地形成的，依靠这种品格人们在社群中得到认可，并在实践中实现个人的利益。所以，美德是一种整体的善，也是一种公共的善。

公民的美德和善行是促进公共利益的基础，而公民的美德只有通过教育才能获得。那么，谁是教育公民的主体呢？国家，唯有国家才能引导公民树立正确的价值观，并承担起对公民进行美德教育的责任。所以，社群主义要求国家不能中立，而必须旗帜鲜明地对公民进行道德和价值观教育。

通过教育，公民能够积极地参与社会公共活动，并尽可能地扩展政治参与范围，这样，就会使得事关最大多数人利益的国家政治活动得到最大多数公民的参与，这样，才能真正形成有效的民主。所以，国家应当要求公民服从其政治要求，公民也有义务去实践国家的政治需求。

（四）社群主义的问题和评价

通过上面的论述，我们已经了解了社群主义的基本思想，不过如果我们仔细分析的话，会发现两个问题：其一，社群主义的一个关键问题就是如何证明社群的公共的善确实是善的，如果不能证明社群之善确实是善的，那么就会导致社群主义所认可的成员资格、价值观教育、国家干涉理论统统无效。这个问题说到底，就是社群主义在批判自由主义的普遍性时所采取的道德价值相对主义立场，由这个立场出发，有可能会把某一个社群自身的狭隘性顽固地保护起来，并将这种狭隘的看法当作是善的，进而无法对自身进行批判和拓展。在当下全球文化交流的时代，这种看法会支持亨廷顿的文化冲突，进而造成世界的不安定。其二，就是社群主义是在通过自由主义而实现了民主制度之后提出的批判理论，它实际上关注的是如何完善自由主义民主制，本身很难完成一套道德哲学、政治哲学的真正建构。这是它理论上一个巨大的弱点。

二、比较视野下的先秦儒家群己之辨

（一）自我观念与群己之辨

社群主义作为西方较新的思潮，在西方道德哲学、政治哲学中具有重要地位，其代表麦金太尔、泰勒、桑德尔都是非常重要的学者。社群主义是在和自由主义，尤其是现代自由主义的代表人物罗尔斯的对话中产生的。他们理论的出发点是自我观念，而他们的自我观念是通过批判自由主义的原子主义式的自我观念而形成的：人不是独立于其他存在者的孤立的理性自足的个体，而是与他人、社群乃至整个世界紧密相连的、兼具理性、身体性和情感性等因素的复杂个体。应该看到，社群主义重视了人和社群不可分离的关系，但是他们的自我观念是一个社会学或者说人类学意义上的自我，这显然是一个现代哲学的视野。而先秦儒家的自我观念则与此不同，他们大多具有一种人性论的自我观念。

孔子作为关切人事和热衷经世的思想家，对于群（群体）和己（自我）的关系，是十分重视的。因为他意识到每个具体的个人总是和社会群体相联系的。当一些"避世之士"和"隐者"劝导孔子仿效他们，离群索居时，孔子说："鸟兽不可与同群，吾非斯人之徒而谁与？"（《论语·微子》）作为个体的自我不能和鸟兽合群为伍，只能存在于群体之中，并应当在群之中获得幸福。[①] 换句话说，孔子已经认识到个体的自我和社群的整体是不可以分开的、更不可能分离的。所以孔子的自我观从来不是个体主义的自我，而是社群尤其是文化社群中的自我。

孟子的自我观较之孔子有进一步发展。我们知道，孟子哲学一个重要的出发点就是他的人性论自我观，而孟子的自我是人性善的自我。孟子说：

"乃若其情，则可以为善矣，乃所谓善也。若夫为不善，非才之罪也。恻隐之心，人皆有之；羞恶之心，人皆有之；恭敬之心，人皆有之；是非之心，人皆有之。恻隐之心，仁也；羞恶之心，义也；恭敬之心，礼也；是非之心，智也。仁义礼智，非由外铄我也，我固有之也，弗思耳矣。故曰：'求则得之，舍则失之。'或相倍蓰而无算者，不能尽其才者也。"（《孟子·告子上》）

人一出生，就禀受了善的本性，这是先天而不可更改的。至于有些人为不善，并不是因为他们没有善本性，而是因为受到了后天的习染。恻隐之心、羞恶之心、恭敬之

---

① 陈卫平：《"和而不同"：孔子的群己之辨》，《华东师范大学学报（哲学社会科学版）》，1994年第4期。

心、是非之心这四者是每个人都有的，他们分别对应仁、义、礼、智四德。所以仁义礼智四德也不是外在施加给我的，而是在我自己的本性中就存在的，而我们之所以在现实实践中常常忽略它们，不过是我们不切己反思罢了。因此人与人之间品行相差很大的原因在于能不能发明进而充分发挥个人的善本性。而正因为人性是本善的，所以人与人之间因着本性善而可以沟通、了解乃至形成一个和谐的社群。

孟子同时认为，每一个个体并不是孤零零地生活在这世界上的，而是每个人都有自己所生存的伦理环境，也即我们进行道德实践的场所，所以，每个人都不可能离开自己所生活的社会而独立实践道德，因为那样就根本谈不上道德。因为儒家的道德是人伦道德，必须在有对象的情景中才能真正完成。因此，没有与他人的关联、外在的人伦社会，就没有道德实践的可能，故而原子主义的自我观必然是孟子反对的。

可见，孟子在非原子主义的自我观念上与社群主义相近。不过，孟子的自我观念是一种人性论的自我观，而不是社会学或人类学的自我观。也就是说，孟子强调的是可以定性的普遍人性，这一点也是先秦儒家和社群主义的最大不同。即便是与孟子相反认为人性恶的荀子也是如此。荀子认为人的本性是好利的，因而趋向于恶，而如果放任人的本性，人与人之间就会争斗不休，这样，一个和谐的社群就根本不可能实现。而荀子认为，人之所以与其他动物不同，一方面在于人具有内在的同类间的深厚情感，所以人有组成社群的可能；另一方面，人具有理性的认识能力，了解人与人之间如果不能和谐团结，那么个体就根本无法生存。所以，人虽然本性是会趋于恶的，但是却最终结合成了一个和谐的社群。应当说，荀子的人性论较之孟子掺杂了一定社会学或人类学的成分，但是他还是始终秉持一种普遍人性的观念，而坚定地相信普遍社群的意义。

这种普遍人性的观念，是儒家和社群主义的最大不同。社群主义因为强调每一个社群的独特性，所以容易滑向相对主义。而儒家则坚决反对此点，儒家从普遍人性的角度立论，所以将所有人类存在看作一个最大的社群，而具有普遍的共同善。

(二)"推"的自我超越模式与群己之辨

儒家之所以强调群的重要意义，在于儒家从不将个体与社群分开，而恰恰相反，儒家认为个体是群体的基础，群体是个体的结果，两者不可分离。

《大学》中的八条目清晰地展示了这一点。所谓：

"古之欲明明德于天下者，先治其国；欲治其国者，先齐其家；欲齐其家者，先修其身；欲修其身者，先正其心；欲正其心者，先诚其意；欲诚其意者，先致其知。致知在格物。"(《大学》)

《大学》首章阐明了内圣外王的思想架构，从格物到修身，可以说是明明德的工夫，由齐家到平天下，则是亲民的过程。在儒家看来，这一过程是一个逐步进行的、自然而然的、波性拓展的过程，是一个由内在的工夫逐渐外推的过程。尤其是齐家、治国、平天下三者，就是在个人修养好自己外，再把道德的心和道德的行为，推扩到身边的人、自己国家的人以至于全天下的人。因此在儒家的社群构想中，最基础的是个体的建设，所以《大学》说得明白："自天子以至于庶人壹是皆以修身为本。"道德修养才是最根本的，通过个体的修养可以最终实现社群的和谐。

继承曾子、子思一脉的孟子也是从自我向外扩展的过程——"推"来论述这一社群建构的过程。孟子在论述仁政的时候指出，仁政就是君主将自己的不忍心从父母兄弟逐渐扩于人民百姓："老吾老，以及人之老；幼吾幼，以及人之幼，天下可运于掌。《诗》云：'刑于寡妻，至于兄弟，以御于家邦。'言举斯心加诸彼而已。故推恩足以保四海；不推恩不足以保妻子。古之人所以大过人者，无他焉，善推其所为而已矣。"（《孟子·梁惠王上》）"人皆有不忍人之心。先王有不忍人之心，斯有不忍之政矣。以不忍人之心，行不忍人之政，治天下可运之掌上。……苟能充之，足以保四海；苟不充之，不足以事父母。"（《孟子·公孙丑上》）"推恩"和"扩充四端"都显示出了孟子道德哲学由自我走向社群的关键一步——"推"。正是这一步，实现了由个人到社群的过渡。

在孟子这里，作为性本善的个人自我，显然关注的不会仅仅是自我实现，因为那很多情况下是一种中间状态，或者至多是低层善，而不是真正的善，更不是终极的至善。一个性善的个体，会把实现他人的利益看作真正的善，会把所有同胞的饥寒饱暖看作自己的事情，会把整个人类生活的好坏看作自己的分内之事，会把整个宇宙的生生道德之实现看作自己的归宿所在。只有大群的善实现了，才是我个体之善的完成。所以，孟子认为，我们自己的性善本性天然地就在本心中发用为不忍，由这种发用，我们自然就会尊老爱幼，就会爱护邻人，就会形成仁政的政治思想。而所谓仁政，就是从个体自我一步步推出来的：每个人都必须要配偶，所以仁政就要求消除旷夫怨女的状况；每个人都只有吃饱穿暖才能生存，所以仁政就要让大家都吃上肉、穿上帛衣；每个人都希望有教养，所以仁政就要让所有人都接受教育。这也就是孟子所说：

"五亩之宅，树之以桑，五十者可以衣帛矣。鸡豚狗彘之畜，无失其时，七十者可以食肉矣。百亩之田，勿夺其时，八口之家可以无饥矣。谨庠序之教，申之以孝悌之义，颁白者不负戴于道路矣。老者衣帛食肉，黎民不饥不寒，然而不王者，未之有也。"（《孟子·梁惠王上》）

当然，孟子之所以会形成这样一种社群观念，也是有历史背景的，因为传统的中国社会，是家国天下一体同构的，所以个体的确在整个社群中占据一个核心地位，而这种模式在本质上是一种自我超越的模式①。

与孟子相似，荀子虽然没有采用"推"的社群建构模式，但是他却采用了"群"

---

① 德国学者卜松山对此有详细论述，见卜松山：《与中国作跨文化对话》，中华书局2003年版，第47-74页。

和"义"的概念。荀子认为，自然的人"力不若牛，走不若马，而牛马为用，何也？"其原因就在于"人能群，彼不能群也"（《荀子·王制》）。人看到自己的力量不如牛，自己的速度不如马，显然，人如果仅仅靠自己一个人，是无法在自然界中生存的。为了生存，人类运用理性，结成了群体。而且人类的群体不同于一般动物的松散群体，而是一种带有社会组织性质的群体。这样，人就通过群体团结了起来，就可以驾驭自然界松散的甚至个体的动物了。显然，在荀子看来，人的"能群"性表明人是相互依存的，人要战胜自然就必须相互结成群体。否则独立的人无法在自然界立足，只会"离居不相待则穷"。所以从某种程度上说，人天然就是具有社会性的主体。不过，社群之内是要有所区分的，这就是"明分使群"。因为"群而无分则争，争则乱，乱则离，离则弱，弱则不能胜物"。这就是说人群之内还要进行划分，也就是要有不同的分工和分配，因为如果没有分的话，就会造成争斗和混乱，这样群体就会离心离德，就会衰弱，也就无法战胜自然了。那么按什么分呢？荀子说："人何以能群？曰分。分何以能行？曰义。故义以分则和，和则一，一则多力，多力则强，强则胜物。故宫室可得而居也。故序四时，裁万物，兼利天下，无它故焉，得之分义也。"（《荀子·王制》）分是以义为根据的，就是荀子所理解的人的认知理性和同类情感。换句话说，就是说要按照每个人的亲疏远近和理性水平等来进行分工，然后一种因人而异的分工和按能力所得的分配就可以建立，而如此按义而分就能不争而和，和则群体巩固如一，一则多力，多力则可以战胜自然。应当说，荀子的"群""义"观的社群建构和孟子的"推"的观念有所差别，一个是从社会组织性的角度出发，一个则是从个体推扩而来。而荀子这种强调"群"即人的社会性的思想，从现代哲学的角度来看，也是非常值得肯定的。

不过，无论是孟子由自我而层层往外推的社群观，还是荀子的"群""义"的社群观，先秦儒家的社群都不仅仅局限或封闭在家庭、民族和国家中，而是一直推扩到天下和宇宙。这样，先秦儒家就超越了国家、种族、文化的范围，而可以为它们的沟通、对话提供平台。而这样一种宏观的视野，是社群主义所缺乏的。

（三）"利"的实现与群己之辨

孟子通过性善论的自我观和"推"的社群建构模式，引向了"利"的实现问题——当然，这里的利是公益的利，而不是私利，因为在"推"中已经超越了私利——天下之利的实现，就是自己道德的最终实现。所以，孟子提出："民之为道也，有恒产者有恒心，无恒产者无恒心。苟无恒心，放辟邪侈，无不为已。及陷乎罪，然后从而刑之。是罔民也。……学则三代共之，皆所以明人伦也。人伦明于上，小民亲于下。"（《孟子·滕文公上》）孟子在社群的角度上并不否定个体的利益，尤其是普通民众的利益，他恰恰认为需要满足普通民众的利益。不过，与自由主义的纯个体主义财富观不同，孟子认为合理的土地制度是井田制，即应当把土地分为公私两种，也就是既让民众有自己的私有财产，但同时又保有一定的国有资产，这样的话，一方面百姓的生活自给自足从而基本权益能够保障，另一方面国家的财政收入也能得到保障进而可以实行优良的福利制度。而且通过井田这种在一块土地中的分而治之，还能团结乡亲邻里，并能培养民众的国家意识。同时，孟子还注重个体的精神需要，认为民众也需要知识、需要生命境界的提升，另外也需要文学音乐的愉悦，所以孟子提出要教育民众。当然，孟子的教育不仅是知识的，更是人伦的，以求让百姓在生活中能够真正挺立起自我，真正活得像个人，同时给予他们适当的娱乐，让他们能享受到文学音乐的快乐——这样才算是真正地满足了民众。

这样一种群己利益的认识，是先秦儒家的普遍认识，这尤其体现在《礼记·礼运》篇中。"大道之行也，天下为公，选贤与能，讲信修睦。"（《礼记·礼运》）在这篇据说是子游学派的文献中，儒者讨论了人类社会的两种状态，一种是最理想的至德盛世——大同，一种是退而求其次的现实曾出现的——小康。大同社会的要点就是：天下是公有的，贤能人才经过选拔成为公职人员，而普通民众也人人讲诚信、重和睦。在这个社会中，人人都尊老爱幼，使得老人能得安详的善终，中青年能将自己的才华尽情运用，少年儿童能得到健康快乐地成长，鳏寡孤独残疾人这些社会上的弱者，也都得到很好的照顾。男女皆能在社会上找到合适的职位，也能在家庭中找到心灵的归宿。在这个社会中，人们都非常讲道德，路不拾遗，夜不闭户。这当然是一个乌托邦式的理想社会的构想，但是我们可以发现，儒家心目中最理想的社群是天下为人人而人人也共同为了天下而贡献的。所以事实上，群己之利应当是合一，而不是分裂的。不过，现实中的很多情况是公、私相分。不过在小康社会中，人们虽有私心，但这个私却只是要求实现个体的私，而不会妄图用自己的私去侵占别人的私乃至整个人群的公。能保证这样，社会就至少是比较平等的，每个人也就都是比较幸福的了。

而无论是自由主义还是社群主义，他们在利上的讨论，说到底只不过一个是个人主义的自我功利的实现，一个是社群公益下自我价值的实现。这与儒家认为整体的善和个体的道德之间是融通无碍的是不同的。因为社群的善先天地内在于普遍的自我，也就是说真正的自我不是那个后天的个别的自我，而是那个本质上具有普遍性的道德自我。这个自我决定了我们必然要超越自身之限制，来参赞社群的善，而最大的社群——天下的至善，也并不是与我们分隔的，而正是每个个体的当然之利。

三、先秦儒家群己之辨的现代意义

儒家和社群主义的沟通，可能性建立在三点上：一是都反对自由主义的原子主义自我观；二是都重视社群的公利；三是注重个体的品德。这样，事实上有可能建立一个立足于儒家文化传统，而同时又吸收了西方民主思想的新的政治发展模式——儒家社群民主。

儒家的自我观是即普遍即特殊，摆脱了自由主义的原子主义，而能照顾到个体的特殊性；同时又没有走入社群主义的道德相对论中。由此，社群主义的美德观念真正能立下根基，而它由美德推导出的善的国家可以建立。而儒家的社群建构，不仅仅局限在家庭、民族和国家中，而一直推扩到天下和宇宙。这样，他就超越了国家、种族、文化的范围，可以为解决全球化时代的文化冲突作借鉴。儒家的道德是实践中的道德，是把行为规范的礼和内在的道德相结合，这样一种方式，一方面保有了道德的有限性，另一方面又具有调和性，从而可以最大可能地让国家和民众都在传统和现代的冲突中得到安居。

当然，要实现这个目标，一是要以礼为规范，建设各种大小共同体。这其实就是用创新性的礼乐制度来调节我们的行为，让我们的生活充满和谐和适度，以消解后现代的无秩序化。小到家庭、社区，大到民族、国家，其实都是共同体，都是一定的场合、范围和情境，它们必须得到规范，而最合适的规范就是礼。因为礼可以尽量地减少暴力，而以调适的方法来逐渐调整各个个体间的关系，从而保证社群利益的实现。二是通过社群的观念来解决文化冲突的问题。当两种不同的文化相遇时，我们首先要肯定双方作为人的平等性，也就是基本性善的普遍性，然后再考虑文化的特殊性，以求同存异、共生共存。因为这样把整个天下看作一个大的社群，而每个文化为其分子，所以社群整体善和每个文化体价值的实现将从冲突转向融合。

而先秦儒家通过群己之辨，确立了普遍性的自我观，而这个自我观先天地意味着一种对自我的超越，同时儒家的社群建构观念，又将整个天下、宇宙和个体容纳到一起。所以，因着儒家社群的自我超越的自我观，证成了义务优先、道德优先和目的优先，这使得我们把生态环境纳入到自我认识中来，于是我们便可以在一个非人类中心主义的视野下关注生态环境，并给予它更多的关怀；相应地，儒家的天下主义的社群观，通过齐家治国的递进方式，逐渐导向天人合一的最大社群公利，这使得我们可以完全将自己投入于生态环境之中去，并为了实现那最终的整体之善而努力；同时，儒家重视礼乐制度建设的基本思路令以上两者的实现成为可能，"克己复礼"可以让每个个体按着生态文明观念努力克制自己的人类中心主义，礼乐教化可以让环境保护成为国家社群的价值取向，而天下一家可以让整个地球这个社群通过对话协同起来以对治生态问题。

春秋时代的伦理与道德

陈乔见　华东师范大学哲学系暨中国现代思想文化研究所

摘　要　整个春秋时代的伦理道德结构可从三个方面理解：其一，从天下体系看，尊礼重信是此时诸侯交往的基本伦理规范。其二，从家国结构看，孝、忠、义是此时家国公私的核心伦理道德，具体言之：孝是宗法制的核心伦理，忠是封建制的核心伦理，义则是两者之外的必要且重要的补充。其三，从个体美德看，智、仁、勇等是此时贵族最为崇尚的道德品质，它们体现了道德主体的优秀和卓越。此外，在春秋早中期，礼为全德，礼德合一，德函于礼（相对于孔门儒学"仁为全德"而言）。随着宗法封建制内在矛盾日益加剧，其结果是礼、德分离，礼、信丧失，孝、忠张力凸显。所有这些都构成了春秋晚期孔、墨、老等思想家构造自己学说的基本境遇和思想资源。

关键词　春秋时代　伦理道德　礼　信　孝　忠　义　智　仁　勇

春秋时代中国人所崇尚和实践的伦理规范和道德品质（美德）种目繁多。陈来先生对春秋时代的德行有非常详尽的考察、论述和归纳①，因此，本文不拟对此时的所有伦理规范和美德德目再次一一考察，本文拟选取春秋时代最为核心的伦理规范和美德德目详加考察和辨析，揭示这些伦理道德观念与当时社会结构之间的内在关联，澄明一些核心伦理道德的基本内涵，辨析这些伦理道德之间的逻辑结构和内在张力。依笔者之见，春秋时代的核心伦理规范首先是"尊礼重信"，因为一部春秋史，就是一部诸侯国之间的交往史，礼与信是春秋时代最为基本的交往伦理。其次是孝、忠、义，因为春秋时代的基本制度仍然是西周的宗法封建制，孝是宗法制的核心伦理，忠是封建制的核心伦理，义则是这两大核心伦理的一个重要的和必要的补充。然而，宗法封建制在春秋时代开始逐渐解体，随着这一历史进程的演变，相应的孝、忠伦理内部以及两者之间的内

---

① 陈来：《古代思想文化的世界——春秋时代的宗教、伦理与社会思想》，生活·读书·新知三联书店 2002 年版，第九章"德行"部分。

在张力也日益显现，义的重要性则在这种张力中得到凸显。最后是智、仁、勇等道德品质（美德），这是当时贵族尤其是一国一家的主政者（往往也是军事领袖）所应当具备的最为重要的几种道德品质。以下，笔者对此一一展开论述。①

一、尊礼重信——春秋时代的交往伦理

（一）尊礼

春秋承西周而来，在《春秋》所载之二百四十多年间，虽然王室衰微，各方诸侯渐次称伯；但是，诸侯尤名义上尊奉王室，周之典章制度（宗法制和封建制为其核心）依然是东周王室和各方诸侯的基本规范。顾炎武对春秋时期的伦理风俗有一精彩概括：

> 如春秋时，犹尊礼重信，而七国则绝不言礼与信矣。春秋时，犹宗周王，而七国则绝不言王矣。春秋时，犹严祭祀，重聘享，而七国则无其事矣。春秋时，犹论宗姓氏族，而七国则无一言及之矣。春秋时，犹宴会赋诗，而七国则不闻矣。春秋时，犹有赴告策书，而七国则无有矣。（《日知录》卷十三之《周末风俗》）

顾炎武在论及春秋犹存西周之遗风时，提到了尊礼重信、宗周王、严祭祀、重聘享、论宗姓氏族、宴会赋诗、赴告策书等观念和活动，这些都是宗法封建制的基本礼制。与春秋犹存西周之遗制遗风相对照，战国社会则一切礼制和伦理皆丧失殆尽。值得注意的是，顾炎武在此首推"尊礼重信"，非常有见地。"礼"和"信"在《左传》和《国语》中是出现频率最高的词汇，是春秋时代最为重要的伦理道德。而且，就整个春秋时代而言，其主要活动是诸侯间的各种交往（包括战争），而"礼"和"信"就是这种交往活动的基本伦理。我们先论"礼"，然后论"信"。

礼有广狭两义，广义之礼，指一切典章制度和行为规范，顾炎武以上所提到的各种项目，皆可以此广义之礼括之。狭义之礼，指各种形式、仪文。对此，春秋早期的子产对此早已有所辨析。《左传》昭公二十五年载：

---

① 陈来先生在归纳了若干德目表后，认为有八项德目出现频率最高，由高到低，依次为：仁、信、忠、孝、义、勇、让、智。这个结论与我所要论述的伦理道德大体相同，不同之处在于，陈先生在论述中突出了"仁"的重要性，而我把"礼"纳入论述而舍弃了"让"，因为"礼"可涵括"让"，而"让"未可穷尽"礼"，并且认为，在春秋时代（尤其是春秋早、中期）伦理道德的基本特征是"礼为全德"（与孔子"仁为全德"相比而言）或"礼德一体"，此时，违反任何一种伦理道德，都可以用"非礼"来给予概括。"仁"在春秋时代的整个伦理道德体系中，尚未成为最为重要的德目。强调这一点，是为了彰显孔子仁学体系的贡献。可以说，陈先生重在阐明孔子开创的儒家学说与西周、春秋时代的连续性（这从陈来先生此书的姊妹篇即《古代宗教与伦理——儒家思想的根源》［生活·读书·新知三联书店，1996年］这一书名也可看出），笔者自然认同这种连续性的存在，但却意在突出孔子"寓作于述"的创新性。

子大叔见赵简子，简子问揖让周旋之礼焉，对曰："是仪也，非礼也。"简子曰："敢问何谓礼？"对曰："吉也闻诸先大夫子产曰：'夫礼，天之经也，地之义也，民之行也。'天地之经，而民实则之，则天之明，因地之性，生其六气，用其五行。气为五味，发为五色，章为五声。淫则昏乱，民失其性，是故为礼以奉之。为六畜、五牲、三牺，以奉五味。为九文、六采、五章，以奉五色。为九歌、八风、七音、六律，以奉五声。为君臣上下，以则地义。为夫妇外内，以经二物。为父子、兄弟、姑姊、甥舅、昏媾、姻亚，以象天明。为政事、庸力、行务，以从四时。为刑罚威狱，使民畏忌，以类其震曜杀戮。为温慈惠和，以效天之生殖长育。民有好恶、喜怒、哀乐，生于六气，是故审则宜类，以制六志。哀有哭泣，乐有歌舞，喜有施舍，怒有战斗，喜生于好，怒生于恶。是故审行信令，祸福赏罚，以制死生。生，好物也；死，恶物也。好物，乐也；恶物，哀也。哀乐不失，乃能协于天地之性，是以长久。"简子曰："甚哉，礼之大也！"对曰："礼，上下之纪、天地之经纬也，民之所以生也，是以先王尚之。"①

子大叔认为揖让周旋不是礼，只是"仪"而已。根据子大叔转述子产对礼的阐释来看，礼、仪之别有二：其一，仪更多地与仪式、形式相关，而礼则不仅仅是形式。其二，仪的范围狭小，而礼的范围则无所不包，从衣、食、住、行等日常生活，到昏媾姻亚、人伦纲常，再到政事刑罚、内政外交，礼无所不包。这充分表明，礼在当时就是国家的一切典章制度，它不仅包含了一切伦理道德观念，而且也包含一切法律观念和建制。

可以说，礼为全德②是春秋时代的基本特征。《国语·周语下》云："夫敬，文之恭也；忠，文之实也；信，文之孚也；仁，文之爱也；义，文之制也；智，文之舆也；勇，文之帅也；教，文之施也；孝，文之本也；惠，文之慈也；让，文之材也。"（韦昭注：《国语》，上海古籍出版社1998年版，第96页。以下凡引此书，只注书名和页码）此所谓"文"其实就是"礼"（"周礼"也常称"周文"）。这里以"文"（礼）来界定敬、忠、信、仁、义、智、勇、教、孝、惠、让等十一种美德，它们都是礼这一整体中的一部分。很显然，后来儒家以"仁"为全德的道德观念体系此时尚未形成，毋宁说在春秋时代，"礼"为全德，它囊括一切道德观念。王国维所谓"周之制度典礼乃道德之器械"（《观堂集林·殷周制度论》）无疑是非常有洞见的说法。职是之故，遵守这些道德准则也就意味着守礼；反之，违反了任何一种道德，也就意味着"非礼"。

---

① 杨伯峻：《春秋左传注》（修订版），中华书局1990年版，第1457－1459页。
② "德"较"法"更为根本，违法一定不道德，不道德不一定违法，因此，说"礼为全德"而"法"自然涵括其中。但是，我们可以说"礼为全德"，但却不能说"礼为全法"。

春秋时人反复强调礼的重要性，《左传》昭公二十五年载子产之言曰："夫礼，天之经也，地之义也，民之行也。"（《春秋左传注》第1457页）礼乃天经地义，民必由之路。《国语·晋语四》载宁庄子之言曰："夫礼，国之纪也。"（《国语》第345页）礼为国家之纲纪。《左传》昭公二十六年载晏婴之言曰："礼之可以为国也久矣，与天地并，君令、臣共，父慈、子孝，兄爱、弟敬，夫和、妻柔，姑慈、妇听，礼也。"（《春秋左传注》第1480页）礼可以治理国家，是维护人伦关系的基本规范。晏婴这里具体谈到礼的一些内涵，它们涉及君臣、父子、兄弟、夫妻、姑妇五种人伦关系及其相应的道德准则。这也表明，德函于礼是春秋时代的基本特征。

在春秋时代，人们经常根据某人是否尊礼来预言某人或其所代表的家（氏族）或国（诸侯）之兴衰成败的走向。《国语·周语上》载周襄王使内史过等赐晋惠公命，"吕甥、郤芮相晋侯不敬，晋侯执玉卑，拜不稽首"，内史过归，以告王曰："晋不亡，其君必无后。且吕、郤将不免。"（《国语》第35页）《左传》僖公十一年亦载此事，不过，内史过的话略有不同："晋侯其无后乎。……敬，礼之舆也。不敬则礼不行，礼不行则上下昏，何以长世？"（《春秋左传注》第338页）可见，不敬就意味着不礼。内史过就是据晋惠公行为上的非礼来预测其无后嗣。后来的事实证明了内史过之预言的准确性。与晋惠公适相对照的例子是晋文公。《国语·周语上》载周襄王使内史兴赐晋文公命，晋文公"逆王命敬，奉礼义成"，内史兴据此预言晋文公必称霸诸侯，其理由是："敬王命，顺之道也；成礼义，德之则也。则德以导诸侯，诸侯必归之。且礼所以观忠、信、仁、义也。忠所以分也，仁所以行也，信所以守也，义所以节也。忠分则均，仁行则报，信守则固，义节则度。分均无怨，行报无匮，守固不偷，节度不携。若民不怨而财不匮，令不偷而动不携，其何事不济！"（《国语》第41页）内史兴在此特别强调，有诸内必形诸外，通过礼这一形式，可以考察一个人是否具有忠、信、仁、义等道德意识和道德观念。这也再次表明，在春秋时代，礼为全德，德函摄于礼中，并通过礼得到体现，可谓德礼一体。

由前所述"礼仪"之辨，我们得知，尊礼不仅仅是形式主义的"仪"，内心的真情实感更为根本。由是，"敬"这一德性就尤为重要。前文所引内史过称赞晋文公有礼，其中一点就是后者"逆王命敬"。实际上，春秋时人一再谈到"敬"之于礼、德的重要性：

礼，国之干也。敬，礼之舆也。不敬则礼不行。（《左传》僖公十一年内史过语，《春秋左传注》，第338页）

勤礼莫如致敬。（《左传》成公十三年，刘康公语，《春秋左传注》第861页）

敬，德之聚也。能敬必有德。（《左传》僖公三十三年，《春秋左传注》第501

页）

礼，身之干也。敬，身之基也。（《左传》成公十三年鲁大夫孟献子语，《春秋左传注》第860页）

上面关于"礼"与"敬"的各种说法中，都意在强调"敬"之于"礼"（或"德"）具有基础和首要的地位。可以说，无礼有多种表现，有可能是不敬，有可能是其他，也就是说，无礼未必不敬；但是，不敬则一定意味着无礼。"敬"更多地与主体内在的真情实感相关，"礼"则更多地表现为外在的规范和准则。对"敬"的如此强调，实际上是礼制的题中应有之义，尤其是当这种礼制有滑向徒具形式主义的仪式的趋向时。由是可知，后来被宋明理学尤其是程颐、朱熹所特别看重的"敬"的工夫，早在春秋时代已被视为一种重要的德性涵养。实际上，孔子在礼—仁结构中，强调以仁为礼之本（即《论语·八佾》所谓"人而不仁，如礼何"），亦是有见于此。从这个意义上讲，春秋时代确实是由"仪式伦理"向"德性伦理"逐渐转化的时代①，而德性伦理的最终确立，则是由孔子的仁学体系来完成。

如前所言，西周和春秋早中期，礼为一切典章制度，既涵括一切伦理道德，亦涵括一切法律规范。到了春秋晚期，礼的总体性开始瓦解，礼德、礼法开始分离。礼德分离的表现之一就是前文所说的"仪式伦理"向"德性伦理"的转化，礼法分离的显著标志则是法的独立（成文法的颁布）。《左传》昭公六年载：

三月，郑人铸刑书。叔向使诒子产书，曰："始吾有虞于子，今则已矣。昔先王议事以制，不为刑辟，惧民之有争心也。犹不可禁御，是故闲之以义，纠之以政，行之以礼，守之以信，奉之以仁，制为禄位，以劝其从；严断刑罚，以威其淫。惧其未也，故诲之以忠，耸之以行，教之以务，使之以和，临之以敬，莅之以强，断之以刚。犹求圣哲之上、明察之官、忠信之长、慈惠之师，民于是乎可任使也，而不生祸乱。民知有辟，则不忌于上。并有争心，以征于书，而徼幸以成之，弗可为矣。……今吾子相郑国，作封洫，立谤政，制参辟，铸刑书，将以靖民，不亦难乎？……民知争端矣，将弃礼而征于书。锥刀之末，将尽争之。……"复书曰："若吾子之言，侨不才，不能及子孙，吾以救世也。既不承命，敢忘大惠。"（《春秋左传注》第1274－1277页）

---

① 参陈来：《古代思想文化的世界——春秋时代的宗教、伦理与社会思想》，生活·读书·新知三联书店2002年版，第247页。陈来先生的用语是"德行伦理"，如陈先生所言，德性偏内在心理结构，德行偏外在行为。

子产铸刑书，这在春秋是件大事，后人也反复讨论此事。一般把此事视为春秋时代"礼法"之争的一个重要事件。笔者基本赞同这个看法，但是，另需说明的是，不能简单地把"礼治"理解为纯粹的德治，因而认为之前没有法律实践。因为，一方面，如前所言，礼本身包含法律的性质和内容；另一方面，即便在叔向所叙述的"先王议事以制"中，也提到了"严断刑罚以威其淫"。所以，子产和叔向争论的焦点不在是否应该采取法律治理，而是如何采取法律治理。根据叔向所述的先王之制（也是他的理想政治），他特别强调了"圣哲之上"和"明察之官"来严断刑罚，这似乎表明彼时的判罚没有成文的法律作为依据，而主要依靠人的圣哲明察，这无疑带有"人治"的特征。子产铸刑书于鼎，把法律条文公开化，使得人们讼狱可"征于书"，也就是有成文法的根据。如此一来，叔向认为会产生的两个后果：其一，君长地位的下降（所谓"民知有辟，则不忌于上"（《春秋左传注》第 1275 页））；其二，人们为了一点点利益而讼狱（所谓"锥刀之末，将尽争之"（《春秋左传注》第 1276 页））。面对竖向的批评，子产以"救世"回复。子产也因此被学界视为早期的法家。实际上，今人看得很清楚，法治可以是救世的权宜之计，更可以是治国理政的长久之方。不幸的是，在中国古代历史上，带有法家特色的理论家和改革家，都带有强烈的急功近利的特色，而缺乏考虑长治久安的真正的立法者。这是法家之不幸，亦是中国之不幸。其后，鲁昭公二十九年，又发生了晋国的赵鞅铸刑鼎的事。这表明，在春秋末期，西周那套含德于礼的礼乐制度已经不再适应社会的发展，出现了礼德分离、礼法分离的趋势。

（二）重信

"信"是春秋时代最为重要的伦理道德之一，"孝敬、忠信为基德，盗贼、藏奸为凶德"（《左传》文公十八年，《春秋左传注》第 635 页），"信，德之固也"（《左传》文公元年，《春秋左传注》第 516 页））。信是人们所称赞的美德，又是道德的基础。那么，何谓"信"？《说文·言部》："信，诚也。从人从言。"《释名·释言语》："信，申也。言以相申束，使不相违也。"信的基本含义就是诚信，信守诺言。不难想象，信只有在主体际性之间才有可能，因为信守诺言，其隐含的前提就是对某人许下诺言；由此，信发展出相申束的含义，这是很自然的。诚信及以信用相互约束，这确实是春秋时代信的两大含义。

在春秋时代，信作为一种美德，是对所有人的要求，但它主要是对执政者的要求。《左传》桓公十三年云："君抚小民以信，训诸司以德。"（《春秋左传注》第 137 页）如果君主无信，则人民不从，"不信，民不从也"（《左传》昭公七年，《春秋左传注》第 1292 页）。信之于治国理政的重要性，箕郑的论述最为透彻，《国语·晋语四》载：

晋饥，公问于箕郑曰："救饥何以?"对曰："信。"公曰："安信?"对曰：

"信于君心，信于名，信于令，信于事。"公曰："然则若何？"对曰："信于君心，则美恶不逾，信于名，则上下不干。信于令，则时无废功。信于事，则民从事有业。于是乎民知君心，贫而不惧，藏出如入，何匮之有？"公使为箕。及清原之搜，使佐新上军。（《国语》第 381 页）

晋国发生饥荒，晋文公向箕郑征询救饥对策，箕郑对之于"信"。箕郑从四个方面阐释了"信"的内涵：第一，信于君心，韦昭注："不以爱憎诬人以善恶，是为信于心"，也就是箕郑所说的"美恶不逾"，这是要求君主公正无私。可见，"信于君心"与其说是"心治"，毋宁说是为了避免"心治"。第二，信于名，韦昭注："名，百官尊卑之号。"其实就是正名，这可以使得上下不干，各司其职。第三，信于令，"令"可理解为时令（韦昭），遵循时令，则无废功。第四，信于事，韦昭注："谓使民事，各得其时。"（《国语》第 382 页）如此，则民各得其业。由此可见，可以说，信不仅仅是一种美德，而是关乎一整套的制度体系。箕郑认为，如果整个社会制度都有信可言的话，那么，人心也会安定，能够"贫而不惧，藏出如入"。不难看出，箕郑之论，不仅仅是救饥的权宜之计，更是社会长治久安之策。箕郑之论，无疑是很深刻的，后来孔子亦说"民无信不立"（《论语·颜渊》）。时至今日，当我们面临金融危机时，政治家们都一再强调信心的重要性，无疑是有见于此。问题是，没有一个让大家信任的制度体系和社会环境，空谈信心是无用的；而且，如箕郑所论，讲诚信得自上而下，执政者（君子）得首先取信于民。

在春秋时代，"信"不仅关乎内政，更是国际间的交往伦理。如前所引，顾炎武在称赞春秋风俗时，首先提及的是"尊礼重信"，即就诸侯之间的交往而论。诸侯间的交往主要有四种形式，即：聘、朝、会、盟："是故明王之制，使诸侯岁聘以志业，间朝以讲礼，再朝而会以示威，再会而盟以显昭明。志业于好，讲礼于等，示威于众，昭明于神。"（《左传》昭公十三年，《春秋左传注》第 1355 页）春秋时人在言及这些交往形式时，总是会提到"信"。《左传》襄公元年载："冬，卫子叔、晋知武子来聘，礼也。凡诸侯即位，小国朝之，大国聘焉，以继好、结信、谋事、补阙，礼之大者也。"（《春秋左传注》第 918 页）当新君即位，大小诸侯前来朝聘，继好结信，这是当时的诸侯交往的基本礼仪。《国语·鲁语上》载：鲁饥，臧文仲言于庄公曰："夫为四邻之援，结诸侯之信，重之以婚姻，申之以盟誓，固国之艰急是为。"（《国语》第 157 页）当国家发生饥荒时，更应该结诸侯之信，以求得四邻之援助。《国语·齐语》载："桓公知诸侯之归己也，故使轻其币而重其礼。……故拘之以利，结之以信，示之以武，故天下小国诸侯既许桓公，莫之敢背。"（《国语》第 247 页）这表明"信"是构成大国称霸最为重要的因素之一，其重要性在"武"之上。《左传》襄公八年载郑子展之言曰："小所以事大，信也。小国无信，兵乱日至，亡无日矣。"（《春秋左传注》第 957 页）这表明"信"是小国在大国之间得以生存的首要因素。总而言之，"信"是春秋时代国际交往最被看重的伦理。

在诸多的交往形式中，会盟是最常见的交往形式，在春秋时人看来，会盟的目的就是结信：

> 夫盟，信之要也。晋为盟主，是主信也。《国语·鲁语下》鲁大夫子服惠伯语。韦昭注："要，犹结也。"（《国语》第 179 页）
>
> 盟以底信，君苟有信，诸侯不贰，何患焉？（《左传》昭公十三年刘献公语，《春秋左传注》第 1354 – 1355 页）
>
> 秦、晋为成，将会于令狐。晋侯先至焉，秦伯不肯涉河，次于王城，使史颗盟晋侯于河东。晋郤犨盟秦伯于河西。范文子曰："是盟也何益？齐盟，所以质信也。会所，信之始也。始之不从，其可质乎？"秦伯归而背晋成。（《左传》成公十一年，《春秋左传注》第 854 – 855 页）
>
> 盟，所以周信也。故心以制之，玉帛以奉之，言以结之，明神以要之。（《左传》哀公十二年子贡语，《春秋左传注》第 1671 页）

无论是子服惠伯所说的"盟以结信"，还是刘献公所说的"盟以底信"（杜预注："底，致也。"）以及范文子所说的"盟以质信"，无不共同讲明了会盟的本质和目的就是加强诸侯间的交往与联系，从而达致相互间的信任。既然会盟的目的本身就是取得信任，那么，主张或召集会盟的盟主，首先得自己有诚信，讲信用，这样诸侯才不会有贰心。如果会盟双方或几方尤其是主盟方本无诚信，那么，会盟也就徒具形式，毫无成效。在以上第三段中，秦晋会盟，秦伯本无诚意，勉强隔河而盟，所以范宣子才说"会所，信之始也。始之不从，其何质乎？"（《左传》成公十一年，《春秋左传注》第 855 页）共同遵守和达到事先约会的地点会盟，这是信任的第一步，可秦伯连这一点都没做到，可见其心不诚，以至于"归而背晋成"。

当然，所谓"秦晋之好"的故事其实在春秋时代一再上演。《左传》襄公二十七年载：

> 辛巳，将盟于宋西门之外。楚人衷甲。伯州犁曰："合诸侯之师，以为不信，无乃不可乎？夫诸侯望信于楚，是以来服。若不信，是弃其所以服诸侯也。"固请释甲。子木曰："晋、楚无信久矣，事利而已。苟得志焉，焉用有信？"大宰退，告人曰："令尹将死矣，不及三年。求逞志而弃信，志将逞乎？志以发言，言以出

信，信以立志。参以定之。信亡，何以及三？"赵孟患楚衷甲，以告叔向。叔向曰：
"何害也？匹夫一为不信，犹不可，单毙其死。若合诸侯之卿，以为不信，必不捷
矣。食言者不病，非子之患也。夫以信召人，而以僭济之，必莫之与也，安能害
我？……"（《春秋左传注》第1131－1132页）

以晋为首的中原诸侯与楚在宋大夫向戎的联络下会盟于宋西门，楚令尹子木命令楚人暗
藏兵器，准备偷袭晋军，这表明楚令尹本无诚意。但是，太宰伯州犁劝谏令尹释兵卸
械，其说服的理由主要关乎"信"：如果楚人讲信，尚可取信诸侯，取代晋国霸主地
位；如果楚人弃信，那只能把各诸侯再次推回晋国的怀抱。令尹子木则认为，晋、楚向
来无信任可言，兵不厌诈，若偷袭成功，不必有信。太宰的评论表明，作为统帅，如果
无信，不仅不能取信诸侯，而且亦是自身自取灭亡之由。因为从长远看，伪诈或许可以
侥幸一时功，但绝不可能每次都成功。另一方面，晋赵孟也担心楚人偷袭，但叔向认为
不足为患，其分析的理由也关乎"信"：即便一介匹夫无信，也难以立足于世；遑论一
国之卿（实代表着楚国）；而且，楚人以"信"的名义笼络诸侯，然后又弃信背义，此
乃自相矛盾之举，必不能侥幸成功。由楚太宰对令尹的劝谏和晋叔向对赵孟的分析来
看，信为诸侯交往与沟通的基本原则，这是当时的普遍共识。

　　然而，由于现实利益的驱动以及执政者的私欲和短视，弃信背义之事时有发生，为
了增加信任和加强约束，"质"这样一种交往形式在春秋时代也十分普遍。所谓"质"，
就是人质交换抵押，通常是此国之公子到彼国作人质，彼国之公子到此国作人质。早在
春秋初期，就上演了一幕周王与郑国交质的故事。《左传》隐公三年载：

　　郑武公、庄公为平王卿士。王贰于虢。郑伯怨王。王曰"无之"。故周、郑交质。
王子狐为质于郑，郑公子忽为质于周。王崩，周人将畀虢公政。四月，郑祭足帅师取温
之麦。秋，又取成周之禾。周、郑交恶。君子曰："信不由中，质无益也。……"（《春
秋左传注》第26－27页）

周平王东迁后，郑武公、郑庄公皆为平王卿士，后来平王宠幸虢公，所以郑伯厌恨平
王。平王急于澄清无此等之事，于是派王子狐为质于郑，郑伯则派公子忽为质于周。平
王驾崩后，周桓王继位，欲委任虢公执政，取代郑庄公。郑庄公于是派郑卿祭足帅师先
后收获周畿内的麦、禾，作为报复和制裁。《左传》所载"君子"对此事的评论，道出
了周、郑最终由"交质"走向"交恶"的原因，在于"信不由中，质无益也"。就是
说，周、郑虽然在形式上礼尚往来（交质），似乎双方都很尊礼重信，但实际上，这种
形式上的重信并非源自双方内心的真实意愿，这样的交质对于改善双方的关系并无实质

的意义。

当代德国哲学家哈贝马斯提出"沟通行动理论"（theory of communicative action），认为任何真正意义上的沟通行动，对话双方必须满足三个有效性宣称（validity claim）条件，即：真理性（true）、真诚性（trueful）及正当性（right）。（1）真理性声称，说话者声称命题内容是真的（true），这属于一种认知的沟通模式，对应于客观世界，具有认知事实的功能；（2）真诚性声称，说话者保证其表达的感情和意向是真诚的，这属于一种表意的沟通模式，对应于主观的内心世界，具有表意的功能；（3）正当性声称，说话者声称言语行动是正当的，这属于一种互动的沟通模式，对应于社会世界，它有调节行为、建立合法人际关系的功能。① 不难发现，春秋时人对"信"的讨论，主要与哈贝马斯三个有效性中的"真诚性"相关。春秋时人充分认识到，如果沟通双方内心并无真诚的意愿，那么，这种交往和沟通是不会有实质的意义和成效。《左传》桓公十二年载"君子"之言曰："苟信不继，盟无益也。《诗》云：'君子屡盟，乱是用长。'无信也。"（《春秋左传注》第 134 页）即是对此的一个总结。确实，没有真诚意愿的会盟，只会被不断地打破，以致以一盟再盟，却屡盟屡乱，屡乱屡盟。

在春秋中期，晋、楚争霸，相持不下，夹在晋、楚两大国之间的郑、宋两个小国，屡受其害。郑、宋两国往往是当晋人兵临城下，则与晋盟；当楚人兵临城下，则与楚盟。《左传》宣公十一年载：楚子伐郑，及栎。子良曰："晋、楚不务德而兵争，与其来者可也。晋、楚无信，我焉得有信？"（《春秋左传注》第 711 页）可见，大国无信，小国也只能抛弃信义，采取权宜之计。《左传》襄公九年又载：

> 将盟，郑六卿……皆从郑伯。晋士庄子为载书，曰："自今日既盟之后，郑国而不唯晋命是听，而或有异志者，有如此盟。"公子騑趋进曰："天祸郑国，使介居二大国之间……自今日既盟之后，郑国而不唯有礼与强可以庇民者是从，而敢有异志者，亦如之。"（《春秋左传注》第 968－969 页）
>
> 楚子伐郑。子驷将及楚平。子孔、子蟜曰："与大国盟，口血未干而背之，可乎？"子驷、子展曰："吾盟固云'唯强是从。'今楚师至，晋不我救，则楚强矣。盟誓之言，岂敢背之？且要盟无质，神弗临也。所临唯信。信者，言之瑞也，善之主也，是故临之。明神不蠲要盟，背之，可也。"乃及楚平。（《春秋左传注》第 971 页）

晋国与郑国结盟，晋国要求郑国唯晋马首是瞻，郑子驷（公子騑）则说郑国只听命于

---

① 所述参韦汉杰：《哈贝马斯的沟通行动理论》，《人文》（台湾）2005 年 10 月第 142 期。

有礼而强且愿意庇护郑人的一方。这个说法，既没有公然违抗晋国的要求，也为背弃盟约留有余地。果然，不久楚人来犯，晋人不救，于是郑国又与楚国结盟。这当然是小国政治家基于现实考虑而不得不采取的权宜之计。然而，在此，非常值得论述的是，子驷和子展对于"盟"和"信"的理解提出了一些新的看法。他们认为"要盟无质"，服虔注："质，诚也。"就是说要挟之盟，固无诚信可言。受神所保护的盟约，在德信而不在武力要挟。对于受制于武力要挟的盟约，神不会降临庇护，自然也不必遵守。所以，简单地践履诺言或盟约不一定为信，"复言，非信也"。（《春秋左传注》第1700页）春秋时人认为"周仁之谓信"（《左传》哀公十六年，《春秋左传注》第1700页），信只有指向更上位的仁的价值才有意义。实际上，郑国先后与晋、楚结盟，目的就是维护仁的价值，即尽可能避免不必要的人员伤亡和流血牺牲。如前所言，信不仅关乎一国之内政，而且更多地关乎一国之外交，内政乃外交之本；因此，外交终归是服务于内政的，而其最终的目的则是保民与养民，也就是仁。在此意义上，郑人也可以说实践了信的原则。

二、孝、忠、义——春秋时代的家国公私伦理

如前所言，宗法封建制仍是春秋时期的基本制度，宗法制的核心伦理是孝，封建制的核心伦理是忠，孝、忠构成了当时最为基础性和根本性的道德观念，"孝、敬、忠、贞，君父之所安也"（《国语·晋语一》，第265页），可谓一语中的，道出了事实。王国维说："周之制度典礼乃道德之器械，而尊尊、亲亲、贤贤、男女有别四者之结体也。"（《观堂集林·殷周制度论》）这一说法实有其源。《礼记·丧服小记》云："亲亲，尊尊，长长，男女之有别，人道之大者也。"不同的是，王氏把"长长"替换为"贤贤"。王氏之说实际上更符合周代（包括春秋时代）的实际情况。《礼记·大传》云："上治祖祢，尊尊也；下治子孙，亲亲也。"可见，"亲亲"和"尊尊"皆就血缘关系论。"贤贤"则逾出血缘关系，指向更为广泛的公共领域。又《孟子·万章下》云："用下敬上，谓之贵贵；用上敬下，谓之尊贤。"我们可以把以血缘关系为基础的"亲亲""尊尊"视为一类，如此，可以大体如此说：与"亲亲"（含"尊尊"）相应的伦理是孝，与"贵贵"相应的伦理是忠（下级对上级之忠敬），与"贤贤"（或"尊贤"）相应的伦理是义。义既突破了血缘关系，也突破了等级（或隶属）关系，它是宗法封建制的一个不可或缺的补充，因为只凭"亲亲""尊尊"和"贵贵"而不论才能和道义的话，任何社会都难以维系。如此，由孝而忠而义，构成了一套由亲及疏、由内而外、由近而远、由私人领域而公共领域的一套递进的、连续的伦理观念秩序。春秋以降，西周的礼乐制度虽然逐渐解体，但在解体的漫长过程中，这些道德观念依旧是春秋时人的基本观念；然而，由于这些道德观念所依附的制度在逐渐解体，这些道德观念的结构性

矛盾和张力也就逐渐显露。

实际上，早期孝的对象是先祖先父而不及尚在世的父母（即所谓的"尊尊"），所以一般都是"追孝""孝享"连用，"西周孝为君宗之德，孝子、孝孙是君宗的专称"。① 《国语·鲁语上》云："夫祀，昭孝也，各致齐敬于其皇祖，昭孝之至也。"（《国语》第174页）《左传》定公四年云："灭宗废祀，非孝也。"（《春秋左传注》第1547页）表明孝享（享者，祭祀先祖也）的观念在春秋时代依旧存在。但是，与此同时，孝的重点由"尊尊"转移到"亲亲"，并且，春秋时孝的对象开始大量下移至尚在世的君父。虽然，尊祖收宗的孝观念依然在春秋时代为人们所实践，但关于孝最激烈的争论却是发生在嗣子与尚在世的君父（诸侯）或家父（卿大夫）的关系上。

围绕晋太子申生的争论，最能彰显彼时孝观念的张力。《左传》闵公二年载：晋献公受骊姬之谗，欲除太子申生而另立骊姬之子，于是命太子帅师伐敌，又命之尽敌而还。围绕此次事件以及晋献公与太子之间的关系，谋臣纷纷议论，其中多言及"孝"，但他们对孝的看法并不一致。里克认为太子"禀命则不威，专命则不孝"（《春秋左传注》第269页），即是说，如果太子禀父之命，则无威权；但如果专命则是不孝。梁余之养认为晋献公废太子之意图明显，主张"死而不孝，不如逃之"（《春秋左传注》第271页）。这一主张得到一些人士的赞同，但羊舌大夫认为"违命不孝，弃事不忠。虽知其寒，恶不可取，子其死之"（《春秋左传注》第272页），建议太子一死了之。狐突则认为晋献公"内宠并后，外宠二政，嬖子配适，大都耦国，乱之本也"（《春秋左传注》第272页），"今乱本成矣"（《春秋左传注》第272页），建议申生"孝而安民，子其图之！"（《春秋左传注》第272页）。但无论分歧如何，这里"孝"的主体都是太子，其对象是君父。太子申生终因走投无路，无奈自杀。晋献公欲尽逐群公子，次子重耳、夷吾也遭遇与太子同样的处境，重耳、夷吾皆逃亡，但并无所谓孝与不孝的激烈争论，这表明在时人的观念中，"孝"乃是嗣君特有的义务与权利。②

孝之于宗法封建制国家的重要性，我们可以通过一个实例即知。齐桓公为春秋五霸之首，葵丘会盟又是其霸业的鼎盛。葵丘会盟，诸侯达成五项共识，第一项即是"诛不孝，无易树子，无以妾为妻"（《孟子·告子下》）。实际上，三条都是围绕政治继统和嗣嫡而言：若臣子不孝，君父以妾为妻、废嫡立庶，这些都会影响到一家一国的继统，进而影响到国际政治格局的变化。葵丘会盟之所以能就此达成共识，说明诸侯对此有清醒的认识。孝之于封建宗法制国家的重要性，由此亦可略见一斑。正因为如此，国君继

---

① 查昌国：《先秦"孝""友"观念研究》，安徽大学出版社2006年版，第84页。关于先秦孝观念的嬗变，又参陈乔见：《公私辨：历史衍化与现代诠释》，生活·读书·新知三联书店2013年版，第七章第五节"儒家孝道与公私生活"部分。

② 查昌国：《先秦"孝""友"观念研究》，安徽大学出版社2006年版。

位，首先得章明孝道，因为一切宗法礼制皆由孝始，"凡君即位，好舅甥，修昏姻，娶元妃以奉粢盛，孝也。孝，礼之始也"（《左传》文公二年，《春秋左传注》第526 - 527页）；而公族大夫在教育子弟时，也必先训之以孝，"韩无忌为公族大夫，使训卿之子弟共俭孝弟"（《左传》成公十八年，《春秋左传注》第909页）。

以上是春秋时代的孝观念的一般情况，我们再看忠的伦理。《左传》桓公二年载："天子建国，诸侯立家，卿置侧室。"（《春秋左传注》第94页）周代分封制形成了三级政治实体，即：周王室之天下、诸侯之国（公室）、卿大夫之家（私家）。天子建国，为的是屏藩周王；同理，诸侯立家，为的也是辅佐国君。基于这一基本的政治结构和社会结构，春秋时代（尤其是早期）忠于公室的卿大夫往往备受推崇，最典型的莫过于鲁国季氏家族的奠基者季友和季文子。季孙行父（季文子）于文公六年受室为卿，宣公八年主政，襄公五年卒，执鲁政共三十三年。《左传》襄公五年载季文子卒时情形："季文子卒。大夫入敛，公在位。宰庀家器为葬备，无衣帛之妾，无食粟之马，无藏金玉，无重器备，君子是以知季文子之忠于公室也。'相三君矣，而无私积，可不谓忠乎？'"（《春秋左传注》第944 - 945页）季文子的忠于鲁国公室，甚至曾经得到过异国之卿的称赞。《左传》成公十六年载：

> 宣伯使告郤犨曰："鲁之有季、孟，犹晋之有栾、范也……若欲得志于鲁，请止行父而杀之……"晋人执季文子于苕丘。……范文子谓栾武子曰："季孙于鲁，相二君矣。妾不衣帛，马不食粟，可不谓忠乎？信谗慝而弃忠良，若诸侯何？……"乃许鲁平，赦季孙。（《春秋左传注》第893 - 894页）

晋人本欲杀季文子，但是，晋国卿大夫范文子认为季文子廉洁奉公，忠于鲁国公室。如果杀了季文子，那无异于残害忠良，这种行动很难取信于诸侯。最终，晋人赦免于季文子。由是可知，至少在春秋早、中期，臣子尤其是执政卿大夫的忠德（忠于公室），是为人们普遍称赞的。再如，《左传》成公九年载：

> （范）文子曰："楚囚，君子也。言称先职，不背本也。乐操土风，不忘旧也。称大子，抑无私也。名其二卿，尊君也。不背本，仁也。不忘旧，信也。无私，忠也。尊君，敏也。仁以接事，信以守之，忠以成之，敏以行之。事虽大，必济。君盍归之，使合晋、楚之成。"公从之，重为之礼，使归求成。（《春秋左传注》第845页）

楚囚由于具有仁、信、忠、敏的品质，不但没有被晋人所杀，反而受到晋国执政卿大夫范文子的高度评价，并寄于合晋楚之好的重任。实际上，这里的四德即仁（不背本）、信（不忘旧）、忠（无私）、敏（尊君），都表现了楚囚对楚君和楚国的忠贞之情，因此所谓四德皆可视为广义的忠德。楚囚由于对本国的忠贞，而得到了敌国（晋国）执政者由衷的欣赏，这也表明忠德实乃当时社会的普遍认可和表彰的美德。

当然，对于何谓忠？在一些事件中，并非那么清晰明白。典型的莫过于晋献公死后，他的几位执政大臣的言行和看法。《左传》僖公九年载：

> 晋献公卒。里克、丕郑，欲纳文公，故以三公子之徒作乱。初，献公使荀息傅奚齐。公疾，召之，曰："以是藐诸孤辱在大夫，其若之何？"稽首而对曰："臣竭其股肱之力，加之以忠、贞。其济，君之灵也；不济，则以死继之。"公曰："何谓忠、贞？"对曰："公家之利，知无不为，忠也。送往事居，耦俱无猜，贞也。"及里克将杀奚齐，先告荀息曰："三怨将作，秦、晋辅之，子将何如？"荀息曰："将死之。"里克曰："无益也。"荀叔曰："吾与先君言矣，不可以贰。能欲复言而爱身乎？虽无益也，将焉辟之？且人之欲善，谁不如我？我欲无贰，而能谓人已乎？"……里克杀奚齐于次……荀息将死之，人曰："不如立卓子而辅之。"荀息立公子卓以葬。十一月，里克杀公子卓于朝，荀息死之。（《春秋左传注》第328－329页）

此所谓"三公子"即晋献公三子：申生、重耳、夷吾。晋献公受骊姬之惑，欲传位于骊姬之子奚齐，并使大夫荀息傅之，临死之际又托孤于荀息，荀息答之于忠贞。荀息也确实做到了忠贞不贰，奚齐被杀，他又立奚齐之弟公子卓（骊姬之娣之子）为君。在里克再次杀了新君后，荀息实践了他的诺言，以死殉之。在此，荀息之言"且人之欲善，谁不如我？我欲无贰而能谓人已乎"（《春秋左传注》第329页）很值得注意，杨伯峻注："其意亦不欲止里克之效忠于重耳等人也"（《春秋左传注》第329页）。可见，时人认为，臣子各自效忠各自之主人，这乃人之常情。但是，并非所有的人都如此认为。《左传》僖公十年载：由于里克杀了奚齐、卓子二君，晋惠公（夷吾）才得以继承君位。然而，晋惠公继位后的第一件事便是杀了里克，其理由是："微子，则不及此。虽然，子杀二君与一大夫，为子君者，不亦难乎？"（《春秋左传注》第333页）里克对曰："不有废也，君何以兴？欲加之罪，其无辞乎？臣闻命矣。"（《春秋左传注》第333页）诚如里克的对辞，晋惠公很可能是欲加之罪，托辞杀他。但是，辞之所以为辞，之所以能被接受，说明它也有一定的普遍共识在其中。

《左传》僖公二十三载，晋惠公卒，其子怀公继位，"怀公立，命无从亡人。期而不至，无赦。狐突之子毛及偃从重耳在秦，弗召。冬，怀公执狐突，曰：'子来则免。'

对曰：'子之能仕，父教之忠，古之制也。策名、委质，贰乃辟也。今臣之子，名在重耳，有年数矣。若又召之，教之贰也。父教子贰，何以事君？刑之不滥，君之明也，臣之愿也。淫刑以逞，谁则无罪？臣闻命矣。'"（僖公二十三年，《春秋左传注》第402－403页）狐突在晋国为官，其二子狐毛和狐偃则常年跟随重耳流亡在外。晋怀公觉得重耳及其随从始终对其君位存在威胁，故以狐突作为人质以要挟其二子回国。狐突答之以"子之能仕，父教之忠"，而且强调这是"古之制也"。既然狐毛、狐偃早已策名委质做了重耳的臣子，如果父亲再"教之贰"，"弃暗投明"效忠新君，这反而是不忠。这再次表明，臣子策名委质，各自效忠各自的主子，这亦是当时社会的普遍道德观念。这里存在的张力在于，臣子的这种效忠各自主子的道德观念与君臣要求臣子绝对效忠之间的张力。这种张力有时是自相矛盾的，在晋惠公杀里克的例子中，这种矛盾表现得最为突出：如果没有里克弑君，晋惠公就不可能继位（惠公所谓"微子则不及此"）；但当新君继位后，他又要求臣子绝对效忠。在此种不可化解的张力中，悲剧也就诞生了。

这是封建制的结构性矛盾在道德观念上的体现，然而，更为深层的结构性矛盾，是忠于公室与忠于私家之间的张力。据《左传》昭公十二年载，"季平子立而不礼遇南蒯"（《春秋左传注》第1335页），南蒯与叔仲小、公子憖（子仲）谋划"出季氏，而归其室于公"（《春秋左传注》第1335页），然后以公子憖代季氏，自己则"以费为公臣"（《春秋左传注》第1335页）。南蒯本为季氏家臣，由于他没有受到季氏礼遇，所以他想"出季氏，而归其室于公"（《春秋左传注》第1335页）。这对鲁国公室而言，南蒯之举无疑是忠的一种表现（虽然杂有私意），但对季氏而言，却是不忠。南蒯欲从事此举时，时人谓之"家臣而君图"（《春秋左传注》第1336页）；及至其失败奔齐后，齐景公甚至以"叛夫"呼之，南蒯答之以"臣欲张公室也"（《春秋左传注》第1364页）来辩解，子韩晰则评价道："家臣而欲张公室，罪莫大焉"（《春秋左传注》第1364页）。再如，据《左传》昭公二十五年载，鲁公室谋划一次更为精密的铲除季氏计划。鲁君伐季氏，进展似乎很顺利，甚至季平子也向昭公请罪。然而，叔孙、孟孙认识到，季氏亡，己必亡，因此二家公然与公室对抗，站到了季氏一边，三桓联合，反败为胜，昭公只得流亡齐国。在这次事件中起关键作用的叔孙氏家臣鬷戾之言很能说明问题："我，家臣也，不敢知国。"（《春秋左传注》第1464页）可见，在他眼中，只有叔孙，没有鲁君；只有私家，没有公室。由是可知，在"诸侯——卿大夫——家臣"这种隶属格局中，身份决定了义务，对于家臣而言，忠即是忠于"私家"；如果家臣僭越身份而欲忠于公室，这并不符合当时的道德观念。①

---

① 所述参陈乔见：《公私辨：历史衍化与现代诠释》，生活·读书·新知三联书店2013年版，第一章第二节，"封建制度与公私观念"。

忠的两难还在于，忠于君与忠于道义之间的张力。《左传》宣公二年载：

> 宣子骤谏，公患之，使鉏麑贼之。晨往，寝门辟矣，盛服将朝，尚早，坐而假寐。麑退，叹而言曰："不忘恭敬，民之主也。贼民之主，不忠；弃君之命，不信。有一于此，不如死也。"触槐而死。（《春秋左传注》第658页）

赵宣子乃晋国之忠臣，晋灵公却异常昏庸，赵宣子不断犯颜直谏，晋灵公欲使鉏麑刺杀之。但刺客鉏麑发现赵宣子实际上是一位良臣，乃民之主，如果杀了他，那是不忠；如果不杀他，那又违背了国君之命，是为不信。在君命与道义之间，鉏麑无所适从，只好自杀身亡。值得注意的是，鉏麑并不把"弃君之命"而是把"贼民之主"视为不忠。可见，虽然在春秋时代，一般言及忠，其效忠的对象大多为君主（广义之君，凡上下级关系皆可称君臣）；但是，除此之外，也出现了把超越于君命的道义作为效忠的对象。

如前所析，孝、忠各自内部的和之间的张力和矛盾，很自然就引申出义的问题。不过，在此，我们还是首先考察春秋时代义观念的一般内涵。实际上，如前所言，义是春秋时代最为重要的道德观念，出现频率很高。《国语·周语中》云："以义死用谓之勇，奉义顺则谓之礼，畜义丰功谓之仁。"（《国语》第85页）勇、礼、仁都需要通过义来界定，这表明义是三德的实质内容，"义"在春秋时代的重要性亦可见一斑。

义首先是作为君父的道德义务而被要求的。《左传》隐公三年云："君义，臣行，父慈，子孝，兄爱，弟敬，所谓六顺也。"《左传》文公十八年云："父义、母慈、兄友、弟共、子孝"（《春秋左传注》第32页）。在此，"义"是作为君、父的特别道德而被要求的。这里"义"的含义，可简单地理解为贤能。当然，君义（或父义）只是一种道德要求或理想状态，现实情况往往是君父和道义的脱离甚至是背离。这就有了前文所述及的鉏麑在忠于道义和忠于君主之间的两难选择。鉏麑的悲剧似乎表明，后来儒家所宣扬的"从道不从君，从义不从父"这种强烈的批判精神彼时尚未出现或未得到普遍认可。

不过，抛开君臣关系这种狭隘的政治公共关系不论，春秋时人普遍认为政治公共领域应该遵循义的原则，尤其是在选拔人才方面。前文曾提及，在王国维所说的周代四大道德观念中，"尊尊"和"亲亲"特别与孝的观念相关，"贤贤"特别与义的观念相关，即是就此而言。《国语·晋语四》载："夫赵衰三让不失义。让，推贤也。义，广德也。"（《国语》第383页）赵衰礼让推贤，被认为不失义。《左传》昭公二十八年载：

> 魏献子为政……谓贾辛、司马乌为有力于王室，故举之；谓知徐吾、赵朝、韩固、魏戊，余子之不失职，能守业者也。其四人者，皆受县而后见于魏子，以贤举

也。魏子谓成鱄："吾与戊也县，人其以我为党乎？"对曰："何也？戊之为人也，远不忘君，近不偪同，居利思义，在约思纯，有守心而无淫行，虽与之县，不亦可乎？……夫举无他，唯善所在，亲疏一也。……"……仲尼闻魏子之举也，以为义，曰："近不失亲，远不失举，可谓义矣。"（《春秋左传注》第1493－1496页）

晋韩宣子卒，魏献子（魏舒）为政，举用一批贤人为大夫，其中有他的儿子魏戊，魏献子把梗阳这个县分封给了魏戊。魏献子担心别人以为他偏私，不够公正。成鱄在肯定魏戊之贤能的同时，提到了举用人才的标准是"唯善所在，亲疏一也"。孔子听到此事后，也给予魏献子高度评价，认为他举用人才遵循了"义"的原则，既不避讳与自己有血亲关系的魏戊，亦没失去与自己关系疏远的人才。与魏献子"近不失亲"相反的例子，是孔子对叔向的称赞："叔向，古之遗直也。治国制刑，不隐于亲。三数叔鱼之恶，不为末减。曰义也夫，可谓直矣！……邢侯之狱，言其贪也，以正刑书，晋不为颇。三言而除三恶，加三利。杀亲益荣，犹义也夫！"（《左传》昭公十四年（《春秋左传注》第1367页））叔向治国理政，不隐瞒弟弟的贪污等劣行，孔子认为他遵循了"义"的原则（"由义也夫"）。所谓"治国制刑"，表明"义"的原则特别与政治公共领域相关，它是治国理政应当遵循的基本原则。虽然这是孔子的评论，可以视为孔子思想的一个反应，但也不可否认，这应是春秋时人的普遍观念。

　　"义"总是关涉家国公私之间的张力，总是与公共事务有关。义的原则往往要求行动主体不能考虑个人或家族的私人恩情，在极端的情景中，甚至要求斩断个人或家族的恩情尤其是血缘亲情。比如，《左传》哀公五年载：范昭子（士吉射）之臣王生虽然厌恶张柳朔，但他还是在范昭子面前推荐张柳朔为柏人宰。这引起了范昭子的困惑，"夫非而仇乎？"（《春秋左传注》第1630页）王生的回答是："私仇不及公，好不废过，恶不去善，义之经也。臣敢违之？"（《春秋左传注》第1630页）这是说，私人恩怨不能用在公共事务上，不能因为喜好某人而掩盖其过错，亦不能因为厌恶某人而废弃其优点。王生把这归于"义之经也"，说明"义"的原则要求人们在公共事务中，不能掺杂私人恩怨，这为当时道德观念所称赞。

　　石蜡"大义灭亲"的事迹，更能彰显公义与私情的冲突与决断。《左传》隐公四年载：

　　　　四年春，州吁弑桓公而立。……州吁未能和其民，厚问定君于石子。石子曰："王觐为可。"曰："何以得觐？"曰："陈桓公方有宠于王，陈、卫方睦，若朝陈使请，必可得也。"厚从州吁如陈。石碏使告于陈曰："卫国褊小，老夫耄矣，无能为也。此二人者，实弑寡君，敢即图之。"陈人执之而请莅于卫。九月，卫人使右宰丑莅杀州吁于濮，石碏使其宰獳羊肩莅杀石厚于陈。君子曰："石碏，纯臣也。恶州吁而厚与焉。'大义灭亲'，其是之谓乎！"（《春秋左传注》第 35－38 页）

据《左传》隐公三年载："公子州吁，嬖人之子也，有宠而好兵。……骄、奢、淫、泆，所自邪也。"（《春秋左传注》第 31－32 页）州吁杀了庶兄卫桓公而自立为君，但未能和其民。石厚从州吁游，因请教其父石碏如何安定民心，使州吁坐稳君位。石碏以朝陈使请觐王之计，让陈人逮捕了州吁和石厚，卫人得以处死州吁，而石碏也派家臣处死了自己的儿子石厚。如前所言，"君义"这是春秋时人对君主的道德要求，显然，州吁并非义君。所以人们高度评价石碏，谓之"纯臣"和"大义灭亲"。

综上所述，"义"在春秋时代起初是作为君长的道德要求而被强调的，其基本含义就是贤能；当然，贤能这一品质自然包含了能够推举任用贤能之士；因此，在以后的发展过程中，义的观念更多地与王国维所谓周代四大道德观念中的"贤贤"有关，它是公共事务领域中的道德观念。这一点，直接影响了儒、墨两家，为儒、墨两家所认可和继承，区别仅在于，儒家在崇尚"贤贤"的同时，犹尊重传统的"亲亲"和"尊尊"；而墨家则更为激进，以"尚贤"为唯一之原则，要求打破传统的血缘和等级关系，这也是墨家特别重视"义"的原因所在。①

三、智、仁、勇——春秋时代的贵族美德

春秋时代的中国人崇尚的德目较多，比较丰富。前文所引《国语·周语下》提到敬、忠、信、仁、义、智、勇、孝、教、惠、让等十一种美德，并给予简要的界定："象天能敬，帅义能忠，思身能信，爱人能仁，利制能义；事建能智，帅义能勇，施辩能教，昭神能孝，慈和能惠，推敌能让。"（《国语》第 96 页）《国语·楚语下》讲到六种似是而非的"美德"和与之相对的真正的美德："其为人也，展而不信，爱而不仁，诈而不智，毅而不勇，直而不衷，周而不淑。复言而不谋身，展也；爱而不谋长，不仁也；以辩盖人，诈也；强忍犯义，毅也；直而不顾，不衷也；周言弃德，不淑也。是六德者，皆有其华而不实者也，将焉用之。"（《国语》第 584 页）这里所提到的六种真正的美德是：信、仁、智、勇、衷、淑。这其中都提到了后来儒家非常看重的"智、仁、勇"三达德（《中庸》云："知仁勇三者，天下之达德也。"）实际上，智、仁、勇确实是春秋时代被看重的最为重要的几种贵族品质，而且，三德在春秋时代相提并论已很常见。

我们先看智、仁、勇等品质的具体内涵。要了解某个术语的含义，最简单的方法就

---

① 《墨子》一书专门有一篇题为《贵义》，且其"尚贤""非攻"等重要教义皆基于义的原则立论。

是了解它的用法。我将借助字书和《左传》《国语》来考察智、仁、勇的字面含义和道德内涵。首先是"智"或"知"。《左传》"知""智"不分,皆作"知"(德性义的智亦作"知")。《国语》则"知""智"有所区分,或作"知",或作"智"(德性义的智作"智")。《说文·矢部》:"知,词也。从口从矢。"段《注》云:"识敏,故出于口者疾如矢也。"可见,"知"的字面含义就是见识敏锐,表达敏捷。《释名·释言语》:"智,知也,无所不知也。""智"是无所不知,也就是对所有事物都见识敏锐。这是"知""智"之字面含义,于此不难理解,无须多言。我们再看其用法和春秋时人对它的理解。《国语·周语下》云:"言智必及事",又云:"事建能智"。《晋语六》云:"事废为不智。"《鲁语上》云:"智者处物……不知而不能问,非智也。"(《国语》第94、96、427、170页)由此三例用法可知,是智与否,需要体现在对事、物(古人所谓事物,不是现在人所谓的客观对象,尤其不是指自然对象,而主要是指人事)有所见识,而且,这种见识能够促进事物的成功。《楚语下》云:"诈而不智。……以谋盖人,诈也。"(《国语》第584页)这表明,巧言惠辩和欺诈不是智。《左传》成公十七年云:"知不害民。"(《春秋左传注》第901页)这表明,损害民人利益的行动不是智。成公十七年又云:"鲍庄子之知不如葵,葵犹能卫其足。"(《春秋左传注》第899页)这表明,能自我保护有时是智的一种表现。定公四年云:"动无令名,非知也。"(《春秋左传注》第1547页)这表明给行动主体带来坏声誉的行动不是智。以上是春秋时人对智德的理解,也是春秋时代智德的基本内涵。

然后我们看"仁",概括起来,春秋时代"仁"有两个方面的内涵。其一,仁盖起源于亲亲之爱,或者说至少就其初而言,仁与血缘关系的亲亲之爱密切相关。《国语·晋语一》载骊姬谗谮太子申生于晋献公:"吾闻申生甚好仁而强,甚宽惠而慈于民,皆有所行之。今谓君惑于我,必乱国,无乃以国故而行强于君。……为仁与为国不同。为仁者,爱亲之谓仁;为国者,利国之谓仁。故长民者无亲,众以为亲。苟利众而百姓和,岂能惮君?"(《国语》第274-275页)这里实际上分别了仁的两种含义,首先是"为仁者,爱亲之谓仁",前一个"仁"似当读作"人",意思是说作为一个人来说,爱亲就是仁。这个界定应该是仁的较为原初的含义,而且它具有普遍性,亦即只要是人就适用。其次是"为国者,利国之谓仁",这应是仁的后起之义,而且,它不具有普遍性,只适用于为国者。骊姬在此向晋献公谗谮申生,说他有弑君父之心,将为利国惠民而不惜牺牲亲亲之恩。申生当然并无此意,反而是骊姬有害申生之心。后来有人劝说申生逃亡,被他否决,其中一个原因即在于申生认为"仁不怨君"(《国语·晋语二》)。这里的君就是其父,因此,实际上应该理解为"仁不怨父",这与"爱亲之谓仁",是一个意思,这也说明仁的原初含义似当源于亲亲之爱,而且,这种爱带有一种考虑对方心理感受的意味。其二,爱是仁的基本含义,但在春秋时代,它已经不再限于亲亲之爱，前所引为国者之仁已说明了这一点。再如，《左传》僖公十四年云："幸灾，不仁。"（《春秋左传注》第 348 页）昭公元年云："子木有祸人之心，武有仁人之心。"（《春秋左传注》第 1201 页）昭公二十七年云："仁者杀人以掩谤，犹弗为也。今吾子杀人以兴谤，而弗图，不亦异乎？"（《春秋左传注》第 1488 页）哀公七年云："大所以保小，仁也。……伐小国，不仁。"（《春秋左传注》第 1642 页）《国语·周语中》云："仁所以保民也。"又云："以怨报德，不仁。"（《国语》第 45 页）《楚语上》云："明慈爱以导之仁。"（《国语》第 529 页）这些用法无不表明，仁有恻隐、同情、仁厚、慈爱、爱护、保护之义，而且这种爱的范围不限于亲亲。我们知道，孔子对仁讨论颇多，有不同的说法，但仁者"爱人"（《论语·颜渊》）这一界定无疑是孔子仁学的核心观念。现在我们知道，这其实是仁一贯的含义。

最后是"勇"的含义和道德内涵。《说文·力部》："勇：气也。从力甬声。"段《注》云："气也。气，云气也。引申为人充体之气之偁。力者，筋也。勇者，气也。气之所至。力亦至焉。心之所至。气乃至焉。故古文勇从心。"《释名·释言语》："勇，踊也。遇敌踊跃，欲击之也。"其一，"勇"的一般的道德内涵就是有勇气和勇心，在春秋时代主要体现在战场上。如《左传》定公十二年云："殿而在列，其为无勇乎？"（《春秋左传注》第 1586 页）文公十二年云："赵穿当军门呼曰：'死伤未收而弃之。不惠也。不待期而薄人于险，无勇也。'"但是，这种勇气和勇心必须出自主体自身，而非假借外力或逞强凌弱。文公六年云："介人之宠，非勇也。"（《春秋左传注》第 553 页）定公四年云："违强陵弱，非勇也。"（《春秋左传注》第 1547 页）其二，"勇"在春秋时代尤其与主体"期死"有关，也就是说，主体预期到有性命之忧而又能挺身而出。设想一下，如果只有小危险，但却不是生命危险的行动，恐怕很难称之为"勇"。《左传》昭公二十年载，当费无极以伍奢要挟其二子伍尚、伍员来自投罗网时，作为长子的伍尚明知是陷阱，但他还是挺身而出，其中的一个理由即是"勇"："知死不辟，勇也。"（《左传》昭公二十年，《春秋左传注》第 1408 页）《国语·晋语二》载申生受骊姬之害，但是他选择面对死亡，因为在他看来"勇不逃死。……有罪不死，无勇"（《国语》第 291－292 页）。《晋语七》载韩献子推荐公族穆子做官，后者推辞，其理由是"勇不能死"，亦即他苟且偷生，没有勇德。其三，"勇"虽然与"期死"的决心和行动有关，但并非所有期死的行动和决心皆为勇德。《左传》哀公十六年云："率义之谓勇。……期死，非勇也。"（《春秋左传注》第 1700 页）这表明，"勇"自身无独立之价值，它必须为了一个可欲的目的才有价值。首先勇得符合"义"的价值和原则。《左传》文公二年明言："死而不义，非勇也。"（《春秋左传注》第 521 页）《国语·周语中》云："以义死用谓之勇。"（《国语》第 85 页）《周语下》云："帅义能勇。"（《国语》第 96 页）所有这些都无不表明，勇必须以义的价值和原则来范导自己，违背义的勇不叫"勇",那是与勇相反的、似是而非的"毅","毅而不勇。……强忍犯义,毅也"(《国语·楚语下》,第584页)。其次,勇得遵守秩序,犯上作乱不是勇,"勇不作乱"(成公十七年,《春秋左传注》第901页)。其四,正因为勇必须以可欲的价值(如义和秩序)为目的才有意义,因此,当勇脱离了价值的范导,那么,它就只有消极的意义和负面的价值。此时以"勇"来评价人就是贬义。如文公十二年云:"赵有侧室曰穿,晋君之壻也,有宠而弱,不在军事,好勇而狂。"(《春秋左传注》第590页)《越语下》载范蠡进谏越王勾践云:"夫勇者,逆德也;兵者,凶器也;争者,事之末也。"(《国语》第643页)

如前所言,春秋时代智、仁、勇三德相提并论,已很常见,我们对这些相提并论的说法稍作分疏。首先,春秋时人经常会以"智、仁、勇"等道德品质来规范和要求自身。《国语·晋语二》载申生受骊姬之谮,有性命之忧,人劝申生逃亡,申生认为不可,其理由关乎是否仁、智、勇:"吾闻之:'仁不怨君,智不重困,勇不逃死。'若罪不释,去而必重;去而罪重,不智。逃死而怨君,不仁。有罪不死,无勇。去而厚怨,恶不可重,死不可避,吾将伏以俟命。"(《国语》第291-292页)申生认为逃亡行为不智、不仁、无勇;而他选择坦然面对死亡,则是以智、仁、勇三德来要求自己。

其次,春秋时代在选拔人才,尤其是主政卿大夫时,非常看重智、仁、勇三种美德。我们且看几段材料:

(1)韩献子老,使公族穆子受事于朝。辞曰:"厉公之乱,无忌备公族,不能死。臣闻之曰:'无功庸者,不敢居高位。'今无忌,智不能匡君,使至于难,仁不能救,勇不能死,敢辱君朝以忝韩宗,请退也。"固辞不立。(《国语·晋语七》,第442页)

(2)悼公使张老为卿,辞曰:"臣不如魏绛。夫绛之智慧治大官,其仁可以利公室不忘,其勇不疚于刑,其学不废其先人之职,若在卿位,外内必平。……"(《国语·晋语七》,第442-443页)

在(1)中,韩献子老而致仕,推荐公族大夫穆子执政,穆子辞却,其理由是在晋厉公之乱中,他没有做到智、仁、勇:"智不能匡君","仁不能救,勇不能死"。在(2)中,晋悼公请张老为卿,张老亦辞却,他力荐魏绛主政,其理由亦是魏绛具有智、仁、勇的品质,且博学于典章制度。在以上两例中,"智"皆排在首位,这似乎也表明春秋时代选拔人才最为看重的品质是智。

再次,春秋时人在思考和采取如何行动时,总是会事先考虑是否符合智、仁、勇的标准。我们先看三段材料:

（1）子犯请击之，公曰："不可。微夫人力不及此。因人之力而敝之，不仁。失其所与，不知。以乱易整，不武。吾其还也。"（《左传》僖公三十年，《春秋左传注》第482页）

（2）王奔郧……郧公辛之弟怀将弑王，曰："平王杀吾父，我杀其子，不亦可乎？"辛曰："君讨臣，谁敢仇之？君命，天也。若死天命，将谁仇？……违强陵弱，非勇也。乘人之约，非仁也。灭宗废祀，非孝也。动无令名，非知也。必犯是，余将杀女。"（《左传》定公四年，《春秋左传注》第1546－1547页）

（3）郤锜谓郤至曰："君不道于我，我欲以吾宗与吾党夹而攻之，虽死必败，君必危，其可乎？"郤至曰："不可。至闻之，武人不乱，智人不诈，仁人不党。……"是故皆自杀。（《国语·晋语六》，第424页）

（4）无极曰："奢之子材，若在吴，必忧楚国，盍以免其父召之。彼仁，必来。不然，将为患。"王使召之，曰："来，吾免而父。"棠君尚谓其弟员曰："尔适吴，我将归死。吾知不逮，我能死，尔能报。闻免父之命，不可以莫之奔也；亲戚为戮，不可以莫之报也。奔死免父，孝也；度功而行，仁也；择任而往，知也；知死不辟，勇也。父不可弃，名不可废，尔其勉之，相从为愈。"（《左传》昭公二十年，《春秋左传注》第1408页）

在（1）中，晋、秦联合攻郑，后来秦私下与郑结盟，子犯请求继续攻打郑国，但晋文公认为不可，原因在于这样做"不仁""不知""不武"，具体言之：恃仗武力不仁，这表明仁的含义与武力、霸道相反；继续攻打郑国，势必失去先前的同盟秦国，这不明智；以战乱代替和平，这不是真正的勇武，这表明"武"或"勇"没有自身的价值，它必须以一个更为崇高的价值（在这里是和平）为目的，自身才有价值。在（2）中，吴、楚之战，楚人败北，楚昭王奔郧，郧公辛之弟欲借此机会杀掉昭王以报家仇，因为之前昭王之父楚平王杀死了他们的父亲。但是，郧公辛不赞成，除了"君命"难为的理由之外，其理由就是如此行动不符合勇、仁、孝、智，具体言之：违强陵弱，不是真正的勇武；乘人之危，不够仁厚；这样做，很可能带来灭宗废祀的后果，这是不孝；杀掉楚昭王，只会带来弑君的恶名，这不明智。在（3）中，晋厉公欲除三郤之族，郤锜认为既然国君无道，主张以三郤族党还攻国君，郤至却不赞成，其理由亦在于如此做不符合武、智、仁的原则，具体言之：犯上作乱绝非勇武的表现，欺诈也不等于智慧，结党营私、滥杀无辜更非仁德。通过以上所述，可以大概知道智、仁、勇三德的内涵和特性："智"不仅仅以考虑某次行动的得失为准，它牵涉到更为宽阔的、长远的考虑（往往是关涉一个家族和国家的命运，而非仅仅是个人之得失）；"智"也不等于欺诈。

"仁"的核心含义是爱人，这种仁爱指向的是更为广泛的人群而非局限于血缘关系的亲人和某个政治党派；一般来说，"仁"与暴力、武力不相干。"勇"不是简单的勇武、勇猛，它自身似乎并无独立价值，它必须以可欲的价值为目的；或者说，只有以更加可欲的价值（如和平）为目的的勇猛、勇武才是真正之勇。在第（4）中，费无极以伍奢为要挟，命令其二子伍尚、伍员前来送死。作为长子的伍尚明知是陷阱，但他选择前往，并劝说了弟弟伍员逃亡，其理由关乎孝、仁、智、勇四德。伍尚认为自己"奔死免父"这是孝，实则他明知不可能，但孝的道德义务要求他不得不如此做。但是，伍员却不存在这种义务感，或至少没那么强烈。这也证明了前文所析的一个观点，春秋时代的孝的主体主要是嗣君或嗣子（嫡长子）。回到此处所讨论的"智、仁、勇"三德，伍尚认为："度功而行，仁也；择任而往，知也；知死不辟，勇也。"（《春秋左传注》第1408页）意思是说，弟弟逃亡以便将来复仇这是仁；自己和弟弟分工，己奔死，弟复仇，这是智；己知死不避，这是勇。也就是说，在此行动中，伍尚践行了孝、智、勇三德，而伍员则践行了仁、智二德。

实际上，春秋时人对如何行动才是智、仁、勇，在具体的情势中，总会有不同的看法。《国语·晋语三》载：秦、晋交战，秦获晋惠公，秦穆公合大夫而谋划，是杀了晋君，还是放逐之，抑或放其回国。公子絷主张杀了晋惠公，公孙枝则认为不妥，但两人的理由都关乎智、仁、勇三德。公子絷曰："吾岂将徒杀之？吾将以公子重耳代之。晋君之无道莫不闻，公子重耳之仁莫不知。战胜大国，武也。杀无道而立有道，仁也。胜无后害，智也。"公子絷主张杀了无道的晋惠公，另立公子重耳为晋君。他认为战胜了晋国，这是勇武；以有道代无道，这是仁爱；而且，这样也不会为秦国来带后患，这是明智。公孙枝则说："耻一国之士，又曰余纳有道以临女，无乃不可乎？若不可，必为诸侯笑。战而取笑诸侯，不可谓武。杀其弟而立其兄，兄德我而忘其亲，不可谓仁。若弗忘，是再施不遂也，不可谓智。"（《国语》第328页）公孙枝认为，战胜晋国，杀一君，立一君，这必为诸侯所笑，算不上武，这似乎也再次表明，武本身无独立价值；杀弟立兄，假若使其兄亲我而疏亲，这算不上仁，这表明"仁"就其原初而言，应是与亲亲之爱相关；假若其兄不忘为亲报仇，必引起后患，那就不明智。这里的分歧主要不在于对智、仁、勇之内涵的理解不一，而主要在于如何做才是智、仁、勇。这实际上关乎审时度势与实践智慧。这就是为什么在春秋时代，"智"德较"仁""勇"两德似乎更为重要，亦更为人们所重视的原因所在。

最后，所谓"国之大事，在祀与戎"（《春秋左传注》第861页），战争是春秋时代一个国家的头等大事。如何才能有资格打仗乃至取得战争的胜利，春秋时人在讨论这些问题时也经常论及智、仁、勇三德。《国语·吴语》载包胥曰：

善哉，蔑以加焉，然犹未可以战也。夫战，智为始，仁次之，勇次之。不智，则不知民之极，无以铨度天下之众寡；不仁，则不能与三军共饥劳之殃；不勇，则不能断疑以发大计。（《国语》第 620 页）

楚申包胥使于越，越王勾践咨询战何以可，包胥对之于"智、仁、勇"，而且强调"智为始，仁次之，勇次之"。可见，是否能赢得胜利，勇武自然重要，却不是最重要的因素。无论是选拔人才还是取得战争的胜利，春秋时人都认为智、仁、勇三德最为重要，其中智尤为关键，居三德之首。

综上所述，智、仁、勇是春秋时人最为重视的三种道德品质，后来儒家所崇尚的"三达德"相提并论在此时已经初步成形。具体言之：智与处事有关，它要求对事物考虑周全，谋虑深远，形成见识，促进事功。仁起初当源自亲亲之爱，但早在春秋时代，它已不限于亲亲之恩，而指向更为广泛的人群。尤其是对于为国者而言，仁的主要内涵是爱护民人，促进民人的利益。孟子的仁政学说明显发展仁的这一内涵。勇主要体现在行动抉择中的勇气和勇心，但它自身无独立价值，它必须符合义的原则才有价值；否则，勇只会带来消极和负面的影响。这一点亦为孔、孟儒家所特别继承和发展。此外，相对于宗法封建的基本伦理道德礼、孝、忠乃至义等，智、仁、勇似乎是更加完满的道德。因为，未能做到礼、孝、忠、义等基本伦理道德，那就是不道德；而未能做到智、仁、勇等，则仅表明主体乃平庸之辈，但未必不道德。从此也可看出，智、仁、勇更类似古希腊人所谓的美德，因为它们体现了道德主体的卓越和优秀。

论先秦儒家哲学思想中的理性意蕴

巩宝平　曲阜师范大学　历史文化学院

春秋战国正值中华文明发展的轴心时期，百家争鸣，"诸子谈理"，理性思想发展至一个新的高度。儒家学派成立与成长于该时段，在主体内容、总体方法、传统继承上富含理性精神。弘扬理性精神是中国实现社会现代化的必由之路，先秦儒家蕴含的理性精神应该能为其提供相当的思想资源与有益启示。研究包括儒家在内的中国哲学理性思想，是实现中国哲学世界化与本土化发展的重要切入点。

一

本文对于先秦儒家理性思想的探析，基于现实与学理两个维度的双重考量。就现实维度而论，如今举国上下关注构建优秀传统文化传承体系，弘扬其中精华以益于当世，提倡理性、平和、求实、创新之精神，为当下正在进行的思想启蒙运动（按：中国历史上经历了几个鲜明的思想启蒙时期，如春秋战国时期、汉唐之间、两宋时期、明清之际、晚清民国时期和近世三十年。）提供一种坚实的理念。崇理性、尚公正、和为贵的儒家应该能为此理念提供优秀的传统文化资源和思想动力。此为拙文初探先秦儒家理性的现实基点。就学理维度而而言，自 20 世纪之初即有不少学者探讨儒家理性，成绩至卓者当推新儒家，梁漱溟、张君劢、牟宗三、徐复观、唐君毅，在对儒学等传统文化的继承、发扬中，诸位皆有专文甚至专著，论及此题。最近数十年来，大陆从事中国哲学与思想史的学者也开始关注于此，在论文或演讲中常论儒家之理性，如蒙培元、陈来、郭齐勇、杨国荣、颜炳罡、郑家栋等，有学人在分析当代儒学四大流派时，理性主义儒学赫然在列①。海外汉学家以西方学术视野对之也有所述，如 Voltaire、Christian. Wolff、Marx. Webber、Karl. Jaspers、John King Fairbank、Frederick W. Mote 等。此为本文探求先秦儒家理性的学术基点。除此之外，还有一个前提：论者认为中国哲学之理性的存在是

---

① 李承贵：《试析当代儒学流派的基本格局及其走向》，《天津社会科学》2012 年第 2 期。

实然之事，虽与西方哲学理性有殊异，但各有千秋。即如当代学者所言，"理性精神是先秦各派的共同趋向"①，"中国与西方学术最根本的区别，不在于哪一方有无理性的问题，而在于各自理性的结构的差异，中国是历史理性占主导地位，西方是逻辑理性占主导地位。"②。就此而观，李泽厚先生所论"历史建理性"在认识论意义上具有一定的普适性。当然，作为一个重要的哲学范畴，理性在中国哲学中还有很多方面和特征值得深入探析，这是本文写作的重要缘由之一。

先秦时期经历了一个理性思想逐渐发展、高涨的时期，春秋战国尤其如此。李泽厚、刘家和、蒙培元、张岂之、冯天瑜、冯达文、陈来、李景林等大陆学者对之都有过相当的研究。在该时段成立成长起来的各种学派也呈现出不同基调的理性思想，儒家即是其中之一。儒家思想中包含相当的理性意蕴，是不争之实，但究竟其内具有何种意义上的理性，却是众说纷纭，莫衷一是。在西方学人眼里，理性是从概念、推理、逻辑等理论层面加以界定的，20世纪西学东渐，我们中国学者移译西学中的某些学术词汇时，借用古代的"理""性"二字来翻译"reason"或"rationality"，并衍生出从多理性组合词汇，如理论理性、实践理性、实用理性、工具理性、价值理性、人文理性、道德理性、中庸理性、中道理性等，不胜其多。论者以为，近代讲中国理性特别是儒家理性者较贴切者，当推梁漱溟先生所言，即"无所私的感情""求正确之心""平静通达的心理"。进而言之，儒家哲学视域中的理性当指人类理论思维、反省乃至批判精神，言行求其中正中和的礼义之道。即中国哲学理性既与理论思维能力有密切关系，也与实践求中之道关联至紧。

二

基于以上理论与现实关切及对理性的界定，笔者谨从主体内容、总体方法、传统承继三方面，试述先秦儒家哲学思想中的理性意蕴如下。

（一）在主体内容上崇尚道德政治理性

先秦儒家对于道德伦理、平治天下充满深切的关怀，从其所列三纲八目（三纲：明德，亲民，止于至善；八目：格物、致知、诚意、正心、修身、齐家、治国、平天下）中修齐治平之人生与治世理想的紧密结合即可见知。实际上，从孔子之开始就确立了儒家伦理政治浑然一体的基调③，具有鲜明的伦理—政治特色。而先秦时代理性上扬，正

---

① 李泽厚：《美的历程》，中国社会科学出版社1984年版，第64页。
② 周晓菲、徐畅、刘家和：《史学研究的攀登者》，《光明日报》2015年6月18日第10期。
③ 刘泽华主编：《中国古代政治思想史》，南开大学出版社1992年版，第50页。

值"理性观念的分型确立"①，至春秋时期理性"更多的是政治的、道德的、价值的理性"②，至战国亦然。在此一阶段兴起、壮大的儒家，宣扬伦理政治，当含某种道德理性与政治理性（亦可约称之为道德政治理性或政治道德理性）。作为儒家思想重要组成部分的丧葬论，即是如此。孔子儒家上承三代礼乐文明，从重新诠释与建构的角度，对上古礼乐文明中的丧礼加以损益、既述且作，在继承中发展、改良，主张"慎终追远，民德归厚""养生丧死无憾王道之始也"，努力突显丧葬之政治社会教化功能，"将其所长经过有目的的改造加工，把因循相袭的民间丧葬习俗，塑造成'立人伦、正性情'的道德工具。"③。而其深层原因在于中国传统理性观念"不是作为独立的哲学观念自立自足地发展，而是服从与服务于封建专制统治的需要"④。需要指出的是：具有鲜明伦理—政治特色的儒家理性思想，既有其积极一面，如美国汉学家评价"在世界上大多数帝国统治者主要依靠宗教权威的时候，儒家给现政权的行政权威提供了一种理性上的伦理上的依据，这是政治上的一大发明"⑤；又有其消极一面，因为"儒家理性主义与道德律令相依存，使理性带上了道德律令之性质"⑥，对此我们需保持足够清醒的认识。

（二）在总体方法上主张中和中正理性

从方法论（或认识论）上来看，先秦儒家思想富有理性的特质，中庸理性最为显明。它胎息于孔子，发展于孟子，昌明于荀子。孔子倡言中庸，发乎情而止于礼义，"无适无莫、义之与比"（《论语·里仁》），择两用中，叩其两端而竭，在当代学者看来，指的就是"过犹不及、恰到好处的状态或达到此种状态的行动取向"，是一种理性，其特色在于"以整全观的视野、自我节制的心态，求取恰如其分的最佳状态"⑦。后儒孟荀等人谈义理，所云"心之所同然者何也？谓理也，义也"（《孟子·告子上》）、"言必当理，事必当务""有益于理者立之，无益于理者废之……有益于理者为之，无益于理者舍之"（《荀子·儒效》）、"和顺于道德而理于义，穷理尽性以至于命"（《周易·说卦》）等，皆承孔子礼义之道、中庸理性而来。在笔者看来，儒家中庸理性约有二义，一为中和，一为中正，目的皆在于为世人提供践行仁义礼知诸德的法径。所谓中和者，即"喜怒哀乐之未发，谓之中；发而皆中节，谓之和"（《礼记·中庸》），中和为儒家追求的发乎情、止乎礼之境界，而"乐也者，情之不可变者也。礼也者，理之不可易者也"（《礼记·乐记》），故"发乎情、止乎礼"的中和实则是承合乎情理的礼乐

① 黄南珊：《中国哲学理性观念的整体流变》，《江海学刊》1997 年第 2 期。

② 陈来：《古代思想文化的世界》，三联书店 2009 年版，第 18 页。

③ 吕静：《先秦儒家与丧葬制度》，《史林》1989 年第 2 期。

④ 黄南珊：《中国哲学理性观念的整体流变》，《江海学刊》1997 年第 2 期。

⑤ ［美］费正清：《美国与中国》，世界知识出版社 2002 年版，第 58 页。

⑥ 张岂之：《儒学·理学·实学·新学》，陕西人民出版社 1991 年版，第 43 页。

⑦ 张德胜等：《论中庸理性：工具理性、价值理性和沟通理性之外》，《社会学研究》2001 年第 2 期。

文明而来。进而言之，儒家对礼乐文明作了创新性阐释与创造性转化，中庸理性在其中发挥了重要的作用。所谓中正者，即既中且正、合乎道义，如儒家文献中所言"黄中通理、正位居体"（《周易·文言》）、"就有道而正焉"（《论语·学而》）、"毋意、毋必、毋固、毋我"（《论语·子罕》）、"居天下之广居，立天下之正位，行天下之大道"（《孟子·滕文公下》）。儒家追求的中正，与易道有密切关系，异于中和关乎礼学，二者都是规范人视听言动，标准皆为礼乐道义，目标是最终思维与行为达到适当、正确之妥帖境界，从这个意义上来说，现代新儒家认为儒家信奉"理性至上主义""求正确之心"①，洵为确论。

（三）在传统继承上秉持历史实用理性

当代学者刘家和先生认为："中国与西方学术最根本的区别，不在于哪一方有无理性的问题，而在于各自理性的结构的差异，中国是历史理性占主导地位，西方是逻辑理性占主导地位。"（周晓菲、徐畅：《刘家和：史学研究的攀登者》《光明日报》，2015年6月18日10版）李泽厚先生认为在中国传统文化中存在一种遵循"历史建理性"逻辑而成的"历史理性""实用理性"，它"不是先验的、僵硬不变的绝对的理性（rationality），而是历史建立起来的、与经验相关系的合理性（reasonableness）……依附于人类历史（亦即人类群体的现实生存、生活、生命的时间过程）而产生，而成长，而演变推移，具有足够的灵活的'度'"②。而依西方诠释学观点来看，"传统按其本质就是保存（Bewahrung），尽管在历史的一切变迁中它一直是积极活动的。但是，保存是一种理性活动，当然也是这样一种难以觉察的不显眼的理性活动"③。中外先哲时贤所见揭示了历史传统与理性观念的密切关系，为考察儒家理性思想提供了有益的启示。众所周知，儒家非常熟悉上古礼乐文明、三代历史，以研习理论与实践层面的六艺之学，即诗书礼乐易春秋与礼乐射御书数，具有丰富的历史知识与意识，提倡"述而不作""克己复礼""天下归仁"，志于恢复三代王道、礼乐文明。正是因此，较之其他学派，儒家在通过历史建理性方面具有得天独厚的条件，从事着保存历史传统的这样"一种难以觉察的不显眼的理性活动"。而先秦儒家在变常、天人、古今、性习等方面有其独到的见解，确实拓展了历史理性的领域④。不过，从孔子至荀子，儒家并没有止足于述而不作、一味"保存"历史传统、恢复王道古礼，而是秉以"苟日新，日日新，又日新"（《礼记·大学》）、"周虽旧邦，其命维新"（《诗经·大雅·文王》）的求新创新精神，且述且作、损之益之，如切如磋，如琢如磨，不断改良完善包括丧葬在内的礼乐文明，

---

① 梁漱溟：《中国文化要义》，学林出版社1987年版，第134、127页。
② 李泽厚：《历史本体论》，三联书店2008年版，第43页。
③ ［德］伽达默尔著：《真理与方法》，洪汉鼎译，上海译文出版社1999年版，第361页。
④ 蒋重跃：《先秦儒家历史理性的觉醒》，《学术研究》2007年第4期。

从而使后世儒家在通过阐释历史，确立和弘扬理性精神的同时，又不断超越理性并重建新的理性观。

三

先秦儒学的理性意蕴论述如上，其影响深远。就儒家内部而论，汉唐两宋直到现代的董子、韩李、程朱、陆王和新儒家，都在各自时代秉持了儒家特有的理性精神，张扬人类心性的伟力，志于为天地立心、为生民命、为往圣继绝学、为万世开太平，他对理性的探求大致经历了从情理、义理、道理、天理至性理、心理、文理、事理等方面的变化。扩展开来而言，从先秦、两汉至两宋、明清，包括儒家哲学在内的整个中国哲学理性观念也经历了不同的流变，呈现出多样化的发展①，有名理、物理、玄、空理、性理和事理之别，或曰文理、名理、空理、性理、事理、物理之别②。总之，儒学富含理性意蕴，在很大程度上就是充满理性之学问，它的历史影响久长，无远弗届。

当然，这里必须说明一点：儒家之外的其他各家，亦讲理性，但有所不同，如道家提倡自然理性，法家提倡的法治理性，墨家提倡功利理性等。如当今学者的研究所见，春秋战国之际是我国历史上鲜有的高扬理性之时，儒家之外的道法墨名兵等诸家也各有自己的理性观。进而言之，如果放长眼量，我们会发现两千多年前的先贤思想中多闪现着理性之光，争奇斗艳，各有千秋，并且不绝如缕地存在于世，直至今日。只是它们的表现形式与影响力度可能不如儒家之巨显。

如学界所论，在当前我国经济、政治和文化的现代化进程中，理性精神占据主导地位③，弘扬理性精神是中国社会现代化的必由之路④，特别是在社会主义文化强国建设中，培育一份理性平和的社会心态更显得至为重要。诚如此，则先秦儒家哲学的理性思想作为中华优秀传统文化中一份宝贵的精神资源，值得我们珍视学习，发扬光大。同样，通过比较中外哲学中的理性观念之异同，探求其互相会通之处，为中国哲学的本土化与世界化发展提供理想的切入点，这也是研究儒家哲学思想中理性意蕴之重要目的和现实意义所在。

---

① 黄南珊：《中国哲学理性观念的整体流变》，《江海学刊》1997 年第 2 期。
② 陈克艰：《理性与生命——当代新儒学文萃》（二），上海书店出版社 1993 年版，第 118 页。
③ 李俊文：《理性精神：中国现代化的主导精神》，《东岳论丛》2009 年第 10 期。
④ 高红：《弘扬理性精神——中国社会现代化的必由之路》，《南京师大学报》（社会科学版），2001 年第 1 期。

解读儒家思想形成的背景

——以鲁文化研究为例

刘延常　山东省文物考古研究所

引　言

儒家思想自春秋晚期由孔子创始以来，历经 2500 余年儒学自身的不断发展，以及历史学、哲学、思想史等研究，已经成为中华优秀传统文化的核心内容，代表了中华民族的传统文化价值和心理认同，具有普世的理论价值。在全球经济一体化、文化多样性的当代，国内外出现了"国学热""孔子热""儒学热"，令人振奋，继承、传承和弘扬中华优秀传统文化是赋予我们新的时代责任。那么，儒家思想为什么产生于春秋时期的鲁国，孔子为什么创立了以"仁"和"礼"为核心的思想内容？我们以鲁文化研究为例，以考古学视野解读儒家思想形成的背景。

一、鲁文化继承了周文化，是儒家思想形成的大背景和小传统

（一）鲁文化的概念

相同的时代、共同的地域和一致的文化特征是考古学文化命名的一般原则，历史时期考古学文化则冠以最有代表性的国家。根据考古发现与研究，鲁文化是自西周早期至战国晚期，主要分布在以曲阜为中心的汶泗流域的一支考古学文化，这一区域古国众多，而以鲁国最具代表性。

（二）鲁文化的发现与分布

主要考古发现有曲阜鲁故城、兖州西吴寺、泗水尹家城、泗水天齐庙、新泰郭家泉等遗址和墓葬，另有 10 余处小规模发掘的遗址，经过调查的兖州、泗水、邹城等市县都分别发现 30 处以上。

以曲阜鲁故城、兖州西吴寺遗址考古资料为基础，与周边的齐文化、莒文化等进行比较，确立了鲁文化在都城、墓葬、陶器、青铜器等方面的特征。检索以往发现的考古资料，参考文献记载有关鲁国城邑、会盟、战争地点等位置，二者的范围基本一致，从

而基本确定了鲁文化的范围。主要分布于山东地区中南部的汶泗流域，东部达到沂河西岸，包括泰安市、济宁市、枣庄市、菏泽市东部、临沂市西北部。

（三）鲁文化特征

以曲阜鲁故城乙组墓为代表的应是周人系统，贵族为主；而甲组墓则规格较低，应是殷人或地方文化的代表。从墓葬结构，葬俗，陶器种类、组合、形态等分析，鲁文化与陕西关中地区西周时期文化特征一致，东周时期持续发展，继承了周文化的传统。

鲁文化中比较明确为鲁国的青铜器有自己的种类、组合，尤其是出土了较多的"鲁侯""鲁大宰""鲁宰""鲁大司徒""鲁伯父"等青铜器，其官职与周王室系统一致。鲁国特权及与周王室关系可见一斑，从一个侧面证明文献记载的可靠性。

（四）鲁文化中其他文化因素

一部分器物如陶鬲，为莒文化系统。少量齐文化器物，如陶盂、豆。部分楚文化系统因素，如青铜鼎、蚁鼻钱、陶大口鬲等。少量越文化器物，如青铜鼎、瓷罐、葬俗等。泰安、新泰、济宁、兖州、邹城、滕州等地发现的西周初期和早期早段青铜器，证明具有晚商文化遗风，或可证明有殷移民存在。

（五）文化大背景和小传统

居址、平民墓葬，以及陶器反映出鲁文化继承周文化，体现出了民众性、普遍性、时代性。这种现象从文化理论来说可理解为小传统，而实际是文化大背景，是孔子与儒家思想形成的时空背景。

"启以商政，疆以周索"应理解为尊重地方文化习俗，而贯彻周王室的政治宗法制度，是怀柔政策与变革礼制的统一体现。

二、"周礼尽在鲁矣"——国家政治与贵族文化，是儒家思想形成的大传统与小环境

（一）西周早期鲁国受封礼遇

分封之初的特殊地位：礼乐制度、祭天、祭祀文王、典章、器物、政策、天子职官系统等。

（二）考古发现反映了礼制的继承与延续

鲁故城宫城、郭城及其布局符合都城建设的礼制，乙组贵族墓、城门遗址、阙里遗址、鲁太庙、舞雩台遗址等均与文献记载相吻合，孔子成长在鲁国都城，深受贵族文化和鲁国政治的熏陶与影响。费县故城遗址的发掘或可证明三桓专政历史的存在，新泰市周家庄东周墓葬的发掘或可证明了齐国、吴国艾陵之战，"平阳"城邑的更替、"汶阳田"的变换之历史真实。

（三）"周礼尽在鲁矣"的历史

自西周早期至春秋晚期鲁国担当诸侯班长地位，季札观礼，夹谷会盟，"尤秉周礼"，"周礼尽在鲁矣"，朝聘、会盟、姻亲、战争等反映出鲁国的继承周礼特点。

总之，鲁国政治、都城、宗法、宗庙、制度，贵族政治与文化，以及鲁国在诸侯国中的地位，反映了鲁国的礼乐文明，是西周文化在东方的延续与代表。这种现象从文化理论来说可理解为大传统和内在环境，是孔子创立儒家思想的内在基础。

三、儒家思想的形成与发展

（一）孔子创立儒家思想

鲁文化继承周文化的时空文化大背景，鲁国政治、贵族文化形成的礼制大传统，是孔子创立儒家学说的思想基础。

西周王朝文明的继承，春秋五霸、战国七雄的交替，鲁国地位的嬗变，时代背景下的鲁国，是孔子创立儒家思想的基本条件。

孔子的人生、为官、为学等经历是创立儒家思想的内因。

春秋末期孔子的地位已经在官方、弟子与民间逐渐提升，儒家思想得以积淀与传播。

（二）孟子对儒家思想的发展与推动

孟子主张"仁政"促进了儒家思想的发展，"邹鲁之风"推动了儒家思想的传播。

结　语

儒家思想由孔子在春秋晚期于鲁国创立，除了上述时空背景、鲁文化、孔子经历外，东夷文化是儒家思想形成的重要文化基础，在商代晚期山东大部地区已成为商王朝的组成部分，以及孔子与齐国、莒国、泗上十二诸侯的交往等，共同成为孔子创立儒家思想的必要条件。孔子吸收了东夷文化"仁厚""柔顺"的文化基因，成为儒家思想的核心内容之一——"仁"。

总之，从儒家思想内容与形成背景来看，孔子吸收、总结、归纳与提炼了上古时期至春秋时期中华历史文化的传统优秀基因，代表了中华民族的文化根脉。尽管孔子创立的儒家思想在春秋战国时期未被统治者重视与利用，而实际上却孕育着先进文化的基因，成为后世文化价值与取向，是社会发展的必然。

我们有责任保护、继承、传承与弘扬儒家思想，结合曲阜市"三孔"遗产的保护、鲁故城国家考古遗址公园的建设，发挥曲阜、山东省儒家思想发源地的核心作用，加强儒家思想文化遗产的研究、传承，以实际行动弘扬中华优秀传统文化。

新学独尊与两宋之际的颂美辞赋*

刘　培　山东大学

摘　要　专制政治与歌颂文学是一对孪生兄弟，政治上的极权专制需要高度一致的意识形态作为保障。较之其他学术，王安石所倡导的新学更具专制主义政治品格。两宋之际的新学独尊期间，极权专制进一步强化，歌颂文学大行其道。皇权源自暴力，但是统治者更愿意让人们相信权力是上天赐予，具有不容置疑的合法性和唯一性。当时的颂美辞赋许多是表现极权统治的合法性和神圣性的。国家形象是一个国家对自己的认知。两宋之际的颂美辞赋表现的国家形象不仅仅是作家个人的感知，它代表意识形态在发声，表现的是权力对国家形象的塑造。当时有些辞赋还直接歌颂圣王美政，积极为其寻求理论支撑。颂美辞赋不能简单地理解为文人向极权政治展示无限雌伏、无限谄媚的心理状态的工具，它还可以构造虚假民意，图解政治意图，强化意识形态，以此向极权献忠纳诚。

关键词　新学　极权专制　歌颂文学　辞赋　意识形态

专制政治与歌颂文学是一对孪生兄弟，政治上的极权专制需要高度一致的意识形态作为保障①，这就意味着士人群体独立思考精神可能面临着严重的遏制，文学可能矮化为服务于意识形态的传声筒和点赞器。两宋之际的新学独尊期间，极权专制进一步强化，歌颂文学大行其道。新学独尊与歌颂文学之间，必然存在着某种千丝万缕的联系，甚至是因果联系，这是本文要考察的重点。

两宋之际是指从北宋哲宗亲政后到南宋高宗朝这一段时期，大体上从绍圣年间到绍

---

* 基金项目：本文为国家社会基金项目（12BZW037）以及山东大学自主创新基金重点项目"宋赋整理及其文史哲学的交叉研究"的阶段性成果。

① 传统中国并不存在"意识形态"这样的现代词汇，但却有一个与之相近的词语"政教"。政，不仅是指行政，还包括调整思想、规范行为等内容；教，不仅是指教育，还包括向社会全员灌输关于社会秩序的善恶标准。在宋代，担任政教任务的指导思想是儒学。不过，儒学早已内化为传统，在当时呈现为一个伸缩性很强的、流派纷呈的庞大体系。根据不同的历史阶段的政治形态，其侧重点和倾向性又有所不同。

兴末年（1094－1162），大约七十年时间。这个时段往往为文化史研究界所忽视，这不仅因为其时元祐诸贤大多退出历史舞台，南宋活跃的学术文化人物还未完全成长起来，文化出现断层，相对落寞，而新学因为历史偏见及资料缺佚，不受重视；更因为学界习惯于把这段时间分割成南北宋两段来研究，其政治文化的连续性被割裂，学术文化的价值和意义因之被冲淡。其实，这个时期的政治、学术自成一完整系统，其政治上浓重的专制主义色彩和学术上多数时间的新学独尊呈现着明显的连贯性和统一性。新学独尊集中在北宋绍圣之后到靖康年间的绝大部分时间以及南宋绍兴和议达成（绍兴十一年，1141）以后，只是在靖康之难以后到和议达成的不足十五六年时间，元祐学术与新学才呈现角逐之势。极权专制与新学独尊互相配合，互相促进，当时的文学创作颂美、颂圣蔚然成风，别具一格。

我们以润色鸿业见长的辞赋作为考察对象，以展示政治、学术上的专制主义与该时期歌颂文学盛行的因果联系。

一、两宋之际的新学独尊与极权专制

熙宁变法期间王安石为了排除异己势力对新法的妄议，主张"一学术"，即把新学作为国家意识形态。学术与政治联姻，学术借重权力来把自己的理想落实到政治层面，凭借富贵利达引诱天下士子入吾彀中。在新学与其他学说的论争中，其依靠政治权势打压对手的结果，远远超出王安石等壅堵言路的初衷，而是渐变为学术、思想上的专制，并与变法期间不断加强的皇权专制互相呼应，一直以来较为宽松的文化环境为之一变。问题的严重性不仅在于学术园地众学凝霜，一枝独放，而且还使得学术界把控的知识解释权和士大夫占据的帝王师地位，面临着失控和旁落的危险。新学显贵如蔡京等，基于以吾党行吾道的考虑，一味迎合帝王，投其所好，学术失去了对皇权的约束力，独尊的新学成了皇权恶性膨胀的帮凶、皇家的奴才。学术与政治的专制主义，是导致靖康之难的根本原因之一，也是促成士风低迷猥琐、文坛歌功颂德之风盛行的重要因素。

新学并非在王安石"一学术"之后马上就对众学形成钳制之势，而是经历了一个彼此斗争的过程。变法之初，新党在政治和学术文化上的优势并不一致，司马光、苏轼等的号召力甚至超过王安石等人；而且，在洛阳形成了一个以司马光为核心的在野清议群体与之分庭抗礼。这些巨擘及其志同道合者的批判声浪，有力地遏制着新学对意识形态的控制；而科场对社会文化结构的改造亦不可能一蹴而就，它需有一个渗透的过程；此外，王安石的政治品格和人品修养也使他能够容忍来自异见者的指责，神宗皇帝在一定程度上仍然秉持着异论相搅的帝王法术，对旧党人物颇为宽容。因之，当时的学术园地并非新学独秀、众学凋零。然而，在绍圣年间，旧党以及元祐学术随着司马光、苏轼等的谢世或淡出政坛而失去了其政治和学术上的有力支撑，执政的新党是一些意锐谋强的政客型人物，政治品格严重缺失，党争失去了君子之争的风范，意气用事的色彩越来越浓，与此同时新学对科考的影响力进一步得到彰显，这些因素都促成了旧党和元祐学术被残酷的打压与迫害，新学作为国家意识形态的地位得到不断加强①。徽宗即位后主张建中靖国，试图调和新旧党争，但他很快对旧党君子不负责任的喋喋不休失去了耐心，崇宁以后的政治文化依然是新党和新学一统的局面。当然，徽宗崇奉道教，对道家典籍多有颁行，而且在选择撰著者方面尽量排除新党的痕迹②，不过这些举措并不能改变新学在意识形态领域的强势地位。

靖康之难，士大夫压抑已久的愤懑之情全面爆发，人们对蔡京的憎恨、对新学的反感，似乎出离了政争与学术之争的范畴，本该理性反思的国破家亡之痛被党同伐异所代替，置大计于不顾，快一时之恩仇。靖康元年（1126），以重新审视科场制度发端，元祐党人的后继者对新党和新学大加挞伐。这场争论源之于对辽用兵失利导致的对经义取士的反思，垄断科场的新学自然成为靶标。很快，理学传承者杨时等人发难，把蔡京与王安石联系起来，由对新学的批判引申到对王安石人格修养的攻击，直取王氏心肝。之后，高宗皇帝出于新学作为国家意识形态受到广泛质疑的考虑，施展政治平衡权术以稳固地位，团结人心，提出"最爱元祐"的口号，遂使元祐学术与新学成鼎足之势。此时的科场经义与诗赋并重，理学思想开始大举渗透，士林也出现分化③。

这种情况在绍兴和议达成时出现了转变，同样是出于对朝野横议的担忧，高宗和秦桧打算像熙宁变法时那样壅堵言路，打击对和戎政策持异见者，新学在秦桧的庇护下余焰复燃。绍圣年间新学独尊以来，并没有彻底遏制住其他学术的发展，其中理学因此而强力反弹，并在士林下层滋长蔓延，随即成为之后对抗新学和新党的主力。因此，绍兴党禁主要是针对道学党和理学的。其时，新学已经失去了北宋末期的气势，只是由于秦

① 宋廷不仅在绍圣元年（1094）全面恢复了专以经义取士的熙宁新制，绍圣时期还不断颁布新学著作来强化新学的地位，如王安石的《字说》，王雱的《论语解》《孟子注》等均由国子监雕版印行。

② 比如新学人物多有注《老子》者，徽宗皆弃而不用，亲撰注解，作为官学颁行。其实道家著述多有颁行，但是新学人物的相关著作甚少入选，比较典型的如王雱的《南华真经新传》、吕惠卿的《庄子义》等。

③ 据《建炎以来系年要录》卷八八记载："时尚书左仆射赵鼎素尊程颐之学，一时学者，皆聚于朝。然鼎不及见颐，故有伪称伊川门人以求进者，亦蒙擢用。"（李心传：《建炎以来系年要录》，中华书局1956年版，第1477页。）当时洛学成为进身求荣的阶梯，其结果是："近世小人，见靖康以来，其学稍传，其徒杨时辈骤跻要近，名动一时，意欲歆慕之。遂变市易属，更相汲引，以列于朝，则曰：'此伊川之学也。'其恶直丑正，欲挤排之，则又为之说：'此王氏之学，非吾徒也。'"《要录》卷一〇八，绍兴七年正月乙酉条。（李心传：《建炎以来系年要录》，中华书局1956年版，第1759页）

桧的护佑，才勉强踞于独尊的地位。权相秦桧排斥理学，提倡新学，残酷打击道学人士，学术专制与政治专制取得高度一致。据载，包括高宗在内，众人多持新学与理学各有所长之论，但是秦桧独擅新学："绍兴十四年三月，尹和静（靖）既去，秦桧进呈讲筵阙官，因言士人读书固多，但少适用，或托以为奸，则不若不读之为愈。上曰：'王安石、程颐之学各有所长，学者当取其所长，不执于一偏，乃为善学。'桧曰：'陛下圣学渊奥，独见天地之大全，下视专门之陋，溺于所闻，真太山之于丘垤也。'桧所谓'专门'，指伊川也。自赵忠简去后，桧更主荆公之学，故上训及之。然桧非但不知伊川，亦初不知荆公也。"① 这则材料清楚地表明秦桧的学术好尚所在。绍兴党禁前后，学术风尚转变明显，史载："向者朝论专尚程颐之学，有立说稍异者，皆不在选；前日大臣则阴佑王安石而取其说，稍涉程学者，一切摈弃"②。当时，被禁的新学核心典籍《三经新义》也恢复了科场的地位。

新学对其他学术打压最严酷恶劣的时段是在崇宁党禁和绍兴党禁期间，是权臣蔡京和秦桧分别专权之际，这也是宋廷政治专制程度最为深重的时期。一些研究者从当时相权的强势，得出君权相对削弱的结论，这种看法是相当片面的，因为无论蔡京还是秦桧，其权力均来源于皇帝，他们都是一味揣摩圣意以邀幸固宠的佞臣型人物，他们的政治倾向保持着与君王的高度一致，已经失去了其应有的对君王的匡扶救弊、拾遗补阙之任；从当时的历史来看，这些权相就是君王的代言人，君权的执行者，君过的替罪羊。因此，相权的膨胀，也就意味着君权的膨胀，被削弱的，不是君权，而是朝臣以至于整个士大夫阶层执政与参政议政的权力。在整个宋代，君王一直没有掌握住知识的解释权和信仰的垄断权，但是，掌控意识形态是专制极权的必要条件，因此，君王对知识与信仰的控制，必须假手于权相，蔡京、秦桧们的一个重要任务，就是帮助帝王控制意识形态，而操控的工具，则历史地落在了新学的肩上。

儒学具有强烈的参政意识和排他品格，由其发展而来的新学、理学等宋代学术继承并发展了它的这些特点，它们都主张传承道统，严格文化的边界，弘扬修齐治平的人生方向，推崇内圣外王的治国理想，凡此种种，表现出浓厚的文化本位主义和专制主义色彩。在向形而上的方向迈进时，宋代学术普遍地把等级观念——伦常，作为终极真理，使宗天神学转变为宗天哲理，把皇权确定为社会秩序乃至天地秩序的总纲。宋学是沿着韩愈以来知识界对统治失序的焦虑而发展演进的，捍卫绝对皇权是它们的共同追求，只不过宋学在发轫之初，始终掌握着知识和信仰的解释权，把对皇权的规范作为其重要

---

① 李心传：《道命录》，知不足斋本，第42页。
② 李心传：《建炎以来系年要录》，中华书局1956年版，第2847页。

目标。

　　较之其他学术，新学对帝王独断的提倡更为强烈、专制极权的色彩更浓，宽宥、迎合君王的能力更强。新学秉持以《周礼》为治国蓝图的内圣外王之道，但内圣之学严重不足，它追求君主对国家的高度控制，国家本位是其显著特色。王安石对这一治国理念多有发挥，他提出治国以礼、乐、刑、政的临驭"四术"，其核心就是君王极权专制。他多次阐释这种主张，例如对《尚书·君陈》"尔无忿疾于顽，无求备于一夫。必有忍，其乃有济；有容，德乃大"的解说，《东坡书传》苏轼曰："有残忍之忍，有容忍之忍，《春秋传》曰'州吁阻兵而安忍'，此残忍之忍。孔子曰：'小不忍则乱大谋'，此容忍之忍也。古今语皆然。不可乱也。成王指言三细不宥，则其余皆当宥也。曰'必有忍其乃有济'者，正孔子所戒'小不忍则乱大谋'者也。而近世学者，乃谓'当断不可以不忍，忍所以为义'，是成王教君陈果于刑杀，以残忍为义也夫。夫不忍人之心，人之本心也，故古者以不忍劝人，以容忍劝人也，则有之矣。未有以残忍劝人者也。不仁之祸至六经而止，今乃析言诬经以助发之，予不可以不论。"[1] 文中所谓"近世学者"，就是针对王安石在《尚书新义》中析言诬经，以残忍释"忍"，申说"此刚柔相济，仁义并行之道。忍，所以为义，故能济；容，所以为仁，故能大"[2] 的思想，王安石对这段文字的解说，意在强调执政者果敢刚毅的风格，主张皇权独断。又如杨时曾指出："昔神宗尝称美汉文惜百金以罢露台，安石乃言：'陛下若能以尧舜之道治天下，虽竭天下以自奉不为过，守财之言非正理。'曾不知尧、舜茅茨土阶，禹曰'克俭于家'，则竭天下以自奉者，必非尧、舜之道。其后王黼以应奉花石之事，竭天下之力，号为享上，实安石有以倡之也。其释《凫鹥》守成之诗，于末章则谓：'以道守成者，役使群众，泰而不为骄，宰制万物，费而不为侈，孰弊弊然以爱为事。'诗之所言，正谓能持盈则神祇祖考安乐之，而无后艰尔。自古释之者，未有泰而不为骄，费而不为侈之说也。安石独倡为此说，以启人主之侈心。后蔡京辈轻费妄用，以侈靡为事，安石邪说之害如此。"[3] 从历史上看，君王的独断和多欲之治是连在一起的，王安石从典籍中为帝王侈泰寻绎理论根据，其目的就是为了强调君王的独断，为此，他曲解儒典中关于尧舜之治的具体内涵。他的这一思想为蔡京发扬光大，蔡京在绍圣四年（1098）八月奏上的《论尧舜之政疏》就承王安石之说，这样阐释尧舜之道："人主操生杀与夺之柄，

---

　　① 曾枣庄、舒大刚主编：《三苏全书》第2册《东坡书传》卷十六，语文出版社2001年版，第195页。在该书这则传后附录有林之奇的《全解》的解释："此盖指王氏以为言，如以忍为义，此申、韩之言，岂六经之训哉。"指出王安石在此曲解，实在是在申说申不害、韩非等法家的思想。

　　② 程元敏整理：《三经新义辑考汇评—尚书》，"国立"编译馆1986年版，第212页。

　　③ 《宋史》卷四百二十八《杨时传》，中华书局1985年版，第12742页。

而以道揆天下之事，审之以仁义，济之以威权。慢令凌政者必诛，妨功害能者必放，反复颇僻者必审，谗说殄行者必罚，则小大内外孰敢先后，孰敢拂违，四方将徯志而应，不劳而成矣。此皋、夔、稷、契所以吁俞，驩兜、鲧羽所以放殛也。其术至约而易知，非有高绝难能之行也。……臣愚窃谓陛下退托谦抑，未以尧舜道术加天下故也。夫生杀与夺之柄，惟人主所独制，非人臣所可共，传曰'惟名与器不可假人'是也。陛下诚加意乎此，励劝禁于上，作威福于下，使贤者在位，而不贤者不能间，能者在职，而不才者不能夺，其以陛下之圣，尧舜不足方矣。"① 他反复强调君王恩威并施、掌握杀夺之权的重要性，为不断膨胀的皇权专制提供理论依据。可见新学"挟管、商之术，饰六艺以文奸言"并非无根游谈。之后蔡京倡丰亨豫大之说，也是这种思想的自然发展。这方面，新学主张的为政方略具有明显的专制主义倾向，它不大重视士绅阶层对规范皇权与整饬风俗方面的作用，而是在富国强兵的旗帜下时常侵害宗族社会的权利，主张朝廷应该控制一切资源和民众。在大众和朝廷之间，如果失去了作为中间环节的士绅，大众直接面对强权，皇权的恶性膨胀就在所难免。因此，新学思想当中的专制主义倾向较之其他学术更为强烈。

新学尊经卑史的思想也助长了皇权的膨胀。王安石的历史观来源于六经，认为六经是先王之学，是治国之本；而史，记载后王之迹，是流俗之学，是治国之末。王安石的治国理想依托于虚无缥缈的尧舜之道，主张对待历史应该有先入之见，即"识"，认为王霸之道的区别只是在于帝王的心术，帝王有行尧舜之道的"识"，所行之政即是王道，反之则是霸道，这就过分突出了君王的个人意志。这种学风容易忽视对历史成败之迹的借鉴，忽视历史发展的传承性，从而失去士人以史为鉴来规讽皇权的传统，这为帝王的独断和多欲之举提供了学理上的支持。正是基于这方面的价值，以后的新学人物都积极主张尊经卑史，打击异己之学，树立帝王权威②。况且新学学风更为务实开放，讲变通重权变，看重现实的政治需求，这不同于理学的深于道德性命之际③，这种种因素

---

① 李焘：《续资治通鉴长编》第19册卷四百九十"绍圣四年八月壬午"条，这段话发挥的是《韩非子·二柄》《扬权》中的思想。中华书局2004年版，第11619－11620页。

② 清代赵翼指出："自王安石以猖狂诡诞之学要君窃位，自造《三经新义》，驱海内而诵习之，甚至诋《春秋》为断烂朝报。章、蔡用事，祖述荆舒，屏弃《通鉴》为元祐学术，而十七史皆束之高阁矣。嗣是之道学诸儒，讲求心性，惧门弟子之泛滥无所归也，则有诃读史为玩物丧志者，又有谓读史令人心粗者。此特有为言之，而空疏浅薄者托以借口，由是说经者日多，治史者日少。彼之言曰：经精而史粗也，经正而史杂也。"赵翼：《廿二史札记校证》，王树民校证，中华书局1984年版，第885页。

③ 正如朱熹指出的："若夫道德性命之与刑名度数，则其精粗本末虽若有间，然其相为表里，如影随形则又不可得而分别也。今谓安石之学，独有得于刑名度数，而道德性命则为有所不足，是不知其于此既有不足，则于彼也亦将何自而得其正耶。夫以佛老之言为妙道，而谓礼法事变为粗迹，此正王氏之深蔽。"（《朱子全书》第23册《晦庵朱文公文集》四，《读两陈谏议书》，上海古籍出版社、安徽教育出版社2002年版，第3382页）

也容易使其蜕变为权臣逢迎君主、为皇权专制助力的工具。新学独尊期间，学术与政治互为奥援，相得益彰，极权专制得到强化。权臣们还通过定国是，来锻造一柄集思想与权力于一身的利剑来捍卫专制，引导舆论，打压异己，如徽宗时的丰亨豫大、高宗时的和戎等都是。

皇权的恶性膨胀、士大夫阶层帝王师地位的失落，很容易导致士人群体的人格矮化、担当意识缺失，助长文人钻营帮闲的习气，造就文人无限雌伏、无限谄媚的精神。而且，北宋后期专以经义取士的科场制度也对士子的钻营心理起到推波助澜的作用。专制主义往往需要不断寻求以及强调自身的合法性乃至神圣性来维持统治局面，这就需要倡导一种与意识形态合拍的文学——为专制皇权歌功颂德的文学。钻营猥琐、文丐奔竞的士风为这种文学的流行准备了条件，新学独尊、皇权独断的必然结果便是歌颂文学的发达。由于学术文化发展的惯性特征，使得两宋之际的主流文学一度沉浸在虚声颂美的气氛中，颂美辞赋的流行是当时政治学术生态的鲜明表征。

二、辞赋对皇权神圣性的叙述

在传统中国政治文化中，颂圣文化是其重要组成部分之一。皇权源自暴力，但是统治者并不想让天生烝民只意识到这一点，他们更愿意让人们相信他们的权力是上天赐予，具有不容置疑的合法性和唯一性。为此，暴力政权往往诉诸祭祀、祥瑞等来交通天人，通过强调上天因垂青现政权而赐予的风调雨顺的年景、繁杂丰茂的物产、平安祥和的生活等来宣扬皇权翼护苍生。也就是说，皇权需要凭借神权来扶佑，而且，专制程度越深，越需要证明其统治的伟大、光荣与正确，其对神权的倚重也就越强。两宋之际的歌颂文学，有相当的内容是表现极权统治的合法性和神圣性的。

古者天子建国，宗庙为先，典礼在政治生活中占有重要位置，吉礼之中尤以每三年一次皇帝亲祀的"郊祀"天地礼（南郊）最受重视。不过这种礼仪性排场至两宋之际，其沟通天人的用意已经弱化，变成了皇家昭示其垄断神权的表演，象征意义超越了实际意义。目前能见到的这个时期的典礼赋有刘弇的《元符南郊大礼赋》和王洋的《拟进南郊大礼庆成赋》等，其重点已经不再像真宗时杨亿所作的《天禧观礼赋》、仁宗时范镇所作的《大报天赋》那样陈述上天眷顾，而是展示国家的气势和治国方略。同样的情况也表现在《扬都赋》《会稽风物赋》等地理赋方面，其彰显皇权神圣的用意退居其次，变成了对国家"气质""形象"的张扬，对此我们将在下文讨论。当时最能够体现皇权神圣性的是辞赋中对祥瑞的描写。

传统儒家对怪力乱神持敬而远之的怀疑态度，但又主张神道设教，为天人相与之说开启方便之门。汉代今文经学，尤其是春秋公羊学以微言大义解经，畅言祥瑞灾异，终至发展为谶纬神学。宋学总体倾向于道德理性主义，对汉学的谶纬之风大加排抑。当时的儒者基于规范皇权的目的，对灾变之说颇为注意，而对祥瑞呈现则表现得相当冷静和理性①。熙宁变法期间，司马光等指出"天文之变无穷，上下傅会，不无偶合"②。王安石则申言"天变不足畏，祖宗不足法，人言不足恤"③。但是，天人相与之说从汉代以来已经发展成为儒家政治文化的重要组成部分之一，处于独尊地位的新学和日益加强的皇权专制不可能抛弃对神权的控制和依傍。新党主政期间，弃灾变而兴祥瑞，为皇权专制服务，为皇权专制的合法性和神圣性服务。变法以来，祥瑞不断呈现，徽宗时期，朝廷有意识渲染盛世气氛，祥瑞因此纷至沓来，蔚为大观。朝臣们的奏疏中充斥着大量针对祥瑞的贺表，诗词创作一片盛世吉祥的称颂之声，润色鸿业的辞赋自然不会缺席。承此余绪，南渡后，针对高宗再造中兴的聒噪不绝于耳，尤其是在绍兴和议达成后，出现了一个赞美高宗、韦太后、秦桧神性品格的高潮。

由于澶渊之盟的缘故，真宗时期和仁宗前期，是一个祥瑞的多发期，以后渐次消歇。神宗变法期间，鲜有祥瑞，倒是借灾异以反对变法的言论不少。周邦彦的《汴都赋》历数汴梁一带祥瑞呈现的历史，以凸显汴梁乃上天眷顾之地，笔触不及当代祥瑞。李长民的《广汴都赋》是对周邦彦赋的补充，而非踵事增华，主要补充的是徽宗时国家出现的新气象、新面貌，当时祥瑞势头正猛，赋中提及当时的盛况曰："众制备，群音叶，天地应，神人悦，修贡效珍，应图合牒。上则膏露降，德星明，祥风至，甘露

---

① 宋初以来，祥瑞纷纭，冠冕堂皇的颂美文学也有一定的市场，但是宋代文人对祥瑞基本上抱着较为冷静的态度，他们反复申言所谓祥瑞其实只是自然现象，与国家治乱没有必然联系。田锡《符瑞图序》的说法颇具代表性，他说："闇君暴主，不无祯祥，衰乱乱邦，亦有符瑞。故王莽矫诈而白雉入贡，晋恭衰微而驺虞乃来。"他认为祥瑞乃是"天之六气，杼轴元化之万物，陶熔成质。在生植之多品，因邂逅而不类。所以禾之秀也，成异亩而同颖；谷之实也，或一年而再稔。实天地偶然之理，非时政必应之感。"他还含沙射影地指出："以贤人为瑞，则国之福也。贤之不来，由谗邪奸佞之为灾；为灾不已，则智者填共以避祸，怨者有心以思乱；思乱不已，则揭竿于耒耜，争危于社稷。当是时，虽获九苞之禽，双骼之兽，俾靖邦国之难，不可得已。"（《全宋文》第 5 册，第 241 - 242 页）田锡在强烈地暗示呈献祥瑞者可能有些是谗慝之臣，人君沉迷祥瑞，是国家祸乱之源。余靖《正瑞论》也说："国之兴也，在乎德，不在乎瑞；国之亡也，在乎乱，不在乎妖。"《全宋文》第 27 册，第 36 页）但是，和祥瑞相对的灾变，士人们则采取另外一种态度，他们坚持认为灾异是上苍的谴告，必须慎重对待。这一点继承了董仲舒借天变来约束帝王的动机。比如赵普的《论彗星奏》、苏绅的《以灾异言政事疏》、蔡襄的《论灾异实由人事奏》等。当然也有人指出灾异实由"时数"，非关政治，针对这种言论，富弼在《论灾变而非时数奏》中凛然地指出："然臣窃知累年有人奏，请凡百灾变，皆系时数，不由人事者，不知有之乎？若诚有之，此乃奸人诣佞之说，上惑圣聪，臣所谓不近正道者也。"他指出儒者重视灾变而不重视祥瑞的原因在于警示人君："昔仲尼作《春秋》，不书祥瑞而独书灾异者，盖欲以警戒人君，使恐惧修德，以应天地之变，不闻以灾异归之时数也"（《全宋文》第 28 册第 365 页）。对祥瑞和灾变态度的不一致，恰恰反映了士人期望获得约束君王权力的愿望。在熙宁七年的大旱中，反对王安石变法的人大言灾变天谴，希望阻止变法的进程，把王安石赶下台。

② ［清］毕沅编集：《续资治通鉴》卷七十一，中华书局 1957 年版，第 1781 页。

③ 《宋史》卷三百二十七《王安石传》，中华书局 1985 年版，第 10550 页。

零；下则嘉禾兴，朱草生，醴泉流，浊河清。一角五趾之兽，为时而出；殊本连理之木，感气而荣。嘉林六目之龟，来游于沼；芝田千岁之鹤，下集于庭。期应绍至，不可殚形。"① 指出祥瑞纷呈的原因是徽宗的大举更张和修明法度得到上天的赞许，是天人感应的效果。可见当时的祥瑞纷沓是为新党和徽宗的美政在上天那里寻求合法性，而非习惯性的应景之举。从目前所见朝臣们的各色贺表来看，当时的确是一个祥瑞集中爆发的时期，而且规模空前绝后，诸如白兔、白龟、翔鹤、蟾蜍背生芝草、朱草、瑞麦、连理木、瑞木、瑞石、甘露、竹上甘露、红盐、河清、庆云、天书等等不一而足，仅仅政和年间上奏的灵芝就有二三万本，山石变玛瑙以千百计，山崩出水晶几万斤，山溪生金数百斤，其他草木鸟兽之珍不可一二数，"皆以匣进京师"，"一时君臣称颂，祥瑞盖无虚月"②。而且这势头也蔓延到皇宫中，蔓延到皇帝身边，譬如延福宫、端成殿等均有醴泉、灵芝、翔鹤等出现。徽宗就生活在这样一个祥瑞灵异环绕的神仙气息氤氲的氛围中，他是个具有艺术家气质的皇帝，很容易模糊艺术与生活的界限，随着自我意识的膨胀，他真切地相信自己非肉身凡胎，是天才，是神，这是个人崇拜的最高境界。徽宗已经不再满足于祥瑞不期而至，而要使其成为常态化的生活图景，因此，他网运天下奇石嘉木、大兴土木，以此来显示天下人神相和的时代特征。当时所建的艮岳、延福殿等，就是巨大的祥瑞之渊薮，而且徽宗本人也是一个祥瑞，过去的礼乐制度已经不能很好地沟通神人了，他要另创新制，宫中的玄圭、新制的九鼎、八宝等均成为国家的圣物，在彰显皇权神圣化过程中，他自我作古，大晟府的设立，就是在推进这项工作。徽宗在全力以赴引领他的国家和人民走进遍地祥瑞、和谐融洽、吉祥止止的新时代，艮岳就是这个新时代的结晶。

目前所见描绘艮岳的辞赋有两篇，即李质的《艮岳赋》和曹组的《艮岳赋应制》，李长民的《广汴赋》也少有涉及。李质赋以游踪为线索，移步换形，详尽描绘其仙境般的美景；曹组赋则以类相从，纵笔铺排山形、水势、嘉木珍果、奇禽异兽，重在渲染气势。两赋具有一定的互补性。李赋突显的是艮岳沟通天人的意义："何诸山之环异，均赋美于一端。岂若兹岳，神模圣作，总众德而大备，富千岩兮万壑。"这座人造的山岳和其他那些名山相比，更具神圣性，从各地移植迁徙的种种动植物，均具有非凡的品格："且帝泽之旁流，复上昭而下漏。宜乎绝珠殊祥，骈至迭臻。潜生沼之丹鱼，萃育薮之皓兽。神爵栖其林，麒麟臻其囿。屈轶茂而黄荚滋，紫脱华而朱英秀。何动植之休嘉，表自天之多祐。"箫韶九成，凤皇来仪，徽宗恩泽滂湃，天下嘉木珍物荟萃阙下，也就是说，艮岳中的在在物什，皆是祥瑞，这是一座人间的仙山。山不在高，有仙则

---

① 本文所引辞赋均引自曾枣庄、刘琳主编：《全宋文》（上海辞书出版社、安徽教育出版社2006年），并参校曾枣庄主编：《宋代辞赋全编》（四川大学出版社，2008年），为行文方便，不一一罗列出处。

② 周密：《齐东野语》卷六，中华书局1983年版，第108页。

灵，徽宗这个从"丛霄"降临人间的、旷世祥瑞盘桓于此，即使人造的山，也有了仙品。曹赋虽然声言艮岳在祈求子嗣绵绵方面的意义，但是赋作主旨是强调徽宗旷世的神圣品格："今以一人之尊，大统华夏，宰制万物，而役使群众，阜成兆民，而道济天下。夫惟不为动心，侔于造化，则兹岳之兴，固其所也。而况水浮陆走，天助神相，凡动之沓来，万物之享上，故适再闰而岁六周星，万壑千岩，芳菲丹青之写图障也。"艮岳的出现，是由于徽宗出神入化的统治，使天下人咸被其泽，天人相感，祥瑞麇集。曹赋也和李赋一样，指出移来艮岳的物什，皆是祥瑞："盖闻橘不逾淮，貉不逾汶。今兹草木，来自四方，原莫知夫远近。"曹赋在盛赞皇上方面比李赋略胜一筹："天子神圣，明堂颁制，视四海为一家，通天下为一气。考其迹则车书混同，究其理则南北无异。故草木之至微，不变根于易地，是岂资于人力，盖已默然运于天意。故五岳之设也，天临宇宙；五岳之望也，列于百神。兹岳之崇也，作配万寿。彼以滋庶物之蕃昌，此以壮天支之擢秀。是知真人膺运，非特役巨灵而驱五丁。自生民以来，盖未之有。"草木禽兽，不分南北，均在艮岳生机勃勃，这种超越生活逻辑怪事的发生，乃是徽宗的神圣光辉使然，是上天对徽宗神性的认可，是国家祥和的瑞兆，是常态化的祥瑞，也是国家吉祥的写照。李长民的《广汴都赋》在描写艮岳时写道："瞻彼艮维，肇崇琳阙。始真天祥，旷分彪列。妙道由是聿兴，至教于是旁达。辛卯之梦既符，壬辰之运斯协。外则立仁济辅正之亭，行玉笈考召之法。博施于民，俾绝夭阏。神符一出，群邪四耆。蠚毒治病，功深效捷。内则艮岳屹以神秀，介亭耸以巉嵲。天人交际之夕，清供于此备设。俄而玉笋自倾！宝剑如掣，骇震霆之轰轰，灵围下兮杂沓。"他没有拘泥于对苑中殊类万品以及仙境般美丽的描绘，而是直奔主题，赞美徽宗不同凡响的、沟通天人的神圣品格，真可谓知音者也。徽宗通过使祥瑞常态化来凸显自己的神性，他在《艮岳记》中盛赞这座人造建筑群："真天造地设，神谋化力，非人所能为者。"人工是不可能如此巧夺天工，只能是神助之功。这座山和人间的山岳相比，不仅毫不逊色，而且更为神圣："四方之远且异，徒各擅其一美，未若此山并包罗列，又兼其绝胜，飒爽溟浡，参诸造化，若开辟之素有，虽人为之山，顾岂小哉。山在国之艮，故名之曰艮岳。则是山与泰、华、嵩、衡等同，固作配无极。"

这些赋作从沟通天人和神化徽宗来彰显那个太平盛世，彰显执政者无可争辩的合法性，这种自我作古来神化皇权的意识，的确是前人无古人的。真宗皇帝通过天书、降神来装神弄鬼的举措与徽宗相比，显然逊色得多，徽宗的所为乃是白日见鬼，自诩太平。蔡绦南宋年间追忆说："大观、政和之间，天下大治，四方向风……天气亦氤氲异常。朝野无事，日惟讲礼，庆祥瑞，可谓升平极盛之际。"[1] 显然，这个升平之世是个幻象，

---

① 蔡绦：《铁围山丛谈》卷二，中华书局 1983 年版，第 27 页。

是君臣在打压异论、新学独尊的背景下入戏太深走火入魔的幻象。与那座人造仙界相配合的是，徽宗不断地强调他的神性，不断地搬演着一出出白日见鬼的大戏①。

南渡以后，不断有人奏上赤芝、枯秸生穗、重萼牡丹、鼎生金莲祥瑞等，以讨好邀宠。惊魂甫定的高宗最希望看到的是国家能够立稳脚跟，在江南一带延续国祚，对这些盛世黼黻不太感兴趣，他反复说岁丰才是上瑞②。在绍兴和议以后，君相之间互相配合，皇权专制得到强化，新学在秦桧的护佑下重新取得独尊地位，高宗以及江南这个朝廷的合法性问题又提上日程。绍兴二十五年（1155），太庙生九茎灵芝，秦桧帅百官朝贺，高宗欣然领受③，接着，赣州太平瑞木，黎州甘露，道州连理木，遂宁府嘉禾，镇江府瑞瓜，南安军双莲花，严州兜率寺、信州玉山寺芝草等等，祥瑞纷纷呈现。我们现在能看到的胡铨的《衡阳瑞竹赋》④ 就是在这种氛围中创作的。此赋创作于绍兴二十九年（1159），其时胡铨被贬衡阳编管。赋作对瑞竹呈现的意义和形貌有详细的叙述："于是若动若植，物物遂生。叶气横流，薰为太平。虽柿朽株，犹能蒸出芝菌，以为瑞物，而况乎修竹之萌，宜其挺挺对苗，猗猗并荣，俨若蜀道之两笋，宛如仙掌之双茎，固异槐龙之际翠，岂同桧尘之俱青。若夫同颖之禾，共秆之米，草有合欢，木多连理，松或交柯，蕖乃并蒂，木药双头，金芝合础。至若比目之鲽，相依之鱼，俱飞之蝶，双飞之凫，共命之乌，比翼之鸟。征瑞牒以求比，非此君之与俱。若仆者，徒颂于盛美，百分未究其一偏，盖莫能悉数也。"指出天子圣明，感发而生瑞竹，是太平之象。文中通过一连串生动的比喻来描绘瑞竹的形态，行文至此，蓄势待发，下文对王朝的歌颂自然水到渠成。可是作者偏偏于此笔锋陡转，直陈治国理政应轻祥瑞而重仁政："夫三五之兴也，以至仁而得天下。详人事而略符命，盖祯祥所未尝言，史官靡或书焉。于斯之时，凤凰仪廷，或鸣岐山。嘉禾合穗，符应斑斑。"仁爱以待天下苍生，祯祥自然呈现，

---

① 徽宗的自我神话，其思想资源有相当一部分来源于道教神霄派，他的造神活动更为系统，也更具有白日见鬼般的迷狂色彩。据载："上搢大圭，执玄圭，以道士百人执仪卫前导，蔡攸为执绥官。玉辂出南熏门，至玉津园，上曰：'有楼殿重复，是何处也？'攸即回奏：'见云间楼殿台阁，隐隐数重，既而审视，皆去地数十丈。'顷之，上又曰：'见人物否？'攸即奏：'若有道流童子，持幡节盖，相继而出云间，衣服眉目，历历可识。'"（黄以周等辑注：《续资治通鉴长编拾补》（第三册），宣和元年八月丙戌条，中华书局 2004 年版，第 1067 页）又，徽宗在政和七年（1117）下诏曰："朕乃昊天上帝元子，为大霄帝君。睹中华被金狄之教，盛行焚指、炼臂、舍身，以求正觉，朕甚悯焉，遂哀恳上帝，愿为人主，令天下归于正道。帝允所请，令弟清华帝君权朕大霄之府。朕夙夜惊惧，尚虑我教所订未周。卿等表章，册朕为教主道君皇帝。只可教门章疏用，不可令天下混用。"（《续资治通鉴（全十二册）》第 2402 页）

② 宗在绍兴年说过："岁丰人不乏食，朝得贤辅佐，军中有十万铁骑，乃可为瑞，此外不足信。"（《宋史》卷三百六十九《刘安世传》，中华书局 1985 年版，第 11482 页）

③ 高宗说："朕每以岁丰为上瑞，虽灵芝朱草固未尝以为意。至于宗庙产芝，则非它比。……许宰臣率文武百僚诣太庙观芝，次日诣文德殿拜表称贺，许之。"（李心传：《建炎以来系年要录》，中华书局 1956 年版，第 2748 页）

④ 《海外新发现〈永乐大典〉十七卷》之卷 19866，上海辞书出版社 2003 年版，第 637－643 页。

不必刻意追求。经过这一铺垫，赋作转入对尧舜之治的铺陈，国泰民安就是最大的吉祥："岂特夸一草一木之茁，一虫一鱼之异，以为观美云尔哉！"在把祥瑞焕发与仁政爱民作了一番对比之后，赋作用反问句式，将这种对比更形象化地、充满气势地呈现出来："且夫天降甘露，孰与雨则霡霂，雪则优渥。地出醴泉，曷若郑白之沃，衣食之源。朱草生，孰与庶草蕃庑，百谷用成。金芝九茎，曷若九谷如云。麟凤在郊薮，孰与牛羊被野，麀鹿麌麌。龟龙游于沼，曷若洿池无数罟，鱼鳖不可胜取。山出器车，孰与大路越席，昭其俭欤。山车垂钩，曷若君子之车，既庶且多。山得银瓮，孰与田家老瓦之适于用。山出丹甑，曷若野人土锉之为正。野兽并角，孰与尔羊来斯，其角戢戢。众枝内附，曷若桑无附枝，麦秀两歧。东平木连理，孰与拔茅而连茹。南郡白虎仁，曷若奸吏不暴民。黄龙见成纪，孰与朝廷多君子。日月如合璧，五星如连珠，曷若三光全寒暑。平虎渡河，孰与守令之政无苛。蝗不入境，曷若潢池无桴鼓之警。稽谷生禾，野蚕成茧，孰与男务耕耘，女修织纴，而全家之饱暖也。"那些林林总总的祯祥瑞应，能够庇护烝民不饥不寒吗？能够保护他们不受强权暴力的侵害吗！这是对徽宗以来一味渲染吉祥气息的最深刻的反思和谴责。赋的结尾以箴言点题，令人印象深刻："于赫正符，正符煌煌。唯德是征，匪物为祥。沐浴膏润，至仁汪濊。云谁之思，唐虞三代。"① 胡铨乃理学名家，因强烈反对秦桧的专制而被流放，这篇赋既反映了作者对高宗合法性的确认和推崇，也体现了其对祥瑞冷静的认识：贤人为瑞，丰年为宝。这表明，理学与新学对待皇权专制的差异，理学等元祐学术主张把皇权规范在儒家仁政的轨道上来，当时的新学以及新党则更看重皇权独断的重要性。

高宗禅位后，隆兴二年（1164），太庙现十二茎灵芝，高宗兴奋异常，作序以记其盛，高宗如此大肆张扬，无非是为了告诫孝宗不能忽视他这位躲在幕后的政治老人。孝宗为此赋诗一首表明态度。针对此事，薛季宣写了一篇《灵芝赋》，赋作首先点出灵芝的出现是两位皇帝的融洽关系感动了上天，于是灵芝献瑞。也许作者明白这其实是一次政治事件，高宗通过祥瑞来暗示自己的政治存在，因此赋中这样解释祥瑞出现的原因："和气致祥，允天子之慈孝；天施地产，诚圣人之达德也。"赋对瑞芝的描写颇为详尽："有苗者芝，有粲其房。不植不根，于殿之梁。轮困扶疏，馨香有秘。紫色氛氲，交光

① 胡铨的议论继承了北宋以来儒家士大夫对待祥瑞的一贯态度，而且也在当时人那里得到回应："绍兴元年秋七月乙未朔，刘光世以枯秸生穗为瑞奏之，上曰：'岁丰人不乏食，朝得贤辅佐，军中有十万铁骑，乃可为瑞，此外不足信。朕在潜邸时，梁间有芝草，府官皆欲上闻，朕手自碎之，不欲主此奇怪事。'辅臣叹服。臣留正等曰：'天人之际，相与至密，国家将有失道之败，则有灾异以为之谴告；然则政教之修明，中和之浃洽，亦岂无符瑞以示其嘉祥乎！然而古人于灾异则深警惧之，符瑞则重黜绝之，何哉？知其有灾异则戒，信其为符瑞则怠，人之常情也。去其怠而谨其戒，则所益不知其几何，不然则徒以自慢，而已奚益哉。此《春秋》所以记异不记瑞，而柳宗元《正符》所以谓不于其天于其人也。"（《建炎以来系年要录》卷四十六，上海古籍出版社1992年版，第325－628页）

晔日。欻腾龙而骞凤，追金相而玉质。焕耀宸居，清明帝闼。阅之者神惊，瞻之者目夺。一本同柯，支生十二。错地分州，蟠天列次。瞻彼日月，膺期嗣岁。亦有律吕，八音以谐。仙馆玉楼，光于泰阶。"这个瑞兆不仅模样神奇，十二茎还暗合尧舜时天下十二州，暗示了高宗父子禅让取法尧舜，其伟大和神圣亦如尧舜。不过，薛季宣也谈祥瑞不足恃，慈孝相谐才是天下的福祉："乃若汉之宣、章，号称七制。仁民得天，休符接至。桓、灵何道，而产中黄之藏，有芝英之瑞也。由是言之，妖祥叵测"，"逮乎季末，谀辞麏至。鬼目呈符，菌官贺瑞。岂……于惟我后，秉文之德。昊天景贶，三辰耀色。虽无此芝，何损于治"。灵芝的出现具有不确定性，而且和帝王的品行也没有必然的联系，妖祥叵测。他的这段议论婉而多讽，不像是在讥刺高宗等迷恋祥瑞，更像是在娇嗔，所谓曲终奏雅，这在歌颂文学中是惯用的手法。

高宗时期也有一些赋借祥瑞书写赞美国家中兴，重新确定国家的合法性，如张昌言的《琼花赋》："盖艳冶而争妍者，众之所同；而皭洁向白者，我之所独。是以兵火不能禁，胡尘不能辱。根常移而复还，本已枯而再续。疑神物之护持，偏化工之茂育。抑将荐瑞于中兴，而效祥于玉烛。"琼花拔出流品的美质、枯而复生的坚韧，寄托着作者对国家民族的殷切期望。其他如苏籀的《牡丹赋》、王灼的《朝日莲赋》、李纲的《后荔枝赋》、李石的《栀子赋》、何麒的《荔子赋》等。

三、辞赋对国家形象的塑造与渲染

国家形象是一个国家对自己的认知。颂美辞赋表现的国家形象不仅仅是作家个人的感知，它是代表意识形态在发声，是人们印象中的国家权力和治国理念的综合表现。最早用辞赋来表现国家形象的赋作是司马相如的《子虚上林赋》，他夸张渲染上林苑和天子游猎场面，彰显汉武帝时期高度极权政治下雄视天下、凌厉飞动的国家品格。其后，班固的《两都赋》和张衡的《二京赋》通过对照西都与东都的品格差异，使多欲之治与纯用儒术的为政差别更为形象生动。宋代辞赋继承这一传统，在都邑、典礼、山川地理诸赋中，对王朝歌颂的着重点是呈现在一定为政方略指导下的理想化的国家形象。

北宋时期新学独尊期间出现的两篇表现汴都的赋作和南宋初期傅共描写临安的《南都赋》颇值得注意。周邦彦的《汴都赋》作于神宗年间，在当时似乎并未受到足够的重视，所以他又在宣和年间重新奏上。可以说，这篇赋与徽宗时期社会文化对国家气质和品格的想象深相契合，因此才会享受到这份迟到的青睐。李长民的《广汴都赋》是基于当时徽宗大兴土木增饰汴京，是对周邦彦赋后都城出现的新面貌的补充描写。

《汴都赋》的总体结构是按照方位来描写汴京的形制，其对班固《两都赋》和张衡《二京赋》的互文性观照相当明显。比如班固这样表现长安的人来人往摩肩接踵："内则街衢洞达，闾阎且千，九市开场，货别隧分，人不得顾，车不得旋，阗城溢郭，傍流百廛，红尘四合，烟云相连。”这种拥挤场面的展示显然是一种艺术夸张，无非是为了显示长安令人难忘的繁华景象，周邦彦则针锋相对地写道：“城中则有东西之阡，南北之陌，其衢四达，其涂九轨。车不理轚互，人不争险易，剧骖崇期，荡夷如砥。雨毕而除，粪夷茀秽。行者不驰而安步，遗者恶拾而恣弃。跨虹梁以除病涉，列佳木以安怵惕。殊异羊肠之诘曲，或踠蹶而折轊。”宋都汴梁的壮丽不减大汉的长安，可是人流车流井然有序，与长安拥挤不堪对比明显。我们不能简单地理解为这是周邦彦对班固赋的误读，而是他有意识地在和班固、张衡赋的比较中突显宋都的繁荣和秩序感。班固在对西都长安的描写中还强调了商业的畸形繁荣所导致的对国家秩序的破坏：“于是既庶且富，娱乐无疆，都人士女，殊异乎五方，游士拟于公侯，列肆侈于姬、姜。乡曲豪俊，游侠之雄，节慕原、尝，名亚春、陵，连交合众，骋骛乎其中。”这段话有两层意思，一是说商业的发达导致处于社会底层的商人具有拟于公卿大夫的富贵；二是说社会财富的下移滋生出一个撼摇国家权威的游食阶层，张衡《西京赋》的相应描写似乎是对这段话的阐释①。传统中国重农抑商，班固、张衡赋展示的就是背离儒家治国之道，本末倒置，以及由此导致的对社会秩序的破坏和对朝廷权威的撼动。周邦彦显然读懂了班固等的用意，他在描写汴梁的商业繁荣时，没有忘记强调商人对社会秩序的恪守和国家对贫富悬殊的防范：“顾中国之阛阓，丛赀币而为市，议轻重以奠贾，正行列而平肆。竭五都之瑰富，备九州之货贿，何朝满而夕除，盖趋赢而去匮。萃驵侩于五均，扰贩夫于百隧，次先后而置叙，迁有无而化滞。抑强贾之乘时，摧素封之专利，售无诡物，陈无窳器。欲商贾之阜通，乃有廛而不税，销卓、郑、猗陶之殖货，禁乘坚策肥之拟贵。道无游食以无为，矧敢婆娑而为戏。”汴梁的商业是有序的，是置于国家计划和管理之内的，繁荣的大宋是一个大政府小社会的国度，一切都在朝廷的掌控之中。当然，周邦彦理解的汴梁和国家的形象也不同于《东都赋》和《东京赋》那样的纯用儒术、人人恪守秩序的内敛型气质，而是既具有大汉气概又具有王道之治气质的形象，是对西都和东都的兼收并蓄，兼而有之，这是对新学治国理念的形象化图解，王安石变法追求的就是富国强兵和礼法治国，既要繁荣经济又要国家掌控。因此，商业的繁荣被赋予了国家强

---

① 张衡《西京赋》写道：“尔乃廓开九市，通阛带阓。旗亭五重，俯察百隧。周制大胥，今也惟尉。瑰货方至，鸟集鳞萃。鬻者兼赢，求者不匮。尔乃商贾百族，裨贩夫妇，鬻良杂苦，蚩眩边鄙。何必昏于作劳，邪赢优而足恃。彼肆人之男女，丽美奢乎许史。若夫翁伯浊质，张里之家，击钟鼎食，连骑相过。东京公侯，壮何能加。”暴富的商人具有拟于公侯的气派和排场；“都邑游侠，张赵之伦，齐志无忌，拟迹田文。轻死重气，结党连群，实蕃有徒，其从如云。茂陵之原，阳陵之朱。趫悍虓豁，如虎如貙。睚眦虿芥，尸僵路隅。丞相欲以赎子罪，阳石污而公孙诛。若其五县游丽辩论之士，街谈巷议，弹射臧否，剖析毫厘，擘肌分理。所好生毛羽，所恶成创痏。”游侠、宾客依附豪门胡作非为，公然挑战朝廷的权威；“郊甸之内，乡邑殷赈。五都货殖，既迁既引。商旅联槅，隐隐展展。冠带交错，方辕接轸。封几千里，统以京尹。郡国宫馆，百四十五。右机盩厔（厔），并卷酆鄠。左暨河华，遂至虢土。”富商阶层取代士大夫成为社会生活的中坚力量。见《文选》卷二，赋甲，京都上，上海古籍出版社1986年版，第61－64页。

盛的含义，而不是传统儒家理解的政通人和、风俗淳厚。对于汴梁的商业，周邦彦的描写可谓泼墨如云，不唯一般意义的商品，而是天下所有精美罕见之物，皆荟萃于阙下："至于羌、氐、僰、翟、儋耳、雕脚，兽居鸟语之国，皆望日而趋，累载而至，怀名琛，拽驯兽，以致于阙下者。旁午乃有帛甎罽襄毛，兰干细布，水精琉璃，轲虫蚌珠，宝鉴洞胆，神犀照浦。《山经》所不记，《齐谐》所不睹者，如粪如壤，轹积乎内府。或致白雉于越裳，或得巨蔡于西旅，非威灵之遐畅，孰能出瑰奇于深阻。盖徼外能率夹种来以修好，则中土当有圣人出而宁宇。"这不是普通的商业展示，而是仁风所向、万国来朝的场面，是仁政理想的全面实现，是战胜于朝廷的图景展现①。传统的儒家对武力征伐持克制态度，班固和张衡对长安的描写都突出展现不仁不义的放肆杀伐，新学和新党人物主张富国强兵，对武力是相当重视的，因此，周邦彦反班固等人之意，描写了国家军事的强大："若夫连营百将，带甲万伍，控弦贯石，动以千数。……材能蹻张，力能挟辀，投石超距，索铁伸钩，水执鼋鼍，陆拘罴猣。异党之寇，大邦之雠，电鸷雷击，莫不系累而为囚。于是训以鹳鹅鱼丽之形，格敌击刺之法，剖微中虱，贯牢彻札，挥铓掷镰，举无虚发。"国家兵强马壮，慑寇服远，所向披靡，因此，战胜于朝廷的理想被军事威慑取代了："兵甲士徒之须，好赐匪颁之用，庙郊社稷，百神之祀，天子奉养，群臣稍廪之费，以至五谷六牲，鱼鳖鸟兽，阖国门而取足。甲不解累，刃不离鞘。秉越匈奴而单于奔幕，抗旌西僰而冉駹蚁伏；南夷散徒党而入质，朝鲜畏菹醢而修睦。解编发而顶文弁，削左衽而曳华服。逆节蹢躅而取祸者，折简呼之而就戮。"国富兵强，蛮夷畏惧而称臣，犯大宋天威者，虽远必诛，这是在赤裸裸地宣扬霸权之道，甚至是认可野蛮的军事征服。新学的治国理念出入王霸之道，其影响下的国家形象正如周邦彦的这篇赋展示的，具有允文允武、厚重儒雅、沉稳有力、雄浑飞动的气概："眈眈帝居，如森锃利镞之外向，死士逡巡而莫触。仁风冒于海隅，颂声溢乎家塾。"而且这个具有威猛气概的国家具有空前的神圣气质："至于干象表觇，坤维荐祉，灵物仍降，嘉生屡起。晕适背鐍（太阳周围的云气），虹霓抱珥，鸣星陨石，怪飙变气。垂白鲐背者，不知有之，况能言孺倪。岂独此而已也？复有穿龟负图，龙马载文，汾阳之鼎，函德之芝，肉角之兽，箫声之禽，同颖之禾，旅生之谷，游郊栖庭，充畦冒畤。非烟非云，萧索轮囷，映带乎阙角，葱蔚乎城垒，鸷鸟不攫，猛兽不噬，应图合牒，穷祥极瑞，史不绝书，岁有可纪。"不惟天下所有珍奇之物，周边所有蛮夷之国，皆麇集荟萃于大宋，而且自古及今所有的祥瑞珍异皆同时并发，人神共和，眼下大宋处在一个前无古人后无来

---

① 《孟子·梁惠王上》曰"今王发政施仁，使天下仕者皆欲立于王之朝，耕者皆欲耕于王之野，商贾皆欲藏于王之市，行旅皆欲出于王之涂，天下之欲疾其君者皆欲赴愬于王。其若是，孰能御之。"（中华书局，1957年十三经注疏本，第52页）

者的伟大时代，是一个国家民族彻底复兴、登峰造极的时代。徽宗朝，这种前无古人的光荣感进一步发展，周邦彦得以重进此赋，他在《重进汴都赋表》中重申了新党执政带来的光荣和辉煌："窃惟汉晋以来，才士辈出，咸有颂述，为国光华。两京天临，三国鼎峙，奇伟之作，行于无穷。恭惟神宗皇帝盛德大业，卓高古初，积害悉平，百废再举。朝廷郊庙，罔不崇饰；仓廪府库，罔不充轫；经术学校，罔不兴作；礼乐制度，罔不厘正；攘狄斥地，罔不流行；理财禁非，动协成算。以至鬼神怀，鸟兽若。缙绅之所诵习，载籍之所编记，三五以降，莫之与京。未闻承学之臣有所歌咏，于今无传，视古为愧。"① 大宋从开国以来憧憬的强国之梦终于实现了，新法的种种举措给国家带来了新气象，徽宗自我作古的制礼作乐之举更使大宋富丽堂皇，庄严神圣。王朝的这种气质在同时代的张鼎丞《邺都赋》、王观《扬州赋》、王仲勇《南都赋》等山川地理赋中均有体现。

李长民的《广汴都赋》作于徽宗皇帝神化国家兴味正浓、丰亨豫大的国策得到充分贯彻之时。这篇赋所描绘的国家形象较之周邦彦赋更强调其神圣性和所向披靡、自由挥洒的任性气质，因为此时的王朝拥有一个从神霄上界降临人间的皇帝，这是任何一个历史时期都无法比拟的。李长民对徽宗增饰汴都是这样理解的："当国家之闲暇，肆乘时而增茸，遂跨三都，越两京，儗二周而抗衡。数其南，则神霄之府，上膺南极。伟殊祥之创见，恍微妙之难测。岁在丁酉，大阐真机，用端命于上帝，而彰信于群黎。爰设定命之符，妙以虫鱼之篆。继干元之用九，参八宝而垂范。乃严像设，只奉兹宫。俨一殿以居上，总诸天而位中。灵妃上嫔列于西，仙伯天辅列于东。谔谔群卿，峨冠景从。"国家太平无事，一种神秘的、神圣的力量在支配着王朝，主圣臣贤，祥瑞遍地，对帝都的修饰处处焕发着迷人的、非人间的光彩，班固等人担忧的本末倒置，周邦彦渲染的士农工商的秩序感，此时统统不是问题，没有担忧的必要："阅夫阛阓，则九市之富，百廛之雄，越商海贾，朝盈夕充。乃有犀象贝玉之珍，刀布泉货之通，冠裳衣履之巧，鱼盐果蓏之丰。贸迁化居，射利无穷。览夫康衢，则四通五达，连骑方轨，青槐夏荫，红尘昼土起。乃有天姬之馆，后戚之里，公卿大臣之府，王侯将相之第。扶宫夹道，若北辰之藩卫。"同样是商业描写，李长民感受到的除了激动人心的繁华、奢华，没有丝毫士大夫式的担忧，大宋进入了人们向往已久的极乐国度，一切的忧愁、苦难、不公平、不人道都消失了，天下苍生脱离了尘世的苦海，获得了彻底的解放和自由，于是，商业的繁荣和极尽所能的享乐被连接在了一起："太平既久，民俗熙熙。观夫仙倡效技，侲童逞材，或寻橦走索，戏豹舞罴，则观者为之目眩；或铿金击石，吹竹弹丝，则听者为之意迷。亦有蜀中清醿，洛下黄醅，葡萄泛觞，竹叶倾罍，羌既醉而饱德，谓'帝力何

---

① 《全宋文》第128册，上海辞书出版社、安徽教育出版社2007年版，第5、230页。

有于我哉'。"普天之下、率土之滨，都沐浴在祥和的光彩中，人们甚至忘记了这一切美好的根源所在，神圣的皇帝所赐予的浩荡恩德如春风化雨，润物无声。这样的国家具有综合众美的特点："以言乎儒风，则长者之称，自汉而着；以言乎世族，则文士之盛，自晋而传。隐逸有夷门之操，文章出濑渙之间。帝赍岳降，运符半千。商弼周翰，接武差肩。陋七相五公之绂冕，迈杜陵韦曲之衣冠。譬犹俶傥权奇，素多于冀野；璠玙结绿，自富于荆山。上乃以道观能，兼收并取，明明在公，济济列布，同寅协恭，相与修辅。"儒者风范、名士风流、隐居贞士、文章巨擘，前代所有的逸才俊杰，同时呈现，朝堂之上，济济多士，衮衮诸公，协辅圣主，调理阴阳，这是怎样的国家气象！这样的国度，武力征伐是多余的："故得朝廷清明，纪纲振举，威武纷纭，声教布濩。北渐鸭绿，南洎铜柱。深极沙漠，远逾羌虏。陆詟水怀，奔走来慕。雕题、交趾、左衽、辫髪之俗，愿袭于华风；金革、玉璞、犀珠、象齿之贡，愿献于御府。"国家的神圣感染了周边，边鄙之人，纷纷望风向化，此所谓战胜于朝廷也。李长民所处的时代，国家在丰亨豫大政策的指引下，在缔造一个人间天国，一个从来没有出现过的、神圣美好的、曼妙而无敌的天堂，这一切的核心，就是徽宗和襄助他的新党人物如蔡京等，赋的结尾，作者为他们献上了庄严的颂歌："穆穆大君，天所子兮。粤自丛霄，履帝位兮。体道用神，妙莫名兮。立政造事，亶有成兮。金鼎奠邦，神奸詟兮。玉镇定命，垂奕叶兮。天地并应，符瑞着兮。膺图合牒，千百祀兮。坐以受之，开明堂兮。三灵悦豫，颂声兴兮。元臣硕辅，侍帝旁兮。相与弼亮，守太平兮。运丁壬辰，化道行兮。"亦人亦神，亦人间亦天堂，雍容华贵，神秘莫测，金声玉振，文质彬彬，这就是李长民要表现的王朝形象。令人感慨的是，在这个神的国度，邢居实的《秋风三叠》、李纲的《秋风辞》、晁补之的《江头秋风辞》、毛滂的《拟秋兴赋》、郑刚中的《秋雨》等等，却在不和谐地吟诵着沉郁悲怆的歌调，在一派溢彩流光的氛围中，金人渡河，二圣入北，王朝大厦倾覆。

南宋在绍兴和议之后，高宗在具有新学背景的权相秦桧的帮助下，努力使风雨飘摇的小朝廷焕发出一些"国家"的气象。他们憧憬的是树立其顺天应人的合法性，并且具有一些列国朝贡的气派，他们向往和平，希望来自北方的强敌压迫能够减轻或者解除。他们对国家的想象简单而质朴，新党从前的那种发扬蹈厉的气概荡然无存。傅共的《南都赋》创作于这个憧憬宁静和平之梦的时期，也很准确地诠释了王朝的国家之梦①。在赋中，高宗被描绘成一个振衰起弊的大英雄，他应时而出，是国家民族的救星："惟

---

① 赋中有"堂堂元老，天子之师。弥纶其缺，辅相其宜。虎节阴符，张弛随时。斟六韬于帷幄，胜百里之熊罴。端绅笏而不动，安社稷于无期。与长江而表里，夫孰得而雄雌？"这是和议以后对秦桧赞美的统一口径，因此此赋应该创作于绍兴十一年和议达成之后。

我皇帝，膺图御世，席列圣之基绪，临诸夏而控制。参合两仪，包涵四裔。顷膺中运，遗大投艰，省方侯邦，舜历蛮荆。万国玉帛，禹会涂山。手拯涂炭，口销锋镝。"高宗的鼠窜一隅，被解释成如吴太伯那样的来到江南教化愚顽，而江南地区则亟待儒风的沐浴："蒹葭绕岸，枫柳摇空。浮图插烟，酒旗翻风。菱歌断于画桡，胡笛动乎疏钟。洞箫桃笙，吴歈越吟，俳优唱诨，楚调南音。阛阓千门，兰灯晶莹，有类乎燕赵之歌，无异乎虾蟆之陵。"没有开化的江南不仅被异端思想所主宰，而且风俗简陋堕落，是高宗的降临才改变了这一切，他君临江南的理由在于拯救苍生，解放可怜的灵魂，因而受到百姓的拥戴："吴依伧父，徭氓蜑户，如驹犊从，如婴儿慕。填郛溢郭，如饥待哺。如舜膻行，而民风骛。"① 靖康之耻就这样被遮蔽掉了，由流亡者一变而为拯救者、解放者，高宗这一转身着实令人错愕，可谓华丽之极，精彩之极。与他的光辉形象互相辉映的，则是秦桧："堂堂元老，天子之师。弥纶其缺，辅相其宜。虎节阴符，张弛随时。斠六韬于帷幄，胜百里之熊罴。端绅笏而不动，安社稷于无期。"国家太平的取得，除了皇帝的聪明英发、教化苍生、恩泽遍施外，还有丞相的旰衣宵食、殚精竭虑、鞠躬尽瘁，君臣二人，构成了缔造国家的元勋群像。像完整意义的王朝一样，这个朝廷也荟萃了四方之珍物，对天下拥有绝对的主权："四方贡异，则有桂蠹范卯，玉簟琼支，乌孙之柿，大谷之梨，千年之枸杞，万载之肉芝，会稽之竹箭，吴江之莼丝，江瑶之柱，海鲨之鬐。登乎鼎俎，竞荐新之斗奇。黜驼峰于熊掌，鄙铎俗之貔狸。萍实如斗，莲藕若船。巴邛之橘，固蒂巢仙，如瓜之枣，辟谷引年。龙眼鸭脚，湖目鸡头。"这段对临安商业繁荣的描写被涂抹上拥有四方的象征意义。而且，这个朝廷也拥有完整的朝贡体系："马乳来于西域，人面贡于南州。杨梅卢橘，乃果中之俗物；方红陈紫，实荔枝之无俦。刲象率舞，生犀可羁。猩猩之笑，狒狒之啼。秦之吉了，陇之鹦鹉，黑衣之郎，雪衣之女。孔雀之文，翠禽之羽，或能言而诵诗，或闻声而起舞。飞走之奇，伙不可数。朝献于上苑，夕贡于玉津。藏之于内府，守之于虞人。以供燕闲之玩好，而备赐于臣邻。"域外商品汇集南都，被理解为四方所献贡物，其大国之梦是何等迫切。自然，在国家的疆域上作者也动足了脑筋："我观其东，日华所宫。浴乎扶桑，驾之六龙。亘延乎旸谷之外，磅礴乎大荒之中。琉球、日本，隐见冲融。高丽、百济，航海倾风。""我观其西，宿直娄奎。炎精景烁，太白为低。方物来于四蜀，衣裳被于五溪，想开国于蚕凫，考怪异于三犀。""我观其南，则炎帝之墟，祝融之宅。沧溟巨壑，际天无极。

---

① 《庄子·杂篇》卷八中《徐无鬼》："卷娄者，舜也。羊肉不慕蚁，蚁慕羊肉，羊肉膻也。舜有膻行，百姓悦之，故三徙成都，至邓之虚（墟）而十有万家。尧闻舜之贤，举之童土之地，曰：'冀得其来之泽。'舜举乎童土之地，年齿长矣，聪明衰矣，而不得休归，所谓卷娄者也。"［唐］成玄英疏："夫羊肉膻腥，无心慕蚁，蚁闻而归之。舜有仁行，不慕百姓，百姓悦之。故羊肉比舜，蚁况百姓。"郭象注、成玄英疏：《庄子注疏》，中华书局2011年版，第452－453页。

化外之邦，计以千亿"东极沧海，西抵巴蜀，向南则际天无极。妙的是秦汉以来就属于中央王朝控制的巴蜀一带被视为治外之地，把疆域之内当作仁风怀柔的外邦，武力慑服的占领区，这样就彰显出高宗朝廷的"大国气象"。但是，那个让赵构们噩梦连连的北方呢，作者这样写道："我观其北，则龙舟之耀，析木之精。上腾魁杓，前列勾陈。帝居象焉，端如北辰。搀抢敛锐，荧惑销嗔。旄头先驱，风伯清尘。既偃武而修文，益亲仁而善邻。交驰乎玉帛之使，无爱乎南北之民。"面对北方，作者收起了中央大国的虚幻派头，主张要和北方睦邻，看来，在高宗们眼中，北方才是和他们地位对等的"国家"，其他地方，因为不能对他构成威胁，被视为藩属而已。和戎国是既定，王朝以守内为务："运精神以为闳奥，体道德以为堂基。礼义以为干橹，忠信以为城池。扬六乐之金鼓，揭五典之旌旗。辟阖乾坤之门，经纬日月之维。"朝廷要以道德立国，放弃力量威慑，因此赋中没有一句言及武力。这就是傅共所勾勒的国家形象，也是高宗们设计的国家品格，孱弱而自大，猥琐而倨傲。意识形态要求子民应该找到这样的生活状态："然则今日之守，岂不固于崤函太行之阻隘，而广于孟门河济之逶迤乎？流离之子，扶病携瘵，奠枕而居，如跛遇息，如渴遇饮，如饥遇食。徒击壤而歌呼，又孰知夫帝力？"应该统统忘记不久前国家的耻辱和北方的强敌压境，充分享受高宗们施予的恩德，享受儒风的雨露滋润，对皇权的爱戴应如饥似渴，如鱼得水。

在典礼赋中，两宋之际国家形象的转变也有明晰的印记。刘弇的《元符南郊大礼赋》写得极其雍容典雅，为了突出国家的气质，作者大量堆砌生僻字，以至于时人都难以卒读，他在《进元符南郊大礼赋表》中直言不讳其幸逢伟大时代，为王朝唱赞歌是时代赋予的光荣使命："窃尝谓词人文士之作，虽取经不纯，去道时远，至于变化飞动，神开笔端，得不因人，自我作古，新一代耳目，起太平极功，有如此曹，殆不多得。屈、宋已还，贾生、相如、向、褒、雄、固，最号高手，能使往汉光华至今，数子力也。自时厥后，苟作之徒，弊毫殚楮，或文不足以起意，或趣不足以会真。而其时君至有持一时赫赫盛烈，甘心低回，委之斯人之手，磨灭就尽，岂不痛哉！"[①] 这段话是在暗示眼前的国家是亘古未有的伟大时代，是一个充满仁义而不失严猛力量的时代，这个时代不仅祥瑞杂沓，而且威服四夷："象来致福，则髽首镂耳之俗，头飞鼻饮之乡，濮铅僻卧之酋长，戴斗蟓蠡之名王，解辫削衽，蹄系乎职方。"于是作者由衷祝福道："自时厥后，福冈陵兮。若之风雨，妥日星兮。臣夷妾狄，寝五兵兮。畴蟠垄萦，稼坻京兮。显允天子，我民宁兮。于万斯年，揭鸿名兮。"王洋作于南宋初期的《拟进南郊大礼庆成赋》气魄则小得多，他只是简单铺叙典礼的过程，和傅共的《南都赋》一样，反复强调道德治国的重要意义，而且，这个形象低调朴实的国家连皇帝享用也简陋得不

---

① 刘弇：《进元符南郊大礼赋表》，曾枣庄、刘琳主编：《全宋文》第118册，第194页。

成样子："屏宴游，绝田猎，且宫室至卑，膳御至菲，虽大禹之饭土塯、啜土铏，不过是也。时止则止，时行则行，虽文王之遵养时晦，武王之久立于缀，无以更也。""味不求珍，美不求异，故酏酏粉溲、熬母芎极之味不足贵也；筦簟越席，弋绨大练，故雕文纂组、方空觳绮之靡不足美也。惟圣时造，蹈艰履巇，匪刚匪柔，贵乎沉几，高明沈潜，执事之机。用能益《履》而取《剥》，即安而去危。彼蠢蠢者安能知之？"

在两宋之际的新学独尊期间，其意识形态中的国家形象由沉着弘毅向内收敛，由神圣而稳健转向平易而朴实，这种转变，有国家局势的原因，更有政治学术的原因。王霸参用的新学和新党，在南宋初期，其果敢刚毅的锐气消失殆尽，重视权变的为政风格大行其道，其所憧憬的国家形象自然也随之发生变化。

四、辞赋对圣王美政的歌颂

对于歌颂文学来说，对政治的献媚最爽利的手段当然是直接赞美帝王，以及他所推行的"美政"。当然，如果帝王的形象已经与辅佐他的"良弼"融为一体，如蔡京之于徽宗，秦桧之于高宗，对这些权相的歌颂也是必需的。

徽宗时期对圣王美政的直接讴歌如上引李长民的《广汴都赋》，其中描绘的举国狂欢的场面其实就是在图解丰亨豫大的国是，以及襄助此事的蔡京；在一些辞赋中徽宗被描绘成神仙下凡，这也是在歌颂他超过一切帝王的不同凡响之处。就目前文献来看，绍兴和议达成之后，对圣王美政的狂热歌颂就出现了。

对于江南一带飘摇不定的南宋朝廷最大的安慰，莫过于得到大金的和平承诺。在高宗的授意、秦桧的努力下，和平终于得到了。在秉持文化中心主义的话语世界里，这件事无疑面临着诸多理论上的尴尬和滞塞，御用或者希望被御用的文人，则必须开动才智，给这件事披上华丽的外衣，打扮得尽量体面些，以使传统话语系统可以接纳它。

立足于中央大国朝贡体系的外交思维，与周边国家以对等或者低一等的关系来缔结和约是不可想象和难以容忍的。绍兴和议，如果没有高宗们非凡的勇气和异乎寻常的决心，恐怕难以达成，就当时的情势看，这是于国于民最为务实的选择，但是，这件事能否受容于传统话语体系，则需要相当的智慧，因为高宗必须对人们有个交代，而且必须交代得有尊严、有体面，不然天下汹汹，朝野横议，会使皇家仅剩的一点颜面扫地而尽。针对此事，文人们的"急智"着实令人佩服，他们提供了摆脱这种尴尬话语窘境的绝佳思路。黄公度的《和戎国之福赋》为此事提供了一个近乎完美的思路："上圣图治，远戎请和。民获安而不扰，国膺福以滋多。俯亲庶俗之情，信行蛮貊；诞保有邦之祜，时戢干戈。"开篇点题干净利落，指出和戎是远人请求，皇恩浩荡，施与了金人和平。这就轻易把屈辱的缔约行为改变成一种符合朝贡思维的施恩行为。这种思维的转化，让人击节叹赏。作者是这样理解和戎的伟大意义的："尝闻帝王盛时，不无蛮夷猾夏。治失其术，则咸尚诈力；御得其道，则悉归陶冶。"与战争相连的是诈力，只有政治失道才弃仁义而尚诈力，才会兵戈连连，民不聊生。这几句，很轻松就把孟子有关仁政的论述附会到和戎的政举之上，意在说明和戎符合圣贤古训，于是推动和戎的高宗也被打扮成一位仁君；赋作进一步阐述道："惟天子修盟讲好，德莫厚焉；俾戎人稽首称藩，国之福也。莫不肤使交聘，丹诚远通。厚赐之子女玉帛，俾修其朝觐会同。用珪璋而结好，无甲胄以兴戎。"缔交的另一方被视为稽首之藩国，朝廷维护了尊严和体面；"我无诈而尔无虞，遐陬内附；灾不生而祸不作，百顺来崇。时其万国怀柔，四方澄寂。内不耸于边鄙，外靡攘于夷狄。措乃国之龟鼎，脱斯民于锋镝。良由礼招携而柔服，故得道建极而敷锡。揉兹荒裔，俾为不二之臣；介尔中邦，永保无疆之历。"这几句是在描绘和戎预示的美好生活，它让天下苍生普遍获得好处。接下来，作者沿袭了西汉以来的对蛮夷的看法，认为他们不讲诚信，从历史看，对蛮夷的方略无非是和与战，当今之策应该恩威并施，不可好战而矜能。而且怀柔远人是圣朝明君的首选，战争是不得已的行为："所以事彼昆夷，果见周家之盛；会于戎子，因知晋室之兴。彼有汤后征南，宣王伐北，或隆肇造之业，或启中兴之德。虽曰奉天而致讨，岂不蠹财而伤力？必也礼怀远裔，道交邻国。"战争蠹财伤力，孰若礼怀远裔，道交邻国。和戎岂止是使国家获得休养生息的机会，其意义是相当深远的："毡裘气暖，行观塞草之长，沙漠气清，坐见边烽之熄。前古既远，后王不思，惟务力制，类非德绥。"古往今来，中央帝国边境上无休止的缠斗从此一去不复返了，高宗的功绩前无古人。边境的宁靖是多少代人的梦想，而今实现了："侯空号于定远，将徒劳于贰师。闭玉关而谢质者，不闻世祖；罢朱崖而切谏者，无复捐之。"作者通过一连串的典实，暗示了种种史实和言论，汉代的出使域外的班超、没于匈奴的李广利、贾捐之的《弃珠崖议》，等等，意在为和戎之策在历史中寻找依据，而且，被动地规避战争也被置换为主动地选择和平。最后，作者指出和戎是目前国家的最好选择："殊不知秦帝击胡，必底乱亡之患；武皇征虏，迄成虚耗之危。上方敦宠泽以抚绥，冀狼心之辑睦，务使逊安而远至，蔑有兵穷而武黩。"滥用武力会导致生灵涂炭，甚至亡国，唯有和戎是圣明之举。这篇精悍的律赋机智地、全面地、创造性地阐述了和戎的伟大意义，使其合乎传统话语体系的价值标准，这是对辞臣们宣上德以尽忠孝的最好诠释。

曾协的《宾对赋》是对黄公度《和戎国之福赋》的进一步发挥，然而这种近乎谄媚的慷慨陈词由于过度铺陈和肆意渲染，反而放大了黄公度等解释这件事的"急智"，使得其中的牵强附会一览无余。其实，历代的那些勇于献媚的弄臣总是自作聪明地把意识形态巧妙编织的话语弄得一团糟。曾协抛弃了黄公度的那些闪转腾挪的遁词，而是径直宣扬"和"比"战"好，战争是可怕的，灾难性的；和议昭示着和平，幸福。而其背后的诸如屈辱与尊严、正义与不义等等，都被他遮蔽掉了。这篇赋首先述及"古之兴王，必有武事以震叠海内，治金伐石，昭示万代"，然后铺叙战争的恐怖和破坏性："及其介马而驰之，莫不魂褫魄夺，拳物喘汗，侧匿鼠扶，周章鸟窜，脯尸而食，薪骸以爨。"问题在于这是传统中国政权更替的规律性暴行，与当时来自金人的军事威胁风马牛不相及。如果这篇赋是反思权力出于暴力的可怕与可恶，那应该是一篇相当具有忧患意识和"现代性"的作品，因为近代以来的有识之士一直在为如何走出传统中国的权力更替怪圈而大伤脑筋。不过这篇赋产生的语境告诉我们，这是为和戎之策"开脱"的作品，作者不可能在那个时代讨论朝廷应该和平地交接国家权力的问题。作者指出，对武力的迷恋是不足取的："壮武威之遏暨，而不知文德之远届；愤敌国之俱立，而不知王者之无外。"也就是说，曾协想从"王者无外"的角度来理解和戎，但是这个角度的前提是"有征无战"，就朝廷来说，是没有这种实力和地位的，它没有其他选择，战必败，和或可苟延残喘。接下来，作者从生灵涂炭着眼来反思战争："厥初生民，浩浩其多，林林而群。虽形万之不同，俱一气之缊缊。"天生烝民，其生命权是均等的，君王驱之于锋刃之端，是不仁不义之举。赋中着力突出战争给苍生带来的苦难："若夫勒卒万旅，出车千辆，劳徒众于绝域，逞雄心于一饷，缭绕重湖，间关迭嶂，屝弃稚毳，星驰丁壮，风劲路永，天凄野旷，既啜泣以相送，复望辕而凄怆，则或马负金勒，弓间锦鞑，怅暴骨之何所，抚游魂而伪葬。天下之人既夕得哺，当寒未纩，辍衣食之所资，足军须于塞上。曾分攘之几时，已持兵而相向。霜积锋刃，星攒铠仗。肉饫野草，血殷川浪。系赤子以为俘，乃矜功而献状。杀不辜其几何，夫焉取乎霸王？"这段文字的立意来自贾捐之的《弃珠崖议》[1]，其中的"伪葬"与贾文中的"虚祭"形成一种关联，都指战殁无尸，亲人只好行伪葬、设虚祭以致哀矜之情。汉武帝的征珠崖，主导权在自己手里，而绍兴和议，是我方乞和，二者有本质的差别，曾协把这段历史与当下附会在一起，无非是为了使眼下的和议体面一些。以义服天下则四海归心，天下大同，这是孟子反复申说的仁政王道思想，曾协如此阐释战争与和平，是背面傅粉之法，潜台词就是高宗具有内圣外王的素质，那些大启土宇的帝王如汉武帝、唐太宗等辈，在高宗目前是多么的黯然失色。在反思和与战之后作者纵笔渲染和平的美好："夫其闲暇也，考制度，修宪章，制旌旗，陈舆裳，法度着，礼乐彰。辑瑞三朝，升烟一阳。千亩之甸，九筵之堂。宾太一于闲馆，谨燕禖而祈禳。考鼓叩钟，玉帛低昂。搜简编，集缣缃，施丹青，刊琳琅。潚泙铿锵，焜耀炜煌。聚画史而绘事，莫克象日月之光。兹所以辅夏轹商，磅

---

① 贾捐之《弃珠崖议》曰："当此之时，寇贼并起，军旅数发，父战死于前，子斗伤于后，女子乘亭鄣，孤儿号于道，老母寡妇饮泣巷哭，遥设虚祭，想魂乎万里之外。""今天下独有关东，关东大者独有齐楚，民众久困，连年流离，离其城郭，相枕席于道路。人情莫亲父母，莫乐夫妇，至嫁妻卖子，法不能禁，义不能止，此社稷之忧也。今陛下不忍悁悁之忿，欲驱士众挤之大海之中，快心幽冥之地，非所以救助饥馑，保全元元也。"严可均辑《全汉文》卷十六，商务印书馆1999年版，第171页。

碛虞唐，甄陶帝皇，垂永宪于万祀，掩成功于百王者也。"这是对高宗献上的颂歌，和戎国是既定，内修文教，以致太平，其取得的成就足以垂万世、掩百王。动荡了多年之后，秩序的建立是多么可贵，而与秩序感相随的，是向往已久的美好生活终于呈现眼前："人曳绮縠，家储稻粱。更饷迭馈，一肉五浆。仁心所覃，鸟鱼勿伤。秋秋跄跄，围围洋洋，如栖邓林而乐濠梁。槎蘗自保，乔木相望。"平常的生活被作者赋予了盎然的诗意。作者还动情地描绘了士人、农人的生活："其为士者，则荫以夏屋，范以良师，饱以粱肉，训以书诗，非正不谈，放远怪奇。""其为农者，则力役不兴，年谷屡丰。屏斥蟊贼，扫除螟螽。人力不施，十雨五风。町畦绮错，渠脉相通。交灌牙澍，蜿如游龙。白露始降，场圃献工，或黍或稷，或穅或穜，郯郯重重，纷纷芃芃，如雾散云，合之无穷。"作者表现的都是相当普通的生活场景，这些普通生活场景之所以具有如此动人的魅力，就在于其背后隐含着对战乱动荡的恐惧、对和平生活的渴望。在经历了战乱的人看来，和平本身就焕发着迷人的光彩，最平常的生活场景，也充满了诗意。和平给国家带来一派国阜民丰的景象："白叟黄童，扶携笑歌，以输于公。如川之融，如山之崇，茫洋巃嵸。归视其家，困廪既充，酾酒伐羔，以娱岁终。昔时服田，畏秋之逢。霜至草衰，肥马劲弓。汗邪满车，弃捐成功。"在曾协笔下，国家处处焕发着迷人的诗意，文人墨客笔下隐居避世的恬淡、乡居田园的陶然都成了和戎国策的最好注脚。这篇赋非常生动地展现了靖康以来动荡的时局给人们心里留下的浓重阴影，人们渴望和平，渴望正常的生活秩序，可以说，高宗们的举措是反映了这种民意的，赋中对和平的赞美是由衷的，对高宗的礼赞是发自内心的，问题在于作者大力宣扬以和为贵、反对武力征伐的思想，把穷兵黩武与收复失地、捍卫国家民族利益的战争混为一谈。赋作在怀柔夷狄的思想框架内来理解和议，为之巧作言词，大加粉墨，使和议失去了卧薪尝胆、励精图治的积极意义。赋作暗示给人的印象是，一旦获得和平就万事大吉了，盛世已经到来，可以高枕无忧地享受太平了。

　　和戎的另一个成果是韦后南归，文人们从高宗纯孝的角度来歌颂这件事。当然，对高宗孝道的赞美除了要塑造他内圣的品格外，也是出于当时政治策略的考量。靖康之难以后，元祐党人高举道德保守主义的大旗，对新学和新党大加挞伐。高宗和戎的最大阻力，就是来自于这种高调的道德保守主义[①]，他们的主张虽然不识时务，或许只可能把国家带到苦难的深渊，但是其踞守道德的制高点，杀伤力是相当大的。客观地说，由儒家的华夷之辨所衍生的民族文化中心的观念已经积淀成一种民族心理和民族思考习惯，

---

　　① 如反对和议的胡铨在他的《戊午上高宗封事》中说："陛下一屈膝，则祖宗庙社之灵尽污夷狄，祖宗数百年之赤子尽为左衽，朝廷宰执尽为陪臣，天下士大夫皆当裂冠毁冕，变为胡服。异时豺狼无厌之求，安知不加我以无礼如刘豫也哉？夫三尺童子至无识也，指犬豕而使之拜，则怫然怒。今丑虏则犬豕也，堂堂大国，相率而拜犬豕，曾童孺之所羞，而陛下忍为之耶？"（《全宋文》第一五九册，第47页）

无条件地反对一切形式的妥协和和议，过度地张扬民族大义而视务实变通为出卖民族利益，对国家民族利益的伤害是不可估量的①，民族文化中心的观念，正是道德保守主义的核心。南宋朝廷要在江南立足，就必须与北方的大金媾和；媾和，就必须对付道德保守主义的挑战，尤其是作为在野清议主力的道学党人。道学人士是狂热的主战派，他们绑架民族文化中心观念以取得在和战之争中的舆论支持，置新学与新党于道义绝境，从而实现自己对权力的渗透与进驻。面对挑战，高宗们没有现成的理论武器来应对，因为对方背后，有着深厚的传统价值体系作为支撑。高宗必须也从传统观念那里寻找有利于自己的思想来与之抗衡。他找到了孝道，这是传统文化，尤其是道德保守主义的基本价值观念。在孝道与和戎之间，存在着这样的逻辑关联，徽宗、钦宗以及高宗的生母韦后等，被作为人质扣押在金国，与金人交战，就意味着把这些人质置于极端危险的境地，对高宗来说，这就是不孝，这是为传统道德不能容忍的恶行；只有与金国交好，才能换得亲人的安全。因此，对高宗纯孝的赞美，其实就是对和戎国是的赞美。高宗强调孝道，是以高调的道德主义来回敬主战派的掣肘，是以子之矛攻子之盾。

作为和戎之策重大成果之一的韦后南归，被赋予了高宗赞美内圣外王品格的堂皇基调。当时负命往北国请还梓宫、太母、天眷的曹勋创作的《迎銮赋》是对描绘迎接太后南归整个事件的十幅图画所做的解说性文字，写得比较简略，这十篇短赋的核心，就是歌颂高宗行孝道，为天下作则。《许还》篇中说："仗威灵兮下九阍，格骄虏兮答辞甚温。纷馆舍之蹀躞，传虏帐之有言。以帝意之诚孝，其前事兮莫论。太母康福，宜奉晨昏。"短短几句，是说韦后被放归是金人为高宗的诚孝所感，还有什么言语能比敌人的折服更具有说服力呢，而且敌人还是不讲仁义的蛮夷之邦！看来，和戎的达成、和平的取得，要归功于高宗的人格魅力，是他的仁孝使远人慕化，销锋镝、致太平，这是那些传说中的圣王才能办得到的战胜于朝廷之举。《上接》篇中说："有国所无，迎还銮舆。渡江淮兮波平，鼓枻楫兮鳞趋。于是天子俨法驾，陈路隅。事创见，民倾都。仰二圣之重会，浃八纮以欢呼。天地清明，子母如初。"这段的重点在于"天地清明"一语，是说高宗的孝道不仅使母子如初，而且也揭开了国家的新篇章。

韦后南归后被安置于慈宁宫，王廉清的《慈宁殿赋》是专门来揭示这件盛举的重大意义的。赋中纵笔铺排韦后南归引发的天下百姓的狂热之情："乐极者或至于抃跃，感深者争先于驰骛。沈潦晏然兮屏翳收风，叆叇不兴兮丰隆霁怒。双阕敞兮如升，万室

---

① 就当时的情势来看，汤思退的看法不是完全没有道理的，他说："此皆以利害不切于己，大言误国，以邀美名。宗社大事，岂同儿剧？今日议和，正欲使军民少就休息，因得为自治之计，以待中原之变"。（李心传《建炎以来朝野杂记》甲集，卷19"癸未甲申和战本末"条，中华书局2000，第468页）时人李石在《送丁子近赴陕西宣谕幕序》中也说："儒者贵仁贱权，率以战伐为愧。一遇以仓猝之变，则曰我以仁义。未效而覆军杀将，以血肉赤子、丘墟城郭者相望，岂仁义之罪哉，不知权故也。"（《全宋文》卷四五六二，第二〇五册，第338页）

昂兮如诉。"这件事的象征含义就在于其背后暗示着和平的永远到来，金人威胁的彻底结束，当时朝野上下都以为和戎之后就万事大吉了。万民狂欢的场景，是在歌颂由高宗开创的新纪元的开始。赋中没有忘记交代秦桧等"良弼"对开启这个伟大时代的襄助之力："若乃万寿诞日之辰，一人会朝之际。济济峨峨，群臣在位。皆辅皋而弼夔，过房杜兮丙魏。奉玉卮兮琼爵，展采仪兮文陛。皇帝躬蹈事亲之美，以独高于万世。进退礼乐，抑崇下贵。隆帝业兮亿载欢，祝圣人兮千万岁。"衮衮诸公为太后祝寿的场面构成了一幅朝廷印象的图画，高宗和秦桧等朝廷核心，以仁孝得到远人的尊重与慕化，以仁孝取得太平和繁荣，其修为是何等的高尚、英明、睿智、圣明！而且，这仁孝也是立国的根本，高宗们的圣举向外怀柔远人、向内感召痴顽，淳风俗、厚人伦："皇帝躬蹈事亲之美，以独高于万世。进退礼乐，抑崇下贵。隆帝业兮亿载欢，祝圣人兮千万岁。然后敷兹睿化，徧于中下。尊卑模范兮盈里闾，膏泽渗漉兮盛王霸。工在衢，士在朝，而农在野。百度修明，万几闲暇。无有遐遗，睦如姻娅。四海安若覆盂，九有基如太华。"高宗孝道的感召下，不惟化干戈为玉帛，而且境内人人各安其所，法度修明，国家安如磐石。孝道之功可谓大矣。赋的结尾，作者献上了一曲赞美纯孝的颂歌："苍苍高旻，覆下民兮。与物为春，泽无垠兮。一人孝至，通帝意兮。金石可开，不可移兮。""光启中兴，祖武绳兮。绍复大运，法尧舜兮。旋泽曲轸，翕然顺兮。孝道克全，鉴上天兮。寿禄万年，其永延兮。圣人孝兮，感人深。责成贤辅兮，隽功克忱。""财丰俗阜兮，写于熏琴。百姓克爱兮，诸侯克钦。亘万国兮，得其欢心"。作者如此对高宗的孝道津津乐道，不仅在于韦后南归的人伦典范意义，而且在于弘扬孝道本身就是高宗们为和戎之策找寻到的理论武器，更在于当时向内收敛的国家气势必须以高扬人伦的旗帜来重新定位形象、树立自信。

直接歌颂圣王美政的赋作还有葛立方的《九效》，这组模仿屈原《九歌》的诗篇把颂美的情感表达得曲尽情状，殊为难得①。在《慈宁》中他歌颂高宗和秦桧以过人的智慧和魄力达成和议，韦后得以南归，赋中大量的香草美人的描写给高宗们涂抹上一层神仙色彩，如此歌颂当道说明作者谄谀的手段是何等老道。作者的颂美非常周到，在《强弱》中，他称扬高宗和秦桧审时度势以成和戎的功绩："拯乱兮不如图治，锐进兮不如观势。以弱为强兮以予为取，边庭无犬吠兮息旗与鼓。"《医国》中，他盛赞高宗收兵权的刚毅果敢，在《君臣》中他颂扬秦桧及其同党等"贤人得位"，朝廷"芳菲菲兮满堂"。《自修》《鸣穷》两篇是作者自赞之辞，说自己是怎样的一位眼界极高的世外之

---

① 作者赋序称："某也生于昭代，又幸预缙绅后尘，则楚人之词毋作可也。然而逊者上天悔祸，将还长乐之辇，而固陵梓宫、椒房题凑亦复远至。某既喜中兴有期，又喜无前之勋，成于我公之手，而感今怀昔，又不能无悲者。是以辄效屈原《九章》《九歌》体，作为《九效》，非敢追湘累之逸步，聊欲因琐琐之文，少见其志云耳。"说明这组作品模仿屈原而一反他愁怨哀绝格调，以歌颂当道为务。

士。历史上的确出现过招徕隐士以妆点朝廷多士的虚伪君王，也有身在丘山而志深轩冕的所谓"山中宰相"，但是像葛立方这样自抬身价以献媚邀宠的斯文败类还是比较少见的。类似的作品还有叶子彊的《迎送神辞》也是一篇模仿《九歌》的作品，其目的也是在赞美当道。

文学发展的历史也是文学作品被不断审视的历史，那些能够反映人类普遍价值追求、唤起人类共通性灵的优秀作品最终融入民族语言的有机整体中，有些更是被经典化了，成为反映民族心理与民族品格、传承民族文化的重要载体；而那些在当时颇为行时的向权力献媚邀宠的作品，绝大多数被历史无情地淘汰了。两宋之际的新学独尊期间，在专制主义感召下，歌颂文学大行其道，诗赋篇章汗牛充栋，但是流传下来的却非常稀少。从这些为数不多的作品中，我们还是可以找寻到专制政治与歌颂文学之间的因果关联。歌颂文学不能简单地理解为无行文人向权力展示无限雌伏、无限谄媚的心理状态的工具，它其实还是极权政治寻找统治合法性、展示统治形象、规范意识形态的重要手段。歌颂文学可以构造虚假的民意，图解政治意图，强化意识形态，以此向权力献忠纳诚。

古兖州夏丘城由鲧筑成考

卞玉山　山东省水利厅

摘　要　《世本》云："鲧筑城廓"。《吕氏春秋》云："夏鲧筑城"。然，鲧筑城廓在哪里？本文首先对史前华族、夏族的起源及夏鲧、夏禹等诸多传说进行了评论，认为王国维、杨向奎等先生的华夏起源东方说是符合历史实际的。接着，对古兖州夏丘城及周边地带进行了考古调查，对有关"鲧筑城廓""夏鲧筑城"的历史文献进行了系统研究，认为古兖州夏丘城是在鲧"治水九载"期内，在鲧的先祖和子孙生活圈内，为鲧筑造是无有悬疑的。

关键词　夏鲧筑城　夏丘城　古兖州　考证

上古时代的夏族，是中国历史上第一个建立奴隶制国家的氏族，是华夏氏族中的核心氏族，夏氏族所创立的文化是中华民族的主体文化。

夏族出自华族，在夏族之前，华族诞生于原始母系社会末期，得名于伏羲氏之母族华胥氏，伏羲氏生少典氏，少典氏生炎帝与黄帝氏，黄帝氏生颛顼氏，颛顼氏后裔生崇伯鲧。华族以华胥氏之"华"得名，夏族则以崇伯鲧筑夏丘城之"夏"得名。据《世本·作篇》："鲧筑城廓。"《吕氏春秋》："夏鲧筑城。"《淮南子·原道训》："夏鲧作三仞之城，诸侯畔之，海外有狡心。"本文将重点论证古兖州夏丘城是由鲧筑成的。

一、关于华族、夏族起源及夏鲧、夏禹等诸种传说及评论

（一）夷夏东西说

1. 傅斯年的《夷夏东西说》

傅斯年著《夷夏东西说》一文收集在他的《史料论略及其他》中。他说："三代及近于三代之前，大体上有东西两个不同的系统……夷与商属于东系，夏与周属于西系"，"夏之区域包括山西省南部，即汾水流域，今河南西部、中部，即伊洛嵩高一带"，"东

方界线，则其盛时曾有济水上流，至于商邱，此便是与夷人相争之线。"①

2. 徐旭生的《中国古史的传说时代》

徐旭生在其《中国古史的传说时代》（增订本）一书中说：把我国较古的传说总括来看，华夏、夷、蛮三族实为秦汉间所称的中国人的三个主要来源。包括炎帝、黄帝族及夏鲧、夏禹在内的华夏族源于陕西渭水流域及河南中、西部；东夷族源于今山东境内。东夷族的蚩尤与东来的黄帝进行了大战。结果"黄帝杀了蚩尤"，黄帝取得了胜利。② 鲧、禹是从中原来帮助东夷治水的。

3. 《禹生蜀西羌说》

关于大禹出生地记载最早的是战国今本《竹书纪年》："帝禹夏后氏，母曰修己……修己背剖而生禹于石纽。"西汉司马迁在《史记·六国年表》中说"禹兴于西羌"。西汉扬雄在《蜀记〈蜀王本纪〉》中说："禹本汶山郡广柔县人，生于石纽，其地名刳儿坪。"蜀汉及西晋史官陈寿在《三国志·蜀志》中说："禹生汶山之石纽，夷人不敢牧其地"，晋代常璩在《华阳国志》中说："石纽，古汶川郡也。崇伯得有莘氏女，治水，行天下，而生禹于石纽。"唐李吉甫《元和郡县志》："禹汶山广柔县人，生于刳儿坪，离县治五里。"宋罗泌《路史》说："石纽在汶山西番界龙冢山之原。鲧，汶山广柔人也，纳有莘氏女，岁有二月，以六月六日生禹于焚道之石纽乡，所谓刳儿坪，长于西羌，西夷人也。"

四川省民委、阿坝州政府和阿坝电视台联合拍摄电视系列片《禹裔神里》，即以北川石纽的禹穴沟为大禹出生之地。1990 年 1 月中央电视 2 频道、四川电视台先后播出这部系列片，将禹生于北川石纽广为传播。

（二）华夏东方说

1. 王国维《殷周制度论》

该论云："自上古以来，帝王之都皆在东方。"他论述了太昊、炎帝、黄帝、少昊、颛顼、帝喾、尧、舜、禹在山东的具体居地名后，又云："故自五帝以来，政治文物所自出之都邑皆在东方，惟周独崛起于西土。"③

2. 杨向奎在其《夏氏族起于东方考》一文中说："古代兖州一带河济流域实为中国文化的发源地。"

他特别指出："禹会诸侯的会稽山与涂山最初不在浙江与安徽，而是今天的山东蒙山。蒙山之'蒙'古又称茅山、苗山，蒙、茅、苗皆一音之转。"可谓重大的突破，为大禹生活于山东提供了有力的佐证。

---

① 傅斯年：《史料论略及其他》，辽宁教育出版社 1997 年版，第 143、165 页。
② 徐旭生：《中国古史传说时代》，文物出版社 1985 年版，第 39 页。
③ 王国维：《观堂集林》第十卷，中华书局 1959 年版，第 18 页。

据《左传·襄公四年》及《哀公元年》的记述，夏自太康以后，经帝相以至少康发生了失国之乱及复国的历史，杨氏对此时的有关地名如鉏、穷石、寒、有鬲氏、斟灌、斟寻、过、戈、有仍、虞、纶等一一作了详考，认为这些地名"大都在河济流域，是知夏自禹至少康皆居此流域左近。"

最后，杨氏的结论是：夏代中年以前确居东方，其后与东方时有交涉，至晚夏时，则夏王朝确已迁居中原，于中原立国。①

3. 李学勤的《夏商周与山东》一文主要是针对20世纪30年代傅斯年的《夷夏东西说》观点讨论的。他说："这种观点在中国的历史学界和考古学界影响了相当长的时期。但是，今天看来，这种观点须要重新讨论。"经过对古史及考古资料的系统考证，李先生的结论是："除豫西地区是夏朝的活动中心外，山东也是夏朝活动比较多的地区"，"就夏代而言，完全有可能的一种情况是，在东方的山东地区有一支夏代的文化，这支文化在一定意义上属于夏朝的范围之内。山东与夏代的关系值得进一步探索。"

他的最后结论是："夏朝不是一个夷夏东西的问题，而是夷本身就在夏朝的范围之内。"②

笔者赞同王国维、杨向奎诸先生关于文明起源于东方说的观点，认为这一观点比较符合历史的实际。笔者亦赞同李学勤先生："鲁西至潍坊一带是夏朝的重要地区"及"山东与夏代的关系值得进一步探索"的观点，认为这一观点为中国文明起源的研究指明了正确的方向。依王国维先生提出的古史研究要与地下考古相结合的二重证法，古史研究需要有地下考古学作支持。否则，只能停留在传说殿堂里永久徘徊。考古学家高广仁、邵望平在其《海岱文化对中华文明形成的贡献》一文说："当公元前三千年的前期，大汶口文化的经济水平和社会发展状况，在黄河—长江两河流域诸文化大系中，居于领先地位。进入龙山文化时期，各史前文化都得到迅速发展。"③ 笔者认为，既然居于黄河、长江流域文化大系中领先地位的大汶口文化是发生在东夷地域，那么，原始父系氏族首领炎帝、黄帝只能诞生于大汶口文化的东夷地域。黄帝的后裔夏鲧、夏禹也只能诞生于龙山文化发达的东夷地区。我不赞成傅斯年和徐旭生先生华夏文明起源于中原地域的观点，认为这一观点是不符合人类原始社会母系氏族制在先、父系氏族制在后的总规律。陕西的渭水流域和河南的中、西部属"仰韶文化"的发源地，"仰韶文化"是原始母系氏族文化。著名考古学家苏秉琦在其《关于仰韶文化的若干问题》一文中说：

---

① 杨向奎：《夏氏族起源于东方考》，《禹贡》第七卷，1973年第六、七期合刊。

② 李学勤：《夏商周与山东》，《中国古代文明研究》，华东师范大学出版社2009年版，第494 –498页。

③ 高广仁、邹望平：《海岱文化对中华文明形成的贡献》，《山东龙山文化研究文集》，齐鲁书社1992年版，第282页。

"如果说它（指仰韶文化）的前期是母系氏族制，它的后期也只能还是母系氏族制"，"一直落后于东方。"① 原始父系氏族的首领炎帝和黄帝更不可能诞生于原始母系氏族的中原地域的。被学术界一致认为是夏文化的二里头文化，其考古学时间上限在距今3900 年，距夏王朝的建立尚差约 200 年的时间，其间正是夏启、太康、仲康、相及少康在东方活动的时间，因此从考古时间上讲，河南二里头遗址应是夏王朝在东方建都后西迁中原建立的都城之一。夏鲧、夏禹治水的重点地域在古兖州一带，已成为全国专家、学者的共识，这场大洪水是发生在东夷地域，是东夷地域的土著精英包括尧、鲧、舜、禹在自家门口治水的行动，远在中原地域和蜀西羌地域的氏族首领是不会参与到与他们氏族生存无关的这场治水行动的，鲧、禹更不可能诞生于东夷以外的地域。

二、古兖州夏丘城由鲧筑成考

（一）舜"迁于负夏"与"夏鲧筑城"的时间、地点考定

《孟子·离娄下》云："舜生于诸冯，迁于负夏，卒于鸣条，东夷之人也。"② 《世本》云："鲧作城廓。"《吕氏春秋》云："夏鲧筑城。"笔者认为：舜"迁于负夏"和"夏鲧作城"两事件发生的时间大体是相当的。即在尧命鲧"治水九载"的时间内，这是鲧以堙治水大展宏图最辉煌的时期，他一方面沿着河的水流两侧筑堤导流，另一方面为了防止部落居地水淹，在四周筑围堤，这种围堤应是"城"的雏形。这一时期，亦是舜"迁于负夏"，未称帝前的平民时期。笔者还认为：舜"迁于负夏"和"夏鲧作城"的地点也是在古兖州负夏、夏丘一带。据沈长云说"事实上，无论是尧、舜，还是鲧、禹，他们的居住范围都在河、济地区或在其附近。"③

随着生产力的发展，产品有了剩余，也就出现了剩余价值，一部分人占有了剩余价值成为了剥削者，另一部分人失去了剩余价值而成为被剥削者，由此出现了阶级社会。随着剩余价值的增大，财富的积累，原始部落的居地开始出现了聚、邑、都三级社会结构。为了抵御外部落抢掠本部落的财富，并保障本部落人的生命安全，纷纷筑起方形城墙。城墙是在居地防水围堤的基础上演变而成，并增加了城门和城垛。"城"的出现是人类征服自然和抵御外族入侵的伟大创举！"夏鲧筑城"很自然地便在鲧治水的重点地域古兖州一带应运而生了。鲧在万国林立的条件下，他以堙治水是有成效的，缺点是治水没重视疏导，《山海经·海内经》云："禹鲧是始布土，均定九州。"便是明证。鲧筑城更是有功的。应当说也是得到尧的初步肯定，不然尧怎么能封鲧为"崇伯"居大崇

---

① 苏秉琦：《关于仰韶文化的若干问题》，《苏秉琦考古学论述选集》，文物出版社 1984 年版，第 187 页。

② ［宋］朱熹：《四书章句集注》，中华书局 1986 年版，第 289 页。

③ 沈长云：《论禹治洪水真相兼论夏史研究诸问题》，《上古史探研》，中华书局 2002 年版，第 4 页。

国呢？据王献唐在其《炎黄氏族文化考》中引王子襄《泗志钩沉》云：崇伯之国，白马之子鲧（笔者注：应去掉"之子"二字）唐尧封为崇伯兼有少典、姑幕及咀吾之地。《寰宇记》云："垞城，古崇国，在泗上，今治东北四十里有崇邑，西有城子顶，即垞城古址。"①《泗水县地名志》古国条载："崇国为古代方国……崇邑即今大黄沟乡大崇义村，垞城即今城子顶村。"②

鲧"治水九载"期间，历史在古兖州之负夏大地还在上演着另外重要的一幕，即舜的平民之幕。舜在未称帝前乃一介平民。他生于诸冯，作什器于寿丘，迁于负夏，并就时于负夏。在负夏是个打工仔，整日为衣食奔忙。这一时期也是尧为政权交接正物色接班人的时期，尧认为其子丹朱"不肖"，不能接班；鲧"为人负命毁族"，亦不能接班；尧遍访民间，听人说舜"年二十始以孝闻"，有意将王位传给舜，对舜的治国理政能力正在考查和观察。

（二）关于负夏、夏丘城地理位置的考定

《孟子·离娄下》："舜迁于负夏。"《左传·哀公七年》云："师宵掠，以邾子益来，献于亳社，囚诸负夏。"杜注："负瑕，鲁邑，高平南平阳县西北有瑕丘城。"明代于慎行万历二十四年编《兖州府志》："兖州府治·滋阳县"条下云："周为负瑕，鲁地。"③

由以上三条可知：（1）自尧舜禹时期经夏商周直到春秋时期，今兖州（曾用名滋阳）城址一直名为负夏，或负瑕。负夏与负瑕通用。（2）瑕丘城，在高平南平阳西北，与负夏或负瑕不是一地。

古籍在解释负夏（瑕）与夏（瑕）丘城的地理位置上时有混淆，有时误把夏丘城之地说成负瑕。如杨伯峻《春秋左传辞典》云："负瑕在今兖州县西二十五里。"把兖州城西瑕丘城的位置误解释为负瑕的位置。此解释除与上述《左传·哀公七年》注和明代于慎行编《兖州府志》相左外，还与以下五个资料相矛盾：

（1）《读史方舆纪要》载："瑕丘城，府西二十五里。"④

（2）《文渊阁四库全书·山东通志》，降娄鲁分图，在兖州之西，有瑕邱。

（3）叶圭绶《续山东考古录》云："负瑕邑，春秋鲁邑，遗址在兖州城东北五里。"⑤

（4）逄振镐：《山东古国与姓氏》云："瑕丘，《路史·国名纪五》列为周氏古国……春

---

① 王献唐：《炎黄氏族文化考》，青岛出版社 2006 年版，第 327 页。
② 泗水县地名志编委会：《泗水县地名志》，山东兖州市印刷厂 1998 年版，第 415 页。
③ ［明］于慎行：《兖州府志》第一卷，齐鲁书社 1984 年版，第 18 页。
④ ［清］顾祖禹：《读史方舆纪要》，中华书局。
⑤ ［清］叶圭绶：《续山东考古录》，山东文艺出版社 1997 年版，第 480 页。

秋鲁邑，故城在山东省兖州市西。"[1]

（5）《中国历史地图集》标注的负瑕，其位置在兖州老城东北 5 里处。[2]

由以上资料综合分析，负夏、负瑕邑的位置应以兖州老城东北 5 里处为是。夏丘、夏丘城、瑕丘城的位置应以兖州老城西二十五里今兖州新驿镇东顿村东南的瑕丘遗址为是，该遗址系省级重点文物保护单位。

鲁、卫都有负夏（瑕）、夏（瑕）丘，哪个负瑕是舜迁于和就时于之负夏（瑕）？

《孟子·离娄下》云："舜生于诸冯，迁于负夏，卒于鸣条，东夷人也。"《墨子·尚贤中》云："古者舜耕历山，陶河濒，渔雷泽，尧得之服泽之阳。"[3]《尸子》云："虞舜灰于常羊，什器于寿丘，就时于负夏，未尝暂息，顿丘买贵，于是贩于顿丘，傅虚卖贱，于是债于傅虚，以均救之。"[4]

笔者认为：古兖州之负夏与舜的出生地诸冯（泗水与平邑交界）及舜的生活圈寿丘（曲阜）、服泽（泗水）、傅虚（峄山）、雷泽（菏泽）、常羊（菏泽）、顿丘（濮阳）最近，应以鲁之负夏为是。同样，兖州之夏丘城，与鲧的封地古崇国（泗水）、鲧父卞明国（泗水）的距离最近，且是鲧的重点治水、筑城地域，应以鲁之夏丘城为是。又中国历史地图集标注的负瑕、瑕丘均在东方，这说明国家历史学家也只是承认东方地名的。而卫之负瑕、瑕丘城应为舜、鲧的后人西迁，名随族迁出现的重地名。

（三）上古时期负夏、夏丘城的气候、山川河势及地理特征

古兖州之负夏、夏丘城在尧舜禹时期的气候、山川河势及地理特征和现在是在大不相同的。

尧舜禹时期的气候及降雨量，有竺可桢《中国近五千年气温变迁的初步研究》为据，"在距今 5000 年至 3000 年的一段时间内，中国大部分时间的平均气温较现在高 2℃左右。"[5] 自然界的降雨量是随气温的增高而增加的。而距今五千至三千年的这段时期，恰是发生在尧舜禹及夏商朝时期。徐旭生先生在其《中国古史的传说时代》中指出："我国洪水发生的时间相当明确，大约不出公元前第三千年的后期。"[6] 这一结论，恰好与尧舜禹治理洪荒的龙山文化时期相合。

我们以竺氏上古时期"中国大部分时间的平均气温较现在高 2℃左右"为据，推测

---

① 逄振镐：《山东古国与姓氏》，山东人民出版社 2006 年版，第 225 页。

② 谭其骧：《中国历史地图集》第一册，中国地图出版社 1996 年版，第 26 - 27 页。

③ 《墨子·尚贤中》，见《二十二子》，上海古籍出版社 1986 年版，第 230 页。

④ 尸佼：《尸子》，见《二十二子》，第 367 页。

⑤ 竺可桢：《中国近五千年气温变迁的初步研究》，《中国科学》1973 年第 2 期。

⑥ 徐旭生：《中国古史的传说时代》，第 128 - 129 页。

尧舜禹时期的黄河流域的气温比现在高2℃，就相当于现在长江流域的气温了，而降雨量也相当于现在长江流域的年降雨量1000mm了。这比我们现在黄河流域下游的年降雨量增加了350－400mm，增量是何等的大啊！

尧时，古兖州一带洪水大得惊人。据《孟子·滕文公上》："当尧之时……洪水横流，泛滥于天下；草木畅茂，禽兽繁殖，五谷不登；禽兽逼人，兽蹄鸟迹之道交于中国。"又据《孟子·滕文公下》载："当尧之时，水逆行泛滥于中国，蛇龙居之，民无所定，下者为巢，上者为营窟。"特别是古兖州一带，地处黄河下游，西受豫西山地、东受山东泰沂山地的挟持，地势低洼，水流集聚，河流水势上涨，甚至使邻近的丘陵区的汶河、洙水、泗水下游河道发生"水逆行"即倒流现象，那是多么大的洪水啊！

据考查，上古时期古兖州一带的山川河势和现在亦是不同的。那时期，不但有古泗水，还有古洙水。负夏在今兖州城东北古泗水河西岸，地势相对较高。夏丘城则在今兖州城西北的古洙水河西岸，其周围地势相对较低。两者都是水路交通很繁华的地方。

古泗水是一条很长的河，流量很大。源出泗水泉林的陪尾山，并在泉林与北来的洙水相汇，同西流于曲阜城北与洙水分道，又西南流经负瑕东往南流，于济宁市南与北来的洙水相会，继续南流，于今鱼台县与西来的菏水相会，（那时还没有南四湖，南四湖是明朝时黄河改道阻断了泗水南流，才形成的南四湖）又南流到江苏省的邳县北与北来的沂水相会，又东南流于洪泽县与淮河相会，入淮河道共东北流，于江苏省滨海县入海。

古洙水出自蒙阴县东北的临乐子山，入新泰市东北向西南流，出新泰入泗水县，在泗水县泉林镇（卞地）入泗水河道同西流，在曲阜北洙水与泗水河分道，泗水南流，洙水西北流又南流，於济宁市南重归泗水河道继续南流。后古洙水因上游地区降雨量减少和河流水系调整原因已湮没。据考查古洙水故河道多系沙带，村民多开沙塘，根据"以水攻沙"的原理，由输沙量大可推测古洙水当时也是一个水量很大的河流。

（四）鲧的世系、治水、筑城及被殛羽山

1. 鲧的世系

中国古代文明起源的传说中，包括"中原（晋南、豫西）说""东方或海岱说"等。这些传说有一个大的共同点，都认同颛顼是东夷的首领，出生在东夷的泗水流域。那么，根据《世本》云"颛顼五世而生鲧"，推论颛顼的后人鲧亦是东夷人，应是符合逻辑的。

据《史记·五帝本纪》正义云："黄帝有熊国君，乃少典国君之次子，号曰有熊氏……母曰附宝……二十四月而生黄帝于寿丘。寿丘在鲁东门之北，在今兖州曲阜县东北六里。"又云：黄帝生有二子，一曰昌意，居若水；二曰玄嚣，居江水。现代学者王献唐认为，"而曲阜一带既有穷桑，即为桑区，其附近水流，以穷桑之故亦取桑名为桑水，桑水即若水，以字形相近为讹。桑，泗言转，为今之泗水。"再云："昌意娶蜀山氏女，曰昌仆，生高阳，高阳有圣德焉。黄帝崩，葬桥山，其孙昌意之子高阳立，是为帝颛顼也。"通过上述文献研究，无论如何，我们必须承认，黄帝、昌意、颛顼系祖、父、子三代血亲，且他们都是生、居于泗水之滨的。

据《世本》云："颛顼五世而生鲧，鲧生高密，是为禹。"这里就出现了一个自颛顼至鲧之间三世缺环的问题，笔者通过对《山海经》《史记》有关著作的考证，在前人研究成果的基础上，试图解决自颛顼至鲧中间三世补环的问题，解决过程大体分为三步。

第一步，西晋史学家郭璞对《山海经》作弄明即卞明的注释。

《山海经·海内经》云："黄帝生骆明，骆明生白马，白马是为鲧。"《山海经·大荒北经》云："黄帝生苗龙，苗龙生融吾，融吾生弄明，弄明生白犬，白犬有牝牡，是为犬戎。"

史学家郭璞，对《山海经》中的弄明，作了"弄"一作"卞"，弄明即卞明的首家也是独家的注释①，实在是功不可没。

第二步，当代，景以恩在其《炎黄虞夏根在海岱新考》中说："《山海经》此处之生，或作后裔解，并非一定是亲生；此处之弄明、骆明，因'弄''骆'一音之转，两者实为一人。弄明（或骆明）因被舜封于卞地（今山东泗水县泉林）即为卞明。"他解决了弄明、骆明、卞明实为一人的难题及白马鲧是卞明之子的问题。② 这是景氏对《山海经》研究的重大贡献。

第三步，笔者破解卞明以上父、祖两世的环节。在其《鲧禹治水人文地理坐标系统研究》中说：剩下的未解链条就是卞明以上父、祖两世的环节了。根据《史记·五帝本纪》中黄帝之子为玄嚣、昌意，即使二十五子也无苗龙的记述，排除《山海经》中黄帝生苗龙的可能，又根据史料中颛顼是黄帝后裔，骆明（弄明）和鲧都是颛顼的后裔的记述。将"黄帝生苗龙，苗龙生融吾，融吾生弄明"，解读为"黄帝的后裔颛顼生苗龙，苗龙生融吾，融吾生弄明"最后终于完整破解了颛顼——苗龙——融吾——卞明——鲧的"颛顼五世而生鲧"的世系链难题。加之前面研究的黄帝、昌意、颛顼是祖、父、子三代关系，故黄帝至鲧的世系为：黄帝——昌意——颛顼——苗龙——融吾——卞明——鲧。③

以堙治水是人类征服自然的伟大创举。直到今日，黄河、长江两岸的大堤及黄河小

---

① 袁珂：《山海经校注》，上海古籍出版社 1980 年版，第 435 页。

② 景以恩：《炎黄虞夏根在海岱新考》，中国文联出版社 2001 年版，第 148 页。

③ 卞玉山：《鲧禹治水人文地理坐标系统研究》，《齐鲁文化研究》第 9 辑，泰山出版社 2010 年版，第 149 页。

浪底的拦河坝和长江三峡工程的拦河大坝还不出以堙治水的范畴。

"鲧筑城廓"也是鲧一生中最辉煌的时期。随着生产力的发展和部落间矛盾的深化,防御外部落入侵亦成为第一要务,部落防水围堤的功能随之得到加强,在围堤的四周增加了城门,在围堤的上部增加了城垛及城楼。至此,人类社会由原始部落进入部落方国、方国大联盟的阶段。

鲧治水的地域和筑城的地域皆在古兖州一带。

2. 鲧"被殛羽山"

《尧典》说鲧治水"九载,绩用不成",《舜典》说:"殛鲧于羽山。"

杜预注《左传》、郭璞注《山海经》均认为羽山在古东海祝其县;杨伯峻《春秋左传辞典》认为"羽山相传在江苏东海县西北",即今山东省临沭县与江苏省东海县交界处,距西北的泗水古崇国 150 公里。

然,鲧治水"绩用不成"就是"殛鲧于羽山"的理由吗?似乎解释不通。鲧真正被殛的原因是反对尧让天下为舜的国策。

《吕氏春秋·行论篇》云:"尧以天下让舜,鲧为诸侯,怒于尧曰:'得天之者为帝,得地之者为三公,今我得地道(指治水),而不以我为三公。'以尧为失伦,欲得三公,怒甚猛兽,欲以为乱,比兽之角,能以为城,举其尾,能以为旌。召之不来,仿佯于野以患帝,舜于是殛之于羽山,副之以吴刀。"

泗水学者王子襄讲述得更为深刻些,曰:"又古史,鲧堙洪水,绩用弗成,得罪后退居于崇,闻舜居摄有逆志。舜东巡岱,因讨之,鲧率白马之族以拒,败奔羽山,即沮吾,舜逐执而殛之,投羽渊。"[1] 看来殛鲧的真正原因非治水不力之过,而是鲧居功自傲,与舜争帝位。取得了方国联盟统治权的帝舜,不得不殛鲧于羽山。

(五) 夏(瑕)丘城研究及周边考古

先秦史官著《世本》云:"鲧筑城廓"。秦《吕氏春秋》云:"夏鲧筑城"。前后两篇,同为四字,但细细品味,似有不同:一是鲧过去称"崇伯"鲧,现在改称夏鲧,夏鲧的来源必与夏字冠名之地相联系。二是鲧筑的城亦可能与夏字冠名之地相关联。果在周代及春秋的《中国历史地图集》上的古兖州一带查到了负夏地名,并依古籍资料在负夏附近找了夏丘城的位置。关于夏丘城资料的收集及研究,最早的文献,涉及《山海经》的研究。《山海经·大荒西经》云:"西南海之处,赤水之南,流沙之西,有人珥两青蛇,乘两龙,名曰夏后开。开上三嫔于天,得《九辨》与《九歌》以下。此天穆之野高二千仞,开焉,得《九招》。"经研究,《山海经》中云:"天穆之野"正是古兖州夏丘城之地,也是夏族在夏邑(今临沂北)建都后,夏王启在此"三嫔于天"的

---

① 王子襄:《泗志钩沉》(手抄本),泗水县地名志办公室 1983 年复印本,第 48—49 页。

圣地（后详）。

西周时期，瑕丘城为周氏古国。据逢振镐编《山东古国与姓氏》称：瑕丘国。《路史·国名纪五》列为周氏古国，姬姓，鲁恒公庶子莱食采于瑕丘，后以为氏。瑕丘国地，春秋鲁邑，故城在今山东省兖州市西。春秋时期，瑕丘城属鲁负瑕邑管辖。

据《读史方舆纪要》载："瑕丘城，府西二十五里。"《春秋》云："哀七年，季康子入邾，以邾子益来，囚诸负瑕。"又据《续山东考古录》载：瑕丘邑，在今"兖州城"东北五里之处，既春秋负瑕矣。说明春秋时期的今兖州城东北五里之处，既是负瑕邑治所，也是瑕丘邑的治所，是同一个地方。当地常有戈、弩机、箭、古陶器出土，有的青铜器上铸有"叔孙氏"字样，叔孙氏为鲁恒公叔牙的后裔，后为季孙氏所灭。这与《路史·国名纪五》云"瑕丘国，为周氏古国，姬姓，鲁恒公庶子莱食采于瑕丘"的记述一致。

西汉时期，瑕丘城属山阳郡瑕丘县管辖，又是汉瑕丘侯国。《前汉书》载：汉武帝时鲁恭王刘馀封曲阜，在位28年去世，由他的长子刘光继承王位，此即鲁安王。刘馀的另6个儿子均被封为列侯，广戚候刘将、守阳候刘恬、瑕丘候刘政、公丘候刘顺、郁良候刘娇，西昌候刘敬。瑕丘候刘政传六代，瑕丘候国曾出土铜缕玉衣。瑕丘城东汉属瑕丘县管辖，晋入南平阳县，属高平国。

唐朝《元和郡县志》"瑕丘"条下云："淮安王神通营，在瑕丘故城中。武德五年平徐国朗屯兵处也。又有管国公任瓌、薛国公长孙顺德，原公史万宝垒，列营相次，各周回五里。"武德五年是唐朝公元622年，夏丘城自史前至此，经历了建设、毁坏、再建设、再毁坏的过程，直到唐朝还有如此的列营屯兵能力，足见当年古瑕丘城规模之大。

笔者在20世纪50年代初，就已经登上瑕丘城，它是一个南北500米左右长的连绵土丘，最高处约20米，南北有两个丘峰，中间较低，北面丘峰最高处还立了一块石碑，石碑竟无一字，倒有几个小圆圈与连线组成的星座图，2008年春，时隔50年笔者又考察瑕丘古城，50年前那南北500米长的土丘，今残存仅40米左右，最高处只剩4至5米，土丘表面暴露着大量陶片，庆幸能捡到很薄的黑陶鬶腿残片，带回济南，交山东省文物考古所资深研究员何德亮鉴定，竟是龙山文化时期遗物。

2008年瑕丘遗址黑陶鬶腿残片的发现，再加上先期夏丘东北14公里龙湾店龙山文化遗址出土的白衣陶、蛋壳陶，和先期西吴寺龙山文化遗址出土的蛋壳陶高柄杯，构成了以夏丘为中心的紧密的龙山文化遗址群。出土的陶器精品代表了当时龙山文化陶器的最高水平。过去瑕丘城、西吴寺、龙湾店遗址，虽出土了如此高精的陶器制品，但使用和占有这些物品的主人是谁？学术界一直没有人能给出说法。现在通过古文献研究和考古研究，证明只有生于龙山文化时期的顶尖级大贵族才有资格使用、占有如此"黑、亮、轻、薄"的高精陶器制品。

近访原山东省古文字研究会会长、山东省博物馆原研究室主任王恩田研究员，他称："20 世纪 70 年代初，他曾与兖州文化馆孙华铎先生去兖州中李宫村考查殷商出土铜器，回来时考查东顿村瑕丘古遗址，发现城墙夯土中夹杂有灰土和龙山文化陶片，记载于考查日记中，无对外发表。"这与 2008 年笔者在瑕丘古遗址捡回的黑陶鬶腿残片经山东省考古研究所何德亮研究员鉴定为龙山文化遗物不谋而合。

（六）夏丘城由鲧筑成的古文献与古文物研究。

古兖州以夏丘城为中心龙山文化遗址群所出土"黑、亮、轻、薄"高精陶器制品归哪个首领所有与使用，就证明夏丘城是由哪个首领所筑成，这一推论是符合逻辑的、科学的。

至于占有使用这些"黑、亮、轻、薄"高精陶器制品是哪个氏族首领？根据文献资料分析只有这位位次帝尧、爵列大公、与舜争帝的顶尖级大贵族鲧莫属。夏丘城是在鲧"治水九载"期间，在其治水重点地区古兖州一带，一边治水，又一边筑的城。除鲧之外，还有位政治大人物可以与鲧争雄，那就是舜，曾居于负夏一带，但《史记·五帝本纪》记载的很明确："自穷蝉至帝舜，皆微为庶人。"舜在未称帝之前，是个打工仔，整日为温饱而奔波，根本没有资格踏入贵族的门槛，更谈不上享用、占有如此高精的陶器用品了。至于舜称帝后，是有资格享用、占有的，但帝舜的国都和帝尧的国都皆在平阳，不在负夏、夏丘城一带。所以负夏、夏丘城一带龙山文物之精品，非夏鲧及鲧族占有莫属。这也从考古学研究上首次为鲧筑夏丘城提供了有力佐证。

夏丘城由鲧筑成，还有诸多鲧的先祖和子孙居地距夏丘城很近的资料作支持，鲧在这个大生活圈内筑城是自然的，也是必然的。

1. 夏丘城距鲧的封国大崇国及鲧父的封国卞明国皆 68 公里。夏丘城位居鲧曾祖父颛顼生地"若水之野"之地，离始祖黄帝的生地寿丘仅 25 公里。

《史记·五帝本纪》云："昌意降居若水，昌意娶蜀山氏女，生高阳。"《水经·若水注》："昌意娶蜀山氏之女，生颛顼若水之野。"颛顼的父亲昌意亦降居若水。黄帝的生地曲阜寿丘，是《史记·正义》关于黄帝生地的唯一记载。

2. 夏丘城距鲧的孙族"欢头之国（肥城夏辉村）"、鲧治水的白马庙和禹王庙（大汶河南堤）等夏迹群仅 25 至 31 公里。

据考查，"欢头之国"就是春秋时期大汶河边的夏欢城，也就是今肥城的夏辉村。《山海经》之中的"欢头之国"的欢头就是《史记》中的驩兜，是鲧的孙族，曾被舜作"四凶"之一流放。夏欢城的"夏"也来源于欢头的爷爷夏鲧的夏字。《左传·桓公五年》云："齐侯送姜氏于欢。"是此地。距夏丘城仅 26 公里。向东五公里，在夏丘遗址正北方向 25 公里处的宁阳县伏山镇有西汉时期的古村落禹颓村，即今白马庙村，白马是鲧的图腾，庙的东华门、西华门内各塑一匹高大的白马，是为纪念白马鲧在此治水所修。白马庙村再往北六公里，是宁阳县伏山镇堽城坝村大汶河堤南的禹王庙，该庙生长着 11 株古柏，最大一棵直径 1.52 米，树龄两千多年，是为纪念大禹在汶河治水修建的。

3. 再一条重要地、也是决定性地证明鲧筑夏丘城的依据，是《山海经·大荒西经》云："开上三嫔于天……此天穆之野……"一句，此句的意思是，夏启也叫夏后开，在夏邑（今临沂北）建夏王朝后，到天穆之野的地方，上到天帝那里"三嫔于天"。此天穆之野，经论证就是兖州之夏丘城。夏启为什么一不选有名气、灵气的泰山、蒙山嫔天？二不选离夏邑近的、帝尧给祖父鲧的封国"古崇国"（在泗水泉林）嫔天？而是专选离夏邑 200 公里之遥的天穆之野——夏丘城"三嫔于天"呢？因为夏鲧的孙子夏启心里非常明白，夏丘城是其祖夏鲧所筑，是夏族的祖源灵根，只有在此嫔天，才能产生天人感应，天帝才能保佑夏氏族永续兴旺、夏王朝国泰民安。除此之外，再无别的理由可讲。

《山海经·大荒西经》云："西南海之外，赤水之南，流沙之西，有人珥两青蛇，乘两龙，名曰夏后开。开上三嫔于天，得《九辩》与《九歌》以下。此天穆之野高二千仞。开焉，得《九招》。"

《山海经·海外西经》云："大乐之野，夏后启于此儛《九代》，乘两龙云盖三层。左手操翳，右手操环，佩玉璜。在大运山北，一曰大遗之野。"

何幼琦先生认为：《山海经》中的海经实乃山东中部。[1] 因此，天穆之野等地应在山东中部地区去寻找。景以恩先生在其《炎黄虞夏根在海岱新考》中指出《山海经》中的天穆之野、大乐之野、大遗之野实为一地，就是兖州之夏丘城。[2] 经研究，《山海经》中的"西南海"，史前山东西部一片大水，故称西南海；《山海经》中的"赤水之南"，就是大汶河之南。依据是大家公认《山海经》中的昆仑山就是泰山，又据《山海经·大荒西经》云："昆仑丘在赤水之后。"赤水即泰山前的大汶河无疑；《山海经》中的"流沙之西"，即古泗水或古洙水之西。古泗水和古洙水自曲阜北分道后流入兖州，两河都从夏丘东自北向南流过。古洙水早已湮没。按此地理坐标查找古地名，正是负夏西北二十五里的古夏丘城，今兖州瑕丘古遗址。《山海经》中的"天穆之阳、天穆之野、大乐之野、大遗之野"是同一地名。至于"天穆""大乐""大遗"地在何处？之前未见古人有何说法。笔者联想"天穆"是和"昭穆"相连的。《左传·僖公二十四年》云："管、蔡、霍、鲁……文之昭也；邢、晋、应、韩，武是穆也；""昭""穆"

① 何幼琦：《山海经新探》，四川省社会科学院出版社 1986 年版，第 73 页。
② 景以恩：《炎黄虞夏根在海岱新考》，中国文联出版社 2001 年版，第 144 页。

是上古时期始祖以下同族男子逐代相传的父子关系。如周文王为昭，周武王为穆。"昭"与"穆"是父子关系。那么"天穆"何解？天即"上天"，穆为"天之子"，即天子。史前黄帝、颛顼皆称为天子。天子黄帝、颛顼住在哪里？据《史记·五帝本纪》云："黄帝初都穷桑，后徙曲阜。"又据《帝王世纪》云："颛顼始都穷桑，后徙商丘。"原来使人百思不解的"天穆"不正是赫赫有名的穷桑嘛！穷桑，杜预注："穷桑在鲁北"。笔者认为此鲁北非指山东省之北，而是鲁国之北。景以恩称穷桑"就其地望与规模讲，非泰安市南大汶口遗址莫属。"[①] 笔者赞同景以恩之说，因有考古学家对大汶口文化遗址的评价作证："当公元前三千年的前期，大汶口文化的经济水平和社会发展，在黄河、长江两大河流域诸文化大系中，居于领先地位。"所以大汶口文化遗址考证为穷桑是符合考古研究的二重证法的。至于"大遗之野"，联想到前面的穷桑则更好破解了，穷桑之地，是五帝前两帝黄帝和颛顼的帝都，当然从规模和气势上都堪称宏"大"的建筑遗产，所以称为"大遗"，又因此都城的古乐器也是顶尖级的，所以称"大乐"。据此，《山海经》中的参照地名已全部被破解完毕。

4. 在夏丘遗址正北方向 30 公里，是宁阳县西北的鹤山乡。是古遂国故地，是铸有大禹治水铭文的青铜器"遂公盨"出土的地方。首次发现鲧之子禹治水的铭文，共 98 个字。清华大学李学勤教授译文："天命禹敷土，随山浚川，迺差地设征，降民监德，迺自作配享民，成父母。生我王，作臣，厥贵唯德。民好明德，顾在天下。用厥绍好，益干懿德，康亡不懋。孝友，訏明经齐，好祀无废。心好德，婚媾亦唯协。天厘用考，神复用祓禄，永御于之氓。遂公曰：'民唯用兹德，亡侮。'"遂公是遂国的国君，舜的后裔，商封舜之后于遂。周又封遂。遂公将大禹在此地治水的功绩，铸在青铜器上，成为永传后世的铁证，这是鲧、禹父子治水的罕见古遗物，具有极为重要的考古价值。

至此，考证基本满足国学大师王国维提出的古文献研究与地下考古相结合的二重证法，古兖州夏丘城由鲧筑成应是无有悬疑的。

三、鲧筑夏丘城在华夏文明中的历史地位

鲧在"治水九载"时期，在与古泗水并流的古洙水西岸名"夏丘"的地方，率领他的氏族筑起一个规模很大的夏丘城，此城的出现在华夏文明中具有里程碑的意义。

（一）"夏鲧筑城"之"城"是人类社会进入部落"方国"阶段的重要标志，自此，人类社会由黄帝时期的原始部落进入到尧舜禹时期部落方国或方国大联盟阶段

"夏鲧筑城"之"城"又是龙山文化时期的重要标志，自此，黄河流域人类社会由

---

① 景以恩：《炎黄虞夏根在海岱新考》，中国文联出版社 2001 年版，第 73 页。

大汶口文化时期进入龙山文化时期。这两个重要标志，都是具有历史里程碑意义的重要标志。

恩格斯高度评价"城"出现的意义：他说："在新的设防城市的周围，屹立着高峻的墙壁，并非无故，它们的壕沟深陷氏族制度的墓穴，而它的城楼已耸入文明时代了。"

中国是世界四大文明古国之一，在中国社会文明进程中具有里程碑意义的夏鲧筑"城"，是在中国的东方、古兖州的大地上拔地而立的。

（二）以夏丘城为中心的古兖州一带，是夏氏族的起源地

夏鲧筑城之后，在以夏丘城为中心的广袤的古兖州一带，哺育和繁衍了夏氏族，至此，鲧由以前的"崇伯"鲧改称夏鲧。鲧的氏族称夏氏族，简称夏族。鲧是夏族的开山始祖。夏鲧、夏族、夏禹夏王朝的"夏"字皆来源于鲧筑夏丘城之"夏"字。

据古籍载：鲧的氏族是一个很庞大、很有实力的氏族。鲧至少有两个子族，一支是由鲧与修己结婚生禹，禹生启，是夏王朝的执政派。另一支是由鲧与士敬结婚生炎融，炎融生欢头，后舜殛鲧后欢头被流放。据考察，以夏丘城为中心的龙山文化遗址是相当密集的。西有西吴寺，东北有龙湾店，东南有负夏，正北方大汶河边的夏辉村还有鲧孙"欢头之国"。这些都是鲧族集居的地方。所以说，以夏丘城为中心的古兖州一带是夏族的起源地。

夏丘城的周围，是上古历史文化遗址最稠密的地区。目前，夏丘城周围已发现有旧石器晚期、北辛、大汶口、龙山、岳石、商周文化时期遗址 81 处，现兖州市占地面积618.2 平方公里，平均每 8 平方公里就有一处文化遗址，如此高的密度，在全国文化遗址密度上也是很罕见的。又充分说明夏族的诞生是前有源、后有流，不是孤立的。

夏族的诞生，使中国史前的氏族结构发生了重大变化，由单一的华族，演变为华族和夏族，至此，中国史前的氏族改称华夏族，但夏族在华夏史上居核心地位。夏鲧的子孙建立了夏王朝，此后，又历商周朝，周朝国王虽非颛顼之后，但他们仍属黄帝后裔，自称为"夏"，称其封国为"诸夏"，以"夏"或"诸夏"特指华夏族。

（三）鲧"治水九载"时期，是夏族起源后蓬勃发展的历史时期

到舜殛鲧时，夏氏族势力受到严重挫伤。大禹治水十三载，夏势力在治水中得恢复和发展。

夏势力挫伤的原因是尧选舜为接班人，鲧反对尧的意见，掌握了政权的舜不得不殛鲧，削弱夏势力，但因鲧、禹为治水世家，更重要的是禹在尧选舜为接班人的大是大非上，站在了有利舜接班的立场上，所以掌握了政权的舜，不因禹为鲧子就遭受牵连，而是重在禹的表现，重用大禹继续治水，这又减少了夏氏族的损伤。

据史料记载，在尧选接班人的重大事件上，接班人选有丹朱、舜、鲧三人，是一个三角关系。各首领都卷入了部族斗争的漩涡之中。尧曾想传位于子丹朱，因丹朱"嚣

讼""不肖",尧又改变主意传位于舜。

《韩非子·外储说右上》云:"尧欲传天下于舜,鲧谏曰:'不详哉!孰以天下而传之于匹夫乎?'共工又谏曰:'孰以天下而传之于匹夫乎?'"《山海经·海外南经》云:三苗国下,郭璞注:"昔尧以天下让舜,三苗之君非之。"《尚书·尧典》说尧寻找接班人时,驩兜(即欢头)曾推举共工,说:"嘟!共工方鸠僝功"。总之,部族首领鲧、共工、三苗、驩兜都反对尧传位于舜的主张。这时,禹的立场就显得特别重要。禹没赞成传位给父鲧,而指责丹朱曰:"无若丹朱傲,惟慢游是好,傲虐是作,罔昼夜頟頟,罔水行舟,朋淫于家,用殄厥世。"这客观上是站在了有利于舜接班的立场。掌握了政权的舜称启用禹继父治水,而对鲧、共工、三苗、驩兜称为"四凶",采取了不同的惩处措施。据《孟子·万章》载:"舜流共于幽州,放驩兜于崇山,杀三苗于三危,殛鲧于羽山,四罪而天下咸服。"舜殛鲧后,因夏鲧原是帝颛顼灵位的祭祀人,这就带来了一个祭祀人缺位的问题,舜又尊重夏族的祭族传统,封鲧的父亲卞明为卞明王祭祀颛顼灵位,后卞明在泗水泉林建卞明国。①

大禹治水十三年,洪水基本平定,夏族的势力在治水中得到恢复和发展,据《左传》云:"禹会诸侯于涂山,执玉帛者万国""防风氏后至,禹杀而戮之。"显示了夏禹的势力强大。禹死后禹的儿子在夏邑(今临沂北)建夏王朝。夏族的势力进一步壮大,出古兖州一带向东迁移。此后又发生了启子"太康失国""后羿代夏""寒浞篡政""少康复国"的事件,皆发生在山东的鲁西、临沂、潍坊、寿光一带。

夏分封姒姓氏有扈氏(今聊城西范县东南)、有莘氏(今莘县)、杞氏(新泰市)、缯氏(今临沂兰山一带)、斟灌与斟寻氏(今潍坊寿光一带)、寒氏(今潍坊寒亭)都在山东,夏的联姻氏族有仍氏(今济宁市)、有鬲氏(今德州东南)全在山东。对上述夏的属国在山东之事,李学勤先生用了"我们必须承认"一语来肯定。他说:"无论如何,我们必须承认,有穷氏、寒浞氏,有鬲氏、斟浇氏有仍氏等等的夏属国都在山东。"

据今本《竹书》记载:少康复国后,于十八年,迁于原。"原"据说是河南省济源县西北。自此,夏族的势力开始向中国的西部发展,直到夏朝最后一个君王桀被商汤灭亡。

(四)以夏丘城为中心的古兖州一带是夏文化的发源地

1. 据《山海经·大荒西经》与《海外西经》,夏后开在天穆之野的地方"三嫔于天",此天穆之野就是夏丘城。夏后开在此地从天帝那里得到的《九辩》《九歌》《九招》《九代》。实际上都是史前古兖州一带的民间文化,也就是夏文化的原始信息,这充分说明夏丘城是夏原始文化的发源地。

---

① 王子襄:《泗志钩沉》(手抄本),泗水县地名志办公室 1983 年复印本,第 49 页。

2. 黑陶是龙山文化时期的典型器物，以夏丘城为中心，西吴寺龙山文化遗址出土的蛋壳陶高柄杯、龙湾店龙山文化遗址出土的稀世珍品蛋壳陶，其"黑、亮、轻、薄"代表了龙山文化的陶器制作的鼎盛时期。

夏丘城手工制陶业高度发达的主要表现：一是以轮制陶坯代替以往手工直接捏塑、泥条盘筑、泥圈叠筑和泥片敷筑等制陶坯方法。借用陶轮快速旋转的力量，把陶泥塑成器皿，不但提高了制陶效率，而且形状整齐、厚薄均匀、标准化程度高。二是陶窑的构造比过去完善了，人们又掌握了封窑技术，提高了窑温，使烧坯中所剩的铁元素还原，而烧成了灰色陶器，由于陶坯经过磨光，窑封严密，再加上让烟重熏，所以制品颜色漆黑、表面光亮，能够制出薄似蛋壳的黑色陶器。

3. 古兖州一带的农牧业技术得到显著发展。

鲧、禹治水前洪荒遍地，治理后，水环境有了根本改变，加之，佐禹治水的稷和伯益，尽职于农业和畜牧业，生产水平有了很大提高。从《尚书·禹贡》兖州条下"桑土既蚕，是降丘宅土"，及兖州范家堂遗址出土的纺轮看，此地的养蚕、制丝业已经发展到相当高的水平。从西吴寺遗址出土的石镰、蚌镰等新农具可看出，这些农具较前已有很大改进，特征是安柄使用了石镰和蚌镰，这就加大了操作力矩，把原来的摘取，改变为连杆一起收割，这样不仅提高了劳动的效率，而且也为牲畜储备了饲料，为人群储备了烧材，遗址出土了石刀为代表的收刈工具和石斧、石铲为代表的垦殖工具，说明当时龙山文化时期农牧业的发展已达到了新的水平。另一条重大科技进步，是夏族发明了夏时。夏时是夏文化的重要组成部分，为指导农业作物的种收提供准确时令。瑕丘城东北100公里处的新泰市，是夏后氏商、周古国杞国之地。《史记·陈杞世家》云："杞东楼公者，夏后禹之后苗裔也。殷时或封或绝。周武王克纣，求禹之后得东楼公封之于杞，以奉夏后氏祀。"杞国的最大贡献是保存了夏时，孔子从新泰之地的杞国得到夏时。《礼记·礼运》载："孔子曰：我欲观夏礼，是故之杞，而不足征也，吾得夏时焉"。郑玄注："得夏时，得四时之书也，其书存者有《小正》。"《小正》即《夏小正》，它按照夏历十二个月的顺序，分别记载了每个月的星象、气象、物候及所应从事的农事和政事，是从夏代传下来的。孔子得夏时应归功于杞国对夏时的保存。直到今天，我们的农历亦称夏历，仍然对指导农业生产起着重要的作用。

4. 鲧禹在古兖州一带治水，为中国上古测量数学奠定了基础，也是夏文化的重要内容。山东嘉祥县武梁祠汉画像石绘有伏羲执矩，女娲执规的图像，这是中国古代首见规和矩的基本形象。《史记》记载夏禹治水时"左准绳，右规矩"，体现了规、矩、准、绳在治水中作为测量和绘图工具的首次应用，古代的"规"相当于圆规，可以作园和弧。矩类似木工用的曲尺，可以作直线和直角，大禹应用规、矩测量山川平地时，探索出了许多上古测量数学知识。同时也为以后的《周髀算经》的成书，打下了基础。西周初期周公与商高讨论天文学时，提到"故折矩，以为勾广三，股修四，径隅五。"即勾股形三边之比为 3∶4∶5，这是特殊形式的勾股定理。据《周髀算经》载："环矩以为园。"还说矩在测量方面的用法是"平矩以正绳，偃矩以望高，复矩以测深，卧矩以知远。"即利用矩的不同摆法根据勾股弦对应边成比例关系，可以确定水平和垂直方向的远近物体的高度、距离和深度。而这些测量数字成就，无不折射出鲧、禹治水测量山脉、河流、平原等地物时，探索出的测量数学知识的影子。

5. 夏文化起源、建国于东方，夏朝后期西迁中原后，在河南偃师二里头出现了"二里头文化"。

关于"二里头文化"的来源，应当说它的主体和主要特点不是当地的河南文化，它是从东方传过去的。邹衡先生说："河南龙山文化晚期并未直接过渡为夏文化二里头型早期，它们仍然属于不同性质的文化。"他说："二里头出土的常见的斝、爵、鸡彝、瓦足皿等皿器中，大都来自东方，或者同东方保持着密切的关系。"他还说："在夏文化（二里头）遗址中，比较普遍地发现了卜骨。但在伊、洛和郑州地区的龙山文化遗址中，除了极个别地点外，大都还没有发现卜骨。而在东方，以山东龙山文化的城子崖遗址发现最多。"① 因此，应是西迁的华夏人在河南创立的早期文化。

吴汝祚先生说："玉器在中原地区的史前文化中，是并不发达的。到了夏代，在二里头遗址第三期，发现有制作精致的钺、戈、圭、柄形饰等。为什么到了夏代，玉器似乎突然的发达起来，推其原因，可能是东夷族的影响有关，东夷族远在大汶口文化时期，在大汶口遗址的十号和一一七号墓各发现一件玉钺，制作精巧，上部刻有饕餮纹。二里头遗址第三期的玉器和饕餮纹饰，可能是受到了山东龙山文化的影响有关。"又说，"在二里头遗址的玉戈上镶嵌了绿松石，远在大汶口文化时期的东夷就已创造。"②

据考古研究河南二里头文化遗物的考古学时间上限是距今 3900 年。距夏王朝建立的时间尚差约 200 年的时间，其间正是夏启至少康在东方活动的时间，与古本《竹书》云：少康复国后，于十八年，迁于原。相合，"原"据说是在河南济源县西北，自此，中国的政治中心开始向西转移。

① 邹衡：《夏商周考古学论文集》，《续集》，北京科学出版社 1998 年版，第 78 页。
② 吴汝祚：《夏文化初论》，《夏史论丛》，齐鲁书社 1985 年版，第 95 页。

由包山楚简的司法实践看《论语》的"直躬证父"与"父子互隐"*

侯乃峰　曲阜师范大学

摘　要　《论语·子路》中的一段话引申出的"直躬证父"与"亲亲相隐"是中国传统儒家伦理中的重要命题。当代学术界曾经就与此相关的问题展开过激烈的论争，至今余波未平。法学界的学者指出"亲亲相隐"或亲属容隐的理念与规定在中西方法律传统中都存在，将问题的探讨引向深入。然而，与《论语》中的这段话时代相近的案例之前并没有发现，我们对先秦时期实际的司法过程所知甚少。包山楚简司法文书中的相关记载，为《论语》中的这段话提供了法理上的依据。

关键词　直躬证父　亲亲相隐　儒家伦理　包山楚简

《论语·子路》篇有如下一段话：

> 叶公语孔子曰："吾党有直躬者，其父攘羊，而子证之。"孔子曰："吾党之直者异于是。父为子隐，子为父隐，直在其中矣。"

与此内容相关的记载又见于《庄子·盗跖》《韩非子·五蠹》《吕氏春秋·当务》《淮南子·泛论》等典籍。可见，由这条材料引申出的"直躬证父""亲亲相隐"之类的命题在先秦时期即受到相当多的关注。

2002-2004年间，中国哲学、伦理学及法学界的众多学者围绕与儒家"亲亲相隐"有关的命题展开了一场大辩论。以刘清平先生为代表的一方，对儒家的"血亲情理"精神持否定态度，认为儒家的血亲团体性特征是导致现代社会腐败行为的根源，儒家伦

———————

* 本文系国家社会科学基金重点项目"简帛诗学文献释读与研究"（编号：13AZD034）、国家社科基金一般项目"商周金文人名资料的整理与研究"（编号：14BZS008）成果。

理由于过度强调家庭血亲私德的至高无上而具有压抑社会公德的负面效应①；与此针锋相对的以郭齐勇先生为代表的另一方，对中国传统的儒家伦理重视血缘亲情持肯定态度，认为"父子互隐"所体现的对血缘亲情的维护具有普遍性②。与此论争有关的文章最后集结为厚厚的一本论文集《儒家伦理争鸣集——以"亲亲互隐"为中心》③。此次论争掀起之时正赶上当时回归传统文化的社会思潮高涨，同时论争所涉及的在现代社会中如何历史地评价儒家伦理以及中国传统社会长期遵循的儒家伦理的现代价值等问题也是学术界普遍关注的焦点问题，故而吸引了众多的学者参与其中并且产生了相当广泛的社会影响，甚至多年以后仍有学者对此旧话重提，念念不忘④。

这次论争的结果是以郭齐勇先生为代表的一方占据了上风。这方观点之所以能够占据上风，其中一个很重要的原因在于法学界的学者通过研究指出：从古代中国、古希腊罗马到现代，从东方到西方，从奴隶制法、封建制法到资本主义法甚至社会主义法，都存在"亲亲相隐"或亲属容隐的理念与规定⑤。事实胜于雄辩。在法学界学者所举出的坚实的证据面前，人们开始注意到中西法律传统中都存在着"亲亲相隐"之类的规定。而且，中西法律文化传统的这一共同特征，"可能反映了不同国家民族在解决人类社会无法回避的家国矛盾问题时不得不采取的共同选择"⑥，具有深层的社会伦理背景和心理含义。换句话说，当"情理"与"法理"产生矛盾时，中西方的法律传统均有偏向"情理"的趋势，也即并不鼓励"直躬证父"而倾向于容许"父子互隐"，"亲亲相隐"并不是中国传统的孔孟儒家伦理所独有的规定。

我们知道，《庄子》《韩非子》《吕氏春秋》《淮南子》等典籍属于"子书"，其中的记载未免会有造作的成分，不可尽信。不过，《论语》记载的可信性倒是鲜有置疑者，所以我们不妨将"直躬证父"看作先秦时期一个确实存在的案例。那么，当这个案例出现之时，当时的法律对此有无明文规定呢？假如有的话又是如何规定的呢？由于先秦时期的文献大多侧重于上层社会以及"道"的层面的记载而极少涉及下层社会真

① 刘清平：《论孔孟儒学的血亲团体性特征》，《哲学门》2000 年第 1 期；《美德还是腐败？——析〈孟子〉中有关舜的两个案例》，《哲学研究》2002 年第 2 期；《儒家伦理与社会公德——论儒家伦理的深度悖论》，《哲学研究》2004 年第 1 期；穆南珂：《儒家典籍的语境溯源及方法论意义——兼与郭齐勇先生商榷》，《哲学研究》2002 年第 12 期。

② 郭齐勇：《也谈"子为父隐"与孟子论舜——兼与刘清平先生商榷》，《哲学研究》2002 年第 10 期；郭齐勇、龚建平：《"德治"语境中的"亲亲相隐"——对穆南珂先生"商榷"的商榷》，《哲学研究》2004 年第 7 期。

③ 郭齐勇：《儒家伦理争鸣集——以"亲亲互隐"为中心》，湖北教育出版社 2004 年版。

④ 邓晓芒：《再议"亲亲相隐"的腐败倾向——评郭齐勇主编的〈儒家伦理争鸣集〉》，《学海》2007 年第 1 期。

⑤ 范忠信：《中西法律传统中的"亲亲相为隐"》，《中国社会科学》1997 年第 3 期；《亲亲相为隐：中外法律的共同传统——兼论其根源及其与法治的关系》，《比较法研究》1997 年第 2 期；《"亲亲尊尊"与亲属相犯：中西刑法的暗合》，《法学研究》1997 年第 3 期。

⑥ 范忠信：《中西法律传统中的"亲亲相为隐"》，《中国社会科学》1997 年第 3 期。

实具体的司法实践过程，所以我们对此种情况的实际不得而知。

在以"亲亲相隐"为中心的论争中，许多学者都举出中国历史上曾经存在的亲属容隐事例作为证据①。然而，这些证据大多数属于秦汉及其以后的各个时期，只有极少数属于先秦。更确切地说，可以与《论语》中"父子互隐"相类比的先秦司法案例其实并不存在，所谓的证据也仅限于能和"亲亲相隐"扯上关系的只言片语，我们对先秦时期真实具体的司法实践过程实际上知之甚少。

从 20 世纪 70 年代起，地下出土的大量简牍文献资料极大地丰富了我们对先秦社会的认识，其中与法律有关的材料也时有发现。如 1975 年出土的湖北云梦睡虎地秦简的主要内容就是秦国法律。睡虎地秦简中的《法律答问》有"子告父母，臣妾告主，非公室告，勿听"的规定②，与《论语》中的"父子互隐"存在一定的联系，已经为讨论者所注意③。不过，睡虎地秦简中的法律条文属于先秦时期的秦国法律系统，而《论语》中叶公所说的"直躬证父"案例却是发生在当时的楚国，秦国的法律条文究竟能否适用于楚国的司法实践依然是个问题。

1987 年湖北荆门出土的包山楚简中也发现有大量的法律文书，主要内容是当时审理案件的记录，为我们研究先秦时期楚国的司法实践提供了鲜活的材料。其中，如下简文内容（释文多直接使用通行字）与《论语》中叶公所说的"直躬证父"案例应当存在法理上的关系。

1. 东周之客许盈致胙于戚郢之岁，夏尸之月，癸卯之日，子左尹命漾陵之邑大夫察州里人阳鏞之与父阳年同室与不同室。大邑痎、大驲尹师言谓：阳鏞不与其父（简126）阳年同室。鏞居郢，与其季父徐连嚣阳必同室。大邑痎内是志。（简 127）

……兼陵邑大夫察兼陵之州里人阳鏞之不与其父阳年同室。夏尸之月，己酉之日，使一识狱之主以致命；不致命，阱门有败。（简 128）

2. 左尹以王命告子宛公：命滋上之识狱为阴人舒捏盟其所命于此书之中以为证。（简 139 反）

使捏之仇叙捏之所证。与其仇，有怨不可证；同社、同里、同官不可证；暗至从父兄弟不可证。（简 138 反）④

作为战国时期楚国的司法文书，这两条材料可以让我们直观认识到当时审理案件的

---

① 范忠信：《中西法律传统中的"亲亲相为隐"》，《中国社会科学》1997 年第 3 期；郑家栋：《中国传统思想中的父子关系及诠释的面向——从"父为子隐，子为父隐"说起》，《中国哲学史》2003 年第 1 期。

② 睡虎地秦墓竹简整理小组：《睡虎地秦墓竹简》，文物出版社 1990 年版，第 118 页。

③ 范忠信：《中西法律传统中的"亲亲相为隐"》，《中国社会科学》1997 年第 3 期；郑家栋：《中国传统思想中的父子关系及诠释的面向——从"父为子隐，子为父隐"说起》，《中国哲学史》2003 年第 1 期。

④ 湖北省荆沙铁路考古队：《包山楚简》，文物出版社 1991 年版，第 26—27 页。

整个经过。第一则材料中，左尹让手下的官员调查阳鏚是否与他的父亲居住在一起，调查的结果是阳鏚并不与他的父亲居住在一起，而是与叔父阳必居住在郢都。大概当时楚国的法律规定父子一方违法犯罪相互之间要负连带责任，但实际上父子不居住在一起的要区别对待，故作为司法认定程序的一个步骤需要调查清楚，调查的结果应该作为判案的重要依据。这表明当时的法律基本上还是以血缘亲情纽带作为施行法律的重要依据的。父子之间作为最重要的伦常关系之一，在当时的司法实践中受到特别关注也就是情理之中的事了。

第二则材料中，为舒捏担当证人的条件非常严格："与其仇，有怨不可证；同社、同里、同官不可证；曋至从父兄弟不可证。"也即，原先与其有仇怨的不可为他作证；同社、同里、同官的不可为他作证；关系亲近的亲属如叔伯父、堂兄弟也不可作证。既然叔伯父、堂兄弟都不可作证，则亲近如父子就更不可能作为证人出现了。因为在这个案件里父子都牵涉其中，都是当事人，故简文不需明确指出父亲不可作证这点。这条材料表明当时楚国的法律对于近亲属不可作证应当是有明确规定的。

上引两条包山楚简材料所记载的案例，根据其中的大事纪年推断约发生在公元前317年①，距离孔子之殁（公元前479年）已经过去了160多年，似乎与《论语》中的"直躬证父"案例相去甚远。然而，任何法律都具有延续性，所以这并不妨碍我们使用这两条战国时期的材料来说明春秋末期的问题。在《论语》中，叶公所说的"直躬证父"案例，其中的"证"字如果作为"作证""证实"之类的意思讲，显然与包山楚简所见的司法实践相抵触。因为按照包山楚简所见的司法实践来看，作为儿子显然不允许作为证人出现在法堂之上。如果"证"作为"告发""首告"之类的意思讲，则较之"作证"更进一步，在当时重视血缘亲情的宗法社会中显然是更为人所不齿的大逆不道之事。所以，《韩非子·五蠹》篇的记载："楚之有直躬，其父窃羊，而谒之吏。令尹曰：'杀之！'"即是说有种版本记载这个"直躬"者是"告发""首告"其父亲之人。结合包山楚简的司法实践以及当时的法律理念来看，这个"直躬"者被杀的结果很可能是当时真实的司法记录。

2011年8月底，全国人大常委会公布了《中华人民共和国刑事诉讼法修正案（草案）》，公开征求公众意见。其中增加一条，作为第一百八十七条："经人民法院依法通知，证人应当出庭作证。证人没有正当理由不按人民法院通知出庭作证的，人民法院可以强制其到庭，但是被告人的配偶、父母、子女除外。"在我国现行的刑事诉讼法中开始尝试引入亲属容隐的理念和规定。此条若是最终能够获得通过，则标志着中国传统的"亲亲相隐"理念在法律领域的正式回归。

---

① 湖北省荆沙铁路考古队：《包山楚简》，文物出版社1991年版，第15页。

孔子"复礼"别解

——从周礼在春秋时期的生态环境保护功能看孔子"复礼"

李昳聪　嘉应学院政法学院

摘　要　学者们对孔子所复之"礼"是否为周礼进行了从道德层面到政治层面等各种广泛讨论。本文通过史料分析,发现孔子在"复礼"中所倡导的维护生态平衡,节用资源,开山泽之禁;注重君子人格和内在的道德修养,不追求外在的奢侈生活而回归俭朴都与周礼中的生态环境保护观的本质精神紧密相连。虽然不能由此判定孔子的"复礼"是为了维护旧礼,或是单纯的恢复周礼。但在生态层面,孔子身体力行倡导的"复礼"的确继承和发展了周礼的生态保护精髓。

关键词　孔子　复礼　周礼　生态环境　保护功能

中图分类号:B82-053　　　　**文献标识码:**A

"礼"在《说文·示部》中被解释为:"礼,履也,所以事神致福也。从示从豊。"然而,从原本含义的礼到作为孔子儒学思想核心内容之一的"礼"却经历了从最初的宗教、伦理层面,到制度文化层面,再到理论、意识形态层面等一系列复杂演变。在一系列含义、意义的更迭交错中,我们想要诠释孔子"复礼"的真实含义实际上是障碍重重。可以说,孔子"复礼"的命运多舛,不论是"千年聚讼",还是"百年之争",直至今日,人们仍以"复礼"为讨论的焦点。众多的研究或是基于社会政治方面,或是偏重于道德践履,学者们更重视孔子"复礼"的理论价值,但有一点人们似乎忘记,这就是,孔子"复礼"的应用价值,而以生态环境保护为切入点,分析孔子"复礼"与周礼的生态保护功能之间的关系正是了解这是方面内容的有效途径。本文拟就此方面做初步探讨,以就正于识者。

一、"复礼"的多舛命运

历数对"复礼"的各种争论,我们可以将他们分成如下几类。一类是认为孔子的

"复礼"与周礼无关。持这种观点的虽然是少数学者但是他们态度鲜明，认为孔子的"复礼"不是恢复西周之礼，或者干脆认为"复礼"之礼实际上与那个朝代的礼仪制度是无关的。例如，陈澍斌先生就认为："孔子'复礼''从周'并不是复西周之礼，从西周之制，而是他在特定的历史条件下提出的治理社会的主张，他要用复礼来维护等级制度，稳定社会秩序，用从周的名义来否定现实，实现自己的理想。"① 李波先生认为，"复"意为"践、履"；"礼"是孔子仁道思想即人本思想的表现形式。所以，"克己复礼"就是要约束自己，按照制度（礼）办事，而不是要具体地恢复哪个朝代的礼制。②

另外一类对孔子"复礼"的解读认为孔子的"复礼"与周礼有关，但在"有关论"下还可以仔细分为"周礼维护派"和"周礼背叛派"。其中以刘祚昌先生的观点为代表，就认为孔子虽提"复礼"实际上是周礼的背叛者。通过研究，他发现孔子并没有固守周礼，而是提出了一些新的见解，尤其是孔子"举贤才"的思想，鲜明显示出孔子"他是周礼的背叛者"③。

当然，在解读孔子"复礼"的过程中，更多的学者认为孔子的"复礼"是要恢复周礼，如任继愈先生所说："他一生致力于维护正在崩溃中的奴隶制度（周礼），他希望有一天能在齐、鲁这类国家复兴文王周公之道。"④ 如杨荣国先生所说："孔丘在政治上是保守的，他要维护殷周以来的奴隶制统治。"⑤ 再如，匡亚明先生就认为："孔子一生以维护、恢复'周礼'为己任，他的各项政治主张都是从这个总目标出发而提出的。"⑥ 同样，蔡尚思先生也认定孔子："总是想召回已经被社会实践否定了的周礼的鬼魂。⑦"学者们从政治，道德，抑或社会形态等不同的侧面分析着孔子"复礼"的原因和倾向。正如李泽厚先生所说："无谈哪派研究者恐怕没谁否认孔子竭力维护、保卫'周礼'这一事实。《论语》讲'礼'甚多，鲜明表示孔子……要求人们从各方面恢复或遵循'周礼'。"⑧ 这种对孔子"复礼"的理论价值研究和探讨固然重要，但是，我们不能忽略孔子"复礼"的时代原因，哪怕像多数学者认为的那样，"复礼"是由当时礼崩乐坏的社会意识状态所导致的。我们也得看到礼崩乐坏不单纯是社会意识问题，它一定有其经济基础，更进一步，是由农业基础和生态基础所决定的经济基础。回顾周礼，不难发现其内容与当时的主要产业——农业以及相关生态环境有关。所以，想要探究孔

---

① 陈澍斌：《略论孔子"复礼""从周"的确切含义》，《合肥工业大学学报》1986 年第 2 期。
② 李波：《"克己复礼"再认识》，《开封大学学报》2001 年第 1 期。
③ 刘祚昌：《论孔子的政治理想》，教育科学出版社 1987 年版，第 250 – 268 页。
④ 任继愈：《中国哲学史简编》，人民出版社 1984 年版，第 25 页。
⑤ 杨荣国：《简明中国哲学史》，人民出版社 1973 年版，第 24 页。
⑥ 匡亚明：《孔子评传》，南京大学出版社 1990 年版，第 254 页。
⑦ 蔡尚思：《孔子思想体系》，上海人民出版社 1982 年版，第 73 页。
⑧ 李泽厚：《中国古代思想史论》，人民出版社 1986 年版，第 8 页。

子"复礼"是否与恢复周礼有关,势必对春秋时期的生态环境变化作进一步的剖析。

二、春秋时期的生态变化及其原因分析

对于春秋时期的生态变化,有很多学者认为是由于以气温和降雨为代表的气候变化所引起的。就像竺可桢先生通过深入研究证实,中国近五千年的气候是在四个冷期和四个暖期的交替变化中发展的。[①] 春秋时期的气候是继寒冷并且干旱的西周之后的暖湿期。《春秋》中就多次对当时温暖的气候进行描述,例如,公元前 698 年,鲁国的冬天冰房得不到冰;这一现象在公元前 590 和 545 年又反复出现。《左传》中还有记录显示,齐鲁这样的北方地区,作物甚至可以一年两熟,并在这些地区多见像竹子、梅树这样的亚热带植物。通过这些史料的分析,我们对当时气候温暖的程度能够窥见一二。但是,(物候学和)古气象学所揭示的春秋时期的暖湿气候,尤其是湿润的气候状况却与历史上春秋那五十年内的大旱的记录相矛盾。所以,单纯从自然气候变化的角度还不能完全解释这一现象,必须寻找其他的解释途径。我们认为,可以简略地从三个方面入手分析春秋时期不同以往的生态环境之变化。

(一)列国林立,战争频发与生态环境的破坏

由于周王室的衰落,至春秋初期,列国林立的局面已经形成。诸侯争霸,连年的战争对生态的破坏就已经显现了。《左传》僖公二十八年就有这样的描述:"晋车七百乘,韅靷鞅靽,晋侯登有莘之虚以观师。曰:'少长有礼,其可用也。'遂伐其木,以益其兵。"这是历史上著名的晋楚城濮战役前,晋文公率军在有莘(今天河南陈留一带)砍伐树木准备军需物资的一个场面。《左传》的描述虽然精炼,但是已经为我们生动地渲染出当时大肆破坏生态的程度。此外,《左传·襄公十八年》还记载了鲁、卫两国在晋国的率领下攻打齐国的一次战役。为了取得战争的胜利,他们不光砍伐了雍门的大量楸木,甚至还焚烧了申池的竹林和树林。"十二月戊戌,及秦周,伐雍门之萩。范鞅门于雍门,其御追喜以戈杀犬于门中;孟庄子斩其橁以为公琴。己亥,焚雍门及西郭、南郭。刘难、士弱率诸侯之师焚申池之竹木。"无可否认,战争对当时的植被破坏严重,进而对生态环境造成极为严重的破坏。

(二)牛耕和铁质农具的推广使用与生态环境的破坏

对于铁质农具在春秋是否得到推广,获得广泛的使用,学界存有争论。唐际根先生就反对这一观点。[②] 郭沫若先生显然支持这种观点,他甚至认为"铁器的出现时期——

---

① 竺可桢:《中国近五千年来气候变迁的初步研究》,《考古学报》1972 年第 9 期。

② 唐际根:《先秦两汉时期铁器的生产应用与社会发展进程问题——读〈先秦两汉铁器的考古学研究〉》,《华夏考古》2009 年第 4 期。

奴隶制"是周代的根本特征。并且说"铁作为耕器而使用，出现在周室东迁前后。这一重大因素提高了农业的生产力，逐渐促进了井田制的崩溃，因而也就招致了奴隶制的崩溃。"① 并且，在分析《管子》海王篇之后，即"今铁官之数曰：一女必有一针，一刀，若其事立。耕者必有一耒、一粗、一铫，若其事立。行服连轺辇者必有一斤、一锯、一锥、一凿，若其事立。"郭沫若先生说："看这样子，铁已经在作为手工业器具的原料而使用着了。《管子》本来并不是管仲做的书，并且也并不是春秋时代的著作。但这项资料即使是战国时代的情形，为时也相差不远。"② 不论怎样，现在有更多的证据显示，春秋的时期的牛耕和铁的应用与当时的生态失衡有着某种必然联系。

通过《管子》中"断山木，鼓山铁"的载述，理论上，我们能够推断春秋时期铁的出现，但是真正佐证铁的广泛传播和使用的还是近些年的考古成就。通过对相应出土文物的技术鉴定，学者们得出，春秋早期就已经出现液态生铁冶炼技术，也就是说，全铁制品可能已经出现，它与当时用块炼渗碳钢技术生产出来的铜（玉等）铁复合制品并存，并开始向土作农耕器具扩展；其应用领域和范围也一再扩大，包括从关中—陇东至山东、晋南至长江北岸的广阔地域。"③ 待到春秋中期，这种冶铁技术就更加广泛和普及，据《叔夷钟》铜器铭文记载"铁徒四千"，即，当时光是齐国的冶铁作坊中有四千多工匠，这足以显示春秋时期冶炼规模之宏大。

与此同时，牛从周代的"宗庙之牺"逐渐向春秋的"畎亩之勤"过渡，即牛开始用来拉犁耕田。虽然《周礼·地官》中所设"牛人"一职，向我们展示了当时牛的各种用途，包括"享牛""求牛""积膳之牛""膳羞之牛""犒牛""奠牛"以及"兵车之牛"，即便社会对牛的需求很大，但从周礼对牛人之职的记载："牛人掌养国之公牛，以待国之政令。"我们可以看出，牛作为六畜之一在当时社会中的神圣地位和作用。然而，春秋时期牛耕的出现和推广打破了这一局面。山西浑源有春秋铜牛尊出土，牛鼻上穿有一环，这一特征的出现，表明当时人们用穿牛鼻子来驾驭耕牛之技术的普及程度。

由此可以看出，牛耕结合铁质农具的推广与使用极大提高了生产力，同时也调动了农民开垦土地的积极性。人们开始大量垦荒，这一点可以从春秋时期农民人均亩积的迅速膨胀看出来。虽然，从西周到战国，一般农夫的标准耕地都是一百亩。但是，周代的亩积，为"广一步，长百步"（《谷梁传》文公十一年）。然而，这一数值到了春秋末年却被扩大了近 2.5 倍，即，在一夫百亩的形制前提下，亩积扩大到二百（方）步或二百四十（方）步。这种贪婪地向自然索要耕地的方式，实则是以生态破坏为代价的。

---

① 郭沫若：《奴隶制时代》，人民出版社 1973 年版，第 33 页。
② 郭沫若：《郭沫若全集·历史编》（第一卷），人民出版社 1982 年版，第 598 – 610 页。
③ 白云翔：《先秦两汉铁器的考古学研究》，科学出版社 2005 年版，第 45 页。

（三）农业政策的转变与生态环境破坏

此外，春秋时期各自为政的诸侯王国为了壮大自身实力，不断尝试各种改革，变法图强。继齐国采取"相地而衰征"，即按田而税的赋税政策，进而雄霸一方之后，晋国在公元前645年采取"作爰田"承认私有土地的合法性，通过此法调动劳动者的生产积极性，富民强国。鲁国在这一方面也不断尝试，从"用田赋"到"初税亩"甚至后来的"作丘甲"等多种税制、田制甚至军赋的改革。对于这些改革是否取消了公田私田的界限，是否承认了土地的私有权，是否由此封建的土地私有制登上了历史的舞台等今天学界争论的焦点问题，本文限于篇幅暂且对其进行搁置。但是，排除这些争论，有一点可以肯定，即这种增加财政收入的方法也使得人们开始疯狂地抢垦荒地。甚至，出现了被后人称为"烧泽而田"的著名典故。据《韩非子·内储说》中记载，"鲁人烧积泽，天北风，火南倚。恐烧国，哀公惧，自将众趋救火者，左右无人，尽逐兽，而火不救。"说的是，鲁人放火烧积泽，偏偏赶上天刮北风，火乘风势向南蔓延，鲁哀公眼看国境将受到波及就鼓励百姓参与救火，但是，百姓只愿意驱赶野兽，不愿救火。哀公从孔子那里得到启发，于是下令曰："不救火者，比降北之罪；逐兽者，比入禁之罪。"即，凡是不参与救火者，比照战败降敌之罪；只驱赶野兽者，比照擅入禁区之罪。此招果然奏效，命令还未遍及全国，积泽的大火就已经被扑灭了。

可见，由生产工具的进步和当时国家鼓励政策所引发的各种改变自然的行为，带来了生态环境不可逆转的变化。为了垦荒，森林和草地在短期内被大面积地破坏，这势必影响到局部地区的生态平衡，进而，整个生态失衡，灾害频发。

与周朝相比，春秋时期生态的巨大变化，伴随而生的则是各种自然灾害，至孔子生活的年代，最为突出的就是一系列的大旱灾。历史记载，鲁襄公五年到鲁昭公二十五年，即公元前568年到公元前517年这一时期，光是大旱就有八次，由此可见，伴随孔子大半生的天灾大旱，一半是自然原因，但更为主要的是人为造成的。孔子亲身经历了这些，这种生态环境的巨变与他的"复礼"是否有关系，他所复之"礼"到底为何礼，还需要我们回顾周礼中与生态保护有关的内容。

三、周礼中的生态环境保护观

当代，人们对于把大自然视为一个统一体的理念已经不再陌生。我们已经谙悉这个大系统下的任何一个子系统受到破坏，发生问题后，（那么）整个生态系统的平衡就会被暂时地甚至永久地打破。然而，尚无完备的生态环境保护理论的周代先人们，却已经产生出保护生态环境、平衡统一生态系统的思想，甚至还构建了一整套庞大但又不失系统的（职官体系）机构——周礼——来维护生态环境的平衡。

这部周代经国治民的典章内容丰富，范围广泛，但是有一条线索是贯穿始终的，即，协调人与生态环境之关系。在对周围环境的理解基础上先人们总结出一整套生态礼仪观念——周礼——它顺应天道，因循自然，是一种在生态礼仪观念指导下的生态伦理实践活动。其具体内容不仅体现在对自然环境，包括山林川泽，包括野生动植物资源的保护上，还体现在对人化环境的保护上，甚至体现在灾害发生后，对恢复生态资源的努力上。

（一）山林树木的保护

在保持山林的生态平衡中，周礼依据大多数动植物都依季节生长这一特性，依据土壤与农作物，甚至与人之健康的紧密关系提出了生态环境影响人的途径，即通过"天时"与"地气"对人的生产和生活产生作用。天时，即春夏秋冬；地气中的地，即土壤。所以，要顺应天时地气。顺应的具体方式方法不仅体现在这些生态资源的有节度地消耗上，而且还体现在它们的再生再造上。

《周礼·地官》中记载到，山虞"掌山林之政令，物为之厉而为之守禁。仲冬，斩阳木。仲夏斩阴木。凡服耕，斩季材以时入之。令万民时斩材，有期日。凡邦工入山林而抡材不禁。春秋之斩木不入禁。凡窃木者有刑罚"。短短数句话，不但规定出伐木的季节，不同季节所伐木材的大小尺寸，而且还制定了对盗伐树木的人要处以刑罚。此外，《周礼·秋官》中记载，"中春，以木铎修火禁于国中，军旅，修火禁"。因为，仲春正直树木旺盛生长，因此绝对不允许焚烧山林，专司此职的司煊就要颁布政令开展禁止焚烧山林的工作。甚至烧林开荒这样的传统耕种行为也被一定程度地加以限制，就像《周礼·夏官》中记载的那样，司爟这一官职就是，"掌行火之政令，四时变国火，以救时疾……凡国失火野焚莱，则有刑罚焉"。

除了节限山林资源的开发和利用之外，周礼还倡导要通过"土宜之法"来植树造林。何种植被适种于何种地势，这一切都由大司徒统领，因为他不仅"周知九州之地域"，而且能"辨其山林、川泽、丘陵、坟衍、原隰之名物"。除此之外，公路旁植树、河堤植树甚至墓地植树在《周礼》也有多处记载。如，《周礼·春官》中的冢人就是"掌公墓之地……以爵等为丘封之度，与其树数"，也就是负责在墓地植树；《周礼·夏官》的掌固"掌修城郭沟池树渠之固……凡国都之有沟树之固，郊亦如之"，负责对河堤、护城河等地造林。此外，《周礼·秋官》的野庐氏，"掌达国道路，至于四畿，比国郊野之道路宿息井树"，是要负责在公路、驿井等地植树。这种合理造林、适地适树的理念在当时的生态保护中发挥了重要的作用。

值得一提的是，周代对树木的保护还会通过某些具有强制性的植树活动来实现，《周礼·地官》中就有"凡宅不毛者有里布"，即对那些宅院里不树桑麻的人家要收取住宅占地税，甚至还有"凡庶民不种树者无椁"的规定，由于不植树死后就只有棺而不能用椁，这种惩罚对于重视丧葬礼仪的周代先人实在是太严厉了。

（二）野生动物的保护

周礼除了重视山林树木的生态保护，对于各种野生动物，从天上飞的、林中跑的到水中游的，也有很强的保护意识。根据众多文献的记载，周代曾经是一个物产丰富，鸟兽殷足的朝代。但是，即便是"麋鹿在牧，飞鸿遍野"。（《史记》）"瞻彼中林，牲牲其鹿"。（《诗·大雅·桑柔》）周人仍旧能够做到居安思危，做到有节制地享受大自然的恩赐。为了保持当时的生态平衡，周人创造了很多办法。今天人们所遵循的"畋不掩群""不杀胎""不覆巢"等狩猎规则实际上都来自于周礼。在周代，从鸟兽的捕捉到鸟兽的喂养都是专人专职，这并不是说，那些野生动物是供王侯们消遣娱乐，实际上，设专人捕捉喂养是为了保证它们的成长和繁殖。例如，《周礼·天官》中薮牧一职，就是负责"养蕃鸟兽"使之长养蕃滋。周礼中还通过设立界限，颁布禁令，派人守护等方法约束和限制捕捉鸟兽的活动，甚至还专门规定禁止捕杀幼兽、取卵及使用有毒的箭射杀禽兽。《地官》记载迹人"掌邦田之地政。为之厉禁而守之。凡田猎者受令焉。禁麋卵者与其毒矢射者"。

另外，周礼中还设立川衡、泽虞等职位，委派专人管理以维护川泽的平衡统一，而且对具体的管理项目，管理的程度都做了详细的规定。例如，《周礼·天官》中记载，渔人"掌以时渔为梁"，他的职责就是教导那些以渔采为业的百姓依照鱼的生长周期规律按期打捞，这种管理规则的实施既满足了人们对美味之欲求，也保证了鱼长期作为人类的食物；《周礼·秋官》甚至记载了雍氏是"禁山之为苑泽之沉者"，他的重要职责就是禁止在水中投药来毒杀鱼类；还有萍氏，"掌国之水禁"，也是为了杜绝滥捕鱼鳖之类事情的发生，进而维持生态平衡，并保证水产资源的永续利用。

（三）禽畜与农作物的保护

周礼不仅表达了当时人们对自然生态环境强烈的保护意识，除此之外，对于已经开发的人工（化）环境人们也是同样珍惜和爱护。与自然环境保护那种适度索取的理念有所不同的是，对于禽畜与农作物的保护，可以毫不夸张地说，更多地体现出精心滋养，有序优育的生态和谐智慧。人们尝试优化育种，专门去牧养繁殖符合自身需求的禽畜。如，《周礼·地官》中的牧人就是专司此职的。

对于农作物，更是从育种到栽种进行全方位的专业处理。《周礼·地官》记载的司稼据考证就是当时的农业科学研究机构。司稼巡视邦野，考察各种作物的品种，弄清楚各品种的名称与其各自所宜于生长的土地，然后发表报告，公布出来，悬挂于邑中的里门，以供农人取法。

不仅这样，还设专人掌握土质情况，根据土地的优劣，采用轮种法，《周礼·地官》并指导施肥改善土壤环境，增强土壤肥力。《周礼·地官》中草人就是负责这一事务的。"草人掌土化之法，以物地，相其宜而为之种。凡粪种，骍刚用牛，赤缇用羊，坟壤用麋，渴泽用鹿，咸潟用貆，勃壤用狐，埴垆用豕，强坚用蕡，轻爂用犬。"他会根据土质、土色以及土地肥瘠等情况将土地分为九类，视察各种土地宜于种植什么品种的农作物，以便因土植宜。以上也即九种"土化之法"。再根据土质和土壤肥瘠的不同，分别采用牛、羊、鹿、狐、豕、犬等动物的骨头，剉碎加水煮汁，再拌上特定动物的粪便施肥于土壤中或晒干后拌在种子中促进其发芽。

（四）灾害后的资源保护

虽然自然资源丰富，周代也无可避免地经常发生各种自然灾害，如果不及时妥善处理，自然灾害很有可能演变成破坏社会稳定的力量。周人在灾后的资源保护工作上做足了功课。

首先针对灾后，农民田荒，粮食减产以致无收，甚至灾民救死不暇的情况，国家会根据灾情的轻重实施包括散利、薄征、去几、舍禁、弛力、缓刑等一系列的蠲缓措施。《地官·司稼》记载"巡野观稼，以年之上下出敛法。掌均万民之食，而赒其急，而平其兴"。所谓敛法，是荒年的一种税收政策，根据荒年的实际收成作为收税的依据，减去一半不收税，另一半纳税的方法。除了薄征、去几，舍禁也是一项重要的措施，在灾害发生的年景中，平时严禁人民入内的国有山泽园圃也会对灾民开放，百姓可以去采摘果蔬，捕猎渔樵，以维持生计。

其次，在凶荒之年，由于民用匮乏，人口减少，为了安定流民，政府还采取"杀礼而多昏"（《卫风·有狐·序》）。繁育人民的办法，"多昏"，即多婚，政府甚至通过"不备礼而娶"的办法省减婚礼，鼓励并劝导婚配的办法增多人口，已达到繁衍人口、恢复生产的目的。

此外，周礼中还对君王在凶荒之年的穿着和膳食做了相关的规定，例如，《春官·司服》就说道："大荒、大灾、素服。"《天官·膳夫》说："大荒则不举"，"天地有灾则不举"，即年不顺成时，君王不仅要穿素服，乘素车，而且要食无乐以及相应的减膳。

以上几个方面展示出周礼生态保护体制构建的主要方面。周礼不仅形成了一整套完备的针对山林川泽的保护制度，而且对禽畜、农作物，以及野生动植物资源都有相当完备的保护措施。甚至对生态遭到破坏，发生灾害时，也有一套减灾恢复生态的办法。

史实和制度一定是连贯的，即便朝代更迭，很多东西还是会被后人继承和发展。在孔子那个社会动荡，自然灾害频发的时代，对于致力于恢复社会和谐的孔子来说周礼中这些优秀的生态礼法就尤为重要。让我们看一下它们是如何成为孔子"复礼"的依据。

四、孔子"复礼"的周礼生态保护依据

针对人们毫无节制地生态破坏活动，孔子提出，"子钓不纲，弋不射宿"（《论语·述而》）。今天的人们更愿意将孔子的这一思想归于他的仁爱精神，但是，如果将其放

在当时的社会情境中，我们不难发现，它体现出来更多的是孔子在礼治中所坚持的可持续利用的生态价值观。相传孔子的学生宓子贱被鲁君任命为亶父宰（私邑的最高行政长官），三年之后，孔子派巫马旗前往考察他的政绩。巫马旗来到亶父，见到一个打渔的，只见他打到鱼有些又放回水里，巫马旗便问其原因，打渔者说："我放回的是小鱼，大夫（指宓子贱）想要它们长大，所以见到它们就放掉。"孔子听闻巫马旗的汇报，认定宓子贱治邑有方，亦可担当大任。显而易见，宓子贱对渔夫的这一要求就是继承了恩师孔子的不一网打尽，不倾巢尽剿的可持续利用的生态观念。孔子对那种竭泽而渔、覆巢毁卵的生态破坏行径特别痛恨，甚至用当时人们敬畏和恐惧的神灵做比喻，来警示人们不合理的生态破坏行为，《史记》的孔子世家中就记录了这样一段话："刳胎杀夭，则麒麟不至郊；竭泽涸渔，则蛟龙不合阴阳；覆巢毁卵，则凤凰不翔。"不仅如此，《礼记》的祭义中记载了孔子与曾子的一段对话："曾子曰：树木以时伐焉，禽兽以时杀焉。夫子曰：断一树，杀一兽，不以其时，非孝也。孝有三：小孝用力，中孝用劳，大孝不匮。思慈爱忘劳，可谓用力矣。尊仁安义，可谓用劳矣；博施备物，可谓不匮矣。"可以看出，孔子对孝的三个层次的划分中，将"博施备物"即爱护和珍惜自然界的一切生物，也就是对生态的保护视为最高层次的孝。

还有，针对当时统治者为一时之私欲，甚至因为自己的奢靡生活而导致的严重生态破坏，孔子更加突出了节用之礼的道德功用，并且通过强调君子就是要以礼约己将其拓展到日常生活的各个方面。在孔子看来，"以约失之者鲜矣"（《论语·里仁》），也就是说，因为节约而犯过错的人是很少的，所以，君子应该是"惠而不费"（《论语·尧曰》），不仅要做到"君子食无求饱"，而且要做到"居无求安"（《论语·学而》）。至此，我们就明白那句尽人皆知的"一箪食，一瓢饮，在陋巷，人不堪其忧，回也不改其乐"（《论语·雍也》）的真实含义了，不仅表达了孔子对于节用的身体力行，更是孔子对君子及统治者的俭朴节用的期盼。不仅如此，即使统治者打着遵古训的牌子，操办各种奢侈礼仪，强调"复礼"的孔子却仍然坚持"礼，与其奢也，宁俭"（《论语·八佾》）的节用主张，并且说："奢则不逊，俭则固；与其不孙也，宁固。"（《论语·述而》）强调俭朴虽显简陋，但也远远好于尽显不恭顺的奢侈；所以，与其不恭顺，宁可简陋。在对自身节用的同时，孔子还主张，"废山泽之禁"。周礼中的时禁思想是为了更好地保护生态，但是到了春秋时期，禁山泽则是为了满足当权者的私人欲望，所以，孔子提出把山泽之利按时向人民开放。这不仅能给农民带来一些实际利益，同时也能避免因资源不足而导致人民对生态的进一步破坏。

提到农业政策，周礼中强调的是什一而税，并且在遇到灾害发生后，还会根据灾情的轻重实施包括散利、薄征等各种蠲缓措施。但是，在农业政策改革的过程中，鲁哀公将税收政策变为，即便在自然灾害频繁的年份里，仍旧以国家用度不够为由仍坚持采用十分抽二的税率。《论语·颜渊》中记录了一段孔子的学生有若与鲁哀公的对话：哀公问于有若曰："年饥，用不足，如之何？"有若对曰："盍彻乎？"曰："二，吾犹不足，如之何其彻也？"对曰："百姓足，君孰与不足？百姓不足，君孰与足？"（《论语·颜渊》）

这段对话中，有若建议鲁哀公采取"彻"即什一税。但是鲁哀公回答道：收十分之二的税我还不够用，怎么能收十分之一呢？针对鲁哀公只顾自己不顾百姓的做法，有若只能以百姓和君的辩证关系警示他——百姓足则君足，百姓不足则君也不会富有。

实际上，孔子对问政于己的哀公，早就表示过，"政之急者，莫大乎使民富且寿也。""省力役，薄赋敛，则民富矣；敦礼教，远罪疾，则民寿矣。"只是鲁哀公担心这样做会减少收入甚至会使国家陷于穷困。即便孔子借用《诗经》中'恺悌君子，民之父母。'未有子富而父母贫者也。（《孔子家语·贤君》）开导鲁哀公，但是从实际的情况看，鲁哀公还是不赞同，也未曾接受这些劝谏。

至此不难理解，《礼记·檀弓下》中，苛政猛于虎的典故，当孔子同其弟子过泰山侧时，在那种相当偏僻的地方遇到位老妇人，听得她悲惨的经历：一家人耕作于此，老妇人的父亲、丈夫和儿子相继死于虎口。孔子慨叹苛政猛于虎，认为他们遭受这样的厄运的直接原因就是令人无法承担的繁重赋税。

由此可见，孔子在"复礼"中所倡导的维护生态平衡，节用资源，开山泽之禁；注重君子人格和内在的道德修养，不追求外在的奢侈生活而回归俭朴，这些都与周礼中的生态环境保护观的本质精神紧密相连。在自然资源丰沛的周代，周礼为平衡统一当时的生态系统做出过重要的贡献，这其中的积极理念也成为孔子，在其所生活的动荡不堪、灾害频繁的时代，为之向往和追求的目标。

孟子道德动机中的"情"之论辩

——从比较哲学的观点看

刘悦笛　中国社会科学院哲学所

摘　要　孟子所论的道德动机当中"情"发挥了重要作用，道德之情当中包含了理性认知，道德推理当中也有情的介入，情与理在孟子那里并不是断裂的。在齐宣王与孟子的"情理"论辩当中，肯定情感论者认为，齐宣王的道德推导中含"情"，而否定情感论者则认为齐宣王的道德推理中无"情"。本文则试图为孟子"情"论进行四个方面的辩护：第一，孟子论"情"是前后矛盾的吗？第二，怜悯之情到底是如何"推"的？第三，含情的道德动机是"内在"的吗？第四，道德动机中的"情理"如何互动？孟子之情当中本身就蕴含了理性，这是孟子道德动机的"情理架构"的真义。

关键词　孟子　道德动机　情　理性

孟子所论的道德动机当中是否包蕴"情"？以往的研究往往缺失情感的视角，直到肯定论者们如杜克大学哲学教授黄百锐（David B. Wong）较早提出了这样的论断："孟子提出了在道德动机当中的情感角色的图景，这对于理性从情感当中的普遍分离而言产生了反面影响。特别是该图景暗示出，诸如怜悯这样的一种情感能够包蕴含着按照特定方式去行动的理性的认知。"[1] 这意味着，孟子所论的道德动机当中情发挥了作用：道德之情当中包含了理性认知，道德推理当中也有情的介入，情与理在孟子那里并不是断裂的。

关于这个论断所产生的争议，所聚焦的段落是《孟子·梁惠王上》第七部分孟子与齐宣王那段论辩。[2] 齐宣王坐于堂上，看到有牵牛过堂，牛瑟瑟发抖因而发善心，决定拿羊去替换牛去衅钟，孟子与齐宣王由此而论辩，其中的"情理之辩"尤为凸显。

---

① David B. Wong, "Is There a Distinction Between Reason and Emotion in Mencius?", *Philosophy East and West*, Vol. 4, 1991, p. 31.

② Craig K. Ihara, "David Wong Emotions in Mencius", *Philosophy East and West*, Vol. 41, 1991, p. 51.

齐宣王与孟子的"情理"论辩

《孟子·梁惠王上》有如此记载，孟子听大臣胡龁说了齐宣王替换牛的故事，大王肯定此事，然后孟子说"是心足以王矣。百姓皆以王为爱也，臣固知王之不忍也"。孟子首先盛赞齐宣王，有如此的"心"就可以称王天下了，此心乃"不忍人之心"，孟子直接就从此种心推及"不忍人之政"。且不说，从仁心推到仁政到底还需多少中介环节，孟子进而转切到百姓的视角，由此来看，百姓就不会觉得大王吝啬了，而知道大王"不忍心"而已。这是论辩的第一个环节，从引子而提出不忍之心。

进而，论辩的第二个环节，齐宣王重申了以羊易牛的理由，仍在于不忍心，这其实就认同了孟子的观点。齐宣王做了这样的"类推"：不忍见牛害怕发抖之状，就像无罪而被判死一般。这里存疑的是，是否从牛推到了人？如果说的是牛无罪而被置于死地，那么就并未从牛推到人；如果说的是人有罪而判死刑的话，那么这种"推情"就成立了。如果是后者，齐宣王以他的"同情心"，到底感受还是没感受到无罪之人的情状呢？

在此，孟子所见的另外的问题，以羊易牛实乃"以小易大"，这种用心百姓不会知道。孟子并没有停留于此，他想追问的是，以小的羊替代大的牛，而牛与羊又有何差异呢？因为孟子认定，齐宣王可怜的是牛无罪而被判死。可见，在这个环节，齐宣王认定的是牛无罪而被置死，他起码在这里并未由牛推人。齐宣王反问说，这算何种心思，他并不是因吝啬而以小易大，百姓却误以为他吝啬，到此为止，齐宣王都在做理性推断。

经过第二个环节的论辩，孟子意在提醒齐宣王，不要以"大小之辩"来替代"牛羊之辩"，就像百姓从功利角度误解大王一样，齐宣王同样未解孟子之义。此环节的结尾处，孟子归纳说此乃"仁术"，这就把不忍归之于仁。在孟子眼中，齐宣王是见牛而未见羊，未有牛羊之分。但孟子进而上升到君子的高度，君子之于禽兽，见其活着而不忍见其死，听到其被杀之声而不忍食其肉，而孟子的不忍心乃属孔子的仁心。

进入第三个环节，齐宣王听闻了孟子如此归纳，遂引用了《诗》"他人有心，予忖度之"，说这段诗说的就是孟子。孟子以己之心、度人之心，这种用意，齐宣王确实感受到了。反过来说，孟子其实是用自己的推爱方式，试图让齐宣王也同样为之。孟子的本意是说，不仅对牛也要对羊要有不忍之心，而且，不仅对禽兽而且对百姓同样要有不忍之心，潜台词是说：既然对禽兽都如此，禽兽也被等质观之，更何况人乎？

此时，齐宣王承认，他终体会到孟子的用心所在了：尽管他做出了以羊易牛的不忍的行为，反过来寻求却不了解"吾心"了。关键是在承认的基础上，齐宣王进而认定，经过孟子的说服，才感到"与我心有戚戚"。这意味着，齐宣王在感到怜悯并做出道德行为的时候，乃是出于道德本能，而当孟子将这种情感推到百姓身上的时候，齐宣王最终也感同身受。无论是齐宣王的自我的"吾心",还是与他人共振的"心有戚戚",其实都不只是理性的心(mind),同时也是感性的心(heart),这就是为何当今汉学界普遍赞同用 mind-heart 来翻译"心"。

在齐宣王有了这种理性—感性的认同之后,他又回归理性来追问"此心"如何"合于王者",也就是顺着孟子的思路,从忍心推到仁政。以此种情感化的不忍之心与王道相合,就是以德服天下。最终,孟子仍在通过比喻来劝诫齐宣王:您不是"不能",而是"不为"。齐宣王进而反问,"不为者"与"不能者之形",也就是不肯为之与没有能力为之的表现有何差异呢?孟子看似复杂的回答,其实很简单,有没有能力做的(如挟泰山而跨北海),那确实没有能力,也有不肯做的(如为年长者按摩),那就不是没有能力,齐宣王所要做的不是前者而是后者。

孟子认定,只有"举斯心加诸彼","故推恩足以保四海,不推恩无以保妻子。古之人所以大过人者无他焉,善推其所为而已矣"。(《孟子·梁惠王上》)所做的行为及其表现如何统一呢?孟子的潜台词是:只要如此为之,并且真情流露,才能动人,那也就情理合一了。从情的角度看,这就近似于思孟学派所说的"凡声,其出于情也信,然后其入拨人之心也厚",[①] 但同时更是要合理的。情真与意切,也是道德行为发出的内在感性与外在理性要素,孟子的推爱是毋庸置疑的:"老吾老以及人之老,幼吾幼以及人之幼,天下可运于掌"(《孟子·梁惠王上》)。

肯定情感论:齐宣王的道德推导中含"情"

在齐宣王与孟子的论辩当中,不同论者就有了不同的理解。肯定论者认为情在其中,否定论者则持无情论。论争双方的焦点之一,就在于齐宣王从对牛的怜悯推到对百姓的体恤,是否也将对牛的情"平移"到了百姓身上,这种怜悯从道德心理上而言就在于不能忍受他人受苦。

肯定论者认为,齐宣王对牛的怜悯与对百姓的怜悯是"同质"的,两种怜悯之不同似乎只有量的差异;否定论者则认定,齐宣王对牛有怜悯,但是由此推出来齐宣王对百姓"应该"也会有怜悯,这便意味着,对百姓的体恤是由"理性"而非情感推导出来的。要使得齐宣王显现出对于百姓的怜悯,孟子就必须展示出,齐宣王不仅有确定百姓受苦的"理性",否定论者的理性主义者仅囿于此,而且还要明确这种理性为"情感"所纠缠,甚至情感较之理性更加优先,这就是肯定情感论者的基本思路。

黄百锐作为肯定论者的代表,他就认定,孟子已经明确了,齐宣王确实有着对于牛的怜悯的动机,而根据孟子的理解,这种感性的心(heart)要比齐宣王自己宣称的更

---

① 《郭店楚简》。

善。无论是在"孺子入井"还是"以羊易牛"的例证当中，怜悯都是有明确对象的。按照情感哲学的规定，首先，情感是关于某物的，它拥有某一对象；其次，这个对象是"有意图的对象"，情感并不是关乎仅存在于那里的对象而是有目标性的。进而，"情感所呈现的并不只是去看对象的方式，而是关乎对象的（经常是复杂的）信念"①。这意味着，情感并非是视 X 为 Y，而是带有 X 是 Y 的信念。这就的关系到情感与理性的关系的三个关键词：对象，意图和信念。这三者的关联就在于，对象是有意图的，而意图当中也含有信念。

在孟子那里，怜悯作为一种特殊的情感，其意图对象的显著特征，就在于指向有感觉对象的受苦的存在。按照理性中心主义的观点，情感更多是非理性的，而当今情感哲学则更倾向于认为，情感当中自有理性的存在。汉学家孟旦就明确认定，情感介入到孟子为代表的儒家"道德推理"当中。②

孟子所论的怜悯，不仅是使得某种道德情境被赋予了显著特征，而且，直接表现为以帮助方式（无论是救助落井孺子还是替换牛来衅钟）加以行动的理性而存在。尽管这种理性可能并未被意识到或者是不明显的，但是"这种怜悯至少类型化地包括以某种方式行动的理解，在这个意义上，如果发出怜悯的人寻求去解释并判断所做的事情，他可以确定其对于真实或者可能的受苦对象的知觉，以此为理由并作为对所做的事情加以判断的理性。"③ 实际上，孟子的怜悯意图当中就包孕了某种信念，在激发出情感的同时就包孕了要做出理性行为的信念，也就是"应当如此为之"的信念，情感本身就与（与信念相关的）理性是相连交融的。

当然，黄百锐也看到了孟子所举的不同例证之间的分殊，因为按照他所描述的道德动机图景，将齐宣王的道德发展与孺子入井的直觉加以比较并不是合理的。"孟子所做的事情，就是将一种过去的行为带到他的面前，这对于怜悯构成了一种范式性的剧本，孟子已经帮助齐宣王去证实了这种情感，以驱使他置牛而不用。孟子已经确定，对于齐宣王而言，牛的受苦既是缘由，也是对此种行为进行判断的理性。"④ 由此可见，感受到从牛到百姓的苦难是源发自情感的，而几乎瞬间做出道德决定则是理性的，这二者是融合在一起的。道德理性当中感情要素嵌入其中，反过来，情感动机也瞬间化作道德行

---

① Martha Nussbaum, *Upheavals of Thought: the Intelligence of Emotions*, Cambridge New York: Cambridge University Press, 2001, pp. 26 – 27.

② Donald Munro, *A Chinese Ethics for the New Century*, Hong Kong: The Chinese University Press, 2005, pp. 52 – 54.

③ David B. Wong, *Is There a Distinction Between Reason and Emotion in Mencius?*, *Philosophy East and West*, Vol. 4, 1991, p. 32.

④ David B. Wong, *Is There a Distinction Between Reason and Emotion in Mencius?*, *Philosophy East and West*, Vol. 4, 1991, p. 37.

为，这恰恰是孟子与西方道德动机理论比照之下的本土特质。

在肯定论者的视角当中，在《孟子》那里，包括怜悯在内的情感，不仅仅是感受性的，也是认知性的，这种情感，一方面影响了出现在显著情境当中的特征（中文里的"情"也兼有情境之义），另一方面确定了为了行动的理性的显著特征（中国思想当中情理并未二分）。

否定情感论：齐宣王的道德推理中无"情"

一般而言，肯定论者被反对者归为情感泛化论者，而否定论者往往持一种逻辑观点，其基本的认知主义立场是明确的。质疑者对黄百锐的用语也是怀疑的，如用怜悯这个词就是含混的，在肯定论者的意义上它是一种认知情感，但在日常生活的使用中，它则是对于更自然情感的同情性反应，这本身就是矛盾的。

更重要的是，质疑者认为，孟子是道德动机上并不合适严格意义上的内在主义者。因为齐宣王意识到了人们的苦痛，也用发自动机而行动的怜悯减轻了苦痛，然而却没有感受到这样做的动机。① 如果齐宣王没有这种怜悯，因为怜悯的缺乏，就要被强迫去解释为何他不这样为之，道德动机因而是理性的。当然，肯定论者如刘少生（Xiusheng Liu）就认定，孟子思想更近似于休谟的情感内在论，孟子对仁与义的判断皆为内在的，也都必要地包蕴了动机。恰恰由于，仁与义在"必要地包蕴动机"的意义上是内在的，所以"对于仁（与义）的判断与依据这种判断的行为之动机之间存在一种必要的关联"。② 这样的肯定论者的结论就是，道德动机实为内在的，在"道德判断"与"道德动机"之间就存在着必要的关联，③ 孟子因而是动机内在论者。

如此看来，元伦理学关于内在主义与外在主义的争论，在孟子思想的阐发那里也得以上演。④ 肯定论者往往持内在论，否定论则更倾向于外在论。从道德动机外在论着眼，既然进行某种道德行为的动机是理性的，那么，道德动机也就是外在的，并不是发自内在的情感。

著名汉学家倪德卫（David B. Nivison）在 1996 年出版的《儒家之道》里面认为，孟子强迫齐宣王去推展怜悯，尽管在牛的苦痛与百姓的苦痛之间并没有相关的差异，但对于前者而言孟子推理是不合逻辑的，而对于后者来说孟子推理则是合乎逻辑的。按照

---

① Ahn Tuan Nuyen, *Is Mencius a Motivational Internalist?*, in *Chinese Philosophical Studies*, Vol. 27, 2008, p. 79.

② Xiusheng Liu and Philip J. Ivanhoe eds., *Essays on the Moral Philosophy of Mengzi*, Hackett Publishing Company, Inc., 2002, p. 115.

③ Xiusheng Liu and Philip J. Ivanhoe eds., *Essays on the Moral Philosophy of Mengzi*, Hackett Publishing Company, Inc., 2002, p. 102.

④ David B. Wong, Natural Moralities: A Defense for Pluralistic Relativism, Oxford: Oxford University Press, 2006, pp. 179 – 201.

逻辑的推论，（1）出于动机 C（C 是一种被集中的同情心）而做 A（A 是一种有同情心的行为），这不同于（2）出于动机 O（O 是我必须做 A 的无情之心）而做 A，但是，在（3）出于动机 S（S 是我对政治上成功的欲望）而做（1）的过程中，我毕竟在做（1）。① 但并不意味着，动机 S 与动机 C 必须结合在一起，作为无私的同情心的动机 S 其实在倪德卫那里是可以被排除的，齐宣王做出怜悯百姓的道德行为，其动机与对牛的怜悯并不是同质的，那是理性推断的结果。

质疑倪德卫的学者们认为，谜题就在于倪德卫自己也意识到，在劝诫齐宣王的策略中的好的理性（为何他对于百姓产生怜悯），但问题是，孟子让齐宣王自己感受到了这种怜悯了吗？孟子如何使得齐宣王从对牛的怜悯推展到对百姓的怜悯上的呢？孟子使齐宣王这样做，但他很清楚是他"能这样做"而仍然没有这样做。即使孟子成功地使得齐宣王感受到了对于百姓的怜悯，通过倪德卫的逻辑策略，齐宣王的怜悯看似被有逻辑一致性需要地得以判断，而非真实地感受到百姓的痛苦，所以，这就不是一种真正的怜悯。②

问题就在于此，由理性所推导出来的情，设身处地而推论出的情，到底有没有情呢？倒底是不是真情呢？否定论者当然认定，这样的怜悯之情，或者叫作理性推出的（应当如此的）怜悯，那真是无情的。但问题是，这就混淆了一个基本问题：孟子的立场与齐宣王的立场，二者是不同的。即使齐宣王没有能类推出情感，也并不意味着，孟子不持推爱的立场。哪怕齐宣王是纯理性决定者，那么，也只能说明，孟子并没有最终说服他，或者说在这轮论辩中没有使得他感同身受，但孟子自身的观点却得到了最终的弘扬。

为孟子"情"论辩护之一：孟子论"情"是前后矛盾的吗？

在深描齐宣王与孟子论辩之后，我们梳理过对于孟子道德动机论的两种立场，从中可见有情与无情两派的对峙。然而，在相互论辩当中，双方都有所妥协，如退而将孟子定位为一位"弱的内在主义者"而非"强的内在主义者"，再如不将孟子当作纯粹的外在主义者，如此等等。但问题还是存在的，孟子的道德动机当中到底存在情的要素吗？当然，文本所聚焦的并不是孟子的"四端"，从动机的角度论四端皆情（就连是非之心也不是纯理性判断），③ 而是从《孟子·梁惠王上》齐宣王与孟子论辩那段来加以论述，但二者也并不是矛盾的。

---

① 倪德卫：《儒家之道：中国哲学之探讨》，万白安编，周炽成译，江苏人民出版社 2006 年版，第 131 页。

② Ahn Tuan Nuyen, *Is Mencius a Motivational Internalist?*, in *Chinese Philosophical Studies*, Vol. 27, 2008, p. 81.

③ 刘悦笛：《情感哲学视野中的"恻隐之情"——兼论孟子情论的全球性价值》（未刊稿）。

如果《孟子·公孙丑上》里面那段从"孺子入井"到"四端之心"的论述，乃孟子道德动机论的情感注意的主要表述的话，那么，为何《孟子·梁惠王上》里面又成为了非情主义者呢？显然，尽管孟子在论证过程中确有形式逻辑的错误，但是，其基本思想仍是道通为一的。当然，这只是一个反证。如前所述，否定论者从齐宣王的论述那里，推论出来齐宣王并没有感同身受地从牛推到人，他只是理性地推论出来的，所以结论是孟子并不关情。然而，这种论述并未考虑到四端本有"情"之义，看到牛颤抖的怜悯与见到孺子入井的怜悯，本是同一种性质的情感，《孟子·公孙丑上》的"孺子入井"与《孟子·梁惠王上》的"以羊易牛"的两个例证之间并不是自相矛盾的。

在阐释者那里，也有一种普遍主义的观点："根据孟子，所有的人都具有'心'（mind），这种心是不能忍受他人受苦的。通过孟子对于齐宣王对于牛的行为的解释上，齐宣王对其自身不是真实的怀疑是错误的。在这一点上，孟子所有所做的，都是要告诉齐宣王再度审视自己，去看他也拥有这样的心……并且促使他更逼真地（vividly）感受到了百姓的如牛那般受苦的苦痛。"① 按照这种理解，孟子的信念应该是，齐宣王其实并不缺乏仁心，而只是缺乏想象力，更具体而言是道德想象力，对齐宣王的道德矫正，就在于使得他能更"逼真"地感受到这种情感与情境。

这种阐释就将对于禽兽抑或百姓的"不忍之心"，直接归之于"心"了。这种致思的方向似乎就弄反了，并不是从"心"推出的道德动机，而是从含情的道德动机里面推导出的"心"。尽管"心"在孟子心学那里具有普泛化的倾向，但是并不能如西方汉学家那般将"心"理解为普遍的理念，更不能从普遍的"心"来还原到道德动机。孟子的实际思路就是，从四端出发，而四端当中"恻隐之心"则是"端中之端"，《孟子·梁惠王上》所论的怜悯也是这类基本道德情感。

为孟子"情"论辩护之二：怜悯之情到底是如何"推"的？

肯定论与否定论的焦点还在于，对齐宣王而言，到底激发出了所谓"怜悯的感受"（feelings of compassion）了吗？这种"受苦的经验"通过他自身所想象的受苦而感受到了吗？还是经由了一种想象（imagination）和隐喻性比较（metaphorical comparison）的"推"？②

如果考虑到孟子在《孟子·梁惠王上》之外的各处所论的"道德发展过程"，也就是孟子所重论的"推""及""达"与"充"，那么，可以明确孟子的推爱是很明确的。还是回到齐宣王的那段叙事，当齐宣王看到了牛在受苦的时候，这还是在认知，但是当

---

① Craig K. Ihara, *David Wong on Emotions in Mencius*, *Philosophy East and West*, Vol. 41, 1991, p. 51.

② Lee H. Yearley, *Mencius and Aquinas*, State University of New York, 1990.

他即可产生怜悯之情的时候，那道德动机就出现了，由此齐宣王才实施了道德行为，也就是要求以羊易牛。这是第一个层级。在面对那些受苦的百姓的时候，从认知上说，齐宣王并没有觉察到百姓的受苦；从动机上而言，也没有去怜悯百姓；从行动上说，他也并没有采取使得百姓免受苦痛的行为。这是第二个层级。但问题在于，如何从第一个层级推导第二个层级呢？在这种推导过程当中，是否情感也被"类推"了呢？

首先的疑问就是，从对牛的怜悯推及对人的怜悯，是否是同情的"平移"呢？大多数人认为不是，因为齐宣王并没有感受到对人的同情，而只有对牛的同情。孟子的质疑在于，为何对牛都有怜悯，但对人却没有了呢？关键就在于，齐宣王"推出"的对人的有怜悯，那是理性的"推导"，还是感性的"推爱"？这就是伦理推理（moral rasoning）的关系问题，从孟子论述的目的看，他希望齐宣王更能获得感同身受的感性化关联。实际上，这就是种"隐喻性的推演"，却同样假设了齐宣王与民众也应有类似之情，无论大王能否感受得到。

如果承认，齐宣王确实没有感同身受牛的痛苦，从而推演到人，也就是对百姓的痛苦并没有感受到，那孟子就认为，既然不忍之心是人人所具有的。既然孟子本人也推爱了，那么，他就是要求齐宣王同样有着这般的感同身受。即使齐宣王最终没有感受到，事实上他也并未接受孟子的谏言（最终结果往往是所谓"是以所和者不合"（《史记·孟子荀卿列传》）），孟子的立意也是人人都应该感受到，否则，"你就不是一个好的君王"，不能从事不忍人之政，当然这是孟子的潜台词了。从王权的角度看，"只有当统治者打算在他统治的区域内建立'仁政'时，他才有资格成为真正的王；或者说，他才能真正证明自身有资格在即将诞生的新秩序之中生存下来。"①

从应然的角度看，孟子是在做"有情"推导，从实然的角度看，齐宣王却被并未"推情"。所以，对孟子是作为道德动机的"内在主义者"加以质疑的错误之处，就在于把齐宣王的推导与孟子的推情混为一谈了，孟子并不是内在主义者，当然更不是外在主义者。

除了推爱之外，还有一种"推"，也就是从"仁之心"向"仁之政"的推展。心与政之间必然是有缝隙的，孟子试图以"心学化"的方式跨越之。出现了齐宣王无法感受到百姓的苦痛，从而由对牛的怜悯推到对百姓的怜悯的理性推导，另一个原因，其实在于心与政之间的本有缝隙。孟子于是试图弥合之，齐宣王则是割裂看之，孟子与齐宣王的差异也在于此。

---

① 本杰明·史华兹：《古代中国的思想世界》，程钢译，江苏人民出版社 2003 年版，第 294 页。

为孟子"情"论辩护之三：含情的道德动机是"内在"的吗？

无论是遇到孺子入井还是牵牛过堂的道德境遇，"当诸如此类的情形出现时，人们就会自发地和不必事先盘算地行善。这里，人们突然发现，它尖锐揭示了我们生命中尚未被功利性盘算所玷污的纯洁的道德动机。"① 如果道德动机被视为情感的话，那么，就会由此滋生一种内在主义立场与观点。刘少生就是这样一个动机内在主义者（Motivational Internalist），也就是认为道德动机是内在的。这种观点被李瑞全直接概括为：第一，动力的内在论，即道德与动力有必然关联。二是孟子是一实在论，即道德是具有类似颜色声音之类的次性的存在；三是孟子不是形上的实在论，而是一种感性能力论（sensibility theory）的内在论。②

从告子与孟子的论辩来所，这种观点似乎更切合实际。因为告子主张了当时的一种流行观念：仁内义外，但是经过一番辩驳，孟子最终确立了他的仁义皆内在的观点。从这一点观之，难道孟子不也真是位内在主义者吗？然而，汉学家们所用的元伦理学的内在主义与外在主义的区分，实乃西方思想的两分理路，在孟子那里并没有如此明确割裂的内在之别。因为刘少生自身更多是在休谟的意义上论情感是内在的，然而，中国式的情感却并不是一种心理状态。原始儒家所论之"情"，乃是感于物而动，从而随物而宛转并与心而徘徊的，心物之间是交互作用和相互交融的。

与内在论相对的，乃为外在论，将道德动机只视为外在于情乃至心的，比如认定齐宣王的道德行为是逻辑推理而来的，就是此种论点。然而，肯定情感论者却并不赞同此点，倪德卫较早提出的观点就是明证，③ 但黄百锐却反驳说，"更基本的是，我认为倪德卫在解释孟子尽力通过逻辑观点改变齐宣王的解释是错误的，这种逻辑观点是尽力确证齐宣王应该去感受到对百姓的怜悯，这是由于，如果他没有在对于百姓的例证中如此为之，那么就不会在对待牛的例证中如此为之的话，这就自相矛盾的。"④ 如果这种论断是接近真实的，那么，外在论的内在矛盾也是显的。外在论还要处理这样的问题：规范的推理与动机的对应物之间，到底是什么关系呢？如果这些疑问没有决解，外在论所面临的问题要比内在主义更多。

实际上，在孟子那里，道德动机与道德行为之间从未割裂过，在一定意义上，动机

① 本杰明·史华兹：《古代中国的思想世界》，程钢译，江苏人民出版社 2003 年版，第 281 页。

② 李瑞全：《评各家对〈孟子·告子上〉第四章之释义——简论儒家经典诠释之意义》，林维杰、邱南海：《理解、诠释与儒家传统：中国观点》，"中央研究院"文史所 2010 年版，第 25 页。

③ David S. Nivison, *Mencius and Motivation*, *Journal of the American Academy of Religion*, Vol. 47, 1980, pp. 417 - 432.

④ David B. Wong, *Is There a Distinction Between Reason and Emotion in Mencius?*, *Philosophy East and West*, Vol. 4, 1991, p. 38.

即化作行为，内在与外在之间并无缝隙。或者说，从动机到行为的由内而外，行动内孕动机的由外而内，实际上是一而二、二而一的。由此观之，道德动机的内在主义与外在主义的分殊，实乃西方伦理学思维模式的产物，由此来阐释孟子所带来的不同观点，是典型的"以西释中"，孟子伦理恰恰超越了内在与外在的两分法。

为孟子"情"论辩护之四：道德动机中的"情理"如何互动？

说到底，孟子道德动机当中最基本的关系，仍是理性与情感的关系，孟子伦理到底具有何种"情理架构"呢？有趣的是，当今西方的情感哲学研究，恰恰在这方面支持了以孟子为代表的儒家观点。

当今情感哲学有两个主流派别：认知主义与新詹姆斯主义，最新的观点皆倾向于将情感与理性融合起来。认知主义者的观点始终是比较一致的，认定情感是就理性的。哲学家罗纳德·索萨（Ronald De Sousa）的《情感的理性》可作为代表①，但他仍试图发展达尔文的进化与功能模式，并试图去为情感的"对象观点"进行辩护：情感就是对世界本身某物的某种理解，由此发展出了一套的"情感意图理论"。与之相反，新詹姆斯主义者或者激进地认定情感就是非理性的，或者妥协性地认为，情感不仅仅是具有理性倾向（rationality-apt）的。更为晚近的观点，开始接受情感是理性的观点，但认为即使情感是理性的，那么这种理性也是反常的，抑或是外在的。但无论是何种观点，都开始关注情感是有理性的，对于道德情感的研究也同理可证。

沿着西方情感哲学研究的思路，道德哲学研究者伊万·辛普森（Evan Simpson）也提出了较新的观点：道德判断是具有感受内容（affective contents）的，而道德感受（moral affection）也是有认知内容的。② 孟子的情理架构恰恰可以印证这种伦理观念，道德理性当中本含有情感。黄百锐的主要论题就在于情感（也包括怜悯在内），被认定是不仅是感受性的（affective），也是认知性的。③ 然而，也有不认同这种观点的，认定"心"作为内在的感性（innate sensitivities）并不是情感，它一定是情感的最原始的开端，黄百锐意义上的认知情感（cognitive emotion）在"孺子入井"与齐宣王"以羊易牛"段落中是没有证据可以证明的：因为孟子相信，判断是为了行动的理性的认识，它基本上是为了使得齐宣王拓展他的心到他自己的百姓身上。④

肯定论早就致力于阐释情感与理性之间的互动，"在对孟子图景的描述中，情感在

---

① Ronald De Sousa, *The Rationality of Emotion*, Cambridge, MA：MIT Press, 1989.

② Evan Simpon, *Between Inetrnalism and Externalism in Ethics*, *The Philosophical Quarterly*, Vol. 49, 1999, pp. 201 - 214.

③ Craig K. Ihara, *David Wong on Emotions in Mencius*, *Philosophy East & West*, Vol. 41, 1991, p. 45.

④ Craig K. Ihara, *David Wong on Emotions in Mencius*, *Philosophy East & West*, Vol. 41, 1991, p. 48.

道德动机中扮演了角色，在怜悯当中被认识到的得以行动的理性，能够是动机性地有效的。……对孟子而言，对这种帮助的反应，能够通过任何有感觉存在（包括人类）的受苦而被引出来，这已经在孺子入井的反应例证当中得以说明。"① 这里所谓的帮助就是指由道德决定而辅助的道德行为，无论是以牛替羊还是求助孺子，几乎都是当机立断的，道德动机看似是情感化的但实则有着"行动的理性"。

否定论的那种反对的观点，恰恰持一种纯理性化的视角，显然没有抓住孟子伦理的本意。理性主义的核心观点就在于，对他人受苦的认知是作为行动的理性而存在的，这对于孟子的伦理学是基础性的。但孟子实乃认定道德的动机，尽管带来了理性的行动，但动机本身却是诸如怜悯之类的基本道德情感，而非对道德情感的认知，当然更重要的是，情感当中本身就蕴含了理性，这就是孟子道德动机的"情理架构"的真义。

---

① David B. Wong, *Is There a Distinction Between Reason and Emotion in Mencius?*, *Philosophy East and West*, Vol. 4, 1991, p. 38.

论司马迁悲剧人生的二律背反[*]

王曰美　曲阜师范大学历史文化学院

摘　要　司马迁悲剧人生中的四对矛盾命题构成了司马迁人生悲剧的二律背反，这四对矛盾命题是：司马迁是汉武帝时代最需要的人才，汉武帝并不需要司马迁这样的人才；司马迁是自卑的，司马迁是自信的；司马迁继承了儒家的处世哲学，司马迁违背了儒家的处世哲学；司马迁生逢其时，司马迁生不逢时。司马迁人生悲剧的二律背反实质上是司马迁实现人生价值的强烈愿望与抹杀、压抑、否定自我人生价值的现实环境之间的强烈冲突。司马迁既不能说服自己放弃其崇高的理想和追求，又无法躲避来自客观环境的摧残与毁灭，这就注定了司马迁悲剧人生的必然性。这也是中国封建社会每一个知识分子都无法回避的尴尬、困惑与痛苦，即中国知识分子人格意识的悲剧二重性。而这种必然性又是中国封建社会特定历史环境所永远无法解决的。

关键词　司马迁　悲剧　二律背反　必然性

"二律背反"（antlnomia）是由德国哲学家康德在18世纪《纯粹理性批判》中最先提出的一个哲学概念，是指对同一个对象或问题所形成的两种理论或学说虽然各自成立但却相互矛盾的现象。康德提出"二律背反"时曾列举了四对相互排斥，但表面看来又相互融合的矛盾命题，即世界是有限的，世界是无限的；世界中每个复合物都是由单纯的部分构成的，世界中没有什么复合物是由单纯的部分构成的；世界是自由的，世界没有自由；世界上有绝对必然的存在物，世界上没有任何绝对必然的存在物。①

用"二律背反"的观点来看，司马迁的人生悲剧中，也有至少四对相互排斥，又都可以论证，但对司马迁本人来说又是难以逾越的矛盾命题，并由此导致了司马迁悲剧

---

* 基金项目：国家后期资助项目（编号12FZX020）、山东省社科规划项目（编号09DZZZ02）、山东省研究生教育创新计划项目（编号SDYY12055）阶段性成果。

① ［德］康德著，邓晓芒译：《纯粹理性批判》，人民出版社2004年版，第361－386页。

人生的必然性，也造成了他人格意识的悲剧二重性：一方面，司马迁有先知先觉者的自信与自尊，本能地追求个人"自由而全面的发展"，① 另一方面，他又不得不把实现自己人格价值的希望寄托在哪怕是并不理想的执政者身上。这种在春秋战国时期形成的知识分子的悲剧二重性的特殊文化人格，被后代的士大夫文人所承继，司马迁也不例外。下面就从四个方面展开论述：

一、司马迁是汉武帝时代最需要的人才　汉武帝并不需要司马迁这样的人才

司马迁生活在汉武帝时期的崇儒时代，从小受儒家思想的熏陶，又继承了春秋战国以来的诸子学说，加之秉承了其父司马谈的家学渊源。故作为一个有远大抱负和极具才干的知识分子，司马迁当然是以时代的理想——治国平天下作为自己的终极追求。

初入官场的司马迁可谓少年得意。作为一个世袭的官宦子弟，23 岁② 就做了郎中。郎中"掌守门户，出充车骑"，职位虽然不高，却是武帝的近臣，可以紧随武帝身边出征巡游。在《史记·太史公自序》中，司马迁曾以矛盾伤感的心情追忆自己当年的豪迈与得意："奉使西征巴蜀以南，略邛、莋、昆明，还报命。""余从巡祭天诸神、名山川而封禅焉。"在短短的七年中，司马迁的足迹几乎遍及了辽阔的大汉疆土，参与了汉王朝的一系列重大活动，充分感受到了昂扬奋进、蓬勃向上的时代特征。正如李长之先生说的"司马迁的少年时代，正是国家最为热闹的时代"，"司马迁何幸而生在汉武帝的大时代，又何幸而住在当时政治军事文化中心的长安！"③ 在这种大汉盛事的时代背景下，著史的激情开始在他的胸中翻涌，父亲司马谈去世三年后，司马迁继任做了太史令，这一年司马迁只有 28 岁。太初元年（公元前 104 年）在作为主要成员参与修订了《太初历》大受好评后，司马迁开始收集、整理史料，以完成父亲遗志，以结圣明之主的欢心——报答汉武帝的知遇之恩，实现自己的宏伟壮志："述往事，思来者。……亦欲以究天人之际，通古今之变，成一家之言。"④ 这时已达到政治生涯巅峰、踌躇满志的司马迁没有理由不相信他是大汉王朝最需要的人才，更是圣主明君汉武帝的宠臣。

但是如果历史地考察当时的西汉王朝，可知当时的汉武帝并不需要司马迁这样的人才。道理很简单：因为司马迁生活的时代，是由思想相对自由解放，个性亦可舒展张扬

---

① 《马克思恩格斯选集》第一卷，人民出版社 1972 年版，第 18 页。
② 关于司马迁的生年，史籍没有明确的记载，历来学者多有考证和推测，众说不一，迄今尚无定论。主要有两种观点。一种主张司马迁生于汉武帝建元六年（公元前 135 年），一种主张司马迁生于汉景帝中元五年（公元前 145 年）。本文采纳第一种说法。
③ 李长之：《司马迁的人格与风格》，三联书店 1984 年版，第 70 页。
④ 班固：《汉书·司马迁传》，中华书局 1999 年版，第 2068 页。

的春秋战国，进入到了封建君主集权专制制度巩固确立的时代，封建君主专制制度的根本特点就是对人的个体存在价值的否定。这一点，在汉初刘邦诛杀功臣时就已显示出来，至司马迁时代愈益明显。汉武帝虽然是一位雄才大略的君主，但同时也是一个好大喜功、专横跋扈、不可一世的封建帝王。他不仅要在政治、军事、经济等方面营建统一大业，而且还要在思想理论界推行"唯我独尊"的政策。尽管他取得了其父、其祖都无法企及的巨大功绩，但是他那自以为是的骄傲心理也在不断膨胀，显扬自己功威满天下的心理要求亦愈演愈烈。他要求一切人都必须按照他的意志说话，顺我者昌，逆我者亡。因此，他所需要的乃是既能恪守"人臣奉法遵职而已"信条、又能征战沙场大败匈奴扬大汉雄威的卫青、霍去病这样的武将；以及不善言谈却敏于行事、恭敬谨慎无人可比的石奋、石建这样的"忠厚老实"之臣。故而"一心营职、以求亲媚于主上"的司马迁这时才痛苦地意识到：当时的朝廷确实不需要他这样的人才。因为他只是一个掌管"文史星历"的太史令，地位"近乎卜祝之间，固为主上所戏弄，倡优畜之"，且素为"流俗之所轻也"①。而汉武帝作为封建专制统治的最高代表，对他来讲，除了他本人以外，任何人都是没有独立价值的，他是凌驾于万人之上的主宰，所谓"普天之下，莫非王土；率土之滨，莫非王臣"②，何况司马迁一个小小的太史令。所以，基于客观公正立场，为李陵辩护的司马迁是必会惹怒刚愎自用、唯我独尊的汉武帝，"下蚕室、受腐刑"就在所难免了。

二、司马迁是自卑的　司马迁是自信的

《报任安书》（是司马迁任中书令时写给他的朋友任安的一封信）给我们的印象是：司马迁有着沉重的自卑情结。家族中衰，主上戏弄，官场苟全，宫刑奇耻……这一切在司马迁心头缠绕成了浓重的自卑情结。他不断地咀嚼、舔舐着自己的自卑，以及由此而衍生出来的孤寂、忧郁、愤懑、悲怆……

先从司马迁的父辈说起。《报任安书》中写道："仆之先人非有剖符丹书之功，文史星历近乎卜祝之间，固为主上所戏弄，倡优畜之，流俗之所轻也"。可见司马迁在谈到自己的先人时全无自豪之感。父亲掌管天官之事，却不能参加汉武帝封禅泰山的典礼。父子俩相见于河洛之间，父执迁之手而泣曰："今天子接千岁之统，封泰山，而予不得从行，是命也夫，命也夫！"并感叹司马氏家族"后世中衰，绝于予乎"③？司马谈竟为此事忧愤而死。老太史公于弥留之际谆谆教诲司马迁要"扬名于后世，以显父母"

---

①　班固：《汉书·司马迁传》，中华书局 1999 年版，第 2066 页。

②　《毛诗正义》卷 13《小雅·北山》，见《十三经注疏》上册，中华书局 2003 年版，第 463 页。

③　司马迁：《史记·太史公自序》，中华书局 1999 年版，第 2490 页。

之时，无意中也将他的自卑感传给了他的儿子司马迁。

父亲死后的第三年，司马迁继任为太史（后任中书令），官宦生涯十几载，其自我感觉又如何呢？尽管他"一心营职，以求亲媚于主上"，可结果是："上之，不能纳忠效信，自结明主"；"次之，又不能拾遗补阙，招贤进能"；"外之，不能备行伍，攻城"；"下之，不能累日积劳，取尊官厚禄"。作为一位官吏，他简直是从上到下，从内到外，都渗透着自卑。所谓："四者无一遂，苟合取容，无所短长之效"。后来因李陵之祸而受宫刑，将其自卑感推向了极致。"祸莫憯于欲利，悲莫痛于伤心，行莫丑于辱先，而诟莫大于宫刑。"痛苦与羞辱日夜啃噬着司马迁的肉体和灵魂。堂堂"慷慨之士"，却幽于缧绁，"见狱吏则头抢地，视徒隶则心惕息"，"是以肠一日而九回，居则忽忽若有所亡，出则不知所往，每念斯耻，汗未尝不发背沾衣也！"[1] 在这种痛彻心骨的悲愤与绝望中司马迁不能不想到以死亡来结束这种对生命的痛苦承受。"假令仆伏法受诛，若九牛亡一毛，与蝼蚁何异？而世又不与能死节者比，特以为智穷罪极，不能自免，卒就死耳。"但在荣与辱、生与死的艰难抉择中，司马迁又以超乎常人的毅力毅然决然地选择了辱与生，最终"茸以蚕室，重为天下观笑，悲夫！悲夫"！[2] 司马迁这重叠的哀叹，岂不是老太史公那苍老之声（"是命也夫，命也夫"）的沉重而悲怆的回音？！

当司马迁沉湎于自卑时，他实际上已经超越了自卑。正如朱光潜先生所言："沉湎于忧郁本身又是一种心理活动，它使郁积的能量得以畅然一泄，所以反过来又产生一种快乐。"[3] 在经历了旷日持久的精神斗争之后，司马迁强烈地意识到："勇者不必死节，怯夫慕义，何处不勉焉！……所以隐忍苟活，函粪土之中而不辞者，恨私心有所不尽，鄙没世而文采不表于后也"。[4] 尤其让他难以忘怀的是父亲司马谈临终前的殷殷嘱托："余为太史而弗论载，废天下之史文，余甚惧焉，尔其念哉！"[5] 此时，著史已成为司马迁赖以生存下去的唯一精神支柱，在《史记》远未完成之前，司马迁深感他无权虚掷自己的生命。他在凝思生死之后，在我国历史上第一次自觉地提出了自己非常明确的人生价值观——"人固有一死，死有重于泰山，或轻于鸿毛。"这时的司马迁已完全超越了自卑与自我，勘透了自然，洞穿了生死，实现了人格的完善与升华。他要通过著述摆脱对生命价值的困惑与疑问，在对历史的思考与描述中获得生命的尊严与生存的终极意义。这种不为苦难境遇所击溃的坚强性格，使他正视现实，重塑自我，使心灵得到了超

---

① 班固：《汉书·司马迁传》，中华书局1999年版，第2069页。
② 班固：《汉书·司马迁传》，中华书局1999年版，第2065页。
③ 朱光潜：《悲剧心理学》，人民文学出版社1983年版，第163页。
④ 班固：《汉书·司马迁传》，中华书局1999年版，第2067页。
⑤ 司马迁：《史记·太史公自序》，中华书局1999年版，第2490页。

越时空的净化，昂扬起了更高的斗志。他以先贤西伯、仲尼、屈原、左丘明、孙膑等为楷模，把完成《史记》的著述看得比生命还重要。于是司马迁就把满腔的愤懑倾注到《史记》人物的著述当中，与他笔下的那些历史人物进行情感的交流，讴歌人生，张扬个性。无论是为理想而死的屈原、为尊严而争的陈胜、为知己者毁灭的豫让；还是弃小义、雪大耻的伍子胥、犯颜直谏的袁盎、率性而为的鲁仲连，他们一个个鲜活的生命在司马迁笔下绽放出人性的光辉，他们以其独有的个性风格、人格力量与生命价值一次又一次地张扬起理想的风帆，不断地超越自我、实现自我，将个体价值擢拔至生命的最高，这无疑也深刻寄寓了司马迁对终极价值的人文追寻与反思。

著书！著《太史公书》！司马迁那副残缺的身躯，只有在三千年历史长河中上下遨游时，才显示出生命的魅力；他那颗痛苦的灵魂，只有与他笔下诸多悲剧人物同生死共悲欢时，才闪烁出神性的火花！司马迁在那种被毁灭的境遇中"不必死节"重新崛起的顽强毅力、"隐忍苟活"舍我其谁的实践精神实在是感天动地、荡气回肠！

三、司马迁继承了儒家的处世哲学　司马迁违背了儒家的处世哲学

中国传统文化是以儒家思想为主体的，是建立在农业社会血缘宗法制度基础上的，给个人指出的自我实现之路是正心、诚意、修身、齐家、治国、平天下。儒家的自我实现之路就是由一个完满的道德之身施之于家，建立父父子子的家庭伦理秩序，由此治国，建立君君臣臣的完美政治秩序。尽管司马迁的思想来源十分复杂，但却形成了自己独特的思想体系，可谓博大精深，"成一家之言"。由于司马迁成长于汉武帝的崇儒时代，从小受儒家教育，加之父亲热切地希望他凭借儒术跻身于上层社会，以继承自己的修史业业。所以儒家思想实为司马迁的主导思想。《左传·襄公二十四年》："太上有立德，其次有立功，其次有立言，虽久不废，此之为不朽。"立德、立功、立言，集中体现为立名，立名即是"三不朽"的标志。孔子就十分重视立名，"君子疾没世而名不称焉"！① 这句话可以说是司马迁的座右铭，在《史记》首篇列传——《伯夷列传》中就被引以明志。《史记》中"名不虚立""名冠诸侯""名垂后世""名重泰山"等评赞更是不胜枚举。立名，是司马迁品评历史人物的重要标准。司马迁"究天人之际，通古今之变，成一家之言"，也就是要立言以垂名于后世。由此可见，先秦儒家的"三不朽"精神是司马迁生命意识的核心。

可以说司马迁完全继承了儒家修身、齐家、治国、平天下的处世态度和儒家积极入世的崇高使命感。在政治上，他忠君报国，把实现自己理想的愿望寄托在自己的君主——汉武帝身上。在《报任安书》中司马迁这样阐述道："修身者智之府也，爱施者

---

① 《论语·卫灵公》，见《十三经注疏》下册，中华书局 2003 年版，第 2518 页。

仁之端也，取予者义之符也，耻辱者勇之决也，立名者行之极也。"从其智、仁、义、勇、行的五种品德论述中我们可以确认：其思想意识中的儒家影响已根深蒂固。他认为"士有此五者，然后可以托于世，列于君子之林矣"！在这五中品行中，"修身"在先，"立名"为极。为此，司马迁诚惶诚恐，竭尽才力，"绝宾客之知，忘室家之业，日夜思竭其不肖之材力，务一心营职，以求亲媚于主上"。① 在治国之道上，司马迁崇尚"三王之道"，崇拜孔子。对于孔子，他像仰望高山，追求光明一样"心向往之"。观孔子遗风，祗回留之，徘徊不忍离去。孔子在他心目中的地位已经超过了君王。他说："天下君王至于贤人众矣，当时则荣，没则已焉。……自天子王侯，中国言六艺者折中于夫子，可谓至圣矣！"② 在孔夫子的感召下，司马迁最终明确提出：要踏着"至圣"的足迹前行——"有能绍而明之，正《易传》，继《春秋》，本《诗》《书》《礼》《乐》之际……小子何敢让焉"。③ 司马迁接受了父亲的遗命，力作第二个孔子，创造出超越"天子王侯"传世不泯的业绩来——这就是他的理想！司马迁确实也做到了，整部《史记》充分地体现了司马迁的"任道"精神和崇高的使命感。

然而，从另一角度考察，司马迁又违背了儒家处世的精髓。

儒家追求真理，视仁义为第一生命。所谓"朝闻道，夕死可矣"④；"志士仁人，无求生以害人，有杀身以成仁"⑤；"生亦我所欲也，义亦我所欲也，二者不可得兼，舍生而取义者也"⑥。杀身成仁，舍生取义，甚至早上明白了真理，傍晚就可以死去，这就是儒家崇高的殉道精神。正如余英时先生所言："中国知识阶层刚刚出现在历史舞台上的时候，孔子便已努力给它贯注一种理想主义的精神，要求它的每一个分子——士——都能超越他自己个体的和群体的利害得失，而发展对整个社会的深厚关怀。"⑦ 后来的士是否都能做到这一点当然是另外的问题，但由于孔子恰处在士阶层兴起的历史关头，他对这一阶层的性格形成的影响，是深远而巨大的。"道"作为自己的天职和人生奋斗的最高价值目标成为新兴之士终生不懈的追求，"士不可以不弘毅，任重而道远。仁以为己任，不亦重乎？死而后已，不亦远乎？"⑧ 为了这个"道"，孔、孟都曾游说过列国国君，确是兢兢业业十分辛苦。孔子曾为之困于陈蔡间，也曾蹀躞见南子；孟子也因"所如者不合"才"退而与万章之徒序《诗》《书》，述仲尼之意，做《孟子》七篇"。

---

① 班固：《汉书·司马迁传》，中华书局 1999 年版，第 2064 页。
② 司马迁：《史记·孔子世家》，中华书局 1999 年版，第 1566 页。
③ 司马迁：《史记·太史公自序》，中华书局 1999 年版，第 2491 页。
④ 《论语·里仁》，见《十三经注疏》下册，中华书局 2003 年版，第 2471 页。
⑤ 《论语·卫灵公》，见《十三经注疏》下册，中华书局 2003 年版，第 2518 页。
⑥ 《孟子·告子上》，见《十三经注疏》下册，中华书局 2003 年版，第 2752 页。
⑦ 余英时：《士与中国文化》，上海人民出版社 2004 年版，第 25 页。
⑧ 《论语·泰伯》，见《十三经注疏》下册，中华书局 2003 年版，第 2487 页。

惟其周游列国，游说诸侯，惟其退而讲学授徒，恰恰说明了儒家的处世态度也有避世的一面。即孔子真正的处世态度是："天下有道则见，无道则隐"，义不避世，周游天下，择木而栖，就"有道"之主，避"无道"之君。孟子更主张"达则兼济天下，穷则独善其身"。如天下有道，政治清明，德者应积极入世，将内圣之道转为外王之治。依靠自己的官位来建功立业，从而为天下人谋福利。天下无道，政治黑暗，桀纣在位，不仁者居上，德性主体难以转化为政治主体，内圣通往外王之路从而被堵塞，士大夫应不为"污世"所染，独善其身，且能以自己的美行懿德来影响世人，即"修身见于世"。这一思想实际上是对孔子"用之则行，舍之则藏"[①] 思想的继承和发展。

故穷达有别，行止有度，用世避人，明哲保身，这才是儒家处世的"真精神"。考察司马迁悲壮的一生，可以看出：他能像儒家一样积极入世，却不能像儒家那样"独善其身"。就当时的情形而言，在李陵兵败降敌这件事上，司马迁无论是讽刺与汉武帝有裙带关系的李广利（"沮贰师"），还是把出击匈奴犯了战略错误这笔账算在汉武帝头上（"诬上"），他都在劫难逃，必然要成为君主专制集权下的牺牲品。若司马迁体悟了儒家处世哲学的精髓，他就应世故一些，从"明主"与其宠幸的李夫人、贰师将军的关系考虑，顺着武帝的意志，痛斥李陵，随那些"全躯保妻子之臣"一道，"媒孽其短"，也就不会有"下蚕室，就宫刑"的悲剧发生了。甚或，在自己为官得意之时，多置些家产，因为汉法有"以钱赎罪"之法，那样，司马迁也就不至于"家贫，财赂不足以自赎"了。

四、司马迁生逢其时　司马迁生不逢时

从当时的社会历史条件来看，司马迁适逢汉代政治、经济、文化发展的鼎盛时期。但在盛世背后，却隐伏着深刻的阶级矛盾。一方面，社会经济发展到很高的水平，"非遇旱灾，则民家给人足"；另一方面，豪党之徒兼并土地，"武断于乡曲"的现象，比以前更为严重。加之武帝"外事四夷，内行功利"，在完成了辉煌事业的同时，也耗尽了文、景以来府库的余财，加重了农民的困苦。在统治阶级对广大人民的压迫、剥削日益严重的情况下，封建统治显露出了新的重重危机，在这样的社会背景下，清理古代文化遗产，总结历史经验教训，为大汉王朝提供借鉴，就成为当时那个时代的迫切要求。同时，司马迁那个极富文化背景的家世对其人生价值的形成也有着十分重要的作用。父亲司马谈在太史令职守上任职约30年，当时"天下遗文古事，靡不毕集太史公"，由此他曾产生利用这一有利条件，撰述史书的念头，但还没有动笔，便忧愤而死。因此在临终前，他把著书的宏伟壮志嘱托给了司马迁，"予死，尔必为太史；为太史，毋忘吾所

---

① 《论语注疏》第七卷《述而》，见《十三经注疏》下册，中华书局2003年版，第2482页。

欲论著矣。……自获麟以来四百余岁，而诸侯相兼，史记放绝。今汉兴，海内一统，明主贤君，忠臣义士，予为太史而不论载，废天下之文，予甚惧焉，尔其念哉！"司马迁流涕答允曰："小子不敏，请悉论先人所次旧闻，弗敢阙。"① 从司马迁所说"年十岁则诵古文"，自幼熟悉古代文化典籍，说明其受过良好的家学熏陶和后天教育。20 岁司马迁便开始漫游，"二十而南游江淮，上会稽，探禹穴，窥九疑，浮沅湘。北涉汶泗，讲业齐鲁之都，观夫子遗风，乡射邹峄；阸困蕃、薛、彭城，过梁楚以归。"② 入仕后，又侍从武帝，他的足迹几乎遍及整个国家。这使得他有机会遍访名山大川，遗闻古迹，民间传说。从而使司马迁不仅具有了丰富的文化知识，而且还获得了因广泛实践考察而得到的书本上所未有的活的历史知识。加之司马迁天才的智慧和执着的信念，"欲以究天人之际，通古今之变，成一家之言"的《太史公书》便呼之欲出了。由此可见，司马迁确实是生逢其时啊！

另一方面，我们又可以说"司马迁生不逢时"，因为司马迁没有生在个性张扬的春秋战国时期。

那个时期，中国的知识分子为了实现自己的理想和追求，率性而为。他们著书立说，周游列国，在不遇明主时，他们有多种选择。上至卿相，下至客卿，合则留，不合则去。朝秦暮楚，楚才晋用，择木而栖，择主而仕，是那个时期的时代风尚。苏秦、张仪、李斯等便是身为异国之士，择主而仕的成功代表。而颜斶振聋发聩的"士贵而王者不贵"，"先王之头不若死士之垄"③ 的慷慨陈词，更是知识分子作为社会的独立阶层，地位得到空前提高，自我意识得到极大增强的最好诠释。

不幸的是：司马迁没有生活在充满"民主与自由"的春秋战国时期，所以刘鹗在《老残游记·序》中说："《离骚》为屈大夫之哭泣；《史记》为太史公之哭泣。"《史记》为什么为太史公哭泣呢？因为司马迁没有生活在春秋战国时期，而是生活在君主专制主义中央集权已经完全建立，并日益巩固和完善的汉代。这时人的位置不再被血缘关系所限制，而是被君主权威所控制，皇帝作为封建专制统治的最高代表，对他来讲，除了他本人以外，任何人都是没有独立价值的，即使这个人功劳再大，权位再高，都要唯皇帝之命是从。如为秦始皇统一天下，功盖当世、身为三公之首的李斯被"腰斩于咸阳"；手握重兵、权倾天下的韩信被"斩杀于长乐钟室"；"宠幸倾九卿"的晁错，在七

---

① 司马迁：《史记·太史公自序》，中华书局 1999 年版，第 2490 页。

② 班固：《汉书·司马迁传》，中华书局 1999 年版，第 2054 页。

③ 刘向：《战国策·齐策四》载：齐宣王见颜斶曰："斶前！"斶亦曰："王前！"宣王不悦。左右曰："王，人君也。斶，人臣也。王曰斶前，亦曰王前，可乎？"斶对曰："夫斶前为慕势，王前为趋士；与使斶为趋势，不如使王为趋士。"王忿然作色曰："王者贵乎？士贵乎？"对曰："士贵耳，王者不贵。"王曰："有说乎？"斶曰："有。昔者秦攻齐，令曰：'有敢去柳下季垄五十步而樵采者，死不赦！'令曰：'有能得齐王头者，封万户侯，赐金千镒。'由是观之，先王之头，曾不若死士之垄也。"

国叛乱时，也被"衣朝衣斩东市"……。所以说这时的皇帝已经成为天下之主宰，掌握着普天之下所有人的生杀大权，他的权力已无限地膨胀。因此当李陵与匈奴交战，兵败，"主上为之食不甘味，听朝不怡""惨悽怛悼"之时，司马迁以李陵"事亲孝，与士信，临财廉，取予义，分别有让，恭俭下人，常思奋不顾身以徇国家之急"的国士之风，推断其"身虽陷败，彼观其意，且欲得其当而报汉"。^① 司马迁并非为投降了的李陵辩护，因此时的李陵并没有投降。也不是出于好友的拔刀相助，因为司马迁与李陵"趣舍异路""素非相善"。因而他为李陵辩护是基于客观公正的立场，称说李陵的战功，意在宽慰皇上，堵塞谗言。但汉武帝却认为：称说李陵有功便是诋毁贰师将军李广利，遂将司马迁"下于理"（李陵投降，是在司马迁"下于理"之后）。可怜司马迁以拳拳之忠，款款之愚，仗义执言，"适会召问，又问必对"，只因"明主"不深晓其意，便将其推入"与法吏为伍，深幽囹圄之中"的苦难深渊。一句"事乃有大谬不然者"，直道出了司马迁内心的悲愤、痛苦和失望，真是"地也，你不分好歹何为地？天也，你错勘贤愚枉做天"（关汉卿《窦娥冤·滚绣球》）！而且，在司马迁获罪下狱时，"交游莫救，左右亲近不为一言"，大臣们和朋友们大概因为他得罪的是汉武帝，所以没有一个人敢出面帮助他。这时的司马迁真是叫天天不应，呼地地不灵啊！

"李陵事件"不仅使司马迁遭受到了巨大的肉体创伤，而且臣心的冷漠和友人的虚伪也使他从另一个角度看到了政治的黑暗、世态的炎凉，使其对人生的沉浮、人心之叵测感到了彻底的失望和强烈的悲愤。他再次长叹：悲夫，悲夫！"事未易一二为俗人言也！"^②

总之，司马迁人生悲剧中的二律背反，实质上就是司马迁实现人生价值的强烈愿望与抹杀、压抑、否定自我人生价值的现实环境之间的强烈冲突。司马迁既不能说服自己放弃其崇高的理想和追求，又无法躲避来自客观环境的摧残与毁灭。这就注定了司马迁悲剧人生的必然性。

马克思把"追求自由而全面的发展"当作人的"终极关怀"。^③ 虽然中国的知识分子自秦汉以来，就被君主权威牢牢控制，但他们与生俱来的历史责任感又要求他们不仅要独善其身，还要兼济天下，而自身个体价值的实现都必须通过社会这个渠道。因此他们不得不把实现自己理想的愿望寄托在"明君"身上。一旦自己的主张被明君采纳，他们便会摆脱卑贱之位、困苦之地，而名显诸侯。这时他们可谓风光无限，志得意满。

---

① 班固：《汉书·司马迁传》，中华书局 1999 年版，第 2065 页。
② 班固：《汉书·司马迁传》，中华书局 1999 年版，第 2066 页。
③ 《马克思恩格斯选集》第一卷，人民出版社 1972 年版，第 18 页。

更为关键的是他们胸怀天下的鸿鹄之志得以实现，自己的人生价值得到了社会的承认。但为了使国家更加强大，人民更加富裕，他们会不断地向明主上书、进谏，以期自己的国君做得更好，自己的个体价值得到更完美的实现。但高高在上，一直被"宠惯"了的皇帝大多喜欢听逢迎赞扬的话，一次、两次的"忠言逆耳"还可勉强听进去，若唠唠叨叨，没完没了，再圣明的君主也会龙颜大怒。被历代帝王奉为楷模的唐太宗李世民在历史上以"善纳谏"而名垂后世，但在耐着性子一次次听魏征进谏后，他也终于忍无可忍，要杀魏征这个"田舍翁"了，幸被贤德的长孙皇后劝阻，才得以保全唐太宗的一世英名。在这种情形之下，君臣之间的矛盾就不可避免了。于是君臣之间的关系日趋恶化，于是"贤臣们"被疏远、罢官、流放，直至被杀头了事。这是他们有幸恰逢"天下有道"、巧遇"明君"的情况。若碰到的是无道昏君，他们的命运就更加凄惨悲壮了——"死"几乎成了他们唯一的结局。这是中国封建社会每一个知识分子都无法回避的尴尬、困惑与痛苦，即中国知识分子人格意识的悲剧二重性。一方面，他们有先知先觉者的自信与自尊，本能地追求个人"自由而全面的发展"；另一方面，他们又不得不把实现自己人格价值的希望寄托在哪怕是并不理想的执政者身上。这也注定了他们悲剧人生的必然性。

屈原、李广、伍子胥、季布、李斯、韩信、袁盎、汲黯、司马迁等等无一不能回避。尤其是秦汉以来伴随着专制暴君对个体人格的压抑迫害，形成了一批内"诈力"，而外"仁义"的畸形人格，汉武帝刘彻就是典型代表。汉武帝明里"独尊儒术"，而实际上却滥用刑法，令士"折节屈下于己"，稍有触犯，即严惩不贷。司马迁因李陵事件下狱、惨遭宫刑就是突出的一例。在统治者的高压政策下，许多"士"满嘴仁义道德，满身却奴颜媚骨。以叔孙通、公孙弘为例：叔孙通一生共事十主，"皆面谀得亲贵"；公孙弘"尝与公卿约议，至上前，皆背其约以顺上旨"，[1] 他们的阿顺苟合、丧失人格，与司马迁在那种被毁灭的境遇中"不必死节"重新崛起的顽强毅力、"隐忍苟活"舍我其谁的实践精神形成了鲜明的对比。专制政体对人性的摧残由此也得以淋漓尽致的宣泄。正如恩格斯在《致斐迪男·拉萨尔》中说得："这就构成了历史的必然要求和这个要求的实际不可能实现之间的悲剧性冲突"，[2] 而这种冲突在中国封建社会特定的历史环境下是永远无法解决的。

① 司马迁：《史记·平津侯主父列传》，中华书局 1999 年版，第 2253 页。
② 《马克思恩格斯全集》第 29 卷，人民出版社 1972 年版，第 586 页。

自由：道家庄子与儒家程伊川的不同思考

曾振宇　山东大学儒学高等研究院

英国哲学家以赛亚·伯林（Isaiah Berlin）认为，观念史家所梳理的"自由"一词的定义不下"两百多种"，"自由是一个意义漏洞百出以至于没有任何解释能够站得住脚的词"。① 缘此，以赛亚·伯林提出切不可用"唯一的尺度"裁评世界各种哲学与文化形态中的自由思想与传统。中国哲学与文化传统中的自由思想源远流长，恰如"儒家自由主义"代表人物徐复观所言：中国文化传统中有丰沛的积极意义上的"自由精神"②。曾经与徐复观笔战得"天昏地暗"的殷海光，时至晚年也承认中国文化传统中确实存在"内在自由"③。中国思想传统中的自由思想，是一座有待于学人进一步去挖掘与评估的精神"富矿"。本文以道家庄子和儒家程伊川为例，对道家和儒家自由思想的内在哲学蕴涵、生命旨归与境界形上学，做一些新的考辨与阐释。力图证明在中国思想史上，自由是超越学术派别之争而客观存在的历史事实。不当之处，敬祈方家指正！

一、人性是"道"之"德"：庄子逍遥自由的哲学论证

徐复观将庄子定位为"伟大的自由主义者"④。庄子之"伟大"，不仅在于揭明逍遥自由是人本性的呈现，是生命永恒、绝对的价值观与生命理想境界，更深刻还在于从形上学高度论证逍遥自由何以可能。在庄子思想体系中，道既是哲学本体，又是生命哲学

---

① 以赛亚·伯林著：《自由论》（修订版），凤凰出版传媒集团、译林出版社 2011 年版，第 170 页。

② 徐复观：《为什么要反对自由主义?》，《儒家思想与民主自由人权》，台湾八十年代出版社 1979 年版，第 284－285 页。

③ 殷海光：《〈放弃了的道路——海耶克教授著到奴役之路第一章〉译者的话》，《殷海光全集》第 6 卷，台湾桂冠图书公司 1990 年版，第 2 页。

④ 徐复观：《中国人性论史》，华东师范大学出版社 2005 年版，第 252 页。

层面的核心范畴①。庄子一以贯之地表述一个核心观点：逍遥自由是人性的朗现，自由是人的本质，人在本质上逍遥自由。庄子的自由，哲学性质上属于殷海光晚年所界说的"内心自由""开放心灵的自由"②，与以赛亚·伯林"积极自由"也有几分近似之处。随之而来的问题在于：人逍遥自由是否可能？何以可能？其实这是研究庄子哲学非常关键的一个问题，可惜学界对这一深层次的问题缺乏深入研究。古希腊亚里士多德的道德选择理论有一个哲学前提："人有道德行为能力是否可能？"如果没有道德行为能力，就没有意志自由；如果没有意志自由，也就无所谓道德选择。因此，亚里士多德进而从人性论角度证明人有道德行为能力是否可能与何以可能。两相比较，东西方古典哲学在问题意识和逻辑思维上，存在着一些相通性。就今本《庄子》三十三篇本而言，庄子及其后学对"人逍遥自由何以可能"有一个深入而全面的证明过程。庄子将逍遥自由哲学建基于哲学本体论与人性论基石之上。在人性论上，庄子有一个基本观点：人有现象自我与本体自我之分，在本体自我意义上，人性善且自足。正因为人性善且自足，逍遥自由生命理想境界的实现得以可能。那么，人性善且自足的形上学根据又何在？庄子的回答是"道"，"道"既是哲学本体，也是一德性本体。"道"决定了人性的本质，"道"是"臧"，道先验至善！道分化在人而为"德"，因为道善，所以性善，"道"因此也暴露了人逍遥自由的形而上根基。在人性论、逍遥自由生命理想境界与道论三者的关系上，庄子的证明过程井然有序，递进递佳："故跖之徒问于跖曰：'盗亦有道乎？'跖曰：'何适而无有道邪？'夫妄意室中之藏，圣也；入先，勇也；出后，义也；知可否，知也；分均，仁也。五者不备而能成大盗者，天下未之有也。"③ 在小强盗与大盗跖的对话中，表面上是在讨论仁、义、智、圣、勇等伦理价值观是否具有普适性。大盗跖立场坚定地认为"盗亦有道"，仁、义、智、圣、勇不唯善人信奉，强盗对这一"圣人之道"的尊奉较之善人甚至有过之而无不及。其实在更本质的意义上，庄子及其后学于此提出了一个质疑：世俗社会中的仁、义、智、圣、勇伦理价值观存在的正当性、合法性何在？缺乏合法性、正当性证明的伦理价值体系，其背后起支撑作用的人文精神往往缺位。人文精神缺位的伦理价值体系又何以能为人们所普遍信仰？如果说在《胠箧》

---

① 在思想逻辑结构上，庄子之"道"有四层义项：其一，在时间层面，"道无终始"；其二，在空间层面，"道未始有封""物物者非物"，道不具有物的特性；其三，"大道不称""道不当名"，道不可被言说；其四，道是价值本源与生命理想境界。在梳理"道"观念基本内涵与特点基础上，庄子进而"以道观之"，道是人类生命理想境界，真人、全人、至人都是"道"之人格化形象，或者说是"道"之隐喻。道不离人，逍遥自由不离人的日常之"在"。逍遥自由的文化根基在于"道"，人性是"道"之"德"。道外在化为真人、神人，内在化为人性之德。"道德"先在性"注定"了人生而自由。逍遥自由是人的本性，人在本质上是自由的，自由是人的可能生存状态与理想境界。

② 殷海光：《自由的伦理基础》，《殷海光全集》第15卷，台湾桂冠图书公司1990年版，第1175－1180页。

③ 《庄子·胠箧》。

篇还只是提出了一个疑问，那么在《天道》篇中，庄子及其后学开始从人性论高度探讨仁义与人性的关系："老聃曰：'请问，仁义，人之性邪？'孔子曰：'然，君子不仁则不成，不义则不生。仁义，真人之性也，又将奚为矣？'老聃曰：'请问，何谓仁义？'孔子曰：'中心物恺，兼爱无私，此仁义之情也。'老聃曰：'意，几乎后言！夫兼爱，不亦迂乎！无私焉，乃私也。夫子若欲使天下无失其牧乎？则天地固有常矣，日月固有明矣，星辰固有列矣，禽兽固有群矣，树木固有立矣。夫子亦放德而行，遁道而趋，已至矣！又何偈偈乎揭仁义，若击鼓而求亡子焉！意，夫子乱人之性也。"在老聃与孔子的对话中，已开始论证仁义与人性的内在关系：仁义是否源自人性？这一探讨极具理论价值，所达到的哲学深度令人欣慰。在儒学史上，孔子"仁者安仁"命题已初步从道德形上学高度说明仁出自普遍本性，仁内在于生命本然。孟子继而揭示仁义礼智"四端"是人性所固有，"四端"源自天，落实于心为人性之"端"。因为人性与"天"相牵扯，所以仁义是"命"，命意味着普遍性与绝对性。孟子与庄子的人性学说在逻辑思维上，存在着相通之处。在《庄子·天道》篇中，尽管孔子（当然这只是庄子寓言意义上的孔子）已从人性论高度证明仁义的正当性，但是，老聃仍然批评孔子是"乱人之性"，其缘由在于孔子没有从本体论（道论）高度证明仁义与人性的内在关系。这种没有"放德而行，遁道而趋"的人性学说，其存在的合法性与正当性依然可疑，"兼爱无私"实际上只是"道之所以亏，爱之所以成"①层面上的偏曲私爱。在反驳与批判的同时，庄子及其后学继而从正面论证道与人性、仁义的关系。在《齐物论》中反复出现"真君""真宰"概念，类似概念在《荀子·天论》和《管子·心术上》篇也出现。"真君""真宰"意味着统摄、主宰与支撑，释德清说："天真之性为之主宰。"②"天真之性"有别于世俗社会的人性，"天真之性"源自道，"天真之性"在《庄子》各篇章中称之为"常性""真性"："夫道，渊乎其居也，漻乎其清也。金石不得，无以鸣。故金石有声，不考不鸣。万物孰能定之！夫王德之人，素逝而耻通于事，立之本原而知通于神。故其德广，其心之出，有物采之。故形非道不生，生非德不明。存形穷生，立德明道，非王德者邪！荡荡乎！忽然出，勃然动，而万物从之乎！此谓王德之人。"③"故形非道不生，生非德不明"一句非常重要，道、德与生（性）三者的关系已挑明。成玄英《疏》云："德者，得也。"道得之于人心为"德"为"性"，所以"立德"的目的在于"明道"。据徐复观先生考证，《庄子》诸篇中的"道德"就是"德"，"德"即"性"④，这一结论持之有故，予人启迪。"因之，性即是道。道是无，是无为，

---

① 《庄子·齐物论》。
② 释德清：《庄子内篇注》，第27页。
③ 《庄子·天地》。
④ 徐复观：《中国人性论史》第十二章，华东师范大学出版社2005年版，第228页。

是无分别相的一；所以性也是无，也是无为，也是无分别相的一。更切就人身上说，即是虚，即是静。换言之，即是在形体之中，保持道的精神状态。凡是后天滋多蕃衍出来的东西都不是性，或者是性发展的障碍。"① 性源于道，性就是德，有道性才有人性，"合乎人性以合乎天性为其实质的内涵"②。庄子及其后学的这一观点，已从哲学形上学高度证明人性存在的正当性与合法性。朱熹曾经考证孟子与庄子基本上是同时代的人，孟子从天论，庄子从道论，俩人不约而同地从哲学形上学高度论证人性本质与存在正当性，先秦时代所达到的哲学成就令人骄傲！"真性"是"道德"，源自道，以道为哲学形上学依托，性作为道之德，自然而然禀受了道性。道自身先验性具有仁义属性，"道德明而仁义次之"③，"吾师乎，吾师乎！ 齑万物而不为义，泽及万世而不为仁"④。仁义是道固有的本质属性，所以道至善。《齐物论》中的"无己""无功""无名"，表面上是赞颂真人之德，实际上是表述道之品性，因为真人、圣人、至人都是道之人格化形象。道至善，在《骈拇》篇中直接表述为道"臧"："且夫属其性乎仁义者，虽通如曾、史，非吾所谓臧也；属其性于五味，虽通如俞儿，非吾所谓臧也；属其性乎五声，虽通如师旷，非吾所谓聪也；属其性乎五色，虽通如离朱，非吾所谓明也。吾所谓臧者，非仁义之谓也，臧于其德而已矣；吾所谓臧者，非所谓仁义之谓也，任其性命之情而已矣；吾所谓聪者，非谓其闻彼也，自闻而已矣；吾所谓明者，非谓其见彼也，自见而已矣。""臧"即善，成玄英《疏》云："臧，善也"。德源出于道，德"臧"自然以道"臧"为前提。"臧于其德"和"任其性命之情"，都是指道在人性之彰显。道善决定了人性善，人性（"真性"）中的仁义是"道德不废"意义上的仁义，这种仁义是"大仁""至仁"。在庄子所建构的诸多寓言中，"浑沌之死"发人深思："南海之帝为儵，北海之帝为忽，中央之帝为浑沌。儵与忽时相与遇于浑沌之地，浑沌待之甚善。儵与忽谋报浑沌之德，曰：'人皆有七窍以视听食息，此独无有，尝试凿之。'日凿一窍，七日而浑沌死。"⑤ 吕惠卿认为"浑沌之死"意味着"丧其素朴"⑥，释德清认为"浑沌之死"象征"丧其天真"⑦，"视听食息"代表人的感性欲望，七窍开而浑沌死。真性一旦死亡，"人之性"就随之而生。因此，在庄子人性学说中，存在着两种性质不同的人性概念：

其一，"人之性"。"夫至德之世，同与禽兽居，族与万物并，恶乎知君子小人哉！

---

① 徐复观：《中国人性论史》第十二章，华东师范大学出版社 2005 年版，第 228 页。
② 杨国荣：《庄子的思想世界》第十章，北京大学出版社 2006 年版，第 223 页。
③ 《庄子·天道》。
④ 《庄子·天道》。类似文句同时出现于《大宗师》篇。
⑤ 《庄子·应帝王》。
⑥ 吕惠卿撰，汤君集校：《庄子义集校》卷3，中华书局 2009 年版，第 167 页。
⑦ 释德清：《庄子内篇注》，第 149 页。

同乎无知,其德不离;同乎无欲,是谓素朴。素朴而民性得矣!"① "真性"与"人之性"不可混同。毁坏白玉而成珪璋,毁坏道德而成仁义。"道之所以亏,爱之所以成","人之性"已经与"道"和"德"相割离。当年孟子与告子为"仁义内在"还是"仁义外在"辩论不休,庄子所言"人之性",近似于告子所主张的"仁义外在"之性。仁义是人类社会自黄帝、尧舜以来的矫情伪性之作,属于"人伪"②。"出乎性""侈于德"③,人性与道与德相割离,所以这种仁义犹如"附赘县疣",不仅对人性无益,反而"残生损性"④。世俗社会中的仁义不是"大仁不仁"意义上的"大仁",而是"虎狼,仁也"意义上的小仁小义,是"道德"已废前提下的仁义,这种仁义价值观散发出世俗社会的功利、自私与邪曲的"气味"。"爱民,害民之始也;为义偃兵,造兵之本也。君自此为之,则殆不成。凡成美,恶器也。君虽为仁义,几且伪哉!"⑤ 假仁义之名,行蝇营狗苟之事,"杀人之士民,兼人之土地",不过是为了"养吾私"⑥。人类社会自黄帝、尧舜就开始"以仁义撄人之心"⑦,人类由此进入了"大惑易性"时期,"自虞氏招仁义以挠天下也,天下莫不奔命于仁义。是非以仁义易其性与?"⑧ 因为圣王明君"制造"出来的仁义外在于人性,并且与"道"相悬隔,千百年来芸芸众生一直陷于"大惑"生命境地。《骈拇》篇多次发出的"意仁义其非人情乎"的吁喊,既是智者的觉醒,也是智者的痛苦。

其二,"真性"。在庄子人性学说中,既然性就是"道德",性就是"道"在人之德,道德之性就不可等同于世俗社会中的"人之性":"至德之世,不尚贤,不使能;上如标枝,民如野鹿。端正而不知以为义,相爱而不知以为仁,实而不知以为忠,当而不知以为信。"⑨ "不知义之所适,不知礼之所将。"⑩ 仁义忠信内在于人性,源自道,得之于人心而为"德"。所以这种先在性蕴含仁义的人性是"道德之正"⑪。多次出现"不知",旨在说明仁义忠信不是尧舜等帝王发明的,也不是世俗社会从外在强加于我。仁义忠信礼内在于生命,不假外求,犹如鱼儿离不开水、瓜儿离不开秧。道性至善,所以

---

① 《庄子·马蹄》。
② 《庄子·渔父》。
③ 《庄子·骈拇》。
④ 《庄子·马蹄》。
⑤ 《庄子·徐无鬼》。
⑥ 《庄子·徐无鬼》。
⑦ 《庄子·在宥》。
⑧ 《庄子·骈拇》。
⑨ 《庄子·天地》。
⑩ 《庄子·山木》。
⑪ 《庄子·骈拇》。

人性（道德）至善完满。人性完满自足的这一理想境界，庄子称之为"愚而朴"①。由此可以看出，在中国古代人性论史上，庄子才是第一个真正提出并系统证明"人性善"的思想家。孟子只是反复阐明人性有"四端"，"四端"来自"天"，得之于人心为性。孟子"遇人便道性善"②，意在启发人人皆先在性禀有善端，当护守并扩充之。但是，孟子从来就没有全面否定自然人性是否也有恶端，"大体"与"小体"同在于人性，关键在于是"从其大体"还是从其"小体"。孟子有"君子所性"与"人之性"之分，在"君子所性"层面，孟子立足于自由意志"应然"层面，呼吁人人应自觉以"四端"为性。孟子所倡言人性有"善端"与庄子之人性至善完满相比，显然不可混同为一。庄子立足于道论证明人性善，其哲学意义在于——人性平等。真正的自由必须建基于平等的文化基石之上，否则所谓的自由只是王公贵族少数人的自由。无论你出身于王公贵族，还是平民百姓，德性皆来自道性，德性的光芒无尊卑贵贱之分。庄子"德性源起于道性"的观点，有别于西方中世纪神学家宣扬的人之德性是"神的直接启示"，道不是上帝人格神，道只是形而上学本体。逍遥自由是人性的实现，人生而逍遥自由，逍遥自由体现在精神与道德层面，具体表现为德性平等与自由选择。在《庄子》文本中，"得道""体道"者大多数是社会地位卑微如庖丁阶层。庄子思想的这种反复陈述，绝非随意为之，而是蕴含深刻哲学义旨。因为人性平等，"注定"了逍遥自由具有平等性。平等是庄子自由理论最大特点之一，平等意味着人人实现生命内在超越存在可能性，意味着道家主体性的确立。

在庄子思想逻辑框架中，道性至善，德是道分化而内在于人性，道即是德。正因为道至善，所以人性善、人性平等。徐复观先生点明，庄子经常以"天"代替道，道即是天。③"法天贵真"命题的提出，符合庄子思想的内在逻辑："真者，精诚之至也。不精不诚，不能动人。故强哭者，虽悲不哀；强怒者，虽严不威；强亲者，虽笑不和。真悲无声而哀，真怒未发而威，真亲未笑而和。真在内者，神动于外，是所以贵真也。……真者，所以受于天也，自然不可易也。故圣人法天贵真，不拘于俗。愚者反此。不能法天而恤于人，不知贵真，禄禄而受变于俗，故不足。惜哉，子之蚤湛于人伪而晚闻大道也！"④"真"指"真性"，成玄英《疏》云："谨慎形体，修守真性。"真与礼有别，"礼者，世俗之所为也⑤。""礼"指称自尧舜以来"制造"的仁义价值体系，人是

---

① 《庄子·山木》。
② 朱熹：《孟子集注·序说》，《四书章句集注》，中华书局1983年版，第199页。
③ 徐复观：《中国人性论史》第十二章，华东师范大学出版社2005年版，第224-225页。
④ 《庄子·渔父》。
⑤ 《庄子·渔父》。

手段而非目的本身。"礼"充满了功利性与片面性，所以庄子斥之为"人伪"①；"真"是《齐物论》所言"道德之正"，"真者，所以受于天也，自然不可易也"②。真性源出于"天"，也就是源出于"大道"，道与天在这里是同义词，天主要强调其自然性、平等性和内在性。"法天贵真"一方面表明真性是人类生命的本质，是人之所以为人的灵慧所在；另一方面，"法天贵真"以真为贵为美，指明了人类实现生命理想境界——自由——的路标与责任。"道之所在，圣人则之"③。庄子思想在本质上是自由哲学。不仅如此，庄子的逍遥自由生命哲学又是自由选择理论。庄子学派不仅阐释了逍遥自由生命哲学的基本内涵，证明了逍遥自由是否可能、何以可能，而且也指明了实现生命理想境界的路向与责任。"夫体道者，天下君子所系焉。"④《齐物论》与《逍遥游》中的理想人格可以"乘云气，御飞龙，而游乎四海之外"但始终没有解释理想人格何以能臻至如此超越自由无碍境界？《达生》篇对此做出了解答："是纯气之守也，非知巧果敢之列。……壹其性，养其气，合其德，以通乎物之所造。"实现生命内在超越，有赖于两大条件：其一，"养其气"，这是工夫论意义上的概念，心斋、坐忘、去欲等等，皆是其中内容；其二，"壹其性""合其德"，这既是认识论层面范畴，又是道德践履层面范畴。人性之德在本体上源自于道，是道在人心之呈现。因此，人在后天的经验世界中，应始终如一"守性"。"无以人灭天，无以故灭命，无以得殉名。谨守而勿失，是谓反其真。"⑤悟道、体道、"反真"、逍遥，是"天下君子所系"，是人人实现生命内在超越之唯一正确方向。

二、从天理"元善"到仁善：程伊川自由思想的哲学证明

现代新儒家徐复观尝言：儒家仁学是"中国自由主义的伦理基础"⑥。这是"儒家自由主义"代表人物非常重要的一大学术观点，时至今日，其重要性越来越凸显。儒家仁学成为中国自由主义伦理基础是否可能？自由思想的政治指向与愿景何在？凡此种种，这是学界需从理论高度深入探讨的一大课题。

在中国哲学史上，程伊川无疑是一位公认具有"创造性"的思想家。正如英国汉学家葛瑞汉所言："在新儒学复兴儒学的运动中，真正有创见的人物是程伊川。如果衡量一位哲学家伟大的尺度是他的贡献的独创性和他的影响大小的话，毫无疑义，程伊川

---

① 《庄子·渔父》。
② 《庄子·渔父》。
③ 《庄子·渔父》。
④ 《庄子·知北游》。
⑤ 《庄子·秋水》。
⑥ 参见徐复观：《学术与政治之间》。

是两千年来最伟大的儒学思想家!"（葛瑞汉，第 32 页）这位"最富有创造性"（葛瑞汉，第 16 页）的思想家"最伟大之处"，在于构建以"天理"为核心的哲学思想体系。虽然《庄子》《韩非子》《礼记》等典籍已出现"天理"一词，"能指"虽同，但"所指"与哲学意涵已有翻天覆地变化。正是在这一意义上，程明道颇为自豪地说："吾学虽有所受，天理二字却是自家体贴出来。"（程颢、程颐，第 424 页）"自家体贴出来"的"天理"，在哲学性质上，无生无灭，犹如华严宗所言"涅槃无生无出故。若法无生无出，则无有灭"（《大方广佛华严经·如来出现品第三十七》，第 82 页）。既然天理不可以"生灭"界说，自然没有空间的特性，"理无形也，故因象以明理。理既见乎辞，则可以由辞而观象"（程颢、程颐，第 1205 页），"道体物不遗，不应有方所。"（程颢、程颐，第 21 页）。"理无形"的表述在程伊川文章中多次出现，"有方所，则有限量"（程颐，第 913 页）天理无方所，不存在具体存在所具有的空间特性。此外，天理有时间特性吗？换言之，天理有时间起始？程伊川的答案是：天理不可以用时间界说。程伊川是否受到庄子与华严宗、禅宗的哲学影响，尚有待于细究。庄子明确点明"道无终始，物有死生"（《庄子·秋水》）。道与物截然相分，形上层面的"道"，不可以"终始"来界说。道没有具象那种度量时间属性，具体之物才有度量时间属性，因为时间与空间只是具体存在才具有的存在方式。天理无形，天理无终始，甚至"天理"这一概念本身之"能指"与"所指"，也是"只是道得如此，更难为名状"（程颢、程颐，第 38 页），天理在逻辑上"难为名状"，使用"天理"这一概念也不过是"强为之名"（《老子》语），这一观点与《老子》"道可道，非常道"显然有异曲同工之妙。但是，如果将天理界定为大乘空宗意义上的"空"，无疑也是大错特错。"和靖尝以《易传序》请问曰：'"至微者理也，至著者象也，体用一原，显微无间"，莫太泄露天机否？'伊川曰：如此分明说破，犹自人不解悟。"（程颢、程颐，第 430 页）天理是"至微"，是无形无象的"实"，不是绝对性的精神本体，也不是大乘空宗绝对之"空"。张载曾经说："太虚者，气之体。"（《正蒙·乾称》）太虚即气，"清虚一大"的太虚是气之本然状态。张载批评"虚生气"，因为这一命题将太虚与气相隔断，甚至将太虚论证为位列气之上的宇宙本体，太虚成为位格最高的宇宙本体。程伊川也多次谈太虚，但对"太虚"这一范畴作了全新的哲学界定：

"又语及太虚，曰：'亦无太虚,'遂指虚曰：'皆是理，安得谓之虚？天下无实于理者。'"（程颢、程颐，第 64 页）

"又语及太虚，先生曰：'亦无太虚。'遂指虚曰：'皆是理，安得谓之虚！天下无实于理者。'或谓'许大太虚'，先生谓：'此语便不是。这里论甚大与小!'"（黄宗羲、全祖望，第 610 页）

《河南程氏遗书》和《宋元学案》记录的这一段语录基本相同，只是《宋元学案》

多出了后面一段对话而已。程伊川把太虚"置换"为理，"旧瓶装新酒"，含义与哲学意义焕然一新。天理不可以"大与小"界说，但是，天理是"实"，不是绝对之空。因为有"实"的哲学特性，天理才能成为世界统一性的本体。"问：'鸢飞戾天，鱼跃于渊'，莫是上下一理否？曰：'到这里只是点头。'"（同上）面对大千世界的山川树木、鸟语花香，只能"点头"，不可用语言表述，甚至也不能用范畴、概念界说，因为人类能说与所说的只是哲学本体的一偏，而非其全体。"天理云者，这一个道理，更有甚穷已？不为尧存，不为桀亡。人得之者，故大行不加，穷居不损。这上头来，更怎生说得存亡加减？是佗元无少欠，百理具备。"（程颢、程颐，第 31 页）① 天理是自在的存在，不是人的创造物。不会因为尧是圣人而有所增加，也不会因为夏桀暴虐而减损。"穷物理者，穷其所以然也。"（程颢、程颐，第 1272 页）不论你喜欢还是不喜欢，天理作为宇宙的"所以然"始终存在。"莫之为而为，莫之致而致，便是天理。"（程颢、程颐，第 215 页）这句话前半截源出于《孟子》，在"尽心——知性——知天"逻辑结构中，孟子力图证明"四端"之德性具备普遍性与绝对性，所以人人需"立命"。程伊川巧妙移植过来，旨在说明作为天地间"所以然"的天理，其存在与作用具有普遍性和绝对性特点。在这一意义上，天理也是"命"。

但是，需特别指出的是，二程兄弟精心建构的以天理为核心的哲学思想，其最终的哲学追求并不是对纯粹自然世界本质与奥秘进行探索。"醉翁之意不在酒"，二程天理哲学真正兴趣与最高目标关注的是人，即人自身如何成己成德，"止于至善"，在人生"此岸"实现内在超越。换言之，二程兄弟天理哲学的真正兴趣在于证明"止于至善"何以可能以及"仁义"等儒家伦理观念存在的正当性与普遍性，而非矻矻探寻自然世界的存在何以可能。其实从形上学的高度证明儒家仁义等价值观存在正当性，并非滥觞于二程兄弟，"以启山林"者当属孔子。孔子"仁者安仁"命题已初步从道德形上学高度说明仁出自人之普遍本性，仁内在于生命本然，仁不是外在的强制性行为准则。牟宗三先生评论说：孔子之"仁即是性，即是天道"（牟宗三，第 135 页）② 孟子起而踵之，从心性论高度证明仁出于天，因而具有"命"之绝对性；仁是善，又具有正当性特点。仁是善与正当性的完美统一。孟子仁论与天、命、心、性相结合，论证了仁的来源和正当性，证明了人性何以平等，在人性平等基础上进而证明"仁者安仁"是否可能。孔子开创的仁学演进至孟子，以仁为核心的道德形上学基本建立。冯友兰先生说："孟子言义理之天，以性为天之部分，此孟子言性善之形上学的根据也。"（冯友兰，第 217

---

① 这一段话虽是程明道所言，但也代表程伊川思想。二程兄弟哲学思想有同有异，这一段话当是异中之同。

② 反求诸己，体悟自性先验性存有仁心仁德，人性天生有善，无须外假，人生之幸福莫过于此。也正是在这一意义上，君子可以"安仁""乐道"。徐复观先生将孔子人性学说高度概括为"人性仁"，也正是基于这一材料有感而发。

页）在儒家道统上，程颐是对孔孟思想与逻辑的"接着讲"，标志性的命题就是"性即理"：

"性即理也，所谓理，性是也。"（程颢、程颐，第 292 页）

"伯温又问：'孟子言心、性、天，只是一理否？'曰：'然。'"（程颢、程颐，第 296－297 页）

"心也，性也，天也，非有异也。"（程颢、程颐，第 321 页）①

"性即理"之"即"不是谓词"是"，而是"若即若离"之"即"，含有"融和"之义。从人与本体关系视域立论，性是天理在人之彰显与落实，是人之所以为人的本质规定。人作为认识与实践主体，理"夯实"为性理，理才具有活泼泼的意义。由此而来，"性即理"层面的"性"自然而然具有"善"的品格：

"气有善不善，性则无不善。人之所以不知善者，气昏而塞之耳。"（程颢、程颐，第 274 页）

"自理言之谓之天，自禀受言之谓之性，自存诸人言之谓之心。"（程颢、程颐，第 296－297 页）

"性，即理也。天以阴阳五行化生万物，气以成形，而理亦赋焉，犹命令也。于是人物之生，因各得其所赋之理，以为健顺五常之德，所谓性也。"（朱熹：《朱子语类》，第 17 页）

程颐、朱熹皆认为性是天理在人之实现，"性者，浑然天理而已。"（朱熹，第 2427 页）这是儒家主体性的挺立。在程朱哲学逻辑结构中，有"理之性"和"气质之性"之分，"理之性"先验蕴含"健顺五常之德"。具体而言，仁义礼智信忠孝廉耻都是性之固有内涵。"父止于慈，子止于孝，君止于仁，臣止于敬。"（程颢、程颐，第 968 页）"仁、义、礼、智、信五者，性也。"（程颢、程颐，第 14 页）"须知天理只是仁、义、礼、智之总名，仁、义、礼、智便是天理之件数。"（朱熹：《答何叔京》《朱熹集》，第 1885 页。）天理浑然不可分，天理与仁义礼智信"五常"的关系不是本体与派生物之间的关系，而是本体与属性之间的关系。仁义礼智并非由理"旋次生出"，理是人伦道德的"总名"，仁义礼智信则是天理之"件数"。父慈子孝、长幼有序、夫妇有别、兄友弟悌，各有所止，当止其所止则安，失其所止则乱。在社会伦理诸德目中，仁的地位最高，仁是"体"或"全体"，义、礼、智是"支"："仁者，全体；四者，四支。仁，体也。义，宜也。礼，别也。智，知也。信，实也。"（程颢、程颐，第 14

---

① 对于程子"性即理"思想在中国哲学史上的意义，朱熹的评价比较确当："如'性即理也'一语，直是孔子后惟是伊川说得尽。这一句便是千万世说性之根基，是个公共底物事。"参见黄宗羲原著、全祖望补修：《宋元学案》卷十六《伊川学案》下，中华书局 1986 年版，第 650 页。

页）在社会伦理体系层面，仁是集合概念，义、礼、智、信、忠、孝、廉、耻等是仁之精神在各个社会关系准则中的具体表现。"学者须先识仁。仁者，浑然与物同体。义、礼、知、信皆仁也。识得此理，以诚敬存之而已，不须防检，不须穷索。"（程颢、程颐，第16－17页）"仁，浑沦言，则浑沦都是一个生意，义礼智都是仁；对言，则仁义礼智一般。"（朱熹：《朱子语类》，第107页）程朱哲学中之"仁"，犹如周敦颐哲学思想中之"诚"。诚是太极之德，贯通天人上下。仁是"理之性"之德，因此，仁有"公"之品格，"又问'如何是仁？'曰：'只是一个公字。学者问仁，则常教他将公字思量。'"（程颢、程颐，第285页）"仁之道，要之只消道一公字。"（程颢、程颐，第153页）"公"是仁内含之天理，仁是"公"之具体实现。朱熹对此诠释说："要识仁之意思，是一个浑然温和之气，其气则天地阳春之气，其理则天地生物之心。……这不是待人旋安排，自是合下都有这个浑全流行物事。此意思才无私意间隔，便自见得人与己一，物与己一，公道自流行。"（朱熹：《朱子语类》，第111页）天地之理是"公道"，"公道"在人心彰显为仁。朱熹所说的"公道"，在程伊川思想中等同于"道心"："'人心'，私欲也；'道心'，正心也。"（程颢、程颐，第256页）公与私相对，私是人欲、"客气"，公的基本特点是"克尽己私"（程颢、程颐，第286页），也就是中正、公平、公正、普遍，克尽己私方能彰显天理之中正公平特性。既然"仁者公也"（程颢、程颐，第105页），仁是"公"，自然意味着仁是善，仁善的形而上根据来自"至善之源"（朱熹：《朱子语类》，第1388页）的性："盖本然之性，只是至善。"（朱熹：《朱子语类》，第1387－1388页）仁是至善，意味着这种善类似于托马斯·格林哲学意义上的"共同之善"（common good），"共同之善"适合于天地间每一个人。

由此而来，性善何以可能？已是程伊川势必应当回答的哲学问题。葛瑞汉指出，程伊川在论证"性善何以可能"思路上，其问题意识与逻辑路向可梳理为：从天理落实到性，性善因为天理善。"至于二程，伊川毫不犹豫地把善归于理，因而也归于性。"（葛瑞汉，第209页）葛瑞汉这一诠释应当是"原样理解"，从天理至善落实到性善、仁善，确实是程伊川一以贯之的运思路向："如天理底意思，诚只是诚此者也，敬只是敬此者也，非是别有一个诚，更有一个敬也。"（程颢、程颐，第31页）天理是天地万物"所以阴阳者"，是"事物之所由成为事物者"。（亚里士多德，第88－89页）既是天地自然存在之最终依据，又是人类社会应然法则，所以称之为"百里具备"。不仅如此，天理还是性善何以可能之形而上学根据："天下之理，原其所自，未有不善。"（程颢、程颐，第292页）"盖天道运行，赋与万物，莫非至善无妄之理而不已焉，是则所谓天命者也。"（朱熹：《朱子四书或问》，《论语或问》卷三，《朱子全书》，第641页）天理"至善"！程颐、朱熹这一观点，在中国哲学史上非常重要。在儒家谱系中，寻找并证明"至善"，是自孔子以来历代儒家矻矻以求的哲学使命。《大学》"止于至善"，还停留在生活伦理的视域论证，尚未上升到形上学的本体论高度证明。周敦颐以"诚"论太极之德，太极本体已蕴含"纯粹至善"的超越德性，但尚处于发轫时期。一直到程明道、程伊川和朱晦庵，才系、深入从哲学形上学高度证明"至善"何以可能。

缘此，程朱是如何从形上学层面证明"天理"至善的呢？粗略分析，似乎可分为两个层面：

其一，从天理"生生之德"意义上立论。在程颐、朱熹思想逻辑结构中，对"天理至善"何以可能的证明，首先从《易传》"一阴一阳之谓道，继之者善也，成之者性也"论断中寻求理论资源。"'生生之谓易'，是天之所以为道也。天只是以生为道，继此生理者，即是善也。善便有一个元底意思。'元者善之长'，万物皆有春意，便是'继之者善也'。"（程颢、程颐，第29页）"造化所以发育万物者，为'继之者善'，'各正其性命'者，为'成之者性'。"（朱熹：《朱子语类》，第1897页）《易传》作者所言"生生"之德，是从宇宙生成论视域立论，"天地之大德曰生"。宇宙本原化生万物，宇宙之间一片春意盎然。云卷云舒、花开花落，每一种物体都按照其本性自由自在生长。但宇宙本原从不居功自傲，宇宙本原有"生生"之德，"生生"之德即是善。在传统思想资源意义上，除了《易传》之外，程颐、朱熹思想与老子"道"论有几分相通之处。老子"道法自然"即"道不违自然"。道生成万物，但道"生而不有，为而不恃，长而不宰"（《老子》十章），道并不居功自傲，也不干预天下万物，而是遵循万物之本性（自然），让天地万物自身如其自身的存在与变化。道不仅是宇宙本原，而且道有大德。换言之，道是价值本源与根据。严灵峰认为老子之道有四重义项，其中之一就是道乃人生修身养性之应然法则。（严灵峰，第378页）唐君毅也认为，老子之道蕴含"同于德之义"："道之义亦未尝不可同于德之义。盖谓物有得于道者为德，则此德之内容，亦只是其所得于道者；此其所得于道者，固亦只是道而已。"（唐君毅，第230页）道是"德性"的最高存在，程伊川的天理也先验性具有德性。

其二，进一步从超越的意义层面立论。周敦颐《通书》云："'大哉乾元，万物资始'，诚之源也。'乾道变化，各正性命'，诚斯立焉。纯粹至善者也。"周敦颐以"诚"贯通天人，以形上本体之诚，论证人之心性之诚何以可能。价值本体已蕴涵"纯粹至善"的先在德性。二程思想中"善便有一个元底意思"，应当是对周敦颐思想的"接着讲"：

"'一阴一阳之谓道'，道非阴阳也，所以一阴一阳道也。如一阖一辟谓之变。"（程颢、程颐，第67页）"离了阴阳更无道，所以阴阳者是道也。阴阳，气也。气是形而下者，道是形而上者。形而上者则是密也。"（程颢、程颐，第162页）

"理则一而已，其形者则谓之器，其不形者则谓之道。然而道非器不形，器非道不立。盖阴阳亦器也，而所以阴阳者道也。是以一阴一阳，往来不息，而圣人指是以明道

之全体也。"（朱熹：《朱熹集》，第 2147 页）

程颐、朱熹在运思路向与观点上，显然与《易传》作者大异其趣：一是以"天理"范畴取代了阴阳气论，理是"所以阴阳者"；二是不再局限于从宇宙生成论角度立论，而是从价值本体论高度证明。作为非对象性存在的天理，其自身之善天然具有"元"的特性："善便有一个元底意思"。天理之善是"元善"，"元善"之善属于至善，"元善"不是与恶对立的善，而是超越了善恶对立的善。天地万物"无独必有对"，皆是对象性存在。但是，天理是"独"，"独"也就是"元"，"元者物之先也。物之先，未有不善者。"（程颢、程颐，第 1268 页）如果说"未有不善"还属于正言反说，以否定句形式表述天理至善（元善）的正面含义，那么以下师生之间的问答已跨越伦理学高度，直接从本体论视域讨论天理何以至善："或曰：'《大学》在止于至善，敢问何谓至善？'子曰：'理义精微，不可得而名言也，姑以至善目之，默识可也。'"（程颢、程颐，第 1208 页）《大学》中的"止于至善"还只是伦理学层面的概念，与生命理想境界相牵连。但是，二程于此所回答的显然已不是伦理学意义上的"至善"，而是本体世界层面的"至善"。天理至善不可以概念、范畴界定，也不可以语言表述与界说，只可以"目之"与"默识"。或许这正是东西方旧形而上学共同面临的一道哲学之"坎"，所以康德会为人类理性划定一范围。人类虽不能认识与证明，但可以信仰。信仰虽不能证明，但可以相信。"目之"与"默识"，既有求诸普遍证明的特点，也蕴含信仰的成分。也正是在这一意义上，天理至善（元善）也是"命"。"理也，性也，命也，三者未尝有异。穷理则尽性，尽性则知天命矣。"（程颢、程颐，第 274 页）理是"命"，天理元善也是"命"，这是程朱哲学上接孟子思想的一大命题。此处之"命"，蕴含两层义旨：

其一，命意味着普遍性、平等性。"人之于性，犹器之受光于日，日本不动之物。"（程颢、程颐，第 67 页）"犬、牛、人，知所去就，其性本同，但限于形，故不可更。如隙中日光，方圆不移，其光一也。"（程颢、程颐，第 312 页）天、理、性、命在朱熹哲学体系中，环环相扣、相互说明。"问：'天与命，性与理，四者之别：天则就其自然者言之，命则就其流行而赋于物者言之，性则就其全体而万物所得以为生者言之，理则就其事事物物各有其则者言之。到得合而言之，则天即理也，命即性也，性即理也，是如此否？'曰：'然。'"（朱熹：《朱子语类》，第 82 页）分而言之，各各不同，在天为命，理落实于人心为性，已发为情。因此，命强调的是天理"流行"。儒家自孔子"仁者安仁"、孟子"四端之心"肇始，就开启了人性平等之先河。程颐、朱熹起而踵之，从天理高度论证人性源出于天理，因此天地万物和人类皆在性理层面存有共同的性，"'天命之谓性'，此言性之理也。"（程颢、程颐，第 313 页）自尧舜以至平民百姓，皆本来就具有共同的性理，皆拥有生命的尊严，皆具备内在自我超越的道德生命。

其二，"命"意味着无条件性、绝对性。"天之赋与谓之命，禀之在我谓之性，见于事业谓之理。"（黄宗羲，第 630 页）"在天曰命，在人曰性。"（程颢、程颐，第 606 页）"天所赋为命，物所受为性。"（朱熹：《朱子语类》，第 82 页）程颐、朱熹用性沟通天人，贯通形而上、形而下。在性理意义上，性源自天理，所以又称之为性命。性命观念表明：作为"天之赋与"的性命，在本体层面与天理无二，只是在实践理性领域有本与用的区分。天理与性理恒常自存而遍在，先天地而独立，即使天地山河塌陷，理、性、命仍然"颠扑不破"。理善不与恶对，善是超越性的、独立的、固有的、先在性的"元善"。

程朱道德形上学中预设天理至善是极其必要的，因为天理至善的无条件存在，"性善""仁善"等观念的存在才获得存在的正当性。天理至善，在整个程朱理学体系中，无疑起着一个十分重要的"拱心石"的作用。程颐关于天理至善（元善）的思想，后来对胡宏思想产生了深刻影响。"宏闻之先君子曰：'孟子所以独出诸儒之表者，以其知性也。'宏请曰：'何谓也？'先君子曰：'孟子道性善云者，叹美之辞也，不与恶对。'"（胡宏，第 333 页）胡宏认为，孟子性善的含义并非指谓"人性善"或"性是善的"，"善"只是一形容词，赞叹"性无限美好"，"善"已不能对"性"作任何限定，也非与"恶"相对之"善"。"或问性，曰：'性也者，天地之所以立也。'曰：'然则孟轲氏、荀卿氏、扬雄氏之以善恶言性也，非欤？'曰：'性也者，天地鬼神之奥也，善不足以言之，况恶乎？'"（同上）"性"作为天理在人之落实，善不足以概括、描述性之特质，恶更无从表征与形容之。性理层面的性已超越善恶对立，因为善恶只能评判后天的"已发"，发而中节则为善，发而不中节则为恶。但本然之性属于"未发"层面，远远超出了善恶能够评判的畛域。胡宏的善恶"不足以言"性论，通过对孟子人性论的阐发，对程颐天理至善思想有所体悟。

缘此，我们不禁要问：恶有独立的形上来源吗？程明道与程伊川对此观点有歧义。程颐、朱熹的回答是：恶不存在形上学的根据，恶与天理本体无关，恶与性命无涉，恶只与"形化"层面之气有关。"气有善不善，性则无不善。"（程颢、程颐，第 274 页）"寿夭乃是善恶之气所致。仁则善气也，所感者亦善。善气所生，安得不寿？鄙则恶气也，所感者亦恶。恶气所生，安得不夭？"（程颢、程颐，第 224 页）在程颐思想体系中，因为气有"气化"与"形化"之分，气禀之气已不是张载哲学意义上的"气本"。天理是至善无恶，"形化"之气有善有恶。恶不存在一个超越经验世界的形上根源，天理无需对恶负责。"恶专是气禀，不干性事。"（朱熹：《朱子语类》，第 2429 页）恶"不干性事"，自然更"不干"天理事。理与气已经截然相分，"形化"之气需对恶负责，恶源自恶气。纯善无恶之天理与有善有恶之"形化"之气，成为程颐哲学一大主题。

三、"内在自由"与理性自由：庄子与程伊川自由思想的不同追求

庄子的自由学说与程伊川相比较，在内涵、愿景与价值追求上，皆有所不同，现分别加以论述：

（一）庄子："独与天地精神往来"

在庄子思想体系中，逍遥自由思想与形上学层面的道论相"挂搭"，从形上学高度证明逍遥自由是否可能、何以可能。在梳理"道"观念基本内涵与特点基础上，庄子进而"以道观之"，道是人类生命理想境界，真人、全人、至人都是"道"之人格化形象，或者说是"道"之隐喻。道不离人，逍遥自由不离人的日常之"在"。逍遥自由的文化根基在于"道"，人性是"道"之"德"。道外在化为真人、神人，内在化为人性之德。"道德"先在性"注定"了人生而自由。逍遥自由是人的本性，人在本质上是自由的，自由是人的可能生存状态与理想境界。徐复观认为，庄子的自由属于"自作主宰"意义上的"内在自由"。

具体就理想人格而论，庄子思想框架中的理想人格是"真人""至人""神人"。"真人""至人""神人"是自由的拟人化。尤其需要点明的是，这些理想人格，究其实质无一不是道之隐喻、道之人格化呈现：

"藐姑射之山，有神人居焉。肌肤若冰雪，绰约若处子；不食五谷，吸风饮露；乘云气，御飞龙，而游乎四海之外。其神凝，使物不疵疠，而年谷熟。"[1]

"至人神矣！大泽焚而不能热，河汉沍而不能寒，疾雷破山、飘风振海而不能惊。若然者，乘云气，骑日月，而游乎四海之外。死生无变于己，而况利害之端乎！"[2]

庄子自由思想学说中的理想人格有四大特点：

其一，理想人格的名号繁多，有"真人""至人""神人""全人""大人""圣人""德人""天人"等概念，但是有一点值得我们深思：为何《庄子》没有"仙人""仙""神仙"等名号？甚至在《庄子》内外杂各篇中，根本就没有"仙"这一概念。我们知道，在《楚辞》与《列子》中，存在着大量与《庄子》有关理想人格近似的记载。内容虽然相近，名号却不一样。燕国、齐国和南方楚国是方仙道播扬地区，庄子故里位居中间位置，按说庄子理应对方仙道有所耳闻。但实际情况恰恰相反，这可能说明一个问题：庄子所阐述的理想人格立足于生命哲学的层面，与原始宗教无涉，有意与方仙道划清界限。方仙道后来或许受到了《庄子》哲学的影响，在"真人"观念基础上，建构神仙崇拜学说。犹如东汉道教徒以《老子》思想为蓝本，建构天师道与五斗米道理论

---

① 《庄子·逍遥游》。
② 《庄子·齐物论》。

体系。

其二，"死生无变于己"。何谓生？何谓死？生死本质以及惧怕死亡衍生的情感变化，是东西方哲学永恒的主题。在庄子思想逻辑中，感性生命的死亡对芸芸众生而言，是一道无法逾越的生命困境。但是，对真人、神人而言，死亡的困境已不复存在，生与死所带来的情感差异也荡然无存。"死生无变于己"，可以从两个维度来解读：

首先，在哲学认识论领域，"以道观之"①。"以道观之"是对"以人观之"的超越，意味着哲学立场与视域的彻底转变。道是本体论意义上的范畴，气则是宇宙生成论层面的范畴。在道与气关系上，道是逻辑上在先。"以道观之"具体落实在生命哲学领域，就是应在"通天下一气也"② 基础上看待生死本质。生与死是气之聚散方式之一，"人之生，气之聚也；聚则为生，散则为死。"③ 如果人们能从道、气哲学高度认识到死亡犹如幼年流落他乡的游子，晚年回到神往已久的故乡，何尝又不是人生之乐？所以面对妻子的死亡，庄子选择的是"鼓盆而歌"。好友惠施之所以对庄子"鼓盆而歌"不解甚至愤愤不平，就在于惠施与其他普通大众一样对生死本质的认识充满了"惑"④，对生与死滋生的情感状态也是执迷不悟。臻至理想人格境界的真人"有真知"⑤，"真知"意味着"以道观之"，所以"不知说生，不知恶死"⑥。生带来的欣喜、死带来的悲伤与恐惧，早已在精神层面化解。"南伯子葵问乎女偊曰：'子之年长矣，而色若孺子，何也？'曰：'吾闻道矣。'南伯子葵曰：'道可得学邪？'曰：'恶！恶可！子非其人也。夫卜梁倚有圣人之才而无圣人之道，我有圣人之道而无圣人之才。吾欲以教之，庶几其果为圣人乎？不然，以圣人之道告圣人之才，亦易矣。吾犹告而守之，三日而后能外天下；已外天下矣，吾又守之，七日而后能外物；已外物矣，吾又守之，九日而后能外生；已外生矣，而后能朝彻；朝彻而后能见独；见独而后能无古今；无古今而后能入于不死不生。'⑦ 从"外天下"到"外物"，而后到"外生"，最后到"见独"，表面上是工夫论意义上递进递佳的几大层次，其实更深刻的意义还在于哲学认识论层面的跨越。之所以"见独"才能体悟到"无古今"，因为时间只是具体物质存在与运动的属性，道是"独"，道不是对象性存在，道无所谓始终、生死与古今，"度量时间"的特性对于道而言是不存在的。人们如果有朝一日像"朝彻"一样豁然大悟，领悟生与死不过是

---

① 《庄子·秋水》。

② 《庄子·知北游》。

③ 《庄子·知北游》。

④ 《庄子·齐物论》。

⑤ 《庄子·大宗师》。

⑥ 《庄子·大宗师》。

⑦ 《庄子·大宗师》。

气化运行的环节与过程，"若死生为徒，吾又何患"①。在气化的宇宙中，生与死循环往复，不曾停息。明乎此，就能明白"死生存亡之一体"的本质，从而进入"撄宁"的生命理想境界。所以，在庄子思想体系中，对生死困境的认识与超越，主要还是从哲学认识论层面解决的。

其次，在生命哲学与工夫论领域，庄子相信芸芸众生皆具有超越生死困境的可能性。在《逍遥游》《齐物论》等多篇文章中反复出现的"真人""至人""神人"，绝非与尘世众生毫无关系。"真人"并非遥不可及。通过哲学形上学层面的"悟"和工夫论层面的"去欲""坐忘"修行，人人有望成为"乘云气，御飞龙，而游乎四海之外"的真人，超越生死困境，达到"与造物者为人"②之自由境界。但是，庄子所主张的只是精神层面的"超越"，"游心"于方外、"游身"于方内皆有可能实现，但这一切都是限于"游"。"游"是精神层面的"无待"之游。"游"的实现有赖于以德养身与心，"澡雪精神"，身心与德合一，方能臻于"无待"之游。"凡庄子所谓游心，即神游之意。故其乘云气，御飞龙之说，皆喻其心之所之，神之所经，非若后世神仙家言，真能乘云气御龙也。"③王叔岷先生的这一观点切中肯綮，藐姑射山上的神人只是"道"之隐喻，犹如蝴蝶只是"道"的艺术化符号一样。庄子并未主张人在感性生命层面可以长生不死，"长生久视"只是庄子后学和今本《老子》的观点。关于庄子是否主张过人可以在感性生命层面超越生死困境、长生不死，在学术史上一直有争论，而且这一争论从庄子后学就已经展开了。"何谓真人？古之真人，不逆寡，不雄成，不谟士。若然者，过而弗悔，当而不自得也。若然者，登高不慄，入水不濡，入火不热，是知之能登假于道者也若此。"④在《大宗师》这一段表述中，"登假于道"一句值得仔细玩味，因为类似文句又出现于《德充符》篇："彼且择日而登假，人则从是也。彼且何肯以物为事乎！""登假于道"与"择日而登假"，含义相同，庄子后学言之凿凿地认为，庄子是赞同长生不死的，他们只是在"学着讲"意义上"夫子步亦步，夫子趋亦趋"。在庄子后学看来，如果意识不到"神人"客观存在、长生不死是庄子本义，属于人生之"芒"，是聋子与瞎子。只不过这种"聋者""盲者"属于心智上的，而非形体上的缺陷⑤。吕惠卿赞同庄子后学的观点，认为长生不死是"人心之所同有"⑥，"彼且择日而等假，去而上仙，则其于往来容与如此其至也，则人安得不从之乎！"⑦释德清进而诠释说："谓彼人

---

① 《庄子·知北游》。

② 《庄子·大宗师》。

③ 王叔岷：《庄学管窥》附录一《庄学通论》，中华书局 2007 年版，第 183 页。

④ 《庄子·大宗师》。

⑤ 《庄子·逍遥游》。

⑥ 吕惠卿撰、汤君集校：《庄子义集校》卷 1，中华书局 2009 年版，第 10 页。

⑦ 吕惠卿撰、汤君集校：《庄子义集校》卷 2，中华书局 2009 年版，第 93–94 页。

且将择日而登遐，远升仙界，而超出尘凡也。"① 宋代与清代学者皆以道教神仙学说解释"登假于道"，这一论证思路及其表述的观点，多少有点"关公战秦琼"的成分。在这一问题上，钱穆先生的观点犹如醍醐灌顶："凡《庄子》书言长生，皆晚起，非诚庄生言。"② 与此同时，庄子在明确否定感性生命长生不死的同时，又反复阐明一个非常的观点：德性生命"不死"。"心未尝死"③，人之心是道之精，所以人之精神在本体上与天之精神同出一源。道内在于人心为"德"，德即性。人之德性源自道，所以庄子既有"形骸之内"与"形骸之外"④ 的区分，又有"德有所长"与"形有所忘"不同⑤。人的形体可以死亡，如同槁木。但人之德性与精神却不会死亡，如同"死灰"一般。人死只是指躯体死亡，人的德性生命作为从道分化出来的精神最终又将回到未分化的道，也就是庄子所说的"大归"⑥。"旧国故都，望之畅然"⑦ 单纯从字面上分析，好像是游子思恋遥远的家乡，实际上比喻人的德性生命的最终归宿是大道。大道"不死"，德性生命由此获得永恒。因为德性生命"复阳"，所以内心"畅然"。

其三，"游乎尘垢之外⑧"。人世间的名利权势、富贵爵禄，是天下凡人奋斗的目标，但在理想人格看来，这一切都是"尘垢粃糠⑨"。尧是历史上的圣明君王，是人之翘楚。以"治天下之民，平海内之政"而洋洋自得的尧，一旦见到藐姑射之山的真人，"窅然丧其天下焉⑩"。所有的自得与骄傲，在"无己""无功""无名"的生命领悟与理想人格形象面前，显得如此的浅陋与猥琐。在《应帝王》篇中，面对"请问为天下"的提问，得道之士无名人直接斥责提问者是"鄙人"。因为对这种充满名利诉求的问题，得道之士首先是嗤之以鼻，其次明确告诉对方：天下本不可"为"！"为天下"既违忤自然本性，也有违于人之天性。犹如太阳已照耀四方，圣明君王还在自以为是"爝火不息⑪"。在庄子生命哲学中，出现了两种截然不同的人格形象：尧舜与真人。为何尧舜所代表的名利权势、富贵爵禄皆是"尘垢粃糠"？庄子的回答很明确：人有"方外"与"方内"之分，"方外"与"方内"不仅是物理空间的区别，更重要的还在于

---

① 释德清：《庄子内篇注》，第96页。

② 钱穆：《庄老通辨》中卷之下，三联书店2002年版，第234页。徐复观先生也说："此处之神，即是道，即是德，即是性。而其所谓长生，'乃终其天年'，'尽其所受于天'，不可与后来神仙家之所谓长生相混淆。"（参见徐复观《中国人性论史》第十二章，第231页）

③ 《庄子·德充符》。

④ 《庄子·德充符》。

⑤ 《庄子·德充符》。

⑥ 《庄子·知北游》。

⑦ 《庄子·则阳》。

⑧ 《庄子·齐物论》。

⑨ 《庄子·逍遥游》。

⑩ 《庄子·逍遥游》。

⑪ 《庄子·逍遥游》。

文化与价值观上的差距①。"游方之内者"醉心于"弊弊焉以天下为事"②，而"游方之外者""芒然仿徨乎尘垢之外，逍遥乎无为之业。彼又恶能愦愦然为世俗之礼，以观众人之耳目哉！"③"游"是庄子哲学核心范畴之一，"与造物者游""游心于物之初""游乎万物所终始"。"游"意味着这一世俗世界需要超越，意味着功名富贵都是实现生命理想境界的束缚。尘世众生可以通过游身于世、游心于道，升华到"游乎尘垢之外"。《庄子》文本中超然世外的真人形象，到葛洪《抱朴子》中，已发生了巨大变化。葛洪所描绘的神仙其实已是"活神仙"，对人间之事充满了兴趣："彭祖言：天上多尊官大神，新仙者位卑，所奉事者非一，但更劳苦，故不足役役于登天，而止人间八百余年也。"④ 因为止家不死，还可以不离妻子，享尽尘世荣华富贵。此外，神仙并非意味着断绝一切尘缘，恰恰相反，"欲求仙者"以仁义为修身之本，救危扶难、"立功为上，除过次之"⑤。葛洪强调的是在人间"积善事""行功德"，与庄子所追求的"以天下为沈浊"⑥，前后已有云泥之别。

其四，"栩栩然蝴蝶也"。无待而游、逍遥自适、追求精神自由，是庄子理想人格最大特点。《逍遥游》与《齐物论》为我们展现了三幅逍遥自由图景，我们先一一甄别与衡评：

图景一，"北冥有鱼，其名为鲲。鲲之大，不知其几千里也。化而为鸟，其名为鹏。鹏之背，不知其几千里也。怒而飞，其翼若垂天之云。"⑦ 鲲鹏是道之艺术形象，也是理想人格的艺术化表达。庄子的鲲鹏符号，有三大特点：首先，强调"大""厚"，"大海""大风""大舟""大知"，都在揭示一条真理：人只有深蓄厚积，才能实现生命内在超越；其次，强调"化"。"化"在《老子》中仅出现3次，在《庄子》中出现70余次。老子重"反"，庄子重视"化"。老子之反（返），表明具体存在皆是对象化存在，"反"是向客观存在对立面转化。庄子之道是"独"，不是对象化实有，天地万物的运动变化只是道化自然的过程；最后，"无待"与"有待"之别。"待"意味着条件、限制与束缚，"御风而行"的列子，仍然"有待"，因为他需凭借风才能飞行，一旦风罢云息，列子与滚滚红尘俗人了无差异。真人、至人才真正实现了"无待"，因为他们"无功""无己""无名"⑧，庄子的"无己"与慎到的"去己"不一样，慎到的"去

<hr>

① 《庄子·大宗师》。
② 《庄子·逍遥游》。
③ 《庄子·大宗师》。
④ 葛洪：《抱朴子内篇》第三卷《对俗》，王明：《抱朴子内篇校释》，中华书局1985年版，第52页。
⑤ 葛洪：《抱朴子内篇》第三卷《对俗》，王明：《抱朴子内篇校释》，中华书局1985年版，第53页。
⑥ 《庄子·天下》。
⑦ 《庄子·逍遥游》。
⑧ 《庄子·逍遥游》。

己"不仅舍弃生命躯体，也舍弃精神。庄子的"无己"旨在强调精神超越躯体，上达于"道"，"振于无竟"。"振于无竟"的关键在于"乘天地之正，而御六气之辩，以游无穷者"①。"正"与"辩"都是指道之本质与特点，这既是哲学形上学层面的认知，又是工夫论层面的超越。

图景二，"南郭子綦隐机而坐，仰天而嘘，荅焉似丧其耦。颜成子游立侍乎前，曰：'何居乎？形固可使如槁木，而心固可使如死灰乎？今之隐机者，非昔之隐机者也？'子綦曰：'偃，不亦善乎，而问之也！今者吾丧我，汝知之乎？女闻人籁而未闻地籁，汝闻地籁而不闻天籁夫！'"② 这是《齐物论》展现的第一幅画面，南郭子綦的精神已超越形体，与大道合二为一。形体虽如"槁木"，但心却活泼泼存在。庄子于此特别强调"心"的作用，只有心，才能由"人籁""地籁"升华到"天籁"。南郭子綦得道的具体表现是"吾丧我"，"吾"是大我，实现了"以道观之"生命理想。"我"是拘囿于人类本位主义的小我。"吾丧我"的实质是追求并实现精神平等，"丧"意味着决断，只有"丧"才能挣脱"我执"的束缚，实现"闻天籁"。

图景三，"昔者庄周梦为胡蝶，栩栩然胡蝶也。自喻适志与！不知周也。俄然觉，则蘧蘧然周也。不知周之梦为胡蝶与？胡蝶之梦为周与？周与胡蝶，则必有分矣。此之谓物化"③。"庄周梦蝶"是《齐物论》末段，与首段南郭子綦悟道前后呼应。《齐物论》全篇竟然以一场大梦结束，其间蕴涵的哲学深意，令千百年后的学人仍唏嘘感慨不已。蝴蝶是道之艺术符号，"庄周梦为胡蝶"表明人与物的隔阂已消解，"分"已不复存在，"物化"的生命理想境界已实现。在这一"物化"过程中，精神上有体验，"自喻适志与"，快乐与幸福的感觉一直存在。"自喻适志与"一句至关重要，因为问题的核心并不在于到底是庄子梦蝴蝶，还是蝴蝶梦庄子，而在于"庄周梦为胡蝶"有生命体验。"庄周梦蝶"的哲学蕴涵是人心与道融合合一，当然这只是精神层面的融合，而非感性生命意义上的永恒。这种融合彰显出自由带来的快乐与幸福，因为自由，所以庄子认为"归精神乎无始"才是生命的"大宁"④。

以上三幅图景，内容有所不一，但哲学宗旨与生命理想却惊人一致——逍遥自由。何谓"逍遥"？成玄英罗列了学术史上三种阐释："所言逍遥游者，古今解释不同。今泛举纮纲，略为三释。所言三者：第一，顾桐柏云：'道者，销也；遥者，远也。销尽有为累，远见无为理。以斯而游，故曰逍遥。'第二，支道林云：'物物而不物于物，故逍然不我待；玄感不疾而速，故遥然靡所不为。以斯而游天下，故曰逍遥游。'第三，

---

① 《庄子·逍遥游》。
② 《庄子·齐物论》。
③ 《庄子·齐物论》。
④ 《庄子·列御寇》。

穆夜云：'逍遥者，盖是放狂自得之名也。至德内充，无时不适；忘怀应物，何往不通！以斯而游天下，故曰逍遥游。"① 三人解释虽然有异，但都指出"游"是庄子逍遥自由思想的本质所在，这无疑具有启发意义。"游"是庄子思想架构中非常有特点的概念，"游"在《庄子》一书中出现 106 次。"游"是摆脱了生死、名利等生命困境之后展现的自在自由生命状态，这种自在自由是生命"自作主宰"（徐复观语）意义上的"内在自由""积极自由"，而非外在的"外部自由""消极自由"。"游"意味着若即若离，"若即"是指芸芸众生无法完全彻底地脱离这一世俗的物的世界，只能游身于世而无法与世俗的世界彻底决裂；"若离"意味着这个物的世界需要超越，人是目的本身，人的精神完全可以自作主宰，彻底从"浊沉"的世界中超拔出来，游心于道。"遥者，引而远也。"② "逍遥游"本质上在于揭明一种崭新的生命哲学或价值观：消解以人为本位的文化中心主义自我意识，"以道观之"③，尊重并因循自然本性，挺立人的主体性，抗拒工具理性价值观对自然本性的戕害，在有限的生命"此岸"追求精神生命内在超越。逍遥自由的文化根基在于"道"，人性是"道"之"德"。因此逍遥自由是人的本质，人在本质上是自由的，自由是人的可能生存状态与理想境界。④ 一个值得注意的问题是：庄子的逍遥自由思想是否与"命"相抵牾？因为在《大宗师》《德充符》多篇文章中反复提到"命"是人生"大戒"，不仅死生富贵是命，而且贤或不肖也是命。缘此，在学术史上有些学者小心翼翼地论证庄子之"命"与逍遥、德、性之问的关系，竭力弥合庄子思想体系内在可能出现的大裂缝、大漏洞。⑤ 其实，《齐物论》与《逍遥游》两篇文章中根本就没有出现"命"这一概念！这是一偶然现象吗？绝非如此。因为"命"与以《齐物论》与《逍遥游》为代表的庄子核心思想存在着深刻的矛盾，如果承认命，而且"知其不可奈何而安之若命"⑥，对逍遥自由的论证与向往，在哲学形上学层面将丧失存在的合理性，在实践上丧失行动的可能性。甚至庄子道学思想体系"大

---

① 成玄英：《庄子序》，郭庆藩：《庄子集释》，中华书局 1961 年版，第 6 - 7 页。

② 王夫之：《庄子解》第一卷，《船山全书》第十三册，岳麓书社 1996 年版，第 81 页。

③ 《庄子·秋水》。

④ "自由"一词在《后汉书·五行志》《礼记》郑玄注、《后汉书·朱乐何列传第三十三》《玉台新咏·古诗》等中土典籍中已存在。但作为哲学、法学意义上的概念，是清末通过"格义"引进的西方哲学与文化范畴。两者在文化背景、具体内涵、思维方式与问题意识诸方面都存在差异。但是，东西方哲学与文化中的"自由"观念，在价值观与具体内涵上存在着相通与相近之处，也是必须正视的文化现象。约翰·罗尔斯在其所著《正义论》中，概括了自由三要素："自由的行动者""自由行动者所摆脱的种种限制和束缚""自由行动者自由决定去做或不做的事情"（《正义论》，第 158 页，中国社会科学出版社 2009 年版）。由此可见，庄子的逍遥自由在性质上属于精神自由论，与卢梭、洛克、康德、黑格尔、边沁、哈耶克等人的自由哲学迥然有别，但在生命的价值追求与审美旨趣上，又存在一些相近之处。以"自由"来界说庄子的"逍遥"范畴与思想，在历史文化渊源与哲学性质上，有其合法性。

⑤ 徐复观：《中国人性论史》，华东师范大学出版社 2005 年版。

⑥ 《庄子·德充符》。

厦"，因为"命"的存在与作用而轰然坍塌。在此必须郑重指出：庄子本人否定与反对"命"，《大宗师》《德充符》多篇文章中出现的"命"只是庄子后学的观点。辨明这一点，至关重要。因为我们只有立足于《齐物论》与《逍遥游》来认识与衡评庄子思想基本逻辑架构与特点，才能正确认识庄子内心世界。理解了《齐物论》与《逍遥游》两篇文章都不谈"命"，我们才能茅塞顿开地理解庄子为何证明社会地位低微如庖丁，也能在其有限的生命历程中获得体道、悟道的幸福、快乐与自由："庖丁为文惠君解牛，手之所触，肩之所倚，足之所履，膝之所踦，砉然响然，奏刀騞然，莫不中音，合于桑林之舞，乃中经首之会。"①"游刃有余""踌躇满志"的庖丁已超越了"技"的层面，进入了"得道""体道"的逍遥自由生命理想境界。值得注意的是，获得了"独与天地精神往来"的体道者不是王公贵族，而是卑微如庖丁阶层。庄子于此实际上是想阐释一个哲学观点：逍遥自由是人之本质，人人皆可能逍遥自由。自由具有平等性、普遍性特点，正如徐复观先生所言，"老、庄所建立的最高概念是'道'；他们的目的，是要在精神上与道为一体，亦即是所谓'体道'，因而形成'道的人生观'，抱着道的生活态度，以安顿现实的生活"②。庄子道论虽然富于哲学形上学性格，但其出发点及其归宿点，始终与现实人生相联结。逍遥自由具有平等性、普适性特点，犹如孟子所言"人皆可以为尧舜"。道不离人，逍遥自由不离人的日常之"在"。"得道""体道"在本质上已不属于形而上学问题，而是与实践理性和工夫论有关。由此可见，庄子的逍遥自由哲学蕴含自由意志。康德认为有自由意志的善，才是真正的善。证诸庄子自由哲学，确乎不谬！

（二）程伊川："格君心之非"与理性自由

与庄子"内在自由"相比较，程伊川的自由思想在内涵、特点与最终追求上，皆有所不一。概而论之，程伊川的自由思想可高度提炼为"道德理性自由"或理性自由。因为程伊川的自由思想并未单纯停留于"内圣"层面，而是扩展到了"外王"领域。自由不仅是一种思想，更重要的是也是一种主义。换言之，程伊川的自由已是中国自由主义的古典表达。程伊川古典自由主义的最大特点与哲学指向在于：为天下立法。"然至乎为治之大原，牧民之要道，则前圣后圣，岂不同条而共贯哉？盖无古今，无治乱，如生民之理有穷，则圣王之法可改。"③"为治之大原"或许可以从两大向度解读：

其一，"为治之大原"源出于天理，是天理在人类社会的彰显与落实。扬雄曾经说通晓天道、地道和人道，方可称得上真正的"儒"；只贯通天道和地道，但不通晓人

① 《庄子·养生主》。
② 徐复观：《中国艺术精神》第二章，商务印书馆2012年版，第55页。
③ 程颢、程颐著，王孝鱼点校：《论十事劄子》《河南程氏文集》第一卷，《二程集》，中华书局2004年版，第452页。

道，充其量只是一个"伎"。程伊川对扬雄的观点予以批评，认为杨雄"不知道"："岂有通天地而不通人者焉？如止云通天之文与地之理，虽不能此，何害于儒？天地人只一道也。才通其一，则余皆通。"① 天道、地道与人道打通为一，都是天理的凸显，理一而分殊。正因为如此，"圣王之法"具有永恒性与普遍性。"若孔子所立之法，乃通万世不易之法。"②

其二，"为治之大原"具体以仁为道德依托。仁是人类普遍的道德理性，政治制度、法律制度、经济制度与伦理道德规范只有依仗仁这一道德理性建立，才获得存在的正当性与合法性。"道之外无物，物之外无道，是天地之间无适而非道也。即父子而父子在所亲，即君臣而君臣在所严，以至为夫妇、为长幼、为朋友，无所为而非道，此道所以不可须臾离也。"③ 以仁为核心的道德理性是人的本性，道德理性使人能制定社会制度与伦理规则，并使人人遵守这些社会法则与规范。人类遵从基于自身道德理性制定的社会法则与伦理规范，就是自由。恰如康德所言："你意志的准则始终能够同时用作普遍立法的原则。"④

程伊川的自由可概括为理性自由。在社会政治、法律与经济领域，具体体现在三个方面：

其一，"法者，道之用。"儒家自孔子以降，一直强调法与法令在治国平天下中的作用，虽尚德但从不废弃法与刑。德法并重，犹如大鹏之两翼，互为倚重。"自故圣王为治，设刑罚以齐其众，明教化以善其俗，刑罚立而后教化行，虽圣人尚德而不尚刑，未尝偏废也。故为政之始，立法居先。"⑤ 法是孟子所说的"规矩"与"方圆"，因此治国第一步在于"立法"，法具备"先"的特点。此外，法还具有"公"之属性。"法者天下之公器，惟善持法者，亲疏如一，无所不行。"⑥ 程伊川借司马光之言，阐述法具有"公"之特点，"公"意味着普适性与公正性，法不是为君王一人所制定，也不是为维护少数贵族利益而制定，法是为天下人根本利益所制定。由此实际上引申出程伊川进而想表达的一个观点：何为善法？何为恶法？善与恶评判原则与最高标准何在？当年荀子提出"礼法"思想，合乎礼之法就是善法，违逆礼之法就是恶法。善恶炳彰，不可混淆。儒家为天下立法，善与恶的标准由儒家来制定。儒家这一道统，在程伊川思想中进一步得到发扬光大："法者，道之用也。"⑦ 道是体，法是用。道是本，法是末。道是

---

① 程颢、程颐著，王孝鱼点校：《河南程氏遗书》卷十八，《二程集》，中华书局 2004 年版，第 182 页。
② 程颢、程颐著，王孝鱼点校：《河南程氏遗书》卷十七，《二程集》，中华书局 2004 年版，第 174 页。
③ 程颢、程颐著，王孝鱼点校：《河南程氏遗书》卷四，《二程集》，中华书局 2004 年版，第 73－74 页。
④ 康德：《实践理性批判》，韩水法译，商务印书馆 2000 年版，第 31 页。
⑤ 程颢、程颐著，王孝鱼点校：《周易程氏传》卷一，《二程集》，中华书局 2004 年版，第 720 页。
⑥ 程颢、程颐著，王孝鱼点校：《河南程氏文集》卷八，《二程集》，中华书局 2004 年版，第 585 页。
⑦ 程颢、程颐著，王孝鱼点校：《河南程氏粹言》卷一，《二程集》，中华书局 2004 年版，第 1219 页。

"天地人只一道"之道，具体而言，在社会领域就是"孔子治天下之道"①。道就是天理，法是天理精神在人类社会的彰显，"建立纲纪，分正百职，顺天揆事，创制立度"②，法犹如"网之有纲"，纲举目张。合符"孔子治天下之道"就是善法，反之就是恶法。

其二，"格君心之非"。如何制约最高权力，一直是儒家矻矻以求的政治使命。孔孟以"王天下"作为诱饵，从伦理道德角度劝谏君王以三代圣王自任，德治仁政，"君子之德风"，天下百姓归之如流水。董仲舒从天人感应理论出发，以"谴告"威慑君王，以"祥瑞"奖励君王，制约最高权力的理论与手段已有所变化。迨至程子，制约最高权力的思路与孔孟有些近似。"治道亦有从本而言，亦有从事而言。从本而言，惟从格君心之非。正心以正朝廷，正朝廷以正百官。"③ 君心正，朝廷风气正，天下风气正；德政之德指向的是统治者，而非平民百姓。缘此，君心是与非评判标准何在？由谁制定是非对错准则？程伊川的回答是："讲论道义。"④ 以儒家道义作为判断是非功过的最高依据，"明善恶之归，辨忠邪之分。"⑤ 是非标帜已立，接下来的问题是如何"格"？除了法律层面的制约之外，程伊川提出了两点措施：一是"学"，"臣窃谓自古国家所患，无大于在位者不知学。在位者不知学，则人主不得闻大道，朝廷不能致善治。不闻道，则浅俗之论易人，道义之言难进。"⑥ 学"道义之言"，才能通晓儒家"大道"；二是立志，以道自任。"君志立而天下治矣。所谓立志者，至诚一心，以道自任，以圣人之训为可必信，先王之治为可必行。"⑦ 君王"以道自任"之"道"，就是以"圣人之训"为内涵，以"王道"王天下为最终社会政治愿景。

其三，"顺民心为本"。强调"民心"，是儒家一以贯之的传统。孟子尝言："得天下有道，得其民，斯得天下矣。得其民有道，得其心，斯得民矣。"⑧ 得民心者得天下，这一儒家道统在董仲舒思想中有新的表述："故屈民而伸君，屈君而伸天，《春秋》之大义也。"⑨ 此处之"天"不是人格神，而是民心，是"民惟邦本""天视自我民视，天听自我民听"思想的赓续。程伊川起而蹊之，提出"三本"思想："以顺民心为本，以厚民生为本，以安而不扰为本。"⑩ "顺民心"在经济上的体现是"厚民生"，"厚民

---

① 程颢、程颐著，王孝鱼点校：《河南程氏文集》卷五，《二程集》，中华书局2004年版，第513页。
② 程颢、程颐著，王孝鱼点校：《河南程氏粹言》卷一，《二程集》，中华书局2004年版，第1219页。
③ 程颢、程颐著，王孝鱼点校：《河南程氏遗书》卷十五，《二程集》，中华书局2004年版，第165页。
④ 程颢、程颐著，王孝鱼点校：《河南程氏文集》卷一，《二程集》，中华书局2004年版，第447页。
⑤ 程颢、程颐著，王孝鱼点校：《河南程氏文集》卷一，《二程集》，中华书局2004年版，第447页。
⑥ 程颢、程颐著，王孝鱼点校：《河南程氏文集》卷六，《二程集》，中华书局2004年版，第550页。
⑦ 程颢、程颐著，王孝鱼点校：《河南程氏文集》卷五，《二程集》，中华书局2004年版，第521页。
⑧ 《孟子·离娄上》。
⑨ 《春秋繁露·玉杯》。
⑩ 程颢、程颐著，王孝鱼点校：《河南程氏文集》卷五，《二程集》，中华书局2004年版，第531页。

生"的具体措施是"因民所利而利之",财产权是衡量一种社会制度善恶与否的首要道德标准,"有恒产者有恒心",所以程伊川在"视民如伤"精神指引下,提出"轻财""财散"主张:"颐欲公以爱民为先,力言百姓饥且死,丐朝廷哀怜,因惧将为寇乱可也。不惟告君之体当如是,事势亦宜尔。公方求财以活人,祈之以仁爱,则当轻财而重民,惧之以利害,则恃财以自保。古之时得丘民则得天下,财散则人聚。"① 二程兄弟在经济政策上,与王安石多有不合,双方所据立场不同,观点自然迥然有别。王安石立足于事功权变,千方百计为政府敛财;二程兄弟立足于儒家性命道德之学,力主"爱民为先",反对"青苗法"等盘剥平民百姓措施。二程兄弟在政治舞台上郁郁不得志,与其说是个性才智原因,不如说是因坚守的思想信仰所导致。哈耶克认为,财产权和法治是自由得以存在与延续的两大社会条件。从这一意义上而言,二程兄弟的经济思想与政治主张,与其自由主义表达紧密相连。

庄子与程伊川的自由思想代表了古代中国自由思想与古典自由主义不同的样态:庄子的自由思想可高度概括为"内在自由""精神自由"。庄子自由思想的逻辑为:"道"落实于人性为"德","道德"的完整呈现就是逍遥自由,逍遥自由才真正实现了人的本性。因此,自由是人的本质,也可以说是人之"命",人命中注定生而自由。徐复观评价庄子的自由思想是"要达到精神的自由解放,一方面要自己决定自己,同时要自己不与外物相对立,以得到彻底的谐和。"② 庄子"对精神自由的祈向"与以赛亚·伯林所言"积极自由"有近似之处,因为"积极自由"的基本含义"源于个体成为他自己的主人的愿望"③。因此,徐复观先生高度评价庄子是中国历史上"伟大自由主义者"④,可谓公允确当。程伊川的自由思想学说与庄子相比较,在问题意识、运思路向和价值目标上有同有异。相同相通之处在于:皆从价值本体论高度论证自由何以可能。程伊川从天理"元善"出发,继而论证"性即理"。不同之处在于:程伊川证明仁涵摄其他诸德,仁有"公"之特性。"讲论道义",仁即儒家的"道义"。仁是人类道德理性,政治制度、法律制度、经济制度与伦理道德规范只有符合仁这一道德理性,才具备存在的正当性与合法性。为天下立法,是儒家义不容辞的担当与理想。因此,程伊川的自由思想可高度概括为理性自由。因为程伊川的自由学说并未单纯停留在"内圣"层面,而是积极地扩充到了"外王"领域。程伊川的自由既是一种学说,也是一种主义。

---

① 程颢、程颐著,王孝鱼点校:《河南程氏文集》卷九,《二程集》,中华书局2004年版,第600页。
② 徐复观:《中国人性论史》第十二章,华东师范大学出版社2005年版,第238页。
③ 以赛亚·伯林著:《自由论》(修订版),凤凰出版传媒集团、译林出版社2011年版,第179页。
④ 徐复观:《中国人性论史》第十二章,华东师范大学出版社2005年版,第252页。

四、结语

在词源学意义上，西方自由主义（Liberalism）源发于19世纪初西班牙一个政党的名称，但其思想渊源一直可以上溯至古希腊、犹太教和基督教的思想与信仰。与此相对应，自由思想在中国哲学与文化传统中源远流长、自成一格，彰显出独创性、普遍性特点。道家与儒家思想中蕴涵着丰厚的自由思想资源，换言之，儒家与道家的最高哲学指向就是自由。在庄子思想体系中，逍遥自由思想与形而上学层面的道论相"挂搭"，从形而上学高度证明逍遥自由是否可能、何以可能？这是庄子自由哲学最大特点，也是庄子自由思想所达到的哲学最高峰。与此相对，儒家程伊川从天理高度证明"仁"善，人类遵从基于"仁"这一道德理性制定的社会制度、法则与伦理规范，就是自由。为天下立法者不是君王贵族，而是儒家。程伊川思想中的自由，已超越了观念学说视域，扩充到了治国平天下的"外王"领域。因此，在程伊川思想体系中，自由不仅是一种思想，更重要还在于自由已是一种主义，或者说是中国自由主义的古典表达。

哈耶克尝言："一个成功的自由社会，在很大程度上将永远是一个与传统紧密相连并受传统制约的社会。"① 自由离不开"传统"的支援。在中华文明史上，此处特定意义上的"传统"可解读为道德理性。缺乏道德理性支撑的自由与自由主义，将会沦落为人类社会一切罪恶中最大的恶。庄子思想中的"道"既是哲学本体，也是一德性本体。"道"决定了人性的本质，"道"是"臧"，道是至善。道落实在人而为"德"，因为道善，所以性善；因为性善，所以人逍遥自由显现德性的光辉。与庄子思想相映成趣的是，程伊川说"善便有一个元底意思"，天理之善属于绝对性的"元善"，"元善"意味着无条件性、先在性。"人伦者，天理也。"理善，所以"理之性"善；性善，所以仁善。仁在普遍的人性中是无条件的命令，无条件意味着自由，仁是儒家自由意志视域中的自由。无论是道家庄子，抑或儒家程伊川，都非常清醒地认识到道德理性在自由学说中的重要意义，因此都从哲学形上学高度证明道至善或天理至善，道德理性之善源出于道或天理，自由只不过是道德理性的彰显与发挥。道德理性的善，又捍卫了自由与自由主义，不会沦落为人类之恶。

---

① 哈耶克：《自由秩序原理》第四章《自由、理性和传统》，三联书店1997年版，第71页。

儒家文明的经济维度

——陈焕章《孔门理财学》及其现代价值

韩　星　中国人民大学

陈焕章（1880－1933年），字重远，广东高要人。18 岁到广州长兴里康有为的"万木草堂"读书，与梁启超为同学。23 岁中举人，24 岁考中"恩科联捷进士"，保和殿复试朝考"钦点内阁中书"，入进士馆。后申请出洋留学。光绪三十一年（1905 年）奉派为留美学员，先入库克学院学习英语，光绪三十三年（1907 年）考入纽约美国哥伦比亚大学经济系学习政治经济学，宣统三年（1911 年）获哥伦比亚大学哲学博士学位。其博士论文《孔门理财学》当年即收入由哥伦比亚大学政治学教师编辑的"历史、经济和公共法律研究"丛书，由哥大分两册精装出版。1912 年归国，在上海创"孔教会"，任总干事。1913 年被聘为袁世凯总统府顾问，入京，与严复、梁启超等联名致书参众两院，请定孔教为国教。1930 年在香港设"孔教学院"，自任院长。1933 年 10 月，陈焕章在香港病逝。

一、《孔门理财学》的思想内容、结构体系和基本特点

由于陈焕章的博士论文《孔门理财学》确实有与众不同之处，答辩通过以后哥伦比亚大学就破例同意用学校的经费为他出版，而且将这本书收入"历史、经济和公共法律研究"丛书，于是陈焕章暴得大名。该书应该是中国人在西方出版的最早一部经济学名著，集中总结阐发了儒家的经济思想，是中国人第一次以西方语言向世界全面展示中国古代儒学思想的重要著作。

《孔门理财学》按照西方经济学原理，分别讨论了孔子及其儒家学派的一般经济学说及其在消费、生产、公共财产方面的思想。陈焕章是按照西方经济学的模式来安排该书的结构和体例的。全书共分两卷，五个部分。第一部分是介绍，总述儒家思想背景、中国人认识的经济学以及一般经济学原理；第二部分讨论消费，即中国人的消费观念，幸福和快乐的感受；第三部分讨论生产要素，分别从古典经济学的三大要素——劳动、

自然和资本来分析。接着继续从产业结构、分配、社会政策等层面来讨论；第四部分讨论公共金融，主要是税收问题；第五部分是结论。显然，从结构上来看，这是典型的西方经济学模式，与以亚当·斯密《国富论》为代表的西方经济学写作体例基本上是一致的。这是因为作者首先要考虑通过博士论文答辩，需要经过严格的学术评审，而当时评审者都是西方学人，同时也是为了使该书在公开出版以后在形式上为西方学者容易接受。但是，究其思想内部逻辑和写作的目的指向，还是中国化或者更准确地说是严格地按照今文经学的思想体系展开论述的。在涉及斯密、马尔萨斯等西方思想家的时候，作者主要是站在中西文化的视野下把中国思想与西方观点进行对比，以凸显中国儒家思想的独特价值。这本书的形式和内容构成了极强的张力，而作者是以传统的体用本末、中和之道的思路将其组织成为一相辅相成、相反相成的结构，很好地化解了这种张力，显示了作者厚实的学术功底和高超的思想能力。

陈焕章认为，孔子的思想博大而庞杂，完备地包含了一切理论。他揭示孔子思想体系的特点说："他的体系不是非人性化的，而是人性化的；不是纯理论的，而是结合实际的；有点精神性，但是十分物质性；是伦理的，但同时也是关于经济的。……他不仅关注内心和思想，也关注身体；不仅注重个人，也注重社会和外交。"[1] 他比较经济学家马尔萨斯和孔子，马尔萨斯只是提出了著名的人口论，而孔子则提出了一个总体哲学体系。"这是因为马尔萨斯是一位专业经济学家，而孔子是最广意义上的一位大师。然而从他体系中的相关部分来看，孔子显然也是一位经济学家。"[2] 这就是说孔子是一位具有综合性的博大精深的思想大师，而马尔萨斯只是一位经济学专家而已。

春秋公羊学三世说的进化论诠释

陈焕章受其老师康有为的影响，以儒家春秋公羊学作为该书的学术基础，他之所以如此重视三世说，是因为他认为三世说其实是一种进化论或演化论。具体到本书就是为了以三世说为后面论述经济发展为社会进步的主动力提供有力的历史依据，用他自己的话概括就是："理财为进化之母"[3]，即就理财谈进化，这就包含有物质生产是推动社会历史前进的动力的意思，强调了经济在社会历史发展过程中的基础地位和作用。他说"《春秋》之意，由据乱世而升平世，而太平世，进化之说也。"[4] 按照《公羊传》的看法，孔子之教类似于进化之教。由"据乱世"而至"升平世"，进而至于"太平世"。但陈焕章说："然此尚不过普通进化论。若欲求特别之理财进化论，则宜求诸井田之制矣。"他通过井田制说明儒家的进化论。在井田制下老百姓耕种三年会有一年的剩余食

① 陈焕章著：《孔门理财学》，翟玉忠译，中央编译出版社 2009 年版，第 116 页。
② 陈焕章著：《孔门理财学》，翟玉忠译，中央编译出版社 2009 年版，第 118 页。
③ 陈焕章著：《孔门理财学》，翟玉忠译，中央编译出版社 2009 年版，第 445 页。
④ 陈焕章著：《孔门理财学》，翟玉忠译，中央编译出版社 2009 年版，第 447 页。

物，因而能够知荣辱，也不会有争执和诉讼。同时，每三年考察一次官员的功绩。三年是前进的第一步，在九年内经过三次考察，不合格者将被降免，合格者得到升迁。在每一个九年期，它要求所有不同职业都要有一种崭新的进步，即无论是农业还是工业的所有岗位都不允许存在停滞状态。这样的进步称之为"登"，两次进步称之为"平"，三次进步称为"泰平"。最后他概括说："对于个人来说，井田制不给任何人优势，这是静态的模型；但对于整个社会，进步是必需的，它又是动态的原则。这就是孔子的进步论。"①

儒家的思想包含了进化论的一般规律，尽管这些进化论思想散落在很多地方，陈焕章则从各类孔门典籍中归纳出八条，分别是：

（1）战争的废除。一个和平社会对于工业的发展是必需的。

（2）技术发明。这是经济进步的基础，也是所有其他进步的基础。

（3）自然的控制。它使人类成为天地的对手和助手。

（4）井田制。每个人平等享有生产资料最重要的部分。

（5）普遍义务教育。它给每个人平等的智力和道德提升的机会。

（6）选举制度。它将代议制政府建立在学校体制的基础上。

（7）大同社会。取消了如国家、家庭和私有财产等社会体制。

（8）人性的改造。儒家体系的目的是使人性达到完美。②

陈焕章特别将人性的完善与经济发展的最高层次结合起来，进一步说明在《孔门理财学》中所要阐明的三世说不仅是社会发展阶段性机制理念，而且是人性至善的改造进程，贯穿于整个社会经济发展和人性完善相辅相成的过程中。

德本财末原则下的理财观

陈焕章认为，儒家是在伦理和政治的框架之中来讨论经济问题的，强调对经济问题先要作一价值判断，看其是否合乎道德义理，以至于几乎忽视从经济学角度进行考察，甚至不能觉察到其存在。道德是儒家思想的基础，其经济思想也不例外。中国人所说的财主要指物质财富。孔子关注的重点是如何获取财的问题。《论语·述而》篇中有"不义而富且贵，于我如浮云"。《论语·颜渊》篇中也有"诚不以富，亦祇以异"。《论语·宪问》篇中还有"见利思义"的论述，都在强调财富的获得不能违背基本的道义。理财，在古代汉语中是治理财物的意思。《易传·系辞下》："何以聚人曰财。理财正辞，禁民为非曰义。"孔颖达疏："言圣人治理其财，用之有节。"汉代王符《潜夫论·叙录》："先王理财，禁民为非。"理财同政治、伦理、社会有不可分割的联系。所以，

---

①　陈焕章著：《孔门理财学》，翟玉忠译，中央编译出版社 2009 年版，第 85 页。

②　陈焕章著：《孔门理财学》，翟玉忠译，中央编译出版社 2009 年版，第 85 - 86 页。

陈焕章给传统经济思想做出如下的现代经济学定义：遵循社会公正原则的理财学，以人类的集体生活为目标。《大学》篇更发挥孔子的思想曰："德者，本也；财者，末也。外本内末，争民施夺，是故财聚则民散，财散则民聚。"陈焕章认为德本财末这一原则适用于所有人，并以君主为例说明，如果一个君主拥有美德，就能统治人民，拥有土地，积累财富，那么由此得出德行是根本，财富仅是它的结果。所谓"财散"，也即是孔子"厚施薄敛""博施于民而能济众"的意思。都是针对统治阶级必须遵守的为政规范而言，如果外示以德，内争以财，则不仅民心离散，甚有民众逃散之虞。所以必须以"散财"或"厚施薄敛"之德为本。

儒家的义利之辨

在《论语》里有孔子"罕言利"（《子罕》）之说，对此，陈焕章解释说："人性已经是自私的，社会已经是功利的社会，人们天生就知道狭隘的利，不需要再教他们。如果像孔子那样伟大的教师常常言利，将使人们更加重利轻义，更多地关注金钱，更少地关注品行。他们将以孔子教导为由原谅自己，用孔子的话作为借口。因此，孔子不常言利，而是代之以义。"[1] 为了节制人类的欲望，孔子阐明了直接反对经济动机的三个学说，即命的学说、名的学说、灵魂的学说。陈焕章谈到名的学说时说："如果我们不让人们取利，同时否定他们求名的趣向，那样将太残酷，是不符合正义的，人类社会将一点也不会进步。因此孔子创立了名的学说，为的是将人们从经济世界带到伦理境界，用伦理成就取代经济成就。"[2] 陈焕章关于孔子"名的学说"就是孔子的正名学说，孔子通过正名，把人们对于名利的欲望引到伦理道德境界。在《〈孔门理财学〉之旨意趣》一文中陈焕章还详细阐述到："问者曰：'子罕言利'，载于《论语》，《孟子》首篇'何必曰利'，今子乃以《孔门理财学》名其书，且多至三十六卷。非出于附会，从何得如许材料乎？对之曰：是书材料多出于经史，前既言之矣。至谓出于附会，其实不然。欲明孔孟不言利之真精神，当先明私利、公利之别。私利者一己之私；公利者一群之公。若不明公私之别，而徒执'不言利'三字抹煞之，此宋儒之所以误中国也。群之公利，孔子何尝不言哉？先富后教，治庶之经，井田学校，双方并进，总括孔教全体，理财殆占一大部分也。"[3] 陈焕章说明自己的观点源于儒家经典和史籍，认为孔孟"不言利"不是绝对否定利，而是在区分私利与公利的基础上（所谓公私之辨），把"私"领域向"公"私领域加以逻辑推衍和扩大，在义利关系上形成了以义统利，重义而不否定利的基本思想，只是到了宋儒有贵义而贱利的倾向，提倡"存天理，灭人

---

[1] 陈焕章著：《孔门理财学》，翟玉忠译，中央编译出版社 2009 年版，第 63 页。
[2] 陈焕章著：《孔门理财学》，翟玉忠译，中央编译出版社 2009 年版，第 72 页。
[3] 陈焕章著：《孔门理财学》，翟玉忠译，中央编译出版社 2009 年版，第 443 页。

欲"，产生了很大的负面影响。

消费和生产

陈焕章从消费和生产两方面来阐述儒家经济思想。西方学者认为经济过程分为生产
—交换—分配—消费四大环节。陈焕章认真分析了《大学》中"生财有大道，生之者
众，食之者寡，为之者疾，用之者舒，则财恒足矣。"注意其中"生之者众，食之者
寡"即生产和消费两个环节，是涵盖整个经济领域的最综合性的原则。盖生之为之，皆
属生产；食之用之，皆属消费。所以整个经济体系就可分为生产与消费两大部类，交换
和分配囊括在生产部分。在生产与消费的关系上，陈焕章认为生产应重于消费。他解释
说如果消费量与生产量相等的话，那么不仅没有生产的增长，也没有消费的增加。积累
资本、财富充足的途径就是扩大消费，实现其唯一方法是生产出超过消费上限的财富。
至于"消费"，中国人对消费和生活的态度与西方截然不同，从不是单纯追求消耗财
富。中国古代汉语没有"消费"一词，只有"节用"，即所谓"节用以礼"。在消费方
面，孔子承认人也是物质的存在，将人情作为自己哲学的基础，而人情有喜、怒、哀、
惧、爱、恶、欲，其中人欲是最强烈的。陈焕章引用《礼记·礼运》："饮食男女，人
之大欲存焉"说明人欲"是人类最强烈的感情，无论一个人多么具有精神性，饮食男
女的经济需要只是人类社会的基石。所以说人欲既是伦理学的、也是经济学的出发
点。"① 所以，除了宋明理学儒家并不像我们现在一般人误解的那样反对人的一切欲望，
而是是从人欲的角度出发，并不否认物质的存在，而是承认物质对于人们生活的必
要性。

陈焕章进一步指出，儒家虽然承认人的基本欲望的满足，但也强调"节制消费"，
即对于"消费"应有四种约束。一是道德约束。由于礼的调节作用是正社会风气，防
止动乱；其经济作用是鼓励人们扶贫济贫，人心向善。二是社会约束。按社会阶层等差
消费在孔子那个时代是必要的，因为农业社会的生产经常落在基本需求之后。我们不能
用现代工业社会中大众消费成为经济成长的动力的事实来诋毁古代的等差消费在社会稳
定中所起的作用。三是财力条件。孔子最反对的是富人过度消费，穷人宁愿入不敷出，
靠借贷也要保面子。两者都是违反"礼"的表现。《论语·学而》中，"子贡曰：贫而
无谄，富而无骄，何如？子曰：可也，未若贫而乐道，富而好礼者也"。四是时间因素。
比如当农业歉收时，消费水平自然应当降低等。这四个方面的约束都是以礼制来实现
的，这就是中国特色。

---

① 陈焕章著：《孔门理财学》，翟玉忠译，中央编译出版社 2009 年版，第 115 页。

中庸之道的普遍运用

陈焕章认为，儒家讲中庸之道，做什么事情都不走极端①。他阐述儒家"节用以礼"的基本精神，指出儒家以中庸之道对待消费，既不过度节俭也不奢侈。他引《礼记·杂记下》记载孔子对管仲和宴仲平的批评，因为管仲是奢侈的代表，宴仲平是过度节俭的代表，二者都离开了中和的原则②。那么，如果一个人不能做到恰到好处，孔子宁要节俭而不要奢侈③。陈焕章认为基督教，特别是圣徒保罗的理论，有物质上的纵欲倾向，而佛教则走到禁欲的极端，只有孔子学说走中庸之道，比较符合人性的需要，因为纵欲伤身，禁欲厌世。一般人认为孔子代表的儒家主张等级制度，从而全盘否定孔子的节用观点。孔子是针对当时的奢侈政治和巨额的公共经费滥用而主张薄赋敛，反对不择手段、不顾人民死活的聚敛财富："季氏富于周公，而求也为之聚敛而附益之。子曰：非吾徒也，小子鸣鼓而攻之也。"（《论语·先进》）而是要求统治者施舍要厚，聚敛要薄，不能违礼而贪得无厌。在对待节用上，孔子不赞成那种脱离现实条件而一律要将消费水平降至同一底线的做法。孔子自己是追求符合养生之道的生活方式，如在饮食方面他是"居必迁坐，食不厌精"（《论语·乡党》）。可见孔子并不是像墨家那样不注重生活质量而一味强调节俭的。

另外，在政府调控和自由放任之间，陈焕章揭示出儒家的中庸之道对处理这一棘手的矛盾所体现的中国智慧。他说儒家一方面赞成社会立法，另一方面也赞成自由放任政策，二者都有利于社会。儒家的理财政策有二：一是保育政策，二是放任政策。相对地保育政策最多，而放任政策也不是极端放任，而是"一面谋生产之扩大，一面谋分配之平，双方并进，乃孔教之理财政策也"④。进一步，他认为孔子和儒家是主张市场经济的，反对不适当的垄断，但与现代一些学者对自由市场的迷信有着本质的不同。说到底，孔子和儒家赞同的是一种有政府调控的市场经济。他说："按照自由放任主义经济学家的观点，如果竞争是绝对自由的，每个人将得到他应得的东西，因为每个人都小心关注自己的利益。因此这些经济学家主张竞争为经济生活所必须，认为政府干预应降至最低限度。儒家学说与之正好相反：对于经济生活来说政府干预是必需的，竞争应当降至最低限度。"⑤ 陈焕章指出，如果政府严格遵从自由放任的政策，让竞争绝对自由，世界将只属于少数最强者。我们怎能忍看占人类绝大多数的弱者受难呢？因此，"没有一个宗教大师、大道德家、大政治家会放任自然，而不进行某种调控。既然有些自然选

---

① 陈焕章著：《孔门理财学》，翟玉忠译，中央编译出版社 2009 年版，第 108 页。

② 陈焕章著：《孔门理财学》，翟玉忠译，中央编译出版社 2009 年版，第 149 页。

③ 陈焕章著：《孔门理财学》，翟玉忠译，中央编译出版社 2009 年版，第 159 页。

④ 陈焕章著：《孔门理财学》，翟玉忠译，中央编译出版社 2009 年版，第 447 – 448 页。

⑤ 陈焕章著：《孔门理财学》，翟玉忠译，中央编译出版社 2009 年版，第 104 页。

择只对强者、而不是弱者是好的，那么对社会整体的人为调整就是必要的。"① 也就是说，儒家的中道智慧在处理经济自由和政府干预这个世界性难题方面发挥了独特的作用。

以儒为主，兼容各家

《孔门理财学》基本理论构建途径是以儒为主，兼容各家。在《孔门理财学》自序中陈焕章说："本论文不仅包括孔子及历代孔门主要弟子有关经济原则的论述，为了比较研究，还概括了管子、老子、墨子、商鞅、许行等其他诸子的理财思想。"② 陈焕章在《〈孔门理财学〉之旨意趣》一文中也这样解释："兄弟之作是书，本含有昌明孔教以发挥中国文明之意思……是书以孔子为主脑，故取材莫多于经部。然除五经为孔子所作外，其余传记大抵成于七十子后学之手，苟不收入之，无以见孔子之全，而窥孔教之真。然既收传记，则西汉之今文经学，不可不备。既收西汉经说矣，而郑康成集汉学之大成……安能遗漏？此东汉经学之不能不收也。宋学为孔教之中兴，虽近于割地偏安，亦略存正统，此两宋学说之不能不收者也。既收宋学，则前夫宋者，有魏晋汉唐；后夫宋者，有元明清；其间之学说，固不能不收也。且孔子集古代文明之大成，五经之中，多存旧制旧俗。则孔子以前之学说，亦在于是。诸子朋兴，各持异说，且与孔孟为同时。故诸子之学说，不得不取以比较，故是书实可名为《中国理财学史》。不过于诸子学说，尚未详备耳。"③ 他自己的解释是很到位的，该书的主线是孔子儒家，轴心是孔教儒学，绝大多数资料都是来源于儒家的经书。作者在《孔门理财学》第三章先简单介绍了孔子及其弟子的著作，按照儒家的传统，把《诗》《书》《礼》《乐》《易》《春秋》六经看成是孔子的著作，对每一部经典都做了简介，特别注意孔子治学的方法和宗旨，为后面利用这些资料分析孔子的思想做了铺垫。至于孔门弟子的著作则包括《论语》《孝经》《大小戴礼记》《易传》《春秋公羊传》《春秋谷梁传》《孟子》《荀子》，甚至连被当代学人视为荒诞迷信的汉代《七纬》也包括在内。陈焕章把上面两类著作看成是研究孔子思想的权威资料，同时还可以用从汉代至今不同时代许多儒者的解读，以及从周至西汉诸多经学家提供的线索。

在以儒学为主的基础上，陈焕章还用了不少篇幅引用其他各家的文献，发挥其他各家的经济理论。在讨论货币问题时他引用管子的理论。按照管子的观点，货币本身必须有很高的价值，因为它不容易得到，所以能用来衡量其他东西的价值。因此，管子把珠玉作为上等币，金为着币，铜为下币。这一理论为儒家所采纳。④ 在讨论均平粮价的政

---

① 陈焕章著：《孔门理财学》，翟玉忠译，中央编译出版社 2009 年版，第 105 页。
② 陈焕章著：《孔门理财学·作者自序》，翟玉忠译，中央编译出版社 2009 年版。
③ 陈焕章著：《孔门理财学》附录二，翟玉忠译，中央编译出版社 2009 年版，第 442 页。
④ 陈焕章著：《孔门理财学》，翟玉忠译，中央编译出版社 2009 年版，第 265 页。

策时，陈焕章引用早期法家李克（即李悝）的相关法规，说李克"是第一个给予它特殊重视并设立完整法规的人"，"李克的政策既对社会整体有益，也对农业阶层有益。他的主要思想仅是为了人民的福利，不是为了国家财政。因此，他是站在人民一边的真正的儒生，在实际谋划中代表了纯粹经济学的教义。他的谋划在魏国施行后，不仅使人民富裕，也使国家强大了。"① 在讨论井田制的时候，他对比了商鞅和孟子对待井田制的不同态度和采取的做法，批评商鞅废除井田制而使人们失去了基于土地所有权的经济平等。但是，他也没有完全否定商鞅，而是称赞"他是一位了不起的政治家。为了让本国人出外作战，他邀请外国人来耕种土地，给予他们土地私有权。相对改善民生，他更关注国家的荣耀"②。

以中为体，以西为用

陈焕章留学西方，《孔门理财学》在中西比较的视野中援西入中，会通中西，以中为体，以西为用。《孔门理财学》采用西方当代政治经济学结构模式，内容却是编排的中国传统儒家经济思想。让西方读者按照他们的思维框架，很自然地来了解中国文化的博大精深。在《孔门理财学》之旨趣中陈焕章说道："兄弟之作是书，本含有昌明孔教以发挥中国文明之意思。盖西人每多鄙夷中国，几以为世界之文明，惟西方专有之，而中国从未占一席之地也。"③ 他在近代西学东渐，西方文化汹涌而入的时代，针对西方中心主义对中国文化的蔑视，以他坚实的传统文化的教育基础，再加上他在西方能够接触并学习、吸收西方经济学的知识和理论体系，完成这本鸿篇巨制，得以向西方人展示以儒家为主体的中国传统文化在经济学方面的巨大成就和特殊贡献。西方读者对此心领神会，美国哥伦比亚大学中文教授夏德（Friedrich Hirth）在为本书所做的序言中说陈焕章"学习儒家经典多年，深谙中国古典文献"，"对孔子及其学说有着无与伦比的热忱。陈焕章博士既是一名孔门弟子，又有以西方科学方法来整理其思想的优势，但西方读者将会发现本书对于孔学的陈述完全地从儒家的观点出发的。"④ 该校政治经济学教授亨利·施格（Henry R. Seager）在另一篇序言中以更加专业化的眼光评价说，"由于作者广泛熟知英文经济学文献，这使他能够对东西方文明进行有趣的对比。"⑤ 陈焕章站在儒家的立场上巧妙地将西方学术规范与对儒家社会理想的追求结合在一起，把斯密的《国富论》同康有为的《大同书》联系起来进行比照。一方面诠释西方思想家如斯

---

① 陈焕章著：《孔门理财学》，翟玉忠译，中央编译出版社 2009 年版，第 348 页。

② 陈焕章著：《孔门理财学》，翟玉忠译，中央编译出版社 2009 年版，第 323 页。

③ 陈焕章著：《孔门理财学》附录二，翟玉忠译，中央编译出版社 2009 年版，第 442 页。

④ 陈焕章著：《孔门理财学——孔子及其学派的经济学思想·华文教授夏德先生序》，翟玉忠，中央编译出版社 2009 年版。

⑤ 陈焕章著：《孔门理财学——孔子及其学派的经济思想·政治经济学教授施格先生序》，翟玉忠译，中央编译出版社 2009 年版。

密、马尔萨斯，一方面又通过孔教视角，凸显传统学理。理论严谨，论辩清晰，精彩之处随处可见。正如有学者所指出的：此书能够产生这样大的影响，与作者的研究方法和叙述方法是分不开的。《大学》中的"生财有大道"启迪了陈焕章中西学术贯通之道，他探本溯源、援古证今，力图汇通中西学理，赋予儒学以新义，并从中探寻拯救时弊和解决问题的智慧。其以西方经济学的框架来阐释儒家经济思想，但他是以深厚的国学积淀和英语世界能够接受、理解的方式，沿着思想发展与制度演化的历史脉络，来诠释一种不同于西方的、以儒家学说为中心的中国经济思想发展轨迹，这也标定了中国经济学走向世界的百年始步。①

《孔门理财学》深刻地揭示了儒家经济学从不把政治、经济、道德和文化割裂开来考虑，这大概也是其较今天的世界经济体系的高明之处。

二、《孔门理财学》在世界经济学界的影响和现实意义

众所周知，陈焕章是近代中国追随康有为推动孔教运动的重要人物之一，但是，儒学圈的人大概很少有人知道他有这么一本非常重要的儒家经济学著作。而中国经济学人对陈焕章基本上不屑一顾，即使是比较认真的经济思想史专家也只是简单提一提《孔门理财学》而已。其实，《孔门理财学》是 20 世纪早期"中国学者在西方刊行的第一部中国经济思想名著，也是国人在西方刊行的各种经济学科论著中的最早一部名著"②，是在欧美留学的中国留学生第一部以中国题材为博士论文且在欧美国家出版的著作，故其有特殊的文献价值和学术价值。该书已经大致梳理出中国传统学术中关于经济问题的发展脉络，是中国经济思想史上最早的一部专著，不但是中国人在西方正式出版的第一本经济学著作，而且是唯一一本全面诠释儒家经济思想，并有重大创新的鸿篇巨制。1949 年以前最重要且比较全面的中国经济思想史专著是唐庆增的《中国经济思想史》，但迟至 1936 年才问世。这样一部具有开山意义的特殊作品，直到问世 90 多年以后的 2005 年，始由岳麓书社在国内影印出版，而到 2009 年 10 月才分别出版两种中译本，即《孔门理财学——孔子及其学派的经济思想》，翟玉忠译，中央编译出版社；《孔门理财学》，宋明礼译，中国发展出版社。2010 年又出了韩华译《孔门理财学》，中华书局2010 年 8 月出版。

谈敏先生的《法国重农学派学说的中国渊源》"重印后记"他指出，陈焕章的著作给美国学者留下了深刻印象，是"具有中国特色的古代经济思想"，在西方产生了"独特的影响"。确实是这样，这本书一出版就在西方学界产生了重要影响。书前有当时著

---

① 叶坦：《学术创新与中国经济史学的发展—以中国经济思想史为中心》，《河北学刊》2010 年第 4 期。

② 胡寄窗：《中国近代思想史大纲》，中国社会科学出版社 1984 年版，第 476 页。

名的汉学教授施格作的序言，除了对陈焕章本人是康有为的弟子这一背景进行简介外，还高度评价了陈采用西方经济学框架对孔子及其学派的经济思想所做的精湛研究。据胡寄窗先生说《美国历史评论》称之为"破天荒的成绩"，各种英文报刊对其倍加颂扬。此后哥伦比亚大学著名的政治经济学教授、财政学专家兼经济思想史学术权威塞利格曼（Edwin RobertAnderson Seligman，1861－1939 年）在主持中国留学生博士论文答辩时常以此书中的观点提问①。《孔门理财学》出版的第二年，权威的《美国经济评论》上出现了一篇由威斯康星大学的学者罗斯（E. Ross）撰写的书评。文章认为陈焕章打通了中西经济传统，为西方的政治经济学接上了孔子以降的中国伦理学和社会学资源，相互补充，使得《孔门理财学》在浩如烟海的西方政治经济学文献中占据一个独特的位置。

另一篇重要的书评则是后来成为经济学巨匠的凯恩斯所写，1921 年发表在影响很大的《经济学杂志》（The Economic Journal）上。在二十世纪初，这本剑桥的经济学杂志是国际上影响最大的经济学学报。凯恩斯当时在剑桥经济学圈中崭露头角，刚刚当上《经济学杂志》的主编。他对此书甚为推崇，认为这本书"基本内容一部分属于中国经济史；一部分是世代相传的诗篇和格言，其所涉话题只与最广义理解的'经济'有关。其章节标题虽为'生产要素''分配''公共财政'等等，但装入这一牵强框架的是大量讨人喜欢的教诲性内容"②。凯恩斯不懂四书五经，也不了解陈焕章师承的今文经学的学术背景，但他却能从陈焕章的书里读出传统中国社会对妇女地位的尊重，对老年人的保障，读出中国货币制度的变迁和发展，人口理论的特点，土地制度的类型等等。当然，他更关注的是中国传统思想的现代含义。中国的货币理论尤其让他着迷，他作为杰出的经济学家的直觉也在这些方面充分发挥出来。二十余年之后，凯恩斯写出了自己的《论货币》。凯恩斯有非凡的见识，他从《周官》里看到了最早的货币交易制度。他还指出中国学者很早就懂得"格雷欣法则"（劣币驱逐良币）和"货币数量说"。他引用了明初大儒叶子奇在 1378 年就提出的"价格下降，应当发行纸币；价格上升，应把纸币收回"。为什么凯恩斯推崇这部书？大概是因为凯恩斯是西方把经济学同道德伦理相结合的最后一位经济理论大师。

许多年以后，1915 年出版的马克斯·韦伯的名作《儒教与道教》就已把陈焕章的《孔门理财学》列为了解儒教的重要参考文献，他在其他论及中国经济制度的地方也大量参考这本书。

熊彼特在他的《经济分析史》中特意指出了《孔门理财学》的重要性，他曾经还

---

① 胡寄窗：《中国近代经济思想史大纲》，中国社会科学出版社 1984 年版，第 476 页。

② 原载《经济学杂志》（Economics Journal），1912 年月 12 月号，今见陈焕章著，翟玉忠译：《孔门理财学》附录三：梅纳德凯恩斯关于《孔门理财学》的书评。

引用该书思想观点，说明中国古代经济思想中存在着现代经济分析的先行因素①。

华莱士常平仓思想渊源也来自陈焕章。华莱士在 1910 年读到中国留美学生陈焕章的这篇博士论文，对其中的常平仓制度甚为推崇，悉心研究。② 在 30 年代美国为对付经济大萧条而推行"新政"期间，时任农业部长的亨利·A. 华莱士（后任副总统）曾提出"农业调整法"，其指导思想，据他自己说，是为了"把中国古代农业政治家的实践——'常平仓'（evernormalgranary）引入美国农业立法中"，而"常平仓"的名称，便是从陈焕章的书中得来的。"农业调整法"曾为解决当时的农产品过剩问题起到了缓和作用，并构成美国农业制度的一个基础。如此重要的农业经济政策，其创议者华莱士本人一再声明这是他多年来关注中国古代农业问题并对陈书中提出的"常平仓"法悉心研究的结果，而他身边的知情者也在不同场合证实了这一说法③。一本由中国人用英文写的经济学著作能够引起西方学者的重视与关注，的确是一个奇迹。

陈焕章在书中揭示的儒家的经济思想和制度安排，在今天仍然有非常重要的现实意义。例如德本财末原则下的理财观对于矫正我们改革开放以来形成的全社会的功利主义、实用主义有重要意义。一段时间以来，我们国家发展以 GDP 为主导，一般百姓为赚钱不择手段，把道德完全丢到了一边，甚至本末倒置，财本德末，坊间出现了笑贫不笑娼的说法，其负面作用越来越显现出来，甚至到了天怒人怨，令人发指的地步。

长期以来我们对儒家的义利之辨有很深的曲解、误解，通过陈焕章的研究，就使我们对儒家有义利之辨能够有正确的认识和把握，在大力发展市场经济的过程中，应批判地继承儒家的义利观，吸收其"以义制利""公利为上"的合理内核，逐步确立一种义利统一、先义后利、以义导利的新型义利观，以促进市场经济的健康发展。

陈焕章概括出儒家的"节制消费"依据于儒家的节欲论，这在贫富差别急剧加大的今天就更加显示出其化解矛盾、消泯冲突、解决危机的意义。西方经济学思想的"消费拉动"优先的发展模式已经引起难以消除的经济危机和大规模的社会动荡。儒家一方面肯定人的欲望，一方面又认为应对人的欲望有所节制。孔孟认为不能为了满足欲望而丧失人的尊严，也不能为了一己的利益而损害他人以至公众的利益。荀子多这一问题从礼义的角度有深入论证。他在《礼论》中说："人生而有欲，欲而不得，则不能无求。求而无度量分界，则不能不争；政则乱，乱则穷。先王恶其乱也，故制礼义以分之，以养人之欲，给人之求。使欲必不穷于物，物必不屈于欲。两者相持而长，是礼之所起也。"以礼义对人的欲求适当加以限制，使之规范化，反而更能"养人之欲，给人之

---

① 熊彼特：《经济分析史》第 1 卷，商务印书馆 1996 年。

② 李超民：《中国古代常平仓思想对美国新政农业立法的影响》，《复旦学报》2000 年第 3 期。

③ 谈敏：《中国经济学的过去和未来——从王亚南先生的"中国经济学"主张所想到的》，《经济研究》，2000 年第 4 期。

求"。利用礼义的调节作用，还可使欲不必虑物竭而受到遏制，使物反因欲节而得到增长。欲望与财货相扶持而并进，从而赋予礼义以实际的经济意义。因此，儒家节用以礼才是国泰民安，平治天下的对症良药。

陈焕章对儒家中庸之道的重视，并能够熟练地运用中庸之道分析儒家经济问题，这对于我们今天处理社会、政治、经济各个方面的棘手问题提供了很好的参照。近代以来我们批判和割断儒家传统，对中庸之道却有许多误解和歪曲，特别是极端主义的否定，把"中庸"思想与折中主义、调和主义、改良主义完全等同起来，把它视为平庸、妥协、保守、不思进取、守旧不变等，认为是维护封建专制和地主阶级的利益的精神武器，否定其现意义和价值，这就走上了"矫枉过正"的极端之路。今天，经过"曲为正用"，我们应该重新走上大中至正之道，使我们的社会获得持续、稳定、和谐的良性发展。

《孔门理财学》以儒为主，兼容各家的理论构建途径对我们今天的启示就是在儒家文明复兴过程中我们再不能搞"罢黜百家，独尊儒术"，应该是以儒为主，兼容百家，整合多元思想文化，构建中华文化一体多元，兼容并包，博大精深的文化体系。

《孔门理财学》以中为体，以西为用的学术思路启示我们在中华文化的复兴过程中要确立我们自己民族文化的主体性，但是不能回到闭关锁国的道路上去，我们要在中西比较的视野中援西入中，会通中西，以自己的文化传统为主体来吸收消化外来文化，同时以自己文化传统为主体来参与世界多元文明的融合。

总之，正如本书的译者翟玉忠先生在《译序》中所云："二十世纪西方经济学开始摆脱伦理学走向独立，本书让我们意识到，当代西方经济学摆脱伦理学可能会导致的灾难性结果。在物欲横流、环境灾难频发的时代，《孔门理财学》让我们重新考虑经济学与伦理学相和谐的重要意义。"

《礼运》"大同"与近现代中国理想社会的追寻

——传统儒学的现代转向及大同儒学构想

翟奎凤　刁春辉　山东大学儒学高等研究院

摘　要　在近现代中国，儒学遭到一次又一次大批判，其礼教思想受攻击尤烈，然而在这种儒学被全面放逐的历史背景下，《礼记·礼运》篇的"大同"思想却不断升温，几乎为各派思想家、政治家所共同推崇。康有为、廖平、熊十力、牟宗三等儒家学者都对大同学说进行了独特的阐扬发挥，利用大同学说表达了自己对当时中国与世界问题的想法，试图通过对儒家经典的全新阐释重新构建儒家的政教制度。孙中山、毛泽东的政治实践也深受大同理想的影响，大同主义与三民主义、社会主义、共产主义思潮相互激荡，促成了革命理想在近现代中国的不断高昂。儒家礼教思想的饱受抨击、大同思想在近现代中国的高涨，标志着传统宗法儒学向现代社会儒学的转向，这种现代儒学可称之为大同儒学。大同理想，一定程度上是一种道德理想主义形态的政治儒学，由于《礼运》关于"大同"叙述的过于简略，要把这种理想付诸政治实践，需要有冷峻的现实政治智慧。回顾近现代的大同思潮，对我们在历史与现实语境中理解道德与政治的关系有着重要启发意义。

关键词　大同　康有为　廖平　熊十力　牟宗三　孙中山　毛泽东

近现代以来，从新文化运动"打倒孔家店"到"文化大革命""批林批孔"，在历次文化和政治运动中，儒学一次又一次遭到无情的大批判，特别是儒家的礼教思想更是成为众矢之的。然而，吊诡的是，《礼记·礼运》篇所载孔子的大同社会理想在近现代却为各派思想家所共同推崇，被一而再、再而三不断推向历史的高潮。而我们知道，相对于原同属《礼记》一篇的《大学》《中庸》，《礼运》篇的地位在历史上一直并不显赫，甚至还充满了很多争议。

一、《礼运》"大同"与孔子及儒家之关系

大同思想源出《礼记·礼运》篇，在此篇中，孔子描述了大同与小康社会的情状。他说：

大道之行也，天下为公，选贤与能，讲信修睦。故人不独亲其亲，不独子其子。使老有所终，壮有所用，幼有所长，矜寡孤独废疾者，皆有所养。男有分，女有归，货恶其弃于地也，不必藏于己；力恶其不出于身也，不必为己。是故奸邪谋闭而不兴，盗窃乱贼而不作。故外户而不闭，是谓大同。

今大道既隐，天下为家，各亲其亲，各子其子，货力为己，大人世及以为礼，城郭沟池以为固，礼义以为纪，以正君臣，以笃父子，以睦兄弟，以和夫妇，以设制度，以立田里，以贤勇知，以功为己。故谋用是作，而兵由此起。禹、汤、文、武、成王、周公，由此其选也。此六君子者，未有不谨于礼者也，以著其义，以考其信，著有过，刑仁讲让，示民有常。如有不由此者，在势者去，众以为殃，是谓小康。

《孔子家语》中也有《礼运》篇，与上述《礼记》中的这段文字有些出入，其中最显著者是《孔子家语》没有"是谓小康"四字。这种不同引起了后世学者的争论，不过，因《孔子家语》在古代多被认为是伪作，所以学者们讨论"大同"历来多以《礼记》本为主。

从汉至唐，学者疏解《大同》篇时，多认为"大同"描述的是五帝时代，而"小康"则为夏商周三代[1]，并且认为这种思想确实是孔子思想的表达。到宋代，疑古风起，才有人质疑《大同篇》是否是儒家作品，是否是孔子的思想。

最早怀疑的是宋代李清臣，他说："《礼运》虽有夫子之言，然其冠篇言大道与三代之治，其语尤杂而不伦。"[2] 他承认《礼运》中有孔子的话，但明确否定开篇大同、小康说的真实性，认为"杂而不伦"，不像儒家作品。南宋理学家吕祖谦说："蜡宾之叹，自昔前辈疑之，以为非孔子语。"[3] 又说："以禹汤文武为小康，是老聃墨氏之论。"[4] 在这里，吕氏直接认为大同小康说是墨家道家思想的表达。朱熹说："《礼运》不是圣人书。……计子游不至如此之浅。"[5] 黄震也说："《礼运》……其主意微近于老子。"[6] 朱子和黄震也同样怀疑《礼运》的真实性，而且矛头统一指向篇首的大同小康

[1] 参见《礼记正义》，北京大学出版社1999年版，第656页。
[2] ［宋］李清臣：《礼论》，《全宋文》第78册，卷1712，上海辞书出版社、安徽教育出版社2006年版，第347–348页。
[3] ［宋］吕祖谦：《与朱侍讲元晦》，《全宋文》第261册，卷5872，第90页。
[4] 转引自《姚奠中讲习文集》，《〈礼运〉大同辨》，研究出版社2006年版，第39页。
[5] 《朱子七经语类》，上海古籍出版社1992年版，第501页。
[6] 参见《黄氏日抄》卷十八，文渊阁四库本。

之论。可见，在宋代，大同小康说已经开始受到学者们的怀疑，且怀疑者多是因为大同小康说太具有道家、墨家的意味。

元代以降，朱子学为官方推崇，科举亦以朱注为准，不为朱子所重的《礼运》自然也多受儒者怀疑，认为"大同小康说"非孔子语的主张也占据了优势。陈澔说："礼家谓太上之势贵德，其次务施报往来，故言大道为公之世，不规规于礼。礼乃道德之衰，忠信之薄，大约出于老庄之见，非先圣格言也。"[①] 在这里陈澔直言大同不是圣人之语、儒家之说。清代学者任启运、姚际恒、邵懿辰、朱轼等也否定大同是儒家之说，如朱轼说："大同此说，出自老庄。"[②] 陆奎勋说："首章以五帝为大同，三王为小康，盖缘汉初崇尚黄老，故戴氏附会为圣言。"[③] 姚际恒也直接地说："此周秦间子书，老庄之徒所撰，《礼运》乃其书中之篇名也，后儒寡识，第以篇名言礼，故采之。"[④] 清鄂尔泰等所撰的《日讲礼记解义》则认为《孔子家语》中的记载更优，应该取消所谓"小康"的说法。任启运也说："通篇文势，前后呼吸，'是谓大顺'才与'是谓大同'相应，《家语》原文可据也。记者不解，忽窜入'是谓小康'一句，致前后全不相应，故愚谓删此四字即得。"[⑤] 蒋兆锡、杭世骏等也认为应以《家语》为准，不采小康之说。裴传永在《礼运大同思想之我见》一文曾下断论说："乾嘉学者基本上都赞同'礼运大同'非孔子之论的主张。"[⑥] 在这种对《礼运·大同》篇的怀疑气氛下，儒家学者自然也不会对大同学说有所发挥。

但宋明之际也有学者赞同大同说，认为是孔子所说，属于儒家的义理范畴，并对大同思想有所发明。如宋朝大儒张载云："大道之行，由礼义而行者也……大道之行，如尧舜方是，惟谨于礼，则所以致大道之行。"[⑦] 又云："若夫大道之行，则礼义沛然。"[⑧] 在这些话里，张载否认了多数儒者认为大同小康为对立关系的判断，而认为致小康之道的礼义也可以致大道之行，使社会到达大同境界，由此大同小康为一贯。他还提出了具体到达理想太平社会的方法。他说："治天下不由井地，终无由得平。"[⑨] 这就是他的均平天下的井田制的经济政策。张载在《西铭》中的人伦思想也与大同思想非常相似。在《西铭》中，张载说："民吾同胞，物吾与也。……尊高年，所以长其长；慈孤弱，

---

① ［元］陈澔：《云庄礼记集说》卷四，文渊阁四库本。
② ［清］朱轼：《周易传义合订》卷三，文渊阁四库本。
③ 转引自朱谦之：《大同共产主义》，《朱谦之文集》第一卷，福建教育出版社2002年版，第515页。
④ ［清］杭世骏：《续礼记集说》卷三十九。
⑤ ［清］任启运：《礼记章句》卷九。
⑥ 裴传永：《礼运大同思想之我见》，《山东大学学报》1999年3期。
⑦ 转引自《姚奠中讲习文集》，《〈礼运〉大同辨》，研究出版社2006年版，第39页。
⑧ ［宋］卫湜：《礼记集说》，《四库全书荟要》第五十三册，世界书局，第249页。
⑨ 《近思录集释》，张京华辑校，岳麓书社2010年版，第793页。

所以幼其幼。圣其合德,贤其秀也。凡天下疲癃残疾、惸独鳏寡,皆吾兄弟之颠连而无告者也。"这可以说正是《大同》篇所谓"人不独亲其亲,不独子其子"的意思,体现了儒家所希望达到的"仁者浑然与万物同体"的境界。①

在近现代,辨证《大同》篇是否是儒家作品的学者依然很多。伍非百认为大同之说是墨子之说,他说:"《礼运》大同之说,颇与儒家言出入。……实则墨子之说,而援之以入儒耳。"② 蔡尚思也认同这种说法。吴虞、冯友兰等则均认为大同说是出于道家③,郭沫若、吕思勉等人则认为是孔子之言无误④。

我们认为,《礼运》大同、小康说虽然不好直接肯定就是孔子的话,但是若完全否定其与孔子及儒学的关系,认为源于墨家、道家,这也会失之武断,对孔子及儒家思想的复杂性和丰富性没有充分认识。总体上看,由于《礼运·大同》篇本身思想在儒家内部相当特异,因此在古代社会并没有获得学者们的大力阐扬,它的流行与受人重视,还是在近现代中国风云变幻的历史中。

二、《礼运》大同思想在近代的突起

鸦片战争以来,伴随着列强的坚船利炮,西方的科学技术、政治制度、哲学思想也纷纷涌入,中国本身的政教制度、学术思想受到了严重冲击,儒学思想的主流地位岌岌可危。中国该往何处去,应该走什么道路? 传统儒学作为影响中国 2000 多年的主流思想,面对西学的调整,该如何应对? 这些问题,无一不是对当时知识分子和当权者的考验。

说起大同理想与近代中国理想社会的追寻,不得不从太平天国运动说起。太平天国运动发生在中西交通的新时代,洪秀全也是生长在得新风气之先的广东,其号召的思想工具是吸收了西方基督教思想而创立的"拜上帝教"。太平天国运动明确表达了对《礼运·大同》篇中思想的认同,在洪秀全所著《原道觉世训》就全文抄录了《礼运·大同》篇。洪秀全所谓"天下共享天父上主皇上帝大福,有田同耕,有饭同

---

① 林乐昌认为在《西铭》中,"张载把人和万物所生存于其中的宇宙视作一个由纵横关系交织而成的大家庭,一切人或物都是这个大家庭的平等成员,从这里可以看出张载哲学宇宙观、自然观与伦理观交织融合的特征。张载'爱必兼爱'和'民胞物与'的平等之爱并不排斥差等之爱,而且这两种不同层次的爱,有可能为公共与私人两个不同领域的伦理原则的区分提供启发,从而分别作为社会公德与个人及家庭私德的理论资源。平等之爱将更适用于社会公共领域,而差等之爱则应当被限定在私人领域的家族关系之内。因此,《西铭》所蕴含的平等大爱精神将有可能为今人提供积极的传统资源,以批评和矫正差等之爱以裙带关系的形式与公权结合,进而强化以公谋私、权力世袭的官场生态。正是在这里,最能凸显《西铭》仁爱观的当代积极意义"。林乐昌:《张载〈西铭〉纲要新诠》,《中共宁波市委党校学报》2013 年第 3 期。

② 转引自王新民《〈礼运大同篇〉溯源》一文。

③ 参见蔡尚思:《中国传统思想总批判》,《吴虞文录》,冯友兰《中国哲学史》等。

④ 参见郭沫若《十批判书》,吕思勉《大同释义》等。

食，有衣同穿，有钱同使，无处不均匀，无人不饱暖"的理想社会受到大同思想的影响也是显而易见的。这个理想严格来说与历代农民起义的口号目标并无多少不同之处，启良教授也曾这样评价其与中国传统思想的密切关系："太平天国拜上帝，表面看来是对中国传统思想的反叛，但其实质仍是中国特色的，确切说是儒家'替天行道''汤武革命'的社会变革方式的重演，意欲实现的便是孔子称颂的大同之世。"①要实现这种理想社会，洪秀全认为平均土地是最重要的，为此在建立政权后，他颁布了《天朝田亩制度》，有学者认为《天朝田亩制度》是大同思想的具体化②。《天朝田亩制度》所涉及的土地分配、产品分配均以均平为标准，并且规划了政权的结构形式，这也是历代农民起义的目标，而太平天国更加体系化、理论化了，也反映了农民阶层对于理想社会的普遍追求。太平天国以拜上帝教为号召，在成立政权后对以儒学为代表的传统中国学术采取敌视打压态度，对其指导思想所依赖的西方基督教传统的文化背景、历史源流、人文习俗等又了解不深，使得太平天国既没有深厚的民族文化基础，也没有对西方文化的深刻理解，难免在理论层面存在种种缺陷，这是太平天国运动失败的一个重要因素。

随着资本主义殖民体系逐步确立，新式交通也不断发展，世界各国间的政治经济联系愈加紧密，国人对于西方文化的认知也逐步加深。西方地理学的传入让国人知道世界是由"万国"组成，而不是只有"大清"，中国人从此有了明确的全球意识，较为明确的大同学说的出现就与这种世界形势有关。有学者将近代大同学说的出现定位于十九世纪七八十年代③，王韬（1828－1897）、胡礼垣（1847－1916）、黄遵宪（1848－1905）、宋恕（1862－1910）、王树枏（1851－1936）等都有较为明确的大同理想。

王韬只是比较零星的提到了大同，他说："天下车同轨，书同文，行同伦。而即继之曰：天下所覆，地之所载，日月所照，霜露所坠，舟车所至，人力所通，凡有血气者，莫不尊亲，此之谓大同。"④ 这里用《中庸》之语释大同，表达了对"六合将混为一"的想象，也体现出大同思潮在近代一出现，就有中国人在自己的文化背景下对于世界、全球的未来想象在里面，也表达对当时弱肉强食、列强入侵的一种不满，这无疑是一种世界主义、普遍主义的立场。胡礼垣是对大同思想论述较多的一位，也有学者专门讨论过胡氏的大同思想，在胡氏20多岁写的《天人一贯》一书中，他将大同思想概括为"忠恕之道"，这是一种对大同的伦理性理解，他说："大同之道不外乎忠恕。"⑤ 在

① 启良：《王道的僭妄——也谈孙中山的大同理想》，《浙江社会科学》2001年3期。
② 吴雁南等主编：《中国近代社会思潮》第一卷，湖南教育出版社2011年版，第327页。
③ 吴义雄：《孙中山与近代大同学说的终结》，《中山大学学报论丛》1994年第1期。
④ 王韬：《原道》，《弢园文录外编》卷一，中州古籍出版社1998年版，第36页。
⑤ 沈云龙主编：《中国近代史资料丛刊·续刊·胡翼南先生全集·满洲叹》卷三十七，第16页。

《德皇叹》中，他说："大同者，以天下为一家也，直以天下为一人。"① 在实现大同的途径上，胡氏设想了一种全球国家的观念，他说："使地球合共为一大共和国，兵权总于一人。而此一人者为天下各国之公选，而常随天下之公议，则虽欲不太平不可得也。"② 在这里，传统天下以中国为秩序中心的观念无疑已经被丢弃，而代之以一种以全球所有国家为天下的新天下观，这明显受了西方民族观念、国家学说的影响，但同时，传统儒家大一统观念在这里也显露无遗③，吴义雄先生甚至称这一时期初步形成的大同学说为"大一统的大同学说"④。

黄遵宪在他的诗中也经常呼唤大同社会的到来，他写道："物情先见大同时""蜡余忽梦大同时""滔滔海水日趋东，万法从新要大同"，⑤ "举世趋大同，度势有必至"⑥。在实现大同的理想政体选择上，黄遵宪似乎颇有反复，他在《纪事》诗中表达了对于没有竞选弊病的共和制的向往，同时他又有立宪的思想。但无论黄氏主张立宪还是共和，这都体现了对于西方政治制度以及其中蕴含的政治理念如自由、民主的认同。宋恕也认为："据乱世为专制改进，升平世为立宪共和，太平世为无政府大同"⑦，并结合传统学说，认为："苟有权力者咸克以黄氏之说（黄宗羲）为体，以颜氏之说（颜元）为用，则大同其几乎，岂但小康哉。"由此指出了抵达大同社会的途径。

王树枏在清末官至新疆布政使，他的著作除诗文外，多是经史著作，不像胡礼垣、王韬等以政论著作扬名，也不像黄遵宪诗名满海内，他更多从学术角度阐扬大同思想。辛亥革命后，王树枏慨于"权利思想日益发达，人心陷溺日深，道德一落千丈"，曾参与创立"世界大同学会"⑧，希望化民成俗，他说成立此学会的宗旨是"讲明道德，增进人格，觉世救民为惟一之宗，以合同进化，铲除宗教学说门户习见，证明道德同源为不二之旨。……合各教教士，各种民族之秀良，讲通古今中外异同之学说，以谋进于大同之治"⑨。而王树枏认为这一切"必自学始"，这是王树枏与早期大同学说提倡者的不同。早期学者多直接从政治制度立言，而王树枏已经开始从中西学术的统合来认识问题

---

① ［台］沈云龙主编：《中国近代史资料丛刊·续刊·胡翼南先生全集·德皇叹》卷四十，第12页。

② ［台］沈云龙主编：《中国近代史资料丛刊·续刊·胡翼南先生全集·德皇叹》卷四十，第6页。

③ "大一统"是"大同社会"的特征之一，在王韬、胡礼垣、宋恕、康有为、廖平等人的大同说中，世界统一是一个必要条件，正如王树枏所言："大同之教亦自孔子发明，即春秋张三世、大一统之义。"

④ 吴义雄：《孙中山与近代大同学说的终结》，《中山大学学报论丛》1994年第1期。

⑤ ［清］黄遵宪著，钱仲联笺注：《己亥杂诗》，《人境庐诗草笺注》，中华书局2007年版，第808、847、826页。

⑥ 《病中纪梦寄述寄梁任父》，《人境庐诗草笺注》，第1075页。

⑦ 刘其发主编：《近代中国空想社会主义史论》，华夏出版社1986年版，第41页。

⑧ "世界大同学会"的成立时间为民国初立的1913年，具体发展情形已不可考。参与者多为传统的老派学者，其性质与"孔教会"类似，但"世界大同学会"的学人性质更加浓厚。

⑨ 王树枏：《拟世界大同学会简章》，《中国学报》1913年第4期。

了。他以儒释道三宗来统括世界一切宗教,他说:"自有世界以来,惟道孔释三宗鼎立,其余皆其支与流裔。"① 其中又尤重视孔学,"支流派别衍成世界种种之政教,而其实所发明表见者,不过孔子道术之一端","孔子之学囊括中外,绳贯古今,非惟言新学者懵然不知,即言旧学者亦冥然莫解,创世惊人之事,皆在微言大义之中,其道著之于经,其术藏之于纬"②。所以与王韬、胡礼垣不同的是,王氏以为"将来世界大同之学以几于政教之大同",其方法就在于"以保持国粹为主","以发明国学为主而萃集各国诸说"。在王氏这里,已经出现以中国学术整合世界学术来解决中国政治社会危机的意识。

总体上讲,从十九世纪七八十年代到新文化运动前,大同思潮一直兴而不退,活跃在儒家知识分子的言说当中,早期的大同学说多仅从器物制度层面着手进行讨论,未对中国固有学术体系、义理思想进行批判吸收重加阐扬,其大同学说难免流于表面。而通过对中国经典学术体系进行重构,对大同学说进行发挥,回应西方学术给儒学带来的冲击,同时对时代问题做出明确深刻回应的无疑是晚清今文家,其中杰出代表就是康有为和廖平。

三、今文经学复兴视域下康有为、廖平的大同思想

汪晖在《现代中国思想的兴起》一书中说:"鸦片战争以降,内外关系发生了深刻变化,如何确定'中国'的位置和儒学的适用范围成为儒者无法回避的挑战。"③即面对异质文化的挑战,儒学是仅仅适用中国的特殊知识,还是放之四海而皆准的普遍价值,这是儒者应该思考的问题,也是当时历史情境的题中之意。实际上,伴随着清帝国军事上的屡战屡败,政治上的腐败无能和经济上逐渐成为世界资本主义体系当中的边缘角色,儒学实际上已经沦为一种区域性知识,西方新学成为当时的"绝对正确"。这是对所有儒家士大夫的挑战,是对中国传统学术前所未有的挑战。汉代以来佛学的传入多是影响中国人的私人心性品德,而西学的传入和挑战是全面性的,从人伦关系到政制设计,从经济形态到技术运用。如何回应这种挑战,是近现代中国知识分子所致力解决的问题。从 1840 年中国近代的开始到新文化运动前,以大同学说对这些问题做出回应,最深刻的思想者就是康有为和廖平。康有为和廖平虽同为今文家,但两人的学术思想极为不同,对于时代问题的回应也各有特点,廖平甚至在后期已经跃出了今文家的范围,学界在处理康、廖之间的问题时,往往会注意两人之间是

① 王树枬:《拟世界大同学会简章》,《中国学报》1913 年第 4 期。
② 王树枬:《拟世界大同学会简章》,《中国学报》1913 年第 4 期。
③ 汪晖:《现代中国思想的兴起》,三联书店 2004 年版,第 740 页。

不是存在学术抄袭的问题，其实两人作为同时代的思想大师，他们深刻奇诡的思想更应该是我们关注的重点。

大同作为一种社会政治理想，在《礼记·礼运》篇中是孔子"有志焉"的终极目标，甚至可说是"历史的终结处"①。康有为运用儒家资源构建了自己的历史哲学和政治哲学，并以此回应了他所面对的时代问题。康氏的思想核心是三世说，"三世"即据乱世、升平世、太平世。其中"太平世"就是理想中的大同社会，大同社会是康有为念兹在兹的最终追求。康有为的一切政治行动背后的思想理据几乎都可以用他的三世说来说明，无论是他早期的维新变法，还是后期的孔教活动、复辟活动，背后都基于他在三世说基础上对于现实的判断。康有为的思想也影响了他的弟子和不少同时代人，梁启超、谭嗣同等对大同思想也非常看重。

一些学者多将反映康有为大同思想的重要作品《大同书》视为一部空想社会主义著作，明褒实抑，否认其可操作性。对此，萧公权则认为："康氏的大同理想不是随便说说的，而是认真设计的社会转化的可行计划，用适当方式逐步付之实施。"② 曾亦也认为："共产主义理想与共产主义行动不同，前者可托于乌托邦之空想，后者则假科学之名，硁硁然将此理想化为现实，以至于不畏险阻，百折而不挠。"③ 也就是说要想把自身行动合法，则必然认为自我理论为科学。站在一定立场上看待康氏，自然视《大同书》为空想著作。

康有为的学术形式是经学式的，他的著作也多是对中国经典的注疏阐扬。不过在《大同书》里，他的理论基础是佛教式的。《大同书》首章即言苦，有人生之苦、天灾之苦、人道之苦、人治之苦、人情之苦、人所尊尚之苦凡六类。与佛教不同的是，康氏以去苦求乐为人道，并认为这种去苦求乐的倾向是完全正当的。"依人之道，苦乐而已，为人谋者，去苦以求乐而已，无他道矣。"④ 而尊重这种去苦求乐，"圣人者，因人情之所乐，顺人事之自然，乃为家法以纲纪之"⑤，这些正是儒家肯定现世的特质。汪晖称康氏的这种体系为"外释内儒"的体系⑥，而儒无疑更为根本。

建成大同，需本仁心。康有为说："孔子之道有三世、有三统、有五德之运，仁智义信，各应时而行运。仁运者，大同之道。"⑦ "不忍人之心，仁也，电也，以太也，人

① "历史的终结不仅意味着大规模政治斗争冲突的结束，还意味着哲学的终结"。福山：《历史的终结及其最后之人》，中国社会科学出版社 2008 年版，第 78 页。
② 萧公权：《康有为思想研究》，汪荣祖译，联经出版公司 1989 年版，第 448 页。
③ 曾亦：《共和与君主—康有为晚期政治思想研究》，上海人民出版社 2010 年版，第 177 页。
④ 康有为：《大同书》，中华书局 2012 年版，第 5 页。
⑤ 康有为：《大同书》，中华书局 2012 年版，第 5 页。
⑥ 汪晖：《现代中国思想的兴起》，三联书店 2004 年版，第 766 页。
⑦ 姜义华主编：《康有为全集·第五集·礼运注》，中国人民大学出版社 2007 年版，第 554 页。

人皆有之，故谓人性皆善。即有此不忍人之心，圣人亦无此种，即无从生一切仁政。故知一切仁政，皆从不忍人之心生，为万化之海，为一切根，为一切源"①。此仁心、博爱之心正是大同之治的伦理基础。康氏大同之治的另一理论基点是平等观念，他认为平等观念是孔子所提倡，他说："孔子以群生同出于天，一切平等"②，"孔子创平等之义，明一统以去封建，讥世卿以去世官"③。虽然康氏将他的理论归之于孔子，但平等的观念恐也受到西方天赋人权和平等理念的影响。

在《大同书》中，康氏也论述了达致大同之法，综合而言，曰："吾大同之道，即在破除九界而已。第一曰去国界，合大地也。第二曰，去级界，平人民族也。第三曰去种界，同人类也。第四曰去形界，保独立也。第五曰去家界，为天民也。第六曰去产界，公生业也。第七曰去乱界，治太平也。第八曰去类界，爱众生也。第九曰去苦界，至极乐也。"④ 此九界，萧公权以为乃是不合理的社会制度。他说："康氏又推考人道求乐而受苦之原因，以为完全在乎不良之社会制度。"⑤ 康有为在《实理公法全书》的《凡例》中也说："凡天下之大，不外义理制度两端。"他又曾单印发行《礼记·王制》篇。可见，康有为尤重制度一项，与宋明理学专研心性不同。然而在关于大同社会的制度设计中，康氏虽然时常引用六经经典，但并不以六经所载制度作为大同社会的蓝本，他更多吸收了西方的政法思想，其中最根本的就是民主制度。康氏曰："治法进化，由君主而及民主。文王为君主之圣，尧舜为民主之圣。《春秋》始于剧乱立君主，中于升平为立宪君民共和，终于太平为民主。"⑥ "剧乱世尚君主，升平世尚君民共和，太平世尚民主矣。"⑦ 由此康氏几将大同社会的政治特征概括为民主。在《大同书》的制度设计中，处处体现了他民主、平等的精神。首先，他主张废除国家，全世界设一总政府，以经纬为准划设分政府，"分治之域，不以地势为界，而但以度为界，每度之疆，树石刻字以表之"⑧，政府皆由民选。二，废弃家庭：家庭是自私、狭隘、欺骗等一切罪恶的根源，他以"家庭"为小康礼教时代的特征，"各亲其亲，各子其子"就是家庭造成的结局，这与新文化运动中"五四"学者对于儒学的批评有相似之处。他说："家者，据乱世、升平世之要，而太平世最妨害之物也。"⑨ 他提出的具体措施是男女情志相投，

① 姜义华主编：《康有为全集·第六集·孟子微》，中国人民大学出版社 2007 年版，第 414 页。
② 姜义华主编：《康有为全集·第五集·礼运注》，中国人民大学出版社 2007 年版，第 554 页。
③ 康有为：《大同书》，上海古籍出版社 2009 年版，第 86 页。
④ 康有为：《大同书》，中国画报出版社 2010 年版，第 48 页。
⑤ 刘梦溪主编：《中国现代学术经典·萧公权卷·中国政治思想史》，河北教育出版社 1996 年版，第 585 页。
⑥ 姜义华主编：《康有为全集·第六集·春秋笔削大义微言考》，中国人民大学出版社 2007 年版，第 310 页。
⑦ 姜义华主编：《康有为全集·第五集·孟子微》，中国人民大学出版社 2007 年版，第 464 页。
⑧ 康有为：《大同书》，中国画报出版社 2010 年版，第 209 页。
⑨ 康有为：《大同书》，中华书局 2012 年版，第 191 页。

乃立合约，长者一年，短者一月，若有新欢，一切自便。胎儿皆入育婴院，老人皆入养老院。三，废除阶级，民族平等。四，改造人种，使人种大同。具体方法如迁地、杂婚、改食等，务使诸种合一，体格合一，皆长，皆强，皆美。五，废除生产资料私有制，实行公有制。康氏以私有制为贫富不均根源，故凡农工商业，必归于共，由社会共同管理。他也意识到公有制的个人激励问题，故而有"竞仁""竞智"、工资差别等方法。通过这些制度措施，人人发扬仁心，从而仁民而爱物，人类至于极乐。极于此，人类历史几近完成，"大同之世，惟神仙与佛学二者大行"，人人皆求为仙为佛，不复有尘世。此等遐想，真是波谲奇诡。

康氏终生所瞩目者，一为民族富强，二为世界大同。两者有机结合在以大同社会为终极目的的三世说中。他通过对儒学、经学的改造，围绕孔子，寻找济世良方，一如宋明大儒改造五经、提举四书以解决宋明时代问题一样。通过对大同思想的阐发，康有为以今文经学的公羊学说，表达了他对未来世界政教制度的想象。在康有为的儒学体系中，儒学不是仅仅适用于中国，也适用于全球，可以解释人类历史的发展。儒学的政教理想，是全人类的普遍价值。作为儒家学说，尽管在他的《大同书》的言说中并没有多少经学依据，反而可以看到许多西学义理、西学制度，难免"貌孔心夷"之讥。但他也确实开启了儒学、经学与现代社会、社会主义的众多可能性，对我们今天建设社会主义，探索儒家、经学与当今社会的关系，提出中国式的世界管理方法（和谐世界的提出即是中国式世界管理的一个尝试）有重要的启发意义。

相对于康有为研究的方兴未艾，关于廖平的研究稍显单薄。在近代大同思想的研究著作中，对廖平也很少论及。一是因为他本人思想的深邃难解和学术研究范围的广泛，让人有望洋兴叹之感。在最近将出版的《廖平全集》中就将他的著作分为群经类、《周易》类、《尚书》类、《诗经》类、三礼类、《春秋》类、杂著类、医书类、术数类九种，可见其治学广博；二是因为当代分科的细密造成的学者视野的褊狭。廖平学有六变，因本文研究大同思想，故仅仅涉及其第三变时期的思想。关于第三变，廖平曰："以《王制》遍说群经，于疆域止于五千里而已。《中庸》所谓'洋溢中国，施及蛮貊'，'凡有血气，莫不尊亲'；《礼运》所言'大同'之说，实为缺点。"[①] 又说："使圣经囿于禹域，则袄教广布，诚所谓以一服八者矣。……苟画疆自守，以海为限，则五大洲中仅留尼山片席。彼反得据彼此是非之言以相距，而侵夺之祸不能免矣。"[②] 在这里，廖平明显地意识到，"以《王制》遍说群经"（廖氏二变说）有一个明显的缺陷，就是没有普遍性，对于整个世界而言并没有统一的效力，这必然对经学、孔子的权威造

---

① 李耀仙主编：《廖平选集》，巴蜀书社 1998 年版，第 549 页。

② 廖平：《地球新义叙》，民国二十五年家刻本。

成冲击。很明显，这里的问题是中西交通之后，中国传统知识对于整个世界的适用性受到了挑战。不管是清政府的统治危机，还是民国建立后的思想乱象，其背后的文化原因很大程度上源于儒家文化意识的崩坍。

廖平的第三变即是由尊今伪古变为讲大统小统。"小统"疆域限于中国，制度统一于《王制》；"大统"疆域推至全球，以《周礼》制度治之。"大统"是"大同"与"大一统"的混合，有学者说："'小统'即'小康'，'大统'即'大同'。"① "廖平所言之'大统''小统'，即是康有为所讲的'小康''大同'"②。可见"大同""大统"在廖平的学术话语里是等同的。

在廖平最后形成的经学体系中，六经分"天学""人学"，天学《诗》《乐》《易》，人学《春秋》《礼》《书》，其中人学又分大小，小者专详中国，大者全球治法。小者《仪礼》治身，《春秋》治国，地方三千里，而《王制》为《春秋》之传。大者《书经》平天下，地方三万里，而《周礼》为之传③。于是六经皆有归属，天人大备，在廖平心中，自然能够笼罩万有，而"孔子得为全球之神圣"。廖平的经学体系不仅包括六经，也将诸子涵容在内，试图重铸中国学术体系。他将"大统"与道家相连，认为"后世诸学，发源四科。儒祖文学，道原德行。……道为君道，南面之学，为颜闵二冉之所传。……惟道家详大同，兼瀛海治法。"④ "《周礼》师说，乃在《列》《庄》，又可知同为'大同'之书矣。"以道家归于孔子，进而以经学统摄道家学说，合之于大同。而《尹子》《尹文》《大学》《大戴》《吕览》《淮南》《管》《晏》《申》《韩》《史》《汉》诸书也都列入"大统"皇帝之说⑤。廖氏将"四部"经典统统收入他的经学体系中，正是他企图整合中国学术资源，讲明"大同"，来说明孔子学说对于全球的普遍性。

廖平心中的大同情景，就是孔教能一统全球，"佛法绝灭之期，即圣教洋溢海外之日，'凡有血气，莫不尊亲'，此世界中，尽用孔子之教以归大同。……六合以外，道一风同"⑥。而达致大同之方法，就是用《周礼》之制和孔学义理教化全球。他说："全球合一，必在数千年后。而数千年年孔经，已代筹治法，如七会、四期、明堂、巡狩、七历、三正、土圭、畿服诸大政，莫不详审周密，豫创鸿规。"⑦ 此是用孔门之制治全球法。他又说："小统详于政，风土不殊。大统详于教，以性情相反。盖教有由地分者。

① 崔海亮：《廖平今古学研究》，巴蜀书社 2014 年版，第 195 页。
② 李长春：《经典与历史——以〈知圣篇〉为中心对廖平经学的考察》，中山大学博士论文，第 97 页。
③ 李耀仙主编：《廖平选集·五变记笺述》，巴蜀书社 1998 年版。
④ 李耀仙主编：《廖平选集》，巴蜀书社 1998 年版，第 227 页。
⑤ 李耀仙主编：《廖平选集》（上），巴蜀书社 1998 年版，第 277 页。
⑥ 李耀仙主编：《廖平选集》（上），巴蜀书社 1998 年版，第 273 页。
⑦ 李耀仙主编：《廖平选集》（上），巴蜀书社 1998 年版，第 579 - 580 页。

今天下教多，大统一尊，必合为一，以尊至圣。"① 这是以教化、文化影响来行全球一统。面对西方的强势进入，传统的政教制度已经面临崩溃，收拾不住人心。而廖平在此时，全面的整理中国的旧有学术，最大限度地开发了经学的各种可能性。如果说康有为是援西学入中学，仿西政革中政，仿耶教建孔教以希图重新构建一个新的儒家政教体系的话，那么廖平则是几乎纯粹以中国本有学术来重新构建他心目中的完美的中国和世界的政教制度。或者说康有为虽然以经学、孔子言说，但在康有为的"大同"政教设计中，却往往可以看到西学影响的痕迹。而廖平则多引据西人天文学、地理学等工具性知识，而政教制度则粹然中国。又或者说康氏是以中学融西学，他站在中西学术之上，以自我标准进行取舍而冠以孔子之名，而廖氏则站在经学的立场上，奉孔子为神圣，以中学统西学，以为孔学包含万有，这恐怕也启发了马一浮先生的"六经统摄一切学术"的论说。

廖氏又有《大同学说》一文专门阐释，此文作于 1913 年，发表在《中国学报》上。此文深刻阐述了他欲以学术求大同的想法。这篇文章的宗旨是"欲求世界大同，必先于学术中变大同，以《六经》为主，以九流为之辅。此吾中国学术之大同也。能代诸不同以为同，推之治法，乃有大同之效。"② 此文颇具哲理性，廖氏认为："大同者何，不同也，化诸不同以为同，是之谓大同。""不同之中有大同者在焉，名曰大同，其实皆不同也。"③ 大同并不是削平差异，而是承认差异。"大抵王伯已有民胞物与之量，私心未能尽去，故囿于小康。皇帝贵异而不贵同，能化诸不同以为同，所以为大同。"④ 大同的精神就在于"贵异"而非"尚同"。以此为精神，廖氏在检讨中国学术时，并不似宋明儒必斥道家法家为异端，认为这是"私心所至"，实际上，"六经六艺如五谷六畜，人所常食之品也。九流诸子则为药物"，可以"补偏救弊"。所以孔子之道至大，儒不过其中一端，"儒为孔家之一，孟子又为八儒之一，良知二字，又孟子学说百中之一。"⑤ 所以六艺无所不包，孔子无可无不可，不可褊隘，要"据经立说"，"以化其中外之妨，人我之见"，"以见全球皆大同之版土，众生皆大同之人民"。而其致用之方犹在《春秋》《尚书》《周礼》《王制》诸经传，他认为其切于实用，"尤为切要"。

民国以来重视廖平学术的多注意其第一变、第二变，因为第一变首先将今古文学的

---

① 《皇帝舆辐图制》，《六译馆丛书》第 41 册，存古书局 1921 年版。

② 陈德述：《廖平学术思想研究》，四川社科院出版社 1987 年版，第 164 页。《马一浮全集》有《井研廖氏之大同说》介绍廖平大同学，马一浮对廖氏之学颇为欣赏，认为其讲制度甚精，但惜其不懂义理。

③ 《大同学说》，《中国学报》1913 年第八期。

④ 《大同学说》，《中国学报》1913 年第八期。

⑤ 李耀仙主编：《廖平选集》（上），巴蜀书社 1998 年版，第 300 页。

核心归结为制度之争，而第二变启发了康有为的今文经学思想，为维新改革提供了理论基础。二变之后的第三变相对不被后人重视，而国学大师章太炎称："其第三变最可观，以为《周礼》《王制》大小异制。"① 体现了与时人不同的视角。其实廖平第三变通过对"经史子集"四部重要经典进行"大小统"划分，形成了与众不同的经学体系，并通过此重构说明了中国、世界所适用政教制度，积极回应了如何在中西交通背景下重建儒学学术权威性的问题。

康有为和廖平虽然同倡"大同"，但两人也颇为不同。首先，关于经典资源的利用不同。康有为主要借助《礼运》与今文经学经典《公羊传》"三世说"相沟通，然后借助西学资源阐扬大同学说；廖平则跳出了今文经学范围，利用古文经典《周礼》和诸子学术来阐述其"大统"学说。其次，他们对于大同世界的具体描述也不同。康的大同世界政治民主、技术发达、人民都富足，而且"人人皆色相端好，洁白如玉，香妙如兰，红润如桃，华美如花，光泽如镜"②，极尽想象之能事，而且与佛教净土的描述也有相似之处，显示了康有为思想的复杂性。廖氏的大同世界，政教统于孔学，圣教洋溢于全球，依然在孔教的范围之内。再次，康有为在注重大同社会制度构建的同时，也试图寻求大同社会的人性依据，所以特别看重发挥仁心，重视儒家的人性学说。而廖平则于儒家的形上学说很少措意，一意挖掘经学中的制度资源以说明大同社会，他的理论构建的最终根据依然落实到对于孔子是圣人、立万世法的论证上。相对来说，廖的大同思想更加让人难以接受。

四、现代新儒家熊十力、牟宗三的大同思想

新文化运动以后，民主科学观念流行，儒家学术受到攻击，经学传承几断，经学被当作人们怀疑的对象，作为史学材料被人研究，无复有神圣价值。因应时会，此时出现的儒学辩护者多被称为新儒家，新儒家中于大同学说阐发最力者是熊十力。熊以外，朱谦之、吕思勉、郭沫若等也颇为瞩目大同说。朱谦之著有《大同共产主义》《到大同之路》等，大旨以《周礼》构设理想政治经济社会组织。吕思勉著《大同释义》，以历史实事释解大同，重在考古，而非策今。郭沫若1926年写过《马克思进文庙》一文，则曾对大同学说与共产主义做过沟通。但是，朱谦之、郭沫若两人思想多变，大同思想并不是两人一直坚持的社会理想，所以对大同思想的阐发也相对有限；吕思勉则主要是一个历史学家，研究兴趣也是考证古史，理论阐发并不是他的志趣所在。

---

① 章太炎：《清故龙安府学教授廖君墓志铭》，收入《廖季平年谱》一书，巴蜀书社 1985 年版。
② 康有为：《大同书》，中国画报出版社 2010 年版，第 246 页。

十力之大同思想，集中于《读经示要》《论六经》《原儒》等著作中，《读经示要》刊于抗战胜利前后，其时国家百废待兴，书稿出版前后，蒋介石已出版《中国之命运》两年左右，毛泽东则在 1945 年陆续写了《两个中国之命运》《论联合政府》等文章，十力于此时重讲儒家政教思想，并非无的放矢。《论六经》的策论性质更加明显，此书写于 1951 年，是写给董必武、林伯渠、郭沫若的一封长函的扩充①，并申言"恳代陈毛公赐览"，其用意颇值得人深思，可见十力并非一心钻故纸堆，不闻天下新势的学者，而是欲以儒家思想重建"立国之道"，求得"立国立人精神"②，这与康有为、廖平的学术工作不谋而合，可以说传承了晚清今文家解决时代问题的精神，都希望重新确立儒家或六经的指导地位，认为六经所言乃常道，万世不可离，并通过沟通与新时代思潮，使传统思想焕发新的活力。

十力阐发大同思想，仍然是通过释经的方式，在他的经学言说中，在大同社会，人人都是士君子，他说："夫万行本乎仁，立乎强，归乎中和。士君子之行，如是而已。天下之人人皆如是，则大同之基已固，而太平之运日新。"③ 这是十力大同社会的主要特征，也是十力经学尤重内圣之学的体现，他批评现代谈社会治理的人，"徒知注意经济条件与社会结构之改造，而与宇宙人生本原，漫不穷究，其视人类直同鸟兽，不复知有内在之生活源泉，不复有自我之真觉。"④ 与此同时，十力并非不注重社会改造的"外王之学"，他以为，大同之时，国家已无，国界观念已破除，那是的政治实体是无数自治区，此自治区内，没有阶级划分，也没有战争之虞。区内政治机构为文化委员会，性质是文化团体，"执事者"由群众选举产生。又有慈幼院、养老院等社会机构以供养幼儿、老人、鳏寡孤独，有各级学校以推行教育。在经济上，"废私有制，产业、财货、用度，一切公共"，奉行生产资料公有制。这些都是十力在《读经示要》《原儒》诸书中对《礼运·大同》篇疏解时的描述⑤。

如何达致此大同社会？十力依然是从内圣外王两个层面切入。因为十力接受了"公羊三世说"，即历史由据乱世到升平世、再到太平世的历史哲学观念，太平世即等同于大同社会，大同社会的实现过程就是由据乱世向升平世、再向太平世的进化历史。十力仍然是以六经为最终依据，他以为六经之中有大义、有微言，大义言小康礼教，微言讲太平大同。礼教重上下贵贱之分，"从大人世及以为礼而后，上下贵贱之名分严，而社

---

① 熊十力：《论六经》，中国人民大学出版社 2006 年版，第 124 页。

② 熊十力：《论六经》，中国人民大学出版社 2006 年版，第 10 页。

③ 《熊十力全集·读经示要》，湖北教育出版社 2001 年版，第 1055 页。

④ 《熊十力全集·读经示要》，湖北教育出版社 2001 年版，第 1055 页。

⑤ 《熊十力全集·读经示要》，第 1057 – 1059 页；《原儒》，上海书店出版社 2009 年版，第 141 – 145 页。

会始有阶级"①；大同则扫除阶级，人人自由平等。内蕴孔子微言者，是大《易》《春秋》《礼运》《周官》（《周礼》）。十力以《易》来构建的大同理想的形而上学，他在反思康有为孜孜以求大同社会失败的原因时，就认为康氏所以失败，在于其思想缺乏根底，"没有看到《礼运》中的大同理想……有其深隐的形而上学义据"②。如何使人人有士君子之行？十力希冀以大《易》的形上学、人生观来对人民进行启蒙，他说："佛氏以大雄力趣向度脱而反人生，老氏柔退，其下流至于萎靡"，不能作为趋向太平政制的指导哲学，只有大《易》，生生不息，其德至健，倡导刚健有为，无空寂虚无之病。刘小枫认为熊十力所理解的自由民主、大同社会，对于民众而言，就是"消除人性差异，让小民也能成为哲人，达致心性平等的自由"③。十力说："《礼运》根本在大《易》《春秋》，仁以为元，健以为本，诚以为干，礼以为质，庶几天下为公之治乎？"④ 人人皆为仁义，奋力为行，大同社会就可以达到了。

在关于外王学的经典中，十力尤其重视《周官》，他推翻以往学者认为《周官》是周公所著的"陈见"，认为《周官》是孔子所作，为《春秋》羽翼⑤，"《周官经》乃春秋拨乱之制，所以为太平世开辟洪基，其化源在礼乐"⑥，"《周官》一经盖孔子于《春秋》外，更发明升平世之治道，以为太平开基"⑦。就是说《周官》是升平世之制，奉行《周官》之制，可渐至太平大同。《周官》不仅是拨乱之制，更是达致大同社会的必行之制。刘小枫这样评价十力眼中的《周官》，"这部经典已经全面而又具体地呈现了自由民主共和政制的制度安排，堪称孔子的'大同书'"⑧。在《原儒》一书中，十力对《周官》"粗举大义数条"，第一："《周官》之治道，大要以均为体，以联为用"；第二："《周官经》为拨乱起治之书"；第三："《周官》之政治主张在取消王权，期于达到《春秋》废除三层统治之目的，而实行民主政治"；第四："《周官经》之社会理想，一方面本诸《大易》格物之精神期于发展工业，一方面逐渐消灭私有制，一切事业归国营，而蕲至乎天下一家"。四义将《周官》的性质、原则、政治经济安排精要提炼。通过对《周官》的阐释，十力将科学民主等现代价值纳入儒家体系之中，又在经济政策上与社会主义进行沟通，"凡百生产事业，无小无大，皆有官领之，督其功而责其效，

---

① 《论六经》，中国人民大学出版社 2006 年版，第 96 页。

② 刘小枫：《共和与经纶》，三联书店 2012 年版，第 58 页。

③ 刘小枫：《共和与经纶》，三联书店 2012 年版，第 85 页。

④ 《论六经》，中国人民大学出版社 2006 年版，第 26 页。

⑤ 熊十力：《原儒》，上海书店出版社 2009 年版，第 61 页。

⑥ 《原儒再印记》，载《原儒》，上海书店出版社 2009 年版，第 61 页。

⑦ 熊十力：《原儒》，上海书店出版社 2009 年版，第 60 页。

⑧ 刘小枫：《共和与经纶——熊十力〈论六经〉〈正韩〉辨证》，三联书店，第 61 页。

其事至纤至悉"①。通过社会主义经济政策，以期达到均平之效，无贫富之患。我们似乎并不能认为熊氏用了现代概念来解释中国经典就是无谓的比附，实际上，用现代概念解释经典的过程更是通过对经典的探索来规范现代概念的过程。

大同理想是熊十力经学的终极价值，不论其深探儒家形而上学，还是其重新解释儒家政教制度，都是希望中国乃至世界能最后达到大同社会，能让中国能重新确立圣人孔子之信仰，熊十力的尝试是儒家学者在近现代以大同理想重新整合中国学术体系、重建儒家政制的最后尝试，熊氏之后，儒家学者或者承认大陆共产主义正统，奉马克思主义为科学标准，远走海外者也纷纷以自由民主政制相号召，于大同理想并不着重发挥。近现代曾经轰轰烈烈的大同思潮渐渐转入消沉。但是，大同思想却仍在新中国成立后发挥着潜在影响。

牟宗三作为极具创造性的思想家，也对大同学说做了自己的思考。在政治层面，他批评中国历来只有治权的民主，而没有政权的民主②。牟宗三以为"天下为公，选贤与能"自然是治权上的民主，但"似不当只限于治权方面，亦必扩及政权方面"③。他认为《礼运·大同》篇包含了政权与治权两个层面民主的含义，只是"未能详细分疏"，不免流为一"普泛之理想"。在经济层面，他认为"货恶其弃于地也，不必藏于己；力恶其不出于身也，不必为己"这句话体现了经济方面的均平理想，与社会主义相类似。同时，"大同"不仅仅限于政治与经济，它必须以普遍的德化意识，即"仁"为根据。不然大同就会沦为一种量的、物质化的、粗劣的大同社会。

牟宗三不像康有为、熊十力一样将大同小康两者对立起来，这在他对"礼"的阐释中有所体现。他说："礼代表人之精神、理想以及人类之价值观念。如是，礼之运即是历史之精神表现观也。即以精神表现、价值实现，解析历史也。"④ 而"大同"就是"礼"在历史发展中要逐步实现的理想。不仅"小康"之时要谨于礼，大同之时也不可不有礼。"礼无时可缺，无时不可谨"⑤。"大同"与"小康"在礼的意义上有继承的关系。也是在这个意义上，牟宗三不像康有为、熊十力一样把大同设定为一个无国家、无家庭的社会，他把大同视为对家庭和国家的一个发展，必须在对家庭国家肯定的意义上实现大同，而不是最终否弃家庭国家。他将大同视为国家范围的扩大，"由国家扩大一步，认识人间之'天下'，即'大同'。这个亦可视为一种组织，乃国与国间的实际生

① 《论六经》，中国人民大学出版社 2006 年版，第 32 页。
② 政权相对于政道而说，治权相对于治道而说。政道即安排政权之道，牟认为古代中国政权"马上"得之，然后宗法世袭。治道为具体治理方法。参见《政道与治道》。
③ 《牟宗三全集·政道与治道》，台北联经出版事业公司 2003 年版，第 12 页。
④ 《牟宗三全集·政道与治道》，台北联经出版事业公司 2003 年版，第 13 页。
⑤ 《牟宗三全集·政道与治道》，台北联经出版事业公司 2003 年版，第 13 页。

活之结合。"① 这样的"大同"描述较之康、熊平和了许多，少了一些狂想成分。

不管是家庭、国家，还是天下（大同），都是道德理性（仁）的发展表现。"道德理性的实现，必然要经过家庭国家之肯定始能扩至于天下，即大同"②。而且"仁"并不止于此，"仁者与天地万物为一体"，"仁"的扩大必然要扩展至宇宙万物。所以道德理性发展的层次从家庭、国家、天下一直到宇宙。家庭之所以必须得到肯定，乃由于"家庭是人伦人道的起点"，也是"表现道德理性最具体而亲切之处"。我们首先在家庭的孝悌之间体会到仁，仁化流行的场所首先肯定是在家庭。走出家庭，仁之"情"的成分减少，而进入"义"的领域，此时道德理性的表现精神是客观精神，客观精神逐步扩展以至天下（大同）。天下大同，就是国与国之间实现了和谐的关系，"和协万邦"是也。也就是《大学》所说的"平天下"，牟宗三将这个"平天下"的精神视为"道德理性之在人间现实上的绝对实现"③，是"现实上的绝对精神"。由此他以康有为为例着重批评了对于大同的粗劣的、量的、物质化的理解，因为康氏否弃家庭国家，让人成了单独个体，生活成了穿衣吃饭和情欲的放纵，从而是人的情感失去了道德意味，牟宗三称之为"痴呆大同"。

可以说，牟宗三的大同思想很具现实意义，他的大同理想显得宏阔而又平实，他将大同看作是国与国之间的谐和，是"仁"的精神在人类社会的最终落实，这不正是如今我们关于"和谐世界"的呼吁？"和协万邦，天下大同"是儒家思想一直以来的追求，牟宗三说："民族国家世界大同在道德实践的精神发展下综和起来，统一起来。"④表达了他对实践仁义精神，必能实现世界大同的信心。

五、大同理想的政治实践——孙中山、毛泽东

不论是民主革命先行者孙中山，还是新中国的主要缔造者毛泽东，都深受大同思想的影响，并在现实政治中有所体现。

童年的孙中山十分崇拜洪秀全，洪秀全的社会理想和反抗精神默默影响着孙中山，孙中山领导反清革命，主张"平均地权"，仍然能看到洪秀全领导的太平天国的影响。后来，在革命进程中，孙中山提出了他的思想纲领"三民主义"："民族主义、民权主义和民生主义"。可以说，孙中山先生的三民主义内蕴于他的大同理想当中，随着中山先生思想的深入，他将三民主义纳入儒家大同理想的倾向也越来越浓厚。吴义雄先生认为大同思想在孙中山著述中的最早记载是1912年1月1日的《临时大总统宣言书》，在

---

① 《牟宗三全集·道德的理想主义》，台北联经出版事业公司2003年版，第76-77页。
② 《牟宗三全集·道德的理想主义》，台北联经出版事业公司2003年版，第78-79页。
③ 《牟宗三全集·道德的理想主义》，台北联经出版事业公司2003年版，第82页。
④ 《牟宗三全集·道德的理想主义》，台北联经出版事业公司2003年版，第87页。

这篇文献中，孙中山说："满清时代辱国之举措与排外之心理，务一洗而去之，与我友邦益增睦谊，持和平主义，将使中国见重于国际社会，且将使世界渐趋于大同，循序以进，不为幸获，对外方针，实在于是。"① 这是孙中山对于大同理想的最初表达，里面所包含的是孙中山对于世界和平、人类大同的想象。但现实并不美好，其时中国积贫积弱，备受帝国主义欺凌，国际关系强者为尊，国家之间谈不上平等，又如何实现世界大同呢？孙中山在这里对他的"三民主义"中的"民族主义"进行了与他之前不同的解释，在辛亥革命前，孙中山解释"民族主义"有比较强烈的反满意识，是为推翻清政府服务的，在 1903 年檀香山，他说："我们一定要在非满族的中国人中间发扬民族主义精神；这是我毕生的职责。这种精神一经唤起，中华民族必将使其四亿人民的力量奋起并永远推翻满清王朝。"② 辛亥革命后，孙中山认为，要实现世界大同，国与国之间相互平等，必要的前提就是国家必须先自强，"我们以后要讲世界主义，一定要先讲民族主义……把从前失去的民族主义从新恢复起来，更要从而发扬光大之，然后再去说世界主义，乃有实际"③。只有诸民族之间有了自由平等的地位，世界主义方有可能实现，大同社会才有可能实现。这是孙中山对于实现大同的基本步骤的设计，先有民族的独立富强，诸国平等之后，世界大同才有可能实现，所以孙中山的民族主义在新的历史条件下成了大同实现的必要条件。他在《中国革命史》中说："对世界诸民族，务保持吾民族之独立地位，发扬吾固有之文化，且吸收世界之文化而广大之，以期与诸民族并驱于世界，以驯至于大同。"④ 这句在孙中山晚年的话，不仅表达了他追求民族独立，以期至于大同的设想，也表达了他对民族文化（更多的是儒家文化）的信心。

对《礼运·大同》篇"大道之行，天下为公"，孙中山用"三民主义"中的"民权主义"加以解释，他说："两千多年前的孔子、孟子便主张民权。孔子说：'大道之行也，天下为公。'便是主张民权的大同世界。"⑤ 可见，在孙中山的大同世界里，人人自由平等，享有同等权利。

孙中山在后期关于"民生主义"与大同之间关系的言论尤多，他 1924 年在《三民主义·民生主义》的演讲中开宗明义说："民生主义就是社会主义，又名共产主义，即是大同主义。"⑥ 将民生主义、社会主义、大同主义之间画了等号，在这里，孙中山更加想强调的就是经济层面内容，所着力解决的问题是贫富不均的问题。"民生主义，即

① 《孙中山全集·第三卷》，中华书局 2006 年版，第 2 页。
② 《孙中山全集·第一卷》，中华书局 2006 年版，第 227 页。
③ 孙中山：《三民主义》，岳麓书社 2000 年版，第 47 页。
④ 《孙中山全集·第七卷》，中华书局 2006 年版，第 60 页。
⑤ 《孙中山全集·第九卷》，中华书局 2006 年版，第 394 页。
⑥ 《孙中山全集·第九卷》，中华书局 2006 年版，第 355 页。

贫富均等，不能以富者压制贫者是也。"① 当时，西方资本主义的经济造成的贫富差距十分严重，孙中山长期旅居国外，与这一问题感受深刻，又当时社会主义思潮盛行，十月革命也已发生，他十分欣赏当时初建的苏俄政权，他说："俄国人在年幼的时候，有机会可以读书；在壮年的时候，有田可耕；到年纪老了的时候，国家便有养老费，像俄国的人民，无忧无虑……像这样的好国家，就是我要造成的新世界。"② 他甚至说："大同世界，所以异于小康者，俄国新政府之计划，庶几近之。"③ 可见，在他关于大同世界的理想中，奉行的是生产资料公有制，和国家有计划调节的经济，人民经济生活都得到普遍安排，没有贫富不均的情况。

孙中山将他的思想纳入儒家思想谱系当中是他有意识的行为，在戴季陶《孙文主义之哲学的基础》中记述："去年有一个俄国革命家去广东问先生（孙中山）：'你的革命思想基础是什么？'先生答复他说：'中国有一个正统的道德思想，自尧舜禹汤文武周公孔子而绝，我的思想，就是继承这一个正统思想来发扬光大的。'"④ 可见，民国建立后，孙中山提出国家的政教理想时，是明显自诩接续儒家正统，其文化意识是民族主义式的，其理想则是普遍主义的。

毛泽东青年时受康有为的影响颇深。在《毛泽东自传》里，他这样回忆他早年的政见："我还没有放弃对于康有为和梁启超的崇拜……所以在我的文章中，我主张应将孙中山由日本召回就任新政府的总统，并以康有为任总理，梁启超任外交部长。"⑤ 他十分崇信康有为的三世说和大同学说，"大同者，吾人之鹄也。"并且制定过"新村"计划⑥，希望付诸实施，最后也未如愿。在确立马克思主义的信仰后，他直接阐述大同的言论并不多。但是在解放战争全面胜利前夕的 1949 年 6 月 30 日，毛泽东发表了《论人民民主专政》一文，里面几次直接引用"大同"二字。文中说："例如眼前国民党反动派被我们所推翻，过去日本帝国主义被我们和各国人民所推翻，对于被推翻者来说，这是痛苦的，不堪设想。对于工人阶级、劳动人民和共产党，则不是什么被推翻的问题，而是努力工作，创设条件，使阶级、国家权力和政党很自然地归于消灭，使人类进入大同境遇。"⑦ 又说："资产阶级的民主主义让位给工人阶级领导的人民民主主义，资

---

① 《孙中山全集·第六卷》，中华书局 2006 年版，第 56 页。
② 《孙中山全集·第九卷》，中华书局 2006 年版，第 504 页。
③ 孟庆鹏编著：《孙中山文集》（下册），团结出版社 1997 年版，第 766 页。
④ 黄明同、张冰、张树旺等：《孙中山的儒学情结》，社会科学文献出版社 2010 年版，第 6 页。
⑤ ［美］斯诺笔录：《毛泽东自传》，国际文化出版公司 2009 年版，第 21 页。
⑥ 1919 年，毛泽东曾萌发过在岳麓山建设"新村"的想法，"新村"的具体蓝图保存于《学生之工作》一文中，他所设想的新社会有"公共育儿院，公共蒙养院，公共学校，公共图书馆，公共银行，公共农场"等，从中可明显看出康有为和西方空想社会主义者的影响。
⑦ 《毛泽东选集·第四卷》，人民出版社 2007 年版，第 1469 页。

产阶级的共和国让位给人民共和国。这样就造成了一种可能性：经过人民共和国到达社会主义和共产主义，到达阶级的消灭和世界的大同。康有为写了《大同书》，他没有也不可能找到一条到达大同的路。……唯一的路是经过工人阶级领导的人民共和国。"①在这篇建设新中国的宣言中，毛泽东说出了他奋斗终生的最终目标就是要建设没有阶级、国家权力和政党的大同社会。实现大同世界有三个阶段，第一，建立人民共和国，即工人阶级领导的人民民主主义社会，毛泽东称之为新民主主义社会；第二，由新民主主义社会过渡到社会主义社会；第三，最后建成共产主义社会，实现世界大同。我们注意到，在前两个阶段中，当然，这样的大同社会相当程度上是经过马克思主义改造过的大同社会，而非旧有思想中的大同社会，毛泽东心目中的大同社会就是共产主义的实现，或者说大同只是毛泽东描述共产主义的一个名词罢了，从而很难说这个大同社会还是儒家思想的表达了。

新中国成立以后，特别是社会主义改造成功后，毛泽东的建设热情高涨，无论是"大跃进""人民公社"还是"文化大革命"，都是他社会理想的体现，虽然最后的结局往往非他意料之中。他的社会理想在《〈张鲁传〉批语》《五七指示》等文献中有所体现。在《〈张鲁传〉批语》中，他总结张鲁治理的经验说："置义社（大路上的公共宿舍），吃饭不要钱（目的似乎是招来关中区域的流民）；修治道路（以犯轻微错误的人修路）；'犯法者三原而后行'（以说服为主要方法）；'不置长吏，皆以祭酒为治'，'祭酒'各领部众，多者为治头大祭酒（近乎政社合一，劳武结合，但以小农经济为基础）。"② 关于"吃饭不要钱""说服为主""政社合一，劳武结合"等都在毛泽东的"人民公社"运动中实行过。在 1966 年 5 月 7 日的《五七指示》中，毛泽东说："军队应该是一个大学校……这个大学校，学政治，学军事，学文化。又能从事农副业生产。又能办一些中小工厂，生产自己需要的若干产品和与国家等价交换的产品。又能从事群众工作，参加工厂农村的社教'四清'运动；'四清'完了，随时都有群众工作可做，使军民永远打成一片。又要随时参加批判资产阶级的'文化革命'斗争。这样，军学、军农、军工、军民这几项都可以兼起来。但要调配适当，要有主有从，农、工、民三项，一个部队只能兼一项或两项，不能同时都兼起来。"③ 不独军队如此，学生、工人、农民、党政干部都如此，毛泽东希望借此逐步消灭工农差别、城乡差别和脑力劳动与体力劳动的差别，是每个人成为"拿起锤子能做工，拿起锄头犁耙能种田，拿起枪杆子能打敌人，拿起笔杆子能写文章"的全面发展的共产主义新人。这些明显带有空想性的说

① 《毛泽东选集·第四卷》，人民出版社 2007 年版，第 1471 页。
② 《建国以来毛泽东文稿》第 7 册，中央文献出版社 1992 年版，第 629 页。
③ 《建国以来毛泽东文稿》第 12 册，中央文献出版社 1998 年版，第 53 – 54 页。

法最终不免在政治实践中失败。

在一些学者研究大同思想与毛泽东之间的关系时，多注意到早年毛泽东崇信康有为三世说和所谓进行"新村"建设的计划。以及新中国成立后，毛泽东关于人民公社的实验，他们认为这是受到儒家大同思想中"绝对平均主义"的消极影响，甚至有的学者推论：绝对平均主义的"大同"思想才是新中国建设和社会发展的指导思想。[①] 即将大同思想作为绝对平均主义思想的代表而加以批判。确实在早年毛泽东未确立科学社会主义信仰前，他的思想是不确定的，处于变动的状态，但他确实深受康有为的影响，在1958年，中央在河北徐水县搞共产主义试点，中央推荐了康有为的《大同书》给各级干部学习[②]，这无疑是毛泽东意志的体现。

毛泽东的社会理想是科学社会主义、空想社会主义和大同思想的混合体，将毛泽东后期的错误归结为传统大同思想的影响明显是有失偏颇的，而且毛泽东所接受的大同思想很大程度上来自于康有为对于儒家大同思想的自我发挥，很难说是儒家大同思想的原始意味。无论如何，毛泽东作为一名伟大的理想主义者，天下大同、共产主义的理想都深深刻在他的思想中。

六、道德理想与现实社会治理之间

习近平同志在2014年2月24日中共中央政治局集体学习时说："要认真汲取中华优秀传统文化的思想精华和道德精髓，大力弘扬以爱国主义为核心的民族精神和以改革创新为核心的时代精神，深入挖掘和阐发中华优秀传统文化讲仁爱、重民本、守诚信、崇正义、尚和合、求大同的时代价值，使中华优秀传统文化成为涵养社会主义核心价值观的重要源泉。"在同年10月13日中共中央政治局集体学习时他又强调："在漫长的历史进程中，中华民族创造了独树一帜的灿烂文化，积累了丰富的治国理政经验，其中既包括升平之世社会发展进步的成功经验，也有衰乱之世社会动荡的深刻教训。我国古代主张民惟邦本、政得其民，礼法合治、德主刑辅，为政之要莫先于得人、治国先治吏，为政以德、正己修身，居安思危、改易更化，等等，这些都能给人们以重要启示。"中国传统文化不仅可以在传播文化价值、建构社会承认的普遍伦理方面发挥作用，而且在治国理政方面提供有益经验。

儒学广大悉备，举其大端可有义理、制度两项。大致而言，宋学深探天道性命之理，以义理见长；汉代今古文经学则多言礼制，"今古之分，全在制度，不在义理，以

---

① 于贯生：《近代国人的大同诉求与新中国的曲折》，《理论学刊》2002年第4期。

② 赵云山、赵本荣：《徐水共产主义试点始末》，《党史通讯》1987年第6期。

义理今古同也"①。当然这只是就汉宋学的特点而言，并不全面。言义理，所以尤重仁义，注重德性修养；言制度，所以尤重礼乐，注重政治实践。但两者本是不可分离，仁义是制度建设的根据，制度是仁化流行的保证。宋儒言德性，也是为了追索文明秩序的合理性依据；汉儒穷经致用，也不废个人修养。可以说，个体修身与社会制度在根本上有统一性，至善是两者的最终归宿。儒学的性与天道思想必然诉求一套合理的相应的自由开放的社会制度，而社会制度的改善是对群体生命的安顿。

无论是康有为、廖平还是熊十力、牟宗三，都认为好的社会制度的形成和创设都应体现仁道。康有为说："孔子之道有三：先曰亲亲，次曰仁民，终曰爱物……乱世亲亲，升平世仁民，太平世爱物。"② 历史的发展可谓是"仁"道不断扩展的历史，由亲到民再到宇宙万物，最后成一大同至仁之世。而社会治理的目的也不仅仅是为了丰衣足食、欲望的满足，更是为了良知显现、止于至善。孔子说："为政以德，譬如北辰，居其所而众星拱之。"关于"德"，皇侃《论语集解义疏》曰："德者得也。言人君为政当得万物之性，故云以德也。"政治就是为了民众各得其性，各有其分。《礼运》所说"老有所终，壮有所用，幼有所长""男有分，女有归"也是表达了这种政治理想。孔子又说："道之以政，齐之以刑，民免而无；道之以德，齐之以礼，有耻且格。"这句话表明了"德"和"礼"的统一性，要"德治"，必须配合以"礼"。有了有形之礼乐，"德治"才不显得虚幻。《礼记》中载："著诚去伪，礼之经也"③、"是故先王制礼乐也，非以极口腹耳目之欲也，将以教民平好恶，而反人情之正也"④。可见礼乐正是为了使人情归之于正，滋养德性。所以考索先王礼制才如此重要，这也是廖平推阐今古学礼制的意义所在。因此，无论是康有为、廖平言治理，还是熊十力、牟宗三讲德性，抑或是孙中山、毛泽东的政治实践，都会给予我们很大的启示。

康、熊等儒家学者都试图在新条件下重新发挥儒学的社会指导作用，并十分注意吸收西方学说。在康有为、熊十力和孙中山的言说中，就都很有意识地将大同理想与社会主义进行沟通，他们都特别注意解决社会经济贫富不均的问题。而社会贫富不均不仅在当时，在当代也是值得特别注意的问题，在最近世界畅销的由法国经济学家托马斯·皮克迪写作的《21世纪资本论》一出版就引起巨大反响，他在书中指出，近几十年来，世界的贫富差距严重恶化，而且会继续恶化下去，人类将倒退到"承袭式资本主义时代"，这对西方式的民主制度和资本主义无疑是一个挑战。经济平等也正是康、熊诸位大哲用力解决的问题。正如曾亦教授所说："时至今日，儒学之制度价值不独见诸政治

① 李耀仙主编：《廖平选集》（上），巴蜀书社1998年版，第73页。
② 康有为：《大同书》，中国画报出版社2010年版，第238-239页。
③ 《礼记正义》，北京大学出版社1999年版，第1116页。
④ 《礼记正义》，北京大学出版社1999年版，第1081页。

方面，乃至经济方面，若陈焕章撰《孔门理财学》，可谓大有功于孔氏，异日必有重振此学者。"①

在他们的大同学说中，除康有为谨守今文家法，以《周礼》为伪作外，廖平、熊十力都将《周礼》作为重建儒家政教制度的重要经典，《周礼》是记载西周时期官制的经典，廖平视之为"大统"经典，熊氏视之为升平治法。历代重视儒家制度的学者都十分重视《周礼》，隋代王通就说："如有用我，则执此（指《周礼》）以往。"②《周礼》之养老制度、选举制度、赈灾制度、官僚制度、理财方法等都值得我们借鉴，重新研习中国经典，在我们对于经典已十分陌生的情况下显得尤为必要。

大同学说不仅是面对中国情况的论述，也是对世界未来的憧憬。随着中国综合国力的不断提升，中国的国际影响力也不断上升，中国正在重塑世界新的秩序格局。各国都非常关注中国的世界构建的想象，毛泽东《念奴娇·昆仑》中写道："而今我谓昆仑，不要这高，不要这多雪。安得倚天抽宝剑，把汝裁为三截？一截遗欧，一截赠美，一截还东国，太平世界，环球同此凉热。"孔子言"诗言志"。建设一个各国平等，"环球同此凉热"的"和谐世界"，进而达致世界大同，不仅是毛泽东的愿望，也是近代优秀中国人的愿望。近代大同学说也必然会对当代中国关于世界的论说提供理论智慧。

大同学说是儒家政治哲学在近现代的一次复兴，与19世纪末的变法运动、20世纪初的孙中山民主革命有着密切联系。同时，大同学说的流行也影响了社会主义在中国的广泛传播，20世纪初期的改良派和革命派都以"大同"来诠释社会主义③。儒家的政教理想和社会主义的追求有相合之处。近现代的大同儒学是在新的历史条件下形成的与以往不同的儒家学说，君主制、宗法制已宣告结束，重新阐发儒学经典的意蕴，让儒学在新形势下再次焕发生机，一直是近现代儒家学者所进行的努力，大同儒学就是在这样的条件下结成的硕果。当前，大陆儒学方兴未艾，政治哲学研究更是其中重镇。而我们目前面临的问题与近现代先辈有共通之处，吸收他们的智慧，可以给我们有所启发。

在《礼运》语境下，小康礼制明显是宗法制度与宗法社会的反映，这种儒学可以称之为宗法儒学，而"大道之行，天下为公"可谓是对以血缘关系为基础的宗法社会的突破，这种儒学可称之为大同儒学。显然，过去两千多年的儒学主要发展的就是小康宗法儒学，在近现代宗法社会解体的历史新境遇下，宗法礼制儒学的解体是历史必然，

---

① 曾亦：《共和与君主——康有为晚期政治思想研究》，上海人民出版社2010年版，第244页。

② 张沛：《中说校注》，中华书局2013年版，第208页。

③ 陈卫平：《大同：对社会主义的最初解读》，《思想与文化》2001年版，第71页。

大同儒学的突起是势在必行。大同儒学与马克思主义的社会理想及其关于人的社会本质属性的论述若合符契，在这种视域下，我们可以说个人、社会、天地是儒学最为重要的三个维度。就个人而言，人的自由自觉的类本质就是人作为人的最高道德属性，这种德性的展开与实现必然会促进社会秩序的和谐，因为自觉到这样的类本质必然会有"大道之行，天下为公"心胸和气概，而一切好的社会治理制度应该是能够促进人的自由解放。当然，我们如何建构实践大同儒学的社会理想，仍需要有冷峻的政治智慧，不能过于激进和一厢情愿。"大道之行，天下为公"是人的类本质所决定了的社会发展的方向，我们只有一步步按这个理念脚踏实地去逐步完善社会治理体系和管理体系，才能逐渐接近这个方向。

刘节的"抽象继承法"

——儒家文明传承与发展的方法论

洪光华　澳门城市大学

山东是孔子的故乡，今天我们在山东召开"第 22 届国际历史科学大会济宁会议——儒家文明与当代世界"，正是天时、地利、人和皆宜。

1962 年 11 月，在山东济南也召开了一次纪念孔子的会议——"山东省第二次孔子讨论会"。那次会议是当时全国规模最大、水平最高的孔子讨论会，国内著名学者吕振羽、冯友兰、周予同、于省吾、赵纪彬、杨荣国、吴泽、蔡尚思、束世澂、唐兰、刘节、金景芳、高亨、高赞非等人参会并相继发言。

一、"山东省第二次孔子讨论会"和刘节被批判的"唯仁论"

这次会议，开始还属于百家争鸣、各抒己见的学术讨论会。同为中山大学教授的杨荣国、刘节，一个认为孔子代表奴隶主阶级，一个认为孔子的思想是封建社会上升时期进步的思想，对新社会有用。杨荣国与刘节的论战从 20 世纪 50 年代就开始了，1961 年，三联书店出版杨荣国的《初学集》，就收有《批判刘节先生的〈中国史学史讲稿〉》一文。到 1973 年，杨荣国成为"批林批孔"的理论旗手时，刘节的"反动言论"被官方编入并列有蒋介石、刘少奇言论的，人民出版社出版、全国新华书店发行的《历代反动派和反动学术权威的尊孔言论》中，接受全国的批判。他们各自引经据典，阐明自己的观点，虽然他们各自所引的经典往往风马牛不相及，颇有自说自话的味道，但杨刘之争，基本上还属君子之争。

济南的这次会议，后来却因为几年后成为"文革"中重要笔杆子的关锋、林聿时的策划、搅局，变成了"大黑会"。时年 27 岁的曲阜师范学院历史系青年讲师骆承烈，当时被借调到会议秘书组帮忙，他把一些细节记录了下来：

开会的当天晚上，从北京来了关锋、林聿时。关锋原来是山东省委宣传部的一个处长，现在从中央来，自诩为中央领导。山东省的领导因为和他很熟，对他接待的规格不特别高，看来他有点不满。其实这事不大，他主要是带着任务来的，任务就是以极

"左"的姿态对大会打棍子。当天晚上，他找到当年在山东惠民师范一起工作、一贯极"左"的曲阜师院李××、赵××，他们把所有会议论文都要到手，从里面寻章摘句地找"黑材料""反动观点""黑话"。四个人连夜写了两篇文章，第二天上午命令大会主持人改变议程，安排他们四人的两个发言。两个人发言时间虽然不长，观点却很明确。他们的观点说：一个人的思想"在阶级社会里，是不同阶级的根本利益的理论表现，超阶级的思想体系和思想家是没有的。孔子的哲学、政治、伦理学说不能当作超阶级的、永恒的，无批判地加以继承，把孔子现代化。"意思是说许多专家都不该把孔子思想说作永恒的、超阶级的，不该进行现代化解释，那些试图"古为今用"，把孔子思想作现代解释的，都是"含沙射影""右派言论""借古人之口攻击社会主义"等等。两根棍子一打，全场强烈震动。我坐在一旁看见有的学者吓得面如土色，有的不同意他们的说法，一笑置之，有的为这种批判愤愤不平。但会上谁也没有再发言反驳的机会，大量学者在后悔不该来参加此会的情绪下悻悻然离去。①

刘节是首当其冲被会议批判的对象，骆承烈回忆说：

当时遭到批判给我印象最深的是中山大学刘节教授论"仁"的文章和《伟大的松柏精神》一文。他们批判刘节教授，说他借口孔子的"仁"反对社会主义，说共产党光讲阶级斗争，不讲仁。他提倡"仁"就是想复辟，巧妙地利用历史来进行反党活动。一项项的大帽子扣到老教授头上，其实都是借题发挥，无道理地对老学者无情打击。②

刘节，字子植，号青松，1901年8月8日出生于浙江温州，1977年7月21日病逝于广州。清华国学研究院毕业，著名历史学家。骆承烈这里所说的"刘节教授论'仁'的文章"，就是他在《学术研究》1962年第3期发表的《孔子的"唯仁论"》。

这次会议被搅起的风波不止于此，还有什么"集体跪孔"和"摘帽"事件，其中"摘帽"事件又与刘节有关：

至于"摘帽子"，更是别有用心的谣言。广东中山大学七十多岁（时年62岁——笔者注）的刘节先生，人虽瘦小，却精神矍铄，他很少到北方来，在由济南到曲阜的火车上，不停地打开窗口欣赏北方风光。他平时常戴一顶软质瓜皮小帽，此次，特地买了一顶大草帽，戴在小帽外面。火车开到泰安站，我告诉大家"右面是泰山"。好多人都隔着车窗向外看。坐在靠窗座位的刘节教授也在看。车开动了，不慎草帽被风吹去，他便大声呼叫"我的帽子！我的帽子！"这样丢草帽的一件小事，被别有用心的人编成"右派分子强令党给摘帽子"。③

---

① 骆承烈：《集体跪孔事件——1962年孔子讨论会被诬"大黑会"》，《世纪》2007年第3期。
② 骆承烈：《集体跪孔事件——1962年孔子讨论会被诬"大黑会"》，《世纪》2007年第3期。
③ 骆承烈：《集体跪孔事件——1962年孔子讨论会被诬"大黑会"》，《世纪》2007年第3期。

被批判的刘节所撰《孔子的唯仁论》，到底说的什么？笔者在此扼要地介绍一下：

（一）何为"仁"？

刘节说，孔子能"一以贯之"的道理就在这"仁"字上。那么刘节是怎么样理解这个"仁"的呢？

刘节说："仁字从二从人会意，有两个以上的人才有所谓仁，因此有人说，仁是孔子的处世哲学，唯仁论主要是为学教人一方面的事。"

刘节认为"仁"包括了"忠""恕"两个方面。"曾子曰：夫子之道，忠恕而已矣！"刘节说："据我的看法：'忠'，就是能'克己'；'恕'，然后能'复礼'。所以颜渊问'仁'，孔子告诉他：'克己复礼为仁'。""克己复礼"可是曾被批判得最多的一句"反动"话，刘节对这句话有很好的诠释："有人把好好的东西糟蹋掉，说孔子所复的礼是奴隶社会的制度，又说：仁有先验论的性质，似乎是超现实的伦理范畴。所以'克己复礼'是反动的。不知道'克己'就是'忠'，最能忠于自己的人必须克服主观缺陷，使之合于客观真理，这真我才能够实现。孔门既然告诉我们'当务之为急'，自然要结合当时的实际来说的"。就是说，"克己"是忠于自己，并且克服自己的主观缺陷，这有什么不好？所以刘节说："'礼'是各种社会共行之秩序，其出发点在推己及人，岂止封建社会中才有的呢？凡能善体客观事物者，是复礼的精意所在了。有推理能力，又能独立不惧者，才可以处世有为。"

说到"恕"，刘节说："'仁'与'恕'有连带关系，仁恕，才能够不蔽；不蔽，才有'忠'；忠于己者，然后能忠于人。孔子教人为学处世，首先是养成推理能力；推己及人谓之'恕'"。所谓"己所不欲，勿施于人。"刘节总结说："孔门弟子是能了解唯仁论的中心思想的，没有不深体'忠''恕'二字的精义的。"

孔子的学说，不但封建社会中有用，在现代，在将来，不是一样的道理吗？因此刘节说："孔子对于自己，对于别人都很认真，这种处世哲学虽然是就封建社会上升时期的行为讲，即用之于现代，你说有什么害处呢？孔子的处世哲学其根本出发点是'仁'。……孔子的时代是宗法社会，对于家族，非常之重视；当时的国家，事实上是从许多家族作单位组织起来的；爱家就是爱国，与后代的资本主义时代的社会不同，与我们现代社会主义时代更加不同，但不能说我们的时代和我们的社会不需要'仁'。当然在我们时代谈仁，其内容比古代要丰富而又切实得多。"

刘节还说到，《论语》中说到仁的地方有几十处，需要根据不同的背景，才能理解仁的丰富含义。

（二）对"仁"的学习和坚持

孔子说："知及之，仁能守之。"这里有两层意思，一是要学习，辨善恶。如此，才会有自信自己的坚持是正确的。再者，就是对仁要以刚毅来坚守。

刘节说："学可以补思之不足，思也可以扩充学所不至。孔子有几句名言：'学而不思，则罔；思而不学，则殆。'不论是直接经验还是间接经验，光是靠经验，会出乱子，这就是学而不思则罔的解释。不根据事实或前人的经验去胡思乱想，那就有遭遇重重困难，逃不出现实的重围，这就是思而不学则殆的解释。"

孔子说："好仁不好学，其蔽也愚。"就是说，单有向善的心是不够的，"仁"是需要学习的，需要以知识为基础去理解事理。刘节解释孔子的"行有余力，则以学文"时，阐述了道德与学习的关系："仁是众德之厚，有了仁以后，才可以及其他，进而论学。"追求仁德是学习的目标，而目标正确，学习、治学才有意义。知识并不等同于道德，明德且要敬德，即对道德概念不但要理解，而且是真心实意地去接受和遵从，道德才成其为道德。知识、教育、教化，是"他律"，通过学习和实践，化为"自律"，成了个体的道德教养，才能做到"从心所欲，不逾矩"。

孔子说："刚毅木讷近仁。"刘节认为就是坚守"仁"的关键。他在《我之信条三则》①中解释说："我以为刚毅同平和是仁能守之的最好脚注，因为平和才有办法，刚毅可以永久。"保持自信平和的心态，才可能坚持真理，不会自己乱了方寸。

（三）"仁"需要身体力行

孔子说："仁远乎哉！我欲仁，斯仁至矣！"刘节认为这说的是，"由内向外是儒学的一贯精神，其方法却又是由近及远，一步一步地推求。克己之后，才可以复礼；其入手方法是从视、听、言、动上着眼。内心立定了，才可以向外求，这便是求仁的次第。"就是说，"为仁"，关键是自己有此意愿、决心和恒心。只要真正去实行了，就没有做不到的。因此刘节说："这同禅宗的：'放下屠刀，立地成佛'差不多了。有人说：孔子的哲学是主观唯心主义，是反动的。我说也不一定，说孔子是唯心主义，我有一部分同意；说他是反动的，我不同意。"孔子说："博学而笃志，切问而近思，仁在其中矣！"刘节认为，"切问近思"正是马列主义的精神，决非主观唯心主义者所能做到的。人类的感情，在一转念之间便可以为善的，只要自己有诚意。这正是"为仁由己，而由人乎哉？"的意思所在。

孔子说："力行近乎仁"。刘节解释说："用'力行'二字作仁字的注脚，才知道'仁能守之'一句话的本质在那里了。孔子所说的'仁'，实在有点像近代心理学所谓'情操'，但比'情操'二字的内容丰富得多。在二千几百年以前的人所谈的教育学，能从人类的行为心理上作深刻的分析，说出其中三昧来，真是值得我们骄傲的。仁的伟大处：小可以为学，中可以交友，大可以治国；到处应用，都可以做到，'微妙圆通，深不可测'的境界，但是这境界是从实际事件中锻炼出来的。"就是说，"仁"不是空

---

① 《刘节文集》，中山大学出版社 2004 年版，第 356－357 页。

洞的说辞，要身体力行才能实现"仁"，要"从实际事件中锻炼出来"。

二、对刘节的全国性批判

济南会议之后，刘节继续被批判，而且遍及全国，轰轰烈烈。单是 1963 年，批判刘节的文章就超过 40 篇。刊登这些文章的报纸杂志，是全国性的大报刊，如：人民日报、光明日报、文汇报、天津日报，广东的《学术研究》《中山大学学报》，山东（山东大学）的《文史哲》，北京（中科院）的《哲学研究》《历史研究》《国内哲学动态》，北京（中国人民大学）的《教学与研究》，上海的《学术月刊》、湖北的《武汉大学学报》《江汉学报》，河南（河南大学）的《史学月刊》，天津：《历史教学》，江苏：《南京大学学报》，安徽：《合肥师范学院学报》，《吉林师大学报》等。被批判的，除了刘节发表在广州《学术研究》1962 年第 1 期的《中国哲学史上的"天人合一"问题》、第 3 期的《孔子的"唯仁论"》，还有刘节反驳对他的批判而继续发表在《学术研究》1963 年第 1 期、第 3 期的《墨子的兼爱和实利思想》和《怎样研究历史才能为当前政治服务》，以及他在几次会议上的讲话。

以下且列举部分在题目上点名批判刘节的文章：

1. 吴宏福：《对刘节先生"天人合一"说的异议》（《学术研究》1962 年第 5 期）

2. 谷风：《刘节教授认为：中国史学史主要包括三个方面，可分五个时期》（《学术研究》1962 年 6 期）

3. 丘志诚、李新华：《历史研究方法论的一个根本问题——与刘节先生商榷》（《学术研究》1963 年 3 期）

4. 殷同思：《批判刘节先生错误的历史观点和方法论——记中国科学院历史研究所的一次座谈会》（《光明日报》1963 年 8 月 20 日）

5. 杨园：《学术界对于刘节的"唯仁论"和唯心史观的批评》（《哲学研究》1963 年 5 期）

6. 杨荣国：《刘节先生历史观的哲学基础的剖析与探原》（《学术研究》1963 年 5 期）

7. 杜式文：《刘节先生错误的历史观批判》（《学术研究》1963 年 5 期）

8. 《在广东历史界关于历史观和方法论问题的座谈会上刘节先生的历史观点受到了进一步批判》（《学术研究》1963 年 5 期）

9. 高亨庸：《是抽象继承，还是批判继承——我们和刘节先生的分歧》（《合肥师范学院学报》1963 年 3 期）

10. 编辑部：《历史系举行学术讨论会批判刘节错误史学观点和研究方法》（《合肥师范学院学报》1963 年 3 期）

11. 编辑部：《学术界进一步批判刘节在历史研究中反对运用阶级斗争理论的错误观点》（《中山大学学报（社会科学版）》1963 年 3 期）

12. 李：《李锦全撰文与刘节商榷中国思想史上的"天人关系"问题》（《中山大学学报（社会科学版）》1963 年 3 期）

13. 施荫民、黄春生：《历史研究必须坚持阶级分析方法——与刘节商榷》（《中山大学学报（社会科学版）》1963 年 3 期）

14. 编辑部：《刘节认为阶级斗争的理论不能用来解释历史——介绍关锋、杨荣国等对这一错误观点的批判》（《国内哲学动态 1963 年 3 期》）

15. 家义：《历史系举行座谈会批判刘节的唯心主义史观》（《南京大学学报》1963 年 3、4 期合刊）

16. 编辑部：《广东史学界学术座谈会展开激烈争论，进一步批判刘节错误历史观点》（《中山大学学报（社会科学版）》1963 年 4 期，原载《羊城晚报》1963 年 10 月 31 日第一版）

17. 编辑部：《金应熙发表文章评论刘节以人性论为核心的唯心史观》（《中山大学学报（社会科学版）》1963 年 4 期）

18. 李：《杨荣国着文剖析刘节历史观的哲学基础》（《中山大学学报（社会科学版）》1963 年 4 期）

19. 胡守为：《一个被重新提出来的历史唯心主义观点——评刘节的历史观》（《中山大学学报（社会科学版）》1963 年 4 期）

20. 姜伯勤：《道德论唯心史观的破产——评刘节在曹操评价中的"天人合一"幻想》（《中山大学学报（社会科学版）》1963 年 4 期）

21. 中国科学院历史研究所座谈会纪要：《批判刘节先生错误的历史观点和方法论》（光明日报 1963 年 8 月 20 日）

22. 周武：《学术界继续批评刘节反对在历史研究中运用阶级斗争的错误观点》（《教学与研究》1963 年 5 期）

23. 陈玉森：《程朱理学还是马克思主义？——评刘节的超阶级的人性论》（《中山大学学报》（哲学社会科学版）1964 年 5 期）

24. 刘元彦：《评刘节先生的"惟仁论"与"天人合一"说》（《哲学研究》1964 年 1 期）

25. 吉敦谕：《学术界对刘节先生的历史观和方法论的批判》（《历史教学》1964 年 1 期；文末附《关于批判刘节先生的历史观和方法论部分文章目录》，洪注：《目录》中 26 篇文章包含在此清单中。）

26. 李锦全、陈华：《评刘节的天人合一史观》（《学术研究》1964 年 1 期）

27. 黎滨：《刘节先生人性论的实质》(《学术研究》1964 年第 4、5 期合刊)

28. 杜式文：《刘节先生的历史研究是为谁服务的?》(《学术研究》1964 年第 6 期)

29. 张其光：《历史的真实还是历史的歪曲?——评刘节先生的所谓"真正把握住历史事实的总和及精义"》(《学术研究》1964 年 6 期)

30. 朱杰勤：《评刘节的历史观和方法论》(《史学月刊》1964 年 8 期)

31. 魏俊超：《刘节先生的"抽象继承法"批判》(《学术研究》1965 年 1 期)

32. 徐仑：《刘节的天人合一说》(《学术月刊》1965 年 3 期)

而中山大学学报哲学社会科学版编辑部编辑了皇皇 181 页的批判刘节专集——《唯心主义历史观和方法论批判》，于 1964 年出版，共收录十篇文章：

1. 杨荣国：《刘节先生历史观的哲学基础的剖析与探源》

2. 金应熙：《评刘节先生的以人性论为核心的唯心史观》

3. 胡守为：《一个被重新提出来的历史唯心主义观点——评刘节先生的历史观》

4. 陈玉森：《程朱理学还是马克思列宁主义?——评刘节先生的超阶级的人性论》

5. 施荫民、黄春生：《历史研究必须坚持阶级分析方法——与刘节先生商榷》

6. 李锦全：《中国思想史上的"天人关系"问题——兼与刘节先生商榷》

7. 夏书章：《阶级与道德——兼评刘节先生〈怎样研究历史才能为当前政治服务〉一文》

8. 姜伯勤：《道德论唯心史观的破产——评刘节先生在曹操评价中的"天人合一"幻想》

9. 吴文辉：《艺术与阶级——驳刘节先生的人性论的艺术观》

10. 潘允中：《从词和概念的关系看"抽象继承论"的错误》

当然，还有一些批判刘节的文章，题目并没有写上刘节二字。发表在人民大学主办的《教学与研究》1963 年 5 期上周武的文章，《学术界继续批评刘节反对在历史研究中运用阶级斗争的错误观点》写道：

刘节先生在一年多来发表了一系列的文章，反复说明了他对中国思想史和史学史上许多问题的观点。最近他在广州《学术研究》1963 年第 2 期发表的《怎样研究历史才能为当前政治服务》一文，更进一步明确地提出了反对在历史研究中运用马克思主义的阶级斗争理论。本刊上期报道了张玉楼《马克思主义阶级分析方法和历史研究》一文对刘节的观点的批判。最近，北京、广州、武汉、上海等地的学术刊物和报纸，陆续发表了一些文章和座谈会记录，对刘节的错误观点，继续进行了严肃的批评①。

他在此注释①中，列举了一些批判文章的题目：

①钟师宁《阶级分析是研究历史的根本方法》(《哲学研究》1963 年 3 期)；丘志诚、李新华：《历史研究方法论的一个根本问题——与刘节先生商榷》、陈玉森《研究

历史必须运用阶级分析的方法》、金应熙《评刘节先生的以人性论为核心的唯心史观》（《学术研究》1963 年第 3、4 期）；庞朴《也谈古为今用中的简单化》、郑欣《坚持在历史研究中坚持运用阶级分析的方法》（《文史哲》1963 年第 3、4 期）；张玉楼《马克思主义阶级分析方法和历史研究》（《历史研究》1963 年第 3 期，《人民日报》1963 年 6 月 18 日）；谷方《阶级斗争理论与历史的真实》、陈庸《阶级斗争理论是研究历史的重要武器》（《江汉学报》1963 年 6、7 期）；林杰《历史研究中超阶级观点的实质是什么?》、车载《关于孔墨思想的阶级性问题》（均载《新建设》1963 年第 7 期）；以及中国科学院历史研究所的一次座谈会纪要《批判刘节先生错误的历史观点和方法论》（光明日报 1963 年 8 月 20 日）。此外，蔡尚思：《历史研究不能离开阶级分析》（《文汇报》1963 年 6 月 13 日），以及北京史学会一次座谈会纪要《阶级观点、历史主义及论史结合问题》（光明日报 1963 年 7 月 31 日）中的部分发言，也都批判了刘节的观点。

可见，钟师宁、丘志诚、李新华、陈玉森、庞朴、郑欣、张玉楼、谷方、陈庸、林杰、车载、蔡尚思等人的文章或发言，虽然内容是批判刘节的观点，但是题目并没有直接列出刘节的名字。

《光明日报》1963 年 7 月 31 日发表文章《阶级观点、历史主义及论史结合问题》，报道了北京史学会召开批判刘节座谈会纪要。中国科学院历史研究所也召开座谈会批判刘节：

在中国科学院历史研究所座谈会上，发言的同志也指出，刘节先生的这种言论，等于说封建社会不是一个存在着等级的阶级社会，而是一个受孔子"唯仁论"思想熏陶的具有"人类伟大感情"的无产阶级的社会。有的同志分析了孔子所讲"仁"的具体内容，驳斥了刘节的说法，指出这是一种维护等级秩序的道德伦理观念，是培养君臣父子夫妇"各安其位"的阶级调和哲学。发言的同志还进一步揭露了"唯仁论"的实质，指出：在今天我国社会主义时代，还在宣扬仁的"伟大处"，鼓吹什么"人类的感情"，期望如果真正体现了"己所不欲，勿施于人"两句话的精神，就会在"无形中减少许多敌人"，这种"理论"实质上无非是一种要求取消阶级斗争和泯灭敌我界限的"超阶级"的政治论。这种"理论"是毫无"伟大处"的，它只不过是企图把僵死了的封建道德教条和资产阶级的反动的人道主义思想嫁接起来，贴上"时代精神"的标签而已。

……

在中国科学院历史研究所座谈会上，有些同志指出，刘节先生的《怎样研究历史才能为当前政治服务》这个题目出得好，它从反面教育了一切愿意成为马克思主义的历史科学工作者，使我们更加懂得了不反对资产阶级的历史唯心主义，就不能发展马克思主义的历史唯物主义，不反对资产阶级的形而上学，就不能发展马克思主义的辩证法，而只有真正学会用马克思主义的观点和方法来研究历史，才能使历史科学成为无产阶级革命斗争服务的锐利武器。①

天津《历史教学》1964 年 1 期发表署名吉敦谕的文章《学术界对刘节先生的历史观和方法论的批判》，文后并附录了之前批判刘节的 26 篇文章的题目和出处。此文对批判刘节作了阶段性总结：

> 刘节先生从 1962 年到 1963 年初在报刊上发表了几篇文章，就历史研究的方法论、历史文化遗产的继承以及历史研究如何为当前政治服务等各方面的问题，提出了自己的见解。许多同志发表文章和谈话，就刘节先生提出的问题展开了热烈的讨论，并对其历史观和方法论作了分析和批判。
>
> ……
>
> 从去年年初截止到十月，学术界的同志们又陆续发表了近三十篇文章，批驳了刘节的文章中的错误观点和所涉及的许多具体问题。但是在去年 10 月 5 日广东历史学会召开的学术讨论会上，刘节先生的多次发言，却避而不谈学术界对他的观点所做的公正的批判，反而补充和发挥了自己旧有的见解，认为他的"天人合一"说，"也有些唯物史观的成分"，说他的"人性论"是"使社会成为人类理性的体现"，"可以帮助社会主义以至共产主义的实现和发展"；说他的超阶级思想可以和阶级观点"同时存在，并行不悖"，"比如资产阶级……也可以为无产阶级服务"，"无产阶级出身的人也会忘本，会蜕化变质"；还说许多人反对他的"抽象继承法"，但它却在"事实上存在"着，"不谈继承则已，谈继承多半是抽象的继承"，"这是好的办法"。对于这些错误的言论，在座谈会上发言的同志又进一步作了分析和批判。

1963 年 10 月广东史学会举行座谈会，"进一步批判刘节以资产阶级人性论为核心的历史唯心主义观点和错误的方法论。"② 参加座谈会的有中山大学哲学系主任杨荣国教授、副主任夏书章教授；历史系主任金应熙教授，梁方仲、董家遵教授、李曰华教授、钟一均、蒋相泽副教授、李锦全、陈玉森、胡守为、曾庆鉴、王裕怀、魏宁；暨南大学历史系主任朱杰勤教授和华南师院历史系唐陶华教授等二十余人。《羊城晚报》1963 年 10 月 31 日第一版刊载的报道说：

> 中山大学历史系教授刘节一年多以来，先后在《学术研究》杂志发表了《中国思想史上的"天人合一"问题》《孔子的"唯仁论"》《怎样研究历史才能为当前政治服务》《墨子的兼爱和实利思想》等四篇文章，系统地说明了他的历史研究的观点和方法

---

① 周武：《学术界继续批评刘节反对在历史研究中运用阶级斗争理论的错误观点》，《教学与研究》1963 年第 5 期。

② 参见《广东史学会学术座谈会展开热烈争论——进一步批判刘节错误历史观点》，《羊城晚报》1963 年 10 月 31 日第一版。

论，从而比较全面地暴露了他长期所坚持的反马克思主义的历史观点，引起了国内学术界的注意。全国有关的主要学术刊物和部分报纸，陆续发表了一系列文章和座谈会记录，对刘节的错误历史观点进行严肃的批判。

刘节在会上毫不示弱，继续为自己的观点争辩。而"会上发言者都不同意刘节的观点"：

对于刘节先生的这些文章，许多同志举出大量事实，说明他的观点是没有根据的和错误的。但是刘节先生并没有认真地考虑这些意见，接着，他在《怎样研究历史才能为当前政治服务》（《学术研究》1963 年第 2 期）一文里，更集中、更明确地提出了一套"理论"。他认为用阶级观点研究孔、墨思想，是"把我们这时代的问题不恰当地摆在他俩身上"，是"肯定古代的思想家也有这样明确的认识"，是"机械地利用起来"的，是歪曲了"历史真相"，是拒绝继承"优良传统"，等等。他由此断言：用阶级斗争理论研究历史，是"教条"的、"机械"的、"成为问题"的。据刘节先生说，他由几个"个别问题，也可以偏概全，一隅三反"，来论证一般的历史研究方法。①

为了方便对照阅读和理解，笔者将会议论辩双方——刘节与其他批判者的观点，列表展示于下②：

会议所归纳的刘节观点	与会者批判的观点
（一）认为自己的观点不完全是唯心史观，也有些唯物史观成分。他说："我的《历史论》里，就提出了历史上有自然法则和人为法则这样两个法则在进行，想把两种法则统一起来才算是我所谓的'天人合一'。唯心论是不谈法则的。"	刘节的"自然法则"，只不过是说世界是理念的（亦即精神的）世界，而不是物质的世界。……他的"人为法则"有一个重要之点，就是把人性区分为先天的人性（善良的人性）和后天的人性（不善良的人性），然后把"人为法则"看作后天人性的表现。刘节倡导要从人性中追回天性来达到"天人合一"，这完全是离开社会的阶级和阶级斗争的事实来解释历史，是彻头彻尾的唯心史观。
（二）认为人性论可以帮助社会主义以至共产主义的实现和发展。他说："人性论就是要使人类社会合于理性，使社会成为人类理性的体现。这就是说善良的人类本有趋于社会主义的本性。社会主义是人性的必然趋势，是人类社会合于理性的最后体现。"	人性论是与马克思主义阶级论相对立的，它是地主阶级和资产阶级反对马克思主义的阶级观点的"理论"武器。在阶级斗争剧烈的今天，刘节极力宣扬"人类的伟大感情"，大谈孔子的"仁"，全人类的"爱"，主张对阶级敌人实行"仁政"等等，实际上就是要取消革命，不要讲阶级斗争，取消无产阶级专政。这种观点对社会主义有百害而无一利，更根本不可能"帮助社会主义以至共产主义的实现和发展"。

---

① 《广东史学会学术座谈会展开热烈争论——进一步批判刘节错误历史观点》。

② 摘引自《广东史学会学术座谈会展开热烈争论——进一步批判刘节错误历史观点》。

续表

会议所归纳的刘节观点	与会者批判的观点
（三）认为超阶级思想是存在的，阶级观点和超阶级思想可以并行不悖。他说："阶级观点不是原来就有的，都是要学才有的，过去的哲学家就是不讲阶级观点，是超阶级的。比如资产阶级跑到我们这边来，如果我们利用得好，也可以为无产阶级服务的。无产阶级出身的人，也会忘本，会蜕化变质。因此，不能认为阶级的烙印一盖上去就永远抹不掉。"	在阶级社会里，任何人的思想无不打上一定的阶级烙印，超阶级的思想是不存在的。例如孔子就不是一个超阶级的政治家和思想家。历史上确有不少思想家倡导过超阶级的思想，其实，这种超阶级的思想，本身就是阶级与阶级斗争的产物。刘节以资产阶级出身的人投降到无产阶级方面来，作为他"超阶级思想存在"的论据，是根本站不住脚的。
（四）认为抽象继承法是好办法。他说"对于事物进行抽象，也是一种批判。如我们今天宣传要继承文天祥、岳飞等历史人物，说他们是'舍身成仁'，'精忠报国'，这都不可能不是抽象继承。师其意，不师其法，这就是抽象继承法。"	历史文化遗产是有其时代内容和阶级内容的，绝不是什么抽象的名词。因此，我们对历史文化遗产的继承，只能是批判地继承。至于刘节谈到文天祥的"舍身成仁"，岳飞的"精忠报国"，同样必须作阶级分析。离开了阶级分析，而谈论什么"师其意，不师其法"，就只能使"仁"成为抽象的"仁"，"国"成为抽象的"国"了。事实上刘节的抽象的继承法，就是以他的人性论为内核，披上抽象名词的外衣，以此宣扬他的封建糟粕和封建毒素的继承，而绝不是什么优良传统的继承。可见抽象继承是彻头彻尾的反对批判继承的反科学方法。

多间大学历史系以及广东史学会、北京史学会、中国科学院历史研究所召开专题座谈会批判刘节，规格之高令人咋舌。正因为当年官方对刘节如此重视，说明了刘节的观点一定有其代表性，而在当时却又是那么不合时宜。今天回顾这段历史，了解刘节的观点，我们来看一看他对孔子学说的阐发，以及他提出的研究应该怎样为现代文明服务的观点，在今天是不是对我们仍有学习借鉴之处？

三、刘节的"抽象继承法"

在 1962 年 11 月济南会议挨批之后，刘节在 1963 年的首期《学术研究》上发表《墨子的兼爱和实利思想》，针锋相对地反驳对他的批判，他说：

我是研究历史的，对古代的优良传统，不能熟视无睹。孔、墨两家思想，介绍的人很多。近年以来，说者对儒墨各有偏见。本人此次作更多的分析和介绍，希望抛砖引玉，掀起更深层次的讨论。并请同志们指正。

刘节这段话包括三个方面的意思，第一、我的观点，是经过研究而不是人云亦云的信口开河。既然知道有研究结果，我就要说，而不能"熟视无睹"。第二、对我的批判是带着偏见，不科学的。第三、我不怕讨论也不怕批判，只希望是"深层次"（正常）的学术讨论。

紧接着，在对他密集批判的形势下，一向不过问政治的刘节却写了一篇《怎样研究历史才能为当前政治服务》，发表在《学术研究》1963年第3期，继续反驳对他的批判：

总而言之，阶级斗争的理论用之于当前政治是切实有效的，用以解释古代历史事件，是不是可以不要这样教条化，机械地利用起来呢？这确实成为问题。相反地，如果恰如其分地把历史事件的真相写对了，倒是真能够古为今用的。以上所说的话可能很片面，而且又可能有很大的错误。为得好好体现百家争鸣的方针，不揣冒昧，大胆妄言。希望精通马列主义的专家们不吝教之，是为祷切！

"为得好好体现百家争鸣的方针"，"希望精通马列主义的专家们不吝教之"，这样的说法，可以见识到刘节的倔脾气。其实，文中他并没有真正论及政治问题，只是针对学界研究历史，上要遵循马克思主义，下要为现实的政治服务的做法，表示自己反对的观点。

对于前文所述1963年10月广东史学会批判刘节的座谈会所归纳的刘节四个方面的问题，笔者简单再对刘节的观点总结一下。

其一，人与自然的关系。刘节不承认他的"天人合一"观点是唯心主义，他认为使自然法则和人为法则这两个法则统一而不矛盾了，就是天人合一了。这当然与当时"与天斗其乐无穷"的思想是背道而驰的。他在《中国思想史上的"天人合一"问题》中说："人的觉醒可以从主观到客观，也可以从客观到主观，这与《中庸》上所说的'自明诚'和'自诚明'的两条途径是一致的。掌握了自然规律以后，使人能够明确认识自己在宇宙间的地位和意义，这是由人的觉醒到了真正建立人本主义的时代。"今天看来，人类与环境、与大自然维持一种共生共容的亲善关系，才会有益于人类自身的生存和发展。

其二，人与人的关系。刘节认为，"人性论就是要使人类社会合于理性，使社会成为人类理性的体现"。他认为人与人应该和善相处，而使人类社会合于理性。这一点他在抗日战争时期就已经有了的观点："历史家应该有远大的眼光，为人类谋幸福。目的是使后来的人类确比现在的人类天性逐渐的纯厚起来。历史既然有指导人类行为的责任，就应该给人类一种理想的境界，不要来提倡一种自私自利的冲动。换一句话来说，历史是培养人类生机的肥料，而不是鼓动人类杀机的工具。"[1] 从这里，我们可以更好地理解到，刘节为什么不认同阶级斗争的观点。

其三，阶级观点。会议批判刘节认为"过去的哲学家就是不讲阶级观点，是超阶级的"。这些话在当年当然是犯了大忌的。在批判刘节的文章中，批判他反对用"阶级分

---

① 刘节：《刘节日记》，大象出版社2009年版，第40页。

析"的观点研究历史、研究古人的，占了很大的比例。刘节在《怎样研究历史才能为当前政治服务》中说："阶级斗争是阶级社会中历史发展的规律，但这种规律一直到了近代，才被科学的历史家——马克思、恩格斯所发现。……孔子、墨子时代有孔子、墨子时代的问题，我们不能把我们这时代的问题不恰当地摞在他们身上。足见讲历史必须恰如其分地把事实说出来，才算是真正把握住历史事实的总和，才算真正把握住历史事实的精义。"

其四，关于"抽象继承法"。这一点要重点讲一讲。

实际上，刘节在《怎样研究历史才能为当前政治服务》中只讲过"抽象名词""抽象意义""抽象定律"等等，并没有讲过"抽象继承法"。"抽象继承法"是批判者给归纳的一个名词，但笔者以为，"抽象继承法"的说法也是"抽象"的，字面上并没有褒贬之意，我们暂且沿用无妨。

上文中，刘节说仁、义、礼、智，这些古代的抽象名词自有其本意，而随着人类的发展和进步，这些名词又被丰富了内涵，这是完全合理、正常，而且是应该的，所谓古为今用也：

现在所谈的是几个研究历史和哲学等等方面的具体问题。虽然是个别问题，也可"以偏概全"，"一隅三反"。首先是说孔子的"仁"，我以为仁、义、礼、智，都是抽象的、伦理学上的名词。孔子发现"仁"，好像牛顿发现万有引力一样。万有引力只能也用公式表示的抽象定律，只可以从各种不同的事实中表现出来。"仁"呢，也是从"自古及今"，人类社会上各种具体事件中出来的抽象名词。所以孔子及其弟子说"仁"，也是从多方面的事件中去说明。当时用孝、悌、忠、恕说"仁"，我们现在就要用阶级友爱等等方面说"仁"，其为"仁"一也。①

这里刘节用牛顿的"万有引力"这些直观的定律作比来解释其"抽象"的意思，用自然科学的理论来解释人文学科，我们就很容易理解他的意思了。譬如，与电磁学中磁极同性相斥，异性相吸的定理类似，应用到人类，或者动物身上，不也是同性相斥，异性相吸吗？一块磁铁同时拥有南北极，这也可以很好地解释中国古老的太极图阴阳鱼的科学含义。万有引力、电磁现象等定律是抽象的，由于各种因素所限，发现定律的人只发现了其中一部分的意义，而后人在此基础上还可以找到或引申出符合其定义的新的归纳，新的含义。

同样，在人文学科，在儒学研究中，先贤的学说有其阐述，或其弟子或再传弟子的解释，是有其固定的内涵的。古人生活的年代与今不同，一定不可能包括现今的一切。但遵循先贤原典的本义再加以阐发，是可以"抽象"地继承先贤的理论的。这跟这几

---

① 刘节：《怎样研究历史才能为当前政治服务》，《学术研究》1963 年第 2 期。

十年常说的"批判地继承"含义有相交之处,但是笔者不赞同"批判地继承"的提法,因为若以批判为出发点,没有对先贤的敬畏之心,所谓继承,恐怕也会打折扣吧?在"文化大革命"或之前的十几年的批判继承中,批判是主流,从对刘节的批判中我们看到了批评者对原典的肆意解释甚至是有意歪曲,这在今后的学术研究和讨论中是需要避免的。

刘节的"抽象继承法",提醒我们还要注意对儒学继承的另外两个错误倾向:其一是对儒学、国学牵强附会的庸俗化,这是近年来的普遍想象,大家所见,无须再多解释。其二是拘泥于古人所言,浪漫地想象着古代一切都很美好,脱离了当今我们生活的现实。刘节曾说过,科学是求真,无所谓厚今薄古或者厚古薄今。将儒学、国学"诉诸传统",貌似很学术,实际上其前提假设是——传统等于正确,这种方法论本身就是错误的。

中山大学哲学系教授翟振明解释"诉诸传统"的意思,"指的是以传统的归属之强调来代替命题本身之真确性的论证"。"这在古时今时和未来都是谬误,没有包含任何可以肯定的东西"。"'诉诸传统'的谬误却常常在'尊重传统'的外衣下肆虐"[①]。

刘节在《孔子的唯仁论》中的一段话,正说的是这个问题:

据有些人的讲法,以为"实事求是"一语好像只能应用在讲历史考据学一方面。我以前引用了子夏所说的:"博学而笃志,切问而近思,仁在其中矣!"以为是合乎马列主义的精神,这当然不会限于历史考据学一方面的。"博学而笃志,切问而近思",两句话不带有学派的限制,不带有古今的限制,也不带有阶级的限制。千万不能"刻舟求剑",以为子夏所说的"学"只限于孔子的学问;或者说,只能限于封建时代的学问。虽然子夏所知道的只能是封建时代的学问,但他所说的这两句话是可以适用到现在的,他说的"学",是可以把它应用到学习马列主义的"学"上去的。子夏真是孔子的好学生,知道"博学而笃志,切问而近思",原就是求仁之法,有"仁"的精义在里面。如果把这样好的话只当作替古代人说的,那还的什么优良传统可继承呢?

刘节举子夏说的"博学而笃志,切问而近思"为例子,说明继承的真谛需要"师其意,而不师其法"。而且既要深究原典的原意,更要联系时代的现实,而不是刻舟求剑地停留在古代的意境中。这就是刘节在文中说的,"在我们时代谈仁,其内容比古代要丰富而又切实得多"的道理。这也可以恰好可以对本次会议的主题之一——"儒家文明的现代价值"做出最好诠释。

刘节对孔学的尊崇不是盲目的遵从,而是建立在学习——读原典,和研究——儒家

---

① 翟振明:《"诉诸传统"何以毁坏学术传统》,《中国社会科学评价》2015 年第 2 期。

学说可以运用于当代以及将来，这样的认知基础上的。刘节说："《论语》中说到仁的地方重要的凡数十处之多，而含义很少相同的。我们现在人就从这几十条名言中融会贯通，觉得孔子对于仁之一义发挥得非常丰富深刻，而且平易近情。"同样，在探讨儒家文明现代价值的时候，我们要在弄清楚原典的基础上，把儒家文明与现代文明结合起来，为社会提供思想资源。我们同时要警惕以意识形态为先导的"诉诸政治"，以及食古不化的"诉诸传统"两种错误倾向。刘节先生早年已经把这些问题梳理清楚，他的"抽象继承法"是我们今天研究和继承儒家文明所适用的方法论，值得借鉴。

由《辨性》篇论章太炎之"心性"观[*]

朱　浩　安徽工业大学工商学院

摘　要　"心性"问题是中国思想史发展过程中的重要论题之一，自先秦至近代围绕此议题而产生之观点众多，1840 年后中国儒家思想发展步入了一个新的时期，1910 年章太炎在其出版的《国故论衡》中对"心性"予以了又一次的探讨，集中阐释了"心性"之概念，探究了"心性"的发生与发展，评析了传统思想中对于"心性"的认知，并且辨别了"伪善"与"伪恶"的概念，启发民人要敢于寻求真正意味中的"心性"。

关键词　国故论衡　辨性　章太炎　心性　观点　研究

　　章太炎在中国近代思想史发展历程中占据了非常重要的地位。他的哲学思想之重要特征是融汇和贯通了中西方哲学之所长，并在此基础之上构建了非常具有特色的哲学理论，是故发掘和研究章氏的哲学思想从继承传统与吸纳外来角度言之，其作用和意义自然非常明显。

　　1910 年章太炎在日本发表《国故论衡》。这部著作一经发表即风靡海内，诸多学人都是通过这部著作对于国学有了比较深刻的理解，所以在当时和以后的中国学界此书都颇有分量和影响，朱维铮曾经论道："《国故论衡》初版于辛亥革命前夜，在时间意义上既可说清代汉学的绝唱，又可说是 20 世纪中国学术从传统走向现代的过程中首出的一部杰作，虽然并非唯一的杰作，确是应该研究的杰作。"[①] 此外，另有学人在《国故论衡疏证》中强调：《国故论衡》"在哲学方面，贯穿诸子，纵论中国古代哲学，突破传统子学的模式，开近代哲学史研究先河，在哲学史上有着较大影响。"[②] 由此足见章

---

　* 本文是安徽省教育厅 2014 年度高校省级人文社会科学研究重点项目：《民国初年威权政治研究》（项目号：SK2014A194）阶段性研究成果。

　① 朱维铮：《〈国故论衡〉校本引言》，《复旦学报（社会科学版）》1997 年第 1 期。

　② 庞俊、郭诚永：《国故论衡疏证》，中华书局 2008 年版，第 2 页。

太炎的这本著作其影响和分量自当不言而喻。

章太炎虽擅长"小学",但其对于中国传统哲学亦有浓厚的兴趣。《国故论衡》中的下篇《诸子学》皆以中国传统哲学思想为研究之标的,其中《辨性》篇则是较重要的一篇,之所以要探究该篇章,是有多方面考量的。从中国古典哲学发展角度言之,"心性"问题素来是历代哲人高度关注的一个问题,荀子、孟子开启此问题之发端,"荀子攻孟子,盖二人气质学说,本不同也。战国时儒家中有孟荀二学派之争,亦犹宋明时代新儒家中有程朱、陆王,二学派之争也。"① 章氏作为儒家在近世中国思想界发展过程中的重要人物之一,理清其对于"心性"问题的观点和见解,亦足以反衬出传统学术发展之脉络,而《辨性》篇则较为集中的反映出了章氏的见解;当然,更应当注意到的是章太炎的心性观已经很大程度上承袭和超越了传统学术中的荀孟、程朱、陆王的范畴,他的思想具有一种杂合性,融汇了佛、道、儒等中国传统哲学理论的同时,亦注意以西学中的唯理论、非理性主义诠释传统的中国学术思想,所以其开创性的贡献对于后世产生了非常深远的影响,所以胡适在其著作《中国哲学史大纲》中强调曰:章太炎之前的学人对于中国传统哲学大多只做校勘和训诂的研究"到章太炎方才于校勘训诂的诸子学之外,别出一种有条理系统的诸子学。太炎的《原道》《原名》《原见》《订孔》《原法》《齐物论释》都属于贯通的一类。"② 所以,通过研究《辨性》一文,不仅可以研讨章氏贯通中西、古今的治学方式,更可以从另一个层面研讨章氏研究中国传统哲学思想的方法与方式,其意义与价值自然不容小觑。

一、学术综述

对于章太炎的"心性"观的研究,素来是学界高度关注的"章学"研究的重要领域之一,其著作可谓汗牛充栋,但从《国故论衡》之《辨性》篇为切入点者寥寥。检索近年来学界研究成果,相关研究成果主要体现在如下几个方面:

有观点认为章太炎的"心性"观,强调之本质为"心体应该不在缘起当中,非从'因缘和合'而生,反而前后因果却'依心而成',心体是缘起所依。"③ 此论认为,章太炎强调"心体"之生,源于"心"之自身,而非来自于外力之作用。对这种观点持支持态度者更进一步的认为"人的本质纯粹是个体自由选择的结果。依据章太炎的思致,任何个人的本性是无善无恶的,因为阿赖耶识是无善恶的;而人的本质之所以会有

---

① 冯友兰:《中国哲学史(上册)》,华东师范大学出版社 2011 年版,第 214 页。

② 胡适:《中国哲学史大纲》,上海古籍出版社 2000 年版,第 21 页。

③ 张志强:《"操齐物以解纷,明天倪以为量"——论章太炎"齐物"哲学的形成及其意趣》,《中国哲学史》2012 年第 3 期。

后天的善恶，其源头在于'八识'之中的'末那识'。"① 此论认为章太炎对于"心性"的认知基本沿袭了唯识宗的观点，否认了既有的伦理道德之价值观，此似乎有以偏概全之嫌疑，因章太炎虽崇信唯识论，但绝非单纯接纳之，此为该论之不足。当然亦有学者认定：虽然"章太炎把自己的人性论奠定在'性即生理'这一无善无恶的自然属性基础上"，但"同时又强调后天的社会交往活动对人性善恶形成的关键性作用，"于是"人性深处善恶共存，善恶其实是一个人身上的两种相互对立的力量。"② 这个观点某种程度上肯定了章太炎强调人之"心性"无善无恶，但亦认为"人性深处善恶共存"，这个观点有可取之处即肯定了章太炎"心性"论中意识到了善、恶存之现实，但问题是以章氏《齐物论释》的视角言之，则此观点之说服力则明显不足。

此外，关于章太炎"心性"观的研究，又有观点认为：章太炎的"心性"之产生，源自于"现实世界亦真亦幻，如同一个难解的谜团，然而由于人类天生就具有认识事物，分别是非的心识活动（此之谓'独头无明'）"，所以"导致人类也天生就有追求终极价值的察性（此之谓'渴爱'），所以才滋生出如此众多的本体与哲学"。③ 这个观点重在突出章太炎的"心性"观之终极目标为寻求一种"终极价值的察性"。在这个观点的基础之上，有学者认为："在某种意义上，真如本体论又可以叫作心学。"此心有二义："作为最终本体的道心也即真如心，以及作为道心的演化的人心也即阿赖耶识。"是故将"心"的概念分化为二，似乎有不可取处，无论是在中国传统哲学，或是佛学之中似乎将"心"的概念区分为："真如心"和"人心"均为罕见，此观点更联系到近代西洋哲学认为，此两种"心""相当于客观唯心主义和主观唯心主义的区别，只是章氏由于结合了佛学思想，所以人心虽然在一定程度上也是某种本体，但却是受污染的本体。"④ 此论认为章太炎之心性观缺乏一个纯粹的本体概念，并将本体指认为"受染污的本体"。

综合以上的学术动态综述，笔者认为，以《辨性》篇为楔子作为研究章太炎的"心性"观具有一定的学术价值与意义，而欲求在研究过程中推陈出新，必须意识到：首先，必须注意对他的理论予以对比性的研究与分析，尤其注意同西方哲学发展过程中的诸多哲学流派做比较性研究，也要注意同传统中国的哲学思想做区别性的研究，以发掘其中的发展规律与轨迹。其次，务必要联系到章氏思想发展的整个过程，注意将《辨

---

① 胡建：《中国近代"个性"价值的奠基者——析章太炎价值观中的近代意蕴》，《浙江社会科学》2004 年第 5 期。

② 张春香：《章太炎人性论的三个层次》，《湖北社会社会科学》2010 年第 12 期。

③ 洪九来：《"真如"哲学：一种新的价值体系的追求——读章太炎的〈建立宗教论〉》，《湖北大学学报（哲学社会科学版）》1999 年第 5 期。

④ 蔡志栋：《章太炎哲学新论》，博士学位论文，华东师范大学哲学系，2009 年 4 月，第 17 页。

性》篇中的"心性"观同章氏理论发展的整体相结合,而不能孤立和单纯地做阐发性的研究。再次,必须要重视章太炎的"心性"观在近代中国儒学发展中的影响力的分析与研究,以深化章太炎的"心性"观的开创性价值。最后,必须对章太炎"心性"观予以客观的评价,既要认识其中的贡献,更要认识到章氏理论之不足与误解,以期公允地评价历史人物和他的思想主张。

二、何谓"心性"?"心性"概念的阐释

"心性"之概念素来众说纷纭,此概念究竟如何理解与阐发古往今来都是历代圣贤探讨的重要议题,章太炎于《辨性》篇中认为"心性"本无具体指代,世间万物,即人类包含在内,皆无所谓"自性",盖"自性"者,皆由"心"生。所谓:"万物皆无自性。"所谓"自性"指代众生与生俱来而拥有的特质,根据佛学的理解"自性"皆源自于"心",故"黄垆大海爝火飘风,则心之荫影也。"公孙尼子认为:"心者众智之要,物皆求于心。"因此章太炎强调:"无形而见有形,志与形相有则为生;生者于此,生之体于彼。"① 所以章太炎对于"心性"概念的认知立足于佛学无疑。

虽然"自性"皆出自"心",但此并不意味着芸芸众生之"心性"没有差别,反之,由于民人天赋与"熏习性"的影响,"心性"在人群中呈现出具有多样性的特征。孔子说:性相近,习相远。朱熹认为,孔子所言意在论证:"气质之性,固有美德之不同矣。然以其初而言,则皆不甚相远也。但习于善则善,习于恶则恶,于是始相远耳。"② 而此"气质之性"之内涵与"熏习性"显然存在诸多方面概念之重合,按照《佛说十地经》言:"又此菩萨了知习气行不行性,随趣相续处熏习性;随有情行所熏习性;随业烦恼惯熏习性;随善不善无记法惯熏习性;熏随后有行熏习性;随次第熏习性;远随行惑不断不灭所熏习性;实事体熏习性。"

即强调"有情""业烦恼"等是为"熏习性"产生的重要渊源。综合儒、佛观点之论述,不难发现二家均认可心性之受制于尘世之熏陶,但其区别集中体现在儒家认为民人除了"气质之性"外,亦存在向善的特质,此即"天理之性",而佛学中却乏此概念,"佛教强调众生个体与现象全体都是五种要素构成,这些要素都是恒常变化的,没有固定性、独立性,强调不要执着,以避免和消除烦恼,原始佛教在这种解脱论的论证中,肯定了心在构成众生个体与现象全体中的地位与意义。"③ 综合上述引论,可知佛教之心性观与儒学所谓气质之性与天理之性的概念存在较大的分歧,而这种分歧体现在

① 章太炎:《国故论衡》,上海古籍出版社 2011 年版,第 134 页。
② [南宋] 朱熹:《四书章句集注》,中华书局 2007 年版,第 175 - 176 页。
③ 方立天:《印度佛教心性思想述评》,《佛学研究》1995 年第 4 期。

以"善""恶"为区分的伦理道德批判。

纵览章太炎之"心性"观，其理论之中较多方面体现出佛、儒观点的汇通与融合。他肯定了根性因素在个人意识深处于不容忽视的地位，谓："孔子曰：生而知之者上也，惟上智与下愚不移。"在强调此观点基础之长，章太炎将之联系于佛学，他说："此亦计阿罗耶中受熏之种也。熏之者意识，其本即在意根。"① 意谓：孔子所说之性与佛学阿罗耶识中受"熏之种"同意，是一种"意识"，固有质地良莠之区别，而此一切"性"的差别，与"心"有普泛的联系，此与荀子之说存在一定的联系与区别，按荀子之说："人之性恶，其善伪也"，又强调："古者圣王以人之性恶，以为偏险而不正，悖乱而不治，是以为之起礼义、制法度，以矫饰人之情性而正之，以扰化人之情性而导之也。"② 章氏尊荀，其观点与荀子之相同处体现于认为人性为恶，而不同之处为章太炎强调"心"无善无恶。"人心者，如大海，两白虹婴之，我见我痴是也；两白蛟婴之，我爱我慢是也。"③ 从此引文中不难发现，章太炎认为"心"如"大海"，时而平静，时而波涛汹涌，此于佛学角度论之皆源自于"心动"，《成唯识论》中有云："心杂染故有情杂染，心清净固有情清净。若无此识，彼染、净心不应有故。谓染净法以心为本，因心而生，依心住故。"④ 是故心本无善恶，善恶之源出自"有情杂染"，所以章太炎认为对于人类而言，务须意识到"由我见，人有好真之性。亦以我爱为增上缘。惟我见则无情好"⑤ 的道理，人因"缘"而生，本无"我见""我爱"，然凡人无法洞悉此理故妄生邪念。

同时，章太炎"心性"观之显著特征是强调此概念之纯粹无善恶性。1906 年 9 月他发表了著名的《俱分进化论》，其中认为："生物本性，无善无恶"，但是在现实的社会生活之中"其作用，可以为善为恶"。之所以会产生此种差别，章氏认为"心性"之中存在"向恶"与"趋善"的诱因，他从佛学角度阐明了"心性"之中存在的此种现象："是故阿赖邪识，惟是无覆无记；无记者，即无善无恶之谓。"但人皆有"八识"，而"其末那识，惟是有覆无记；至于意识，而始兼有善恶无记。纯无记者，名为本有种子；杂善恶者，名为始起种子"⑥。所以章太炎认为人之"心性"本无善恶，重在修持，既然无法认知"藏识"，但于尘世间生活之中时时激发"始起种子"种子中的"善"的成分，章太炎之所以要用此"唯识论"说论证其"心性"观点，今人王泛森在著作

① 章太炎：《国故论衡》，上海古籍出版社 2011 年版，第 141 – 142 页。
② ［清］王先谦：《荀子集解》，中华书局，第 434 – 435 页。
③ 章太炎：《国故论衡》，上海古籍出版社 2011 年版，第 141 – 142 页。
④ 韩廷杰：《成唯识论校释》，中华书局 1998 年版，第 149 页。
⑤ 章太炎：《国故论衡》，上海古籍出版社 2011 年版，第 141 – 142 页。
⑥ 章太炎：《俱分进化论》，徐复编校：《章太炎全集（四）》，上海人民出版社 1985 年版，第 389 页。

《章太炎的思想及其对儒学传统的冲击》中认为："本来唯识学究带有很浓厚的批判俗界的倾向。在中国佛学史上，唯识一支并不畅盛，但却会在社会及政治层面起过批判力量。"[①] 在章太炎之前的谭嗣同亦是借助于"唯识学"阐发其政论和哲学主张，而唯识学之批判性质最显著处为其强调人类之于客观世界之认识，之于人类"心性"产生的深刻的影响和作用。

三、"心性"的产生

在评述"心性"概念之后，章太炎于《辨性》篇中亦对此"心性"产生的历程予以较为翔实的论断。1916 年他于《菿汉微言》中认为："昔人言性者，皆非探本之谈。"因为世人"不知世所谓善恶，俱由于末那识之四种烦恼"。依照此末那识而推断"仁为恻隐我爱所推，义为羞恶我慢所变，及夫我见我痴，则不可以善恶言矣"[②]。末那识者以今人所谓"潜意识"之意也，所谓四种烦恼，《成唯识论》中论曰："四种烦恼常俱，谓我痴、我见，并我慢、我爱，及余处等俱。"[③] 其意味颇为深刻，章氏引此"烦恼"强调个体无法正确地研判人性的优劣，以臆断为思考问题之出发点，使"性"向"恶"的方向逆转。当然章太炎在论述此问题过程中，亦提出"习"与"性"之间的差别，他认为"世方谓文教之国其人智，蠕生之岛其人愚。"[④] 即强调社会之存在对于民人智识之影响深刻性，诚如其在 1902 年《訄书》重订版中所言："视天之郁苍苍，立学术者无所因。各因地齐、政俗、材性发舒，而名一家。"[⑤] 而章氏认为此外部社会因素对于社会成员之影响，并不能等同于"心性"，反之此不过是一种"习"，"彼则习也，非性。"而社会对于个体而产生的潜移默化的影响，本身就是促成个体形成良好的"积习"的过程。因此，"就计所习，文教国固多智，以其智起愚，又愚于蠕生之人"[⑥]。综上所述，章太炎认为由"心"而生"性"，"心"本为"空"，"心动"而生"性"，"性"有"善"与"恶"之区分，所以他的观点排斥了社会存在对于"心性"的影响，而将之归入"习"的范畴，此是章太炎心性论的重要特色之一。

章太炎从"潜意识"角度论证"心性"的产生具有一定的独创精神，此论中尤需要重视佛学中的"四种烦恼"与"心性"之间的交互关联。具体而言，"由我爱，人有好之性"，而"由我慢，人有好胜之性"，谓"我爱"其本意在于强调人有贪婪不止之

---

① 王泛森：《章太炎的思想及其对儒学传统的冲击》，时报文化出版事业有限公司 1985 年版，第 38 页。
② 章太炎：《菿汉三言》，上海古籍出版社 2011 年版，第 4 页。
③ 韩廷杰：《成唯识论校释》，第 254 页。
④ 章太炎：《国故论衡》，上海古籍出版社 2011 年版，第 142 页。
⑤ 章太炎：《原学》，朱维铮编校：《訄书初刻本重订本》，中西书局 2012 年版，第 114 页。
⑥ 章太炎：《国故论衡》，上海古籍出版社 2011 年版，第 142 页。

心；而“我慢”有自负，轻视他人之嫌，此烦恼之作用下，“责善恶者于爱慢，责智愚者于见痴。我见者与我痴俱生”①。芸芸众生未能体认藏识，而于世俗尘世之中追求功名利禄，而这种欲望的产生实则由于“心”之动，所以禅宗中提出“一戒香，即自心中，无非、无恶、无嫉妒、无贪嗔、无劫害，名戒香。二定香，即睹诸善恶境相，自心不乱，名定香。三慧香，自心无碍。常以智慧观照自性，不造诸恶。虽修众善，心不执着，敬上念下，矜恤孤贫，名慧香。四解脱香，即自心无所攀缘，不思善，不思恶，自在无碍，名解脱香。五解脱知见香，自心既无所攀缘善恶，不可沉空守寂，即须广学多闻，识自本心，达诸佛理，和光接物，无我无人，直至菩提，真性不易，名解脱知见香”②。《坛经》中的诉说告诫世人，“是非”“善恶”“嫉妒”“贪嗔”“劫害”等诸多“恶”皆由“自本心”之不定而生，是故治本之法为“修心”，正如近年来学术界亦有类似观点：“章太炎说仁义等道德价值是由人的欲望引起的，并不是说仁义也是自然的结果。相反，它是人从其‘自然性’到‘非自然性’的过程。”③ 此种论断在一定程度上揭示出章太炎对于“心性”的理解，具有一种唯理论色彩。

在论证完“我见”“我慢”之于“心性”产生的重要作用的同时，章氏亦强调“我痴”与“心性”之产生有密不可分的联系。他在《辨性》篇中认为“何谓我痴？根本无明则是。”“我痴”质言之认为个体表现出的无知和不能觉解的状态，所以“以无明不自识如来藏，执阿罗耶以为我执”。换言之，个体均有洞悉尘世，以获得“如来藏”，领会“阿罗耶”，但因“业障”烦恼固不能脱离轮回，是故“意识用之，由见即为智，由痴即为愚”。由此章太炎认为“见”“痴”之生对于个体“心性”发生之影响具有差异性特征，“智”“愚”意味的产生是为明证。同时他亦强调：“痴与见不相离，故愚与智亦不相离。”此证明“痴”“见”之并存，亦表明二者对于“心性”之发生、发展同时发生着效用，“此谓之见，不识彼谓之痴，二者一根，若修广同体而异其相”④。而“见”“痴”本身并非源自验后，而生于验先，究其发生之根源亦源自于“心”，而“烦恼”在“实际上泛指与佛教所主张的寂静状态相对的一切思想活动和欲求情绪，被认为是众生痛苦的直接根源，生死轮回的总原因”⑤。所以章太炎对于“四种烦恼”予以了较多的关切，并且从多个角度论证了它们之间互为因果的特征。

近年来学界认为章太炎以末那识之四烦恼为“心性”变化之根源，其实不然，在

① 章太炎：《国故论衡》，上海古籍出版社 2011 年版，第 142 页。
② 陈秋平、尚荣译注：《金刚经·心经·坛经》，中华书局 2007 年版，第 197 页。
③ 王中江：《章太炎的近代祛魅与价值理性——从“自然”“人性”到人的道德“自立”》，《中山大学学报（社会科学版）》2013 年第 4 期。
④ 章太炎：《国故论衡》，上海古籍出版社 2011 年版，第 142 页。
⑤ 弘学：《唯识学概论》，巴蜀书社 2009 年版，第 179 页。

《辨性》篇中章氏对此观点又予以了修正。他说："当其有阿罗耶识，即有意根矣，故曰束芦。"这就意味着"阿罗耶识"虽为第八识，但依旧并非洞悉世间一切，其依然有"意根"混入其中，而"意根者，生之所以然"，因为有了"意根"所以"有生不能无方分，方分者不交相涉，以此方分格彼方分，此我慢所以成。"所以从章太炎的角度言之，虽然由末那识产生了"四种烦恼"是扰乱本真的根源，但另一方面，应当注意到："假令无我慢者，则是无厚。无生者不自立，有生者无以为生，故我慢与我爱交相倚也，若宝剑之有文铙矣，如浮脂不可脱，如连珠不可掇。"从《辨性》篇中这些论说中，章太炎认为"四种烦恼"的存在，不仅不会使心性变得迷茫，反之此"烦恼"正是促成个体认知本真的先决条件。"彼大士者，见我之相胜，以知我之本，益为上礼，使慢与慢相尽，则审恶足以解。"同理"孟子、孙卿言性也，而最上者言无我性。亲证其无我性，即审善审恶犹幻化，而况其伪乎！"①众所周知，佛学强调"证"，孟、荀各自从不同的方向和角度出发论证了去恶与扬善在证得"心性"之"真"，但是章氏亦认定："人有八识，其宗曰如来藏。"同时"以如来藏无所对，奄忽不自知，视若胡越，则眩有万物。"所以"如来藏"是为"心性"之本质，同时"物各有其分职，是之谓阿罗耶。阿罗耶者，藏万有，既分即以起末那"。而"末那者，此言意根。意根常执阿罗耶以为我，二者若束芦，相依以立，我爱我慢由之起"。而"意根之动，谓之意识"此与末那有直接的联系，综合言之"彼六识者，或施或受，复归于阿罗耶，藏万有者，谓之初种"。此语意重在强调，"六识"混于"阿罗耶"，但凡"心"有触动，则"六识"因之而生，"六识之所归者，谓之受熏之种。诸言性者，或以阿罗耶当之，或以受熏之种当之，或以意根当之"②，故心性观念因之而起。

今人有王玉华者，在其著作《多元视野与传统的合理化：章太炎思想的阐释》一书中，认为"章太炎在总的倾向上便持性恶说"，并且认为"同荀子一样，章太炎看到的是一幅你争我夺的可悲景象。由'我慢'而起胜心，由胜而起争，争乃人之天性，发之愈烈，使斯世为鬼为魅，迄无了时"③。王玉华的上述观点之核心为强调人性之恶，并且以章氏"尊荀"为其立论论据之一；另一方面，王玉华引《辨性》和1899年发表的《菌说》中的文句以论证其观点的合理性，笔者认为此说服力十分薄弱。从荀子思想角度论之，"性恶"的观点只是其思想中的一个片段，如果用一个片段概括荀子学说的全部，很显然是不妥当的，徐复观在《中国人性史论》中认为：学人长期以来曲解了荀子的《性恶》篇，"'生之所以然者谓之性'的'生之所以然'，乃是求生的根据，

① 章太炎：《国故论衡》，上海古籍出版社 2011 年版，第 140－141 页。
② 章太炎：《国故论衡》，上海古籍出版社 2011 年版，第 134 页。
③ 王玉华：《多元视野与传统的合理化：章太炎思想的阐释》，中国社会科学出版社 2004 年版，第 226 页。

这是从生理现象推进一层的说法。此一说法,与孔子的'性与天道'及孟子'尽其心者知其性也'的性,在同一个层次"。质言之荀子所谓之"性",乃是人的自然属性,如普泛的人类都有吃、喝、住、穿、行、繁殖等"自然性";但另一方面言之,荀子从此角度出发,提出"因为生之所以然,最低限度,在当时不是从生理现象可以了解的,而必从生理现象向上推,以上推于天",尽管"荀子的所谓天,只不过是尚未被人能够了解的自然物,但究竟是比人高一个层次"。① 从徐复观的论证中,从一个侧面强调了荀子的"性恶"论只不过是后人的一种歪曲性的认知,他强调荀子对于人性的认知是从一个低的层次逐步演进到一个比较高的阶段,显然王玉华氏对于荀子学说的认识是浅薄的。1907 年 6 月,章太炎在《答铁铮》中认为:"故治气定心之术,当素养也。"②其后在章氏晚年亦提出"性之本义,直谓生理而已",并且认为"故告子言'生之谓性',荀子言'生之所以然者谓之性',及《孝经》言'毁不灭性',《春秋传》言'民力雕尽,莫保其性',则直以性为生也"③。由此言之,章太炎对于人性的认知与探求只不过遵循了荀子对于心性观念认知的一般概念,即从人性发展的低端向高端演进。

王玉华在其著作中详尽地以《辨性》与《菌说》两篇文章论证章氏持"性恶"论,笔者亦表示反对。关于《辨性》篇的问题,前文已经论证之,今不再赘述。《菌说》一文颇有论证的价值,首先王玉华没有注意到在《菌说》的篇名下方,原著有一行文字:"不知原始,不能反终,故列《菌说》",此语表明章氏探讨的问题是从事物发展的本初阶段开始已经受到"恶"的侵蚀,而此种"恶"就人类而言"人之有生,无不由妄,而舍妄亦无所谓真"。"善"与"恶"只不过是认知过程中的一种假象,"真"与"妄"亦然,然则世人因根识有限而无法意识之,"是故去其太甚,而以仁义臞栝燕矫之,然后人得合群相安,斯途径之必出于此者也"。除此外,章太炎于文中又论道:"盖与之则可曰有知,奋之则可曰无知,彼其知则欲恶去就而已,不如是不能自成原质,亦不能相引而成草木。"④ 此处,他强调人性之善、恶本无定论,其根源出自主观的抉择,而恒定的判断标准并不存在,此不同于哲学中的"白板"说,而更加类似于庄子所谓"齐物"思想,"种种主观的是非争执、意气之见,因而提出'以明'的认识方法。并申论事物的相对性与流变性,因而提出'照之于天'的认识态度"⑤。所以章太炎的观点一方面反对"是非争执、意气之见",而从另一个角度观察可以发现,章太炎的心性论具有十分浓厚的"虚无主义"色彩,尼采在《善恶之彼岸》中论道:"道德上的判断

① 徐复观:《中国人性论史》,华东师范大学出版社 2005 年版,第 141 页。

② 章太炎:《答铁铮》,徐复编校:《章太炎全集(四)》,上海人民出版社 1985 年版,第 369 页。

③ 章太炎:《菿汉三言》,上海古籍出版社 2011 年版,第 79 页。

④ 章太炎:《菌说》,汤志钧主编:《章太炎政论选集(上册)》,中华书局 1977 年版,第 131 – 132 页。

⑤ 陈鼓应:《庄子今注今译》,中华书局 2001 年版,第 32 页。

和判决是精神上有局限性的人对较少数人的心爱的报复，也是对如下情况的一种赔偿损失，即他们天性上很坏地被赠送来的，——最后，是一个得到精神和变得精细的机会——他恶意精神化。"① 从章太炎关于人性的相关论证鲜明地体现出此特点，他用烦琐的唯识宗词汇包裹住其否定一切"道德上的判断和判决"，并且将这种道德观点归入人类"天性上"的附带品，如此王玉华在其论著中的相关论断则显得十分苍白和无力了。

四、中国古典哲学中的"心性"认知评述

"心性"问题是中国思想史发展过程中的重要论题之一，关于这个问题牟宗三曾经说："此'心性之学'亦曰'内圣之学'。'内圣'者内而在于个人自己，则自觉地作圣贤工夫（作道德实践）以发展完成其德性人格之谓也。"② 他的观点意在论证中国古典哲学中的"心性之学"其价值取向是实现个体人格的飞跃，通过自觉的道德实践，实现"内圣外王"的道德发展目标，章氏某种程度上认可了传统思想中的"心性"观，并对之予以了诠释与发展，"若我有自性者，不应生灭相寻；若我无自性者，不应执着难舍；是故立阿赖耶识为根。以末那之执着者，谓之我见，谓二根本无明。"③ 此论中，章太炎以"阿赖耶识"为"根"，此颇似于"圣贤工夫"，而"以末那之执着者"为"我见"，此有类于"道德实践"。

所以章太炎之"心性"观中，不仅提出了独具一格的"心性"理论，而问题的另一方面是他又对于中国传统的心性观进行了对比性的研究与探索。

在传统哲学发展历程之中，章氏比较重视道家思想，观其诸多论著无不依托老、庄为代表的道家思想而展开。道家思想之所以引起章太炎不尽的兴趣，其原因是多方面的，他说："渊哉若人，用心如砥，斡鬯如德于上皇之年，杜荛言于千载之下，故曰道家者流出于史官，其规模宏远矣。"④ 对于先秦道家的"心性观"章太炎追溯至道家思想产生之伊始，他认为："彼高士者，以我慢伏我爱。我慢量少，伏我爱之量多，短长相覆，是故谓之卓行。"⑤ 此亦从"四烦恼"角度入手，认为道家之思想未能真正体认"心性"，虽然老子于《道德经》中说："圣人之在天下，惵惵为天下浑其心，百姓皆注其耳目，圣人皆孩之。"又认为："是以圣人自知不自见，自爱不自贵"。言谓"心"有圣人之心，能以拯救众生为己任，章氏认为老子的这种观点并非符合其所谓之"心性"

---

① Nietzsche. F. W. :《善恶之彼岸：未来的一个哲学序曲》，程志民译，华夏出版社 1999 年版，第 135 页。

② 牟宗三：《心体与性体（上）》，上海古籍出版社 1999 年版，第 4 页。

③ 章太炎：《答铁铮》，徐复编校：《章太炎全集（四）》，上海人民出版社 1985 年版，第 313 - 314 页。

④ 章太炎：《齐物论释》，王有为编：《章太炎全集（六）》，上海人民出版社 1986 年版，第 64 页。

⑤ 章太炎：《国故论衡》，上海古籍出版社 2011 年版，第 140 页。

观,他说:"儒家之术,盗之不过为新莽;而盗道家之术者,则不失为田常、汉高祖。"① 是故,老子之道家思想之功利性过盛,不合乎章氏"心性观"的理论追求。

而章太炎对于庄子之道家思想亦表现出了浓厚的兴趣,但其于庄子思想的初衷有差别,庄子哲学之旨趣为:"在他主观的心境上,实已达到无所不通无所不透的地步,人间再没有什么东西可以系缚他的心;名利不动,哀乐不入,置生死于度外,实乃精神世界的超人。"② 此论实则概括出了庄学之重要特色是其超出凡人的出世精神,章太炎却认为,庄周的精神境界虽"无所待",比较符合其"心性观"的一般特征,但二者之间存在的区别是非常明显的,所以章氏认为:"昔者,苍姬讫录,世道交丧,奸雄结轨于千里,烝民涂炭于九隅。"当时只有庄生"览圣知之祸,抗浮云之情",对于世事的无奈,促成庄周产生了"逍遥游"的态度,采取了遁世的态度"以为隐居不可以利益物,故托抱关之贱;南面不可以止盗,故辞楚相之禄;止足不可以无待,故泯死生之分;兼爱不可以宜众,故建自取之辩;常道不可以致远,故存造微之谈。"③ 由此言之,章太炎的"心性"理论与庄周一派迥异,盖庄周因对战国乱世之无奈,故寻求"逍遥",而章氏则是力图从人类验先阶段即强调须有空无的"心性观念",所以庄学与章学之心性论,相比较而言其同异处自然一目了然。

对于道家早期思想的论述,在《辨性》一文中占据相当篇幅,其观点重在强调在道家发展早期对于"心性"的见解带有比较功利性的色彩于其中。他的这种认知在相当程度上体现出自身对于"真如"本性的向往,章太炎认为:"大上有许由、务光之让王,其次不臣天子、不友诸侯,内则胜贪,外之使人知工宰为世贼祸,足以仪法。"许由、务光,古代贤臣,许由和务光分别拒绝尧和商汤禅让的王位,所以为后人称道,但章太炎认为此亦非其认可的心性观点,他强调许由、务光,"其德辟恶,其业足以辟增上恶缘。世之言卓行,不惟审善,虽辟恶亦与焉"。其论重在强调,士人对于许由和务光的言行过度地用道德的眼光评判之,"是故诸辟恶者,不为审善,以伏审恶,则字之曰准善",其最终的结果是人们无法真正认清人之"心性",而只能从"泛道德"角度认知这个概念,此显然与章太炎的"心性"论存在诸多抵牾之处,他认为"若夫不忍货财妃匹之亡,而自狸以为快者,其爱我所有法甚,其爱我亦愈甚,不遂故自贼,犹以醒醉解忧也。故世亦莫之贵"④ 所以章太炎对于早期道家的思想评价不是很积极,认定其虽然表面"无待",但是本质上确实期待其追求的类似"功利"性的事物。

儒家思想作为中国传统的意识形态,章氏在《辨性》中亦予以了高度的关注,他

① 章太炎:《訄书重订本》,朱维铮:《章太炎全集(三)》,上海人民出版社 1984 年版,第 138 页。
② 韦政通:《中国思想史》,水牛出版社 1986 年版,第 175 - 176 页。
③ 章太炎:《齐物论释》,王有为编:《章太炎全集(六)》,上海人民出版社 1986 年版,第 3 页。
④ 章太炎:《国故论衡》,上海古籍出版社 2011 年版,第 140 页。

从数个方面对此问题予以了比较全面的阐释："而儒者言性有五家：无善无不善，是告子也；善是孟子也；恶是孙卿也；善恶混，是杨子也；善恶以人异，殊上中下，是漆雕开、世硕、公孙尼、王充也此。"并且提出，"五家皆有是，而身不自明其故，又不明人之故，务相斩伐。"言谓儒家思想之中各有是非和优劣，不可轻易给予评判，必须采取"独有控名责实，临观其上，以析其辞之所谓，然后两解"① 的态度才能真正探讨"心性"的问题。

中国思想史发展过程之中孟子与告子对于心性的批判比较具有代表性，章太炎亦从其自身角度对于此二人的观点予以了论证。谓："告子亦言生之谓性。夫生之所以然者谓之性，是意根也。即生以为性，是阿罗耶识也。"告子认为："性犹杞柳也，义犹栝棬也，以人性为仁义，犹以杞柳为栝棬。"② 此观点重在强调"人性"之多变性，形如流沙，"盖告子以为所谓'性'指是指'生而具有'而言。如此则成为一全无内容之概念，因不能涉及各种存在所具之特性也"③。而章太炎在评判告子的论点时认为："阿罗耶者，未始执我，未始执生。不执我则我爱我慢无所起，故曰无善无不善也。"在此论证中不难发现，章太炎一方面比较认可告子所述"性"无善无恶的观点，认定其与"阿罗耶"相仿，但从另一个侧面言之，章太炎亦发现"虽牛犬与人者，愚智有异，则种子之隐显殊耳"。由告子观点出发，则牛犬与人之性相同，但因"种子"之故，使二者之"知识"差别显现，此处章氏用"种子"之说借以阐明其观点，概种子者唯有两种区别："种子所生的果，为蕴、处、界等一切现象。种子分本有、新熏两种。本有种子指无始以来异熟识中本来就具有的，新熏习指无始以来心理活动的熏习积累。"④ 所以从此角度言，"种子"之区别，形成了人与其他生物间的本质区别，同时章太炎认为"孟子不悟己之言性与告子之言性者异实，以盛气与之讼。告子亦无以自明，知其实，不能举其名，故辞为之诎矣"⑤。因此，章太炎认为孟子驳斥告子于学理角度言之，即出现了偏差，孟子心性说与告子的心性说实为两种不同学说，"孟子有见于我爱，故云性善"，又认为"孟、荀、杨三家，由情见性，此乃佛法之四烦恼"。而"佛家之所谓性，混纯无形，则告子所见无善无不善是矣"。⑥ 因此，章太炎对告子的"心性"说，持比较认可的态度，而认为孟子的观点则是佛说之"四种烦恼"的现实折射。

在《辨性》篇中，章太炎亦关注传统儒家发展过程的另一思想流派——荀学。他

---

① 章太炎：《国故论衡》，上海古籍出版社 2011 年版，第 134 页。
② ［南宋］朱熹：《孟子集注》，上海古籍出版社 1987 年版，第 84 页。
③ 劳思光：《新编中国哲学史》（第一卷），广西师范大学出版社 2005 年版，第 122 页。
④ 陈兵：《新编佛教辞典》，中国世界语出版社 1994 年版，第 53 页。
⑤ 章太炎：《国故论衡》，上海古籍出版社 2011 年版，第 136 页。
⑥ 章太炎：《诸子略说》，诸祖耿、王謇、王乘六等记录：《章太炎国学讲演录》，中华书局 2013 年版，第 242 – 243 页。

对于"荀学"有着浓厚的兴趣。所以有学者强调："戊戌时期的'尊荀',就是章太炎沟通中西学术'理要'的具体体现。在'尊荀'这一思想形成过程中,应该社会学家斯宾塞的学说对章太炎在学理上有很深的影响和启迪。"① 章太炎的诸多学术论文都体现出"荀学"对于其影响的深刻性。章太炎认为:"孙卿曰:生之所以然者谓之性。夫意根断,则阿罗耶不自执以我,复如来藏之本,若是即不死不生。"② 其论强调荀子的心性观,认为人之心性为"生之所以然",所以"是意根也",荀子有言:"人生而有欲,欲而不得,则不能无求;求而无度量分界,则不能不争;争则乱,乱则穷。"③ 因此,他认为荀子亦未能充分领悟到了"如来藏之本",即"不死不生",而是在立论之初,就从人性恶的角度阐发其观点,"生之所以然者,是意根也"。而另一方面,"意根当我爱我慢,有我爱故贪无厌,有我慢故求必胜于人。贪即沮善,求必胜于人,是审恶也"。综合上述论述,章太炎强调道:"孙卿曰:从人之性,顺人之情,必出于争夺合于犯分乱理而归于暴。"④ 荀子对于性恶的认识在相当程度上认可了人性之"恶"的一面,但是荀子将此观点无限制的放大,以概括人性之根本,此毫无疑问具有偏颇性,所以牟宗三论曰:"荀子只知君师能造礼义,庶人能习礼义,而不知能造能习礼义之心,即是礼义之所从出也。荀子之心思一往而不反,故其诚朴笃实之心,只表现为理智的广被,而于问题之重要关节处转不过。"⑤ 此论是对荀子心性论之极好评判,章太炎的观点与牟宗三之论相比较而言更是前进了一大步,他强调了荀子之"心性"只是部分程度触及到了"心性"之本质,而其论之相当多的成分依然没有跳出世俗"烦恼"之中。

在中国思想史发展过程中,孟子与荀子开创了中国未来思想史发展过程中的两大流派。"孟子的地位虽然要到五代两宋之际,才站稳儒学巨擘的位置。但其于'儒学意识'的发展上,却因开发了'价值意识内在化'的理论深度,凸显儒学的道德主体性。"此为孟子之影响,而"荀子则在先秦之后,影响汉家的传经事业,强化了'儒学意识'中面对具体生活世界的客观化实践面向。"⑥ 所以孟、荀二家对于后世儒学的发展在不同层面上产生了巨大的影响,章太炎强调:"孟子以为能尽其材,斯之谓善。"并认为:孟、荀"二家皆以意根为性",而"意根一实也,爱慢悉备,然其用之异形,一以为善,一以为恶,皆韪也。"言谓:孟子所述"性善"者为"意根"之发觉;而荀子所说"性恶"亦可称之为"意根"之发觉。所以"故《唯识颂》谓意根为无记,二

---

① 李晓:《戊戌时期章太炎尊荀思想及其中西学术渊源》,中国传统思想的近代转换学术研讨会会议论文,金华,2007 年 6 月,第 330 页。

② 章太炎:《国故论衡》,上海古籍出版社 2011 年版,第 134 – 135。

③ 熊公哲:《荀子今注今译》,台湾商务印书馆 1977 年版,第 368 页。

④ 章太炎:《国故论衡》,上海古籍出版社 2011 年版,第 134 – 135 页。

⑤ 牟宗三:《名家与荀子》,颜国明编校:《牟宗三全集(二)》,联经出版社 2003 年版,第 170 页。

⑥ 林启屏:《孟荀"心性论"与儒学意识》,《文史哲》2006 年第 5 期。

家则分言之。"质言之，佛学中的"无记"比较接近于章太炎思维中的"心性"概念的本真，是个体在验先条件之下的最初意念，所以说："孟子以不善非才之罪，孙卿以性无善距孟子，又以治恶比于炰矫奢厉，悉蔽于一隅矣。"故孟子曰："今人乍见孺子将入井，皆有怵惕恻隐之心。是审善也。"此论犹如"极我慢者，耻我不自胜，于我而分主客，以主我角客我。自以胜人，亦不自胜也。胜之则胜人之心解"①。约言之，章太炎认为孟子的性善论表面言之颇有道理，但从学理角度而言则充满了诸多的问题与矛盾，一方面孟子首先强调了验后状态下个体心性之"善"；另一方面，亦强调"善"的本质需要不断与"恶"相抗衡，此表面善、恶是孟子人性观的两个方面，而未能真正理解"心性"之根本。

唐君毅认为："宋明儒者以特重心性之学，乃多信伪古文尚书尧、舜、禹之十六字心传之说。是无异谓之学与中国学术思想俱始。此言可以证中国学术思想，当以心性之学为之根。"② 通过这个角度考察章太炎对于"思孟"学派的论证，笔者认为章氏对于"心性"问题的见解更欣赏姚江学派。姜义华说："章太炎将认识的主观性、有限性绝对化，否定了观念的东西在一定条件下所具有的客观实在性，否定了思维与存在、精神与物质的同一性。"③ 同时他力图突出强调："他称自己的哲学为'惟心论'，他公开宣传'万法惟心''追寻原始，惟一真心'，然而，所有这些'心''真心'，都是万物本体'真如'或'阿赖耶识'的别称；按照他本人的解释，'真如'是不以人们意志为转移的客观、真实的存在，它也不拘泥于任何一种具体的物质形态，正是由于'真如'的存在，方才确保了宇宙的统一性，方才能产生变幻不绝的全部物质世界与精神世界。"④ 姜义华力主章太炎的"心性"观之本质属于"主观唯心主义"产物，此有一定说服力，但亦不完全，概以中国传统思想发展历史而言，姜义华的论证有明显的漏洞，冯友兰曾经说过："哲学本一西洋。今欲讲中国哲学史，其主要工作之一，即就中国哲学史上各种学问中，将其可以西洋所谓哲学名之者，选出而叙述之。⑤ 所以，章太炎对于"心性"观的理解，并非刻意将之引入西洋哲学的范畴，而更有意识地树立一种全新的符合国民性的伦理道德意识，他说："明之末世，与满洲相抗、百折不回者，非耽悦禅观之士，即姚江学派之徒。日本维新，亦由王学为其先导。"⑥ 王阳明之"良知"学说"作为中国儒学集大成的一种思想体系，自明朝中叶产生以后，即成为中国思想界

---

① 章太炎：《国故论衡》，上海古籍出版社 2011 年版，第 134 – 135 页。

② 唐君毅：《中国哲学原论（导论篇）》，中国社会科学出版社 2005 年版，第 46 页。

③ 姜义华：《章太炎思想研究》，上海人民出版社 1985 年版，第 359 页。

④ 姜义华：《章太炎思想研究》，上海人民出版社 1985 年版，第 406 页。

⑤ 冯友兰：《中国哲学史（上册）》，第 3 页。

⑥ 章太炎：《答铁铮》，徐复编校：《章太炎全集（四）》，上海人民出版社 1985 年版，第 369 页。

的一股狂飙，深入中国社会各个阶层并对各类政治人物产生不同程度影响"，并且"在资产阶级维新派人物中，康有为、梁启超可谓两个极为杰出的代表。他们在推行变法维新的过程中，有一个共同点，即都曾受到过阳明心学的影响，两人都极为推崇阳明心学"。同时在"在资产阶级革命派中，也有相当一部分人受过阳明心学的影响。譬如：孙中山、章太炎、宋教仁等人即为突出代表"①。之所以会发生此种广泛的影响，"王阳明把心体理解为普遍之理与个体之心的统一，而这种道德本体又构成了成圣的内在根据：如果说，理作为心体之中的普遍性规定保证了内圣之境的崇高性，那么，心与理的融合（理内化于心）则为内圣成为实有诸己的真诚人格提供了担保，二者从不同方面对内圣何以可能作了理论上的说明"②。章太炎对于"阳明学"的认知强调："王学岂有他长？亦曰'自尊无畏'而已。"并且认为"阳明学"之"义理高远者，大抵本之佛乘，而普教国人，则不过斩截数语"，并且有意以姚江学说为确立我国未来教化之根本，"盖以'支那'德教，虽各殊途，而根源所在，悉归于一，曰依自不依他耳"。且认为"上自孔子，至于孟、荀，性善、性恶，无相阅讼。讫宋世，则有程、朱；与程、朱立异者，复有陆、王；与陆、王立异者，复有颜、李。虽虚实不同，拘通异状，而自贵其心，不以鬼神为奥主，一也。"③ 所以，章太炎强调谓：阳明学派，强调个性之解放，反对以验后的方式接受一切价值观的灌输，以自发产生一种向善的动机，从事各种符合"良知"的事业，正如当代学者陈来"在王守仁阐发四句宗旨的天泉证道中，他提出了一对概念，即'本体'与'功夫'。本体即指心之本体，功夫则指复其心之本体的具体实践和过程。"④ 章氏本意"文成以内过非人所证，故付之于良知，以发于事业者或为时位阻，故言行之明觉精察处即知。知之真切笃实处即行，于是有知行合一之说。"⑤故章氏对于王阳明之"心性"论重在强调"良知"之心和由此引发之善的动机，此与章太炎的观点有出入，但是他从激扬民人向善动机角度言之对此表示出了赞成。

在中国古代思想史发展过程中，杨朱是"心性"观中又一支重要的思想流派。章太炎认为："杨子以阿罗耶识受熏之种为性。夫我爱我慢者，此意根之所有，动而有所爱有所慢，谓之意识。"⑥ 质言之，杨朱认为人之本性就已经受到"熏习"的侵蚀，形成了所谓"受熏之种"，进而形成了"我爱""我慢"，孟子曰："杨子取为我，拔一毛而利天下，不为也。为我之为，去声。杨子，名朱。取者，仅足之意。取为我者，仅足

---

① 周术槐：《阳明心学对近代中国历史人物的影响及其启示》，《前沿》2010 年第 9 期。

② 杨国荣：《心学之思：王阳明哲学的阐释》，三联书店 1997 年版，第 88 页。

③ 章太炎：《答铁铮》，徐复编校：《章太炎全集（四）》，上海人民出版社 1985 年版，第 369 页。

④ 陈来：《宋明理学》，三联书店 2011 年版，第 305 页。

⑤ 章太炎：《王文成公全书题词》，饶钦农编校：《章太炎全集（六）》，上海人民出版社 1986 年版，第 115 页。

⑥ 章太炎：《国故论衡》，上海古籍出版社 2011 年版，第 136 页。

于为我而已，不及为人也"①，此为最佳之佐证，杨朱之所以会产生此种心性论，章太炎认为源自他未能真正体认认到心性，"意识与意根应。爱慢之见，熏其阿罗耶。阿罗耶即受藏其种，更迭死生，而种不焦敝。前有之种，为后有之增性，故曰善恶混也。"所以杨朱心性观之本质为善、恶相混，杨朱曰："太古之人，知生之暂来，知死之暂往，故从心而动，不违自然所好，当身之娱，非所去页，故不为名所劝。从性而游，不逆万物所好，死后之名，非所取也。故不为刑所及。名誉先后，年命多少，非所量页。"②杨朱之"心性"观虽然无善恶之分，但"我见""我慢"之心是其论点中的主要内容，所以"杨子不悟阿罗耶恒转，徒以此生有善恶混；所以混者何故，又不能自知也。"③章太炎认为杨朱混淆了善、恶之区分，未能对"阿罗耶"之本性有通透地理解，所以提出的"心性"观之不完全处，十分明显。

韩非认为："漆雕之议，不色挠，不目逃，行曲则讳于臧获，行直则怒于诸侯，世主以为廉而礼之。"④漆雕之儒颇有任侠气概，而章太炎认为此亦未能识破真正意味之"心性"概念，因"漆雕诸家，亦以受熏之种为性"，而未能体认到心性之无善无恶之本质，所以"我爱我慢，其在意根，分齐均也，而意识用之有偏胜。"从漆雕氏"不色挠，不目逃"之行为言之，章太炎认为："故受熏之种有强弱，复得后有，即仁者鄙者殊矣！"所以漆雕氏之儒者呈现出不畏强权，敢于抗争之行为特色，这是"我爱""我慢"的一种表现，所以"慢者不过欲尽制万物，物皆尽，则慢无所施，故虽慢犹不欲荡灭万物也。"而"爱者不过能近取譬，人扼我咽，犹奋以解之，故虽爱犹不欲人之加我也"，但"漆雕之徒不悟，而偏执其一至，以为无余，亦过也"⑤。章太炎虽然对于任侠者颇多夸赞，其在《訄书》（重订本）中甚至刊有《儒侠》篇称赞道："世有大儒，固举侠士而并包之。"⑥但此亦是受熏之识，而非心性本真。

五、"伪善"与"伪恶"之区分

"善"与"恶"的概念，素来是探讨"心性"问题过程中不可忽略的重要问题。所以学人中，有强调曰："吾人自性清净，恒沙功德，完善庄严，直从自性流出。其或有不善而至于恶者，则以心为形役，而迷失其本性故也。"⑦此论颇具代表性，一定程度上指出了"善"与"恶"是心性论探讨之重要议题之一。章太炎在《辨性》篇中对于

① 杨伯峻：《孟子译注（下）》，中华书局1962年版，第313页。
② 王强模：《列子全译》，贵州人民出版社1990年版，第197页。
③ 章太炎：《国故论衡》，上海古籍出版社2011年版，第136页。
④ ［战国］韩非：《韩非子》，辽宁教育出版社1997年版，第184页。
⑤ 章太炎：《国故论衡》，上海古籍出版社2011年版，第136页。
⑥ 章太炎：《儒侠》，徐复编校：《章太炎全集（三）》，上海人民出版社1984年版，第140页。
⑦ 熊十力：《十力语要》，上海书店出版社2007年版，第20页。

"善""恶"之判定甚多，且认为世俗对于此问题的认知有诸多误区，"问曰：善恶之类众矣。今独以诚爱人为审善，我慢为审恶，何也？"

章太炎在回答此问题时论道："审谛真一实也，与伪反。"且认定："伪善有数：利人者欲以纳交要誉，一也；欲以生天，二也；欲以就贤圣，三也；欲以尽义，四也，此皆有为。"约言之，他强调"伪善"之本质，集中于功利性的追求，每做一事，虽然表面言之可以冠以"善举"而其目的却是"纳交要誉"，这种"善"，是一种"伪善"，而非出自于人性之本真，是故"德意志人有箫宾霍尔者，盖知其端兆矣"①。叔本华的观点对于章太炎的影响是比较明显的："意志，作为（人）自己的身体的本质自身，作为这身体除了是直观的客体，除了是表象之外的东西，首先就在这身体的有意的运动中把它自己透露出来，只要这些运动不是别的而是个别意志活动的'可见性'。"②叔本华的观点强调人类的意识所认知者仅仅是一种表象，"善"与"恶"只不过是意识认知过程中产生的假象，并且这些假象通过人的行为而表现在世人的面前。章太炎的观点与叔本华相比较言之有其共性，"知有伪善，顾不知有伪恶，其极且以恶不可治。夫有为而为善，谓之伪善，若则有为而为恶者，亦将谓之伪恶矣"③。所以章太炎受叔本华之影响极大，二者均从各自角度认定俗世所谓"善""恶"皆是因外界浸染而成就之，此所谓虚假的表象，蒙蔽了真正意味中的意识，"所谓道德律，只是良知的一个方面，而这一方面是从本能的观点来陈述的。良知是某种存在于全部经验，或者说全部理性之外的东西，无论是理论理性还是实践理性，都与之无涉"④。此观点则与章太炎在《辨性》篇中对于"心性"的论断产生了抵触，叔本华认为"良知"是一种本能，但又强调良知、道德均出自经验，其与人类的理性不相干涉，但章太炎认为民人所表现之"善"与"恶"实际来自于本能与生存之压迫，质言之社会生活的复杂化与多元化败坏了人群的本性，谓："今人何故为盗贼奸邪？是饥寒迫之也。何故为淫乱？是无所施写迫之也。何故为残杀？是以人之堕我声誉权实迫之也。"总结上述人类社会之现状，章太炎强调曰："虽既足而为是者，以其志犹不足，志不足，故复自迫。此其为恶，皆有以为者，是故予之伪恶之名，然而一往胜人之心，不为声誉权实起也。"⑤社会风俗对于民人的影响是非常明显的，一方面他认为民人之"心性"排除了叔本华所谓之本能的作用，另一方面多元化的世俗社会习气则会使个体在善与恶的选择中出现种种偏差。

近代中国社会之发展未尝不面临此种境界的困扰。正如柏杨所论，到了近代"中国

---

① 章太炎：《国故论衡》，上海古籍出版社 2011 年版，第 136 - 138 页。

② ［德］叔本华：《作为意志和表象的世界》，石冲白译，商务印书馆 1982 年版，第 159 页。

③ 章太炎：《国故论衡》，上海古籍出版社 2011 年版，第 137 - 138 页。

④ ［德］叔本华：《叔本华论说文集》，范进等译，商务印书馆 2000 年版，第 584 页。

⑤ 章太炎：《国故论衡》，上海古籍出版社 2011 年版，第 137 - 138 页。

人的自尊心没有办法保留完整，假如说有保留的话，也只有如鲁迅先生说的阿 Q 精神，那就是只好在真正内心上获得充实。我想情绪上的满足和内心的充实，是不一样的"①，这就是中国人"伪善""伪恶"之心产生的一个重要原因，盖近代中国，世道混乱，就如章太炎发表《辨性篇》之 1910 年，即辛亥革命前后，中国社会的情境"剪辫与否本身不会给社会生活带来多大影响，但在近代中国它显然又带有观念变革的意义。各种各样的中国人曾在辫子面前表演过各种各样的本相。孙中山割辫子于 1895 年广州起义失败之后，显示了一个革命先行者同王朝的割裂。黎元洪割辫于武昌起义的枪口逼迫之下，显示了一个旧官僚在推挖之下的政治转折。"② 中国近代社会发展过程中，时代大势的压力迫使无数中国人不得不面对"伪善"与"伪恶"的抉择，故"今夫以影蔽形，形不亡；以形蔽形，形犹若不亡；以影蔽影，则影自亡伪与真不相尽，虽两真犹不相尽，而伪与伪相尽。"③ 所以在近代中国社会转型过程之中，"善"与"恶"的区别只不过如"形"与"影"般，不过是同一事物的两种表象，而未尝能够以普泛的道德律审问之，"武昌起义爆发。清王朝垮台，中华民国成立。伴随着这一进程，一种新的政治理念——民主共和树立起来，它激发了人们的精神和活力。然而，民主共和的政治理念又是在摧毁传统政治的基础上建立起来的，它还无法在短时间内扫除旧的一切，特别是沉淀在人们思想和心灵深处的传统意识和习惯。反过来，这些传统意识和习惯却常会在无形中影响人、支配人，辛亥革命也不例外。"④ 质言之，在近代中国社会出于"大变局"的背景条件之下，新、旧事物对于民人的影响是在潜移默化之中实现的，而后人对于此类问题的批判也是同样立足于既有的思维范式中实现，"且伪善者，谓其志与行不相应。行之习，能变其所志以应于行，又可以为审善"。因为"以人性固可以爱利人，不习则不好，习焉而志或好之。若始学者，志以求衣食，习则自变其志以求真谛，以人性固喜知真谛故得其嗜味者，槁项食淡攻苦而不衰。"⑤ 每当社会处于变革之中的时候，若以近代中国为例，社会动荡在加剧，人们苦无救亡图存之路径，于是以师法西洋，称之为"善法"，而以本土政治学说为"虐政"，近代革命者邹容 1903 年发表著名的《革命军》，其中曰："吾幸夫吾同胞之得与今世界列强遇也。吾幸夫吾同胞之得闻文明之政体、文明之革命也。吾幸夫吾同胞之得卢梭《民约论》、孟德斯鸠《万法精理》、弥勒约翰《自由之理》《法国革命史》《美国独立檄文》等书，译而读之也。是非吾同胞

---

① 柏杨：《丑陋的中国人》，时代文艺出版社 1987 年版，第 35 页。
② 陈旭麓：《近代中国的新陈代谢》，上海人民出版社 1991 年版，第 322 页。
③ 章太炎：《国故论衡》，上海古籍出版社 2011 年版，第 137－138 页。
④ 朱英主编：《辛亥革命与近代中国社会变迁》，华中师范大学出版社 2001 年版，第 39 页。
⑤ 章太炎：《国故论衡》，上海古籍出版社 2011 年版，第 137－138 页。

之大幸也夫！是非吾同胞之大幸也夫！"① 而这种"善""恶"评价，一旦社会存在发生改变则其认知亦发生天壤之别的变化，同样是对于西洋近代政治发展的态度，时隔不到20年，1919年梁启超在《欧游心影录》中，就对西方范式之社会政治发展模式表示了失望："夫今日欧美社会之局势，资本家与工人，截然分为两阶级。富者愈富，贫者愈贫。此稍明时事所能知也"，并且论道："差幸我国素来以农立国，而外人欲夺我农业，实非容易。查各国生计发达之次序，皆由农而工，由工而商。"② 此种强烈的认知反差，章太炎的解读为"伪善"与"伪恶"的博弈和较量。

关于"伪善"与"伪恶"的评判标准，章太炎一定程度上与康德观点具有诸多相似、相非之处。康德曾经说过："理解、明智、判断力等，或者说那些精神上的才能勇敢、果断、忍耐等，或者说那些性格上的素质，毫无疑问，从很多方面看是善的并且令人称羡。然而，它们也可能是极大的恶，非常有害，如若那使用这些自然天赋，其固有属性称为品质的意志不是善良的话。"③ 综合上述康德的观点，其核心思想是"善"与"恶"源自于个体意志的选择，而这些所谓"品质的意志"之本身出自于验先，我们无法进行主观的选择，而这些验先即已决定的意志直接操纵了"理解、明智、判断力"和"勇敢、果断、忍耐"的使用是"善"的目的，或者是"恶"的动机，而章太炎在此与康德的观点比较言之，有其相似之处，他说："人有猝然横逆我者，妄言骂詈，非有豪毛之痛也，又非以是丧声誉权实。当其受詈，则忿心随之。此为一往胜人之心，无以为而为之，故予之审恶之名。"所以，章氏的观点认为个体虽然"意志"可以统领言行，但控制意志之权力实则掌控于主观之中，而非被动地接受验先中形成的不可撼动的意志，但章太炎认为由于受到功利性的外力作用的结果，凡人做出的道德判断总脱离不了虚伪与狡诈，"以审善恶遍施于伪善恶，以伪善恶持载审善恶，更为增上缘，则善恶愈长，而抑或以相消，精之醇之"，同时"审善审恶，单微一往而不两者，于世且以为无记。"章太炎认为对于"善""恶"的区分，总结曰："故审恶且为善，而审善又且为恶"，从此方面论证之可以发现，虽然"夫伪善恶易去，而审善恶不易去"，因"人之相望，在其施伪善；群之苟安，待其去伪恶"。所以章太炎认为"伪善"与"伪恶"之区分存留于概念之中，而于现实之实践缺乏可行性，"彼审恶者，非善所能变也。然而伪恶可以伪善去之。伪之与伪，其势足以相灭。"④ 康德在《判断力批判》中所云："把一个包含着诸经验规律的无限多样性的自然所给定的诸知觉构成一个联系着的经验，这个任务是先验地存在于我们的悟性里的。悟性固然先验地据有自然的诸普遍规律，没有

---

① 邹容：《革命军》，郅志选注：《猛回头——陈天华、邹容集》，辽宁人民出版社1994年版，第184页。

② 梁启超：《欧游心影录》，《饮冰室文集（十）》，中华书局1989年版，第2846页。

③ 康德：《道德形而上学原理》，苗立田译，上海人民出版社1986年版，第42页。

④ 章太炎：《国故论衡》，上海古籍出版社2011年版，第137－138页。

它，自然就不能成为经验的对象：除此以外，它需要自然在其诸特殊法则里的某一秩序，这些特殊法则只能经验地认知，并且从它的角度看来它们是偶然的。"① 康德强调经验之重要性，但认为在我们进行道德判断过程中"悟性"的作用具有不可替代性，而否定人之"心性"之判断力，此为康德与章太炎观点之不同之处。

六、"为善"与"去恶"

王阳明晚年于"天泉桥证道"中第一次提出了"王门四句教"，其内涵颇为耐人寻味，杨国荣认为："从四句教的内在结构看，无善无恶之心体，主要为个体规定可能的发展方向，在这种多重的方向中，亦包括善的向度；良知之知善知恶，在某种意义上则蕴含了对善的可能的认同与选择。从这方面看，心体与良知实际上以不同的方式表现了本体作为存在根据的作用。"② 所以心学对于"为善"与"为恶"的认知，其包含着将"心体"引导向"纯善"的方向，与此类似者，章太炎亦在《辨性》篇中，强调"为善"与"去恶"的重要性，但是"章太炎在人类命运这个伦理道德的终极问题上终于走向了悲观主义。应该看到章太炎的悲观主义不仅仅是个人在道德伦理归宿上找不到出路，更是章太炎所代表的阶层对社会物质文明的发展与精神层面发展相脱节、甚至是背离的强烈抗议，它体现了一个思想家对人类前途的忧虑和其自身博大的人文情怀"③。此观点重在强调他一方面努力从道德角度寻求恢复人性本真之努力，并且尽量使"心性"朝着"善的方向发展"；而另一方面，章太炎对于恢复人性之真又充满了疑惧与迷茫，1909 年 10 月，他发表《革命道德说》认为："今之言道德者曰，公德不逾闲，私德出入可也。道德果有大小公私之异乎？於小且私者，苟有所出入矣，于大且公者，而欲其不逾闲，此乃迫于约束，非自然为之也。"④ 质言之，章太炎强调，因为既有的社会存在不能得到变革，所以企图以个体的努力扭转失范的社会风尚，其难度无异于蚍蜉撼大树，民人之心性表达出的道德行为，无疑受制于社会群体共有之道德判断标准，凡合乎此标准者方能为社会默许，反之则必然受制于社会习俗。

惟欲"为善"而"去恶"，当务之急是从自家工夫入手，消除个体之顽劣，以探求"心性"之纯真。宋代周敦颐曾经说过，"故圣人立教，俾人自易其恶，自至其中而止矣。"⑤ 意思是教化之根本目的乃是促使民人"自易其恶"，章氏认为"恶之难治者，独有我慢"。民人有我慢知心，所以"虽为台隶，擎跽曲拳以下长者，固暂诎耳，一日衣

---

① ［德］康德：《判断力批判（上）》，宗白华译，商务印书馆 1996 年版，第 22 页。
② 杨国荣：《心学之思：王阳明哲学的阐释》，三联书店 1997 年版，第 245 页。
③ 王天跟：《章太炎的伦理思想及其影响》，《广西师范大学学报（哲学社会科学版）》2002 年第 1 期。
④ 章太炎：《革命道德说》，徐复编校：《章太炎全集（三）》，上海人民出版社 1984 年版，第 277 页。
⑤ ［宋］周敦颐：《周子通书》，上海古籍出版社 2008 年版，第 34 页。

裴壮丽,则奋矜如故"。而克服之道存在于:"能胜万物而不能胜我,犹孟贲举九鼎,不自拔其身,力士耻之。"关键需要每个人从意识角度出发,努力认知个体之本真,而不要过多的囿于尘俗繁华,须知各种"恶"之生,皆源自于未能充分识别凡世之"苦"皆源自于个人,"彼忧苦者我也,淫湎者我也,懈惰者我也,矜夸者我也,傲睨者我也,而我弗能挫衄之,则慢未充"①。姜义华认为对于章太炎的这种观点"将认知的主观性、有限性绝对化,否定了观念的东西在一定条件下所具有的客观实在性,否定了思维与存在、精神与物质的同一性"②。此与佛学之所谓"禅定",心学所谓"良知"之说有诸多的相似之处,此无疑忽略了作为个体的人,并非纯粹的生活在单向度的社会中,既然存活于多向度的社会则心性之变迁必然受到既有的社会现实的影响与作用。

有学者认为:章太炎的"去恶"与"为善"之方法本质言之即"依自不依他"之道德主体性突显,更强调:"'心''识''我'是章太炎道德主体的三种表达方法,其实质是同一的。在现实生活境域中,他据'依他起自性'强调'心''识''我'的道德主体性;在追寻至善的终极视域时,他据'三自性'强调'阿赖耶识还灭'、强调,'心斋'与'丧我',主张回归至真尽善的道德自由之境。"③此论虽比较符合章太炎言论之一方面内涵,但是其论未必尽然,《辨性》中他认为:"世之高士,不降其志,不辱其身。齐有饿人者,闻嗟来则不食。鲁有臧坚者,刑人吊之,以杙抉其创死。"此虽可谓"强调'心''识''我'的道德主体性"的统一,但是章太炎更认为,"此为以我慢伏我爱,未审善也,而前修以为卓行。"所以我们对于本真的追求不应当从个体的行为单纯判定之,而更要从个体对于此追求人性"本真"的出发点考察之,谓:"高士者,亡贵其慢,贵其寡情欲。"此外"诸有我见者,即有我所有法,身亦我所有法也。摄受于身者,卒之摄受于我"。刻意的追求人性之本真,此无异于又深陷另一重"烦恼",正如同"以爱我故爱我所有,淫声色,湑滋味,有之不肯去,无之而求给,则贼人所爱,慢又助之"④。人有声色犬马之喜好一般,以功利心追逐人性本真的回归实在不可取。

"去恶"与"为善"更应重视"我见"之克服。章太炎强调:"人之见自我见始,以见我故谓生物皆有我,亦谓无生者有我,我即自体。"个体之所以必须克服"我见",深层次的原因是我们对于外部世界的判断,皆是遵循每个人预设的模式或构架之中,"由是求真,故问学思虑应之起。其以为有我者,斥其实,不斥其德业"⑤。所以对于探

① 章太炎:《国故论衡》,上海古籍出版社 2011 年版,第 138 – 139 页。
② 姜义华:《章太炎思想研究》,人民大学出版社 2009 年版,第 257 页。
③ 张春香:《章太炎伦理思想研究》,博士学位论文,武汉大学出版社 2005 年版,第 18 页。
④ 章太炎:《国故论衡》,上海古籍出版社 2011 年版,第 140 页。
⑤ 章太炎:《国故论衡》,上海古籍出版社 2011 年版,第 146 页。

求人性之本真言之，务必促进社会成员对于人性自身，努力自发产生正确的认识与追求而求真之道，即从治学角度言之，可以从"问学思虑"角度努力探索人性之真实，谓"破执首先是破名，名去则相也不存。《齐物论》有：'可乎可，不可乎不可，道行之而成，物谓之而然。恶乎然？然于然，恶乎不然？不然于不然。物固有所然，物固有所可。无物不然，无物不可'一说，太炎断定，这是破'名守之拘'的遮拨之言：'其言恶乎然，然于然，恶乎不然，不然于不然者，观想精微，独步千载，而举世未知其解。'"[1] 所以，应当破除名相之认识障碍，要努力识破"名""相"之障，努力树立"无物不然，无物不可"之说。所谓："名之如量者，有若坚白。其不如量者有若石。"而"破除名相"之本质乃是破除"我见"，"所以必假伪名以助思虑者，以既在迷中不由故道，则不得返"。而破除名相乃是有德者发现本性之重要途径，夫"德者无假于名，故视之而得白，拊之而得坚，虽暗者犹得其相"。此恰如"至于石非名不起也，执有体故有石之名，且假以省繁辞。是何故？以有坚白者不唯石，如是坚，如是白，其分齐不与佗坚白等"。所以，惟欲破除迷惑"心性"之障碍必先克服"我见"，其核心为正确认知"名辨"问题，而明辨之生由于"心性"之本真受到"意识"与"习惯"影响，"不知者执以为体。自心以外，万物固无真，骛以求真，必与其痴相应，故求真亦弥以获妄。"[2] 章太炎论"为善"与"去恶"，其根本之目的是去除阻碍民人发现真"本性"，而除去障蔽个体心性之障碍。

七、简　论

"民国初年，北大教授为何极力向学生推荐《国故论衡》，而不是太炎先生同样精深的其他著述——比如'可谓一字千金矣的《文始》和《齐物论释》？答案很简单，就因为前者更能完整体现太炎先生的学术风貌。"[3] 所以《国故论衡》的研究价值自当不言而喻，而《国故论衡》之影响亦是非常深远，"章太炎民国时期屡次讲授'国学'，大抵不出《国故论衡》论述的范围，连他晚年在苏州支持成立的国学会的会刊，也依照他的意见"[4]。同时《国故论衡》中的诸多观点亦为胡适等学人认可与接纳之。

《辨性》一文是《国故论衡》中比较重要的一篇，其文从"心性"之产生、发展等多个角度对于"心性"问题予以了比较全面的阐释。其论集合本土之佛、庄、儒等多家学说，并且合理地融合了西方哲学思想等多种要素，章太炎通过钻研此学说，深入发掘了"心性"之概念，此开创了新一代儒家思想发展之先河，例如胡适于《中国哲学

①　陈少明：《排遣名相之后——章太炎〈齐物论释〉研究》，《哲学研究》2003 年第 5 期。

②　章太炎：《国故论衡》，上海古籍出版社 2011 年版，第 147 页。

③　陈平原：《〈国故论衡〉导读》，章太炎：《国故论衡》，上海古籍出版社 2011 年版，第 6 页。

④　朱维铮：《〈国故论衡〉校本引言》，《复旦学报（社会科学学报）》1997 年第 1 期。

史大纲》开篇即论道:"人的善恶还是天生的呢,还是学得来得呢;我们何以能知道善恶得分别,还是生来有这种观念,还是从阅历经验上学得来得呢;善何以当为,恶何以不当为;还是因为善事有利所以当为,恶事有害所以不当为呢;还是只论善恶,不论利害呢?"① 胡适对于此问题的发问,一方面承袭了中国传统哲学之发展脉络,另一方面亦体现出章氏论学对其产生的深远影响,故胡适在文末又强调章太炎之论学对其产生的价值与影响。

除此之外,近代以来"心性"问题乃是传统儒学发展过程中不可回避的重要问题,"中国哲学家对于其所讲的学问,未尝分别部门。现在从其内容来看,可以约略分为宇宙论或天道论、人生论或人道论、致知论或方法论、修养论、政治论五本部分"②。而章太炎于《辨性》之中,钻研了致知论、修养论等近代中国哲学发展中之核心问题,其开创精神不可忽视,对于后人之治学而言其作用不可小觑。

---

① 胡适:《中国哲学史大纲》,上海古籍出版社 2000 年版,第 1 页。
② 张岱年:《张岱年全集(第二卷)》,河北人民出版社 1996 年版,第 3 页。

为"新儒家"做注释：
从徐复观与殷海光、钱穆的冲突说起

何卓恩　华中师范大学中国近代史研究所

传统文化与现代价值的关系，学界有纷繁复杂的看法，一般归纳成激进、保守、折中三大类。[①] 实际上每一大类中又可以分出很多小类，而且根据不同的角度可以有不同的分法。对学者的不同看法进行研究，不仅仅是为了呈现历史的丰富性，也是为了借镜和促进新的思考。本文所讨论的新儒家代表人物之一徐复观先生的看法，就是一个有个性、有张力、有内涵的思想文本。为了凸显其思想特质，同时避免讨论的浮泛，将通过他与另两位思想家殷海光先生和钱穆先生分别发生的思想冲突来展开。

一、徐复观、殷海光、钱穆由同调到异曲

钱穆是抗战时期爆得大名的民族主义史家，殷海光为大陆赴台学人中最著名的自由主义者，徐复观则被纳入港台现代新儒家的范畴，被誉"勇者型新儒家"。说他们曾经"同道"，大概会令人吃惊。但这却是客观事实。

1949 年国民党败退台湾，政治和外交上陷于孤立境地，为了延续悬于一线的"法统"，保住这最后一块领地，并伺机反攻大陆卷土重来，曾有意笼络知识分子与其"同舟共济"。办法之一，当局在极其短缺的财用中，仍设法提供启动经费，帮助一些知识分子创办言论刊物，展开对大陆新政权的"思想战"和"文化战"。其中最著名的是1949 年 6 月创刊于香港的《民主评论》和 11 月创刊于台北的《自由中国》。当时离开大陆流徙香港或者追随国民党退往台湾的知识分子，人数虽然不能与留在大陆的相比，却不乏名流，如胡适、傅斯年、毛子水、张佛泉、胡秋原、钱穆、张君劢等；还有一些

---

① 这种归纳方法民国初年即已出现。《新青年》创刊号上有汪叔潜所作《新旧问题》，分文化观为伪降派、盲从派、折中派，其伪降派、盲从派即指保守派和激进派。后类似说法一直延续不绝，成为最有代表性的文化主张划分方法。

国民党政权体制内的知识人转移到体制外，如徐复观、殷海光、夏道平等人。于是他们便聚集在这些刊物周围，协助当局"反共抗俄"，秉笔报"国"。

《民主评论》为徐复观所办，主要作者为钱穆、唐君毅、牟宗三、胡秋原等人，《自由中国》名义上的发行人是胡适，实际由雷震主导，毛子水、张佛泉、殷海光、夏道平是编委会骨干。最初，这两家刊物性质相类，都是"不能坐视这种可怕的铁幕普遍到全中国"①，"要在被毁灭的俄顷之前，从文化上撒下使国家得以翻身的种子"②。所以作者也互相支持，一起克服稿荒。从 1949 年到 1953 年，徐复观和钱穆在《自由中国》均有文章发表（钱穆 1951 年有《中国民族之克难精神》《文化三阶层》《中山思想之新综析》等文；徐复观有 1951 年的《从一个国家来看心、物、与非心非物》，1952 年的《"计划教育"质疑》《青年反共救国团的健全发展的商榷》），而殷海光在《民主评论》发表的文章也不少（如 1949 年《中国的前途》，1950 年《中国会出铁托吗？》《政教合一与思想自由》《罗素论权威与个体》，1952 年《自由人的反省与再建》，1953 年《罗素画传》《逻辑究竟是什么？》《科学与人文之理则》《实证论导引》《实证论的批评》等）。这样，三人既可以说是《民主评论》的"同人"，也可以说是《自由中国》的"同调"。

不过，这些"同人"所同的"调"，主要局限在"反侵略、反极权"（即"反共抗俄"）方面。随着大陆新政权的日渐巩固和国民党当局台湾统治地位的基本稳定，两个刊物努力的方向开始出现变化：出刊于台湾的《自由中国》越来越将言论的对象转向国民党当局，批评国民党的威权政治成为主要目标，为此，对国民党所鼓吹的传统伦理文化也大加挞伐；位于香港的《民主评论》仍然以针对大陆为主，但"现实政治色彩，一天稀薄一天，而于不知不觉中，转向专谈文化问题的方向"③，其所专谈的文化问题，主要是如何发扬中国传统文化的精神价值。这样，阴差阳错，两个刊物因为言说对象的不同而在文化立场上变得对立起来。这种变化对于作者群的影响，首先是各归其队，1954 年后殷海光不再为《民主评论》写稿，《自由中国》也基本不再发表钱穆、徐复观的文章（唯一的例外是 1956 年"祝寿专号"发表一篇徐复观批评蒋介石的文章《我所了解的蒋总统的一面》），殷海光等人与徐复观等人在文化问题上论战不断。其次是在具体文化见解上，双方内部各有分歧出现，如《自由中国》有殷海光与胡适、毛子水等人之间在"自由与容忍"问题上的差异，《民主评论》有徐复观与钱穆的在学术见解上的异见。

---

① 胡适：《〈自由中国〉的宗旨》，《自由中国》1949 年第 1 卷 1 期。
② 徐复观：《〈民主评论〉结束的话》，《民主评论》1966 年第 17 卷 9 期。
③ 徐复观：《〈民主评论〉结束的话》，《民主评论》1966 年第 17 卷 9 期。

二、徐复观与殷海光的冲突

徐复观与殷海光不仅在"反共抗俄"的问题上一度志同道合，而且在私人情谊方面也很深厚。他们曾经是鄂东同乡，受教于熊十力的同门①，以及忠诚于国民政府的同党。两人相识于抗战胜利之初的重庆，两个"反共专家"一见如故，顿时产生共鸣。徐复观以其地位，对殷海光一直多有照顾，据说殷海光受到蒋介石接见，便是得之于徐复观的推荐。徐复观还在殷海光是否应该入党方面给予中肯意见。② 这种亲密关系到"同是天涯沦落人"之后，依然保持，直到因《自由中国》和《民主评论》的双双转型，二人见解不合，发生言论冲突为止。

《自由中国》反极权反到国民党头上，思想立场上进行了多角度的调整。其一，以国权为中心调整为以人权为中心；其二，从主张经济平等调整到主张经济自由；其三，由反布尔什维克主义调整到反传统主义。这几大思想调整，殷海光都是主力之一，而第三项正好与《民主评论》的弘扬传统主义的立场形成对立。殷海光揭橥"五四精神""胡适思想"作为从文化上抨击国民党独裁政治的利器，自然也接过五四人物"打孔家店"的精神，他质问："念忆过去的事物，诚然可以填补若干人现在的空虚，然而，何有助于打开今后的局面？拿不出有效的办法时，'哭灵牌'又有什么用？"③ 声称自己平生无私怨，"但平生思想上最大的敌人就是道学。在任何场合之下，笔者不辞与所有道学战，笔者亦将不会放弃这一工作"④。

殷海光不辞与战的"道学"，首先针对的是政治当局的复古论调，但也包括《民主评论》派倡导传统的言论，徐复观与殷海光的冲突势所难免。早在1952年初因牟宗三以传统主义立场批评殷海光的导师金岳霖，殷海光起而撰文反驳而磨出火花，徐复观对此做出评论，称牟、殷是"三孔之见"与"一孔之见"，"高下自分"，徐、殷之间已经

---

① 殷海光在北京求学期间曾受教于熊十力和金岳霖，两人影响其终生，其中熊十力的影响主要在人格气质上，金岳霖的影响在学术路径方面。他常说："熊先生谈学问的态度，我从头到尾不欣赏，但他是个真人，他有风范。"见张斌峰、何卓恩编：《殷海光文集》第四卷，湖北人民出版社2009年版，第298页。

② 徐复观：《对殷海光先生的忆念》，《徐复观杂文·忆往事》，时报出版公司1980年初版，1985年三刷，第172、173页。徐复观提到见面日期"民国三十四年春"，为"三十五年春"之误。但根据夏君璐存札，殷海光见蒋时间应为1947年12月17日。殷文丽编：《殷海光夏君璐书信集》，台湾大学出版中心2011年版，第133页。

③ 殷海光：《胡适与国运》，《自由中国》1959年第20卷9期。

④ 殷海光：《旅人随记》，见张斌峰、何卓恩编：《殷海光文集》第四卷，湖北人民出版社2009年版，第139页。

小有嫌隙。① 其后，殷海光与徐复观之间于 1954 年、1957 年发生两次直接论战。

前一次主要涉及的实质问题是自由民主要不要"内在自由"作基础。1954 年 2 月初出版的《自由中国》第 10 卷第 3 期刊出了殷海光撰写的社论《自由日谈真自由》，除批评所谓"国家自由"，针对黑格尔的"自由"概念，又反对在政治范围内谈"意志自由"②。殷海光的真实用意显然在于批评《民主评论》派的道德自由说，引起对方相当的不满。徐复观读毕，次日即特地致函《自由中国》发行人雷震，提出"奉商"。雷震则请殷海光代笔回函，并将徐函和殷函交张佛泉过目，张佛泉针对此二函又写一函回复徐复观。徐复观在 3 月 20 日出版的《民主评论》上，将这三封往来函件加上千言按语，以《自由的讨论》为题，同时刊出。徐复观的信表示："我一样认为仅靠道德不能解决政治问题；道德的自由，不能代替政治的人权自由。并承认实现政治上的自由，为实现其他自由的基本条件。但我不觉得道德一定要和政治隔离，道德自由一定要和政治自由隔离。"显然徐复观认为民主政治需要道德基础。殷海光代笔的文字则称"民主政治并不蕴含反道德。恰恰相反，它可能为道德之实现创造一可能之环境"；"吾人说在政治层次中不谈'意志自由'一类之自由，只意指在政治层面中'不谈'而已。'不谈'并不等于'否定'。吾人之所以不谈，盖因该种自由系属道德范畴以内者；而诸人权始属政治范畴。……民主政治之本格的目标，并非使人人成圣成贤，而系使人人享有诸基本人权。"③ 很清楚，殷海光不反对道德，但反对将道德问题延伸到政治领域。

后一次论战主要围绕传统要不要抛弃而展开。殷海光总疑心专制时代的文化是时下专制之治的土壤，因此认定提倡中国传统文化就是"极权主义帮凶"。④ 1957 年"五四"纪念日前夕，殷海光以社论形式发表《重整"五四"精神》，称誉"五四"的文化启蒙意义，感叹时下"这个日子居然成了不祥的记号"，断言"这是开倒车复古主义与现实权力二者互相导演之结果。复古主义者在情绪上厌恶'五四'。他们摆出卫道的神气来制造'五四'的罪状。这符合现实权力的需要。复古主义者又想藉现实权力以

① 1952 年 1 月 2 日，香港《自由人》发表牟宗三《一个真正的自由人》，批评乃师金岳霖的分析哲学陷入"纯技术观点"，把"心"分析掉，结果在外在压力之下，自由人的立场都不保（指他在大陆思想改造运动中的自我思想清算）；进而直指知识分子迷信西方学术应当为"大陆失败"负责。这篇文章着力表达的，是新儒家心性为本、老内圣开新外王的思想主张，自然引起自由主义者殷海光的反感。为了大家对大陆失败的原因和国家今后的去向有一个"真是真非"，他当即在《自由中国》发表《我所认识之"真正的自由人"》，对此提出反批评。文章认为，牟文背后隐藏的心情，"一语道破，就是对于西方文化的仇视"，这种心情出于恋乡情切，但无补事实。他根据汤因比的冲击—反应说，判定牟宗三的中体西用道路是走不通的。要延续中国文化，必须放手，大胆地让中国文化在世界文化大流中起一个大的形变。"死过了的耶稣复活过来，得到了新的力量，使基督教更能发生影响。"见梅蕴理（殷海光）：《我所认识之"真正的自由人"》，《自由中国》1952 年第 6 卷第 2 期。

② 殷海光：《自由日谈真自由》，《自由中国》1954 年第 10 卷第 3 期。

③ 雷震、殷海光、张佛泉、徐复观：《自由的讨论》，《民主评论》1954 年第 5 卷第 6 期。

④ 徐复观：《如何复活"切中时弊的讨论精神"》，《民主评论》1955 年第 6 卷第 9 期。

行其'道'。二者相遇，如鱼得水，合力摧毁'五四'的根苗。于是'五四'的劫难造成。五四运动成了二者的箭靶"。殷海光认为，"五四"提倡科学与民主，而科学要求的尚怀疑和重实证与复古主义者神圣的道统思想难以调和，民主的社会氛围则与崇尚权威的现实权力更势不两立。"依据向量解析，复古主义和现实权力二者的方向相同，互相导演，互为表里，彼此构煽，因而二者所作用于五四运动的压力合而为一。"

殷海光在这篇文章中用了两个"互为表里"，一个是现实权力与复古主义的"互为表里"，一个是"五四"倡导的民主与科学的互为表里，呼吁明智的知识分子从互为表里的现实权力和复古主义共同打击下救出互为表里的民主与科学，以"重整五四精神"。①

这篇社论关于复古主义与现实权力"互相导演，互为表里，彼此构煽"的说法，显然激怒了徐复观，于是在《民主评论》上，化名"李实"发表《历史文化与自由民主——对于辱骂我们者的答复》，按语中直指《重整五四精神》的作者是"文化暴徒"，斥责"政治暴徒，是自由民主的大敌；我们有什么根据相信文化暴徒能够成为自由民主的友人？"

《答复》从三个方面分别论证了历史文化是应该研究的；研究历史文化不等于主张复古；研究历史文化更不等于为现实权力帮凶。徐复观怒斥："《自由中国》半月刊自出刊以来，对于中国的历史文化及对于历史文化的研究者，只有不断的叫嚣，辱骂，戴帽子，放冷箭等等的恶毒而下流的词汇"，愤然指出"世界上只要是精神正常的人士，对于不分青红皂白来践踏自己整个民族文化的自虐狂者，莫有不冷齿的"，质问"现实政权提倡历史文化……他们对于历史文化，只是口头上讲讲，绝没有存心要把历史文化中好的东西拿来实行"，他们的是非得失"何以能偏由中国的历史文化来负责？"文章最后，重申对于"五四"的态度是："五四应当尊重，也应当批评。尊重五四，并非把它当作一个偶像以为树立门户之资。批评它也并非等于否定科学民主。科学民主，不是任何人的专利品，也不是五四的专利品。"②

殷海光以"五四的儿子"自任，主张以科学理性作为民主政治的基石，认为民主政治是讲理的政治，思想自由要有自由思想的能力。③ 在他看来，最严格的"理"和最靠得住的思想能力，唯有对逻辑和经验的把握，除此之外的任何知识，都是扯淡，不能作为判断是非对错的标准，也不能作为民主政治的基础。包括中国传统儒学在内的东方历史文化就属于靠不住之列，因为它缺乏清晰的思想系统和方法系统，不便于"讲理"

---

① 社论：《重整"五四"精神》，《自由中国》1957 年第 16 卷第 9 期。
② 李实：《历史文化与自由民主——对于辱骂我们者的答复》，《民主评论》1957 年第 8 卷第 10 期。
③ 殷海光：《思想自由与自由思想》，《自由中国》1949 年第 1 卷第 1 期。

和"自由思想"。所以，他"深恶历史主义，痛恨一些人夸张'历史文化'"，"一想到东方人那种混沌头脑和语言"，他立即怒火中烧，因为这些"鬼话"都是"无意义的语言"①，最容易引起"思想之走私"②。所谓思想走私，指统治者利用传统儒学字句以巩固权势。在殷海光那里，传统儒学，不仅无助于自由民主，相反有害于自由民主的落实。这其实正是五四"打倒孔家店"的观念。鉴于当时的台湾"道学余毒未尽，回光返照，火药气与酸腐气结合，在那里共同作用，毒害生灵，施展权势"③，殷海光感到这是对"五四"精神的反动。

徐复观也认同自由主义，支持民主宪政，而且与殷海光在鼓吹自由民主上互有援助。1953 年殷海光读到徐复观《中国的治道：读陆宣公传集书后》，殷海光立即写了文评《治乱的关键——"中国的治道"读后》，推崇其为"不平凡的人之不平凡的作品"。④ 1956 年殷海光执笔的《教育部长张其昀的民主观——君主的民主》社论文章引发国民党连串攻击，徐复观也撰文《为什么要反对自由主义？》为自由主义辩护。⑤ 但徐复观"不愿以自由主义者为满足"。⑥ 他在肯定民主自由的坦途之同时，又特别指出，民主自由在中国生根需要中国历史文化的滋养。

在论述中国民主选择时，徐复观不用"取代"，而用"接通"，将中国圣贤的民本理想与现代自由民主的政治原则"接通"起来。他说儒家思想是凝成中国历史文化的主流，它既属伦理思想，亦属政治思想。其政治思想的构造，可以归纳为德治主义、民本主义和礼治主义。"德治系基于人性的尊重，民本与民主，相去只隔一间，而礼治的礼，乃'制定法'的根据，制定法的规范。此三者，皆以深入民主主义的堂奥"，所以需要把这种中国原有的民本精神"重新显豁疏导出来"，使这部分精神来支持民主政治，同时吸收西方的权利观念，将人民的主体性确立起来，致儒家思想与民主政体，内在地融合为一，既为往圣继绝学，又为万世开太平。徐复观认为，德治主义、民本主义和礼治主义，在价值上比之西方近代的民主政治所预设的价值要精纯的多，可以补正西方自由主义主要依赖外在权力和法律而"维系不牢"的缺陷，为世界文明做出贡献。他认为"民主政治，今后只有进一步接受儒家的思想，民主政治才能生稳根，才能发挥

---

① 殷海光：《致王道》，张斌峰、何卓恩编：《殷海光文集》第一卷，湖北人民出版社 2009 年版，第 53 页。

② 殷海光：《新实证论的基本概念》，林正弘编：《殷海光全集》第 17 卷，台北桂冠图书公司 1990 年版，第 379 页。

③ 殷海光：《旅人随记》，张斌峰、何卓恩编：《殷海光文集》第四卷，湖北人民出版社 2009 年版，第 139 页。

④ 徐复观：《中国的治道：读陆宣公传集书后》，《民主评论》1953 年第 4 卷第 9 期；殷海光：《治乱的关键——"中国的治道"读后》，《自由中国》1953 年第 8 卷第 12 期。

⑤ 社论：《教育部长张其昀的民主观——君主的民主》，《自由中国》1956 年第 15 卷第 7 期；徐复观：《为什么要反对自由主义？》，《民主评论》1956 年第 7 卷第 21 期。

⑥ 徐复观：《三十年来中国的文化思想问题》，《祖国周刊》1956 年第 14 卷第 11 期。

其最高的价值。"不能因为儒家学说是中国古代的思想，就否定它的现代价值。因为任何有价值的思想，都既有其特定的时代性，又有其通过其特殊性所显现的普遍性。"特殊性是变的，特殊性后面所倚靠的普遍性的真理，则是常而不变。"他批评"五四"的新文化人物蔑视历史，厌恶传统，不承认在历史转变之流的后面有不变的常道。而割断与文化传统联系的结果，自由民主的文化得不到深厚文化资源的滋养，民主自由自然不能在中国生根发芽。①

他们的文化观点相互都非常了解，彼此文风也非常熟悉，所以尽管这次最激烈的论战文字双方都没有署真名，他们也都心知肚明。这次硬碰硬之后，徐复观与殷海光私人之交也难以为继。直到殷海光晚年在病中反省自己的思想，情绪日渐稳健，才有机会峰回路转。

三、徐复观与钱穆的冲突

在对待传统文化的基本态度上，钱穆与徐复观堪称同道。钱穆之学主治国史，其与《自由中国》的"决裂"较徐复观更早，1951 年 10 月之后不再有文章载于其中。而在《民主评论》，他则相当投入，刊物一度因经费困难准备停办，徐复观准备移居日本，钱穆致函鼓动其勉力维持，并为之出谋划策。② 写稿更堪称主力，从 1949 年到 1957 年，每年都为其撰写多篇文章（共 46 篇），发稿密度仅略逊于徐复观本人（68 篇），而与唐君毅（52 篇）、牟宗三（31 篇）难分轩轾，明显多于胡秋原（17 篇）。按照徐复观的说法，《民主评论》最核心的、最能代表刊物性质的文章，除他自己的"在学术与政治之间"的文字外，是唐君毅、牟宗三、钱穆、胡秋原诸人所作的阐述文化的文章，"唐君毅先生以深纯之笔，开始了中国人文精神的发掘。牟宗三先生则质朴坚实地发挥道德的理想主义。……钱宾四先生的文章，走的是比较清灵的一路，因他的大名，吸引了不少读者。胡秋原先生用'尤治平'的笔名，发表了很有分量的《中国的悲剧》。这都是在文化反省方面，所演出的重行头戏。"③ 这几位"重行头戏"的作者，对于 1953 年后刊物转向"专谈文化的方向"和"以传统主义卫道"之路，意义更加不言而喻。

徐复观仰仗钱穆办刊，但对于钱穆的学术见解并非照单全收，他们之间也发生多次学术"商榷"和冲突。

1952 年 11 月钱穆在香港出版《中国历代政治得失》一书，判明代内阁大学士张居正为"违反国法"而"以相体自居"的权臣、奸臣。徐复观一则出于为乡贤辩诬，一

---

① 徐复观：《儒家政治思想的构造及其转进》，《民主评论》1951 年第 3 卷第 1 期。
② 钱穆：《致徐复观》，《钱宾四先生全集》第 54 册，台北联经出版社 1998 年版，第 315 页。
③ 徐复观：《〈民主评论〉结束的话》，《民主评论》1966 年第 17 卷第 9 期。

则因钱穆"以制度为立论的根据"，实"含有在专制政治下的大悲剧问题"，遂作《明代内阁制度与张江陵（居正）的权、奸问题》进行商榷。徐复观提出，"法"依政治主权而存废和变动，民主政治主权在民立法改法必须依民意机关，法相对稳定；专制政治主权在君，法随君主意志而变动，不易有稳定性。就宰相之制来说，在大一统专制政治下，宰相为君主"在事实上既不可少，但在事势上又必须提放"的职位，为了两全，历史上常采用多设相位和名实分离的办法，所以无名有实的宰相史不鲜见，此系专制政治的本质使然。张居正"以相体自居"不仅事出有因（受命托孤）不得不然，而且于史有承，于法有据。这个法并非成文法而是习惯法，当时的政学两界，包括张居正政敌，均"并未否认他宰相的地位"；而张居正虽不得不"以宰相代理皇帝"，却皆在"敕制诏令"下进行，并无越界之事，"权臣、奸臣之论，恐怕太昧于史实了"。徐复观暗指钱穆混淆了民主政治之法与专制政治之"法"的本质区别，美化了传统政治的"政权开放"，把贵族入仕向平民入仕的"政权开放"当成了"主权开放"。① 这篇商榷文章已现两人之间的严重分歧，但他们一起共同拥护传统文化的重要性更大，故该文写好后只寄给钱穆，并没有发表，钱作跋语于后，强调"历史应就历史的客观讲"②，不能做更多针切时代的引申。这次争议未公开化，他们的合作仍密切开展，1954 年《民主评论》为钱穆 60 寿辰出版专号，徐复观作有《忧患之文化——寿钱宾四先生》以"慰万千在深忧巨患中之同胞与学人"。

1953 年 6 月，钱穆在台北出版《四书释义》，其中"论语要略"篇第五章《孔子的学说》中，以"好恶"对《论语》的"仁"作解释，说"仁者直心由中，以真情示人，故能自有好恶。不仁者以有自私自利之心，故求悦人，则同流俗，合污世，而不能自有好恶"，"无好恶则其心麻痹而不仁矣"。仁者的好恶之情高于人我之见且贯穿于人我之间，能够"以我之好恶推知他人之亦同我有好恶"；不仁者则反之。这一见解与宋明以来以修己、立人极来解释仁的思想相距甚远，也与徐复观对儒家的理解不合。徐复观很长时间对此未作回应，但 1955 年作《儒家在修己与治人上的区别及其意义》时，不可避免谈到儒家仁的含义，就以一小节对钱穆的"好恶"论提出检讨，指出好恶是基于自然欲望的性情，并非人类所独有，也不能决定行为的好坏，行为的好坏取决于好恶的内容（"好德"与"好货""好色"）和动机（"己之好恶"与"民之好恶"）。徐复观从四年前开始强调，儒家在道德上立下的标准，存在修己与治人的区别，在修己方面"总是将自然生命不断地向德性上提，决不在自然生命上立足，决不在自然生命的要求上安设人生的价值"，而在治人方面则"首先是安设在人民的自然生命的要求至上"。

---

① 徐复观：《明代内阁制度与张江陵（居正）的权、奸问题》，《民主评论》1966 年第 17 卷第 8 期。
② 钱穆：《附跋》，《民主评论》1966 年第 17 卷第 8 期。

按照这个认识，钱穆显然将孔子的"仁"的意义局限到了自然生命要求的范围，"把儒家治人的标准，当作修己的标准来看了"。① 这篇"向钱先生恳切请教"的文稿也是径寄钱穆，钱穆答以《心的性情与好恶》，于《民主评论》同时发表。

如果说仁的解释问题只属于儒学内部的争议，到了 1955 年 8 月钱穆在《民主评论》6 卷 16 期刊载《中庸新义》一文后，争议便扩大到重要儒家文献的属性。钱穆文中有个重要观点，称《中庸》《易传》系"汇通老、庄、孔、孟"，而论述中特别强调《庄子》是《中庸》的源头，孔孟反而与之无涉。这种将儒家经典道家化的看法引起以儒为宗的徐复观严重不满，感觉此"关系于我国思想史者甚大"，在"至三至四"的函札往复之后，1956 年 1 至 2 月间徐复观作《〈中庸〉的地位问题——谨就正于钱宾四先生》，论述《中庸》属于儒家经典，思想源于《论语》，而下启《孟子》。他尤其指出，钱穆用《庄子》解读《中庸》，实质是"将人附属于自然上去说"，只承认"感情冲动的自然调节"，不承认人有理性、道德、善恶、人格高下等，主张"不远禽兽以为道"。这种主张作为钱穆个人的思想无可厚非，"但以此来加在古人身上，作思想史的说明，则几无一而不引起混乱"②。这一批评钱穆同样做出了回应。③

与此相联系，学术冲突还延续到道家老庄先后问题。《民主评论》8 卷 9 期发表钱穆《老子书晚出补证》，该文旋收入钱氏著《庄老通辨》一书，在本书《自序》（《民主评论》8 卷 17 期亦刊出）中复坚称"先秦道家，当始于庄周"，并述及思想史的原则和方法，引起徐复观进一步的"就正"，1957 年发表长文《有关思想史的若干问题——读钱宾四先生〈老子书晚出补证〉及〈庄老通辨自序〉书后》，连载于他们共同的另一园地《人生》杂志。徐复观一方面用"以考据对考据"的方法，对庄前老后说和《易传》《大学》《中庸》出于庄老的意见加以"不甚客气"的批评，以维护儒家作为中国文化精神中心的地位；另一方面针对钱穆提出的思想史研究方法，慎重提出补正。补正的要害，在于强调考据之学不可取代义理之学，义理之学是考据之学之后思想史工作的重心。这里实际上揭示出徐复观与钱穆两位思想史家冲突的根源：钱穆偏于史学家，着眼于有形之"事"；徐复观偏于理学家，着眼于形后之"义"。在徐复观看来，钱穆基于"新字""新语"的新考据法而形成的诸如儒道思想的一些结论，是因为缺少"深求其意以解其文"的功夫，这些结论的效果，"千百年后所不敢知，当前则是很难取信的"。④

---

① 徐复观：《儒家在修己与治人上的区别及其意义》，《民主评论》1955 年第 6 卷第 12 期。
② 徐复观：《〈中庸〉的地位问题——谨就正于钱宾四先生》，《民主评论》1956 年第 7 卷第 5 期。
③ 钱穆：《关于中庸新义之再申辩——谨答徐复观先生》，《民主评论》，1956 年第 7 卷第 6 期。
④ 徐复观：《有关思想史的若干问题——读钱宾四先生〈老子书晚出补证〉及〈庄老通辨自序〉书后》，《人生》杂志 1957 年第 169－170 期。

这篇以考据对考据和以方法对方法的文章发表后，钱穆没有再作回应，钱穆与徐复观的关系急速降温，甚至发展到"咬牙切齿"的程度。1958 年唐、牟、徐三位与张君劢联合发表后来被称作"新儒家宣言"的《为中国文化敬告世界人士宣言》，事先徐复观、张君劢等人致函钱穆希望加入签名，被断然拒绝。① 1961 年 6 月《中国一周》刊出张其昀与钱穆在就《民主评论》与新亚书院之间的经费事务的通信，隐然指责《民主评论》侵吞台湾教育当局对新亚书院的支持经费，徐复观愤而"公开一部分的真相"。他在《自立晚报》连载一篇长篇回忆文章，不仅断然表示以当时情形根本不可能有《民主评论》代转教育部经费之事，而且借机公开表达了对钱穆的不满。他谈到自己曾因开罪张其昀，被张其昀以教育部长身份施压东海大学要求解聘，"在这种情形之下，钱先生面都不愿意和我见；写到台北欢迎他的信，也忙得无法回；《民主评论》求钱先生一篇文章而不可得；请他当编委会的召集人，连理都不理"。徐复观分析，"钱先生对我的咬牙切齿，是因为我批评了他对中国文化的几种基本看法"，讥钱穆是一个口说维护中国文化，实际上是歪曲中国文化的"大亨"，而自己之所以竟敢批评这位学术权威，纯粹是因为相信"政治与学术，乃天下公器；只要根据事实，任何人都可以批评"。他对于学术批评，立下三条戒律："学术上无足轻重的问题，我不会批评"；"出于无心的错误，我可以私人商量讨论，也不会写文章去批评"；"本来可以作若干不同解释或说法的，乃至为一般人所能了解的错误，我也不批评"。② 他对钱穆公开提出批评的，在他看来都是对于中国文化至关重要而带有原则性、误导性的问题。

尽管钱穆不再回应，两人实际上也不再往来，但徐复观出于对"天下公器"之责任，并没有停止发表对钱穆的批评。徐复观此后的批评涉及一个更重要的层面：对于中国政治之路的选择。1966 年江陵在台人士主办乡谊活动，徐复观为表示支持之意，将旧作《明代内阁制度与张江陵（居正）的权、奸问题》一文加以整理，连同钱穆的跋语同时发表于《民主评论》17 卷 8 期。此文已经触及的是钱穆的政治见解，而最严重的一次批评，是 1978 年发表《良知的迷惘——钱穆先生的史学》，直接对钱穆的政治意识展开严厉抨击。

钱穆关于中国传统政治属于"平民政治""士人政治""民主政治"的说法由来已久，徐复观原本坚持，此类认识虽然错误，但一般人能够了解，就用不着他来批评。不过，1978 年 11 月钱穆从台湾到香港讲学，徐复观从《明报月刊》刊出的《钱穆伉俪访问记》了解到他又发表了关于秦以后的中国政治不属于专制政治的见解，觉得"这是

---

① 见钱穆《致徐复观》（1957 年 8 月 1 日），《钱宾四先生全集》第 54 册，台北联经出版社 1998 年版，第 365 页；钱穆：《复张君劢论儒家哲学复兴方案书》，《再生》杂志 1958 年第 1 卷第 22 期。

② 徐复观：《三千美金的风波——为〈民主评论〉事答复张其昀、钱穆先生》，《自立晚报》1962 年 4 月 23 – 25 日。

他一贯的见解，但此时此地，他又加强地重复出来，使我的良知感到万分迷惘"。此处所说的"此时此地"，系针对两年前北京发生"四五天安门事件"而言，徐复观认为此时钱穆"依然发表假史学之名，以期达到维护专制之实的言论"，对在生死边缘挣扎的十亿人民的自由民主呼声，犹如"泼上一盆冷水"。迷惘的虽说是徐复观自己（大概是在批评或不批评之间迷惘），但他克服迷惘而写成的文章，却以"良知的迷惘——钱穆先生的史学"为题，使读者很容易理解为钱穆史学陷入了良知的迷惘。

徐复观首先表明，"钱先生的史学著作，是不宜做一般读者之用的"，"他对史料，很少由分析性的关键性的把握，以追求历史中的因果关系，解释历史现象的所以然；而常作直感地、片段的、望文生义的判定，更附益以略不相干的新名词，济之以流畅清新的文笔，这是很容易给后学以误导的"。接着对钱穆政治意识的几个主要观点进行反驳。关于平民政府的说法，徐复观说，"他认为由平民出身取得政权的便是平民政府，等于说本是由摆地摊而后来发大财的人，只能算是地摊之家，而不可称为富豪之家，是同样的可笑"。按照这一逻辑，以农工联盟的政府自居的，则陷人民于奴隶地位而不必为耻。而所谓帝王的"爱民观念"，徐复观认为，史家更应该考察的是"通过何种政治机构去实行"，而不是"爱民"的词句，不然何以何来"以为天下利害之权皆出于我""敲剥天下之骨髓，离散天下之子女，以奉我一人之淫乐，视为当然"的专制之君？以词句代实际制度，则一个"一切为人民"的口号，就足以掩盖现代独裁者的罪恶。他说，钱穆所说的"士人政府"也是不可靠的"浓雾"，既不能解释何以地位越高、与皇帝愈近，命运愈困扰、艰难，也不能解释何以屡屡发生宦官外戚专权。

徐复观直言，钱穆史学最反对的是把秦始皇以后的政治称为专制政治，其实中国历史上没有将"专制"一词用于帝王，不等于说中国没有帝王专制之实际。"钱先生把历史中成千上万的残酷的帝王专制的实例置之不顾，特举出不三不四的事例来，以证明汉代不是专制，这不是做学问的态度"。汉代政治和思想，是徐复观和钱穆都用过功的领域，徐复观用具体的事实，来反驳钱穆的举证，揭示出这些"不三不四的事例"根本似是而非。文章最后说："我和钱先生有相同之处，都是要把历史中好的一面发掘出来。但钱先生所发掘的是二千年的专制不是专制，因而我们应当安住于历史传统政制之中，不必妄想什么民主。而我所发掘的却是以各种方式反抗专制，缓和专制，在专制中注入若干开明因素，在专制下如何多保持一线民族生机的圣贤之心，隐逸之节，伟大史学家文学家面对人民的呜咽呻吟，及志士仁人忠臣义士，在专制中所流的血与泪。因而认为在专制下的血河泪海，不激荡出民主自由来，便永不会停止。"① 这里，徐复观对于同样"要把历史中好的一面发掘出来"的钱穆之抨击，其严厉实不亚于对待反传统的殷

---

① 徐复观：《良知的迷惘——钱穆之史学》，《华侨日报》1978 年 12 月 16 - 20 日。

海光。

四、"新儒家"之"儒"与"新"

徐复观与殷海光、钱穆的冲突，只是徐复观所经历众多思想和学术冲突的一部分，但却是最有代表性的两个案例，其他争论和冲突大多在这两个案例所涉及的范围之内。如他与毛子水就考据与义理所做的讨论，是他与钱穆论争的先声①；他与李敖就文化传统问题所展开的旷日持久的论战②，仍是他与殷海光冲突的思想延续。论争常常呈现一个人物的主要思想特征。本文所列举的这两个案例，揭示出徐复观思想的几个本质特征：

1. 肯定中国传统历史文化的价值；

2. 强调基于考据的义理之学，突出儒家精神性格的延续；

3. 主张建立自由民主的制度以落实儒家的精神。

在与殷海光的冲突中，展现出徐复观反对打倒中国历史传统的一面；在与钱穆的冲突中，则展现出的是他对"义理之学"的学术路径和儒家精神的中心地位的坚持，以及对自由民主的政治道路的选择。换言之，在第一个特征上，他与钱穆是一致的；在第三个特征上，他与殷海光站在一起；而第二个特征，基于考据的义理之学的治学路径与殷海光不矛盾③，不同的是殷海光主张在科学理性文化上落实。

这三个特征实际上不仅仅是徐复观个人的思想特征，同辈牟宗三、唐君毅，前辈梁漱溟、张君劢、熊十力、冯友兰、贺麟的思想也都呈现出这些特征。他们与胡适为代表的西化自由主义者辞旧迎新甚至革故鼎新的意见长期对立，而或主张推陈出新，或主张返本开新，或主张固本纳新，基本都是要求发扬中国历史文化传统，以儒家精神为主体，接受民主、科学的现代文化和制度。也因此，这批学人被称作"现代新儒家"——他们认同于"儒"而趋向于"新"。

"新儒家"一直是一个充满争议的概念。余英时教授曾列举出三种定义：第一种指现代中国对儒学不存偏见，并认真加以研究者；第二种指在哲学上对儒学有新的阐释和

---

① 徐复观自言："又自去岁十二月迄今，与毛子水先生有关于义理与考据的商讨，钱先生《自序》分明受了此一商讨的影响，而其基本观点，与毛先生大约相同。"（《有关思想是问题》导语，《人生》杂志第 169 期，1957 年 11 月 16 日。）

② 1962 年前后李敖在自己主编的《文星》杂志发表《老年人和棒子》《播种者胡适》《给谈中西文化的人看看病》，激烈抨击传统文化，掀起新一轮中西文化论战。徐复观作为传统派参战人物，与李敖之间由论战发展到司法战，持续数年。

③ 殷海光反对"朴学式的弊病"和"理学式的弊病"，认为"朴学式的弊病，病在琐碎；理学式的弊病，病在空疏。"主张以科学的方法论（即他平时所说的逻辑与经验的结合），揭示知识和思想。见殷海光译《怎样研究苏俄》"译注者引言"，台北桂冠图书公司 1990 年版。

发展的人；第三种特指在海外具有广泛影响力的熊十力学派中人。① 大陆学者也下过不少定义，如方克立教授就提出新儒家是五四新文化运动以后出现的弘扬儒家学术、尊奉宋明心性理路同时迎接西方新潮的一种学术流派。② 实际上这些定义都不一定准确地揭示了新儒家的本质属性，反而徐复观的几场笔战所凸显的三大要素，将包括前辈、同辈、后辈致力于且"儒"且"新"的学人们的共同特质揭示出来。对儒学不存偏见并认真加以研究者不一定是新儒家，钱穆、胡秋原、方东美、余英时等都可以说对儒学不存偏见并认真进行了研究，但他们并不归宗为儒家，而是将儒家放在包含道家、佛家乃至西家并列对等的地位。在哲学上对儒学有新的阐释和发展的人，假如他们的阐释并不体现对现代价值的认同，也很难说是新儒家；而阐扬发展儒学且认同现代价值的，又不限于哲学上，徐复观就是从史学入手加以阐释的。熊十力学派中人固然归入新儒家没有问题，但不在这个门派之内却同样具有新儒家特质的学人以往有，未来也会更多。新儒家也未必一定要尊奉宋明心性儒学。

以此来观察当前兴起的"大陆新儒学"，也会有一些启示。"大陆新儒学"近十年来横空出世，队伍越来越壮，著书立说越来越多，引起的争议也越来越大。一些标举"大陆新儒家"的人士提出要在文化上"驱逐鞑虏，恢复中华"，重建儒教；政治上"复古更化"实现"王道仁政"，拒斥民主政治。去年9月余英时在香港中文大学新亚书院65周年纪念会上的答听众问，提出"真正的儒家最初都是对西方现代的普世价值表示很高度的尊重的"，是追求"怎样和西方的人权、民主、自由结合起来"的。今年1月，澎湃新闻刊发了对牟宗三的弟子、台湾中研院学者李明辉的访谈，李明辉指出大陆新儒学的政治路向"行不通"；最近牟宗三在台湾的另一位新儒家弟子林安梧接受澎湃新闻访谈，虽对大陆新儒家鼓励多于批评，但亦提示"儒学应该要从事的是社会统序的建立"，"最低限度回避碰到政治和权力"。大陆新儒家何去何从？除了当下来自方方面面的意见，从徐复观与殷海光、钱穆冲突中，也许也可以获得一些思考的资源。

---

① 余英时：《钱穆与新儒家》，氏著《现代儒学论》，上海人民出版社1998年版。
② 方克立：《关于现代新儒家研究的几个问题》，氏著《现代新儒学与中国现代化》，天津人民出版社1997年版。

牟宗三、罗尔斯与哈伯玛斯论政治正当性

梁奋程　 "台湾中央大学"哲学所博士候选人

前　言

本文目的在重新配置牟宗三先生良知自我坎陷概念的理解脉络，将之放在哈伯玛斯（Jürgen Habermas（1929 –　　））与罗尔斯（John Rawls（1921 – 2002））争论政治正当性证成的脉络中讨论，重新理解牟先生 20 世纪中提出的良知自我坎陷的意义。

一、牟宗三先生良知自我坎陷概念之原初构想

牟宗三先生在 20 世纪中提出良知自我坎陷的目的在于说明儒学如何可以开出科学与民主，即新外王。在本文，仅讨论新外王的民主政治面相。牟先生在《政道与治道》中提到两组概念说明中西文化的特征，分别是"综合的尽理之精神"与"分解的尽理之精神"，以及"理性之运用表现"与"理性之架构表现"①，这两对概念在政治上又代表着两种人际之间的关系，中国的"综合的尽理之精神"与"理性之运用表现"呈现"隶属关系"，西方的"分解的尽理之精神"与"理性之架构表现"则呈现"对列之局"。② 牟宗三认为要成就民主就必须从传统的理性的运用表现转为架构表现，有别于传统内圣直接通外王，他称这两种理性表现之间的转折为"曲通"或"逆"③，并主张在儒家这种转折是一种辩证的发展，在这点创新上，就非传统儒家思想可了解的或起码没有意识到必须要有这种转折。这种关系的转折他专名之为"自我坎陷"④。

---

① 参阅牟宗三：《政道与治道》，台湾学生书局 1977 年版，第 46 页。

② 参阅牟宗三：《政道与治道》，台湾学生书局 1977 年版，第 52 页。

③ "但是从运用表现转架构表现，既是一种曲通，便不能直接用逻辑推理来表明。曲通是以'转折的突变'来规定，而转折之所以为转折，则因有一种'逆'的意义存在。"参阅牟宗三《政道与治道》，第 56 – 57 页。

④ "但此（民主）政体本身之全部却为道德理性所要求，或者说，此政体之出现就是一个最高的或最大的道德价值之实现。此即表示欲实现此价值，道德理性不能不自其作用表现之形态中自我坎陷，让开一步，而转为观解理性之架构表现。"参阅牟宗三《政道与治道》，第 59 页。

牟宗三提出良知坎陷说之后，杨泽波认为在学界鲜有人对良知自我坎陷说或坎陷论有准确的理解，基于不同的理解而有不同的反对者与赞成者。20 世纪的良知自我坎陷论战可见于李明辉的《儒学与现代意识》，此书收集了李明辉的多篇反驳林毓生、杨儒宾、傅伟勋与陈忠信等人的理解或误解的文章。但是在此之后，对牟宗三主张良知自我坎陷开出民主的争论并未平息，主要以蒋庆为首提倡政治儒学反对良知坎陷开出民主的讲法，接着又有杨泽波与美国学者安靖如（Stephen C. Angle）重新诠释自我坎陷概念。

二、对良知自我坎陷的不同理解：蒋庆、安靖如与杨泽波

蒋庆区分政治儒学与心性儒学，当代以牟宗三为代表的心性儒学犯下了两个错误，首先是儒学能够且应该开出科学与民主，第二只有心性儒学才是儒学。[①] 针对第一个错误，蒋庆认为，政治上的民主有其特定的历史文化脉络[②]，人不能直接从出自西方的民主拿过来用。而且更重要的是不应该开出民主，主张民主是一种西化，儒学会因此丧失主体性，与以胡适为代表中国的自由主义，以及马列主义都没有本质上的区别。蒋庆对良知自我坎陷说最严厉的批评在于，自我坎陷违背了王阳明的主张，他认为对王阳明而言，"良知只可呈现而不可坎陷"[③]。如此一来，牟宗三的反而是心性儒学内部的一种"歧出"或"别子为宗"。[④]

美国学者安靖如却对良知自我坎陷有不同的解释，且以之作为其进步的儒学（Progressive Confucianism）的基础。[⑤] 他为了证成自我坎陷的必要性，造了如下论证："（1）我们（儒家）要求成就全德（full virtue）；（2）全德必须在共同世界中实现；（3）全德的共同实现必须借助免于德性要求（claims of virtue）的客观结构。"[⑥] 这三前提的结论就是：儒学必须要有良知自我坎陷。而安靖如认为前提（3）又可进而分为三步骤或有着三重意义：（3.1）"公共地实现的全德意指每个人也都同时在实现德性"；（3.2）"其他人实现德性必须是他们个人与主动的成就"；（3.3）"唯有借着外部的政治结构保障人处理大小事情的权利，才能确保个人积极自我修养的可能性。"

安靖如的论证指出了自我坎陷是必要的，但是我认为，第一，自我坎陷对安靖如而言是消极的，仅仅指伦理价值与政治价值处于一种间接（indirect）关系，政治价值的根源在伦理，但是确保有独立性，即伦理价值在政治领域受到限制[⑦]，这也是为什么安

---

① 蒋庆用"误区"称这两点错误，蒋庆：《政治儒学》，三联书店 2003 年版，第 92－93 页。

② 蒋庆：《政治儒学》，三联书店 2003 年版，第 90 页。

③ 蒋庆：《政治儒学》，三联书店 2003 年版，第 93 页。

④ 蒋庆：《政治儒学》，三联书店 2003 年版，第 58 页。

⑤ Stephen C. Angle, *Contemporary Confucian Political Philosophy*（Cambridge：Polity, 2012），p. 20.

⑥ 整个论证可参阅 Stephen C. Angle, *Contemporary Confucian Political Philosophy*, pp. 29－30.

⑦ Stephen C. Angle, *Contemporary Confucian Political Philosophy*, p. 33.

靖如认为"概括而言，就'自我坎陷'（self-restriction）用于政治领域，就算是圣人也不能违反宪法"①。第二，上述论证中的客观结构或外部的政治结构应该就是牟宗三转出的"理性之架构表现"（Constructive presentation）与"对列之局"（Co-Ordination）②，它们的功能只是保障人们处理与成圣成贤不相干事情的权利，反而不是积极地促进人自我修养的条件，至于那些结构是如何从"理性之运用表现"（Functional presentation）得出则并不清楚。第三，自我坎陷的功能在这两领域之间的过渡作用并不明显，只是基于有必要且将存在着这种过渡而以"自我坎陷"名之，如此理解下的自我坎陷只是形式地象征着从德治到法治，缺乏实质的操作过程。对此，我认为安靖如的理解是一种薄的（thin）良知自我坎陷概念。

相对于蒋庆，杨泽波对良知自我坎陷论则持正面的看法，相对于安靖如对自我坎陷薄的理解，杨泽波的解释则较厚（thicker），他认为良知自我坎陷论"是一个天才的猜测，思想价值极其巨大"③。杨泽波用牟宗三论述中的三个词分别是"让开一步""下降凝聚"与"摄智归仁"，三词代表自我坎陷的三项基本内容或含义。④ 杨泽波还以自创的三分法为架构进一步理解自我坎陷，此所谓"三分法"，第一是欲性，生理欲望部分，他将传统的理性一分为二，而为第二的仁性与第三的智性。⑤ 如此一来，"让开一步"就是让智性或认知层面有更多的发展。"下降凝聚"则指出了明确的发展方向就是往下而不是往上，因为道德理性高于智性，高低有别。至于"摄智归仁"则是道德层级有责任指导其他两层，导向正轨。⑥ 先不管三分法的证成问题，我认为杨泽波以其定义的三分法解释自我坎陷的最大问题出在他所说的"仁性"让开一步后，"智性"为什么就可以自然发动，不受他所谓的"欲性"引导？如果"仁性"在背后下指导棋，是否又复归原位没办法真正地"让开一步"，"智性"就没有独立性可言？用"让开一步"与"摄智归仁"两词为关键理解自我坎陷，似乎又有着不一致的地方，对此中细节，杨泽波都没有交代得很清楚。

---

① Stephen C. Angle, *Contemporary Confucian Political Philosophy*, pp. 65 – 66.
② 牟宗三：《政道与治道》，台湾学生书局 1977 年版，第 52 页。
③ 杨泽波：《贡献与终结：牟宗三儒学思想研究（第一卷坎陷论）》，上海人民出版社 2014 年版，第 51 页。杨泽波认为"这些（按：指良知自我坎陷相关的）论述尽管还缺乏系统性，夹杂在其他论述中间，不易被人发现和重视，在我看来，却实在是一个天才的猜测，思想价值极其巨大"。
④ 杨泽波：《贡献与终结：牟宗三儒学思想研究（第一卷坎陷论）》，第 44、239 页。
⑤ 杨泽波硬要将理性一分为二，似乎没有什么理由，只是指出"道德的根据是可以具体划分的，既有人性，又有智性；与此相应，伦理形式也并非只有一种，而是有两种，既有仁性伦理，又有智性伦理"。参见杨泽波：《贡献与终结：牟宗三儒学思想研究（第一卷坎陷论）》，第 52 页。这种区分应该不是牟宗三所乐见，从来也没有"智性伦理"的这种讲法，是程明道反对的二本论。
⑥ 以三分法架构说明自我坎陷，参阅杨泽波第 55 – 56 页。在说明"下降凝聚"，杨泽波指出必须向下走，而非往上，似乎忽略了牟宗三曾指出"（民主）政体之出现就是一个最高的或最大的道德价值之实现"，这难道不就是一种"向上走"吗？参阅牟宗三《政道与治道》，第 59 页。

良知自我坎陷的诠释者面对的另一个问题是，牟宗三曾明确指出应用黑格尔哲学是他说明民主开出说的创新之处①，但是不少论者抗拒以黑格尔的哲学概念去理解自我坎陷，最终导向以康德式的方式说明它②。杨泽波为此区分牟宗三处理的自我坎陷概念的两个时期，第一就是 20 世纪 50 年代提出民主开出说的时期，第二就是 60 – 80 年代说明两层存有论的时期。③ 杨泽波自己干脆另立诠释架构，以自创的三分法来理解良知自我坎陷，摆脱两个诠释取径的选项。既然杨泽波选择绕过问自我坎陷是黑格尔式还是康德式的概念，而采用三分法，这其实意味着良知自我坎陷原意是什么对他而言不重要。

三、西方版的良知自我坎陷：哈伯玛斯与罗尔斯的后期理论

我认为看当代西方哲学家罗尔斯（John Rawls）与哈伯玛斯（Jürgen Habermas）之间的论战，对如何理解良知自我坎陷说有一定的参考价值。这两位哲学家，尤其是哈伯玛斯，认为道德推理（moral reasoning）与政治推理（political reasoning）或政治正当性（political legitimacy）之间有着间接关系。某种意义上，牟宗三的 20 世纪中开始主张的良知自我坎陷预示了后期哈伯玛斯的转向与罗尔斯的切割。

当代学者费雷逊（James Gordon Finlayson）与费燕哈根（Fabian Freyenhagen）有以下的分析：虽然罗尔斯与哈伯玛斯对于"正义"或"公义"意义的理解有不同④，但是在罗尔斯 Political Liberalism（《政治自由主义》）出版之前，很多人把他的《公义论》（A Theory of Justice）理解为是一种道德理论，如此，就跟哈伯玛斯的对话伦理学（Discourse Ethics）一样，两者都是关于正确行为的一般理论。相对的，不少论者认为哈伯玛斯的对话伦理学其实是一种政治理论与民主正当性理论。这就是对罗尔斯《公义论》的道德解读与对哈伯玛斯对话伦理学的政治解读。⑤ 但是到了哈伯玛斯 1992 年出版 Faktizität und Geltung（《在事实与规范之间》），与罗尔斯 1993 年出版《政治自由主义》，他们都对各自的诠释者有所响应。哈伯玛斯开始接受道德正确性不足以奠基政治正当性，而罗尔斯借着《政治自由主义》厘清其公义是公平（Justice as Fairness）的想法并非是道德理论。这时候，这两种理论有一种合流的现象，它们都是民主正当性的理

---

① "吾于此欲明中国文化生命何以不出现科学、民主与宗教，其所具备者为何事，将如何顺吾之文化生命而转出科学与民主，完成宗教之综和形态。此进于往贤者之义理乃本于黑格尔历史哲学而立言。"牟宗三《历史哲学》，初版自序第 4 页。

② 杨泽波：《贡献与终结：牟宗三儒学思想研究（第一卷坎陷论）》，第 62 页。

③ 杨泽波：《贡献与终结：牟宗三儒学思想研究（第一卷坎陷论）》，第 64 页。

④ James Gordon Finlayson and Fabian Freyenhagen, "Introduction: The Habermas-Rawls Dispute—Analysis and Re-evaluation," in *Habermas and Rawls: Disputing the Political*, ed. James Gordon Finlayson and Fabian Freyenhagen (New York: Routledge, 2011), p. 3.

⑤ James Gordon Finlayson and Fabian Freyenhagen, "Introduction: The Habermas-Rawls Dispute—Analysis and Re-evaluation," pp. 3 – 5.

论，针对的是政治与法律的领域。两者都承认在政治哲学中不能只是应用道德理论于政治领域，虽然也否认道德原则与动机与政治领域无关，而正当性（legitimacy）是他们理论的核心概念。① 无论如何，哈伯玛斯的转向——从道德理论转向政治哲学，与罗尔斯的切割——把道德理论切离政治哲学，都是值得注意的事件。尤其是在本文脉络，可以与牟宗三的良知自我坎陷相互参照。

道德推理与政治推理（政治正当性）之间的关系是什么？粗略而言，转向后的哈伯玛斯主张政治正当性不建立在道德基础上，这意指正当的法律不能违反道德规范，即道德许可的限制（moral permissibility constraint），是说政治正当性有道德的预设（pre-suppositions）却没有道德的基础（foundations），政治正当性依赖于道德却不衍生自道德。② 而对哈伯玛斯最重要的民主原则则是基于对话原则，取决于对话中的种种证成③，作为道德原则的可普遍化原则相对而言只具有消极的功能。

至于罗尔斯，若问道德推理与政治推理之间的关系是什么，这问题可转为以下的问题：在多元社会中有着信奉不同宗教与道德的公民，他们如何可以共存，不会破坏稳定的公民社会？④ 罗尔斯认为这其中的关键在于，对公义想法的思考要脱离政治领域之外的道德与伦理价值，即公义是政治的概念而非形而上学的概念。⑤ 虽然罗尔斯在这时期还持续提到权利优先于善，但是他的这种想法应该可以浓缩为：政治价值优先于非政治价值。⑥

既然两者都不认为道德原则证成政治正当性，那么如何证成政治正当性？简言之，对哈伯玛斯而言，民主正当性来自两头马车，一方面是正式的法律上的已经建立的议会程序，另一方面则是非正式的法律之外与制度外的程序，即公民社会中自由流通的论述，即政治正当性的证成就出现在对话的种种证成中。⑦ 但是罗尔斯却把最关键的证成

① James Gordon Finlayson and Fabian Freyenhagen，"Introduction：The Habermas-Rawls Dispute—Analysis and Reevaluation，" p. 7.

② James Gordon Finlayson and Fabian Freyenhagen，"Introduction：The Habermas-Rawls Dispute—Analysis and Reevaluation，" p. 12.

③ James Gordon Finlayson and Fabian Freyenhagen，"Introduction：The Habermas-Rawls Dispute—Analysis and Reevaluation，" pp. 10 - 11.

④ James Gordon Finlayson and Fabian Freyenhagen，"Introduction：The Habermas-Rawls Dispute—Analysis and Reevaluation，" p. 12.

⑤ James Gordon Finlayson and Fabian Freyenhagen，"Introduction：The Habermas-Rawls Dispute—Analysis and Reevaluation，" p. 13.

⑥ James Gordon Finlayson and Fabian Freyenhagen，"Introduction：The Habermas-Rawls Dispute—Analysis and Reevaluation，" p. 15.

⑦ James Gordon Finlayson and Fabian Freyenhagen，"Introduction：The Habermas-Rawls Dispute—Analysis and Reevaluation，" pp. 10 - 11.

放在"公共证成"（public justification）中①，即找出社会上是否有重叠共识（overlapping consensus）的事实存在，而不是如哈伯玛斯般主张，通过公民对话为其政治的想法建立规范的基础。我们就算找到了这种社会事实，它也仅仅确认了实际上人们有公平合作的基础，却对于人们背后不同的无所不包的（comprehensive）宗教或道德学说（doctrines）存而不论，从而形成一个和谐稳定的多元社会。但是这种论证策略被哈伯玛斯批评为没区分"证成的可接受性（justified acceptability）与实际的接受（actual acceptance）"②。

根据以上论述，可知他们的争论点在于在政治哲学中应该接受哪一种证成方式：证成的可接受性或实际上的接受，但这两个词要如何理解？我们可将上述区分放在更大的学术脉络观察，先就着哈伯玛斯认为自己与罗尔斯论战的定位是"家族纠纷"③，而这是指他们两人都归属为康德这家族。学者雷登（Anthony Simon Laden）曾指出罗尔斯与哈伯玛斯身为康德家族成员的共同处在于他们都拒绝柏拉图的公义学说④，柏拉图对于公义的基本想法（conception），是一种管理的（administrative）公义想法，即公义地出现在于社会中的各种对象得到适当的配置，基于哲学家的专业技能，他们提供的哲学证成（philosophical justification）才能给出公义的事实真相，人们根据哲王（philosopher-kings）给出的事实真相才能配置出公义的社会。简言之，柏拉图认为理性可以直接找出公义社会的理型是什么，然后根据它调整现实上的社会。罗尔斯与哈伯玛斯秉持的却是主体之间的（intersubjective）或民主的公义想法⑤，即关键点不在于社会应该符应一个理想的公义理型，而在于社会成员之间的关系，他们是平等地公开相互照面，用共同接受的原则支持各自的立场，人们身处的关系是一种证成的关系，就是处于相互要求理由与提供理由的活动中。但是他们对于在政治哲学中的理由证成究竟是哪一种理由的看法有所不同，雷登认为哈伯玛斯区分证成的可接受性与实际的接受分别对应着哲学的证成与政治的证成的区分⑥。

雷登认为哈伯玛斯之所以要做出上述区分理由在于，一方面要避免柏拉图的基础主义（foundationalism），即只有哲学家专家式的理性证成才是公义社会的基础，与社会公

---

① James Gordon Finlayson and Fabian Freyenhagen, "Introduction：The Habermas-Rawls Dispute—Analysis and Reevaluation," p. 17.

② James Gordon Finlayson and Fabian Freyenhagen, "Introduction：The Habermas-Rawls Dispute—Analysis and Reevaluation," p. 16.

③ Jürgen Habermas, "Reconciliation Through the Public use of Reason," The Journal of Philosophy, Vol. 92, No. 3. (Mar., 1995), p. 110.

④ Anthony Simon Laden, "The Justice of Justification," in Habermas and Rawls：Disputing the Political, ed. James Gordon Finlayson and Fabian Freyenhagen (New York：Routledge, 2011), pp. 136 – 138.

⑤ Anthony Simon Laden, "The Justice of Justification," pp. 139 – 140.

⑥ Anthony Simon Laden, "The Justice of Justification," p. 151.

民无关，忽略了公民的自主性；另一方面要避免脉络主义（contextualism），即完全放弃普遍的哲学证成，让公民接受他们认定的公义规范就够了。① 而哈伯玛斯自认不偏颇，一方面，在政治领域从事的哲学证成并不是柏拉图式的，而是纯粹程序的（procedural），即厘清公民政治上建立自己社会原则的程序，并非由哲学家制定原则给予公民使用；另一方面，他主张的哲学证成提供的是超越的论证（transcendental arguments），即指出人类社会推理实践的必要预设，显示出公义（政治正当性）原则有其普遍性。

但是雷登却认为罗尔斯并没有忽略了哈伯玛斯的哲学证成与政治证成之间的区分，罗尔斯主张的其实是：在政治哲学中，哲学证成就是政治证成，因为政治哲学的目的本质上就是实践（practical）。② 这意味着在政治哲学中，判断哲学证成的标准，在于政治证成，即诸如在理性的政治审议过程中公民们接受他们的审议结果，而不在哲学专家。雷登认为罗尔斯可以这样宣称是基于他区分了无所不包的学说（comprehensive doctrine）与政治想法（political conception），前者是哲学专家从事的领域，后者则是平等公民，即可公开面对面的人们，展示出其重叠共识与相互性（reciprocity），他们对政治正当性的看法是独立的或是百搭的（freestanding），即不需要归属某一特定的道德或宗教学说，所以它的标准就不是哲学的标准，而是政治证成的标准。③ 罗尔斯可以有上述区分的理由在于社会上多元主义的事实（fact of pluralism）④，这事实让罗尔斯主张政治哲学必须改变，无所不包的学说不能作为政治正当性的基础，就算是有哲学证成，它也只能纡尊降贵，以政治证成为标准。

在上述罗尔斯的证成标准下，他认为哈伯玛斯的理论学说是其中一种无所不包的学说，与其政治自由主义有所不同。但在学者希斯（Joseph Heath）看来，哈伯玛斯的理论可以是罗尔斯标准下的政治理论，只要它说明下的政治正当性可以是独立或百搭的（freestanding）。但是，究竟怎样才算是一种百搭的政治正当性说明？⑤ 比较消极的说法是，这种政治正当性不能只是直接用道德哲学来说明。积极的说法就是涉及一个条件：在多种冲突的无所不包学说盘踞的社会中，这百搭的政治正当性是必要的，基于这，各大学说都认为稳定的政治领域是必要的，其存在是一种价值。⑥

---

① Anthony Simon Laden, "The Justice of Justification," pp. 142 – 144.

② Anthony Simon Laden, "The Justice of Justification," pp. 144 – 145.

③ 根据哲学证成的标准，如果公民不同意哲学证成，就会对他们说："这是对的，所以你们应该接受它。"但是根据政治证成，会说："如果你们合理地行动，则它（政治想法）可以作为我们未来关于如何共同生活的对话之基础。"参阅 Anthony Simon Laden, "The Justice of Justification," p. 148.

④ Anthony Simon Laden, "The Justice of Justification," p. 150.

⑤ Joseph Heath, "Justice：Transcendental not Metaphysical," in *Habermas and Rawls：Disputing the Political*, ed. James Gordon Finlayson and Fabian Freyenhagen（New York：Routledge, 2011）, p. 118.

⑥ Joseph Heath, "Justice：Transcendental not Metaphysical," p. 121.

那么根据上述的标准，哈伯玛斯的理论看来也符合。首先，他的决定行为正确性的理论核心原则，即普遍化原则（universalization principle）（U）不直接用到政治领域决定政治正当性，否则就是直接合并法律有效性与道德正确性，是一种前现代（premodern）的世界观。① 希斯认为哈伯玛斯需要的不是（U）而是对话原则（D）（discourse principle）——"行动规范只是对那些所有可能受影响的人都可能同意作为理性对话中的参与者有效"，这对话原则应用在政治与法律的领域。而这对话原则，希斯认为重点在于各方都对对话原则没太多争议，这是基于政治行动的合理性在于行动者们相互证成各自行动的规则，不至于要说服对方接受其行动的目的，这也就无须涉及无所不包的学说的证成。② 对话原则它有其弱义的超越（weak transcendental）论述，即它作为某些人类社会的不可避免的预设存在，仅仅反映出社会公民沟通的对称（symmetric）关系，即是要求理由与提供理由活动的参与者。③

另外，政治正当性除了需要对话原则外，也需要实在法（positive law）确立下来。而当然，实在法就不是系属于任何特定的无所不包的学说，这是罗尔斯意义下是百搭的。哈伯玛斯的政治正当性就来自对话原则（D）与实在法这两个元素的结合，是一种"建构的"（constructive）论述，皆无涉无所不包的学说。④ 如此一来，哈伯玛斯的政治正当性论述就可以符合罗尔斯设下的标准。

四、家族纠纷中的牟宗三新外王

虽然牟先生没有参与到罗尔斯与哈伯玛斯的论战，但是他早在 20 世纪中就预见了这两位西方学者的转折。就着上面关于罗尔斯与哈伯玛斯论战冰山一角的论述，希望我们回过头来看牟先生的外王或政治正当性论述。就着哈伯玛斯主张他与罗尔斯之间的争论只是家族纠纷，而就着他们是康德家族，牟先生也可以算是其中一分子，因为牟先生用康德来诠释中国哲学是众所周知的。他们三人似乎也可以共享一个真正的政治正当性论述的标准，否定柏拉图的进路。⑤ 看来罗尔斯与哈伯玛斯都共同认为道德哲学不应该应用到政治哲学中，其关键概念是独立或百搭的政治正当性。而这种百搭的政治概念需要的条件，在罗尔斯看来是作为公民的自由与平等的人们，在哈伯玛斯看来却是其弱义超越论述指陈的要求理由与提供理由活动中的参与者，在牟先生看来就是对列之局。如

---

① Joseph Heath, "Justice: Transcendental not Metaphysical," p. 122.

② Joseph Heath, "Justice: Transcendental not Metaphysical," p. 130.

③ 对哈伯玛斯的弱义超越论述之解释可参阅 Joseph Heath, "Justice: Transcendental not Metaphysical," pp. 123 -124.

④ Joseph Heath, "Justice: Transcendental not Metaphysical," p. 132.

⑤ 牟先生否定圣王可以漫越政治的限制。牟宗三：《政道与治道》，联经出版公司 2003 年版，第 140 页。

果上述希斯替哈伯玛斯辩护是成功的，则哈伯玛斯的政治正当性论述可以完全符合罗尔斯的标准，那么牟先生的哲学证成又是什么呢？牟先生提出的良知自我坎陷是否可以成为一种证成方式？如果我们从雷登的论述入手，似乎可以替牟先生的论述找出符应罗尔斯标准的线索，基于罗尔斯主张，政治哲学的本质是实践的，这种证成方式在罗尔斯看来就在于实际上的重叠共识，但是在牟先生看来可以是以下所说的：

"我们不能只从结果上只从散开的诸权利上，割截地看自由，这样倒更不清楚，而上提以观人之觉醒奋斗，贯通地看自由，这样倒更清楚。盖民主政治并不是从天上掉下来的，各种权利之获得也不是吃现成饭白送上门的。这是人们为理想正义而流血斗争才获得的。这很明显，自由必通着道德理性与人的自觉，这里并没有什么抽象玄虚，也没有什么易引起争辩的形而上学的理论。这是实践上的定然事实。各种权利只是它的客观化的成果而在民主政体中由宪法以保障之。人只吃现成饭，忘掉前人的奋斗，始只停在观解理性上，囿于政治学教授的立场，遂只割截地把自由下散而为诸权利，并以为一上通着讲，便是抽象的玄虚，形而上学的无谓的争论。这还不算，并以为一通着道德理性人的自觉讲，便成为泛道德主义，有助于极权，这都是在割截下只知此面不知彼面为何事的片面联想，遂有此一往笼统抹杀之论。"①

牟先生上面讲的奋斗都是实践上的事情，看来比罗尔斯与哈伯玛斯更激进。但是与罗尔斯不同的是，罗尔斯身处美国社会是一个实际上的多元社会，又或是哈伯玛斯预设的处境是要求理由与提供理由的语言社会中。所以在实践的意义上，牟先生的证成要求就比较不同，而提出三条原则："一、政道上确立推荐普选（天与人与）之'公天下'观念（随政权而言政道）。二、治道上确立'让开散开，物各付物'，'就个体而顺成'之原则（随治权而言治道）。三、道德上确立'先富后教'，'严以律己，宽以待人'之教化原则（此含政治上的教化之限度及政治与道德之分际）。"② 如果我们将哈伯玛斯的证成的可接受性与实际上的接受之间的区分，以及罗尔斯的哲学的证成与政治的证成之间的区分来看上述原则，那么第一条原则可以代表着实际上的接受与政治的证成，第二条原则却是证成的可接受性与哲学的证成。至于第三条原则所确认的却是上述区分的再度肯认，这可说为他后期的作为无所不包学说的圆教判教学说订下分际。

---

① 牟宗三：《政道与治道》，联经出版公司 2003 年版，第 60 页。
② 牟宗三：《政道与治道》，联经出版公司 2003 年版，第 140、141 页。

儒家文明论坛

（第二期）下

儒家文明协同创新中心 编

主 编 颜炳罡

副主编 徐庆文 蔡祥元

山东人民出版社

国家一级出版社 全国百佳图书出版单位

贰　儒家文明与当代世界

在对话中走向世界的中国哲学

景海峰　深圳大学国学研究所

新的中国哲学系统的整合与构建，特别需要包容的气度、开放的胸襟和不断的反省与调适，而开展文明间对话，在不同文化系统的相互激荡之中，重新确立自我的身份性，找准自己的位置，可能是进行有效建设工作的重要一步。在今天和平与发展的主题下，世界各种文明都在共处的现实中最大限度地展现和发挥着自身的价值与能量，对话而非对抗，共同发展而不是一意孤行，正在成为人们的普遍共识。当代中国的新文化建设必须要正视这个背景、融入这一大的世界潮流当中，打破封闭，切忌自说自话，只有在充分地和各种文明对话、交流、融通之后，才能够真正谋求新的发展。而作为新文化之基础的哲学反思与建构，又必然要先行一步，因为有了哲学自身的省思与自觉，才能够有大的文化承当。文明对话的背景需要我们做哲学的思考，同时也给认识中国哲学自身的状况和清理有关的问题提供了最好的机遇。

一

今天所谓全球化的时代，文明的背景正日益突显，文化的全球性与地方性、现实性与根源性复杂地交织在一起，消除隔阂需要理解，化解矛盾需要对话，文明之间的会通与对话已成为时代的一大主题。显然，文明对话不限于传统意义上的文化交流，而在于追求普遍价值的建构。传统的文化交流只是建立在局部意义上的，因而受限于地域的分割、范围的分割、形式的分割，最重要的是主体的分割。而文明对话的基础却是建立在一种整体观念上，试图寻取某种价值的统一，或者至少认可存在着最低限度的"人类共识"。但需要指出的是，文明对话所指向的普遍价值，不同于福山（F. Fukuyama）所说的那个"大团圆"结局，他的"历史终结"论是以几个世纪以来的人类制度冲突为基础的，其理性地讨论政治制度的传统由于自由主义民主制的实现而告终也许有一定的道理，但它却忽略了历史不仅仅是这个唯一的传统，历史也是由众多非理性的或者无理性的要素所构成的。针对福山的观点，亨廷顿（S. Huntington）提出了"文明冲突"论，其着眼点在于文明之间的"异"，特别夸大文明的不可调和性，在他看来，多种文明的相互激荡，只能是一个吃掉另外一个，而最终归于一。这样，"文明对话"抑或"文明冲突"，便成为后冷战时代针锋相对的两大话语：一个承认差异，渴望共同性的浮现，寻求有限度的普遍价值；而另一个则夸大分歧，认为文明之间势若水火，你存我灭，最后只能有唯一的价值可以存在。

正是在"历史终结"论这样总结式的话语和"文明冲突"论这样充满挑战意味的论题之双重刺激下，文明对话的论域才逐渐地呈现出来，并且首先在宗教思想界萌发出一种有力量的声音。面对后冷战时代的复杂局面和人类社会依然荆棘满布、前途未卜的困境，以神学家孔汉思（Hans Küng）等人为代表的一批宗教思想家，积极地推动世界各大宗教之间展开对话和商谈，寻找共同的价值理念与伦理准则。他们试图从最基本的对话开始，寻求最低共识的达成，因而特别着眼于伦理道德的领域。从1989年的巴黎"和平与世界宗教"会议到1993年的芝加哥"世界宗教议会"通过《走向全球伦理宣言》，在全世界范围内掀起了一场颇具声势的全球伦理运动。联合国教科文组织实施的"普遍伦理计划"，紧锣密鼓地运筹了《世界伦理宣言》的起草。这些活动在国际引起热烈的反响，标志着全球文化交往与宗教间互动在深层次的展开，也标志着世界各大文明"从独白的时代到对话的时代"之来临。

<h2 style="text-align:center">二</h2>

文明对话首先需要明晰自我的身份性，有了准确的身份，才能够获得有效的出场权，也才能于对话过程做出相应的贡献。就拿哲学来说，我们以什么样的身份登场呢？回答肯定是中国哲学。但中国哲学又是什么？目前狭义的中国哲学或者未经过充分融合的中、西、马杂拌形式是否就能够代表中国哲学？这样，对"中国哲学"身份性的反思，便成为一个需要思考的问题。

就我国20世纪的经验来讲，人们现在越来越多地感觉到了现有模式的缺陷和一种左右不逢源的困境。依傍西方哲学的系统、模仿西方哲学的形态建构起来的"中国哲学"，并未能提供当代社会所急需的民族精神动员的能量，也未能成为现代人与其文明泉源之间有效往来的精神之筏。它在传续中国文化传统方面显得是那么地捉襟见肘、力不从心，以致于我们常常要暗自思量：这种哲学到底是拉近了我们与传统之间的距离，还是在传统与现实生活之间设置了无形的障碍？它是架起了沟通传统与现代的桥梁，还是在传统与现实生活之间空添了几重公案？即便是一个世纪来所追求的现代化形式，同样也难言成功。模仿的相似性并没有获得西方人士的青睐，反倒是在国内的哲学从业者之间加重了一些"老死不相往来"的气氛。目前，中、西、马之间壁垒重重，自话自说，依然故我。因此，我们需要从根本上来检讨"中国哲学"何以成立的基础，经过反省，才能激活民族文化的主体意识，中国哲学之"自我"的觉醒方是可能的。

20 世纪前叶，西哲东渐和随后的"中国哲学"之模仿建构，恰逢欧洲中心主义甚嚣尘上之时，中国的积贫积弱，使得民族文化遭遇到了空前的危机，民族思维的主体意识丧失殆尽，传统资源的独特意义也不复存在了。"中国哲学"的成立，从一开始便被纳入到了欧洲中心主义的普遍性之下，在理念和框架上，则牢牢地系附于西方话语支配权力的基础上，西方哲学的摹本地位和优先存在早已确定。除了欧洲中心主义的底色之外，作为追求现代性的学术体系，"中国哲学"的形态也深深地受到了社会科学制度化的影响。在学科制度化的要求之下，它一方面不断地清除那些不合乎"普遍哲学"规格的内容，把自身从原属民族文化语境的特有情景之中"剥离"出来；另一方面又要时时地注意到与中国的史学、文学、政治等相邻学科的区别，在不易分割的原料当中，进行着小心翼翼地"挑拣"和"撕裂"。这样，西方的价值观和外在形式就被有效地带入到了中国思想的表达过程当中。

三

模糊的身份（亦中亦西、不中不西）和亦步亦趋的追随方式，造成了"中国哲学"的弱势和有限性，这一形象实际上是在与西方"普遍主义"理念的映照和互动之中，被逐渐地塑造而形成的。西学东渐之后，西方文化被看作是世界上唯一具有现代性描述能力的知识体系，它能够描述自身，也能够描述"他者"，在自身和"他者"的交互镜像之中，产生出了具有世界意义的普遍知识。这一"普遍性"的前置和追求所谓"普遍规律"的期许（哲学尤其如此），使得"中国哲学"只能紧随在西方的后面。在整个20 世纪，西方在一切方面都尽量地被解释或塑造成理想的榜样，反过来却不惜对中国的文化做过度的贬损，五四时代的全盘性反传统和20 世纪80 年代的全力拥抱"蓝色文明"，皆表现出了这样的情形。西方的几百年强势所造就的话语霸权，形成了所谓"文明的西方"与"落后的东方"、"进步"与"保守"、"现代"与"传统"等既定的模式，它们深深地嵌入在现代中国叙事的幕景之中。这种从军事、经济到政治、文化，乃至于心理、习俗，高下立判的优势，成了西方长久保持"导师"地位的资本，也是中国只能甘当"小学生"的基本缘由。

这一相差悬殊的身份镜像，在今天越来越遭到了强烈的质疑，人们不但怀疑西方所谓的"普遍性"，而且对仅作为西方之"他者"的自我身份也感到了深切的不满。近20 年来，随着中国经济的急速增长和社会结构的重大改变，一场民族复兴的伟大运动正悄然来临。民族主体意识的觉醒，呼唤着对自己文化的重新评估和对自我文化身份的重新认定。长期以来仅作为西方之"他者"镜像的中国文化身份正在消解，而新的自立的中国文化身份呼之欲出。

　　中国思想主体性的复位和身份的重构面临着许多困难。一方面需要反思近百年来"中国哲学"建构和发展的历程，从中总结出有益的经验和沉痛的教训来，是其所是，非其所非，并从根本上打破它的局限性，走出目前的困境。另一方面又要面对全球化的挑战，寻求适宜的自我身份和新的表达方式，以化解地方性知识的限制，把中华民族的声音带入到世界性的场域之中去。既要打破"西高中低""西优中劣"和"以西释中""西体中用"等思维的定势和习惯的方法，彻底摒弃西方中心主义的陈词，把思想从欧洲中心论的牢笼之中解放出来，展开新的思维想象和精神创造。又不是简单地回到狭隘的民族本位主义的立场，盲目地拒斥西方；相反，和西方文化的互动关系需要在更大范围和更为细致的层面上来展开，其深度和有效性应该是以往任何时候都无法比拟的。既要回归经典，让我们的精神找到一个可栖息的家园；需花大力气重新梳理和诠释古代的典籍，把流失或遗落了的思想果实捡拾回来，把散开了的、杂乱的思想碎片穿缀起来，把断裂了的精神巨链再连接起来。又不可能重新回到经学的老路，再过往昔老儒"皓首穷经"的日子；我们需要的是紧贴时代脉搏、具有全球视野、与人类命运和文明前景休戚与共、具有生机勃勃创造精神的思想劳作。

四

　　中国哲学在近百年的发展中，大力引进西方哲学，"西哲东渐"蔚为大观，形成了不同时期诸多流派各擅胜场的生动局面。而马克思主义脱颖而起，一枝独秀，在千回百折中不断地探索新路，与中国的革命实践相结合，创造出了中国化的马克思主义理论体系，成为主导性的社会意识形态。同时，在外来哲学形式的洗礼中，中国传统的思想也发生了翻天覆地的变化，在有限延续过去历史的情景之下，先后创造出了新儒学、新道家、新佛教等现代系统，使得民族文化传统不至于断绝。在百年中，依于现代学术体系之分割而逐步形成的中、西、马三大领域，各有自己奠基的背景和成长的历史，论域、材料和方法在学者们的书斋中也有渐行渐远的趋势；但作为现实生活之最高凝聚和抽象反映的中国哲学，从来也不曾割裂过，我们既接受亚里士多德、黑格尔的影响，也被马克思、列宁所指导，又在日常生活中广被着孔子、佛陀的遗泽。这三者之间在现实中是相互穿透的，有着奇妙的结合。从理论上来说，传统的中国哲学经历了一个被西方化的过程，有了所谓狭义的"中国哲学"的成立；同样，西方哲学各流派在传播的过程中，也有一个被翻译接受和意义再诠的过程，程度不等地濡染上了所谓中国的色彩、或曰中国式的理解。而马克思主义从传入的一开始，就面临着与中国实际相结合的问题，在理论上，明确要求其中国化的各式各样的提法也不绝于耳，只是于今为盛罢了。这三者的相互融通和结合，在文明对话的今天更显得急迫。融会了一百多年新的历史经验的中国哲学，能够完整地展现在世界的面前，是我们自身的需要，也是世人的期盼，因为这将会带给世界更多的意义和惊喜。就文明对话的指向而言，它的价值显然在于前瞻未来，而不仅仅是回望历史，所以中国哲学的呈现绝不是旧有形态的记忆，而应该是新生命的张扬。

就中国传统哲学而言，文明对话需要的是经过时代洗礼的新儒学、新道家、新佛教等，而不是历史上的旧有形态，参与这个对话的角色，在其身上应该是融合了百年来的新经验、能够折射出这段新的历史之辉光的存在。中国的儒、释、道各家，在宋代以后曾经走出国门，为东亚文明共同体的创造做出过决定性的贡献。但近代以来，随着国势衰微，其影响力日渐地缩小，逐步沦为边缘性的地方知识；在铺天盖地的内外打击之下，更是只剩下了"闭门思过"的份。进入新世纪，随着中国经济的腾飞和国际地位的迅速提高，长期边缘化的中国文化传统开始受到了世人的瞩目，其哲学思想也有了更多展示自身的机会和迈向国际化的可能性。从20世纪90年代开始，中国传统哲学在与世界各大文明进行对话的基础上，拓展了自己的论域和走向国际学术舞台的空间，为自身的发展乃至当代中国文化的建设提供了动力。文明对话的开展，不但让更多的国际人士了解中国文化、了解中国传统思想，而且也让我们获得了本身自我反观、自我整理的机会，可以从对话中来调整姿态、找准自己的位置。传统哲学是这样，经过整合之后的中国哲学更应该朝着这个方向努力。只有在文明对话的互动和锻淬之中，中国哲学才能够走向世界，才能够取得进一步的发展。

论儒家文明的内涵、根本精神、
核心理念及其当代价值

吴　光　浙江省儒学学会执行会长、研究员

摘　要　本文从讨论儒家文明的内涵与结构入手，着重论述了作为儒家文明核心与灵魂的儒学的基本特征与根本精神，进而对儒学核心价值观的历史演变及其当代形态做了分析与论述，进而揭示出儒家文明的当代价值。作者认为，儒家文明由道义学理、制度文物与礼仪风俗三大部分构成。儒学是儒家文明的核心与灵魂，具有道德理性、人文性、整体性、实用性和开放性等五大基本特性，其根本精神，就是以道德为本位、以人生为终极关怀，以及变化日新的道德人文主义精神。儒学的核心价值观是代有异同、与时俱进的，其核心价值则是"历久弥新"的，既有现代性，又有普世性。儒家文明的核心价值对于当代治国理政之道、廉政建设、生态文明建设等都具有重要的启示与借鉴意义。

关键词　儒家文明　基本结构　道德人文精神　一道五德　当代价值

儒家文明缘起于夏商周三代的礼乐文化，奠基于先秦孔孟荀的"仁本礼用"之学，确立于汉唐、发展于宋元明清的纲常道德与政治伦理制度，而成为中华民族生生不息的精神动力与力量源泉。那么，儒家文明的基本结构是什么？其根本精神是什么？核心理念是什么？他对当代建设"富强民主文明和谐"新中国的价值与意义何在？这是本文讨论的重点。

一、儒家文明的内涵与结构

我认为，所谓儒家文明，是以孔子奠定、历代儒家丰富发展的儒家学说为核心，以儒家典章制度、礼仪风俗为形式所发展起来的精神传统、历史传统与政治传统。儒家文明的基本结构由三个部分组成：

一是道义学理，即作为儒家文明核心和灵魂的儒学基本理论及其学术形态。诚然，在各个不同的历史时期，儒家学说有着不同的学术形态，最基本的有五种，即先秦子学、汉唐经学、宋明理学、清代实学、当代新儒学。先秦的孔孟仁学以道德之"仁"为核心范畴，以伦理之"礼"为制度之用，强调立仁、爱人、守礼，发而为政即为仁政；荀子礼学以孔子仁学为基础，强调"王者先仁而后礼"，主张"隆礼尊贤而王，重法爱民而霸"，实际上坚持的是"王霸兼用，礼法共治"的儒家治国路线；汉唐经学以五经为儒家主要经典，而强调"三纲五常"的核心价值观；宋明理学以四书为儒家主要经典，而着重讨论心性问题；清代实学尊经重史，强调经世致用，而开始吸纳西学，走"中体西用"之路；现代至当代新儒学主张回到孔孟，而融会西学新知，走重建儒学之路。然而，不同时期的儒学形态都有其共同信守的基本教义，这就是孔子所提倡的"仁者爱人""修己安人"和"仁政"信条。只要堪称儒家，就不能背离儒家创始人提倡的"仁本礼用"的基本教义。

二是制度文物，即在儒家学说指导及儒家文明影响下形成的社会典章制度及其物质象征。在中国文化遗产中，并非所有的制度文物都是儒家文明的产物。因此其功过是非，也都不能一股脑儿地归之于儒家文明，而应做具体的分析。例如，历史上的君主专制制度，尽管儒家难辞其咎，却主要应归咎于法家文化。但由于儒家文明在两千余年的中国传统社会中基本上处于主导地位，因而其制度文物也大都打上了儒家的文化烙印。例如，封建社会中的等级制、宗法制、家长制等，就基本上是儒家文明的产物。又如封建社会中的御史监察制度、科举取士制度，也基本上是在儒家思想影响下形成并逐步完善的。至于儒家文明的物质象征，在旧中国几乎无所不在，至今仍有许多残存，如北京的天坛、地坛、国子监、故宫，各地的帝王陵墓、文庙孔庙、书院、祠堂、忠孝节义牌坊等，就是在儒家尊天敬祖、天人合一、重视教化、纲常名教思想影响下兴建起来的文物遗存。

三是礼仪风俗，即儒家文明影响下形成的各种官方和民间的礼仪以及风俗习惯。诸如朝廷的主要典礼，民间的婚丧礼仪及家庭成员和朋友之间交往的许多礼仪，也都打上了儒家文明的烙印。民间各种风俗习惯，有些是道教文化或佛教文化甚至基督教、伊斯兰教文化影响的产物，有些则是儒家文明的产物，如清明祭祖、端午节赛龙舟、拜年送红包之类就是儒家神道设教、敬长爱幼和孝悌思想的产物。

以上三个方面，构成了儒家文明的基本结构。如果从体用关系上讲，可以说道义学理是儒家文明之体，制度文物与礼仪风俗是儒家文明之用。显然，在构成这个基本结构的各个部件、零件中，有些是可以流芳百世、历久弥新的，有些则早已生锈、腐朽或不合时宜而被历史所淘汰。我们今天研究儒家文明的基本结构，一方面是研究历史所必须，另一方面也是探索中国现代化道路的理论需要。对这一结构，我们既不能一概继承或弘扬，也不能一概否定或抛弃，而应进行批判性的文化解构与理论重建工作，继承、弘扬并吸取其精华，批判并淘汰其糟粕。

二、儒学的基本特征与根本精神

儒学是儒家文明的核心与灵魂，它自孔子创立后，经过历代大儒的阐发与完善，形成了五大基本特性，即道德理性、人文性、整体性、实用性和开放性。

首先是道德理性。所谓道德理性，就是确立道德的主体性地位，人生与社会的终极理想以道德为依归。孔子说"仁者人也""仁者爱人"，就是讲道德之"仁"是人立于世界的根本依据。孟子说"人之异于禽兽者几希"，是讲人是有道德、有善性的。荀子说："水火有气而无生，草木有生而无知，禽兽有知而无义。人有气、有生、有知，亦且有义，故最为天下贵。"是讲人之所以最为天下贵，乃在于人是讲道义的。离了道德之"仁"、道德之"义"，人便与禽兽无异。所以，确立道德理性是儒学的根本特性。

其次是人文性。儒学特别强调以人为本，以解决社会人生问题为根本任务，关怀人的生死存亡。马厩失火了，孔子首先问的不是马而是有没有伤人，这就是以人为本的体现。儒学重视社会的安定和谐，追求人生的意义和价值，成就君子人格。孔子"己欲立而立人、己欲达而达人"的君子人格，孟子"穷则独善其身，达者兼善天下"以及"富贵不能淫，贫贱不能移，威武不能屈"的"大丈夫"精神，荀子所谓"权力不能倾也，群众不能移也，天下不能荡也"的君子德操，体现的都是同一种人文精神。

第三是整体性。儒学以整体宏观地把握自然、社会、人生为理性思考的方向，因而形成了整体性思维特征。儒家的整体性思维最典型的表现就是所谓"天人合一，万物一体"的整体观念和"尽心知性则知天"的体道途径。从孔孟到清儒，尽管对"天人合一，万物一体"思想的表述形式各不相同，但他们观察整个世界的思维模式，基本上都是整体性思维模式。儒学的整体性思维，是从人自身的道德省察及体悟的经验出发，去思考整个宇宙、社会、人生与道德的统一性、和谐性的。由此又决定了儒家非常崇尚道德力量的超越性、无限性，从而表现出"唯德论"或曰"道德决定论"的倾向。儒家所谓"万物皆备于我""尽心知性则知天"（孟子语），所谓"自天子以至于庶人，壹是皆以修身为本""身修而天下平"（《大学》）等，都是建立在对道德力量的超越性认识基础上看待道德与政治、人道与天道的关系的。儒家的大同理想就是"太和"境界，即追求人类社会道德和谐的最高境界。

第四是实用性。儒学的实用性表现为经世致用、修己安人。孔子在回答关于"君子"标准的问题时说："修己以敬，修己以安人，修己以安百姓。"后儒讲内圣外王，讲修己治人，讲经世致用，都是要求将道德修养的目的落实到安定民生、治国平天下的实践事业之中，而不是空谈道德。儒家体道、修道的过程，走的是一条从道德实践到政治实践即"经世致用"的道路。孔子所谓"己欲立而立人，己欲达而达人"（《论语·

雍也》）的仁者使命，孟子所谓"穷则独善其身，达则兼善天下"（《孟子·尽心上》）的理想人格，《大学》所谓修身为本而后齐家治国平天下的先后本末说，汉儒崇尚以《春秋》决事断狱、以"五经"指导国家政策及个人行为的穷经风气，宋明儒家提出的"穷经将以致用"的观点，明清之际顾炎武、黄宗羲主张的"经世应务"实学思潮，近代康有为、梁启超的托古改制论等，都反映了儒家思维方式的实用理性特征。也可以说，儒家哲学是一种道德本位型的实用哲学。

第五是开放性。这表现为重视兼容和谐、与时俱进，重视开放和变革。

儒学开放性的含义有二：一是认为人生、社会和整个宇宙都是生生不息、变化日新的，因此对于客观社会乃至整个宇宙都坚持一种开放的发展观，而不是封闭的循环论，儒家就是抱持文明进化的历史观看待历史的，所谓"苟日新，日日新，又日新"，正是一种开放的、发展的历史观；二是指儒学本身具有开放兼容的思想特点，能随着时代的变化而不断充实新内容，更新旧形态。如从先秦子学、到汉唐经学、宋明理学、清代实学乃至当代新儒学，都是不断吸收非儒家的思想资源（如道家、法家、佛学、西学）而发展出具有时代特色的新儒学。

我们从以上对儒学五大基本特征的分析中可以看出，儒家学说是有其"一以贯之"之道的。这个"一以贯之"之道，便是道德之"仁"。儒家所讲的"仁心"，便是具有道德自觉的仁爱之心，或曰道德良知；儒家所讲的"道心"，便是发自于道德良知的根本大道，即仁道，其应用于政治，便是立基于道德良知的仁政。而儒家仁心、仁道、仁政所关怀的中心对象不是天，而是人，是人生的意义与根本价值。由此可见，儒学在本质上是一种以寻求人类的道德自觉、确立人类道德的主体性为根本，以实现人生的意义和价值为终极关怀的道德人文主义哲学。儒学乃至儒家文明的根本精神，就是这种以道德为本位、以人生为终极关怀并且变化日新的道德人文主义精神。这种道德人文主义与西方以人权为中心的人文主义思想是很不相同的。西方的人权人文主义所强调的是个人在社会中的权利与自由，而不重视个人道德良知的确立以及个人对于社会的道德义务，它固然具有反专制、反压迫的人文精神，但如果任其泛滥，就会陷入极端利己、唯我独尊的功利主义，就有导致道德沦丧、伦理紊乱、社会秩序崩溃的危险，其结果反而是对人权的抑制与反动。从这个意义上说，东西方文化传统在社会现代化进程中正有互相学习、沟通乃至互补的必要。

三、儒学的核心价值观

儒学从孔子奠基以来，经过历代儒者的阐明与发展，形成了一整套核心价值观体系。历代儒者对儒学价值观的认识与概述代有异同，其中既有历久弥新的常道，也有与时俱进的变道。

（一）儒学核心价值观的表述代有异同，有常道，也有变道

每个历史时期都有不同的时代条件，再加上阐释者自身的主观因素，因而，不同儒者在不同时期对儒学核心价值观的表述不尽相同，强调的重点也有所不同。但是，其最核心的"仁"这一价值观念则是常道，是历久弥新的。

据《论语》所载，孔子提出了 20 多个价值范畴，如：仁、义、礼、知、圣、孝、悌、忠、信、中、和、恭、敬、宽、敏、惠、温、良、俭、让、勇等，其中，讲得最多的就是"仁"和"礼"。孔子的核心价值观可以概括为"仁本礼用"。仁是礼的内在依据，而礼是仁得以实现的外在形式。孔子说："仁者人也，亲亲为大；义者宜也，尊贤为大。亲亲之杀，尊贤之等，礼所生也。"（《礼记·中庸》）又说"克己复礼为仁"，即克制个人的欲望，使自己的一切活动都符合礼的规范，也就达到了仁的境界。这都清楚表明，"仁"是内在的道德自觉，"礼"是外在的制度规范，是仁的外显形式及实现仁的手段。子思主张以"仁、义、礼、智、圣"为核心的"五行"说，又有以"圣、智、仁、义、忠、信"为核心的"六德"说。孟子的核心价值观是"仁义礼智根于心"。荀子推崇孔子和子弓，肯定和继承了孔子所提出的"仁、义、礼、乐、恭、敬、忠、信"等基本价值观。

西汉中期汉武帝时，儒学核心价值观发生了重大变化。以董仲舒为代表的汉儒阐发孔子的"微言大义"，并融合了法家韩非的三纲思想和道家黄老学的阴阳尊卑思想，提出了"三纲五常"理论。"三纲"即"君为臣纲，父为子纲，夫为妇纲"，"五常"指的是"仁、义、礼、智、信五常之道"。到了东汉由皇帝钦定的《白虎通义》模式化了"三纲五常"，致使"三纲五常"成为贯穿自汉至清整个封建社会的核心价值观。直到辛亥革命推翻帝制，"五四"运动提倡民主、科学以后，"三纲"思想由于不再适合时代要求而被淘汰，但"五常"并没有丧失其历久弥新、与时俱进的价值，而得以保留下来，并在新的历史时期扮演了核心价值观的角色。

（二）一道五德：当代儒学核心价值观之我见

二十世纪初的辛亥革命及其后的"五四"新文化运动以后，儒家"三纲五常"价值观在中国受到"彻底批判"，从西学引进的"民主与科学"价值观成为时尚新潮流。1949 年建立中华人民共和国以后至 1979 年，中国崇尚的是"大公无私"的共产主义价值观。1979 年中国改革开放以来，儒家的价值观念重新受到反省、尊重与接纳。在当今全球化的时代背景下，如何重新认识和推广儒学核心价值观是个相当紧迫的问题。

我认为，"仁"是儒学价值观中最根本、最具普遍意义的道德范畴，是儒家的根本之道。"仁"是具有情感性、普遍性、族群本位性并可以付诸实践的儒家核心范畴。孔子说"我欲仁，斯仁至矣"，即指"仁"是内在于人的心理自觉而外化为人的道德行为。"仁"的内涵既丰富又历久弥新：首先，它是一种"亲亲""孝悌"等基于血缘亲

情的家庭道德情感；第二是指立足于人性之善而产生的"泛爱众而亲仁"的社会道德情感；第三是指一种具体的做人原则和治国之道；第四是指实践仁道的人。实质上，"仁"就是以人为本，尊重人的生存权、发展权和政治主宰权的道德自觉与人文精神。

"义、礼、信、和、敬"是当代儒家最应提倡的五常大德，是仁的体现。"义者宜也"，其基本含义就是追求合理、适时、正义、公正、公平。"礼"首先是德性原则，它是内在仁心、善性的外在表现，同时，它还是规范人际关系、区分社会等级差别的准则与制度。如《礼记·曲礼上》说："夫礼者，所以定亲疏、决嫌疑、别同异、明是非也。……道德仁义，非礼不成；教训正俗，非礼不备……君臣上下、父子兄弟，非礼不定。""信"指的是诚信，"诚"指的是真实无妄，"信"就是守这个"诚"，强调的是实事求是、尊重客观实际和信守礼法的精神。"诚信"是立身之本，也是立业、立国之本。"和"即中和之道，强调的是不走极端，人与自然、社会、人与人的共生共荣。《中庸》记孔子言"执其两端，用其中于民"，是一种辩证的、和谐的思想方法与工作作风。又说"中也者，天下之大本也；和也者，天下之达道也。致中和，天地位焉，万物育焉"，《论语》说"礼之用，和为贵""君子和而不同"等等，都以"和"为大德。"敬"源于仁、合于礼，是一种行为态度，其内涵极其丰富：一指敬天，即敬畏天道，尊重客观，追求"天人合一、万物一体"的整体和谐局面。二指敬人，包括敬祖、敬师、敬友。敬祖即敬畏祖宗，孝敬长辈。敬师者必重文德，好学深思，而敬友者重视人际和谐，团结互助。三指敬事、敬业，就是要树立良好的职业道德，兢兢业业做事，从而建立事功业绩。可见"敬"也是常用大德。

概言之，当代儒学核心价值观可以概括为以"仁"为根本之道、以"义礼信和敬"为五常大德的"一道五德"价值观。

（三）儒学核心价值的现代性与普世性

当今社会正处于全球化的进程当中，在全球化、现代化过程中出现了一系列的问题，如生态失衡、环境污染、信仰迷失、道德滑坡、贪腐成风等。这些弊病，有些可以通过科学或法制的手段来解决，但是，"心病还须心药医"，现代精神危机背后隐含的深层价值观问题只能通过道德人文教育的方法去化解。所以，时代正在呼唤儒家文明的核心价值。儒学的核心价值日益显示出它的现代性与普世性。

儒学的核心价值具有现代性。现代社会的人际关系冷漠而且紧张，为富不仁、见利忘义事件时有发生。国家和民族的分裂、种族歧视、宗教冲突、恐怖主义等，问题丛生。人与自然的关系也空前紧张，地震频发、飓风肆虐、气候异常等，大自然在用它特有的方式警示人类。这种情势下，我们需要进一步转换价值观，运用儒家道德人文精神去构建新的价值体系。"仁"是儒学的核心价值，"仁者爱人"，主张"己所不欲，勿施于人"的"忠恕"之道，以"仁"的情怀构建和谐社会，人与人之间互相尊重，相互关爱，和而不同，讲求诚信。对自然界有敬畏之心，坚持"万物一体"的理念和可持续发展的方针，以求人与自然、人与人的和谐共生。

中国人的衣、食、住、行、风俗、习惯等都深受儒家文明的影响。例如，就以"人"的定义而言，科学的视角把人的特征描述为：直立行走、能创造和使用工具、会劳动、有语言的高级动物。然而，中国人说的"是人"或"不是人"却是一个道德意义上的价值判断，这个判断是以仁、义、礼、智、信等核心价值观念为标准的。当今那些无良企业主或不法商人搞三聚氰胺、苏丹红、地沟油、注水肉等，用的是科技，使用了工具，也有劳动，会讲话，但在儒家看来，这些业主或商人就"不是人"，因为他们没有道德廉耻。这最普通的一句话，表明儒学的仁义道德理念，已根植于人们的日常生活之中。

又如，遍布中国的文庙，历代圣贤祠庙塑像，忠孝节义牌坊、碑匾等，都是儒家文明的体现。而祭祀、婚丧以及民间的重要节日，或受儒家天命观、孝礼观的影响，或受儒家忠君爱国思想的影响，都打上了儒家文明的烙印。以中国的春节为例，每每春节将至，在外的游子通宵达旦排队买回家的车票，在家的父母早早准备好孩子喜欢的食品翘首以待。一部《人在囧途》刻画了活生生的春节回家辛劳图。很多外国人不理解，为什么这么辛苦非得往家赶？这其实是中国文化在老百姓血脉中的典型体现。一个简简单单的春节，蕴含的是父慈子孝、和谐美满、迎春祈福等丰富的文化内涵。

中国自改革开放以来，提出了"建设中国特色社会主义"的理论，坚持"实事求是"的思想路线，进而提出"以德治国"的方针，建立"小康社会""和谐社会""和谐世界"和"中国梦"的目标，提倡以"八荣八耻"为主要内容的"社会主义荣辱观"和24字"社会主义核心价值观"。这些都深深地打上了儒家核心价值的烙印。

儒学核心价值也具有普世性。当今世界正处在经济全球化、社会民主化、文化多元化、价值观念趋同化的进程之中，文化传播的手段与方式日益多样化、世俗化，不同质文化的相互碰撞、沟通、交流日益频密，从而形成了文化兼容、价值互补的形势。在这种大背景下，虽然人类在短期内还不可能建立一个全球统一的价值观，但一些原本根植于西方或东方的价值观念，正在跨越国界而日益为全人类普遍认同、接受。例如，原本根植于西方的自由、民主、人权、法治、平等、博爱等价值观念已经被全人类认同而成为普世价值，而原本根植于东方儒家文明的核心价值观念，如仁爱、民本、礼义、和谐、诚信等，也是经过数千年文化变迁和社会实践证明是有利于人类生存发展及社会进步的精神财富，且已突破地域的界限而日益成为全人类的普世价值。在全球性经济危机的大环境下，西方人士纷纷把目光东移，他们希望从中国的发展模式和价值理念中寻求解决问题之道，为其所用。甚至有个叫乔舒亚·库珀·雷默的美国知名学者撰文提出所谓"北京共识"的概念，将中国的快速发展模式视为发展中国家的典范，甚至提出

"应该加快从强权政治向道义政治的转变"的问题。作者指出，北京共识的定义是"锐意创新和试验，积极地捍卫国家边界和利益……求变、求新和创新是这种共识中体现实力的基本措辞"①。如果把他的"北京共识"关键词对应于"中国古代哲学"术语，则可以概括为自强不息、变化日新、爱国主义、务实创新、知行合一等儒家文明的基本精神。这有力地证明了儒学核心价值是既有现代性也有普世性的。

诚然，儒学的核心价值具有普世性，但并非一成不变的、僵化的教条，而是与时俱进、活泼日新的精神理念。当中国崛起于世界民族之林之际，我们切切不可盲目自大，而应深入认识中西文化的互补性，摒弃那种"唯我独尊"的霸权主义逻辑。未来的世界是一个多样化社会共存并进的世界，未来的世界文化也将是一个多元文化沟通互补、和而不同的格局。儒家文明将在与其他异质文明的沟通交流中吸取其精华，实现多元和谐，共同为现代社会服务。②

总之，现代社会的发展正在呼唤儒学的核心价值，期望运用儒学的道德智慧去解决或消除人类的精神疾病和社会弊端。而作为"以道自任"的儒者，也应该具有自觉担当的精神，为全人类的发展尽职尽责。

四、儒家文明的当代价值

习近平同志指出："当代中国是历史中国的延续和发展，当代中国思想文化也是中国传统思想文化的传承和升华，要认识今天的中国、今天的中国人，就要深入了解中国的文化血脉，准确把握滋养中国人的文化土壤。"可以肯定的是，由我们的先贤、先民们创建的儒家文明在 21 世纪的中国仍具有强大的生命力，必定成为滋养中国人的文化土壤与精神食粮。那么，如何认识儒家文明在 21 世纪中国的现实价值呢？

（一）儒学的仁政、德治思想可提供当代治国理政的丰富思想资源

"以德治国"的主张是历代儒家所提倡的政治理想，其基本含义有三：一是正己正人、推己及人，二是以民为本、修德爱民，三是推行仁政、以文化人。传统儒家的"德治"是与"礼治"融为一体、相辅相成的。孔子说："为政以德，譬如北辰，居其所而众星共之。"（《论语·为政》）又说："道（导）之以政，齐之以刑，民免而无耻；道之以德，齐之以礼，有耻且格。"（《论语·学而》）这是儒家的理想治国方略。孟子继承了孔子的"德治"思想，进一步发展出"仁政"学说，强调"以力假仁者霸，以德行仁者王"。而孟子"仁政"的具体内容是"省刑罚，薄税敛"、修习"孝悌忠

---

① 引自 www.douban.com（豆瓣小组网站）2009 年 6 月 16 日发布的研究报告《北京共识》中译文。该文作者是美国《时代》周刊高级编辑、美国著名投资银行高盛公司资深顾问兼清华大学客座教授乔舒亚·库珀·雷默（Joshua Cooper Ramo）。原文首先于 2009 年 5 月 11 日在英国外交政策研究中心发布。

② 参见吴光著、张宏敏编：《从道德仁学到民主仁学——吴光说儒》，孔学堂书局 2014 年版，第 99－120 页。

信""不嗜杀人""以德服人"以及"正经界""均井田""平谷禄"等政治、经济政策。（本段引孟子文分见《孟子》之《公孙丑》《梁惠王》《滕文公》诸篇）此后的荀子主张"王霸兼用""礼法合治"的治国战略，董仲舒主张"德主刑辅"，程朱主张"万物一体之仁"，王阳明主张"致良知"等，都继承了先秦儒家"德治""仁政"的思想传统。

"以德治国"的思想也成为现代中国执政者治国理政的重要战略。习近平同志在2013年11月26日视察曲阜的讲话中指出："国无德不兴，人无德不立。"在2014年2月13日在主持中央政治局第十三次集体学习时强调，"要挖掘、阐发中华优秀传统文化讲仁爱、重民本、守诚信、崇正义、尚和合、求大同的时代价值"。这体现了当代中国执政者对儒家仁政、德治思想的继承与发扬，也正说明了儒家的仁政、德治思想为现代中国的治国理政提供了重要思想资源。

然而，现代中国社会毕竟不再是德礼共治、独尊儒术的时代了，而是进入了民主法治的新时代。在这样的时代背景下，儒家文明如何为现代治理战略提供借鉴呢？我认为主要体现在如何认识和处理德与法的关系方面。实际上，孟子早就论述过"德"与"法"的关系，指出"徒善不足以为政，徒法不能以自行"（《孟子·离娄上》），意思是但有善德而不能通过法度去推行是不足以治国理政的，但有良法而不能在善德指导下去施行，则良法亦不能独自顺利推行。究其实，所谓"德"，首先是社会群体的核心价值观，是群体的道德理想与精神追求，其次是个体的道德自觉与价值观、人生观；所谓"法"，是最基本的社会公德的规范化、制度化，是人人必须遵守的道德底线。"法"源于德而规范公共之"德"，"德"合于法而高于现行之法，并指导着"立法"的精神方向。从这个意义上说，德与法的关系是一种体用关系。在这个体用关系中"德"是根本之"体"、是治道之"本"，"法"是制度之"用"，是治理手段，因此可以概括为"德本法用"。但德治与法治作为治国的方略与手段都是十分重要的，二者缺一不可、相辅相成。明白了德与法的体用关系与辩证关系，则执政者在治理实践中就应该自觉坚持德法共治、民主仁政的治理方向。

（二）为当代反腐倡廉提供思想文化资源

廉政，是古往今来清明政治的重要内容，也是儒家思想家的崇高理想。廉政文化，属于政治文化范畴。孔子说"政者正也"（《论语·颜渊》），则"廉政"就是"廉正"，是指公正廉明的政治局面和政治氛围。这种政治局面和政治氛围的形成，是与官吏的廉德密不可分的。廉政文化，是以廉洁公正为根本内容的文化传统、文化形态与文化精神，主要是指赖以建立公正廉明政治局面和政治氛围的思想、精神、制度、风俗及人文素质。

儒家创始人孔子以及孟子等历代大儒，既是廉政理论的倡导者，也是廉政文化的实践者。孔子所谓"政者正也"一语，是千古不易的真理。他的"仁者爱人""修己以敬""修己以安百姓""礼，与其奢也宁俭"等主张，就包含了丰富的廉政思想。孟子基于"民贵君轻"的民本思想，提出了"君民同忧乐"的廉政思想。《管子·牧民》篇以礼、义、廉、耻为维系国家生存发展的"四维"（四大精神支柱），称"四维张则君令行""四维不张，国乃灭亡"，四维的功能是"礼不逾节，义不自进，廉不蔽恶，耻不从枉"。在这四德中，"廉"实际上处在核心地位。可以说，儒家以"礼义廉耻"为准则的政治文明，就是以廉德为核心的廉政文明。

中国从改革开放到和平崛起，经济高速发展，社会长足进步，人民安居乐业，政治基本清明。然而，引进市场经济和西方政治文化的同时，也附带引进了唯利是图、不择手段的功利主义和享乐主义等负面的东西，致使当代中国普遍地存在着道德沦丧、党风不正、官吏贪渎、人欲横流的腐败现象。在种种腐败现象中，危害最大的是执政者的吏治腐败尤其是司法腐败，是"国殇"；而潜在性危害最大的是学术腐败，即知识分子社会良知的丧失，是"心殇"。因此，在中国现代化进程中反对腐败、加强廉政建设是当今政治的当务之急。而儒家丰富的廉政思想资源可为当代廉政文化的实践提供重要的启示和借鉴。例如勤政爱民、鞠躬尽瘁、廉洁奉公、淡泊明志、任劳任怨、慎独自律、以身作则、实事疾妄、刚正不阿、清正敢言、严惩贪官、设立言官等思想、行为与制度，都值得我们继承与发扬。

（三）对当代生态文明建设的借鉴意义

儒家生态观的当代意义包括两大方面，一是保持人与自然的和谐统一，追求"天人合一，万物一体"的自然生态文明，二是保持人与社会、人与人之间的人文生态文明，追求建立一个多元和谐、互利共赢的新世界。

在开发自然资源方面，主张爱惜资源、取用有节、禁发以时、适度开发的"和谐用中"策略。从今天"全球化"趋势下的"环保"角度而言，就是要保持人与自然恰到好处的和谐统一，保持整个生态环境的平衡发展，并且有意识地护育自然资源，以使万物生生不息。在儒家看来，人与天地万物为一体，因此，作为"万物之灵""最为天下贵"的人类应当保持一颗仁爱之心对待天地万物，在开发和利用自然资源为人类造福时，应当采取"斧斤以时入山林"的"适度开发"策略，不可开发无度，竭泽而渔，以免破坏自然界的生态平衡。这说明，古代儒家是很重视人与自然的和谐共处的。

在当今时代，人类一方面为了自身生存发展的需要而必须认识自然规律、与自然灾害做斗争，利用自然资源为人类服务，因此，人类追求现代化、不断开发自然资源以造福人类的愿望与行为是合情合理的。从这个意义上说，传统儒家所谓"知天""戡天""制天命而用之"等天人关系理论是积极可取的。但在另一方面，人类必须认识到自然资源的有限性及人类对自然环境的依赖性，因此，必须周全缜密地思考与顾及人类生存的整体利益和子孙后代的长远利益，采取节约资源、保护生态环境的战略与策略。从这个意义上说，儒家"万物一体""和谐用中"的生态观是符合人类的整体利益和长远利益的，应当在实践中长期坚持，发扬光大。

《周易·贲卦·象辞》说："刚柔交错，天文也；文明以止，人文也。观乎天文以察时变，观乎人文以化成天下。"这正是对两种不同类型的生态文明的简洁描述。"天文"是指自然生态文明，需要保持刚柔相济、禁发以时的策略，以把握自然变化的规律。"人文"是指文化生态，需要用人文精神教育天下人民，以达到人类文明的最高境界。所以，我们今天讲生态文明建设，既包括自然生态的环境优雅与生态平衡，保持人与自然的和谐共处，又包括人文生态环境的优雅和谐，例如政治清明、人民幸福、社会安宁、世界和平等。在这两个方面，儒家的"天人合一，万物一体"生态观与"多元和谐，人文化成"文明观可以帮助我们正确认识人与自然、人与人、国与国的和谐相处之道，可以帮助我们不断提升文化软实力，以实现中华民族伟大复兴的中国梦和世界永久和平梦。

国家主席习近平于2014年9月24日《在纪念孔子诞辰2565周年国际学术研讨会暨国际儒学联合会第五届会员大会开幕会上的讲话》指出："世界上一些有识之士认为，包括儒家思想在内的中国优秀传统文化中蕴藏着解决当代人类面临的难题的重要启示，比如，关于道法自然、天人合一的思想，关于天下为公、大同世界的思想，关于自强不息、厚德载物的思想，关于以民为本、安民富民乐民的思想，关于为政以德、政者正也的思想，关于苟日新日日新又日新、革故鼎新、与时俱进的思想，关于脚踏实地、实事求是的思想，关于经世致用、知行合一、躬行实践的思想，关于集思广益、博施众利、群策群力的思想，关于仁者爱人、以德立人的思想，关于以诚待人、讲信修睦的思想，关于清廉从政、勤勉奉公的思想，关于俭约自守、力戒奢华的思想，关于中和、泰和、求同存异、和而不同、和谐相处的思想，关于安不忘危、存不忘亡、治不忘乱、居安思危的思想，等等。中国优秀传统文化的丰富哲学思想、人文精神、教化思想、道德理念等，可以为人们认识和改造世界提供有益启迪，可以为治国理政提供有益启示，也可以为道德建设提供有益启发。"习主席所列举的十五点重要启示，同时也有力地揭示了儒学在21世纪的中国与世界的现实价值和深远意义，值得我们反复学习、深刻领会，并且身体力行。

中华普世价值与未来人类文明

郭　沂　韩国首尔大学

近几个世纪以来，随着西方文明向世界各地的扩张和传播，民主、自由、平等、博爱等观念作为普世价值逐渐为不同文化圈的人们所接受。难道西方文明是普世价值的唯一源头吗？这个问题要放在现代化和全球化的大背景下才能看清楚。

笔者曾著文指出，现代化是在全球化过程中进行的，从历史和可以预见的未来看，整个世界范围内的现代化进程大致可以分为四个阶段：第一阶段为西方的现代化过程；第二阶段为西方现代化向其他文明推广，亦即其他文明引进、吸收西方文明的过程；第三阶段为其他文明自身的现代化，确切地说，为各文明之传统的现代化过程；第四阶段为包括西方在内的各大文明之间相互调适、相互吸收、相互融合，逐渐形成一种普世的现代性的过程。就目前的情况看，西方文明中具有普世意义的部分已为世人所共睹，但其他文明中具有普世意义的部分仅仅初露端倪，还有待于进一步挖掘。当各大文明中具有普世意义的部分都进入公共领域并形成普世的现代性以后，各个文明仍会保持各自的地方色彩，其情形类似于儒道之于中国文化。[①]

这就是说，世界各大文明系统，不管是西方文明，还是其他文明，都是在漫长的历史中形成和壮大的，都有自己独特的风格、深厚的底蕴，都在不同文化领域揭示了人类的普世价值。因而，和其他文明一样，在全球化和现代化过程中，中华文明也一定会为世界贡献具有普世意义的价值观。

一、信仰及其类型

信仰是价值的最重要的体现形式，所以我们需要首先搞清楚什么是信仰以及中国人的信仰系统。

信仰是人们对其所持人生真谛的坚信与景仰，是生活意义的源泉，也是行为准则

---

① 郭沂:《"中体西用"新释》,《国际儒学研究》第 7 辑，国际文化出版公司 1999 年版。

的根据。我们可以按照层次的不同，将信仰分为终极信仰和一般信仰两大类。前者是对生命根本意义的坚信与景仰，由此可以获得心灵的最高自由、最高自在、最高快乐、最高满足、最高安顿。我把这种状态称为生命巅峰状态或巅峰体验。可以说，它体现了生命的终极关怀，是人类最终的、真正的精神家园。后者指对某种主义、学说和事物的坚信与景仰，由此可以在一定程度上得到心灵满足。由金钱或物质崇拜所获得的心灵满足，便是极其短暂和微弱的。不过，终极信仰又往往表现为某种主义和学说。这样的主义和学说，当然属于终极信仰的范畴。依此，信仰实含广狭二义，狭义的信仰为终极信仰，其广义兼涉一般信仰。我们这里所要讨论的，便是狭义的信仰，即终极信仰。

既然终极信仰体现了生命的根本意义和终极关怀，是人类最终的精神家园，那么从价值论的角度，可以称之为"终极价值"，在文化系统中具有至高无上的地位。

终极价值应该包含哪些内容呢？我们知道，西方人提出的真善美三个价值观念已为世人所普遍接受。但正如钱穆先生所说："其实此三大范畴论，在其本身内涵中，包有许多缺点。第一，并不能包括尽人生的一切。第二，依循此真善美三分的理论，有一些容易引人走入歧途的所在。第三，中国传统的宇宙观与人生观，亦与此真善美三范畴论有多少出入处。"① 我以为，真善美三大范畴仍然是达到生命巅峰状态各种途径所体现的价值，而不是生命巅峰状态本身所体现的价值。换言之，它们并不是价值的最高形式，并不是终极价值。

生命巅峰状态本身所体现的价值是什么呢？我用一个"安"字来表达。《说文》："安，静也。从女在宀下"；"宀，交覆深屋也。象形。"段玉裁改"静"为"竫"，谓"此与宁同意。"徐锴系传："安，止也。从女在宀中。"《尔雅·释诂下》："安，定也。"《玉篇》："安，安定也。"可见，"安"字的本义是，家中有女人，因而安宁、安静、安定、安心、安顿。这当然是站在男子的角度说的。由于生命巅峰状态是人类真正的精神家园，故我用"安"字来表达处在这一精神家园中人们精神的最高自由、最高自在、最高快乐、最高满足、最高安顿等状态。这才是价值的最高形式，这才是终极价值。

因此，我将价值的三大范畴扩大为四大范畴：真善美安。其中，安与真善美不在同一个层面上，而是凌驾于真善美之上的终极价值。

至于目前流行的"核心价值"这个概念与"终极价值"有所不同。我以为，所谓核心价值就是一个社会或一个时代，为了满足某种需要或达到某种目的而形成的主体价值。当这种需要得到满足或这种目的得以实现，这种核心价值也就随之隐退。这就是

① 钱穆：《人生十论》，广西师范大学出版社 2004 年版，第 8 页。

说，核心价值随着时代的推进而变动不居。但是，当一个社会进入稳定状态，不存在特殊的需要和目的之时，终极价值就会兼核心价值之职。也就是说，对任何社会来说，核心价值或可有可无，但终极价值是不可或缺的。如果由于某种特殊的原因，一个社会的核心价值压倒甚至替代了终极价值，那么这个社会就会失去灵魂，就会迷失方向。正因如此，一个文化系统的核心只能是这种文化的终极价值。在历史上，终极价值虽然有所损益，但其基本精神却是一以贯之的，此所谓"天不变，道亦不变"。

在价值系统，那些并非直接关涉终极关怀的价值，诸如一般信仰所蕴含的价值以及伦理价值、社会价值、政治价值等，我统统归之于一般价值。

获得终极信仰和终极价值，或者说达到生命巅峰状态的途径大致可以分为五种。一是自心了悟的路径，二是各种身心修行的路径，三是道德的路径，四是审美的路径，五是神灵的路径。其中，第一种路径是人心无所凭借、直截了当的对道的彻悟和洞察，是最高超的体道路径。第二、三、四种路径虽然分别借助于修行、道德和审美，但仍然是依赖人心自身的认识能力。第五种则主要靠外力的作用，是在依赖人心自身的能力无法达到颠峰状态的情况下不得不采用的路径，是不得已的办法。

在现实生活中，这五种路径是互相包容的，尽管不同的人群会有不同的侧重。一般说来，利根之人易于采用第一种路径，其次采用第二、三、四种路径，而对于普通大众来说，则采用第五种路径更为便捷。所以，神灵虽然不是高超体道路径，却是最为广泛运用的体道路径，这就是神灵的重要价值之所在。

各种人生学说和生命体验对五种路径各有倚重。大致地说，自心了悟的路径和身心修行的路径为儒、道、释三家所并重。不过，对儒家来说，道德的路径显得更为重要。至于审美的路径，向来为诗人、文学家、艺术家所青睐。而基督教和伊斯兰教，则对神灵的路径情有独钟。

因而，就各大文明系统的情况看，除审美的路径为各种文明所并重之外，中华文明侧重于前三种路径，印度文明侧重于前两种路径，西方文明和伊斯兰文明则以最后一种路径为主。

我要强调的是，这只是达到生命巅峰状态的路径不同，最终的目标则是一致的。好比从不同方向爬同一座山，虽然路径不同，但最终所达到的是同一个顶点，正所谓道通为一。只不过各家对这同一个顶点称谓不一，晚年孔子谓之易，后儒谓之天，道家谓之道，佛教谓之真如，基督教谓之上帝，伊斯兰教谓之真主，如此等等，其实一也。《易》曰："天下同归而殊途，一致而百虑。"

根据获得路径的不同，我把信仰分为宗教信仰和人文信仰、或者说非理性信仰和理性信仰两种基本类型。具体言之，通过第五种路径形成了宗教信仰和非理性信仰，通过其他四种路径造就了人文信仰和理性信仰。

二、中国人的信仰系统

世界上大多数民族的信仰为宗教，故其终极价值是宗教性的和非理性的，如西方文明中的基督教，印度文明中的婆罗门教、佛教、印度教，伊斯兰文明中的伊斯兰教等；而中国人的信仰则宗教、人文并行，尤以人文信仰为主，故其终极价值为宗教性和人文性并行，非理性与理性齐驱，而尤以人文信仰或理性信仰为主。我将之归于五个组成部分：华教、儒家、道家、佛教和文学艺术，其中华教和佛教属宗教信仰，儒家、道家和文学艺术属人文信仰。这五个方面代表着中华民族的终极价值观，也是中华民族精神家园的主要组成部分。

儒、释、道乃至文学艺术，为人们所共知。何谓华教？

关于中国传统宗教，除了道教和佛教外，还有没有其他宗教形式呢？早在20世纪60年代初，美籍华裔学者杨庆堃先生就提出："当道教和佛教作为正式的宗教体系被大众广泛认可时，中国原本土生土长的宗教在历史的记载中常被遗忘。我们称之为传统宗教，因为它从周朝到西汉时期，在外来佛教的影响形成和道教作为宗教出现之前已经得到充分的发展。任何对现代中国宗教生活的整体性研究，都会发现古代信仰和神明仍然有广泛影响。可以认为原始宗教的核心是对天、次于天的众神以及祖先的崇拜。"①"原始宗教——一种本土宗教，在商、周和西汉时期得到了发展和成熟，并在没有外界影响的相对封闭的情况下形成体系——包括四个关键部分：祖先崇拜、对天及其自然神的崇拜、占卜和祭祀。"② 前些年，牟钟鉴先生也指出，中国历史上有"一种大的宗教一直作为正宗信仰而为社会上下普遍接受并绵延数千年而不绝"，这就是中国宗法性传统宗教或原生型宗教。这种宗教"以天神崇拜和祖先崇拜为核心，以社稷、日月、山川等自然崇拜为羽翼，以其他多种鬼神崇拜为补充，形成相对稳固的郊社制度、宗庙制度以及其他祭祀制度，成为中国宗法等级社会礼俗的重要组成部分，是维系社会秩序和家族体系的精神力量，是慰藉中国人心灵的精神源泉。"③ "原生型的天神崇拜、皇祖崇拜、社稷崇拜与皇权紧密结合形成宗法性国家宗教。"④ 看来，这种宗教形式的存在是不争的事实，我完全赞同他们的见解。

如何称呼这种宗教呢？杨庆堃先生除了称之为"传统宗教"和"原始宗教"，还称之为"分散性宗教"（diffused religion），以与"制度性宗教"（institutional religion）相区别，牟钟鉴先生则用了"中国宗法性传统宗教""原生型宗教"这样的名称。窃以

---

① 杨庆堃著：《中国社会中的宗教》，范丽珠等译，上海人民出版社2007年版，第37页。
② 杨庆堃著：《中国社会中的宗教》，范丽珠等译，上海人民出版社2007年版，第109－110页。
③ 牟钟鉴：《中国宗法性传统宗教试探》，《世界宗教研究》1990年第1期。
④ 牟钟鉴：《中国宗教的历史特点与历史作用》，见《中国宗教通史》第十三章，社科文献出版社1998年版。

为，这都是描述性的，作为一种宗教的名称，恐怕尚欠妥当。最近，张丰乾先生提出了"天祖教"这个概念："中国传统社会的最大宗教应该是'天祖教'，或者说中国传统和本土的宗教态度是敬天法祖的——以天为祖，以祖为天。"① 这个名称的确抓住了问题的实质——"敬天法祖"，但"天"和"祖"尚不能涵盖这种宗教的全部崇拜对象。在这种情况下，我倾向于用一个更加模糊、更加宽泛的概念即"华教"来指称这种宗教。在中国古代史上，它不但一直是中华民族的主体宗教，而且一直高居国教的地位，是最能反映中华民族宗教情怀的正宗大教。如果说道教和佛教是一种团体性宗教，只为部分中国人所信仰的话，那么这种宗教则是一种全民宗教，为中华民族几乎所有成员所信仰，所以完全有资格配称"华教"。况且，以民族名称来命名宗教也有先例，如犹太教、印度教等。

按照前人的介绍和我个人的理解，华教应该包含以下主要内容：

首先，上天崇拜。在中国人的传统观念中，天具有至高无上的地位。直到现在，就像西方人用"my God（我的上帝）"来表达惊异的感情一样，中国人会说"我的天呐"。这个"天"不仅仅是自然之天、宗教之天，更为重要的是，也是义理之天。它既是中国人的价值源泉——《诗》云"天生蒸民，有物有则；民之秉彝，好是懿德"，又是历史发展和民意的总根据——《书》云"天视自我民视，天听自我民听"。所以，天是信仰和理性的统一体，其在中国文化中的地位，已远远超出上帝在西方文化中的地位。作为一个中国人，理应保持对天的敬畏。

其次，祖先崇拜、民族始祖崇拜与圣贤崇拜。祖先是我们生命所由来。中国古人认为，不但他们活着的时候保护我们，而且去世以后，其灵魂仍然在保佑着我们。民族始祖崇拜由祖先崇拜衍化而来。就像一个家族的祖先会保佑其家族成员一样，一个民族的祖先也会保佑这个民族。中华民族的始祖，一般指中华民族具有象征意义的始祖伏羲、炎帝、黄帝等为代表的三皇五帝。圣贤崇拜的对象是对中华民族做出杰出贡献的往圣先贤，如周公、老子、孔子、孟子、关羽、岳飞等。在广义上，圣贤崇拜仍然可以看作祖先崇拜的进一步衍化，因为圣贤是中华民族文化意义上的祖先。

第三，图腾崇拜、自然崇拜与社稷崇拜。这个系列虽然都可以归为自然神灵崇拜，但具体情况又有所不同。其中图腾崇拜的对象是作为民族祖先的动物和植物，如龙、凤以及某种花、鸟等，而社稷崇拜的对象则为土神和谷神。至于日、月、星辰、风、雨、雷、电、山、川、树木等，都可以成为自然崇拜的对象。它们既是人类赖以生存的物理基础，也是人们的精神寄托。

第四，巫术、卜筮和方术，这是人类与神灵交通的途径。

---

① 张丰乾：《天祖教——中国传统宗教述略》，见孔子2000网站。

第五，郊社制度、宗庙制度以及其他祭祀制度。

第六，经典。华教的经典为由孔子所编订的六经。《天下》已言明，古之道术"在于《诗》《书》《礼》《乐》者，邹鲁之士缙绅先生多能明之。——《诗》以道志，《书》以道事，《礼》以道行，《乐》以道和，《易》以道阴阳，《春秋》以道名分"。而刘歆一方面说诸子出于王官，一方面说诸子"亦六经之支与流裔"，可见六经乃王官之学的载体。

第七，社会习俗和传统节日。各种社会习俗和传统节日大抵是上述种种宗教崇拜的表现形式（这一点和其他文明并无二致），蕴含着几千年的文化积淀。

华教的至上神是天，而只有皇帝才可以称为"天子"，才有权力祭祀上天，所以皇帝不但是最高的政治统治者，也是最高的宗教权威。

据《尚书·舜典》记载，舜帝继位后，即"肆类于上帝，禋于六宗，望于山川，遍于群神"。这说明早在中国跨入文明时代之初，也就是三皇五帝时期，这种宗教就已经形成了。

在漫长的历史过程中，华教又衍化出许多自成一体的宗教形式。可以说，中国本土宗教多与华教存在血缘关系，属华教支裔，应归为华教家族，其中最突出的是儒教和道教，但更多地被当今学者称为"民间宗教"。

在这里，我们需要厘清"儒教"这个概念。关于儒家思想是人文主义或哲学还是宗教的争论方兴未艾。数年前，笔者曾经提出，"儒学"和"儒教"这两个概念并行不悖："'儒教'不能代替或涵盖'儒学'。这种儒教和儒学仍然有各自的界限，二者的关系犹如道教和道家的关系。"① 就是说，儒学是一种学术体系，而儒教是一种宗教；孔子既是儒学的创始人，又被儒教奉为教主。就像佛教有庙宇、道教有道观作为其宗教场所一样，儒教也有自己的宗教场所，这就是孔庙（文庙）。

论者常把儒教和华教混为一谈，甚至将华教称为儒教。其实，华教只是儒教的母体，而不是儒教本身。华教不但是儒教的母体，也是中国本土所有宗教形式的母体。如果华教可以被称为儒教，又何尝不可以被称为道教或其他什么教呢？

儒教和道教一方面孕育于华教，另一方面又分别是儒学和道家的宗教化，所以有两个源头。因此，既可以归之于华教系统，又可以归之于儒家或道家系统。

除了华教外，中国古代的宗教形式还有传入中国的佛教、基督教、伊斯兰教等外来宗教，其中佛教已经充分中国化了，并成为中国人的信仰系统乃至中国传统文化的主要组成部分之一。

① 见崔雪芹报道：《第三届国际儒学论坛：继承儒家思想精华构建和谐社会》，《科学时报》2006 年 12 月 25 日。

　　至于中国传统的人文信仰，则以儒家、道家和文学艺术为代表。

　　儒、释、道作为中国人的信仰系统，是人们所公认的，难道文学艺术也是一种信仰吗？是的，中国古代的文学艺术已经为华教、儒家、道家和佛教这些信仰系统所浸润，甚至可以说就是这些信仰系统的表现形式，所以也起到了信仰的作用。当遇到挫折的时候，人们就要去拜神，但中国古代的许多士大夫们却去读《庄子》、唐诗、宋词、元曲等文学作品和欣赏书画、古玩等艺术品，从中获得精神寄托，这样文学艺术也可以归到信仰里边了。

　　在中国历史上，宗教信仰和人文信仰相辅相成。一方面，二者相互学习、相互渗透，形成你中有无、我中有你的局面。毫不夸张地说，中国的宗教是一种人文主义宗教，中国的人文主义则是一种宗教人文主义。另一方面，宗教信仰和人文信仰分别成为不同人群的主要信仰形式。大致地说，以士大夫为代表的社会上层多倾向于人文信仰，而以百姓为主体的社会下层更青睐宗教信仰。早在两千多年前，荀子就曾对这个问题做了深刻论述。其《天论篇》论及祈祷等事："雩而雨，何也？曰：无何也，犹不雩而雨也。日月食而救之，天旱而雩，卜筮然后决大事，非以为求得也，以文之也。故君子以为文，百姓以为神。"《礼论篇》又谈到祭礼："祭者思慕之情也，忠信爱敬之至矣！礼节文貌之盛矣！苟非圣人莫之能知也。圣人明知之，君子安行之；官人以为守，百姓以成俗。其在君子以为人道也；其在百姓以为鬼事也。"这就是说，像祈祷、祭祀等宗教形式，百姓认为是与神灵、鬼魂交往的途径，而君子认为这不过是一种文饰而已，是人道的体现。

三、中华普世价值

　　那么，由中华信仰所体现的中华价值是什么呢？它们有没有普世意义呢？

　　近几个世纪以来，随着西方文明向世界各地的扩张和传播，民主、自由、平等、博爱等观念作为普世价值逐渐为人们所接受。难道西方文明是普世价值的唯一源头吗？这个问题要放在现代化和全球化的大背景下才能看清楚。

　　笔者曾著文指出，现代化是在全球化过程中进行的，从历史和可以预见的未来看，整个世界范围内的现代化进程大致可以分为四个阶段：第一阶段为西方的现代化过程；第二阶段为西方现代化向其他文明推广，亦即其他文明引进、吸收西方文明的过程；第三阶段为其他文明自身的现代化，确切地说，为各文明之传统的现代化过程；第四阶段为包括西方在内的各大文明之间相互调适、相互吸收、相互融合，逐渐形成一种普世的现代性的过程。就目前的情况看，西方文明中具有普世意义的部分已为世人所共睹，但其他文明中具有普世意义的部分仅仅初露端倪，还有待于进一步挖掘。当各大文明中具有普世意义的部分都进入公共领域并形成普世的现代性以后，各个文明仍会保持各自的地方色彩，其情形类似于儒道之于中国文化。①

这就是说，世界各大文明系统，不管是西方文明，还是其他文明，都是在漫长的历史中形成和壮大的，都有自己独特的风格、深厚的底蕴，都在不同文化领域揭示了人类的普世价值。因而，和其他文明一样，在全球化和现代化过程中，中华文明也一定会为世界贡献具有普世意义的价值观。

我相信，在博大精深的中国文化中，具有普世性的价值观不胜枚举，但要想从中选出若干最有代表性的，却并非易事，难免见仁见智。我认为，对最能反映中华价值的思想文化体系加以提炼，是一条稳妥的途径。

我们常说五千年中华文明，从文化形态上，可以把这五千年一分为二。儒道释三足鼎立只是近两千年来的情况，在这之前的三千年中，《周易》传统则是中国人思想意识的代表，也是华教价值的集中体现。不仅如此，它还深刻影响着近两千年来中国人的思想世界。毫不夸张地说，对于中国人来说，《周易》实乃大道之源、文化之本。

这样，最能反映中华价值的思想文化体系有四个，即易、道、儒、释。无疑，其中任何一个思想体系都博大精深，蕴含着丰富的价值理念，这就需要我们从中提炼出各自的核心价值。我个人的意见是，这四个思想文化体系的核心价值分别为：太和、自然、仁义、慈悲。这只是就四家的宗旨而言的，事实上这四种价值观也不同程度上为各家所共同拥有。

"和"的本义是唱和之和。和者呼应唱者，已经包含着二者思想感情相协调一致的意味，很容易引申出应允和协作的意思、而由应允和协作，则自然可以引申为和谐。太和则将和提升为宇宙法则，语出《周易》乾卦《彖》传："乾道变化，各正性命。保合大和，乃利贞。首出庶物，万国咸宁。""大"，一本作"太"，二字通。朱子《周易本义》曰："太和，阴阳会合冲和之气也。"阴阳为宇宙的两种基本性质和力量，因而太和是就宇宙法则而言的。在古代文献中，"和"有"会合"之义，尤其就阴阳二气的关系而言。这样一来，从朱子的解释看，太和包含两种含义，一是阴阳二气的会合、合一，二是阴阳二气的和谐、调和。因而，作为《周易》的核心价值，太和也相应地拥有两个基本内容：一是万物合一，包括天人合一、人神合一、物我合一、主客合一等；二是万物和谐，包括人与自然的和谐、人与人之间的和谐、人内心的和谐等。

众所周知，对立统一规律是西方辩证法的根本规律，认为任何事物以及不同事物之间都包含矛盾性，而矛盾双方既对立斗争又统一推动了事物的运动、变化和发展。但从《周易》阴阳八卦观念所反映的中国辩证法看，任何事物以及不同事物之间都包含阴阳

① 郭沂：《"中体西用"新释》，《国际儒学研究》第7辑，国际文化出版公司1999年版。

两种性质和力量，阴阳二气既和谐又统一推动了事物的运动、变化和发展，所以这种辩证法可以称为"和谐统一规律"。

作为一种价值观，太和又承载着"和"字本身的内涵。首先是适中、恰到好处。其次是不同事物相调适、协调，与之相对的概念是"同"。"和""同"之辨是春秋时期的热门话题，为学者广泛注意的是史伯和晏婴的说法。他们都认为，"和"即不同事物和美整合，"同"是同一事物简单积累。后来，孔子进而将"和""同"引申为道德范畴："君子和而不同，小人同而不和。"（《论语·子路》）

老子的最高概念是道，但道是以"自然"为法则的。他说："有状混成，先天地生，寂寥，独立，不改，可以为天下母。未知其名，字之曰道，吾强为之名曰大。……人法地，地法天，天法道，道法自然。"（郭店《老子》本）这意味着自然代表道家的核心价值观。

"自然"的本义为初始的样子、本来的样子、本然。老子主张，世间万物，包括人、地、天、道，都应"法自然"，即依其本性而存在。就人的精神状态而言，要保持虚静质朴。如郭店本《老子》说，"致虚，恒也；守中，笃也"，"视素保朴"。今本《老子》亦云，"致虚极，守静笃"（十六章），"载营魄抱一，能无离乎？专气致柔，能如婴儿乎？涤除玄览，能无疵乎"。就社会道德而言，要弃绝人为、谋虑等背离道、背离自然的因素，这样人民才能复归孝慈等传统道德："绝知弃辩，民利百倍；绝巧弃利，盗贼无有；绝伪弃虑，民复孝慈。"（郭店本《老子》）就政治而言，要无为而治："是以圣人居无为之事，行不言之教。万物作而弗始也，为而弗恃也，成而弗居。夫唯弗居也，是以弗去也。"（郭店本《老子》）

后来，庄子在老子"自然"的基础上，特别突出精神的"自然"状态。这是一种比西方的个体自由更加根本的自由形式，即超绝的精神自由、生命自由。

总之，作为一种价值观，自然表现为精神上的虚静、自由，道德上的纯真、纯朴，政治上的无为而治。

儒家的核心价值观，早在西汉时期的董仲舒已经归结为仁义礼智信五常，但如若从中再加提炼的话，我以为非仁义二字莫属。孔孟都将"仁"解释为"爱人"。樊迟问仁，孔子回答说"爱人"（《颜渊》）。孟子也说："仁者爱人，有礼者敬人。"（《孟子·离娄下》）一言以蔽之，所谓"爱人"，即是对生命的热爱、珍惜与尊重。无疑，这是一种内心体验，所以孟子又说："仁，人心也。"（《告子上》）

儒家强调推己及人。具体地说，儒家的仁包括三个由内及外的层面。一是对自我生命的珍惜与尊重，"志士仁人，无求生以害仁，有杀身以成仁"（《卫灵公》）。贪生怕死看起来是保护生命，实际上是舍本逐末，是对生命的践踏与侮辱，因为生命的本质不在于躯体，而在于生命的精神价值。因此，在必要的时候献上自己的躯体，才是对生命的真正珍惜与尊重，才是对仁的成全。二是对父母兄弟的热爱，"孝弟也者，其为仁之本与！"（《学而》）三是对所有人的热爱。"子贡曰：'如有博施于民而能济众，何如？可谓仁乎？'子曰：'何事于仁，必也圣乎！'"（《雍也》）

如何才能为仁呢？在孔子看来，为仁之方就在于以己度人、将心比心的心理过程。从积极的方面看："夫仁者，己欲立而立人；己欲达而达人。能近取譬，可谓仁之方也已。"（《雍也》）从消极的方面看："仲弓问仁。子曰：'出门如见大宾，使民如承大祭。己所不欲，勿施于人。在邦无怨，在家无怨。'"（《颜渊》）

仁政思想是儒家仁学的重要组成部分。孔子认为，推行孝悌教化也是为政的一种方式："《书》云：'孝乎惟孝，友于兄弟，施于有政。'是亦为政，奚其为政？"（《为政》）我们知道，有子曾经说过："孝弟也者，其为仁之本与！"据此，将孝悌用于政治，可谓之仁政。不过，这种萌芽状态的仁政只是孔子政治思想中的一个侧面，其政治主张的基本倾向，可以用德治二字来表达。后来，孟子明确地提出仁政思想，这是对孔子德治思想的继承和发展。仁政的实质是重民、以民为本。

义是儒家的另一个核心价值。义就是适宜、应当、正当。由这种含义，可引申出正义、公平的意思。如果说仁是一种内心欲求的话，那么义则更多地出自外在因素，因为作为其标准的道是外在的。

总之，作为一种价值观，仁义含有仁爱、仁政、民本、正义、公正等丰富的含义。

佛教和其他宗教的最大不同，是主张不通过外在的神灵，而依靠自身的智慧来得到解脱。人们常说的"般若波罗蜜多"，意思就是以内心广大无边的智慧，来超脱世俗困苦，到达彼岸，所以这个过程，被称为智慧度或智度。按照佛教教义，不但要自度，还要度人，让众生得到解脱，颇有儒家"己欲立而立人，己欲达而达人""诚者，非自成己而已也，所以成物也"的情怀。在佛教的话语中，这就是慈悲。

《观无量寿佛经》中说："佛心者，大慈悲是。"《大智度论》则明确指出："慈悲是佛道之根本。"据此，如果我们把慈悲作为佛教的核心价值，大概是不会有多大的争议的。具体言之，慈和悲的含义是不同的，正如《大智度论》卷二十七所说："大慈，与一切众生乐；大悲，拔一切众生苦。大慈，以喜乐因缘与众生；大悲，以离苦因缘与众生。"慈是慈爱众生并给予他们快乐，悲是悲悯众生并拔除其苦难。看来，就像儒家的仁、义一样，佛教的慈、悲是相辅相成的价值理念。

佛教的慈悲精神，不限于人类，也遍及花草树木在内的一切生命，乃至无生命的山水土石。这和儒家的民胞物与观念，相得益彰，对于我们今天生态和环境保护来说，很有意义。

作为中华核心价值的太和、自然、仁义、慈悲是否具有普世意义呢？我们可以把它们分为两类，太和与自然为一类，如上所述，二者所体现的是宇宙法则，其普遍性自不待言。仁义与慈悲为另一类，所反映的是人性，其普遍价值当然也毋庸置疑。

值得强调的是，这些来自中华文明的普世价值，正好可以补充和纠正那些来自西方文明的普世价值的不足。

首先，中西普世价值属于不同的价值类型。显而易见，太和、自然、仁义、慈悲等中华普世价值分别来自不同的信仰体系，属于终极价值，而自由、平等、民主、人权等西方普世价值则大致可以归为社会价值、政治价值等一般价值。

从文化优势看，如果可以把文化分为精神文化、制度文化和物质文化三个层面的话，那么我以为中国传统文化的优势在于精神文明，而西方现代文化的优势在于物质文化，至于制度文化领域，则中西文明或可分庭抗礼。

人们或许会问：现代西方制度文化难道不是其优势之所在吗？在目前忽略中国传统制度文化的情况下，当然可以这么说。但如果抛弃偏见，深入挖掘中国传统制度文化的宝藏，就会发现，中西文明在这个方面不但并驾齐驱，而且存在优势互补的关系。如果说现代西方的政治的性质为民主政治的话，那么中国传统政治可以称为贤能政治或精英政治。

据传，丘吉尔曾经说过："民主制度很不好，但是其他制度更不好。"这句话一般被转述为：民主制度是一种最不坏的制度。鉴于民主制度为世界上越来越多的地区所接受，我们或许可以进一步说：民主制度是现存最好的制度。但这绝不意味着民主制度是一种理想的政治制度。

那么，在全球化时代，我们能不能创构出一种比民主更好的政治制度呢？笔者的设想是：在制度框架方面，要在综合西方的民主政治和中国传统的精英政治的基础上，创造性地建构一种新的政治体制。在这个过程中，中国传统的阳儒阴法的制度建构和德本刑末的观念尤其值得重视。在从政者修养方面，要更多地采用儒家内圣外王的政治理念，如孔子说的"政者，正也。子帅以正，孰敢不正""苟正其身矣，于从政乎何有？不能正其身，如正人何"（《子路》）、"君子之德风，小人之德草，草上之风，必偃"（《颜渊》）、"君子笃于亲，则民兴于仁"（《泰伯》）等。在政治技巧方面，要重视取法道家思想，尤其是无为而治的政治理念。

四、中华价值与第二个轴心期的精神方向

"轴心期"这个概念自德国哲学家雅斯贝斯在 20 世纪 40 年代末提出了以后，虽然争议不断，但至今魅力不减。笔者认为，雅氏对世界历史发展脉络的宏观把握，对我们今天研究文明转型来说，仍然极具启发意义。

在《历史的起源与目标》一书中，雅斯贝斯提出"人类看来好像从新的基础起步

了四次"。第一次始于人类刚刚诞生的史前时代，也就是普罗米修斯时代；第二次始于古代文明的建立；第三次始于轴心期；第四次始于科技时代，我们正在亲身体验这个阶段。①

这四个时期的本质特征各是什么呢？雅斯贝斯认为，第一个时期的标志是语言、工具的产生和火的使用②。第二个时期的表征是文字和文献、建筑和作为其先决条件的国家组织、艺术品。"然而，这些文明缺乏奠立我们新人性基础的精神革命。"③第三个时期，即公元前800年到前200年间在中国、印度和西方不约而同发生的轴心文明，是一种"精神过程"④。"这个时代的新特点是，世界上所有三个地区的人类全都开始意识到整体的存在、自身和自身的限度。人类体验到世界的恐怖和自身的软弱。他探询根本性的问题。面对空无，他力求解放和拯救。通过在意识上认识自己的限度，他为自己树立了最高目标。他在自我的深奥和超然存在的光辉中感受绝对。""这一切皆由反思产生。"⑤"它与人性的整个有意识的思想方面的精神的历史发展有关。从古代文明产生起，这三个具有独特性的地区就在基督降生前的1000年中，产生了人类精神的全部历史从此所依赖的创造成果。"⑥第四个时期，也就是我们这个时代"全新全异的因素，就是现代欧洲的科学和技术"⑦。

意味深长的是，结合这个线索，雅氏又将目光投向遥远的未来，认为"我们视线内的这个人类历史如同进行了两次大呼吸"："第一次从普罗米修斯时代开始，经过古代文明，通往轴心期以及产生轴心期后果的时期。""第二次与新普罗米修斯时代即科技时代一起开始，它将通过与古代文明的规划和组织类似的建设，或许会进入崭新的第二个轴心期，达到人类形成的最后过程。"⑧

显而易见，在雅斯贝斯看来，人类将进入第二个轴心期，从而"达到人类形成的最后过程"。那么第二个轴心期的本质特征是什么呢？雅氏曾经将人类历史的起源与目标做了符号性的总结："'人类之诞生'——起源；'不朽的精神王国'——目标。"⑨这就是说，和第一个轴心期一样，第二个轴心期的实质仍然是一种"精神过程"。

也许人们会问，现代文化已经空前繁荣，难道还算不上新的轴心期吗？对此，雅斯

---

① 雅斯贝斯著：《历史的起源与目标》，魏楚雄、俞新天译，华夏出版社1989年版，第32－33页。
② 雅斯贝斯著：《历史的起源与目标》，魏楚雄、俞新天译，华夏出版社1989年版，第32页。
③ 雅斯贝斯著：《历史的起源与目标》，魏楚雄、俞新天译，华夏出版社1989年版，第55页。
④ 雅斯贝斯著：《历史的起源与目标》，魏楚雄、俞新天译，华夏出版社1989年版，第7页。
⑤ 雅斯贝斯著：《历史的起源与目标》，魏楚雄、俞新天译，华夏出版社1989年版，第8－9页。
⑥ 雅斯贝斯著：《历史的起源与目标》，魏楚雄、俞新天译，华夏出版社1989年版，第22页。
⑦ 雅斯贝斯著：《历史的起源与目标》，魏楚雄、俞新天译，华夏出版社1989年版，第95页。
⑧ 雅斯贝斯著：《历史的起源与目标》，魏楚雄、俞新天译，华夏出版社1989年版，第33页。
⑨ 雅斯贝斯著：《历史的起源与目标》，魏楚雄、俞新天译，华夏出版社1989年版，第34页。

贝斯早已给予了明确的回答："我们现在所处的状况是十分明确的，现在并非第二轴心期。与轴心时期相比，最明显的是现在正是精神贫乏、人性沦丧，爱与创造力衰退的下降时期"。"这整幅画面给我们的印象是，精神本身被技术过程吞噬了。"① "如果我们寻求一个我们时代的类似物，我们发现它不是轴心期，而更像是另一个技术时代——发明工具和使用火的时代，对这一时代我们完全不了解。"② 从这些论述中，我们可以进一步确认，在雅斯贝斯眼中，第二个轴心时代的本质特征是精神创造。

综合人类历史的四期说和"两次大呼吸"说，可以得知，整个人类历史的过去、现在和未来分为五个大的时代，即史前时代、古代文明时代、轴心时代、科技时代和第二个轴心时代。

窃以为，在这整个过程，又包含四次大的文明转型。第一次是人类由野蛮时代进入文明时代，或者说由史前时代进入古代文明时代；第二次是由古代文明进入轴心文明；第三次是由轴心文明进入科技文明；第四次是由科技文明进入第二个轴心文明。就其性质而言，第一次和第三次为"工具的突破"，第二次和第四次为"精神的突破"。其中，第一次是"工具"本身的革命，由史前时代语言、工具、火之类的低级"工具"，上升到古代文明时代文字、金属工具、国家之类的高级"工具"。其后，便是"工具的突破"和"精神的突破"交替进行。"工具"和"精神"就像人类文明的两极，当历史的车轮驶向其中一极并达到顶点以后，便调转车头，驶向另一极；当达到这一极的顶点以后，又会重新调转车头，驶向对面。这个情形，犹如周敦颐笔下的太极图："太极动而生阳，动极而静；静而生阴，静极复动。一动一静，互为其根；分阴分阳，两仪立焉。"（《太极图说》）就像动与静、阴与阳两极一样，作为人类文化两极的工具文化和精神文化，也是相互促进，相互派生的。

难道历史只是机械地重蹈覆辙吗？当然不是！每一次突破都使人类文明上升到一个新台阶，都有一系列前所未有的新质的整体呈现。

另外，我们用工具文化和精神文化这对概念来表达人类文化的两极，并不意味着这两种文化对人类的意义是旗鼓相当、地位平等的。精神文化是人的高级需要，工具文化是人的低级需要，或者说精神文化是人的目标，工具文化实现这个目标的途径和手段。这样我们也就不难理解为什么雅斯贝斯把"不朽的精神王国"作为人类的最终目标了。

原来，我们所处的科技时代的主题不过是工具文化。沉浸于此，为物所役，人们早已失去目标，无家可归了。所以，发现自我，重返久违的精神家园，乃当务之急，也是

---

① 雅斯贝斯著：《历史的起源与目标》，魏楚雄、俞新天译，华夏出版社 1989 年版，第 112 页。
② 雅斯贝斯著：《历史的起源与目标》，魏楚雄、俞新天译，华夏出版社 1989 年版，第 113 页。

第四次文明转型即由科技文明进入第二个轴心文明的根本任务。

作为第二个轴心文明的特质是精神创造并不是凭空产生的，而是要在已有的精神文化成果的基础上，进行新的提升和创造。我们所说的已有的精神文化成果，主要是第一个轴心文明的成果，包括中华文明、印度文明和西方文明。因而，第二个轴心文明的大致方向是中国、印度和西方的精神文化成果的融会贯通与创造发展。

这三个轴心文明的本质特征虽然都是一种"精神过程"，但各自的"精神过程"又有自己的风格，甚至在不同的精神文化领域各有所长，这也意味着它们在第二个轴心文明的相应领域中拥有显赫地位。按照我的理解，所谓精神文化，大致包括三个方面，一是审美，二是道德，三是信仰。不难发现，中国、印度和西方在这三个方面可谓大异其趣，各呈异彩。在这三个方面中，信仰居核心的、主导的地位，它决定着精神文化的基本风格和大体方向。无疑，信仰也将成为第二个轴心文明的灵魂与核心。

毋庸讳言，近代以来，在世界范围内，宗教虽然仍然代表着一些文明的民族主体价值，但已经受到科学的严重挑战，而达尔文的进化论对基督教的否定尤为彻底。在这种情况下，宗教犹如明日黄花，再也不能重现前现代时期的风采。

人是精神的动物，而信仰又是精神的核心，所以人不可一日无信仰。宗教式微了，价值崩溃了，信仰缺失了……怎么办？出路就在于继承和发展中国传统的人文信仰或理性信仰，重建人类的精神家园。这就是第二个轴心文明的精神方向！

中国古代精神文化之繁荣昌盛，是世界上任何一个民族也望尘莫及的。可以说，就像西方文明的物质文化达到了人类最高水平一样，中华文明的精神文化达到了人类最高水平，而中华信仰则是其核心部分，在现代社会，具有独特的优势。随着时代的进步和人类思想意识的提高，中国精神文化中的人文信仰或理性信仰因素，将成为未来普世文明中精神信仰的增长点。历史将会证明，在信仰领域，宗教的或非理性的信仰会越来越弱，而人文的或理性的信仰却会越来越强，最终成为人类信仰世界的主流。

不过，就现阶段的情况看，人文信仰建设和宗教信仰建设都非常重要。和传统社会一样，这两种信仰形式仍然适应不同人群。也就是说，对于学校和体制内人员应该侧重人文信仰的建设，而对于普通民众则需注重宗教信仰的建设。

华教在中国文化中的地位，不亚于基督教之于西方文化，在中华文明的发生发展中，起到了建设性的积极作用。遗憾的是，长期以来，带有浓厚人文色彩的华教被当作封建迷信加以铲除，以致传统宗教资源大量流失，而外来宗教乘虚而入。长此以往，中华民族还能靠什么立于世界民族之林呢！

近几年，祭祀炎帝、黄帝和孔子，已经逐渐由民间演化为政府行为，以孔子生日为教师节、以传统节日为法定假日的呼声也越来越高，这无疑是一个令人欣慰的开端。但我们也应该注意到，有关的典礼和措施尚待进一步完善和落实，各种风俗习惯也有待恢复。

端正态度，继承传统固然重要，但更重要的是发展和弘扬中国传统信仰，这就要求我们对这套信仰系统进行一场改革，使之适应现代社会。这将是一项浩大的文化工程，需要数代中华儿女为之奋斗。

如果我们承认像雅斯贝尔斯所说的那样，精神创造是第二个轴心时代的本质特征的话，那么我们可以预言，以人文信仰见长并具有丰厚相关资源的中华文明的复兴，将开启第二个轴心时代！

从现代角度看孔子思想

刘源俊　台湾东吴大学

"易则易知，简则易从。……易简，则天下之理得矣。"（《易·系辞上》）诚哉斯言！中华文化的核心思想，应整理成简约明了的概念，以利传扬。笔者尝归纳原始儒家思想为"诚、仁；中、和；忠、恕"三对观念，后又进一步归纳为"诚"、"仁"、"中"、"达"四大项，分别对应于修身、待人、行事、学道"四为"——修身秉诚，信、忠、义、慎；待人以仁，孝、悌、恕、爱；行事用中，和、礼、敬、泰；学道能达，敏、乐、弘、毅。在此不赘。

然而，这只是整理古人的观念，古人所用的语词未必为现代人所充分理解，也未必适用于现代。原始儒家的重要观念必须与现代接轨，方容易让人接受，也才能发扬光大。

孔子思想与"现代五行"

笔者近日重新整理"现代五种人文精神"为明伦、和群、格致、闲适、超越五种，且称"现代五行"[①]。"明伦"的要旨包括知分、忠恕与仁爱等；"和群"的要旨包括公平、讲理与依规等；"格致"的要旨包括务实、明理与利用等；"闲适"的要旨包括愉悦、文雅与从容等；"超越"的要旨包括舍己、行义与超然等。此"五行"相和而相生。[②]

以下略说孔子思想与上述"现代五行"的关系。

（一）明伦精神

伦理是人与人相处的道理。孟子讲的"五伦"指"父子有亲、君臣有义、夫妇有

---

① 这里且借用子思的名词，子思称"仁、义、礼、智、圣"为"五行"。此"现代五行"则包括了现代人所重视的伦理、民主、科学、艺术、宗教诸面向。

② 本文主旨最早发表于 2012 年 4 月 7 日北京大学儒学研究院举办"儒学的复兴两岸学者研讨会"，当时题为《孔子思想与现代人文精神》。后成文发表于《中国政法大学学报》2015 年总第 45 期。

别、长幼有序、朋友有信"。此外，儒家当然还特别重视师生的关系。到了现代，"君臣"关系虽已过时，但仍有上司与下属的关系、领导者与被领导者的关系。另外，因为社会益趋复杂，衍生出医生与病人之间、服务员与顾客之间、房东与房客之间、官与民之间、民代与选民之间、人与陌生人之间等种种关系。

孔子对人际关系的最重要观念是"知分际"，也就是"礼"。所谓"君君，臣臣，父父，子子"。（《史记·孔子世家》）就是说：君要像君，臣要像臣，父要像父，子要像子。引申而言，当然夫要像夫，妇要像妇；兄要像兄，弟要像弟；老师要像老师，学生要像学生……就这点而言，到现代还是适用的——例如上司要像上司，下属要像下属——各人要认清自己的身份，彼此以礼相待。"君使臣以礼，臣事君以忠。"（《论语·八佾》）这句话，到现代无妨引申诠释为"领导者要有容人的器识与服人的风范，被领导者也要有合作的诚意与建议的义务"。

现代注重依法行事。所以"子为父隐，父为子隐"的观念当已过时，子女对父母"顺"的态度与父母对子女"卫护"的态度都应受到法律的约束。"忠君"的观念也已过时，而应代之以"忠于宪法"、"忠于团体宗旨"等。但现代各种人际关系益趋复杂，法有所穷，"徒法不足以自行"，礼与法相辅相成仍然是正道。

"礼"有些是成文的，但许多是不成文的，也有好些不可能成文。例如，说"非礼勿视，非礼勿听，非礼勿言，非礼勿动"（《论语·颜渊》）到底什么是"非礼"？似乎也很难说清楚。但孔子有概括的答案："礼也者，理也。乐也者，节也。君子无理不动，无节不作。"（《礼记·仲尼燕居》）人与人的关系最终是要回归理性，讲"理"，讲"节"。现代医生与病人之间、服务员与顾客之间、房东与房客之间、官与民之间、民代与选民之间的关系，除了依法之外，讲理当是不二法门！

至于人与人的一般关系，孔子思想概括而言就是"仁"。"仁"的内涵主要者何？孔子说："弟子入则孝，出则弟；谨而信，泛爱众，而亲仁。"《论语·学而》"夫仁者，己欲立而立人，己欲达而达人。"（《论语·雍也》）曾子说："夫子之道，忠恕而已矣。"（《论语·里仁》）"忠"是尽己，"恕"就是"己所不欲，勿施于人"。（《论语·颜渊》）孔子又说："老者安之，朋友信之，少者怀之。"（《论语·公冶长》）

综而言之，孔子的明伦思想大体是兼重理与情，而理先于情。到了现代，还应该要加上"法"的考量，其顺序应改为：理→法→情。

（二）和群精神

人如何善处人群？又如何治理人群？这属于现代社会学与政治学的范畴。现代人群相处的主要概念就是"德谟克拉西"（democracy，一般译为"民主"），其中包含了法治与人权这些观念。然"民主"一词，顾其名常思错其义——一般人或以为是虚幻的"人民当家做主"，或总想到竞争性的"投票选举"；及其实践，乃常沦为过渡到"专政"（dictatorship）的手段，或阿众取宠（populistic）的"德殁诡赖戏"。笔者琢磨"德谟克拉西"的精义，改译作"集谋共和制"，即着眼于导正人们的思维。[①]

先说善处人群。"和"是孔子的核心主张："中也者，天下之大本也；和也者，天下之达道也。"（《礼记·中庸》）"和"与"同"是不同的观念；孔子的主张常不为世俗认同，这时采取的态度是："君子和而不同。"（《论语·子路》）这并不容易做到，所以说："和而不流，强哉矫！中立而不倚，强哉矫！"（《礼记·中庸》）另外，孔子又说"君子群而不党"（《论语·卫灵公》）。换言之，他是不赞成"离群而索居"的，但也不赞成搞"喻于利"的小群体。

中国现代有"合群"一词，乃翻译自英文的 sociability，其义是"善处人群"（to be able to live harmoniously）[②]。但"合群"一词很容易被野心家利用来要求人"配合群体"（to conform to the group）而遂行专制。考究"民主精神"的根本，其实是尊重、讲理与"和而不同、群而不党"。笔者乃撷取后两句的首字，创"和群"一词，涵括 sociability 之义，而与"尊重"、"讲理"并提，用以诠释民主精神。[③] 这么说来，孔子思想与现代民主精神若合符节。

再谈治理人群。现代强调法治，但法常常总还是有私心的人（统治者或民意代表）制定的，所以法治仍须以德治为辅，才能周全。孔子在这方面有精辟的论述，他说："政者正也；子率以正，孰敢不正？"（《论语·颜渊》）"道之以德，齐之以礼，（民）有耻且格。"（《论语·为政》）"百姓足，君孰与不足？百姓不足，君孰与足？"《论语·颜渊》他的理想则是"大道之行也，天下为公；选贤与能，讲信修睦。故人不独亲其亲，不独子其子，使老有所终，壮有所用，幼有所长，鳏寡孤独废疾者皆有所养"（《礼记·礼运》）。

综而言之，从现代观点看，孔子思想是与"民主精神"相符的，但在实践上还需要补充"集谋"与"合议"的制度设计，才能长治久安。这也是笔者提倡将"德谟克拉西"诠译为"集谋共和制"的用心。

（三）格致精神

"科学"的要义本是"学—验—思"（science 的音译兼意译）。中国人抄袭东洋翻译的"科学"（分科之学）后，"科学精神"就不知所云了——难道是"分科之学的精

---

① 刘源俊：《说发展科学与民主须以中华文化为基础》，《中国政法大学学报》2013 年总第 33 期。

② 查 1996 年联合国教科文组织 UNESCO International Commission on Education for the Twenty-first Century 提出的"教育四要项"（The Four Pillars of Education）是：Learning to know（学知），Learning to do（学行），Learning to live together（学善处），Learning to be（学立）。

③ 刘源俊：《说发展科学与民主须以中华文化为基础》，《中国政法大学学报》2013 年总第 33 期。

神"？笔者于是建议用"格致精神"来取代①，寓意"务实、明理、利用的态度，求是、求善、求美的精神"。

孔子思想重视务实："必也正名乎。"（《论语·子路》）"知之为知之，不知为不知，是知也。"（《论语·为政》）"子不语怪、力、乱、神。"（《论语·述而》）。他也重视明理："子绝四：毋意，毋必，毋固，毋我。"（《论语·子罕》）"博学之，审问之，慎思之，明辨之，笃行之。"《中庸》"人能弘道，非道弘人。"（《论语·卫灵公》）"下学而上达。"（《论语·宪问》）"温故而知新。"（《论语·为政》）他又重视利用：主要表现在"格、致、诚、正、修、齐、治、平"（《礼记·大学》）的政治哲学上；也表现在他的"致用"的期望上。

孔子有求是精神："吾道一以贯之。"（《论语·里仁》）"是故夫象，圣人有以见天下之赜，而拟诸其形容，象其物宜，是故谓之象。圣人有以见天下之动，而观其会通，以行其典礼，系辞焉以断其吉凶。"（《易·系辞上》）有求美精神："恶紫之夺朱也；恶郑声之乱雅乐也。"（《论语·阳货》）有求善精神："大学之道，在明明德，在新民，在止于至善。"（《礼记·大学》）"子谓韶，'尽美矣，又尽善也'。谓武，'尽美矣，未尽善也'。"（《论语·八佾》）

综而言之，孔子很有格致的精神。但毕竟，科学发达于西方，未起源于中国；许多人归咎于儒家。惟爱因斯坦说得中肯，中国科学落后的关键有二：一是未能发展出希腊哲人的形学严格推理体系；二是未能发展出如西方文艺复兴时期发展出的系统实验方法。② 这都属于方法层面。检讨过往，观察现代，孔子的"学—思—行"方法应该补上"验"——"学—验—思—行"，才说得上完整。

（四）闲适精神

闲适（英文 leisure，德文 Muße）属西方哲学与社会科学里的一重要概念；J. Pieper 的《闲适：文化的基础》（Leisure：The Basis of Culture）是这方面的名著。③ 该书第一篇的《小序》里写道："许多伟大真知灼见的获得，往往正是处于闲适之时。"他在该书中并警告：除非我们重新获得宁静与洞察（不作为）的本领，除非我们以真闲适取代忙乱的娱乐，我们将毁灭文化——毁灭自己。

孔子正是懂得闲适的人。他在燕居时，"申申如也，夭夭如也"（《论语·述而》），"莫春者，春服既成；冠者五六人，童子六七人，浴于沂，风乎舞雩，咏而归"（《论

---

① 刘源俊：《说科学精神》，《二十一世纪》2009 年第 116 期。

② 爱因斯坦写于 1953 年 4 月 23 日致 J. E. Switzer 的信上。见 *Science since Babylon*, by D. J. de Price.

③ J. Pieper, Leisure：*The Basis of Culture*, St. Augustine's Press（November 15, 1998）. 原文为德文 *Muße und Kult.* München：Kösel-Verlag, 1948. 1952 年首度译为英文。该书被誉为二十世纪里的一本重要哲学著作，阐明闲适的价值。

语·先进》)。他说："仁者乐山，智者乐水。"（《论语·雍也》）他说："君子无所争，必也射乎！揖让而升，下而饮。"他曾学琴于师襄子。（《孔子家语·辩乐解》）又喜欢唱歌："子与人歌而善，必使反之，而后和之。"（《论语·述而》）

他懂闲适的功能，并作为教育的重要内容："兴于诗，立于礼，成于乐。"（《论语·泰伯》）"诗可以兴，可以观，可以群，可以怨。"（《论语·阳货》）"志于道，据于德，依于仁，游于艺。"（《论语·述而》）他也知闲适应有所节制，所以会说："乐而不淫。"（《论语·八佾》）

综而言之，孔子在忙碌之余，经常能保持宁静、淡泊、恬适的心灵，这或许是他能长寿，能发创见（自己谦称"述而不作"），又能致远的重要因素，值得现代人效法。

（五）超越精神

"超越"指抛开个人的考量。超越精神包括舍己、行义、看破生死等面向。

孔子不是不谈"利"的人，但总把"义"放在"利"之前。他说："不义而富且贵，于我如浮云。"（《论语·述而》）"士志于道，而耻恶衣恶食者，未足与议也。"（《论语·里仁》）"君子之于天下也，无适也，无莫也，义之与比。"（《论语·里仁》）"君子喻于义，小人喻于利。"（《论语·里仁》）

孔子对鬼神的看法是："未能事人，焉能事鬼？未知生，焉知死？"（《论语·先进》）"敬鬼神而远之。"（《论语·雍也》）

他对生死的看法是："志士仁人，无求生以害仁，有杀生以成仁。"（《论语·卫灵公》）"朝闻道，夕死可矣。"（《论语·里仁》）

宗教人士总认为，儒家避谈身后事，是一缺憾——这方面不如基督教讲死后的"审判"，或佛教讲死后的"轮回"。但笔者倒认为：不睬鬼神，不畏死，又不在乎身后，才是真正的超越。孔子就是这样的一个人。

综合而言，前述明伦、和群、格致三种精神属于理性，闲适精神属于感性，超越精神则属觉性。现代佛家说：理性、感性、觉性三方面都顾到，才是整全的人。孔子思想在这三方面都有涉及，实是博大！

但必须承认：孔子思想乃属"强者的思想"，不适用于"弱者"，因而无法解决忧苦大众的困境。毋怪乎，大部分的民众仍需要皈依宗教以寄托心灵。所以这里要补充说一句：我们不能以儒家不是宗教或儒家不需要宗教，就否定宗教的社会功能。

总之，孔子思想与现代人文精神的关系，博大精深，还有待深入发掘。

从现代观点看孔子教育思想

孔子教育思想的精义可用五点概括：德性与学问并重；学、思、行相辅；情、理兼顾；本立而道生；致中致和。以下分别略为一说，并各从现代观点补充孔子教育思想之不足。

（一）德性与学问并重

《中庸》里的"尊德性而道问学"一句充分显示儒家教育并重德性与学问两纲领的本质。孔门虽有四科（德行、政事、文学、言语），但并不表示四科分立——例如德行好的人可以忽略文学、言语，或文学、言语好的人可以忽略德性。

他说："文质彬彬，然后君子。"（《论语·雍也》）什么是"文"与"质"呢？从其他话里可以得到启示。例如他说"君子义以为质"（《论语·卫灵公》），又说"志于道，据于德，依于仁，游于艺"（《论语·述而》）。又例如子路问成人，他回答："若臧武仲之知，公绰之不欲，卞庄子之勇，冉求之艺，文之以礼乐。"（《论语·颜渊》）可见"质"里包含了德性与学问——知、不欲、勇与艺；"文"里又包含了制度与教化。

到现代，"尊德性而道问学"的"两纲领"应当扩充为"进德、健身、成智三纲领"才周延，在此不赘。①

（二）学、思、行相辅

孔子的教育注重学、思、行相辅。关于并重学与思，他说"学而不思则罔，思而不学则殆"（《论语·为政》），"吾尝终日不食，终夜不寝以思，无益，不如学也"（《论语·卫灵公》）。关于重视行，他说"始吾于人也，听其言而信其行；今吾于人也，听其言而观其行"（《论语·公冶长》），又曾谦言"文莫吾犹人也；躬行君子，则吾未之有得"（《论语·述而》）。后来《中庸》将儒家教育思想归结为"博学之，审问之，慎思之，明辨之，笃行之"，甚是精辟。

张春兴教授说，现代教育心理学重视"知、情、意、行"并重的"全人教育"，"学得行为实践中能含有知、情、意三者，是为教学成功的最高境界。孔子所说的'知之者不如好之者，好之者不如乐之者'，含意与知、情、意相似；而其中所指知、好、乐三者，自然也是在行为实践时显示之"②。

笔者因为从事科学教育多年，经常思索科学的意涵及中国科学落后的主要原因。本文前述"格致精神"节曾说到，"学—思—行"的"三相辅"应扩充为"学—验—思—行四相成"，才能符合现代教育的需要。至于"教学相长"（《礼记·学记》），则应扩充为"教、学、研三相长"才符合现代学界的要求。

（三）情、理兼顾

孔子注重真性情的流露，"仁即天真纯朴之情，自然流露之情，一往情深、人我合

① 刘源俊：《说教育要旨》，《书屋》2010 年总第 158 期。
② 张春兴：《教育心理学——三化取向的理论与实践》，东华书局 1994 年版，第 28 页。

一之情"①。他说"刚毅木讷，近仁"（《论语·子路》），又说"巧言令色，鲜矣仁"（《论语·学而》），让"刚毅木讷"者和"巧言令色"者形成了鲜明的对比。他又多处赞扬"直"，当说"益者三友"时，首先就提到"友直"（《论语·季氏》）。

孔子重视理性，自己也是极为理性的人，"情、理兼顾"可以形容孔子的禀性；本文前述"格致精神"节已举了许多例子说明孔子的理性。教化的要旨其实就在提倡理性，使人群和好相安。

然而到现代，社会日益复杂，"徒法不能以自行"（《孟子·离娄》），"法治"乃成为必要，且越来越显重要。"情、理兼顾"的说法应扩充为"理、法、情三兼顾"，方为妥适——"法"又必须奠基在"理"上。

（四）本立而道生

孔子注重基本，说"君子务本，本立而道生。孝弟也者，其为仁之本与"（《论语·学而》），"修身则道立"（《孔子家语》）。本的意当不只"孝弟"而已，应就进德与成智两方面言。进德方面的"本"在于修身，要先修身然后推己及人；他说"己欲立而立人，己欲达而达人"（《论语·雍也》），"克己复礼为仁"（《论语·颜渊》），"修己以安人"（《论语·宪问》）。

至于成智方面的"本"，孔子重视立志与乐学，他曾说"吾十有五而志于学"（《论语·为政》），"知之者不如好之者，好之者不如乐之者"（《论语·雍也》）。孔子又重视前人奠立的基础，所以说"温故而知新"（《论语·为政》），"学而时习之，不亦悦乎"（《论语·学而》）。《大学》归纳出"物有本末，事有终始，知所先后，则近道矣"一句，说得十分精辟。现代教育重视"back to basics"，其实说的就是"务本"。

（五）致中致和

孔子谈"中道"之处甚多，如"言中伦，行中虑"（《论语·微子》），"耻其言而过其行"（《论语·宪问》），"过犹不及"（《论语·先进》），"质胜文则野，文胜质则史；文质彬彬，然后君子"（《论语·雍也》），"叩其两端而竭焉"（《论语·子罕》），"《关雎》乐而不淫，哀而不伤"（《论语·八佾》）。孔子弟子则形容他"温而厉，威而不猛，恭而安"（《论语·述而》）。

孔子直接谈"和"的情况不多，"和"的思想多包括在"仁""礼""乐"之中。他的弟子有子就说"礼之用，和为贵"（《论语·学而》），"大乐与天地同和"《礼记·乐记》。"和"又是政治领域里的概念，他说："宽以济猛，猛以济宽，政是以和。"（《左传·子产论政宽猛》）"故乐者，审一以定和，比物以饰节，节奏合以成文，所以合和父子君臣，附亲万民也，是先王立乐之方也。"（《礼记·乐记》）

———————————

① 贺麟：《儒家思想的新开展》（1941），《文化与人生》，商务印书馆1988年版，第9页。

《中庸》将"中"与"和"放在一起，说得更清楚些："喜、怒、哀、乐之未发，谓之中；发而皆中节，谓之和。中也者，天下之大本也；和也者，天下之达道也。致中和，天地位焉，万物育焉。"

笔者曾为文谈"致中和"，说其中包括了两项理念——"致中"与"致和"。"'中'所以行己，'和'所以待人处世；而我们有需要赋予'中'、'和'新的诠释与价值，当可作为现代教育的要项。"① 该文说及"致中"的现代意涵分三方面："中虑"、"中言"与"中行"。"致和"的现代意涵则是"集谋共和制"（所谓"民主"），有"尊重""讲理""和群"三要素。

至于孔子关于教育实践的其他许多真知灼见，包括"有教无类""因材施教""教学相长""循循善诱""能近取譬"等，都值得现代教育家重视、效法。在此不细述。

结　语

孔子距今两千五百年，当时的社会、学问与今天相比自是大不相同。然而今日我们看孔子的言论，许多仍然历久弥新——因为到底人还是人，人性并没有改变。当年的许多教化仍然适用于今天。我们一方面应当发掘其中可用的宝贝，作为今日发展文化的基础，另方面也必须就其中不适用或不足之处加以修正与补充。本文诸项观点期望抛砖引玉，就教于方家。

---

① 刘源俊：《"致中和"与现代德育》，王才等编：《中华文化与和谐社会建设》，暨南大学出版社 2011 年版。

"人类世"新人本主义的文化根源：儒家视角

李晨阳　新加坡南洋理工大学

人本主义作为一种哲学，是把人作为价值配置的基础，把人的价值作为其出发点。今天这种广义上的人本主义已经为人们所熟知。正如查尔斯·泰勒所说，我们生活在一个"世俗的时代"。不管是好还是坏，人类都已经是世界的中心。然而，现在我们生活在一个新的时代。新时代就需要有一种新的人本主义。在本文中，我首先提出：在发展一种旨在提升全人类幸福、繁荣与和谐的新人本主义时，两个重要的主题必须包括进来。第一个主题是这种新人本主义必须反映我们对"人类世"挑战的应对，如果一种新人本主义不能有效解决当今的环境挑战，那么它就是过时的；第二个主题是它必须有文化根基，无论一种人本主义怎样具有普世特征，如果脱离了文化传统，它都是没有活力的。紧接着，我在文中介绍了一种能够统一这两个重要主题的关于新人本主义的儒家视角。

"人类世"观点的支持者们认为："人"这个物种是当前塑造地球的主导力量；而科学家们则仍然在讨论这一新概念的合理性，以及如果这一概念是合理的，"人类世"又是始于什么时候。然而，他们双方的分歧是关于地层学，而不是人类对自然影响的事实。毫无疑问，人类已经成为一个全球性地球物理力量，并能够从根本上改变地球。正如 1995 年诺贝尔经济学奖得主保罗·克鲁岑和他的合著者 C. Schwägerl 所说的那样，"现在已经不是我们对抗'自然'，相反，正是我们决定自然是什么以及它将会是什么"。"人类世"反映了我们时代的一个最基本的事实：我们正处于一个与以往不同的时代。几乎所有早期版本的人本主义都是为"全新世"设定的，都已经成为过去了。在我们这个时代，任何形式的有意义的人本主义都必须考虑到人类活动对环境的决定性的影响。我们应该注意到，"人类世"的概念不仅是一个新的地质时代。它也是一种新的世界观，一种新的哲学。为此，不仅完全依赖神的保护的前人本主义的观点不再是可行的，而且认为一切非人类的存在物只具有工具性价值，以服务于狭隘的人的利益的极端人类中心主义的观点也变得毫无意义。新的适合"人类世"的人本主义思想必须具备两方面的内涵。一方面，人类不是神秘宇宙中的普通一员；另一方面，它也不是世界的绝对中心。新人本主义需要在"人类世"中掌握好这两者间的平衡。

此外，任何形式的人本主义都不能脱离其文化根源。早在 1947 年联合国教科文组织起草《世界人权宣言》时，就已经提倡"新人本主义"。2011 年，联合国教科文组织又在《走向新人本主义和调和的全球化》的报告中宣称："新人本主义的目的是'创造一种同情、归属和理解的氛围，对于人权的尊重和追求是永无止境的，需要不断的努力以适应现代化的挑战'。"① 对新人本主义的这种理解强调了人类超越特定的文化传统，并建立"一个单一的人类社会"的目标。我认为这样的目标是令人钦佩的，有价值的。但我也相信，全球范围内的单一的人类社会离不开文化基础。这至少有三个原因：首先，个人需求的全面实现需要当地社会以及全球人类社会。我们可以环游世界，但在一天结束的时候，我们仍需要一个可以回归的文化家园。所以，可行的新人本主义的任何形式都必须有其文化根源。其次，我们这个时代的新人本主义如果不利用各种文化资源是不会成功的。一种可行的新哲学不会突然出现，它必须是建立在之前的或成功、或失败的探索的基础之上。最后，当我们创立一种新的人本主义哲学时，我们绝不能忽视的事实是：世界上绝大多数的人都是有宗教信仰的，并且宗教还是世界上大多数文化传统的中心。西方人本主义从早期开始，尤其是文艺复兴时期，一直与基督教会有着千丝万缕的关系。因而，我们不可能要求全世界的人都离开他们的神或灵性，以接受新的人本主义。由于这些以及其他的原因，一个可行有效的新人本主义必须深深扎根于世界的文化传统之中。如果真能做到这一点，我们人类就会有一个共同的、可以从不同的文化角度阐述的、合理的新人本主义。虽然这种新人本主义并不取决于任何单一文化传统的霸权，也不需要任何人接受特定的文化传统或所有文化。但这种新人本主义是依靠世界文化共同提供的基础。它必须与各种文化传统产生共鸣，并与各方面很好地协同起来。当然，这样一种新的人本主义在任何文化传统中都没有一个现成的、完整的形式。因而，它必须是生成的。它的生成发展是一个双向的过程。一方面，多样的文化传统为新的人本主义的建设提供了资源；另一方面，这一过程还为各种文化传统的自我反省提供了机会，使他们能够调整、改革和重新阐释自己的价值配置。② 新人本主义者的拥护者必须从这两个方面着手，以推动这样一个崇高的事业。

我认为，儒家哲学中具有建立新人本主义的重要资源。儒家哲学的中心思想是"和谐"。在历史的长河中，这一概念有很多的诠释乃至误解，在当代也是如此。因此，值得重申的是，儒家哲学中的"和谐"观念不仅仅是一致、整合和表面上的稳定。相反，

① http：//www. unescocentre. ulster. ac. uk/pdfs/pdfs_ unesco/courier_ 2011_ 4_ humanism_ a_ new_ idea. pdf.

② 对于更多的价值配置的讨论，见李 2008.

它是一个动态的生成过程，在这个过程中，每一方的前景都会得到优化。并且，和谐可以存在于不同的层次之中：个体、群体、社会和整个世界。① 儒家哲学中最根本的观念是"天""地""人"三才的和谐。"天""地""人"这三种元素构成了一个统一的大和谐。在儒家和谐思想的体系中，"天""地""人"有其适当的作用和功能，三者之间相互促进，又共同促进整个宇宙的大和谐。

这种"天""地""人"三者合一的思想可以追溯到儒家的经典著作：《易》。《系辞》中说："有天道焉，有人道焉，有地道焉。""天道""地道""人道"并不是三条完全独立的道路，它们相互作用，并提供了宇宙和谐的框架。这种观点是不以人类为中心的，因为它不认为只有人类具有内在价值，也不认为在世界上所有的其他东西的存在只是为了满足人类的需求。儒家的和谐理念考虑到了所有事物的价值，并认识到其在宇宙中的合法地位。同时，这种观点也不是反人本主义的，因为它不认为人类和生物群落中其他非人类的成员具有同等的地位。它在宇宙中给予了人类一个特殊的地位：人类的使命是与"天""地"一起实现世界的和谐。儒家的这种观念可以简单地理解为"三才和谐"。

虽然不同的人会对儒家思想有不同的理解，但在"三才和谐"中，"地"和"人"的含义还是非常直观的。"地"指的是地球母亲（我们人类生活的地方），它是一个有生命的实体。"人"是指人类充满道德意识，而不是一个单纯的生物物种。人类不仅是地球上众多物种中的一个，还是一种独特的存在；不仅被赋予了出众的能力，同时也有着特殊的使命：以一种独特的方式为宇宙的和谐做出贡献。荀子是中国古代儒家的代表人物，他把人类和世界上的其他物种进行了比较，主张人与其他事物的根本区别在于："水火有气而无生，草木有生而无知，禽兽有知而无义。人有气、有生、有知，亦且有义，故最为天下贵也。"在他看来，人类拥有发展道德意识的能力，这使得人成为世界上最有价值的生物。因为人类有道德建设的能力，并且只有通过道德建设才可以使世界变得和谐，就这样，人类以一种独特的方式成为有价值的存在。

相比较而言，"天"的含义就比较复杂。在汉语中，"天"的字面意思是天空。在哲学上，"天"又被不同的儒家流派赋予了不同的内涵。如杜维明认为："天"是一种无处不在、无所不知的神圣的力量，或者说是一种指向世界的终极意义的力量。在这个意义上，"天"不同于信仰"上帝"的一神教，"天"是宇宙中一种重要的创造性力量，但并不是唯一的创造性力量。在儒家的"三才和谐"思想中，"天"与"地""人"是共同的创造者。在世俗的儒者那里，尽管"天"可能充满灵性，但"天"也可以象征宇宙。而在荀子那里，"天"相当于今天的"自然"。例如，荀子写道："治乱，天邪？

① 关于儒家哲学的"和谐"思想详见李 2014.

曰：日月、星辰、瑞历，是禹、桀之所同也。""在天者莫明于日月，在地者莫明于水火。"随着人类探索太空、殖民太空变成现实①，我们更应当重视儒家的"三才和谐"观②。同时，在"三才和谐"的框架下，我们也可以允许对"天"有不同的解释，以适应于不同的儒家流派。

在这种"三才"观中，人类虽然不是世界的中心，但也绝不仅仅是动植物界里的一员。人类一方面是生态环境中的一名成员，另一方面其地位与生态环境中的其他成员并不完全相等，主要原因是人拥有改变世界的创造性能力。我敢说，按照儒家的观念，人类在这个三才的宇宙中承担着三分之一的角色和责任。因此，相对于大地伦理学与深层生态学等西方的整体性可持续发展哲学而言，儒家整体性的可持续发展哲学赋予人类在宇宙间以一个更崇高的地位。

人们经常把这种"三才和谐"观和"天人合一"相混淆。实际上，虽然这两个概念之间有相似之处，但也有重大的差异。"天人合一"这个命题最早并不见于先秦的儒家文献中。在"天人合一"中，"人"完全被"天"所消融了。一切作为都是"天"的作为。荀子批评了这种只看到"天"，而不重视"人"的作用的观点。《周易·文言》也主张人的道德能与天、地的功能相合，当人的行动先于天的法则时，天的法则不会违逆他。《中庸》则指出，天与地只有在"致中和"时才能取得和保持其正当的位置，而人类无疑是实现"中"与"和"的主要推动力。换句话说，《易传》与《中庸》都不主张将人消融于天道，而是充分肯定了人在此和谐的"三才"结构中的独特作用。

可以肯定的是，"三才和谐"的理念与"天人合一"的命题有相似之处。它们都既不主张人类是孤立于天地之外的单独实体，也认识到人类的行为能够影响整个世界的运作。但是，这两个概念之间又有重大差异。首先，"天人合一"的命题提出了一个二元性的世界观，而"三才和谐"观却提出了一个三元性的世界观。"三才和谐"的理念有意将"地"这第三种因素包含在内是非常值得重视的，尤其当我们从可持续发展（主要关注地球的状况）的角度来思考这个命题的时候。其次，在一种"天"与"人"所构成的二元结构中，人很可能被强势的"天"所覆盖和遮蔽，这种二元结构也可能朝另外一种方向发展，亦即对自然界进行过分地人化或浪漫化，甚至按照人类的特征塑造出一个不切实际、虚幻的天人图景。相反，一个三元性的结构基本仿效着三角形的形状，因而拥有更大的平衡性与稳定性。儒家一方面赋予人类一定程度上的独立性，另一方面又不完全使其从"天"与"地"中隔离出来。"天""地""人"就犹如一个富有

---

① 在2013年8月10日的一篇文章，《纽约邮报》报道：有超过100000人为了在这颗红色星球殖民而申请飞向火星。（http：//nypost.com/2013/08/10/more-than-100000-apply-for-mission-to-colonize-mars-in-2022-40-picked-will-never-return/）

② "天"也有第三层含义，即"道德原则"（义理）。在这里我们不做重点讨论。

凝聚力的团队，它们既是各自独立的，拥有属于自己的特殊身份，同时又是相互依存的，因为它们在共同促进宇宙的和谐化进程中是不分离的。

在儒家"三才和谐"的结构中，宇宙中的和谐是通过这三种因素来加以实现和维持的。如果没有"地"，"人"就不可能存在，因为人类若没有一个蓬勃发展、生生不息的地球环境，是根本无法生存的。如果没有"天"，世界或者将从宗教的意义上失去其精神上及道德上的根源，或者将从世俗的意义上中止其正常的运行，因为地球是宇宙的一部分。最后，如果没有"人"，整个世界将失去意义，而宇宙间也将没有积极参与和促进和谐化进程的自觉的主体。

儒家"三才和谐"的理念在某种意义上代表着一种形而上学或者宇宙论的观点，因为它展示了"天""地"与"人"之间深层关系的基础框架。这种观点虽然还不是可持续发展哲学的观点，但是它与可持续发展哲学有着直接的关联。按照"三才和谐"的理念，宇宙不是由任何一方所垄断的。人类不是宇宙的中心，而"天"与"地"存在的目的也不单纯是为了给人类提供满足其需求的资源。"天""地"与"人"三者各自都有自身的功能与价值。身为"三才和谐"结构中的积极参与者，人类拥有促进与维持宇宙和谐的重要责任。如果顺着这个思路，我们就不难推论出一套关于自然环境的儒家原则了。事实上，一些由杜维明等学者所阐述的环境哲学理论都可以很容易地在"三才和谐"理念的基础上加以重构。杜维明写道："君子的行为传达了这样一个观念，即人参与创造了宇宙。作为共同创造者，理想的人就是宇宙的创始者、参与者、护卫者。"我们可以对这样的论述做出与"三才和谐"理念相符合的诠释。所谓"共同创造者"的概念表明"人"与"天"并非同一个东西，而是两个各自独立而又密切相关的东西。而且，这个"宇宙"中不能不有"地"的位置。人类是"天"与"地"的守护者及合作伙伴。

儒家"三才和谐"的理念可以通过三个原则来阐明。其中一个原则是"人"的原则。根据这个原则，人类代表着天地之间的"万物之灵"。没有"人"，世界就被剥夺了其最宝贵的因素，因此人类的生存相对于保存地球上其他生物来得更重要。但是，正因为人是"万物之灵"，他在努力促进世界的和谐化进程上也就具有不可推卸的责任。用儒家的话说，唯有人类才可以积极推广天下之"正道"，即天下的整体和谐。以此对照天地即是万物之"父母"的隐喻，人类在这里不宜理解为一般意义上的孩子，而是指"长大成熟的孩子"。作为一种独特的存在，人类不仅被赋予了超出一般生物之上的卓越能力，而且还被赋予了积极参与宇宙之和谐化进程的特殊使命。因此，人类在宇宙的"大家庭"中必须承担起与其"父母"相同的，甚至更为重大的责任。

另一个原则是"地"的原则。地球不单是人类居住的家园，而且也是世间万物栖居繁衍的场所。它滋养世间所有的生命，为人类提供重要的资源。在儒家的设想中，

"地"是维持万物生命形态的有德之物。"坤卦"中就说"地"的美德是"厚德载物"。"地"又不仅仅是人类所需资源的来源。在宇宙间也具有属于自己的生命和地位，它本身即是一个拥有自己生命的活生生的实体。

儒家将"地"比作母亲。当我们联想起母亲在儒家哲学中所受到的敬重与推崇时，就不难体会"地也，故称乎母"背后的深刻含义了。在保护环境的过程中，"地"无疑是主要的关注点。儒家认为，世间的一切存在物都根据其所处的特殊环境而加以个体化。每一个存在物都是在某种特定的环境中作为独立的个体而存在。在自然进化的过程中，世间万物在进化过程中的相互关联可以理解为它们彼此之间的一种合作关系或协调关系。每一个存在物在整体的存在界中都拥有属于自己的地位。如果我们相信自然界的进化过程大致上是均衡与协调的，我们就可以说自然界中的所有因素在促进世界的整体和谐上都必须扮演好自己的角色。《易经》的"各正性命"指人和自然界的一切存在物都能在其性命之途上获得证成，亦即自然界的一切存在物都拥有属于自己能够获得证成的权利。如果我们将整个世界看作是"太和"，所有存在于这个世界中的事物都是这个至大的和谐场域的组成因素，而每一个因素都必须为此至大的整体做出贡献。按照这个理解，世间上的所有事物必须在"太和"中扮演其特定的角色。当每一个因素能够在其正当的角色中发挥其功能时，它们就能各得其所，而整个世界也将能够实现理想的和谐状态。

最后，还有一个原则是"天"的原则。儒家将"天"比作"父"，从而赋予了它在儒家"三才和谐"结构中的最高地位。正如我上面所说的，"天"对于不同思想支流的儒家哲学家来说可以指涉不同的内容。拥有宗教倾向的儒者将"天"视为人类道德的终极根源；对他们而言，如果没有"天"，宇宙将完全丧失其灵性。从结构上来说，"天"为"人"与"地"之间的关系提供某种平衡。由于人们一般是以自己为中心的，"天"的原则要求我们超越自身的利益，积极促进整个宇宙的和谐化进程。即使对于世俗的儒者来说，"天"依然具有重要的意义。"天"可以代表地球以外的所有天体，包括太阳。因此，虽然人类与大地都非常伟大，但是它们并非宇宙间的唯一实体。太阳是它们能量的来源，对二者的存在和发展至关重要。从世俗的眼光看，"天"主要指的是地球以外的太空，而正是太空提供了地球及人类得以生存的环境。从世俗意义上看，"天"的原则要求人类充分尊重太空的尊严和地位，而不是用它来实现某些狭隘的人类或地球的目的。随着当代的科技逐渐允许人类将自己生活圈子扩大至太空，"天"的原则就显得格外重要。一个合乎儒家"和谐"观的可持续发展哲学只会支持那些能够让"天""地"与"人"同时受益的太空计划，而不是那些仅仅为了人类或地球利益的太空计划。

就人类在宇宙间的地位来说，一种顺着"三才和谐"的理念而产生的儒家环境哲学应该处于西方"资源保护主义"与"自然保护主义"两者的中间。从整体上来看，儒家三才的宇宙和谐观既不同于西方所发展出来的"人类中心主义模式"，也不同于"泛价值模式"。与西方的人类中心主义模式不同，儒家不将世间万物仅仅视为满足人类需求的工具，而是赋予了非人类实体以伦理价值。与西方的泛价值模式不同，儒家不主张世间所有事物都具有平等的伦理价值，而是在众多存在物中唯独赋予了人以主导的位置。当然，这套儒家环境哲学还有待进一步的发展及更具体的阐述。但是，我相信儒家传统的"三才和谐"观已经为未来更深入的研究与诠释奠定了坚实的基础。

儒家思想认为人具有丰富的创造力，其"天""地""人""三才和谐"的观念预见了"人类世"。鉴于人在"三才"结构中的重要地位，人有能力从根本上改变世界。我们既可以通过改变世界以实现自身的小利益，也可以借此实现世界的大和谐。当然我们更希望能够实现后者。为此，我们就需要一种新人本主义作为我们的指导思想。在这种新人本主义的指导下，人类将尽力实现人与人、人与社会、人与自然的协调发展，这也将意味着可持续发展、社会公正和全面繁荣。新人文主义的支持者不必为了迎接一种新人本主义而接受儒家的形而上学。但如果新人本主义的支持者能找到各自的文化传统找到其哲学基础，那么将更有利于新人本主义发展。我希望这篇文章能够给大家提供一个范例。①

参考文献

[1] Baskin, Jeremy. 2015. *Paradigm Dressed as Epoch：The Ideology of the Anthropocene*. Environmental Values 24. 1：9 – 29.

[2] 陈荣捷：《中国传统资源》，普林斯顿大学出版社 1963 年版。

[3] Crutzen, P. J. and C. Schwägerl. 2011. *Living in the Anthropocene：toward a new global ethos*. Yale Environment 360. Online at http：//e360. yale. edu/feature/living_in_the_anthropocene_toward_a_new_global_ethos/2363/（accessed 7 June 2015）

[4] Knoblock, John, trans. 1990/1994. *Xunzi：A Translation and Study of the Complete Works*, Vol. II, Books 7 – 16/17 – 32. Stanford：Stanford University Press.

[5] 李晨阳. 2008. *Cultural Configurations of Values*, World Affairs：the Journal of International Issues（XII. 2）：28 – 49.

[6] 2014. *The Confucian Philosophy of Harmony*. London/New York：Routledge.

[7]（清）阮元校刻：《十三经注疏》，中华书局 1985 年版。

[8] 杜维明. 1993. *Learning, and Politics：Essays on the Confucian Intellectual*. Albany,

---

① 这是一个会议论文，未得作者许可请不要擅自引用。

NY：State University of New York Press. (1993).

[9] 1998. *The Continuity of Being：Chinese Vision of Nature.* in Tucker，Mary Everlyn and John Berthrong（eds.，1998）Confucianism and Ecology：the Interrelation of Heaven，Earth，and Humans，Cambridge，Mass.：Harvard University Center for the Study of World Religions Publications. Originally published in Leroy S. Rouner（ed.）On Nature，Notre Dame，Indiana：University of Notre Dame Press（1984）.

[10] 2007. *An"Anthropocosmic"Perspective on Creativity.* in Zhao Dunhua（ed.）Dialogue of Philosophies，Religions and Civilizations in the Era of Globalization：Chinese Philosophical Studies，XXV，Washington，D. C.：The Council for Research in Values and Philosophy.

[11]《二十二子》，上海古籍出版社 1986 年版。

[12] Wilhelm，Richard，and Cary F. Baynes. 1967. *The I Ching or Book of Changes*，Princeton：Princeton University Press.

附录：

（http：//www. nature. com/news/anthropocene-the-human-age-1. 17085）

儒家文化与山东省文化产业国际竞争力提升研究

成积春　王京传

曲阜师范大学历史文化学院、孔子与山东文化强省战略协同创新中心

摘　要　山东省已经将文化产业国际竞争力提升作为"十二五"期间的重点工作。依托丰富的文化资源，将文化资源优势转化为文化产品、文化品牌、文化市场优势，是山东省文化产业国际竞争力提升的关键。作为根植于中国的优秀传统文化，儒家文化的丰富资源和独特地位使其对当前山东省文化产业国际竞争力提升具有多方面的价值。首先，儒家文化的独创性、延续性、发展性及其文化空间的延伸性，决定了其能够在文化资源基础、文化产品特色、国际知名度等方面为山东文化产品参与国际竞争提供动力；其次，儒家文化的凝聚力、扩张力、约束力及其文化自觉，决定了其能够在文化品牌、对外文化交流与传播、国际影响力提升等方面推动山东省文化产业国际竞争力的提升。充分利用儒家文化的国际知名度和影响力、有效开发儒家文化资源、整合打造文化产业品牌、规范文化产品市场是当前山东省文化产业国际竞争力提升的直接途径。

关键词　儒家文化　山东省　文化产业　国际竞争力

山东省国民经济和社会发展"十二五"规划提出要加快培育重点文化产业品牌，创新文化"走出去"模式，推进文化贸易和文化交流有机结合，积极拓展国际文化市场，扩大齐鲁文化的国际影响力。2011 年，山东省文化产品服务出口企业达到 1600 多家，有 15 家年出口额过千万美元的文化产品出口企业。但是 2011 年山东省文化产品出口额仅为 13.5 亿美元，还不到全年文化产业增加值 2300 亿元的 4%。① 可见，山东省文化产品在国际市场的份额还不大，文化产业国际竞争力还不足。充分利用传统文化资源发展特色文化产业，打造民族优秀文化产业知名品牌，是党的十八大提出的重要战略

---

① 常会学、孟娟：《"文化山东"走向世界舞台对外文化贸易如火如荼》，《中国文化报》2012 年 12 月 21 日。

目标。山东省文化资源数量多、层次高，拥有许多世界级文化资源。依托丰富的文化资源，将文化资源优势转化为文化产业优势，是山东省文化产业国际竞争力提升的关键所在。山东是孔子故乡，孔子创立的儒家文化一直是中国传统文化的主流，两千多年来深刻影响了中国社会、文化的发展。儒家文化的丰富内涵和独特文化地位使其对当前山东省文化产业国际竞争力提升具有精神凝聚、资源基础、市场纽带、品牌载体等多方面的价值和作用。

一、儒家文化提升山东省文化产业国际竞争力的内在机理

儒家文化是中华优秀传统文化的主流，塑造了历史上的中华民族精神和价值体系。儒家文化能够对山东省文化产业国际竞争力提升产生独特的价值和作用，主要是基于两个因素：一是儒家文化的独创性、延续性、发展性及其文化空间的延伸性，决定了其能够在文化资源基础、文化产品特色、国际知名度等方面为山东文化产品参与国际竞争提供动力；二是儒家文化的凝聚力、扩张力、约束力及其文化自觉，决定了其能够在文化品牌、对外文化交流与传播、国际影响力提升等方面推动山东省文化产业国际竞争力的提升（图1）。

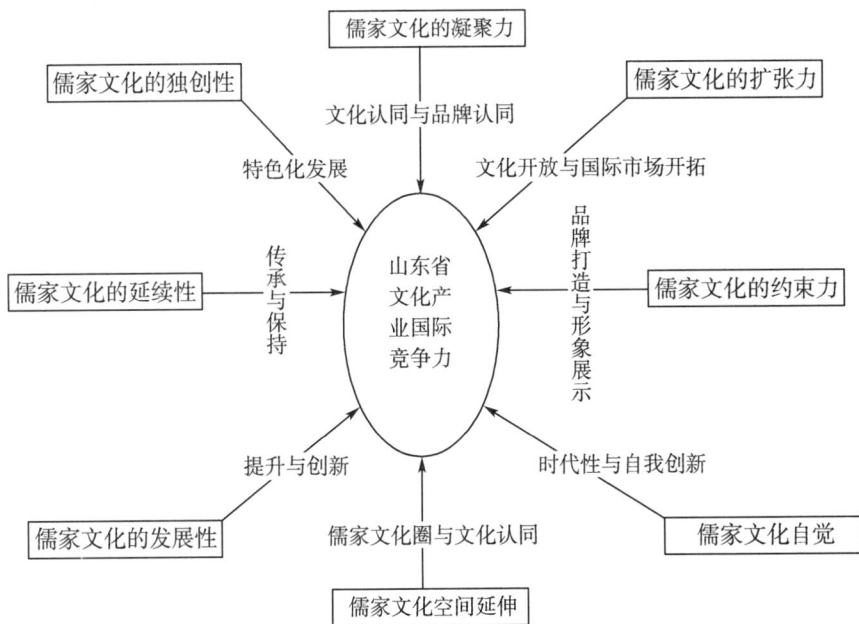

图1　儒家文化提升山东省文化产业国际竞争力的内在机理模型

首先，儒家文化的独创性展示了中国优秀传统文化的文化特色，能够推动山东省文化产业在世界范围走特色化发展之路。

从世界范围来看，儒家文化是根植于中国这个东方文明古国的具有民族特色的优秀传统文化，是与西方文明不同的、蕴含东方智慧的人类文明传承创新的载体。无论是从产生背景、思想基础，还是从发展历程、文化内涵角度来看，儒家文化都是独具特色的文化。

儒家文化的特色性为山东文化产业发展提供了富有特色的物质和非物质文化资源，有助于山东省特色文化产品的开发，从而使山东文化产品的独特卖点显著、国际市场冲击力较强；其与西方文化的差异性，及其所蕴含的东方智慧，也使其在西方世界得到广泛的认可，这使山东文化对国际市场的吸引力大大提高，山东文化的国际知名度也因之而得到持续提高和保持。

其次，儒家文化的延续性体现了中国优秀传统文化的旺盛生命力，能够使山东文化特色得以延续和保持，从而能够使山东文化的国际影响力具有持续性。

儒家文化自孔子创立以来，一直在中国政治、社会、文化发展中得到尊崇与传承，孔子思想的核心理念一直为后人所继承和接受。可以说，儒家文化是两千多年来中国历史发展的思想根基。东方古国、礼仪之邦一直是中国的国际形象，而山东省正是这个形象的重要支撑点。作为儒家文化衍生之地，鲁国是中国古代礼仪向中国东部传播的基地，自周以后山东省一直是中国礼仪之邦的中心地带。

正是由于儒家文化对中国古代文化的继承、延续的特征，以及其自身的延续性，确保了山东文化特色的传承与保持，能够持续地对世界文明产生影响以及向世界连续性输出一致的品牌形象。这使国际市场对中国文化以及文化产品的认知具有连续性和一致性，从而强化了国际市场对山东文化的认知和了解，并使山东文化的国际影响力具有持续性和不断得到强化。

第三，儒家文化的发展性体现了中国优秀传统文化不竭的创新动力，能够为山东文化创新和山东文化产品国际化奠定坚实的基础。

在两千多年的历史发展中，孔子思想一直是儒家文化的核心内容。但是，儒家文化不是僵化的，而是一种适应时代需求而不断传承与创新的包容性文化。在不同的历史时期，儒家文化能够与时代发展与进步相协调，与历史潮流相融合，在孔子思想引领下不断适应历史的发展、时代的需求、社会思潮的演变以及外来文化的冲击，进行调适、发展与创新，从而使儒家文化成为两千多年历史发展中一直都走在时代文化、思想前列的主导性社会文化。

正是儒家文化的这种不断发展，一方面使其自身的核心思想能够保持并持续性对国内外市场产生深刻的影响，另一方面其不断丰富发展和增加新的文化内涵，使自身能够符合历史发展的新要求，即使面对外来文化冲击仍能够以其包容性接受、容纳外来文化并同时以其强大的渗透、同化力而对之产生深刻的影响。可以说，儒家文化的发展性使山东文化实现不断创新，并在不同的历史时期既能够保持特色，又能够通过文化交流、冲突与碰撞而实现文化融合，从而得以在不同的文化圈内都能够得到一定程度的认同与传播。这种文化认同与传播保持了山东文化在国外市场的知名度和影响力，从而为山东文化产品进入国际市场奠定了思想基础、资源基础以及形象基础。

第四，儒家文化在全世界范围内的广泛传播带来的文化空间延伸性展示出儒家文化的"普适性"，为山东文化产品进入国际市场奠定了坚实的市场基础。

儒家文化是外向性的文化，其对外传播与延伸的能力很强。其发展过程中，不断向中国及其周边地区传播，并对这些国家与地区的政治、经济、文化发展产生了很大的影响。儒家文化的外向性，带来的是儒家文化空间载体的向外延伸，传播和影响空间的不断扩大。儒家文化的不断对外传播，使其不仅仅是一种地域文化，而是一种拥有广泛文化空间，并不断向外延伸的世界性文化。正是儒家文化的延伸性加之其包容性，世界范围内的儒家文化圈很早就已经形成。

作为与基督教文化圈、伊斯兰教文化圈并列的世界三大文化圈之一，儒家文化圈一直是世界文化发展的重要一极，对东亚乃至世界文明的进步起到了至关重要的作用。① 儒家文化圈是以儒家文化构建基础社会的区域的统称，其指的是文化相近、历史上受中国政治及中华文化影响、过去或现在使用汉字、并曾共同使用文言文（日韩越称之为"汉文"）作为书面语（并不使用口头语言的汉语官话作为交流媒介）、覆盖东亚及东南亚部分地区的文化区域。② 但实际上，儒家文化的影响不仅局限于这个文化圈，华人以及处在文化圈内的其他国家或地区人们的对外迁移、对外文化交流与传播等，已经使儒家文化的影响进入欧美等经济发达国家。加之最近几年，我国积极推行对外文化交流活动，在世界各国建立孔子学院等中国文化传播机构，频频举办"中国文化年"，进一步推动了儒家文化在国外的传播。由此，儒家文化所分布的空间范围实际已经遍布全球，儒家文化空间已经涵盖全世界。这直接扩大了儒家文化的全球影响，强化了山东文化产品的品牌形象，扩大国际市场对儒家文化产品的需求。基于此，儒家文化的文化空间延伸，以及随之构建的全球性文化空间，已经为山东文化产品进入国际市场提供了很好的市场条件。得益于这个市场条件，山东文化产品易于为国际市场所认可与接受。可以说，儒家文化空间延伸与构建，实际上已经并能够继续提升山东省文化产品的国际竞

---

① 张国勤：《儒学文化圈对世界和东亚的积极影响》，《北方论丛》1997 年第 1 期。

② 汉字文化圈［EB/OL］. http：//www. xswhy. com/news. aspx？ id = 74#tit，2012 – 07 – 11.

争力。

第五，儒家文化的凝聚力体现了中国优秀传统文化的向心性，能够强化国际市场对山东文化产品的认同，从而使山东文化产业品牌形象能够不断强化。

儒家文化发展历程中所形成的类型多样内涵丰富的物质文化、制度文化和精神文化，一直是儒家文化圈以及分布在世界各地华人凝聚力的基础，尤其是儒家思想所蕴含的精神文化。儒家文化的核心思想仁、义、和、中、信等是人类社会所共同追求的美德，是人类维系个体关系、群体联系以及社会稳定的精神根基。儒家文化的凝聚力在社会实践中表现为一种内聚性和向心性，这样就形成了儒家文化空间以内个体与群体的共同追求。表现在文化需求方面，儒家文化的凝聚力实际上造就了世界范围内的儒家文化产品市场，也就是说以儒家文化凝聚力为基础已经形成了一个以东亚为主的、遍布全球的山东文化产品国际需求市场。而且，儒家文化凝聚力所带来之稳固的精神纽带，使这个市场的需求规模、需求方向保持比较稳定的状态。

同时，儒家文化的凝聚力从产品开发、形象推广等多个方面也会强化山东文化产业的国际竞争力。首先，儒家文化的内聚性有利于文化企业之间的资源整合以及市场开发中的有效竞合关系的建立，从而有利于实现企业之间的协同市场开发机制，向世界市场推出优势的拳头产品。其次，儒家文化的凝聚力有利于山东文化产业品牌的推广与宣传，其所形成的向心力能够使无论是生产者还是消费者都会因对文化的信奉、尊崇、传承与创新产生共同的精神指向，因之会在经济活动、社会交流以及日常生活中都会积极地传播和践行儒家文化的准则和规范，从而形成对儒家文化品牌的多方位的传播、塑造和强化。

第六，儒家文化的扩张力体现了中国优秀传统文化的开放性，能够为山东文化进入国际市场提供强大的助动力。

儒家文化是开放性文化，其具有很强的文化融合能力。其在与其他文化交流过程中，会开放性地接受其他文化的优秀元素，更会直接影响、改变以至同化许多外来文化。这在儒家文化于东亚的传播中表现得尤为直接，正是这种文化扩张力使儒家文化成为一种能够在全球范围内扎根与发展，能够融合不同的地域文化而将之或纳入到自己的文化体系或将之同化，从而使自身成为一种真正的全球性文化。文化扩张力是一种文化对外传播，以及影响其他国家或地区能力的核心表现。儒家文化的强扩张力能够增强山东文化的国际影响力，提高国际市场对山东文化产品的知晓、认可与接受，使山东文化产品在国际市场具有较强的竞争优势。

第七，儒家文化的约束力体现出中国优秀传统文化的规范性，能够强化山东省文化产业品牌形象。

儒家文化的"仁义礼智信""修身、齐家、治国、平天下"等伦理要求，既规定了个体的生活伦理，又强调了社会的群体准则。这些既是山东省儒家文化品牌的精神内涵所在，更是规定了文化企业以及文化产品从业人员的基本伦理规范。

在儒家文化约束力下，文化企业的生产经营行为和文化产业从业人员的行为将得到规范，同时文化产品生产经营各环节的外部环境也会优化，从而使文化产品生产、销售甚至消费的整个过程都会体现出儒家文化的思想内涵和精神特质，也就是说使该过程同时成为儒家文化品牌的塑造、强化和实践的过程。可见，儒家文化对个体以及组织行为规范的约束与要求，实际上也正是儒家文化品牌自我塑造和强化的过程。

第八，儒家文化的文化自觉精神体现了中国优秀传统文化自我反思、不断创新的时代性，能够为山东文化产业国际化发展提供创新动力。

文化自觉是文化主体自我反思、对文化进行时代创新的集中体现，儒家文化的文化自觉精神主要体现有三：文化使命的历史担当精神、文化承传与文化损益精神、文化批评与文化创新精神。① 儒家文化自觉精神构成了儒家文化乃至整个中国文化持续发展和创新的内在动力。正是这种动力，推动着中华民族文化不断地进行自我更新，实现自我超越。

正是这种文化自觉精神，使儒家文化能够在保持孔子思想核心内容基础上，不断适应时代发展的要求，实现文化创新。而这些文化创新既从资源、思想等方面扩充和丰富了儒家文化的内涵，又使儒家文化不断实现时代价值，更为当今山东文化产业发展带来多个方面的现代价值。同时，儒家文化的自觉精神要求的就是文化的不断创新，其精神价值本身就规定和要求儒家文化品牌下的山东文化产品开发要不断推陈出新，要注重创新。国际市场需求的多元化和多层次文化需求，正需要这种创新精神，以能够通过文化创造生产能够满足相应市场需求的创新性文化产品，唯此才能够持续性供给满足国际市场需求的新型文化产品。

二、儒家文化提升山东省文化产业国际竞争力的实现机制

儒家文化是根植于中国大地的优秀传统文化，是山东文化产业国际化发展的资源之本、思想之源、精神之根、品牌之基。儒家文化蕴含丰富的具有国际竞争力的文化资源；儒家文化为山东省开发能够参与国际竞争的文化产品提供源源不断的思维之源；儒家伦理是山东省文化产品生产、营销与消费的精神纽带；儒家文化是山东省文化产品得到国际市场认同的基石；儒家文化是山东省文化产业特色化发展和品牌塑造的依托(图2)。

---

① 朱人求：《论儒家的文化自觉精神——以先秦儒家为对象的分析》，《燕山大学学报》2004 年第 1 期。

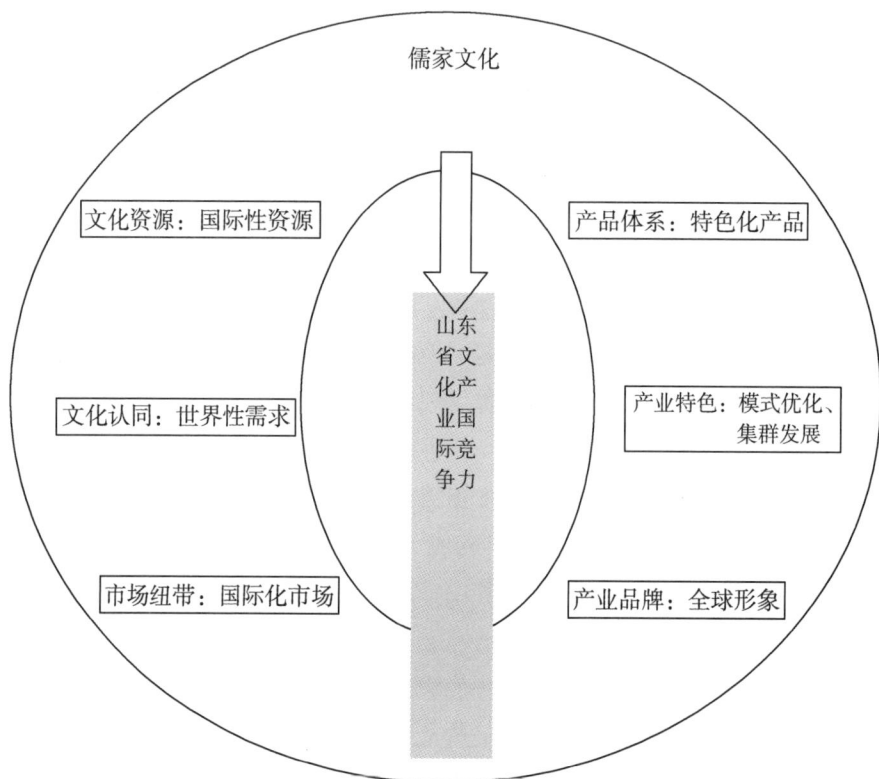

图2　儒家文化提升山东省文化产业国际竞争力之实现机制模型

（一）儒家文化资源是类型多样的、能够开发满足国际市场需要之文化产品的国际性文化资源

儒家文化传承、崇祀与发展过程中所形成的物质和非物质文化遗产是世界认识中国以及中国文化的"窗口"。儒家文化带来的这些文化资源是既能代表中国文化，又具有较高国际知名度的国际性资源，是山东省开发适应国际市场需求之文化产品的资源优势所在。具体来看，博大精深的儒家文化，内容丰富，其文化资源可分为物态的、理念的和礼仪的三个层面，其中物态层面主要是指儒家建筑、服饰、饮食等内容和器物以及大量的文献经典，理念层面是指儒家哲学、儒家伦理道德等，礼仪层面主要包括儒家礼仪、儒家传统节日等，此外儒家代表人物亦是重要的文化资源。[①] 具体来说，儒家文化资源中的物质文化资源包括曲阜市的三孔、尼山（包括其书院、孔庙）、夫子洞、颜庙、周公庙、洙泗书院、孟子故宅、石门书院、孔广森故居、鼓楼、鲁国故城、十二府故址、舞雩坛、汉鲁国故城遗址、明曲阜县城、宋仙源县城遗址、古泮池遗址、灵光殿遗址、梁公林、孟母林、东颜林、九龙山汉墓群、少昊陵、防山墓群、石门寺、汉画像

---

① 张进：《儒家文化与山东文化产业发展》，《山东经济》2008 年第 4 期。

石刻、唐代摩崖造像、六艺城、孔子研究院、论语碑苑，以及孔府玉石器、陶瓷器、青铜器、景泰蓝器具、孔府档案、孔府家具、碑帖、楷雕等，邹城的孟府、孟庙、峄山等，泰安、宁阳、嘉祥、泗水、德州等地现存的孔子及儒家后学的祠庙、墓葬等以及分布国内外各地的孔庙（夫子庙）等。非物质文化资源主要包括儒家思想、儒家经典、儒家礼仪、儒家习俗、祭孔仪式与乐舞、儒家服饰、孔府饮食、孔府婚俗，以及当代举办的与儒家文化相关的演艺（大型舞剧孔子）、节庆（如孔子文化节、各地纪念孔子及其后学的活动）、学术活动（如尼山论坛、与孔子及其后学有关的学术研讨会）等。可见，儒家文化资源是涉及多个历史时期、多种类型、多种形态，能够为山东省国际性文化产品创意开发提供坚实的资源基础。而且依托儒家文化开发的很多文化产品早已广为国际市场所接受，如世界遗产地"三孔"文化旅游产品、儒家动漫影视与图书、国际孔子文化节、世界儒学大会、尼山世界文明论坛等。

（二）儒家文化的全球传播形成了世界各国对中国文化的认同与认知需要，使市场对山东文化产品需求成为一种多层次的世界性需求

1985年美国出版的《名人年鉴手册》列出世界十大思想家，孔子不仅名列第一位，而且是东方民族中唯一的一位。可见，孔子不仅是中国的，更是世界的；孔子所创立的儒家文化是根植于中国，立足于世界东方文明，影响全球人类文明的进步与发展。孔子以及儒家文化在全球范围的传播，不仅形成了以东亚为核心、辐射全世界的儒家文化圈，更是推动了世界人类文明的进步和发展。在儒家文化对外传播过程中，文化的交流与碰撞实际上是一直在向世界推广中国文化、输出中国文化的影响力，也最终形成了全球范围对儒家文化及其所代表的中国优秀传统文化的文化认同。正是这种文化认同推动着他们产生对以中国优秀传统文化为基础开发的文化产品的需要、认同和接收，促使在全球范围内形成了对山东文化产品的世界性需求。而正是这种世界性需求奠定了山东文化产品进入国际市场的市场基础。

具体来看，基于儒家文化在全球所形成的对山东文化产品的国际性需求是一种多层次的文化需求，主要包括文化认知、文化学习、文化娱乐、文化参与、文化体验等。其中，要涉及文化产业所涵盖的所有相关文化产品，如旅游产品、图书报刊、影视传媒、工艺品与艺术品、动漫游戏、文艺演出等。

首先，文化认知层面的国际性需求，主要表现在国际市场了解、认识、感知中国文化以及一些具有儒家文化生活经历或接受过儒家文化教育之消费者怀旧、情感等因素所形成的山东文化产品国际需求。该需求既来自于有过儒家文化体验的群体（东方文化圈），也来自于基于文化猎奇、寻求差异的西方文化背景的群体。该需求的市场规模较大，需求的文化产品类型主要是一些较为直观的展示性文化产品，如文化旅游产品、影视作品、图书等。

其次，文化学习层面的国际性需求，主要表现为国际市场愿意进一步了解中国文化，学习中国文化的某一方面或多个方面的知识（如文字、礼仪、习俗、节日等），甚至专门研究中国文化所形成的对山东文化产品国际需求。儒家文化作为中国优秀传统文化的代表，其所蕴含的博大精深的思想是东方文明的精髓，也一直为西方文明所信服和学习。在全球化背景下，儒家文化的国际影响力持续提高，全球范围的儒家文化圈在自身扩大的同时也使儒家文化学习者越来越多。近年来，我国创新了中国文化在国外传播的渠道，在国外建立孔子学院，这更进一步扩大了国际市场的中国文化学习需求。根据孔子学院总部的统计，截至 2013 年，全世界已有 120 多个国家（地区）建立了 400 多所孔子学院和 600 多个孔子课堂，注册学员达 85 万人。到 2015 年，全球孔子学院达到 500 所，中小学孔子课堂达到 1000 个，学员达到 150 万人。[①] 该层面需求的群体主要是儒家文化爱好者，其一般是具有一定的文化水平并愿意接受中国文化教育，他们的需求强度一般较大，且往往具有持续性，甚至是终生需求。因此，这种需求是山东文化产品的基础性国际性需求，这些群体是最重要的市场。

第三，文化娱乐、文化参与以及文化体验层面的国际性需求，主要表现为国际市场愿意进一步融入中国文化，感受中国文化，参与中国文化的礼仪、习俗、节庆等所形成的对山东省文化产品的国际性需求。该需求是在文化认知、文化学习基础上的需求层次延伸和提高，属于高层次的文化需求。儒家文化圈核心区是该国际需求的主要市场，其延伸区的市场规模也正在不断扩大。娱乐、参与以及体验性需求本身也是国际文化需求的重要趋势，是山东省文化产业最有潜力的市场所在。该需求的群体规模正处在扩张时期，但是该需求市场对文化产品开发层次的要求较高且升级转型速度较快。当然，该层次国际性文化需求的消费弹性较大，因此是山东省文化产品未来主要的国际市场。该层面需求的群体主要是儒家文化的深层次爱好者，主要以儒家文化核心区为市场，同时一些和现代技术相融合、符合大众市场新需求的娱乐性、体验性产品也会形成对其他文化传统群体的市场吸引力。该层次需求所需要的是深层次的文化挖掘，并结合现代新技术而生产出来的融合性文化产品，如动漫游戏、文化演艺、文化主题公园、文化体验中心等。

（三）儒家文化传播过程中其凝聚力、约束力形成文化产品生产、流通、交换以及消费有序运行的保障，使山东文化产品进入国际市场具有强有力的市场纽带

从需求的角度来看，儒家文化已经形成了强大的市场凝聚力，从而形成了以儒家文化圈为核心的中国文化产品需求市场。在儒家文化圈内，共同的文化背景造就了具有共同指向的需求群体——市场，形成了山东文化产品的国际市场。同时，儒家思想、儒家伦理所规定的社会准则与规范对山东省文化产品的生产、流通、交换以及消费的各环节

---

① 孔子学院总部、国家汉办：《孔子学院发展规划（2012－2020 年）》，《光明日报》2013 年 2 月 28 日。

所具有的约束力，实际也正是从相关主体的行为方面对市场规范运行的有效保障。由此，儒家文化不仅在需求方面成为市场需求形成的纽带，也在供给方面形成市场规范层面的纽带，从而可以实现供求双方有效对接的市场纽带。

儒家文化对山东省产业运行的规范与纽带作用，实际就是其所规定的伦理准则、行为规范等形成的对山东省文化产品生产、流通与销售环节的约束机制。正是由于这种约束机制的存在，山东省文化产品可以实现在上述相关环节中的品牌效应，从而既保障文化产品自身的效用又能够确保其良好的口碑。这正是山东文化产品彰显功能、品质、特色的无形载体，是其能够在国际市场与其他国家和地区文化产品进行竞争的软竞争力和隐性竞争力。儒家文化的约束力所形成的对文化产品供给层面的市场纽带作用具体可以通过三个方面来实现：儒家文化对生产者的约束机制，即文化产品生产部门遵守相关的法律法规、儒家伦理规范，规范产品生产过程、人本化管理员工；儒家文化对流通领域的约束机制，即文化产品流通部门遵守儒家伦理，规范流通各环节的经营管理；儒家文化对销售领域的约束机制，即文化产品销售部门遵守市场公平竞争规则，诚实守信，向消费者销售符合国家以及国际法律法规的货真价实的产品，规范自身营销、销售以及售后服务等市场行为。

（四）儒家文化自身的独特性及其特色化文化资源形成了文化产品特色化开发的前提，使山东省能够开发符合国际市场需求的特色文化产品，形成以儒家文化为内核的特色化文化产业发展模式

基于儒家文化资源的独特性与丰富性，山东省国际性文化产品可以实现特色化、多元化开发。在此，应注意的是，儒家文化产品开发要坚持可持续性原则，要以儒家文化遗产保护与开发为立足点，实现保护、开发以及发展之间的协同机制。具体来说，基于儒家文化的山东省国际性文化产品开发要在特色化基础上实现多元化，以能够更多地进入国际文化产品细分市场。具体来说，山东省儒家文化特色化文化产品体系应是涵盖时间维度、空间维度、功能维度、形式维度的多元化产品体系。

首先，时间维度方面，文化产品既要体现文化的历史静态性，又要体现其历史动态性。从历史静态性的角度，文化产品要展现山东省以儒家文化为核心的文化遗产在某一个历史时期的状态、形式与内涵；从历史动态性的角度，文化产品要反映文化的发生、发展、传承以及融合创新，从而有助于国际市场全面客观地认识、解读中国优秀传统文化。要注意的是，对于传承历史较长的儒家文化遗产特别是非物质文化遗产，其文化产品要避免过度展示其某个历史时间点的内容，要注意其在传承中创新与发展的总体特征与内涵演变。

其次，空间维度方面，文化产品要展示文化空间的特征，对于那些存在空间跨度较大的线性文化遗产和流传范围较广的非物质文化遗产，文化产品要表现文化的整体性和空间

多元化的有机统一，要体现文化的文化共性和地域差异性，同时要在主题统一的基础上开发各分地区/空间的地域特色，从而能够更进一步地占领国际文化产品的细分市场。同时，从文化产业空间布局来看，山东省文化产品开发要以儒家文化为内核进行产品链开发，形成文化产业集群，从而推动山东省文化产业发展模式优化。以儒家文化产品开发为核心，山东省应该形成如下的文化产品体系：保护型产品（原态保护或局部展示型文化产品）——展示型产品（博物馆、艺术馆、展览馆、特色文化街区型文化产品）——文化园、文化传承中心、文化聚集点型文化产品（文化基地）——文化娱乐、文化参与、文化体验型文化产品（文化主题公园区）——文化商品、文化演艺、影视动漫等（文化产业园区）——文化产业并带动其他产业的相关产品（文化产业聚集区）。

第三，形式维度方面，国际市场对山东文化产品的需求层次是多元化和差异性的。这主要是因为消费者对儒家文化及其所代表之中国文化的接受和认知能力不同。因此，山东省文化产品要针对不同消费者的认知能力，有针对性地满足不同层次文化需求。

进一步来看，儒家文化所蕴含的丰富的特色化文化资源，儒家文化传播带动的国际文化需求，儒家伦理规范的文化市场供给的规范性以及基于儒家文化的特色化文化产品等都表明，儒家文化实际上正是推动山东省文化产业发展特色化发展模式的形成与强化。这种特色化发展模式由文化产业内部向外部延伸，会逐步推动山东省形成以儒家文化为核心的特色化文化产业集群，从而实现文化产业的特色化集群式发展的良性态势。

（五）儒家文化国际传播带来的国际知名度形成了山东省文化产品在国际市场的市场吸引力和影响力，为山东省文化产业打造国际化品牌奠定了坚实的基础，推动山东省文化产品能够有效参与国际市场竞争

品牌化是国家或地区文化产业能够在国际市场竞争立足并制胜的关键所造，打造文化品牌是文化产业由粗放型转向集约型发展的基本保障。孔子及其所创立的儒家文化一直是世界认识中国的基点，是中国文化走向世界的符号。长期以来儒家文化在全球范围内的广泛传播，已经使世界对曲阜以及山东省形成清晰的品牌形象，那就是以孔子为代表的儒家文化品牌。基于此，儒家文化正是山东省文化产业国际品牌体系的中心载体，是山东省文化产业国际形象的核心依托。

山东省文化产业国际品牌塑造必须要大打孔子牌，强化儒家文化的品牌价值，形成以孔子及其所创立之儒家文化为核心的山东省文化品牌体系。这也正是山东省"十二五"文化产业品牌化的目标所在。可见，山东省文化产业品牌化所要实现的目标是建立齐鲁文化品牌体系，这就要求山东省文化产业发展要实施品牌伞（Band umbrella）战略。

区域层面的品牌伞战略实际上就是把一个区域内部将相关或非相关的产品、品牌或企业纳入某个具有巨大营销力的品牌旗下，通过对品牌伞的营销获得优势以达到目标。

区域品牌伞战略应用到文化产业领域，所形成的是区域产业品牌伞，即区域品牌和文化产业品牌的整合与融合。① 在此基础上，各文化企业以及其他文化产品经营部门再打造各自的企业品牌或品牌伞。在此基础上，各层次的品牌相互促进，从而提高山东文化产品的整体国际品牌形象。（山东省文化产业品牌伞战略基本流程见图3）具体来说，第一个层面，即区域文化产业品牌，这是山东省文化产业品牌体系的核心——儒家文化品牌，其直接的实施途径就是打造"孔子故乡 中国山东"来统领山东省文化产品的其他子品牌；第二个层面，即山东省区域文化产品牌下的各个地区或文化区的次级品牌，这主要包括曲阜的孔子文化、邹城的孟子文化、泰安的泰山文化、济南的泉文化、东营和滨州的黄河文化、半岛各市的海洋文化、淄博的齐文化、曲阜的鲁文化、聊城的运河文化、菏泽的牡丹文化、临沂的书法文化等品牌；第三个层次，即各次级文化品牌的子品牌以及各大型文化企业品牌，主要包括各地地域文化品牌、文化企业的企业文化品牌等。当然，实际上第三个层次的文化品牌也还有可能会继续形成品牌伞，而进一步延伸文化品牌的子品牌，从而形成在更小地域的品牌延伸和文化企业品牌的品牌延伸。

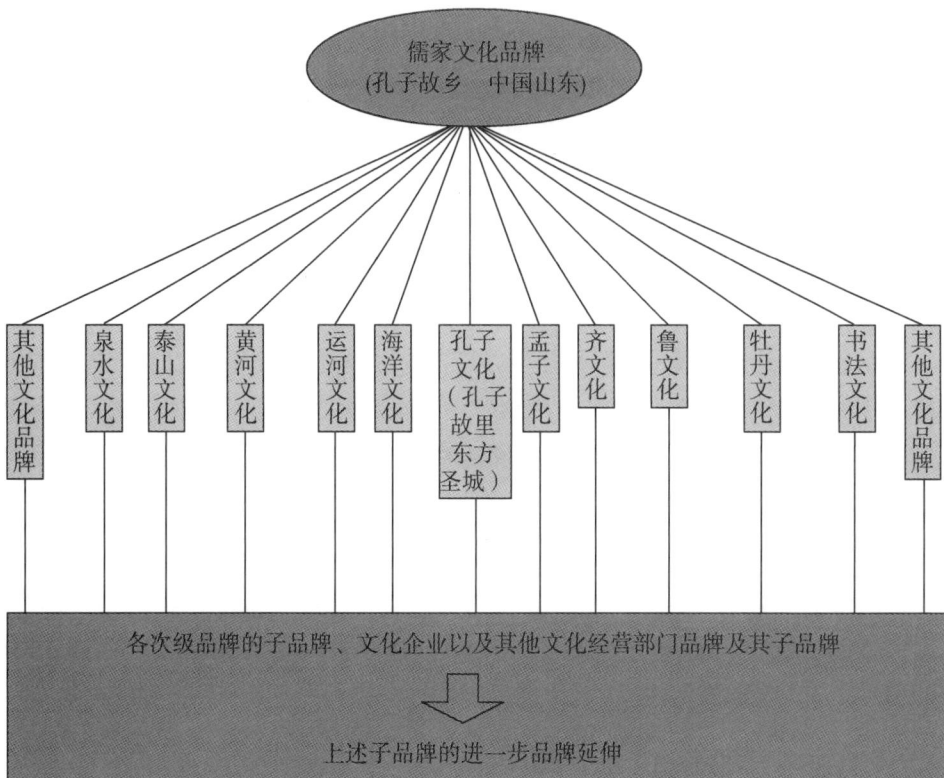

图3 山东省文化产业品牌体系（品牌伞）模型

① 朱辉煌、卢泰宏、吴水龙：《企业品牌策略新命题企业区域产业品牌伞》，《现代管理科学》2009 年第3 期。

三、儒家文化提升山东省文化产业国际竞争力的措施

目前山东文化产业发展中资源整合开发机制不完善、文化产品体系不健全、文化市场营销缺少合力、文化产业品牌体系不完整。基于此，充分利用儒家文化的国际知名度和影响力，有效开发儒家文化资源，整合打造文化产业品牌，规范文化产品市场是当前山东省文化产业国际竞争力提升的直接措施。

（一）充分利用儒家文化的国际知名度和影响力，完善山东文化产业品牌体系，加快山东文化产业品牌的整合营销与传播，积极开拓国际市场

目前，山东文化产业品牌建设过分注重短期的直接促销效果，品牌战略意识不强；品牌建设缺乏整体规划、各自为战；品牌的市场普适性弱，各子品牌的知名度和影响力不足。[①] 这表明，山东省文化产业品牌体系构建尚不健全，儒家文化品牌尚未充分发挥其应用的作用。基于此，山东省文化产业品牌打造首先就是要实施品牌伞战略，完善品牌体系，形成与前面图 3 所示的多层次品牌结构，并在品牌整合基础上进行全方位的品牌延伸。这是山东省文化产业整体发展层面提升国际竞争力的首要工作。其需要山东省政府进行文化产业品牌建设的规划与统筹和协调跨地区文化品牌的整合，各级地方政府配合上级政府并协调本地文化产业次级品牌建设，各文化企业积极打造企业自身品牌。可见，山东省文化产业品牌建设离不开政府的统筹与协调，同时还要充分调动企业以及其他公众的积极性来参与并在生产生活、经营管理中践行儒家文化产业品牌。

品牌化过程是一个涵盖品牌设计、品牌营销以及品牌绩效评估等环节的综合性过程。品牌营销过程至关重要，山东省文化产业品牌要采取整合营销战略，进行整合营销传播。山东省文化产业品牌的国际传播要以消费者为中心、以山东省文化强省战略为根本目标对各种营销工具和手段的系统化结合，实现对外的全方位品牌营销。在此基础上，要整合各营销媒介的信息，确定品牌的重要信息（识别性信息，即能够展示该品牌与山东省及其文化产品之前联系的核心信息，能够让受众一下子联想到该品牌代表的是山东省及其文化产品，通常是地名或略加修饰的地名以及已经具有很高知名度的地名代指词。在国内市场山东可用"齐鲁"代指，但在国际市场则最好直接用"中国山东"）和关键信息（区分性信息，即体现山东省及其文化产品与其他国家或地区相比具有竞争优势的差异之处——独特的卖点。对山东省来说，当然就是孔子及其所创立的儒家文化，可表述为"孔子故乡"等），并将这些信息通过整合营销传播向市场传递。基于整合营销传播，山东省一方面要把广告、促销、公关、直销、CI、包装、新闻媒体等一切

---

① 张友臣：《论山东省文化品牌发展对策》，《东岳论丛》2009 年第 4 期。

传播活动都涵盖到营销活动的范围之内；另一方面则要确保这些渠道所传播的信息是一致的，实施文化品牌的一元化营销传播策略，即它们要用同一个声音说话，从而避免当前山东省文化品牌传播中的互相干扰、抵触等现象。在此，对于各次级文化品牌以及子品牌的营销传播，也要注意借力和助力山东省整体文化产业品牌的传播，在国际市场营销中要在整体品牌下进行差异化的营销传播，但不能造成对整体品牌的干扰和冲击。在营销传播中，山东省文化产业品牌儒家文化品牌是基础，各次级品牌以及子品牌是其延伸，它们之间应形成互相支持、互相促进的协同机制。

（二）提高儒家文化资源利用的层次，开发适应国际市场需求的文化产品精品，形成适应多元化国际市场需求的特色化山东省文化产品体系

目前，基于儒家文化资源的国际化文化产品正在直接利用（如主要是指文化旅游产品）基础上，逐步实现多元化，文化演艺、动漫、影视、文化教育培训等文化产品已经得到一定的开发。但是整体来看，资源直接利用型文化产品仍占主导。即使是在儒家文化的发源地曲阜，文化旅游产品仍是其仅有的具有国际竞争力的文化产品，其他类型产品规模尚较小、难以在国际市场中占有一席之地。

基于此，山东省文化产品开发，一方面要针对国际市场进行专门的调研，确定国际市场对山东文化产品需求的相关情况，有针对性地根据细分市场开发相应的文化产品。一般来说，针对儒家文化的核心区东亚国家或地区开发的产品层次可以较高，可具有一定的知识性和专业性（文化学习、文化参与、文化体验等），因为这个区域的民众对儒家文化的了解较为丰富；但针对欧美等儒家文化外围的国家或地区，文化产品要以文化宣传、文化观光、汉字教育、文化娱乐等普及性产品为主，要展示以儒家文化为核心的山东文化的独特之处以及趣味性，因为这些国家或地区民众对儒家文化的了解较少而主要是基于文化猎奇或寻求差异的原因而对中国文化产品形成需求。另一方面，山东省文化产品开发还必须要健全产品体系，形成以儒家文化系列产品为品牌核心载体，其他各次文化品牌以及子品牌的相关文化产品相协同的综合性文化产品体系。整体来说，山东省国际化文化产品应在现有文化旅游产品为主之格局基础上，扩展到文化演艺、动漫游戏、影视音像业、文化娱乐、文化旅游、网络文化、图书报刊、文物和艺术品以及文化艺术培训等多个行业的多元化产品，并在此基础上形成山东省内部不同地区的特色化文化产品体系。

（三）充分发挥儒家伦理的社会约束作用，规范文化产品生产、流通、消费各环节的行为规范，形成良好的文化产品市场秩序

基于文化产品供给的角度，儒家文化能够形成对供给方相关主体的行为约束和规范机制，从而有助于建立良好的文化产品市场秩序。这对国际市场来说，同时也是一个文化产业品牌建设与维护的过程。基于此，儒家文化不仅应成为山东省文化产业的整体品

牌，更应该成为各文化产品生产经营单位的企业文化，儒家伦理应成为他们生产经营规范和员工的行为准则。这首先就要求山东省应进行文化品牌的内部营销传播，对内部公众进行文化品牌的阐释、宣传，使其理解该品牌的内涵，激发公众的品牌公民行为。品牌的内部传播要实现的目标是品牌内化，这要通过三个层次来实现：一是文化企业等直接利益相关者的品牌内化，即文化企业及其员工认可、接受、展现和维护当地文化产业品牌；二是与文化产业间接相关的主体特别是当地公众的品牌内化，当地公众对文化产品的认可、接受与维护是关键；三是文化产业品牌融于当地居民的生活，文化产业品牌与当地的区域品牌相融合，品牌理念成为当地公众的生活准则。①

文化产业品牌内化，是一个非常复杂的过程。山东省首先要在文化产业行政部门以及文化企业建立儒家文化品牌导向，将品牌信仰、价值等植入这些组织成员的意识之中，建立品牌导向的组织文化，使他们在经营管理过程中能够践行儒家伦理，从而形成文化市场供给方相关主体的自我约束机制。在此基础上，还应建立文化产业园区、集聚区等文化供给集中区域居民之品牌维护行为的教育机制与激励机制，要对居民进行品牌教育而使他们理解品牌内涵、品牌价值以及品牌对其生产生活的提升作用，要激励居民的品牌公民行为，对其维护品牌所做的共享进行有效激励，从而使文化产业供给主体共同履行品牌承诺和实现品牌价值。由此，文化产品供给方的主体会得到规范，其生产经营的外部环境也会得到优化，从而确保了文化产品市场秩序的规范。

（四）优化山东省文化产业发展模式，依托文化资源富集区或现代高新技术产业园区打造文化产业集聚区，形成空间布局、产品布局合理的国际化文化产品生产基地格局

特色文化产业群培育以及文化产业园区和基地提升是"十二五"时期山东省文化产业发展的重要任务。集群化发展是山东省生产能够进入国际市场，并取得国际竞争优势的文化产品的必由之路。这是因为，除部分文化旅游产品外，国际性文化产品开发需要整合资源，提升创意策划，形成产品链和产业链。这一方面是由于国际市场文化需求的层次较高，对文化产品的要求相对较高；另一方面是因为我国文化产品多为单项产品生产模式，文化产业上下游产业之间缺少对接机制，只有通过产业集聚将文化产品生产的上下游有机整合，才能够整合相关资源，取得规模经济优势，降低成本，提高产品的竞争力。

基于此，立足国际竞争，山东省文化产业就必须改变产品开发单向、缺少产品链，产业发展局部、缺少产业链的格局，建立产品向上游和下游延伸、产业链整合的集群化

---

① Vasudevan S, "The role of internal stakeholders in destination branding: Observations from Kerala Tourism", *Place Branding and Public Diplomacy*, 2008, 4 (4).

发展格局。山东省基于国际竞争优势的打造，首先要培育的就是儒家文化产业集群，并依托曲阜国家级文化产业示范园区建设儒家文化产业聚集区，从而形成特色鲜明、产业资源丰富、产品链完善、产业链乘数效应显著的山东省文化产品重点生产基地。在此基础上，济南、青岛等文化资源丰富、经济基础好、现代化技术发达、区位条件好的地区应该充分挖掘区域特色文化资源和地方资源，推动形成一批富有地域特色的文化产业群，建成更多的文化产业集聚区。同时，各地区以及大型文化产业也要整合资源，建设区域性的文化产业基地，形成区域文化产业集群。还应注意的是，各地的文化产业资源整合，文化产品供给流程整合，文化产业分支整合，都应考虑跨地域问题，以产品链、产业链为依据来进行优势资源的整合，以提高区域文化产业国际竞争力。

德川学者对孔子思想的异解与引申

张昆将　台湾师范大学东亚学系

一、前言

孔子与孟子在日本所受到的欢迎与批判程度，往往有天壤之别，孟子由于政治思想处处有抵触日本绝对君臣的价值观，故对其批判者众①，但孔子与《论语》在日本仍有相当的分量，迄今《论语》仍在个人的修身、政界的运用、学界的研究、商界的企业管理经营、民间的读书会、小说的创作等方面，依然有着相当的魅力。而这股魅力当追溯到前近代，十七世纪的町人儒者伊藤仁斋（1627 – 1705）即将《论语》推崇为"最上至极宇宙第一书"②，徂徕学派龟井昭阳（1773 – 1836）也说："人之跻《孟子》配《论语》者，未知仲尼之为宇宙一人者也。"③ 不过，孔子形象也不是万灵丹，碰到了主体性强烈的日本学者，偶尔也会失灵，有谓"孔子并非儒者"，有批评孔子失君臣之大义，亦有骂孔子作《春秋》隐讳了汤武的"篡弑"行为。今日我们想了解日本文化特殊性，除观其"同"，更在察其"异"，因孔子对日本而言是异邦人，与日本传统之间存有主客或本末、优先次第之问题，经常成为学者之间的论辩。例如孔子之道与神皇之道孰为优先的问题，再如孔子是否赞成革命，孔子是否为儒者，孔子的文道与日本的武道之冲突问题等，不一而足。本论文以"孔子形象"为主轴，分析作为异邦日本的江户知识分子，如何面对孔子之道或孔子之教所带来的争议问题，呈现孔子形象在江户日本的多元面貌，直探具有日本主体性儒学的特色。

---

① 有关孟子的政治思想在日本德川时代所引起的争议之研究，可参拙著：《日本德川时代古学派之王道政治论：以伊藤仁斋、荻生徂徕为中心》第五章，《王道政治论在德川儒者的回响：对孟子政治思想的争辩》，台大出版中心 2004 年版。

② 伊藤仁斋：《论语古义》，关仪一郎编：《日本名家四书注释全书》第三卷，论语部一，《总论》，凤出版 1973 年版，第 4 页，亦见于伊藤仁斋：《童子问》，家永三郎等校注：《近世思想家文集》卷上，第五章，岩波书局 1966 年版，第 204 页。

③ 龟井朝阳：《家学小言》，《日本儒林丛书》第六册，凤出版 1978 年版，第 1 页。

二、"孔子之学"不等于"儒者之学"

江户时代非孟的先锋是荻生徂徕（1666－1728）。徂徕开创古文辞学派，追求基于六经的"先王之道"，明显区分孔孟思想之不同，认为孔子是代表"先王之道"之继承者，孟子则是开创"儒家者流"的始作俑者。徂徕自始至终就不认为自己是儒者，他在学问成熟后，便极力峻别"先王之道"和"儒者之道"，故他叹道："吁嗟！先王之道，降为儒家者流，斯有荀孟，则复有朱陆，朱陆不已，复树一党，益分益争，益繁益小，岂不悲乎。"① 后学者三浦瓶山也称："堂堂三代之道，降为儒家者流。荀卿之达识，终以尧舜为大儒，岂不痛哉！"② 显见徂徕学者并不视孔孟或孔荀思想是一脉相承。

徂徕学者刻意区隔孔孟，严辨孟子以降都属于所谓的"儒家者流"，与孔子之道或先王之道歧出，弟子太宰春台（1680－1747）也一再说明："古者未有儒家，子思、孟轲之流，降为儒家。秦汉之际，乃有是名，则与诸子百家为伍而已，曾谓先王之时有儒家乎！"③ 太宰春台更论孟子之害：

> 轲自以为孔子之徒，而其不达道如是，自是先王之道，降为儒家者流，遂令后世谓儒者难与进取，千百年来，儒生之谈，无补于国家，由轲之误也。然此祸胚胎于子思氏，而成于孟氏，则荀卿之非二子，可谓知言也。④

按此处所谓"儒家者流"，春台特指为"无补于国家"，不为世用，只知教授生徒，舌耕以食者，足见其非孟之深。⑤ 观太宰春台《孟子论》之作，一一批判孟子的养气论、经权论、心性论、王霸论以及管仲论等，孟子思想中的重要思想几乎不为春台所接受，可窥徂徕学派不以孔孟为同源，更不以儒家称孔子，刻意区隔孔孟。

延续孔孟非同道的课题者，尚有幕末的摩嶋松南（1781－1839）还有后期水户学的会泽正志斋（1782－1863）。摩嶋松南《儒辨》一文谓：

> 郝京山曰："六经之训，称帝王圣贤，而儒之与百家列也，自司马迁、刘向、班固始耳。彼以儒命我，我沾沾自喜，援孔子为儒师，率帅七十子为儒徒，名不

---

① 荻生徂徕：《弁道》，第200页。
② 三浦瓶山：《原学篇》，《日本儒林丛书》第十四册，第1页。
③ 太宰春台：《读仁斋〈易经〉古义》，《附录：春台先生杂文九首》，《日本儒林丛书》第四卷，第36－37页。
④ 太宰春台：《孟子论》，下卷，第23页。
⑤ 春台论孟子之害的相关论点也可参见其所著《读仁斋〈论语古义〉》，《日本儒林丛书》第四册，第33页。

正，言不顺。"物徂徕曰："战国时百家并起，儒墨争衡，而后荀子始以尧舜禹汤文武为大儒，古所无也。"又曰："先王之道，降为儒家者流，始与百家争衡。"二氏之学，余不敢奉之，然如此言实卓实也哉！（问者）曰："然则后之学者，何以称之？"（答）曰："古之志道者，咸以士称焉，语孟之所载可见也。故迂阔如余，亦窃以士自期，然今日谋生，以教授为业，则士其志也，儒其业也。故所著文辞，往往自称为儒，亦出乎不得已，要之竟不免儒家者流也哉。"①（括号笔者所加）

水户学者会泽正志斋也有以下"学孔门之学"不等于"学为儒学"之论：

> 先生（按：藤田幽谷）恒言："学者学为君子，非学为儒者，故《论语》以君子二字始终之。"又言："道者成人之道，非儒者之私业，故夫子成德达才，有德行，有言语，有政事，有文学，各因其人所长成就之。"儒则古以道艺教人，《周官》云"儒以道得民"是也。故夫子诲子夏以为君子儒，以其长于文学也。周末道不行，门弟子各以其所学教授后辈，而人称之为儒者之道，是非圣人之本意。后学者当以成人自期，不必要为儒者，学而为君子，是则孔门之学也。②

上述区别"学为儒者"不等于"学为君子"，认定后者才是孔门之学。徂徕学风靡于江户中期，水户学闻名于江户后期，显见持"孔子之学"不等于"儒者之学"并非学者中的少数。如实言之，"孔子之学"不等于"儒者之学"之论，旨在区分"孔子之学"与"后世儒者之学"的不同，但实不能否定"孔子之学"与"儒学"的关系，司马谈《论六家要旨》即说"夫儒者以六艺为法"，"六艺"当是《六经》，孔子删《诗》《书》订《礼》《乐》作《春秋》，岂能与"儒者之学"无涉，孔子固然不是"儒者"的起源者，但却是集古之大成者，此前之以儒为业者或不能提出普遍人间的理念，如"仁"的内在价值理念，如打破"君子"与"小人"之阶级分野，如提出"有教无类"而对教育价值的积极肯定，如深刻强调积极性的内省之学等；此后之儒者，容有各种"儒者"，甚者如《韩非》有谓"儒以文乱法"等，但判定之基准，皆不能逃于孔子上述的普遍理念。

至于徂徕学、水户学何以主张"孔子之学"不等于"儒者之学"，显有非孟及反朱思想的政治用意，亦即从非孟或反朱的思维中，我们或可嗅出日本特殊的实学色彩，其

---

① 摩嶋松南：《儒辨》，《日本儒林丛书》第一卷，第5－7页。
② 会泽正志斋：《及门遗范》，《日本儒林丛书》第三卷，第4页。

一是不谈甚至反对内在心性论或天理的形上思维，其二是坚持绝对性的君臣大义，特别是孟子的汤武革命论冲击日本万世一系的神皇体制，此一课题详论于以下几节。

三、对孔子隐讳汤武革命的异解

日本是长期处于封建制度的国度，由于封建时代有天子与诸侯之间的君臣大义，加上日本特有万世一系的天皇体制，故站在日本主体性的立场而言，对汤武革命论相当敏感，并往往借此质疑孔子失君臣之大义。以下伊东蓝田（1733－1809）的汤武论便是典型之论：

> 虽汤武，亦心知其为篡弑矣。然则古之圣贤夷齐外，皆弗篡弑之者何？大讳也。其大讳奈何？伊尹，臣也；周公，弟也；孔子，陪臣也。三圣者大讳其所大讳也。孔子作《春秋》，为周鲁讳篡弑及大恶，是也。孔子作《春秋》，为周鲁讳篡弑及大恶，然人皆知之矣。至若汤武，人皆不知其为篡弑奈何？天子之大祖也。伊周当国，定一代礼乐刑政，大讳其所大讳也。则其小人无得而知其君子知而不言，大为天子之大祖讳也。周孔为汤讳何？周孔不以汤为放，则武之为弑者，自着尔。未知孔子讳之，为周与？为殷与？"中略"夫道也者，礼与义也，故称天子为圣，不以为诒者，为礼举也。君杀不辜，不以为雠者，为义屈也。故曰："君虽不君，臣不可以不臣。父虽不父，子不可以不子。"秦汉以降，唯金元清，自外域来有华夏，其余概不为无嫌矣。是以豪杰之士，犹或箝口与？抑亦后世疏于礼，故以不知其为讳邪？独我日本，虽越在海东，自剖判以迄于今，天子一姓，传之无穷，莫有革命，则可以辨汤武非放伐已矣。[1]

以上伊东蓝田批评孔子隐讳了汤武的篡弑，重点有三：其一是身份问题，孔子与伊尹、周公同类，或为臣，或为弟，而孔子是"陪臣"身份，因其身份上下的关系而隐讳汤武篡弑；其二是孔子作《春秋》问题，为周鲁隐讳了篡弑及大恶；其三是掌握礼乐刑政的制定权之问题，塑造出因伊尹、周公当国，振兴起弊，制定了一代的礼乐制度，有功于天下，达到"大讳其所大讳"的成果，造成后世顺其然而不知其篡弑。

批评孔子失君臣大义的尚可以佐久间太华的《和汉明辨》（1778 年刊）为代表，如太华如下之论：

> 当周之末，孔夫子者，怀不訾之才，杰出于其间，须笔诛汤武之罪，以明大义一洗道秽垢。惜矣哉！其虑不出于此，反谓祖述尧舜，宪章文武，是以牛矢厕隋珠

---

[1]　伊东蓝田：《蓝田先生汤武论》，《日本儒林丛书》第四册，凤出版 1978 年版，第 1 页。

非邪，于此五典再灰矣。①

太华批评的理由是孔子本应该"笔诛汤武之罪"，却还说"祖述尧舜，宪章文武"，简直"以牛矢厕隋珠"，使经典史册蒙尘而不彰。这种批评当然与前述蓝田所指涉的孔子所作《春秋》为汤武隐讳而发之论息息相关。

以上批判孔子因"隐讳"而失大义，以下吉田松阴（1830－1859）还批评孔子的周游列国，也是失君臣之大义的例证：

> 事君而不遇之时，谏死可也，幽求可也，饥饿可也。……在汉土君道自别，大氐聪明、睿智、杰出于亿兆之上者，以其长为道。故尧舜，让其位于他人；汤武虽放伐其主，不害为圣人。我邦上由天朝，下至列藩，袭千万世而不绝，非汉土之可比。故汉土之臣，譬如签订半季之奴婢，择其主之善恶而转移，固其所也。我邦臣若为谱代之臣，和主人死生同休戚，虽至死，绝不云弃主之道。呜呼！我父母何国之人，我衣食何国之物，读书知道亦谁恩，今稍以不遇主，忽然去是，于人心如何哉！我欲起孔孟与之辨此义。②

在松阴心中，汉土的君道并不具普遍性，故他仍承认"汤武虽放伐其主，不害为圣人"，因为这是汉土独有的，但日本的君道在松阴心目中是普遍的，且是最好的。故松阴明曰："我邦上由天朝，下至列藩，袭千万世而不绝，非汉土之可比。"可以明显看出其语气的优越性，因此君道的"普遍性"应该是在日本的绝对的君道，而不是中国相对的君道。因此对于孔孟"稍以不遇主，忽然去是"，实有违君臣大义，甚谓"欲起孔孟与之辨"，以如此之辞气质疑孔孟，堪称在东亚儒者中仅有之特例。

由以上批评孔子之论，我们不难看出，不论蓝田、太华或是松阴，他们甘冒天下之大不韪，批评孔圣人，绝非单纯，无非旨在藉批评孔子以凸显日本神皇之论，痛陈幕府将军失君臣之大义，由此亦印证作品或经典诠释也无法逃离"所有历史皆是当代史"的命题。至于神皇之论的根本核心，即是立基于万世一系的绝对性君臣大义，彻底反对汤武革命论或是尧舜禅让论，由此可窥日本文化之特殊性必不离这种神皇论。

四、"孔子设问"下的引申思想

"设问"是一种假设性的问题，虽然实际上没有发生，但往往透露诸多政治、思想

---

① 佐久间太华：《和汉明辨》，《日本儒林丛书》第四册，凤出版 1978 年版，第 7 页。
② 吉田松阴：《讲孟余话》，第 263－264 页。

与文化的弦外之音。由于孔子并非日本人，学了孔子之道是否会有丧失日本的文化主体性之虞，经常出现在一些儒者的设问当中。例如常被引用的山崎闇斋（1618－1682）以下的问答，就有孔孟为将、率兵攻打日本的假设情境，《先哲丛谈》记载：

> 尝问弟子曰："方今彼邦，以孔子为大将，孟子为副将，率骑数万，来攻我邦，则吾党学孔孟之道者如何为之。"弟子咸不能答，……曰："不幸若逢此厄，则吾党身披坚，手执锐，与之一战而擒孔子，以报国恩，此即孔孟之道也。"①

这个设问当然有满清入关后，鉴于昔日有蒙古灭宋不久即征日的经验，日人惊恐于清朝下一波的征讨对象就是自己，上下呈现一种山雨欲来的忐忑不安之心境。这段设问充满学者所谓"日本儒者的双重文化认同所潜藏的紧张性"。② 以下即针对类似这种设问，探索这类实际没发生，却能反映日本政治文化主体性的特色，展现孔子在日本的多元形象。

（一）"孔子若生日本"的设问

孔子毕竟是中国人，孔子的政治与文化主张未必被异邦人所接受，但对于尊孔子如神明的儒者而言，若有与孔子不同的意见，特别是敏感的政治议题，可能出现"诋毁圣人"的遗憾，王阳明所谓"夫学贵得之于心。求之于心而非也，虽其言之出于孔子，不敢以为是也，而况其未及孔子者乎？求之于心而是也，虽其言出于庸常，不敢以为非也，而况其出于孔子者乎"③。这是对心学家有用，但朱子学者、古学派者、武士道学者则反谓之对圣人不敬。于是，学者在一方面尊敬孔子，一方面却运用转换孔子的时空方式，假设孔子为日本人，则会如何如何的问题，来解消彼此之间的紧张性，亦即用一个不存在的"实然"问题，企图建构"应然"的价值理念。

孔子有违君臣大义及所作《春秋》隐讳了汤武"篡弑"，被吉田松阴、伊东蓝田等批判已如前节所述，这是站在批评孔子的立场而发，学者需有甘冒天下之大不韪的勇气。但对绝大多数的学者而言，孔圣人的地位仍然屹立不摇。因此，一样讨论汤武革命，一些儒者运用假设性的语句，说明孔子也必反对革命之举，如以下闇斋学派的源安崇所论：

---

① 原念斋、源了圆译注：《先哲丛谈》卷之三，平凡社 1994 年版，第 118－119 页。
② 相关分析可参黄俊杰：《德川日本儒学中的〈论语〉：与〈孟子〉对比》，氏着：《德川日本诠释史论》，台大出版中心 2007 年版，第 84 页。
③ 王阳明：《答罗整庵少宰书》，陈荣捷：《王阳明传习录详注集评》，台湾学生书局 1992 年版，第 173 条，第 248 页。

惟彼邦自五帝建国以来，盛衰不一，易姓受命，污俗浊习一肇不止，其来尚矣。虽有数圣迭兴，终不革命则不措。吁！痛哉！孔子之为大圣，朱子之为亚圣，精蕴之可观，只在微意之存也。以此观之，则使孔朱生我邦，则贱革命之权也决矣。读四书六经者果识之，则明忠孝之大义，得圣贤之至情，能益其身，能益其国，可谓善读之者矣。非神国之德化，而其谁能知革命之非乎。①

这里可注意者，是源安崇以"孔子之为大圣，朱子之为亚圣"，退孟子而跻朱子为亚圣的地位，显见孟子的汤武革命论在日本极受排斥，即使是尊朱子学者亦敬而远之。不过，孔子确实没有清楚表达赞成革命之举，但朱子实际上是赞成革命之权的，《朱子语类》如是说：

问："'可与立，未可与权'，看来'权'字亦有两样，伊川以权只是经，盖每日事事物物尚称量个轻重处，此权也，权而不离乎经也。若论尧舜禅逊，汤武放伐，此又是大底权，是所谓'反经合道'者也。"曰："只一般，但有小大之异耳，如尧舜之禅逊是逊，与人逊一盆水也是逊；汤武放伐是争，争一个弹丸也是争。"②

朱子对于革命"权"，争的是"大"与"小"的问题，类似革命之大权，涉及忠孝之大伦，已不是一时的权通所能涵盖，面对"大伦大法"之际，只有真正"大是大非"者始能无误地运用此权。然而，源安崇的假设是"使孔朱生我邦，则贱革命之权也决矣"，易言之，孔朱因生在"彼处中国"可赞成革命之权，但在"此处日本"则必持"贱革命之权"，关键在于中国没有日本万世一系的天皇制，所以历代才有"污俗浊习"的易姓革命之举。这样的设问，把孔子与朱子转换成日本人，用时空转移的简易方式来解消政治认同的紧张性，是一种典型的"脉络性转换"之诠释。③

其次，关于文化认同的解消方式也是如此，如以下山鹿素行（1622－1685）"周孔若出本朝则政道如何"的设问：

若无周公、孔子，其制法难知，然以其留下之文献而可垂征。礼出于修其教不

---

① 源安崇：《辨一儒者为学之说》，《续垂加文集附录》，《山崎闇斋全集》第二卷，东京日本古典学会1978年版，第383页。

② ［宋］黎靖德编：《朱子语类》卷三十七，文津出版社1986年版，第994页。

③ 有关经典诠释的"脉络性转换"课题之研究，可参以下黄俊杰教授两篇论文，《从中日比较思想史的视野论经典诠释的"脉络性转换"问题》，《台大历史学报》2004年第34期。以及黄俊杰：《东亚文化交流史中的"去脉络化"与"再脉络化"现象及其研究方法论问题》，《东亚观念史集刊》2012年第2期。

易其俗，齐其政不易其宜。周虽承殷纣之恶政恶俗，革除衰世所蒙之政而成周之天下，天下人民事物皆根据殷之天下人民事物，不闻改订之。《诗》云："商之子孙其丽不亿，上帝既命侯于周服。"孔子于宋为章甫之冠，在鲁则着逢掖之衣。然生乎今之世，反古之道，如此者灾及其身者也。居其国，尚欲变其古今之风俗，灾必及之。况本朝与异国水土之差甚遥，虽圣人来此，未易其俗而立其教，此不待论也。①

上述之设问，涉及文化认同的课题，旨在阐明日本与中国风俗水土不同，日本虽学周孔之道，但仍不可轻易更动日本风土，证之周、孔，亦未改前朝习俗。素行最后更说"虽圣人来此，未易其俗而立其教"，道出孔子即便到了日本，也不会轻易改变日本当地的习俗与制度。类似素行这类强调日本风土的特殊性，不宜轻易改变当地风俗之论，以下折中学派井上金峨（1732－1784）的风土论颇有其代表性：

我邦表东海，与中国风马牛不相及。先王之制，尚大古之风，缘饰以李唐之礼典，焉得求之中国，而一一无差乎？秦汉以后，不循三代礼乐之治，何况我邦乎？何况我邦之今乎？即风土之异，我之不能为彼而我也，今之不能为古而今也。时使之也，势使之也。②

井上金峨上述"时"与"势"的风土性之异，与以下山鹿素行从"自然之势"强烈表达文化主体性的观点异曲而同工：

盖居我土而忘我土，食其国而忘其邦，生其天下而忘其天下者，犹生于父母，而忘父母，岂是人之道乎。唯非未知之而已，附会牵合，以我国为他国者，乱臣也贼子也，朝仪多袭外朝之制，亦必非效此，自然之势也。③

具有神皇论色彩的立石垂显（闇斋学派者）也特有如下的异端论：

生于日本，不尊信《神代卷》中臣袚者，异端也。生于汉土，不尊信四子六

① 山鹿素行：《谪居童问》，《山鹿素行全集思想篇》第十二卷，岩波书店 1940 年版，第 327－328 页。
② 井上金峨：《金峨先生焦余稿》，《日本儒林丛书》第十三册，凤出版株式会社 1978 年版，第 7 页。
③ 山鹿素行：《中朝事实》，《山鹿素行全集思想篇》第十三卷，第 366 页。

经，异端也。《笔记》者，非啻不知神道之意，亦不知孔子之道者也。①

意味尊信孔子之道者，到了日本也必尊信日本天皇神系历史的《神代卷》。

以上表面看似争议风土文化之问题，但这类问题却又往往与政治认同息息相关，面对强势的"圣人之教"，一方面在不反对"圣人之教"的前提之下，同时也必须强调本土的神圣性，用"神人"对"圣人"的方式来强调"神圣同揆"②，这种特殊的诠释方式，在东亚儒教文化圈中仅为日本学者特有。

（二）周孔之教促成了日本"尽善尽美"的设问

如前所言，水户学者既区隔孔孟，故不云"孔孟之教"，仅称"周孔之教"，对于"周孔之教"在日本扮演的角色，藤田东湖（1806－1855）有如下之论：

> 应神（天皇）、天智（天皇），资周孔之教，以黼黻皇猷。礼乐典章，粲然大备矣。夫以神明威灵之道，而文之以周孔之礼乐，故我之为道，尽善尽美，无复可加。其将臣，世效其武，以勘定惑乱；其相臣，世修其职，以经纶密笏；其国造县主，世率其民，以服皇家之事。世风以是纯朴，人心以是敦庞。皇灵赫赫，远被于八洲之表，自蛮夷戎狄，莫敢不来王。世有隆污，道有兴废，将臣相臣，整顿振摄之，则太阳之光仍旧，无复有亏损，是谓神圣一源之大道焉。③

东湖又说：

> 夫儒教所以培斯道，苟读其书，诚宜体周孔之本意，资明伦正名之大义，以光隆神皇之道。④

由上之东湖所言，可知周孔之教、周孔之礼乐只是辅助或光彩神皇之道的工具，但这样的辅助工具也相当重要，是可以让日本的神皇之道达到"尽善尽美"之境。关于"尽

---

① 立石垂显：《神儒辨疑》，《日本思想斗争史料》第四卷，名著刊行会1969年版，第220页。引文中《笔记》一书，全名为《神代卷笔记》，作者是儒者身份（真实姓名不详），成书于享保年间（1716－1735），内容对《日本书纪》有诸多的问难之处，倾向"儒主神辅"的立场，立石垂显此作即是站在日本主体性立场批判《笔记》。

② 笔者在过去的研究中曾区分日本德川神儒兼摄者学者有"神儒合一"与"神儒一其揆"两类型，简言之，"神儒合一"是指善用儒学来解释神道，终不免遭受以儒掩神之讥，此种调和神儒之学者，以朱子学者林罗山、山崎闇斋的学说为中心；后者是指作为日本人，应以神道为主，儒学仅能基于辅佐的意味而存在，主张这个学说者以兵学者山鹿素行、松宫观山以及勤皇之武士学者、后期水户学为中心。参拙著：《日本德川时代神儒兼摄学者对"神道""儒道"的解释特色》，《台大文史哲学报》2003年第58期，第143－179页。

③ 藤田东湖：《弘道馆记述义序》，《东湖全集》，第142页。

④ 藤田东湖：《弘道馆记述义》，《东湖全集》，第160页。

善尽美"之文献，涉及汤武革命的课题，日本有神皇意识学者不会轻易放过。《论语》中孔子听到舜时代的韶乐，忍不住惊叹曰"尽美矣，又尽善也"，但在听到武王之乐，则说"尽美矣，未尽善也"，足见孔子对武王的暴力革命，仍存有相当的疑虑。东湖在此看到了"周孔之教"可以"黼黻皇猷"，恰为其尊王攘夷的信念找到了最佳代言者。

上述东湖之论所谓周孔之教促进了日本"尽善尽美"，系专指所谓"文教"而言，所谓"文以之周孔之礼乐"是也。意即所谓神皇之道是专就武道而言，藤田东湖以下道出实情：

> 神州之建基，质有余而文或不足，德泽浃洽，武备充足，而制度典章，或有所阙，及资儒教以培之，名数节目，灿然大备，所谓斯道之所以益大且明不偶然者，正谓此也。①

所谓神皇之道本"质有余而文不足"，因此儒教这样的"文教"填补了这个"不足"。换言之，武道就是神皇之道的根本，但若儒者提倡文道而忘了武道，东湖批评这种本末倒置的学者，其中他特别批评奈良时代的安倍仲麻吕（698－770），如以下所论：②

> 儒者曰汉土为中国，其外为四夷。礼乐刑政，皆中国所设。三纲五常，非四夷所有。而学者耳目习熟，不悟其非，甚则以夷自处，使儒教与斯道（按：神皇之道）背驰者。其文难陵韩柳、驾李杜，皆仲麻吕之流亚也。

安倍仲麻吕是奈良时代的遣唐留学生，参加唐朝的科举考试，高中进士，在唐朝历任要职（汉名为晁衡），汉文及诗文的造诣相当高。东湖意在批评古代汉文辞藻造诣甚深的安倍仲麻吕，往往为世之谈古者的典范，导致一直以来学习汉文者都有华彼夷我的倾向，忘记了神皇的根本大道。类似像东湖这类意见的学者不少，其中不乏热衷武士道者，如中村中倧（1778－1851）在《尚武论》中说：

> 我邦称"丈夫"，犹彼国称"君子"。西土文国，其邦已主文，则以君子为尚，自不同耳。我邦武夫，岂可以"君子"称之哉。彼又称我邦曰"君子国"，以自所尚称之也。固不知彼之与此有别也。③

---

① 藤田东湖：《弘道馆记述义》，《东湖全集》，第181页。
② 藤田东湖：《弘道馆记述义》，《东湖全集》，第161页。
③ 中村中倧：《尚武论》，井上哲次郎、有马佑政编：《武士道丛书》中卷，博文馆1906年版，第329页。

上引是典型的武家思维，特强调"我邦"与"彼国"之分，连被称为"君子"也觉被侮辱，因"君子"代表"以文为尚"。为了凸显自己的主体性，中村中倧常有一些假设的问题，例如说：

> 孔子若乘桴浮于海，既在我方，则必以武为尚，未必以文为尚也。①

又说：

> 孔子谓"韶，尽美矣，又尽善也"，谓"武，尽美矣，未尽善也"，此则在彼言之。若在我邦言之，则必反之，谓"武，尽美矣，又尽善也"，谓"韶，尽美矣，未尽善"。②

另幕末儒者村上勤亦如是说：

> 孔子若见吾本邦之古今一皇统，岂不曰"尽美又尽善"矣。③

上述的设问如"孔子若乘桴浮于海""孔子若在我邦言之""孔子若见吾本邦之古今一皇统"云云，都是在不批评孔子之下所做的设问。中村中倧用意在告诉学孔子儒教之日本人，不可因学了孔子之教而自废了武道，警惕学儒书者，切勿本末倒置；村上勤则旨在指出孔子若了解日本的万世一系之皇统，必称赞日本没有中国的暴君革命论。可见，没有了武道，日本拿什么与中国相比；没有了神皇之道，日本也没有可与圣人之道相较之内涵。因此，不可"以武为末，以文为本"，必须"武本文末"，"文"只是如东湖所谓"资"神皇之道的辅助角色。因此，当我们在理解水户学的尊皇论时，必须结合其"尚武论"始能窥其全貌。

（三）"孔子居管仲之位"的设问

使用假设法说明孔子将会如何之事，荻生徂徕是个中翘楚。以下几段都是与孔子称管仲为仁者有关：

> 孔子无尺寸之有，亦异于汤与文武焉，使孔子见用于是邪，唯有管仲之事已。

---

① 中村中倧：《尚武论》，井上哲次郎、有马佑政编：《武士道丛书》中卷，博文馆1906年版，第329页。
② 中村中倧：《尚武论》，井上哲次郎、有马佑政编：《武士道丛书》中卷，博文馆1906年版，第330页。
③ 村上勤：《国字训蒙附录》，《日本儒林丛书》第七卷，第15页。

然其时距文武五百年，正天命当革之秋也，使孔子居管仲之位，则何止是哉！故孔子与其仁而小其器，盖惜之也，亦自道也。夫孔子小之，而终不言其所以小之，可以见已。夫管仲以诸侯之相，施政于天下，可谓大器已，而孔子小之，或人之难其解，不亦宜乎。扬雄曰："大器犹规矩准绳，先自治而后治人。"（《法言·先知》篇）是书生常言。……仁斋曰："器小，谓管仲所执之具甚小，不济用也。"可谓不知字义已。①

上述之论，用了两个假设，一是"使孔子见用于是邪，唯有管仲之事已"，二是"使孔子居管仲之位，则何止是哉"。前者是脉络性的天命当革的问题，后者是所处地位问题。徂徕如此斩钉截铁地肯定孔子必然会做管仲之事，且其功亦必在管仲之上，就此而认定孔子是惋惜管仲只能"器小"，若孔子在位，则何止于此，必能致"大器"之功业。如此解法，专以事功面取圣人义，显见徂徕突显"先王之道在安民而已矣"的实学内涵。

由此可知，徂徕的安民之道完全站在功效伦理学，故对光有慈爱或仁义之心，却又做不出实效的仁斋之论，有如下之批评：

孔子未尝仁桓公，而唯仁管仲，则桓公之罪可知已。然使管仲不遇桓公，则济世安民之功，岂能被天下后世哉，是管仲不可尤也。且管仲之前无霸，霸自管仲始，岂非豪杰之士邪。……仁斋又以慈爱之心顷刻不忘为仁，是孟子内外之说所囿，岂非心学邪。假使信能慈爱之心，顷刻不忘，然若无安民长人之德，乌得为仁乎？②

徂徕上述解"仁"，以有安民之德为首义，故驳仁斋以慈爱之心解仁，盖重事功而轻人心道德，批评仁斋囿于孟子之说。孟子不耻与管仲同列，乃为众所周知之事，孔孟对管仲不同调，于此可判明。孔子形象在徂徕学中，纯乎成为功效伦理学意义下的"仁者"。

五、结论：孔子与神道之间

上述各节所论，稍可认知到德川诸学者有各种孔子的形象，孔子毕竟不是日本人，

---

① 荻生徂徕：《论语征》，关仪一郎编：《日本名家四书注释全书》第七卷，凤出版株式会社 1973 年版，第68 页。

② 荻生徂徕：《论语征》，关仪一郎编：《日本名家四书注释全书》第七卷，凤出版株式会社 1973 年版，第270－271 页。

而日本又有神皇之道，难免有孰为主客或优先顺位的政治与文化认同冲突的问题，本文指出有些学者根本不承认"孔子之学"等于"儒者之学"，直接斩断孔子与后儒之关系（如徂徕学者与后期水户学者）；也有些学者假设让孔子生在日本，以解消神皇之道与孔子之道的紧张性；也有从武国的立场，接受孔子的"文教"，让孔子之教辅助神皇之"武道"，以达文武合一的尽善尽美之国度。以上孔子或孔子之教的多种形象，学者都企图解消"神"与"圣"的紧张性。站在这些主体性立场强烈的日本学者而言，孔子之教或孔子之道只能扮演辅助的工具角色，不可"儒主神辅"或"以儒掩神"。《神纪》中有一段："生大八洲，是知见国土犹如血肉，见产物犹如婴儿。"一语道出日本风土与日本人间的不可分割的神圣性。因此即便有神国意识者说道："我神国之教，则神人一体，事理不二，简易正直，无自他畛域之隔，是以与圣人之本旨，不期而暗合冥契焉。"① 看似神圣可同揆，实际上还是"神主儒辅"。以下引用先前的《神儒辨疑》一书中，有一段作者立石垂显针对一位儒者质疑天照女神之事的批判回应，道出根深蒂固的"神主儒辅"之思维。儒者的《神代卷笔记》载：

> 又使女神授以天上之事，此女之执事不正，故孔子削女娲之事，不为万世之法，是与此意相背驰矣。

此段旨在质疑《日本书纪》所载有关天照女神是由父母神生出后，授之掌管天上而成为天神的一段神话，儒者引用孔子删订六经，不见有女娲补天之事，证明《日本书纪》记载天照女神与孔子的理性精神相违背。立石垂显在《神儒辨疑》如此批驳：

> 彼以与孔子之意背驰为非，然我神道，与孔子之意悉符合，则斯儒道而已。非独孔子为然，若尧舜禹汤、文武周公之圣、禅让放伐之类，我邦之大禁，可忌惮之尤甚者也。是神道之所以为神道者，而至其盛德大业悠久无疆也。盖虽圣人，亦有所不能焉。此神明不测之妙道，天地之所覆载，虽万国异区域，不可不尊信我神道，故谓道神道，亦曰琼矛道，谓我邦称中国，亦称神国也。②

立石垂显之论系针对那些尊孔子之道者，动辄强要日本神道须"与孔子之意符合"，这是典型的"儒主神辅"态度，而这样的思维只会把日本变成"儒道"国家，从而失去"神道"的色彩。立石还指出许多被儒家奉为圣王的"尧舜禹汤、文武周公"及理想政

---

① 松宫观山：《和学论》，《松宫观山集》第二卷，国民精神研究所1936年版，第196页。
② 立石垂显：《神儒辨疑》，《日本思想斗争史料》第四卷，第216-217页。

治形态的"禅让放伐"都与日本神皇体制格格不入，同时还强调"盖虽圣人，亦有所不能焉"，"神道"优于"圣人之道"之论跃然纸上，故其论结果必然是"神国"优于"圣人之国"、"武道"（琼矛道）胜于"文道"、"中国"（即日本）尊于"万国"。

上述之论，像极了明治维新以后"神主儒辅"的国策，特别展现在1890年（明治二十三年）颁布的《教育敕语》中。该敕语中也有所谓儒教的"忠孝"道德，亦不乏强调五伦关系，但都成了"扶翼天壤无穷之皇运"。显然，日本在前近代到近代的过程中，是愈来愈往"神国"方向迈进，但这不是近代才忽然冒出，而是前有所承；反观儒教的中国在近代的转换过程中，愈来愈朝"去圣"乃至全盘否定的方向发展。中日两国近代的"崇神"与"去圣"的发展，堪耐人寻味。

儒家文明与世界和平：
唐君毅与康德论永久和平之道

李瑞全　"台湾中央大学"哲学研究所

一、引言：人类历史文化发展与战争

世界和平是人类长期追求的理想，但战争却似乎也是人类文化与文明发展不可或缺的伴侣。享廷顿（Samuel Huntington）在审视当前全球的政治局势和回顾人类文明的发展历程后，提出在当前的世界最主要的冲突是文明之间的战争[1]，有谓目前最新形态的是所谓"文化战争"（culture war）。而在人类历史中，战争确也是常伴随文明的发展而来。到二十世纪，人类文明已发展到世界性，但随之而来的战争也更升级为世界大战。在两次大战中全球的文明和文化都受到空前的创伤，但人类似乎仍然逃不脱继续战争的噩运。二次大战后，共产集团与西方自由主义国家之间长期冷战，而部分地区则仍然在热战之中，特别是中东地区战乱日炽。中东除了阿拉伯国家与以色列长期的对抗之外，中东地区实质上也是冷战中的一个火药库，不但是美苏集团的交锋之地，也是基督教与回教，以色列人与阿拉伯人，阿拉伯民族和宗教派别之间的长期战争之地。近两年更因东非之阿拉伯之春和伊斯兰国的暴动，而使中东地区成为复杂而白热化的战场。此中实夹杂了宗教和民族的难解的世代纷争在内，如果政治、军事、宗教都是文化或文明的一部分，这确是一场全面的文化战争。

哲学家与宗教家的理想基本上都是追求永远的和平和安居乐业的世界，除了部分哲学家承认战争也有消极上唤醒一民族之发奋向上之外，总是对战争加以鞭挞。因为，战争总是以武力和流血解决人间纷争的方式，受害的永远都是无辜和无力的老百姓。反对战争自有为生民请命之义。但如何建立一永久和平的世界，实不容易。传统战争多少局

---

[1]　Samuel Huntington：The Clash of Civilizations and the Remaking of World Order，黄裕美译：《文明冲突与世界秩序的重建》，联经出版事业公司 1997 年版。

限在同一文化的同一或不同的民族之间的战争，在战乱告一段落之后总有可以让全体人民暂时安居喘息的时间，但今天作为地球村的现代世界，在我们每一天的共同生活中，战争几乎没有休止过。由于愈来愈多国家拥有可以毁灭世界的武器，地区的冲突可以变成全世界的大战，届时人类整体的生存必成问题，一切文明及人类同时毁于一旦，并非危言耸听之事。因此，如何消弭一切战争成为现代世界的哲学家所不可避免的要面对的一个严峻的课题。

在西方哲学史上，对于永久和平的课题有巨大影响力的哲学家是康德。在德奥帝国联合起来要求法国革命之后的人民政体恢服君主制，被法国的人民政体打败之后，康德对于国与国之间如何取得永久和平，做出深刻的反省，写成《论永久和平》一书。此书分量虽然不多，却引起广泛的讨论，而其中一些论点，如建立跨国的联盟，成立国际的仲裁以解决国际的纠纷，都与日后联合国和国际法庭的建立相关。而近数十年，由德、法合作开始建立的"欧盟"，把欧洲各国组合成一近乎"邦联式"的跨国组织，且渐成为稳定欧洲，不但消除了欧洲各民族国家长期战争，成为一不小的政治集团，足以与美、苏等强国鼎足并立，而且可以成为国际永久和平的典范。欧盟的建立亦由康德之影响而来。因此，康德对于永久和平的构想，在今天世界仍然有众多国内与国际的战争的情况下，特别是在两次大战的惨重伤亡和破坏之后，如何避免各种战争，以至世界大战，是我们必须加以思考和参考的重要文献，以建立人类的真正的永久和平。

但是，今天众多剧烈而惨烈的战争，主要的仍然是落后国家与先进的西方国家之争。此在中东方面最为明显。代表西方文明的现代国家，却是第一次与第二次世界大战的发动者。西方文明似乎无法防止民族国家停止国家权力的无休止的扩张，不但在十八十九世纪有许多殖民地侵略和争夺战，更有由欧洲各强国争夺土地利益而来的欧战，以至引发全球性的大战。以战争解决国家之间的争执似乎是西方文化一惯性的方式。此如，美苏在一次大战后的长期的意识形态的冷战，但在各地区却有大小不一的各种热战；以至冷战结束后，不但民族屠杀式的战争仍然在中欧与非洲发生，而在中东更产生复杂的宗教与民族和文化的战争，以致无地无人可置身事外的恐怖主义式的战争，迄今未见有任何化解的可能性。而此中却又与号称代表西方文化最高度发展的美国的政治经济的霸权主义关系最深。由此亦使人怀疑西方文化是否有不可磨灭的战争因素，或有没有消除战争而达至真正永久和平的可能。

唐君毅先生于第二次世界大战之后，虽见到联合国的成立，但对西方文化的缺点提出强烈的批评，认为西方文化与哲学没有一悠久和平的成素，纵有康德之反省和后继的哲学家的努力，仍然不足以消除人间的战争。依儒者之天下一家的观念，人类自应是团结互爱互助，而中国历史上朝代的兴亡主要是由于当政者之腐败无能，群雄竞起以解决民生疾苦而有战乱，不像西方有众多跨国的权力与民族或宗教战争。① 唐君毅先生认为西方需要学习中国传统的智慧，特别是文化中的悠久和平的理念，如此才能成就世界的和平。本文先分析康德之说，指出其优缺点，再申论唐先生之建议，最后依儒者之天下一家之理念，申论人类永久和平之可能性和出路。

二、康德对世界和平之哲学反省和建构

康德身处在十八十九世纪的欧洲，亲历了欧洲由神圣罗马帝国解体，各地的民族国家的建立，也开始了民主宪制的形式，但国与国之间的战争似乎没有停止过，甚至可能因为没有强大的帝国，各国之间的战争更频繁。康德看到国际之间因为没有共同遵从或必须遵守的法则，处于一自然状态（state of nature）之中，而缔结和约实只是暂时休兵，没有战争实只是暂时的和平，实质上各个国家是处于作战和备战的状态之中。康德对历史的回顾见出，一个大帝国之崩溃，各个地方的国家纷纷自立，而其中又有有力的国家逐渐兴起壮大，慢慢侵占邻近的小国，最后以强大的武力成一大帝国。但这个大帝国又由于内部的民族和文化的多样性和复杂性，内部各种权力的斗争而分裂，最后又崩解而成为众多的地方王国或自治领土。而这些小国又经竞争和战争，又朝向大帝国发展。如此周而复始，国与国之间永无真正之和平可言。因此，康德依其哲学家的伟大心灵，对人类如何建立永久和平的难题做出反省和分析，提出建立永久和平的构想。

康德的构想主要见于《论永久和平》② 一书。事实上，为了避免哲学家所论常被讥为只有理论而在实践上不可行，康德陈述在进行永久和平的建设之先，提出一总称为"国家之间的永久和平底临时条款"，以为真正的永久和平的规划做出基础建构：

1. 任何和约之缔结在进行时，若是秘密地为一场未来的战争保留物资，它就不该被视为和约之缔结。

2. 任何独立的国家（在此不论其大小）均不可被另一个国家藉继承、交换、购买或馈赠所取得。

3. 常备军（miles perpetuus）应当逐渐地完全废除。

4. 任何国家均不该在涉及对外的国际纠纷时举债。

---

① 中国历史上的宗教战争只有所谓"三武一宗"之"灭佛"行动。此行动中主要是皇帝个人的信仰和涉及国家之政治军事与经济民生的问题为主，与宗教之争议实不相干。而中国自明代以后更多士子提倡三教合一，宗教战争明显不如西方之烈。

② 此书全名为 Zum ewigen Frieden, Ein philosophischer Entwurf，本文所据之英译为 Hans Reiss（ed.），H. B. Nisbet（trans.），Kant's Political Writings（Cambridge：Cambridge University Press，1970），pp93 – 130，"Perpetual Peace：A Philosophical Sketch"一文。李明辉译：《论永久和平———一项哲学性规划》，《康德历史哲学论文集》，联经出版社 2002 年版，第 167 – 227 页。

5. 任何国家均不该以武力干涉另一个国家之宪法和政府。

6. 任何国家在与另一个国家作战时，均不该容许自己采取必会使未来在和平时的互信成为不可能的那种敌对行为，诸如雇用刺客与下毒者、破坏协约、在敌国唆使叛逆等。①

这六条条款是建立永久和平的一些先行条件，意在消除国与国之间的敌意和可能进行战争的预备行动。此如第 1 条即表示目前停止战争的国家在签署和约时要真有诚意和平共存，而不只是喘息或休养生息，预备赢取下一次战争的预备，否则这只是暂时停火而不是追求和平。第 4 条也意在停止使战争可以继续下去的资源，使双方尽快止战，也是要求其他国家不要以放债的方式支持战争，以及日后以债权来侵犯他国的借口。至于第 2 条则是针对当时欧洲贵族之间的王位的继承权的争执而来，因为欧洲贵族之互相通婚常有彼互宣称对他国有继承的权利，因而大动干戈。第 3 条则明显是希望各国消除军备，减至没有常备军备的情况，自然不容易引起战争。此条自然也含有不容许各国做军备竞争，因为，这常是引发战争的主要原因。军备强盛自会以武力恫吓他国，以谋取利益，而且军备费用庞大，难以留而不用，最后必须由战争赢取胜利，侵占他国的资源、土地和人民，以支付军备的开支，和壮大自己的资源和力量，如此，则战事永不能了。同时，军备的竞争亦使各国不会寻求和平以解决纷争。在军备竞争中的国家，如非正式开战，也只是胶着于恐怖的平衡，随时会爆发热战。第 5、6 两款自是对他国采取侵略干涉和伤害其政治与统治的行动，希望影响或控制他国之军政政策，是战争或引起战争的主因之一。而康德认为纵使双方在战争中，互相打击伤害自是不能免，但也要留有余地，让双方保留一点诚信，因为，最后的和约要能真有效达成和解，必须彼此间保有一定的相互信任，否则在尔虞我诈之下，在无可消解的种族或国家仇恨之下，日后根本无法有真正的和解、真正的和平可言。

康德这几点的条款，不但反映了当时的战争的各种因素，除了实际可以马上执行的第 1、5、6 三条要实实实现之外，康德还容许第 2、3、4 条为可延缓施行，让一些已习以为常规的做法照做，而按实际情况一步步实现这些条款，但也不容许无了期地拖延下去。这六条条款不但是当时欧洲各国引起战争的重要因素，也实是一切战争难以达成真正和解的重要因素。这六条款在现代世界中仍然适用，而且，事实上各国在战争中都不断地违反这些基本的要求。例如，在二十世纪的战争中，残杀他国的平民，运用会造成长期伤害的化学武器，颠覆他国的政府，教唆和支持叛乱，暗杀下毒，制造动乱等各种手段，层出不穷。此所以在二次大战之后，投降或签了和约的国家都在预备下一场更大

---

① 康德：《康德历史哲学论文集》，李明辉译注，联经出版事业公司 2002 年版，第 170 页。

的战争，强国的军备竞争从来都没有停止过。而今世界强国都拥有可以毁灭地球数十百次的武器，不发生热战只是一种恐怖的平衡而已，焉得谓之和平。康德在此更进一步警戒各国不要进行一种"歼灭战争"，即把他国的人民全体戮杀灭绝式的战争，这种违反人性人道的战争是使和平永远不可能来临的战争方式。但可叹的是，种族屠杀的战争在二十世纪仍然不断发生！由此可见，永久和平的成功实非常地艰难。

康德之订立这六条先行条款，实有高瞻远瞩之见，不但见出真正的和解必须限制战争的伤害和持续发生的可能性，而且提出国际关系实有彻底改变的必要。但真正达成永久和平，尚需要有更进一步的条件。康德称之为"国家之间的永久和平底确定条款"，列出了三大原则如下：

> 永久和平底第一条确定条款：每个国家底公民宪法应当是共和制的。①

康德认为，根据自由之原则，一个国家的唯一的合理的宪制是共和制，即能体现每个人从属于宪法之下而为具有自由、平等的公民地位之宪制。其他形式的宪制都或多或少是独裁政体。而共和宪制是最可能达到永久和平的基础②，因为：

> 如果为决定是否应当开战，必须有公民底同意（在这种宪法中只能如此），则他们将十分犹豫去开始一场如此可怕的游戏，这是最自然不过的事；因为他们将必须为自己决定战争底一切苦难（诸如亲自战斗、从他们自己的财产中提供战争底费用、艰苦地改善战争所留下来的破坏，最后，最不幸的是还要自己承受一笔使和平本身变得苦涩、而且由于紧接不断发生的新战争而决无法清偿的负债）。反之，如果在一种宪法中，臣属并非公民（因此，它不是共和制的），则在这种宪法中，开战是世界上最无可犹豫之事。因为元首并非国家底成员，而是国家底拥有者，不因战争而使其宴席、狩猎、度假行宫、宫廷节庆等有丝毫损失；因此，他可能由于微不足道的原因而决定开战，有如决定从事一种宴游，并且为了体面起见，毫不在意地让随时待命的外交使节团为这场战争辩护。③

---

① 康德：《康德历史哲学论文集》，李明辉译注，联经出版事业公司 2002 年版，第 179 页。

② 康德所意想的共和宪制是代议式的民主政体，但在此书的论述中，康德对于"民主"宪制与今天一般的观点不完全相同，康德所指的民主政制是全民进行决定的制度，而且是一种"民粹式"的民主宪制，康德认为这无疑是一种假全体之名而对公民中的个体可以否决其权利的政治制度，所以不可取。此非本文主旨所及，故不在此申论。

③ 康德：《康德历史哲学论文集》，李明辉译注，联经出版事业公司 2002 年版，第 180-181 页。

虽然康德观察到在若干战争中，帝王也常会为小事而大动干戈，使人民受到战火的灾害，但也可以看出，由帝王做战争与否的决定会使战争的发生机会提高很多。当然帝王也会为战败而受到挫节以致丧失权位，但帝王更容易被自己的私心和野心所推动，而做出让人民受严重伤害的战争行动，而纵使战败，主要由人民承担恶果，帝王自己常受损不多。但是，在一个共和宪制之下，人民是国家的主人，决定国家的重大政策，则对于劳民伤财的战争自然都不愿意支持。因此，在共和宪制之下，发动战争绝对是不容易发生之事。此所以共和宪制是永久和平的最重要的保障。

康德再进一步列出达到"永久和平底第二条确定条款"：国际法应当建立于自由国家底联邦主义之基础上。[1]

虽然由于国家之上并没有一更大的权力组织以规范国与国之间的行为，因而难以达到真正的强制性的约束，正如公民在一国之内会受到宪法所规定的法律所约束，但康德并不主张在国家之上设立一更强有力的"国际国"（Volkerstaat）。康德认为每个民族国家均应有其主权，不受制于任何其他国家，而国家与个人不同，个人在自然状态之中有与他人结合成为国家之义务，而国家之间则无此义务，所以康德说：

> 然而，人在无法律的状态中依自然权利而有一项义务，即"应当脱离这种状态"，而国家却无法依国际法而有同样的义务（因为就它们作为国家而言，其内部已有一种法律上的宪章，且因此不再需要外在的强制，以便根据其"法权"概念，使它们归属于一种扩大的法律上的宪章）。但是理性却由其最高的道德立法权底宝座，断然谴责以战争为诉讼程序，而在另一方面，则使和平状态成为直接的义务。[2]

康德认为个人在野外遇见另一个人即有义务结合成一公民组织，以保障各自有的自由权利。但国家已有自己的宪章，因此，已对自己实现了一种独立自主的权利和权力，不需要外在的限制。换言之，康德保留了国家之作为一地区内的最高的主权，反对在它们之上再加上更高的统制权力。此或是避免由于跨国之权力过于统制一切民族，自然又引起内部的动乱而使和平不能维持。但康德认为，理性不容许我们以战争的方式来解决国与国之间的纷争，因此，我们必须组成一种"和平联盟"，以解决一切战争，所以，康德继上文接着说：

> 可是在各民族之间若无一项条约，和平状态就无法被建立或保障。因此，必得

① 康德：《康德历史哲学论文集》，李明辉译注，联经出版事业公司2002年版，第184页。
② 康德：《康德历史哲学论文集》，李明辉译注，联经出版事业公司2002年版，第186页。

有一种特别的联盟存在，我们可称之为和平联盟（foedus pacificum）；这种联盟与和平条约（pactum pacis）底分别将在于：后者仅试图终止一场战争，前者却试图永远终止一切战争。[①]

这个和平联盟并不是一跨国的大国，国与国之间只是一联盟关系（Foderalitat），各自保留主权，并不受他国的宰控。康德设想如果人类够幸运：

> 一个强有力且已启蒙的民族能够组成一个共和国（依其本性，它必然倾向于永久和平），这个共和国便为其他国家提供一个联盟统一底中心，以便它们加入其中，并且就此根据国际法底理念来保障国家间的自由状态，且透过若干这类联合不断地逐渐扩大。[②]

康德一方面不对跨国式的国际国做出积极的建构，不提出一个世界共和国来解决国家之间的纷争，而只就必要的永久和平而提出一消极构想，即"一个现存且不断扩大的非战联盟"，期能通过不断地扩大，使各个国家都加入，形成一强力的联盟，使得任何国家都不能也不敢发动侵略其他国家的战争。

康德这一构想固然要避免有一强国的世界共和国，主宰了各个民族自主的国家，避免了大一统之后的后遗症，但这个和平联盟到底有多大力量可以保障永久和平实不容易说。如果以现实的世界来说，历史上的强大国家都会不断扩张自己的权力与利益，总是压抑他国和他国人民的利益。即使是在二十世纪堪称民主的美国，当它以超强的姿态出现在冷战之后，美国虽然没有侵占他国的土地人民的野心，但也没有停止一切战争，而且也没有停止以武力为后盾去剥脱他国经济资源的行为。反而不是超强的德国和法国，在二次战后携手合作，推行欧盟，以形成一强有力的联盟，逐步化解欧洲各国各民族在长期的历史战争中的仇恨，组成一和平合作的联盟，推动各种有利共同体的合作，以及推向世界，而各国仍然拥有各自的主权，可以说初步体现了康德的"和平联盟"的构想。但这个"和平联盟"是否足以让其他各国自愿加入，特别是一些超强之类的国家，如美国、俄罗斯、中国，以及日后的印度、日本、南美洲诸国等加盟或仿效，形成有共识的"和平联盟"，则仍有待观察。

最后康德提出了"永久和平底第三条确定条款"如下：世界公民权应当局限于普遍的友善底条件。

---

① 康德：《康德历史哲学论文集》，李明辉译注，联经出版事业公司 2002 年版，第 187 页。
② 康德：《康德历史哲学论文集》，李明辉译注，联经出版事业公司 2002 年版，第 187 页。

此条似与永久和平没有直接的关系，但可以说是永久和平所意涵的各国人民应该和平共存，互相往来，互通有无，此种文化沟通对保障永久和平可以有一种民间的力量。人们更多友善的接触，更多的沟通了解，自然会化除许多不必要的误会与误解，友谊的增加，亦使得彼此更珍重和珍惜和平共存的价值。

康德在申论永久和平的三个保障条款之后，进一步申论在哲学上可以有对永久和平的保证。在第二章"第一项附释：论永久和平之保证"中，康德认为自然（Nature）的发展实具有一种目的性，纵使人类完全不知觉到，自然仍然会推进永久的和平。康德以当时日渐流行的商业精神为例，认为此种精神与战争无法并存，但经济力量，即经济贸易的增长，是每个国家所不得不争取和对商人之贸易要求加以尊重的，所以康德认为此类的发展，对于永久和平有积极作用。此或是康德在此主张国境尽量开放给各国人民互相往来，互通有无可以保障永久和平的一项要素。

康德在"第二项附释：永久和平底秘密条款"中更特别标明在讨论公法时，哲学家已批判地建立一个论题，即秘密条款在客观方面是一种自相矛盾的表现，因此，政治家在此应遵从哲学家所订定的格律："为战争而武装的国家应当咨询哲学家为公共和平底可能性之条件所订的格律"。①当武装起来的国与国之间签订秘密条约时，不但对所针对的国家有所预谋地发动战争，而且对自己的人民也是一种瞒骗，即违反人民的意愿与幸福，因而都是不道德的。康德在其后的"附录"第一项"就永久和平论道德与政治间的分歧"即指出政治与道德没有冲突。事实上，康德认为政治是道德之规律之外在化、客观化的表现，政治不可能违反道德。违反道德的政治行为是不能够成立的，而只是政治的道德家常以借口掩饰自己不可告人之目的，不遵守合理的法权，而破坏国际之间的和平。第二项"依公法底先验概念论治与道德之一致"则进一步提出一切公法在形式上必须具有"公开性"（publicity），来说明哲学家在此所提出的公共和平底可能条件的格律之意义和内容。康德之意是说，任何公法都应当可以诉诸公开的讨论，如果有任何密约而不能公之于世，即表示该密约若公之于世会被反对和失效，则证明此种密约必是不道德的。康德在此提出两条明确的格律：

> 我们可以将以下的命题称为公法底先验程序：凡牵涉到其他人底权利的行为，其格律与公开性相抵牾者，均是不正当的。
>
> 这项原则不仅可被视为伦理的（属于德行论），而是也可被视为法律的（涉及人权）。②

① 康德：《康德历史哲学论文集》，李明辉译注，联经出版事业公司2002年版，第204页。
② 康德：《康德历史哲学论文集》，李明辉译注，联经出版事业公司2002年版，第220－221页。

康德并把此程序引用于国家法、国际法和世界公民权方面说明任何违反此一程序的做法都是不道德和不正当的，因而都有违永久和平的要求。最后康德提出第二条先验原则："凡是需要公开，才不致错失其目的的格律，均与法权和政治协调一致。"

换言之，康德认为哲学家在此所高举的道德与法权的公开性的要求，可以保证永久和平不会受到政治家之扭曲，使一切条约都真正是永久和平的行动，因此，永久和平在和约的缔结上就不是一空洞的口号，而是可以实现的目的。

以上是康德建构永久和平的分析、论证和建议。在此构想上，康德的论述并不只是理论上或理性上可以成立，而且提出具体的条件，建立永久和平的条件，以推进国与国之间的和平进程，而且由此而申论如何建立国家体制与国际的共同守则，可以使永久和平实现而不会倒退。康德特别针对一些人对哲学的言论以为无助于现实的政治或社会发展，提出有力的反驳。当然，如果没有人去实践哲学家所建立的理念或论述，哲学家之说自是无效果可见。但揆诸人们终能建立联合国，能推出国际法庭，虽然这些组织无真正的强制力，但亦是一种符应康德所设想的联盟形式。至于未能实现成为真正有道德约束力的组织，乃是因为支持的国家尚多不是康德所意想的经过启蒙的民主宪政的国家，而各大强国在此组织内亦多图谋自利为主，没有真正尊重国际法权，只成集团式的对抗而已。至于欧盟的组织与发展，则更能符合康德的和平联盟的组织，对内部的各民族国家不但尊重各自拥有独立的主权，没有侵犯他国的意图，真正和平共存，也能互相帮助，建立起欧盟的经济共同体，统一币制和开放边界，让人民自由进出，以和平的方式解决内部的纷争。

康德的理论的优点是在支持永久和平之下，同时保持每个民族独立建国的权利。康德支持也认为代议共和宪法是唯一的合理，而且是可久可大的国家政府组织和治理的形式。但至于一个民族如何可以建立共和宪政体制，康德则认为建立法权的公开性，让人民公开说理，则人民自然会受到启蒙，民主国家自然会逐步成立。永久和平之国际上的约束力来自于各国自有的法权概念和制度，在国际之间纯然是一种道德劝说，虽然有世界公民之间的支持，但没有积极的维持国际和平和秩序的力量。如果有国家不遵守此和平联盟的规约，则或是由强国加以压服，或是成为另端自起的国家，制造各种战争和国际纠纷，似乎难免以武力解决的途径。同时，康德强调此永久和平之所以能够成立和持续，实有赖人民经过启蒙，理性表现提高，由是而支持永久和平。但是，一方面，现代世界不一定走向西方式的现代化，各民族文化各有不同的生活价值、人生理想、宗教追求等绝然不同又难以融合的文化与文明，是否能达到和平共存的理想，已有疑问。至于走上现代化的启蒙，包括西方社会，也不见得人民都必定拥抱和平。现代化的价值取向是日益个人主义与自由化，这并不利于为全体人类，以及后代子孙的利益而努力，反之，由于个人与国家之间的利益冲突，民族存亡与文化价值的分割，强国对弱小国家之经济侵略，资本家对资源之巧取豪夺，各强势政府常以国家利益的名义堂而皇之公开而行。此是民族国家中的政治运作必以自己国家的利益为优先，且成为他国不可侵犯的主权，且也正是康德所支持的，则常以非白热战争进行的侵略与剥削，或以科技和经济作为宰控的工具，实难以寻求国与国之间的真正平等对待，更难以求国际的公义。换言之，现代世界中种种形式的战争，实无视于人类的和平要求，而在起步上如何成立一有效的和平联盟即成为一巨大困难的起步点。由此看来，康德的和平计划，亦未必能完成，人类的永久和平亦可说尚遥遥无期。此则或要回看以儒家精神为主的中国文化能否有进于康德之说。

三、唐君毅论人类文化之悠久与和平之基础

唐君毅先生在二十世纪五十年代，已看到联合国的成立，但也知道联合国并不能真正解决国际纠纷和战争的问题。同时，当时冷战方兴，韩战继起，东西两大集团由地方之热战而再次爆发世界大战之可能性很高，而且此一大战必对地球一切生物有灭绝性的后果。唐先生因而有感世界和平之迫切，提出中国文化悠久之道，以响应世界各种战争，期能完成康德所期待的，建立世界的永久和平。

唐先生从西方哲学与文化的基本取向见出西方文化本自多源，常有相互竞争的表现，哲学思想上主要是向外向上的追求，注目在成功掌握和主宰一切事物和他人，因而必有种种由竞争你胜我负之零和游戏而来的各种内外的战争。在哲学的反省上，唐先生深入分析了西方主流哲学家如柏拉图、亚里士多德、康德和黑格尔，以及一般的理性主义和经验主义的思想和取向，见出西方哲学中视人为类化的个体，重视个人之才能发展与成就，以求出乎其类，因而不免恒常在争胜之中，以致不惜用各种手段以压倒他人，因而恒不免互相斗争，而帝王之求权力之极大化，自然引至不断的战争。唐先生见出西方文化中实缺一成就文化悠久和平的成素。在回顾了西方哲学与文化从古代到现代发展到高峰的人文主义精神与自由民主的表现之后，唐先生有如下的综括的申述，指出何以如此高度的文化仍然不足以建立一悠久和平的原理：

> 我们上说西方之社会学术文化多端发展之精神，不包含悠久和平之原理，而当其发展为尽量的类化个人之分工社会时，即蕴含生机之违反。人好争名位与争胜，皆可为导致战争之机。此即同于谓，西方之广泛的人文主义精神，民主自由精神，皆尚不能真为人类和平人文悠久之最后基础。广泛的人文主义，可以为一人文社会产生之基础，民主自由精神可使个人各发抒其创造精神，以使此人文社会生发。此皆诚如西方近代文化发展史所示。但当一社会中人，其向上创造精神之形式，与其所表现之成果，习惯化，机械化而成其自身之桎梏时；欣赏赞美其他人之长，体验

客观的文化价值之心，为积习所累，而不能继续扩充时；或学术文化过于分途发展，社会组织之分化繁密，至个人之精神度量，无法加以原则性的涵盖时；或后来之个人，觉其可能得之名位，皆为前面人所占，个人须扼抑其个性天才，以在社会之一角落部门中，类化其自己之工作时；则我们上述之个人争胜争名位之心，必不免不择手段而出现。此时则广泛的人文主义之精神，民主自由之精神，即皆可化为一纯粹之分散外化之精神，反抗精神，以致只成为人之争名争胜之精神工具。①

此时社会文化即累积为不安与罪恶，随时爆发为对内和对外的战争。唐先生举出西方最有代表性的自由民主和人文精神的两个阶段中的例子来说明：

一度表现民主自由精神之人文社会，亦可从根上崩坏，且非必然爱好和平。希腊雅典之人文社会之堕落，而使柏拉图厌恶当时政治上之自由主义，是前例。大革命后之法国，拿破仑以政治上之平等自由之美名为号召，以征服欧洲是次一例。②（关于人文社会之内在的腐烂机势之形成，斯宾格勒，汤恩比，薛维彻等皆有所论。）

换言之，唐先生并不认为西方文化中自由民主之精神，以至所成立的国家，会像康德所寄望的理想，成就永久和平。因为，此中尚欠缺一种个人之超越精神之肯定自己而且涵盖与转化此种种争名争胜之表现而成为稳定内部和不进行外部扩张式的发展，悠久和平仍然不会出现。只有个人具备如此的超越的精神在社会生根，才能成就永久的和平。

唐先生对康德所追求的永久和平的构想做出进一步的反省与分析。事实上，唐先生非常欣赏康德之批判哲学，见出其建立道德人格之价值，能突破西方传统哲学与文化中的缺失而朝向一能成功永久和平的哲学：

康德之理想主义，我们说是能透视到民主自由之人文社会之基础，在社会中各个人之超越涵盖之精神的。康德之哲学，从文化观点看其归向乃是一消除"西方社会中多端发展之学术文化精神间"之轧轹冲突，以阻止其"分离而裂开，成僵固化，机械化，而互相对峙之文化势力"的哲学。而此哲学，亦即一真求维护个人精神之自由，成就民主的和平哲学。……康德之纯理批导，成就科学。实践理性批导，成就道德宗教。判断力批导，成就自然与艺术。再在其政治法律之理论中，肯定个人之权利之重要。……他在永久和平论及普遍历史之理念二论文中，论及人类之和平问题与未来人类之问题。他的批导哲学，正是志在使各种人心能力，各得其

---

① 唐君毅：《人文精神之重建》，第 455 – 456 页。
② 唐君毅：《人文精神之重建》，第 456 页。

表现施展之人文领域，而不致越位，由此以使各人文领域，兼容而俱存者。然而其思想所以能如此，正赖其能真自觉"人之超越的涵盖于各人文活动，各人文领域之上，在本原上，提挈此整个人文世界之主体自我"，而哲学地加以树立。①

唐先生认为康德的哲学之所以能进于西方哲学传统而论人类历史与永远和平是因为康德能建立涵盖社会人文的主体自我，建立起人之道德人格主体，使人类成为一人格社会，承认每个人都具有不可取代的价值，自身是目的，有其人格尊严因而互相敬重。而此时人类即不只是生物意义和社会分类之类，可以不再受此种限制，而成一互相内在的人格世界：

> 透过道德性的人格所成之人类之理念，则是超越此"上述各种群类定义的类别"限定性的。同时在人之人格之可依敬意以相连接处，可见此多诸个体在理念上，为相对地互相内在于对方的敬意中的。透过如此之人类之理念，乃一方面可把上下古今的人通起来，以思其未来，观其悠久；一方面亦即可把普天下之一切人，作绝对平等观，望其永远和平相处。②

因此，唐先生认为康德的批判哲学实可以接触到每个人生命之超越而内在的价值，由此可以产生横向的互相敬重的人格世界，亦更可在纵向面与古今中外以至未来的人通贯起来，而有人类悠久长存的历史感受，引导出人类永久和平的理想。

但是，唐先生进一步指出，康德的构想之不能成功，康德之后的哲学家没有承此前进固然是一关键，但更重要的是康德在外部的历史条件中没有天下一家的历史经验，而在内部的道德人格生命上的体验则不及儒家之真切。以下先论历史之条件：

> 不过康德哲学，虽然触及此人类之未来与和平之问题，但是他对此问题之感触，不如中国儒家之真切。此亦可说，由康德以前的西方世界，从未天下一统，而西方人文世界，一直在冲突中，其文化之历史亦非连续之故。此与儒家之常有视为"已实现天下太平万邦咸宁之三代之治"在心，而儒家所承之文化又是有统之类，有一贯之历史精神一直注下者，实迥然不同。此又可说，由于康德之触及此问题，乃在其哲学思想之末段，而非如儒家恒直下即以如何平治天下、安天下、和天下、通古今为问题。由是康德虽能触及此二问题，然而他并不知如何真实现其理想之

① 唐君毅：《人文精神之重建》，第459页。
② 唐君毅：《人文精神之重建》，第460页。

道。康德固知人类所共建之道德的王国，在理念上应当是和平而悠久的。但他不知此理念之实现于世界，如何才是实际上可能的。……他亦忽略国家社会中，各种人文势力之轧轹冲突，所致之不安，必须有生根于社会之一现实存在的道德力量，以实际从事凝聚协调之之事。①

康德论永久和平固是在其宏伟的批判哲学建构完成之后的论述，但正如唐先生所言康德之论人类历史实与当时开始流行的赫德尔（J. G. Herder）的历史观的互动。而康德之论人类永久和平的构想和形式，实受较早时之相关讨论所激发，特别是圣庇亚教士（Abbe de St. Pierre）之 Project for Perpetual Peace 所影响②，但康德做了更加彻底的哲学反省，而提出更深刻的分疏和建构。同时，康德所致力的是朝向客观政治制度之发展，以建立永久和平之机制，强调政治不可能相违于道德的要求。但康德也注意到成功共和宪制而又能成为建立和平联盟的国家是一人民已受启蒙的共和国，人民的质素也是一个重要的条件，只是康德没有更进一步地加以发挥。至于中国历史大一统的文化的启发性在于成功天下一统多少已是事实，虽然当时之天下只限于亚洲华夏文明之范围内，但亦足以见出不同民族和国家确是可以融合为一大帝国式的天下。而中国传统文化中儒家的关注常是追求天下太平，中国一家，使中华民族与中华文化悠久而和平发展。这是中国传统知识分子之共识，也是人民所习以为常的生活模式，因此，唐先生指出中国文化本有的悠久和平的理念，正是西方文化所缺，也是当前西方文化所应学习的重要理念之一。③

唐先生最后点出要达成真正的永久和平尚需要一在社会生根的道德的力量，方可能成功，此亦是儒家所值得康德和西方文化借镜之处，故唐先生进一步批评康德和康德所代表的西方文化的缺失如下：

> 康德虽能在哲学上，建树道德人格之尊严，但是他对于道德实践之工夫，却自始未如中国儒家之着重。他自己亦未能成为，有道德力量以凝协德国社会国家之道德人格。菲希特，倒更是如此之道德人格。他依康德所开启之综摄涵盖人文世界之精神，对德国作了凝协建立社会国家之工作。菲希特在此，可谓由哲学家想进到圣

---

① 唐君毅：《人文精神之重建》，第 461 – 462 页。

② 详参见 Patrick Riley, *Kant's Political Philosophy* (Totowa, New Jersey：Rowman and Littlefield, 1983), pp. 114 – 134.

③ 唐先生此意于后来在 1958 元旦年由唐君毅、牟宗三、徐复观、张君劢四位先生共同发表之《中国文化与世界》之文化宣言中曾一再强调。此文基本上由唐先生草拟，原于 1958 年发表于《民主评论》与《再生杂志》，后收录于唐君毅《中华人文与当今世界》，原文请参见此书页 866 – 929。

贤。哲学家或斡旋弥缝人文世界之分裂之效用，却必须有将此精神，化为现实存在的道德力量之圣贤人物。中国社会中之儒家人物，本其知行合一之精神，而又生根于社会，使其能成此种人物。①

唐先生认为要真正落实悠久与和平之理想，必须经过道德工夫与道德实践方能在社会上生根，而这一点是西方哲学家所做不到的地方。康德虽然没有如儒家重视和建立道德工夫论，但他的道德哲学已突破西方伦理学之只重理论分析，而有初步的如何成就一个道德人格的简单方法的提示，此即是一道德实践的工夫论。② 但康德显然没有由此进一步主张如此的一种社会道德力量是人类永久和平的必要基础。唐先生认为"康德哲学，只在理想上，建树了一当如何，而其理想之实际实现，必须依其哲学，转出圣贤人物之存在于社会才行"③。唐先生提出，西方哲学与人文精神之所缺的是一种向内向下收摄凝聚的精神，由此以建立在社会与文化中的支持永久和平的力量。

四、儒家之悠久和平的世界观念与建构

唐君毅先生经长篇反省检讨和分析西方之哲学、人文精神与自由民主、现代社会经济发展，为何都不能真正达至永久和平，只是由于全球化，而把本存于西方历史文化中的不断的国家与地区的战争，扩大为世界大战的原因，进而提出一儒家之响应。唐先生在上文之检讨此问题时，最后提出一个简约的构想：

> 我们又看西方社会有分途开展之人文领域，而缺综摄贯通之礼乐精神，运于其日常生活之中。有各种追求特殊人文理想之宗教家、科学家、文学家、社会改良家，而终无裁成人文之儒者。便知西方文化之所缺，正是东方之所长。而只有在西方取此之所长，将其所信为超越之天理，皆加以内在化，使之流行，以澈上下，以礼乐精神之圆而神，运于其人文分途之方以智之中，而化其哲学家为兼儒者之人，以裁成社会之人文，方为真正之致天下之太平，成人文之悠久之道也。④

唐先生后续即说明中国文化中所孕育的悠久的思想，以及由此所形成的中国文化何以能悠久不息，而此悠久不息即在一和平稳定的状态之下持续不断，也在不断发展之中。

---

① 唐君毅：《人文精神之重建》，第462页。
② 康德此方面的论述见于他的实践理性批判的方法论部分，中译本请参考牟宗三译：《第二部纯粹实践理性底批判方法学》，《康德的道德哲学》，学生书局1982年版，第417 – 436页。
③ 唐君毅：《人文精神之重建》，第463页。
④ 唐君毅：《人文精神之重建》，第479 – 480页。

首先，唐先生根据中国历史文化的演进，说明中国文化自始即有一求悠久与世界和平为一的自觉理想。对于此点，唐先生在"中国文化与世界"一文有更综括性的说明：

> 我们之所以要说，中国思想中原有种种人生观念，以使此民族之文化生命长久，其客观的证据，是此求"久"之思想，在中国极早的时代中已经提出。中国史之宗教思想中，有一种天命靡常的思想。此思想是说上帝或天，对于地上之各民族各君王，并无偏袒。天之降命于谁，使之为天下宗主，要视其德而定。周代的周公，即是深切认识天之降命于夏、于殷之无常，由是而对周之民族，特别谆谆告诫，求如何延续其宗祀的。此即是求民族文化之"久"的思想，而周代亦竟为中国朝代中之最久者。此中不能说没有周公之反省告诫之功。至于久之哲学观念的正式提出，则在儒者之《易传》《中庸》中，有所谓"可大可久"及"悠久成物"之观念，《老子》中有人要法"天长地久"及"深根固蒂长生久视"之观念。《易传》《中庸》《老子》皆成于战国时代。战国时代是中国古代社会，发生急剧变化，一切最不能久的时代。而此时代正是久之哲学观念，在儒家道家思想中，同时被提出的时代。可知求久先是中国古人之自觉的思想中的事，而此后之汉唐宋等朝代之各能久至数百年，皆由其政治上文化上的措施，有各种如何求久的努力，而中国整个民族文化之所以能久，则由于中国人之各种求久的思想。①

因此，求宗祀永续，民族永存乃是中国古代以来即有的哲学思想。而孔子日后更主张"兴灭国，继绝世"，即表明儒家不但反对灭亡别人的国家民族与文化，更自觉应该去复兴接续这些失去的世代，因而反对战争，寻求天下太平是儒者的分内之事。而这种求"久"的观念，原初可说是一种道德的自我要求，周初文诰中很多强调"敬"、"敬德"的观念，都是用以追求和保证国祀能长治久安的道德实践。② 唐先生反对一般以为中国文化之悠久是因为重视多子多孙、保种保守习惯而来，指出此中要成功文化之悠久的最重要的自觉是把生命的力量内敛于人之德性，使自然生命提升，由心性以通于天理天道，而达于与天地合一。这些观念日渐成为中国传统思想的内容，也普及而成为一般百姓日用而不知的生活理念，此即构成唐先生所重视的在社会中生根的道德力量，由是支持了中国文化几千年而不坠。

这种在社会生根的工作是儒者在实践上和教育上所成功的事业。而这正是儒家的道

---

① 《中国文化与世界》，《中华人文与当代世界》，第 891－892 页。又请参考《人文精神之重建》，第 490－493 页。

② 有关周初这种文诰中特有的求长治久安和周人的道德实践表现，以及由此所形成的中国传统文化，详请参看徐复观：《中国人性论史·先秦篇》第一章至第三章，台北商务印书馆 1969 年版。

德工夫在理论上和实践上的最重要的表现，即儒者所特别重视的心性之学所涵盖的工夫论。唐先生认为心性之学是中国最有特色的生命的学问，也反对以西方之心理学、自然主义、灵魂论等去了解儒家的心性论。唐先生在这方面的论述最多也最亲切，以下只简选其中有代表性的说法，以见心性之学与悠久和平之关系。唐先生说：

> 中国由孔孟至宋明儒之心性之学，则是人之道德实践的基础，同时是随人之道德实践生活之深度，而加深此学之深度的。[①]

此中客观的实践与内在的觉悟是相辅而行的，如人之实践于家庭，则此内在的觉悟即涵盖了家庭，若实践推扩至国家天下，以至宇宙万物，则此内在的觉悟亦涵盖到此种种事物上去。因此，道德实践乃是生活中的实践。

由此而人生之一切行道而成物之事，皆为成德而成己之事。凡从外面看来，只是顺从社会之礼法，或上遵天命，或为天下后世，立德、立功、立言者，从此内在之觉悟中看，皆不外尽自己之心性。人之道德实践之意志，其所关涉者无限量，而此自己之心性亦无限量，对此心性之无限量，却不可悬空去拟议，而只可从当人从事于道德实践时，无限量之事物自然展现于前，而为吾人所关切，以印证吾人与天地万物实为一体。而由此印证，即见此心此性，同时即通于天。于是人能尽心知性则知天，人之存心养性亦即所以事天。而人性即天性，人德即天德，人之尽性成德之事，皆所以赞天地之化育。所以宋明儒由此而有性理即天理，人之本心即天心，人之良知之灵明，即天地万物之灵明，人之良知良能，即干知坤能等之思想，亦即所谓天人合一思想。[②]

因此，在道德实践上所表现的人之内在的心性即同时具有客观而超越的天理天道意义，因而使个人之生命取得最高的无限的价值，生命也同时与祖先、与天地、与万物连成一体，生命体现出悠久无疆的意义，由人与人之相接，自然形成民族文化之悠久无疆。这是中国文化中悠久无疆的思想根源，而此一实践理念成为中国人的共同理念，因而中国文化自然含有一悠久无疆的成素。

唐先生进一步说明心性之学所说明的实践和境界，并非只是一理论，而是在儒者的实践中体现在当前与当下的生活之中。中国儒者不但在实践中修德以成为圣贤，更常是参与社会政治的推展，和日常居家教育的工作，成为一有德之儒者，由此对民众有所感召，故不只是一哲学家，而且是一立言行教的儒士。唐先生也进一步详细申论儒家这种悠久无疆的精神如何体现在日常生活中与精神文化生活的合一，使自然生命安顿于社会

---

① 《中国文化与世界》，《中华人文与当今世界》，第887页。
② 《中国文化与世界》，《中华人文与当今世界》，第888页。

文化生命中，由孝弟与尊敬天地圣贤而可与生命之大流合一，而达到人类和平及人文悠久之关系。①其中唐先生特别以农村生活之宁恬自得与工商业社会之竞争抉裂相对照，认为回到乡间归老乃是人生真正止息安宁之地，如此，人间社会才不至由于追求不断的竞争发展而分崩离析，世界的永久和平真可以实现和足以润泽人的生命。因此，唐先生认为要有如此的社会根基，方足以保障人类永久的和平，实现康德的理想。

五、世界和平之文化建设和发展之前瞻

康德的永久和平的讨论原是承接在早一段时期在哲学家之间的讨论而来。康德所采取的方向是圣庇亚教士的构想，从社会政治的客观建制加以哲学的建构。圣庇亚的构想基本上只是严格反对任何国家动武，同时不触动当时的统治者的权位，成立一欧洲议会（European Diet）作为仲裁纷争的机构等，即在现实制度上实现人类的永久和平的方式。这一种取向被伏尔泰（Voltaire）强烈批评认为在原则上和具体上都不可行，而伏尔泰则认为要建立永久的和平应当建立社会的"容忍"（tolerance），特别是宗教的容忍。伏尔泰的取向是从社会态度的改造以一步步达成和平共存，而康德则是采取制度的改革以促成和保障永久和平。康德的建构无疑有一定的客观意义和可行性，事实上也多少配合和促进了当时启蒙时代的转变，因欧洲各国都依英国的大宪章和法国的人民革命而成立民主共和的政体，因而可以合理地寄望此一发展最后可以促成真正的永久和平。但是一个无实力的和平联盟如何能维持和平，让争议的两国或多国接受它的仲裁，以至近乎放弃自己的主权，实是一难以实现的问题。在以和平方式解决不了跨国的争议时，适当地维持和平力量似有必要，因为，这总比由争议双方以武力解决为好一些。但观乎现在的联合国，对于各国和各地战争和屠杀，都完全无力，也无法制止。但是，如果此联盟具有足以调解的武力，这又涉及此一联盟可以承受或拥有多大的维持和平的武力，而不致变质成为一世界共和国。而且，西方自启蒙时代开始建立民族国家，固然摆脱了由大帝国的宰制，而成为独立的主权国，但国家的利益成为国际交往上最高的原则，此实不但产生许多国际不平等和自私自利的行为，对永久的和平实是一大障碍。

若依唐先生所述儒家的道德社会与文化建构，除了在改朝换代之外，即由一中央政府统领天下，则各地区民族确也不敢轻启争端，确有相当长时期的天下太平的日子。但是，这种和平是在传统的帝王专制之下的和平，只是由中央政府以武力压止其他地区或民族的叛背，并不真正是永久的和平。当朝政腐败，群雄并起时，天下仍是动荡不安，并没有真正的和平可言。而且传统儒家和人民对于发动战争的帝王根本无能为力。至于中国理想的传统治理形式，此如在儒家理想中的三代，天子近乎只是一共主，并不主动

---

① 唐君毅：《人文精神之重建》，第 500 – 515 页。

去征伐或宰制地方或诸侯王国的统治，地方王国之间也有一定秩序，可以相安无事。但是，在诸侯王国之间发生争论时，如果共主无力，则霸主必出现，而激烈的争战无可避免。周朝末年演变为最惨烈的战国时代，而之后的改朝换代等，大小战争仍然免不了。因此，唐先生之社会道德力量固然是支持政府不采取战争的重要因素，但其前提必须是有一民主共和的政体，人民的支持永久和平才真有力。事实上，唐先生与当代新儒家都同意中国要建立一民主的共和宪制，使中国内部在政权转换上不必用战争的方式而可解决的长治久安的政府形式。人民的意愿也得到实现。同时，依儒家之天下一家的观念，由此更可以促成政府在对外上采取亲和的政策，绝不采取战争来解决问题的方式，这是中国社会的道德力量支持世界和平的有力的基础。因此，如果中国政治体制走上民主共和的方式，则由此发展出一具备支持和平的政府和强大的民间力量，则中国对于世界和平可以有重要的贡献。

我认为在儒家的义理之中，有两个理念可以突破现代民族国家的局限，即天人合德与天下一家的理想。天人合一以及仁者与天地万物为一体的理念，在响应全球化和地球村的发展中有很重要的跨国跨民族文化和宗教的作用。因为，环境污染与伦理问题是全体人类与地球一切生物息息相关的课题，不可能以单一国家或民族，甚至单以人类作为一物种来处理，必须有跨国的无私合作才可以成功，不容任何一国自外于共同的努力与目标之外。共同的环境处理即可以考量建立一跨国的平台，以和平合作的方式解决许多国际之间的利益和纷争。我们可以由此建立一些共同的合作机构和机制，形成跨国的世界组织。至于天下一家的理念，则可以让国家之间打开门户，让人民自由来往，利害与共。此如在跨国的商业行动，打击国际犯罪，以及互助救援的需要中，可以发挥出人类无私的人道援助，建立人民之间的互信与互助机制。以天下的观念突破民族国家的界限，确实有助维持国际的公义与和平，它可以超越现代国家，如美国之类的强国之以国家利益为绝对优先的限制，实现真正的合作与和平和共存。在这方面，以中华民族仍然保有的天下一家的信念，中国联合欧盟，加上联合国的协助，依据康德的构想，成立自由加盟的和平联盟，让众多大小国家自愿加入，真诚地互助支持，把运用于战争或预备战争的资源用于正面和积极的建设上，形成一股较强的中道力量，建立维护世界和平的屏障，应是目前可行的方法。

在现实上，目前的联合国虽然没有实力去解决众多的国际热战与纷争，但联合国仍然推进了许多国际的宣言，这些宣言对先进与落后国家都有一定道德的压力和规范作用。在一定的程度上，如果受到国际的支持，联合国仍然可以减低一些国际的冲突或战争，解除一些全球性的灾难，如联合国的维和部队，国际卫生组织，国际救援组织等。联合国可以积极结合各国非国家组织的志愿团体，发展不同民族之间的互助合作，增进彼此的了解和沟通，传播全球一家的理念，奠下跨国跨民族文化的互信基础，对未来的和平联盟的成功自然会有很大的国家内和地区上的助力。目前联合国最有利的是推动全球的教育，如果能形成一种天下一家的公民意识，促进不同国家与民族之间的了解和和解，建立永久和平的民间力量，由公民文化改造国际的关系和政府的政策，长远来说，并非不可能达到以和平合理的方式解决人类和国际的一切纷争，届时即可以彻底解除一切不必要的武装力量，世界和平即可以实现。

早期儒家的仁爱之情论及其当代价值

张秋升　　天津师范大学历史文化学院

摘　要　"仁爱"作为人之情感，在早期儒家的思想中受到了高度重视。早期儒家认为，"仁"的核心内涵是"爱人"，一个理想的社会是充满了仁爱之情的社会。对于如何建构一个充满仁爱之情的社会，早期儒家主张：应以血缘关系为基础、以自我先发并对等回报为原则、以移情为方法、以礼教为手段。这些关于仁爱之情的言论，至今仍然有着重要的思想价值和实践意义。

关键词　儒家　仁爱　社会

从社会治理的效果看，我们不妨将各种社会状态归纳为动乱社会、稳定社会和仁爱社会三种：动乱社会无序且无情，稳定社会有序未必有情，仁爱社会则有序亦充满美好的感情。在人类历史上，虽然仁爱社会从未完全实现过，但作为一种理想社会状态，早已被思想家们所提出并精心设计。

一个健康文明的社会是充满了爱的社会，而不是冷漠无情甚至相互仇杀。儒学固然是一种讲求理性之学，但同时又是一种注重情感之学，从它产生之始就是如此。孔子生活在动乱之世，王室衰微，礼坏乐崩，虚伪、欺诈、杀戮、仇恨，到处都是。但是孔子却从这样的"污泥"中培育出了一枝清丽温馨的荷花，他将美好真情——仁爱作为追求的理想，并对如何培育仁爱之情，进行了开创性的思考，孔门后学对此进行了更深入的探讨和阐发，形成了早期儒家思想中情感论的主体部分。今天的社会，人与人之间的关系依然紧张，如何变横眉冷对为仁爱亲和，变冷漠麻木为热情温馨，因而早期儒家的仁爱之情论依然具有当代价值。

一、"仁"的涵义及仁爱情感的层次

儒家重视人间真情，学者早有认知。钱穆认为："在全部人生中，中国儒家思想，则更着重此心之情感部分，尤胜于其着重理知的部分。"① 20 世纪 90 年代郭店楚简发现之后，庞朴曾就儒家重视真情发出感慨："情的价值得到如此高扬，情的领域达到如此宽广……这种唯情主义的味道，提醒我们注意，真情流露是儒家精神的重要内容。"② 这些论断准确地道出了儒学的一个基本特征——重视情感，而"仁"正是一个饱含了真情的概念。

早期儒家对"仁"作了多种言说：人、亲、爱人、孝悌、能近取譬、忠恕等等，这里面既包含有"仁"的内容，也包括"仁"的培育方式，它们共同构成了早期儒家仁爱之情论的重要内容。

"仁"一向被认为是早期儒学的核心范畴，有着丰富的内涵及意蕴。总览相关言说资料，我们将其内涵归纳为四：

其一，"仁"即"人"。《中庸》指出，"仁者，人也。亲亲为大。"即"仁"是做人的基本要求，以亲爱自己的亲人为其最重要的体现。孟子也说："仁也者，人也。"（《孟子·尽心下》）清人段玉裁释为"能行仁恩者人也。"③ "仁者，人也"这一命题，反映了早期儒家对人的深刻认识和基本要求，而"亲亲"和"行仁恩"则说明，"仁"是人之为人的情感条件。

其二，"仁"即"人心"。孟子直言："仁，人心也。"（《孟子·告子上》）对此，清人段玉裁解释此句最为贴切："谓仁乃是人之所以为心也。"（段玉裁：《说文解字注》，上海：上海古籍出版社 1981 年版，第 365 页。）荀子的学生韩非释"仁"："仁者，谓其中心欣然爱人也。其喜人之有福，而恶人之有祸也，生心之所不能已也。"（《韩非子·解老》）韩非虽属法家人物，但却准确地指出了"仁"与"人心"的关系。当代学者李泽厚认为"仁"是人的"心理情感""心理本体"（李泽厚：《论语今读》，生活·读书·新知三联书店 2004 年 3 月版，第 20 页），更是确切地说明了"仁"与"人心"的关系。

其三，"仁"即"爱人"。早期儒家对"仁"的最普遍的解释则是"爱人"。樊迟问仁，孔子答以"爱人"（《论语·颜渊》），《大戴礼记·主言》中孔子说："仁者，莫大于爱人"；《荀子·子道》中引子贡言"仁者，爱人"；孟子说："仁者无不爱也"（《孟子·尽心上》）；荀子说："仁，爱也"（《荀子·大略》），《淮南子·泰族训》中也保留着儒家的这一说法："所谓仁者，爱人也。""爱人"应是早期儒家对"仁"的一种最基本的认识和要求，是一种积极的情感。对此，汉代儒者许慎在《说文解字》中解

---

① 钱穆：《孔子与论语》，联经出版事业公司 1974 年版，第 198 页。
② 庞朴：《孔孟之间》，载《中国哲学》编辑部、国际儒联学术联合会编：《郭店楚简研究》，辽宁教育出版社 2000 年版，第 30 页。
③ 段玉裁：《说文解字注》，上海古籍出版社 1981 年版，第 365 页。

释，可谓抓住了早期儒学中"仁"字的原始本真意蕴。他将"仁"解释成"亲也。从人二。"意思即"仁"是亲近的感情，发生于人与人之间，是人与人之间的感情关系。钱穆的解释是："仁乃人与人之间之真情厚意"（《论语新解·八佾》，生活·读书·新知三联书店 2002 年版，第 54 页。）葛晨虹也说："从'仁'的基础结构看，它的主要功能是'爱人'"（葛晨虹：《德化的视野——儒家德性思想研究》，北京：同心出版社1998 年版，第 170 页。）

综上三点可见，"仁"是人之为人的情感条件，是人心的标示，是施之于外发生在人际的爱，故我们将"仁"与"爱"组成一词——"仁爱"。

其四，"仁"包含着"仁之方"。早期儒家不仅给我们规定了"仁"的内涵，而且还告诉了我们实现"仁"的方式。孔子说："君子务本，本立而道生。孝悌也者，其为仁之本与！"（《论语·学而》）"仁"的实现首先从"本"起步，即从孝悌开始。孔子又说："夫仁者，己欲立而立人，己欲达而达人。能近取譬，可谓仁之方也已。"（《论语·雍也》）即"能近取譬"是仁的实现方式。当子贡问，是否有一言可以终生行之时，孔子回答："其恕乎！己所不欲，勿施于人。"（《论语·卫灵公》）孟子也说："强恕而行，求仁莫近焉。"（《孟子·尽心上》）《说文解字》直接将"恕"解释为"仁"。以及《大学》里所讲的絜矩之道等，都是行"仁"之方。

通览早期儒家对"仁"的言说资料，我们进一步发现，"仁"大都与"亲""爱"等情感词紧密相连。亲、爱、仁三者之间，虽有用词的不同，但总的来说是三位一体的。如"不亲不爱，不爱不仁。"（《郭店楚墓竹简·五行》，《郭店楚墓竹简》，中国文物出版社 1998 年版。）"仁，爱也，故亲。"（《荀子·大略》）但亲、仁、爱三者用词的不同，的确又蕴含着爱的层次问题。事实上，儒家的仁爱是有层次的，人们往往表述为"爱有差等"，"差等"一词有较强烈的等级意味，我们以为用"层次"一词也许更为符合儒家的原意。早期儒家对仁爱层次的言说，最典型的材料是孟子的一段话："君子之于物也，爱之而弗仁；于民也，仁之而弗亲。亲亲而仁民，仁民而爱物。"（《孟子·尽心上》）这里，孟子以每一个个体的人为原点，依据情感施予对象的不同将仁爱分作了三个层次：一是亲亲，即血缘之爱；二是仁民，即人际之爱；三是爱物，即万物之爱，我们可以称之为亲爱、仁爱和物爱。亲爱是对自己亲人的爱，仁爱是对非亲人的爱，物爱则是对万物的爱。这一情感次第的安排，由近而远，由狭促而广大。儒家之所以最强调仁爱，以仁爱为其爱的表征，是因为儒家虽由血亲之爱开始，但并不限于血亲，因而并不狭隘；非血亲的仁爱，则凸显了儒家对整个人类的关注，说明儒家的致思倾向以社会为中心；物爱的推衍则显示了儒家之爱的博大，蕴含着儒家的整体宇宙观念。

后世儒家继承了仁爱的层次性思想，并对此进行了更加详细的阐发。汉代董仲舒说："仁者，所以爱人类也。"（《春秋繁露·必仁且智》）但不止此，他进一步阐发道：

"是故《春秋》为仁义法，仁之法在爱人，不在爱我；义之法在正我，不在正人；我不自正，虽能正人，弗予为义；人不被其爱，虽厚自爱，不予为仁。……质于爱民，以下至于鸟兽昆虫莫不爱，不爱，奚足谓仁！仁者，爱人之名也，……故王者爱及四夷，霸者爱及诸侯，安者爱及封内，危者爱及旁侧，亡者爱及独身，独身者，虽立天下诸侯之位，一夫之人耳，无臣民之用矣，如此者，莫之亡而自亡也。"（《春秋繁露·仁义法》，上海古籍出版社 1989 年版，第 51－52 页。）他不但阐释了仁爱之情的政治功能，而且将早期儒家仁爱情感的层次性进行了更细致的解说。

对于儒家的"爱有差等"，人们多有误解，蒙培元曾经辨析并得出结论："所谓'爱有差等'并不是严格意义上的等级关系，而只是远近关系；亲疏之别是有的，但等级贵贱之高下是没有的。由近及远，这是人类生活的一个基本事实，是人类情感发展的自然过程。由此而产生的价值原则，与近代以来的平等原则并不矛盾，倒是能够结合起来，使人类之爱出于真诚。"（蒙培元：《情感与理性》，中国社会科学出版社 2002 年 12 月第 1 版，第 317－318 页。）笔者亦认为，儒家的仁爱层次，只是时间序列的先后和空间范围的扩展，从现有的资料来看，我们无法得出儒家仁爱情感程度具有差异性的结论，一旦爱已发生，就无所谓程度的深浅，除非以物利来衡量。"差等"之说，也许正是人们以物利标准衡量情感的结果，而这恰恰忽略了早期儒家的仁爱是以"立"和"达"为标准、即希望一个人能够成人成圣为标准来衡量的。

二、仁爱之情的培育

情是发自于内心、施之于人际的。在早期儒家看来，作为情感的爱是一种类本能："凡生天地之间者，有血气之属必有知，有知之属莫不知爱其类。"（《礼记·三年问》）但是这种先天内含于人的种子要萌发生长，要施之于外，还须人的培育，所谓"赞天地之化育"（《中庸》）是也。那么，如何培育仁爱之情呢？早期儒家的相关思考值得我们重视。

其一，以血缘关系为基础。

按照早期儒家的逻辑，人作为万物之灵，爱是其类本能，但爱作为一种关系类情感，不但内储于人心，而且必发施于他人方可显现。对此，儒家主张借助血缘关系让爱流淌出来。血缘关系是一种自然存在的人际关系，是类群体中最本真的一种，它天然而质朴，比起其他任何人际关系都有着先在的本源性和更强的情感归属的特点，所以，根基于此的血缘亲情就非常真挚而牢固。儒家发现并首先借助了这一天然存在的关系脉络，主张"立爱自亲始"（《礼记·祭仪》），因为在儒家看来，不能爱自己亲人的人，也不会去爱别人，而且这种亲人之间的爱不是故意为之，而是出于天然本能。《郭店楚简》云："父孝子爱，非有为也。"（《郭店楚墓竹简·语丛三》）孟子亦言："孩提之童，无不知爱其亲"（《孟子·尽心上》），所以，儒家的仁爱之情首先落实于亲人之间，特别是父子兄弟之间，正是孔子所言："君子务本，本立而道生。孝悌也者，其为仁之本与！"（《论语·学而》）后来的《中庸》和孟子都注重了自血缘关系培育仁爱之情的方法。《中庸》说："仁者，人也。亲亲为大。"孟子承之而发扬："仁之实，事亲是也"，"事孰为大？事亲为大。"（《孟子·离娄上》）如果不从爱亲开始，或跨越爱亲而直接去爱其他人，在儒家看来也不符合德性的要求，故《孝经》说："不爱其亲而爱他人者，谓之悖德。"大概儒家考虑到，这样的爱是不符合人情实际的，可能导致人的虚伪。这也告诉人们，仁爱的发施是有次序的。

但如果爱仅仅局限在血缘关系内部，儒家就未免显得狭隘。事实上，儒家的仁爱是以爱亲为起点的更广博的爱，是要将亲情外推开来，及于众人甚至万物。孔子说"泛爱众而亲仁"（《论语·学而》），强调"修己以敬""修己以安人""修己以安百姓"（《论语·宪问》），追求"博施于民而能济众"（《论语·雍也》）；孟子讲"推恩"，讲"老吾老以及人之老，幼吾幼以及人之幼"（《孟子·梁惠王上》）；《礼记·礼运》提出"大道之行"的标志之一就是人们"不独亲其亲，不独子其子。"这些都反映了儒家仁爱之情的博大。只是儒家认为，"爱亲，则其方爱人。"（《郭店楚墓竹简·语丛三》），爱亲是爱人的必然前提，也是进入"仁爱"下一境界的必由之路；"爱父，其攸爱人，仁也。"（《郭店楚墓竹简·五行》）即从爱亲进而爱人，方能称作"仁"。所以我们看到，儒家往往在讲了大量的爱亲之言后，接着就把这种亲情外推，强调去爱他人，如"爱敬尽于事亲，而德教加于百姓，刑于四海。"（《孝经》）儒家甚至还将这种由爱亲而爱人的做法上升到政治的高度，并将这种情感作为立政之本：孟子由"仁爱"而"仁政"；《礼记·哀公问》则云："古之为政，爱人为大。……弗爱不亲，弗敬不正。爱与敬，其政之本与？"以血缘关系为基础的仁爱的波澜逐渐荡漾开去。

其二，以自我先发、对等回报为原则。

仁爱既然是人与人之间的情感，那么，社会上芸芸众生、各色人等，谁先给予别人仁爱？儒家的主张是每一个人都从自我出发，首先施予别人："欲人之爱己也，则必先爱人"。（《郭店楚墓竹简·成之闻之》）自己主动去爱别人，若没有得到相应的回报，甚至是恩将仇报时，怎么办？儒家仍然强调要反思自身："爱人不亲，反其仁；治人不治，反其智；礼人不答，反其敬。行有不得者皆反求诸己，其身正而天下归之。"（《孟子·离娄上》）孟子以射箭做比喻，强调射不中时应该反省自己，不能怨恨胜过自己的人："仁者如射，射者正己而后发；发而不中，不怨胜己者，反求诸己而已矣。"（《孟子·公孙丑上》）孟子等人的主张在孔子那里早有萌芽。孔子说："不怨天，不尤人"（《论语·宪问》），"为仁由己，而由人乎哉？"（《论语·颜渊》）当鲁国的大夫季孙氏问孔子："使民敬忠以劝，如之何？"孔子的回答是："临之以庄，则敬；孝慈，则忠；

举善而教不能，则劝。"（《论语·为政》）说明孔子非常注重从自我做起，他认为也只有这样，才能减少人与人之间的怨恨："躬自厚而薄责于人，则远怨矣。"（《论语·卫灵公》）虽然上述儒家的言论并非单独针对仁爱之情的问题，但毫无疑问，儒家是主张仁爱之情的发施须从自我做起的。人们或者出于自私，或者由于爱无回报，往往做不到首先主动地给予别人爱，所以儒家强调每一个人都以自我为起点，去爱他人，这就会大大增加人与人之间爱的几率。

情感是要交流的，爱是相互的，所以对等回报原则就显得非常重要。在早期中国文化中，回报意识有多方面的体现。对神的祭祀是对神灵护佑人类的回报，对祖先的祭祀是对祖先恩德的回报，人与人之间亦如此，"礼尚往来"即有着明显的回报色彩。这些回报中，既有物质的，如祭品礼品；亦有精神的，如敬、爱等。只有遵循回报原则，方能使仁爱之水流淌起来，不中断，不阻滞。正如孟子所言："仁者爱人，有礼者敬人。爱人者，人恒爱之；敬人者，人恒敬之。"（《孟子·离娄下》）这种回报又是建立在对等基础上的。当仁爱之情发施出去，得不到相应的回报，就会导致发施者的心灰意冷，延宕以至于阻断其再次发施，也损害了其仁爱德性的自我培育。对此，儒家强调，仁爱之情的给予者和得到者必须是对等的，只有对等，方能巩固人与人之间的这种美好感情。

对等回报包含两种情况，一是发生在平行的人际关系之间，二是发生在上下等级之间。比如最典型的平行人际关系是朋友关系，孟子就强调"不挟长，不挟贵，不挟兄弟而友。友也者，友其德也，不可以有挟也。"（《孟子·万章下》）即尊重对方的人格价值，对等交流。而发生在上下等级之间的仁爱之情是最难建立的，尤其是君与民之间，故此儒家在这方面的言论也比较多："齐景公问政于孔子。孔子对曰：君君、臣臣、父父、子子。"（《论语·颜渊》）意思是做君主的要像个君主，做父亲的要像个父亲，同时，做臣子的也各安其分。孔子还说："君使臣以礼，臣事君以忠。"（《论语·八佾》）也是这个意思。孔子的这些话虽然包含情感交流的成分，但主要还是就道德行为方面来说的，而具体到爱的情感，《郭店楚墓竹简·缁衣》云："故慈以爱之，则民有亲；信以结之，则民不倍；恭以莅之，则民有逊心。"讲的就是二者之间的情感对等回报问题。孟子也说："君之视臣如手足，则臣视君如腹心；君之视臣如犬马，则臣视君如国人；君之视臣如土芥，则臣视君如寇仇。"（《孟子·离娄上》）并以"出尔反尔"做进一步的说明："曾子曰：'戒之戒之！出乎尔者，反乎尔者也。'夫民今而后得反之也。……君行仁政，斯民亲其上，死其长矣。"（《孟子·梁惠王下》）。所以，"乐民之乐者，民亦乐其乐；忧民之忧者，民亦忧其忧。"（《孟子·梁惠王下》）这些爱恨情仇都是对等的、回馈的。荀子也认为，君与民之间的感情必须是对等的："有社稷者而不能爱民，不能利民，而求民之亲爱己，不可得也。"（《荀子·君道》）还说"君人者欲安则莫若平政爱民矣，欲荣则莫若隆礼敬士矣。"（《荀子·王制》）"爱"与"敬"都是君主对民的感情回报。因为儒家特别强调等级名分，所以对等不能理解为平等，不过社会地位之高低确也不能割断人与人之间的情感交流，这是生活事实。就人际情感建立与交流而言，在等级名分制的社会里，对等回报原则也不失为一种有效的感情交流策略。

其三，以移情为方法。

移情是人际交往中情感的相互作用，是对他人情绪觉察而导致自己情绪唤起的一种情感体验。它是一种替代性的情绪或情感反应，也就是一个人设身处地为他人着想，识别并体验他人情感和情绪的心理过程。具体来说，就是以"己"心体照"人"心。移情首先是感知判断他人情感状态，其次是体验、接受、分享他人的情感。现代心理学认为，情感是人类的天赋，不学而能，具有源发性及先在性，人非草木，孰能无情？移情则具有可唤起性和可培养性。移情是亲社会行为，是道德行为的动力源泉。

以移情的方法来培养仁爱情感，进而建立仁爱社会，在早期儒家那里，已经提出并进行了设计和强调。儒家所讲的"能近取譬""忠恕之道""絜矩之道"等都是移情的方法。它们的基本内涵是设身处地、将心比心、以己度人、换位思考、推己及人。这些都是行仁施爱的方法，也是"仁"之内涵的重要组成部分。

当子贡问"博施于民而能济众"是否可以算作"仁"时，孔子认为这已经高于"仁"达到了"圣"的境界，连尧舜都未能臻此，孔子接着说："夫仁者，己欲立而立人，己欲达而达人。能近取譬，可谓仁之方也已。"（《论语·雍也》）朱熹解释此句："譬，喻也。方，术也。近取诸身，以己所欲譬之他人，知其所欲亦犹是也。然后推其所欲以及于人，则恕之事而仁之术也。"①"能近取譬"是行"仁"的方法，是"恕之事"，是以己之身之欲推及他人。这一解释抓住了孔子"仁"的精髓，抉发出了"能近取譬"的移情内涵。

关于"恕"，早期儒家也多有言说。当子贡问及"一言而可以终身行之者"时，孔子的回答就是"其恕乎！己所不欲，勿施于人"。（《论语·卫灵公》）也就是说，"恕"与"己所不欲，勿施于人"是同义反复；而仲弓问"仁"，孔子又以"己所不欲，勿施于人"作解。（《论语·颜渊》）可见孔子对"仁"和"恕"是互释的，它们的共同内涵是"己所不欲，勿施于人"。所以说，在孔子那里，"恕"就是"仁"，只是"恕"是行"仁"的方法，是"仁"的一个方面而已。后世儒家对"恕"的解释也基本未超出此意，汉代许慎的《说文解字》对"恕"的解释是"恕，仁也"；《广雅·释诂四》的解释也是"恕，仁也"；王弼对"恕"的解释围绕"情"而言说："恕者，反情以同

---

① 朱熹：《四书章句集注》，中华书局1983年版，第92页。

物也。"① 体现出仁爱之情的特色；而朱熹的解释是"推己之谓恕"② "反情""推己"就是以己度人，将心比心。在近世学人中，钱穆对"恕"之移情内涵解释得最为贴切："尽己之心以待人谓之忠，推己之心以及人谓之恕。人心有相同，己心所欲所恶，与他人之心之所欲所恶，无大悬殊。故尽己之心以待人，不以己之所恶者施于人。忠恕之道即仁道，其道实一本之于我心，而可贯通之于万人之心，乃至万世以下人之心者。而言忠恕，则较言仁更使人易晓。因仁者至高之德。而忠恕则是学者当下之工夫，人人可以尽力。"③

《大学》中的"絜矩之道"是对忠恕之道的进一步阐发。什么是"絜矩之道"？《大学》云："上老老，而民兴孝；上长长，而民兴弟；上恤孤，而民不倍。是以君子有絜矩之道也。"（《礼记·大学》）朱熹对"絜矩之道"的解释是："絜，度也。矩，所以为方也。"（《四书章句集注·大学章句》）即人事中存在着一定的规矩，应忖度其规矩以行事。《大学》还进一步从"所恶"的角度阐发"絜矩之道"："所恶于上，毋以使下；所恶于下，毋以事上；所恶于前，毋以先后；所恶于后，毋以从前；所恶于右，毋以交于左；所恶于左，毋以交于右。"要求人们从"所恶"的方面体度他人，己所不欲，勿施于人。朱熹对"絜矩之道"还有一个更详细的解释，也是从"所恶"的角度言说的："以己之心度人之心，知人所恶者不异乎己，则不敢以己所恶者施之于人。使吾之身一处乎此，则上下四方，物我之际，各得其分，不相侵越，而各就其中。校其所占之地，则其广狭长短，又皆平均如一，截然方正，而无有余不足之处，是则所谓絜矩之道。"④ 除《大学》外，《中庸》也表达过类似"絜矩之道"的思想："所求乎子，以事父"，"所求乎臣，以事君"，"所求乎弟，以事兄"，"所求乎朋友，先施之。"（《礼记·中庸》）这是从"所求"的角度表达的，是典型的换位思考的做法。

"能近取譬""忠恕之道""絜矩之道"等都是早期儒家发明的移情的方法，虽然未必都是针对仁爱之情而提出，但毫无疑问，对于仁爱之情的培育有着方法论的意义。

其四，以礼教为手段。

仁爱是积极的美好的情感，可是人的情感是否都是"美情"呢？显然不是。对此，早期儒家有着清醒的认识。《礼记·礼运》将人的情感分为七类："何谓人情？喜、怒、哀、惧、爱、恶、欲七者，弗学而能。"很显然，儒家认为人情有积极消极、正向负面之分，而且，人情的本质特点是"弗学而能"，是本然存在的。因此，保持并发扬积极

---

① 程树德：《论语集释》，中华书局 1990 年版，第 265 页。
② 《四书章句集注》：中华书局 1983 年版，第 72 页。
③ 钱穆：《论语新解》，生活·读书·新知三联书店 2002 年版，第 98 页。
④ 朱熹：《四书或问·大学或问下》卷二，《朱子全书》第 6 册，上海古籍出版社、安徽教育出版社 2003 年版。

的真情、抑制并化解消极的真情，就成为儒家关注的重要问题。也就是说，将"弗学而能"的东西塑造成德性的东西，是儒家追求的理想人格目标，简言之，就是将"情"培育成"义"。在列举了"七情"之后，《礼记·礼运》接着讲："何谓人义？父慈、子孝、兄良、弟弟、夫义、妇听、长惠、幼顺、君仁、臣忠，十者谓之人义。"显然，"义"是人们应该遵循的道德规范。对于"情"与"义"的关系，《郭店楚简》指出："性自命出，命自天降。道始于情，情生于性。始者近情，终者近义。"（《郭店楚墓竹简·性自命出》）"情"从何而来？"情"由"性"出，即"情生于性"——"爱生于性""恶生于性""喜生于性"（《郭店楚墓竹简·语丛二》），人生开始于人的生物属性——"弗学而能"的"情"，而结束于人的社会化之后的"义"。真情是人之行为的内在驱力，积极的真情有助于社会的和谐，消极的真情则会危及社会安定甚至造成社会动荡。如果任凭怒、恶、怨、恨等消极之情泛滥，必然会导致人与人之间的种种矛盾以至社会的混乱，所以必须对人的自然之情进行教化。仁爱之情虽属积极的情感，但仍然需要培育，消极的情感危及社会，自然更要规范。

那么，用什么来培育和规范人的真情呢？早期儒家提出了礼教的主张："圣人之所以治人七情……舍礼何以治之？"（《礼记·礼运》）所谓"道德仁义，非礼不成。"（《礼记·曲礼上》）"爱，仁也。义，处之也；礼，行之也。"（《郭店楚墓竹简·语丛三》）所谓"礼者，因人之情而为之节文，以为民坊者也。"（《礼记·坊记》）"礼"正是儒家培养"美情"、节制"恶情"的一种设计，它基于人情又高于人情——"情生于性，礼生于情。"（《郭店楚墓竹简·语丛二》）以农人耕种田地为喻："圣王修义之柄，礼之序，以治人情。故人情者，圣王之田也，修礼以耕之，陈义以种之，讲学以耨之，本仁以聚之，播乐以安之。"（《礼记·礼运》）圣人对人情的培育和规范，显然需要加入人的主观能动性，像农人一样，要精心耕种除草，田地方有好的收成，亦即只有通过教化培养、节制薅锄，人方能成为有"义"的人。具体到"仁"就是，通过礼教，才算完成了人由自然的"亲爱"到道德情感"仁爱"的提升。

对于"仁"与"礼"这种关系的认识，在孔子那里已经显露端倪。孔子说："克己复礼为仁，一日克己复礼，天下归仁焉。"（《论语·颜渊》）"仁"需要"礼"的规范才能达到。荀子也说："性者，天之就也；情者，性之质也；欲者，情之应也"（《荀子·正名》）认为情可分为好、恶、喜、怒、哀、乐，情有美恶之分，如果对于情不加任何规制和约束，则社会将陷于乱暴之中，"从人之性，顺人之情，必出于争夺，合于犯分乱理而归于暴。"（《荀子·性恶》）所以应该用"礼义"进行改造和提升："礼义文理所以养情也……苟情说之为乐，若者必灭，故人一之于礼义，则两得之矣；一之于性情，则两丧之矣。"（《荀子·礼论》）通过礼教达到培育"美情""去除"恶情的目的，"礼然而然，则是情安礼也"（《荀子·修身》），"情安礼"蕴含着深刻的以礼教规训感情的意蕴，只有"情安礼"，感情的流水才能顺着礼的渠道流淌，从而才可以达到以仁爱浸润社会的目的。

早期儒家注重礼教，将礼教作为培育仁爱之情的重要手段，意欲通过礼教使仁爱之情在社会上荡漾、充满和通达。礼教的作用有三，一是顺化，二是禁止，亦即通过礼教而育真情、去恶情，我们以上已经论及。但是，有一种情况值得重视，那就是礼的形式化和虚伪性。礼固然是因应人情而设，但在行礼的过程中，可能会出现"情"与"礼"的分离。如何处理？在此，早期儒家强调，礼又需要真情的浇灌。"子曰：礼云礼云，玉帛云乎哉？乐云乐云，钟鼓云乎哉？"（《论语·阳货》）礼乐就是这些钟鼓玉帛之类的外在形式吗？孔子以反问的语气否定了形式化、虚伪化的礼。"丧礼，与其哀不足而礼有余也，不若礼不足而哀有余。祭礼，与其敬不足而礼有余也，不若礼不足而敬有余也。"（《礼记·檀弓上》）哀、敬都是积极的真情在行礼过程的中的具体表现。正是孔子所言："人而不仁如礼何！人而不仁如乐何！"（《论语·八佾》）没有真实的仁爱之情作基础，礼乐又成何体统？只能是没有意义的形式主义的东西而已。孔子还说："居上不宽，为礼不敬，临丧不哀，吾何以观之哉？"（《论语·八佾》）缺少了真情的行为都是不足取的。在孔子看来，对父母的孝敬，若无恭敬之心，则与犬马无别："今之孝者，是谓能养。至于犬马，皆能有养。不敬，何以别乎？"（《论语·为政》）即使让父母丰衣足食，也不值得珍视。亦即孟子所言："食而弗爱，豕交之也；爱而不敬，兽畜之也。"（《孟子·尽心上》）

最能说明问题的一个例子就是"宰我问三年之丧"，孔子的回答集中体现了儒家对"伪情"的鄙弃和对"真情"的重视：

宰我问："三年之丧，期已久矣。君子三年不为礼，礼必坏；三年不为乐，乐必崩。旧谷既没，新谷既升，钻燧改火，期可已矣。"子曰："食夫稻，衣夫锦，于女安乎？"曰："安！""女安则为之。夫君子之居丧，食旨不甘，闻乐不乐，居处不安，故不为也。今女安，则为之。"宰我出。子曰："予之不仁也！子生三年，然后免于父母之怀。夫三年之丧，天下之通丧也。予也有三年之爱于其父母乎？"（《论语·阳货》）

宰我以三年之丧时间太久从而导致"礼坏乐崩"为由，提出去除三年之丧的礼制，而孔子认为，三年之丧的礼制不仅仅是形式，更重要的是发自内心的对父母的真挚情感，因为如果没有仁爱真情在，礼乐都是无意义的躯壳。孔子之所以问宰我是否心安，其意也正在于注重人的内心情感。

我们可以看出，儒家对"仁"与"礼"关系的认识是辩证的，仁是由内而外发施的情感，礼是由外而内的行为规范，二者是互相浸润、互为条件的，目的是最终完成对人的塑造。

三、早期儒家仁爱之情论的当代价值

人的一切活动，都是在一定的情感支配下进行的，情感是一种激发或抑制因素，对人的行为起着重要的促进、调控和保障作用。对于仁爱之情的功能，古人早有认识，东汉儒者班固有一段精彩的表达，他认为人是世间最为尊贵的，而仁爱是其团结的黏合剂："爪牙不足以供耆欲，趋走不足以避利害，无羽毛以御寒暑，必将役物以为养，任智不恃力，此其所以为贵也。故不仁爱则不能群，不能群则不胜物，不胜物则养不足。群而不足，争心将作，上圣卓然先行敬让博爱之德者，众心说而从之。从之成群，是为君矣；归而往之，是为王矣。"（《汉书·刑法志》）美国学者乔纳森·特纳说："从某种意义上说，我们关注情感问题，不仅仅是关注我们自身的喜怒哀乐，也是关注我们所生活的这个社会，是对整个人类社会结构与文化生成的深层次关注。……因为人类的'情感'已经完全嵌入到了社会结构之中，成为社会变迁的一种重要动力和关键性力量。"[①]中国学者郭景萍也说："社会情感与社会发展紧密相关：社会秩序由社会行动造成，而社会情感则是社会行动的直接动力，是社会团结的重要纽带。"[②] 他们都看到了仁爱之情的积极作用。

人人都是有情有义的人，人与人之间充满爱，整个社会的人都感到幸福，这些是我们社会治理的理想目标。为了实现这样的目标，我们既需要从现实出发研究问题，也需要从传统文化中汲取智慧，而儒家对仁爱之情的思考，显然值得我们关注。

我们今天的社会是一个商品经济社会，仁爱之情的呼唤、提倡与建设，对于疗治商品社会一切以金钱为标准，人际关系冷漠之偏颇，有重要意义。历史和现实的无数经验证明，仁爱之情往往有很强的非功利性，它常常与牺牲自我利益的崇高感相伴随。物质利益是人的需要，爱与被爱也是人的需要，有时可能还是一种特别迫切的需要，其本质"是一种以自我体验的形式反映客体与主体需要关系的心理现象。"[③] 仁爱之类的美好真情是可以超越物质利益的，它可以因人的志趣和价值观的趋同而发生，并使人相互吸引、靠近以至于团结起来。甚至可以说，一句温暖人心的问候，一个同情的眼神，都有其独特的价值。大概早期儒家早已洞察到了积极真情之有效性的秘密，因此特别重视真情。另一方面，有了仁爱之情，即便是物质的交往也比较容易进行且保持其交往的诚信。这一人际交往的"秘密"，儒家早已发现并谆谆告诫世人，这是非常宝贵的精神财富。当前社会转型，人与人之间关系紧张，信任危机，人与人之间疏离、冷漠。造成这

---

① ［美］乔纳森·特纳简·斯戴兹著，孙俊才、文军译：《情感社会学》，上海人民出版社2007年第1版，第311页。

② 郭景萍著：《情感社会学：理论·历史·现实》，上海三联书店2008年版，第3页。

③ 郭景萍著：《情感社会学：理论·历史·现实》，上海三联书店2008年版，第42页。

种状况的原因很多，救治的方法也不少。我们不是说儒家仁爱设计是唯一有效的方法，而是主张，在保障人们基本的物质利益的前提下，如果我们明了并践行儒家的教诲，则会收到更好的社会效果，对于今天因寡情、无情甚至绝情而带来的人的疏离、孤独和恐惧有治疗价值。

我们首先应该承认真情的存在及其驱动力量，然后努力保持和培养积极的真情，祛除消极的真情，以家庭为平台，从儿童开始，缘附血缘关系，进行仁爱之情的培育；从自我做起，将仁爱之情推及于他人，进而形成良好的社会风气，使人间充满爱，在给予别人爱的同时，收获自己的幸福。以爱为出发点进行物质利益的交往，以爱为媒介传导精神交流的正能量。社会是需要人们共同建设的，古老的儒家言说，从遥远的历史时空中传来，至今依然掷地有声，我们应该学会倾听，并创新性地发展、创造性地践行。

儒学培育践行核心价值观的历史经验

陈卫平　上海师范大学哲学系

社会主义核心价值观是以悠久的中华文明为深厚土壤的。这意味着我们今天培育和践行社会主义核心价值观，需要从历史的经验中获得启示。中国传统社会在汉代以后的2000多年里，尽管改朝换代的悲喜剧一幕又一幕，但是儒学作为核心价值却一直没有变，儒学始终指导和规范着国家、社会和个人，渗透到日常生活的方方面面，借用理学家的话来说，就是"无所逃于天地之间"。这意味着儒学的核心价值得到了有效的培育与践行。这其中蕴含着哪些有益的启示呢？

一、仁义礼智信与核心价值观的结构

中国传统社会在汉代以后，儒家是主导的意识形态，其核心价值观由此就成了传统社会的核心价值观，而儒家核心价值观就是至今人们还在说的"五常"即仁义礼智信。汉武帝采纳董仲舒的独尊儒术，是儒家成为中华文化主流的开始。董仲舒在这同时认识到儒家要成为主流，必须明确其核心价值观，并加以培育和践行，因而提出："夫仁、谊（义）、礼、知（智）、信五常之道，王者所当修饬也。"（《举贤良对策》一）将这五者联结为一体，称之为"五常之道"，意味着它具有了完整的儒家核心价值观的意义。这样的核心价值观即有着不同层面的区分，又有着贯通一气的内在结构。

就"五常之道"价值观形成的历史来说，孔子对仁义礼智信都分别有过论述，而孟子首先把仁义礼智四者并列，联系在一起，并引用《诗经》和孔子的话，把仁义礼智树立为引导民众为善成人的价值准则："《诗》曰：'天生烝民，有物有则。民之秉彝，好是懿德。'孔子曰：'为此诗者，其知道乎！故有物必有则；民之秉彝也，故好是懿德。'"（《告子上》）认为就像任何事物都有规则一样，仁义礼智就是培育民众的准则。这是最早明确地把仁义礼智作为儒家的核心价值观。孟子也多处谈到"信"，将其视作"人伦"中的基本道德品质，更值得提出的是他首先把"诚"作为贯通天道和人道的哲学范畴提出来，并以"诚信"合称来赞扬舜，以为只有出于内心的诚意，才会有交往主体的互信。这是以后董仲舒的五常之"信"以诚实为主要内涵的思想基础。可以说，从孔孟到董仲舒，儒家形成了以仁义礼智信为内容的核心价值观。董仲舒在提出"独尊儒术"的同时，把五常之道确立为儒家的核心价值观，这其实表明了"独尊儒术"的关键在于培育和践行儒学的核心价值观

对于这样的核心价值观，儒家实际上是区分为国家、社会、个人三个层面的。

"仁"的重要含义是仁政，回答建设什么样国家的问题；行仁政还是施暴政、苛政，就是判断国家是否合乎民意的价值标准。孟子首先提出了"仁政"的概念，把"仁"由原来的道德规范扩充为国家政权的价值准则。即"以德行仁者王"（《公孙丑上》），这就使"仁"具有了国家层面的价值观的意义即王道仁政。

"义"和"礼"，主要含义是以崇德向善作为社会的价值准则和行为规范，回答造就什么样社会的问题；遵守礼义还是贬黜礼义，就是衡量社会是否清明健康的价值标准。

"智"和"信"，主要含义是个人正确的道德判断和交往行为中优良的道德品质，回答培养什么样人的问题；明辨善恶、诚信笃实还是混淆善恶、欺诈无信，就是区分个人是否人格高尚的价值标准。

儒家以"五常之道"为核心价值观，不仅并将其区分为三个层面予以培育和践行，而且强调"五常之道"具有以仁为中心的互相联系的内在结构。孔子贵仁，就蕴含着这样的意味。以后宋儒强调"仁包四德"，朱熹以理一分殊的思维方式，将仁作为理一，其余四者则是此理一之仁的分殊。这样三个层面就构成为有机的整体。这对于培育践行核心价值观来说，就是既要分不同层面，但又要抓住贯通各个层面的理一之仁。这个理一之仁就是对于"五常之道"，就有本体的意义。在此儒学的历史经验就是：核心价值观既要有不同层面，又要有贯彻不同层面的本体依据。

二、礼仪之邦与核心价值观制度化

儒学常常被称为礼教，这是因为儒家以礼仪教化人们，造就了中华礼仪之邦。就是说，礼仪是儒家培育践行核心价值观的重要抓手，其实质是通过礼仪把儒学价值观制度化。

孔子主张"道之以德，齐之以礼"（《论语·为政》）即以礼治国，这一主张在汉代以后一直主导着中国社会。儒家之礼仪集中表现于"三礼"即《周礼》《仪礼》《礼记》三部经典，内容包罗了政治制度、宗教仪式、法典刑律、道德规范、日常生活准则等。广义的制度是指组织人类共同生活、规范和约束个体行为的一系列规则，儒家之礼仪正可以这样的制度概念予以概括。对于价值观念之"仁"和制度规范之"礼"的关系，孔子认为前者必须通过后者才能得以普遍实现："克己复礼为仁。一日克己复礼，

天下归仁焉。"（《论语·颜渊》）。因此，礼仪的实施就是儒家价值观制度化的落实，礼仪之邦就是在这落实的历史进程中形成的。

显然，礼仪之邦形成的历史起点是儒学价值观成为主流价值观；而这又是通过确立礼仪即儒学价值观制度化而实现的。儒学价值观成为主流价值观无疑是在汉代。但这并非如一般人们印象中那样简单：汉武帝采纳了董仲舒"独尊儒术"的建议，于是儒学三纲五常的价值观就得到了确立。历史的事实是：汉武帝宣示"独尊儒术"的 53 年以后，在公元前 81 年召开的盐铁会议上，官位仅次于丞相的御史大夫桑弘羊和贤良、文学等儒生展开激辩，前者批驳后者的儒家重"仁义"的价值观，并明显地占据了上风。这表明儒学价值观即使在最高领导层内也没有得到普遍认同。盐铁会议是在汉昭帝时召开的，继汉昭帝之后的汉宣帝还是强调："汉家自有制度，本以霸王道杂之，奈何纯任德教，用周政乎"（《汉书·元帝纪》）。

历史从西汉演进到东汉，公元 78 年召开了白虎观会议。这距盐铁会议已经有近百年之遥。陈寅恪认为根据这次会议编撰的《白虎通义》标志着儒家三纲五常价值观通过制度化而得以确立。他说："吾中国文化之定义，具于《白虎通》三纲六纪之说"；"夫纲纪本理想抽象之物，然不能不有所依托，以为具体表现之用；其所依托以表现者，实为有形之社会制度"。在他看来儒学价值观在汉代以后的有效确立，不在其思想学说之精深（就此而言不如佛道），而在其社会历史过程中的制度化："儒者在古代本为典章学术所寄托之专家。李斯受荀卿之学，佐成秦治。秦之法制实为儒家一派学说之所附系。《中庸》之'车同轨、书同文，行同伦'（即太史公所谓'至始皇乃能并冠带之伦'之'伦'）为儒家理想之制度，而于始皇之身，而得以实现之也。汉承秦业，其官制法律亦袭用前朝。遗传至晋以后，法律与礼经并称，儒家《周官》之学说悉采入法典。夫政治社会一切公私行为，莫不与法典相关，而法典实为儒家学说之具体实现。故两千年来华夏民族所受儒家学说之影响，最深最巨者，实在制度法律公私生活之方面，而关于学说思想方面，或转有不如佛道二教者。"所谓"制度法律公私生活之方面"，就是指儒家礼仪对于政治制度、法律制度和生活制度的影响，这说明了儒家价值观依托礼仪而成了制度化的存在，由此深入地左右了中国社会。这同时也使中国社会成了礼仪之邦。

汉代儒生认为儒学要成为主流价值观，必须通过礼仪而使其制度化，由此奠定了儒学价值观制度化的基础和礼仪之邦的基础。汉初的陆贾、贾谊、公孙弘等提出，汉朝要长治久安，必须吸取秦朝"不施仁义"导致二世而亡的教训；确立儒家仁义价值观则必须依靠礼仪："道德仁义，非礼不成；教训正俗，非礼不备；分争辨讼，非礼不决；君臣、上下、父子、兄弟，非礼不定；宦学事师，非礼不亲；班朝治军、莅官行法，非礼威严不行；祷祠祭祀、供给鬼神，非礼不诚不庄。"（贾谊：《新书·礼》）因此，公孙弘制订了朝廷和宗庙的礼仪，他的弟子撰成后来被收入《礼记》的《王制》。贾谊草拟了易服色、改正朔等礼仪制度，但未被采纳。在这前后不断有人提出同样的建议，但在浓厚的黄老之学氛围中均遭到失败。不过，由此可见汉代儒生意识到，只有通过礼仪来把儒学价值观制度化，儒学才能成为主流。董仲舒秉承这样的理念，在提出"独尊儒术"的同时，再次要求制订易服色、改正朔的礼仪制度，得到了汉武帝的赞同。但是"是时上方征讨四夷，锐志武功，不暇留意礼文之事。"（《汉书·礼乐志》）因而制礼的实际工作进展不大。董仲舒之后，一方面王莽建明堂等，"制度甚盛"（《汉书·王莽传》），把汉儒的制礼推向高潮；另一方面戴德、戴圣等对《仪礼》《礼记》的整理，以及后来刘向、刘歆父子推崇《周礼》为周公致太平之书等，使得礼仪的制订更具操作性、可行性和权威性。由此我们可以明白何以直至白虎观会议，才标志着儒学价值观作为主流价值观得到了广泛，是因为经过汉儒上述的持续不断的礼仪建设，它显示了"由单纯的理论体系到制度体系的跨越具有决定性意义"。在汉代文献中，可以看到不少地方官员以礼仪建设使得儒家价值观因制度化而得到落实的记载。如《后汉书·循吏秦彭传》说：秦彭"以礼训人……每春秋飨射，辄修升降揖让之仪。乃为人设四诫，以定六亲长幼之礼。有尊章教化者擢为乡三老。"这也表明了儒学价值观因礼仪得以制度化而影响社会，同时促成了礼仪之邦的形成。

礼仪作为儒家价值观的制度化，就是把儒家价值观落细落小落实。所谓落细，是因为礼仪渗透于日常生活细节中；所谓落小，是因为礼仪覆盖了每个社会成员和每个社会角色；所谓落实，是因为礼仪具有规范人们行为的有效性。

三、《四库全书》与核心价值观的话语体系

儒学作为核心价值，之所以能够落小落细落实，在很大程度上是因为它建立了一套合适的话语体系。清代乾隆年间编纂的《四库全书》集中地代表了这一点。以往我们一般把《四库全书》作为传统学术知识体系的建构形式，其实不仅于此，它也是儒家表达其核心价值的话语体系。四库之"经"，即儒家的经典著作，集中阐发了儒家的核心价值观。经者，常也。它贯穿着儒家认为需要长期坚持的基本思想、基本路线、基本原则。因此，以"经"作为核心价值的话语体系，表达的是对基本价值的坚守和自信，如《四库全书提要》所说："经禀圣裁，垂型万世，删定之旨，如日中天，无所容其赞述……盖经者非他，天下之公理而已"；"夫学者研理于经，可以正天下之是非"。

四库之"子"，反映了核心价值的话语体系，不是"经"的一元独霸，而是对多元的包容和吸纳。《四库全书提要》说："自《六经》以外，立说者皆子书也。……虽真伪相杂，醇疵互见，然凡能自名一家者，必有一节之足以自立，即其不合于圣人者，存之亦可为鉴戒。虽有丝麻，无弃菅蒯，狂夫之言，圣人择焉，在博收而慎取之尔。"就

是说，"经"与"子"的统一，在话语体系上表现为前者对后者的有所肯定、借鉴和审慎汲取，从而达到一元与多元、主旋律与多样性的统一。四库之"史"，在话语表达体系上显示了核心价值与历史的对接。史籍是以往事实的记载，因而"经"与"史"的关系，是"理"（道）与"事"（器）的关系，理从事出，事以证理，因此，以"史"作为话语体系的构建，表明作为核心价值之"经"具有被历史事实所证明的合法性。此即《四库全书提要》所谓："征事于史，可以明古今之成败"。四库之"集"，表明核心价值话语体系的建构，不是干巴巴的说教式的口号，而是赋以艺术形象从而打动人、感化人。"经"与"集"的关系，是"理"与"情"的关系，理合于情，以情入理。于是作为核心价值之"经"就容易入耳、入脑。以"四库"形式建构核心价值的话语体系，提供的历史经验就是：坚守基本价值与多元包容、对接历史、艺术形象相结合。

儒家学派家庭德育环境思想及其当代借鉴研究

明成满 安徽工业大学马克思主义学院

摘 要 儒家思想中关于德育的家庭人际环境方面的内容主要体现在"父慈子孝""夫义妻顺"和"兄友弟恭"三个方面。如果剔除这些思想中维护封建等级制度的糟粕，就其中所强调的父子有亲、夫妻互敬、长幼有序、朋友有信等内容，赋予符合时代要求的新的人伦价值内涵，对于维护社会、家庭的道德秩序和改善人际关系会有不可忽视的重要作用。

关键词 中国古代 家庭德育 人际环境 借鉴

德育环境是指开展德育活动的客观条件和德育对象所处的境况，它对人品德的形成有着潜移默化的影响。德育环境从影响范围的不同可分为家庭德育环境、校园德育环境和社会德育环境。儒家学派非常重视家庭德育环境的建设，形成了较为丰富的思想内容。关于儒家学派德育环境思想，学界已有一些研究成果①，但据笔者掌握的资料，尚未见有专文对其进行研究。本文以家庭人际环境为中心，对儒家家庭德育环境思想进行研究，并分析了其当代借鉴价值。

儒家学派的教育家和思想家很早就认识到家庭人际环境的重要作用。孔子认为，人在出生之初，性情和品质相差不大，即"性相近也"，但是后天的习惯和品德却有很大的差异，即"习相远也"。究其原因，包括家庭人际环境在内的外在环境对人的成长有重要的影响。西汉名臣贾谊认为："夫习与正人居之，不能毋正，犹生长于齐不能不齐言也；习与不正人居之，不能毋不正，犹生长于楚之地，不能不楚言也。"② 北朝文学

---

① 这些成果主要有，杨浩英：《我国古代的与环境论及其对当代德育的启示》，《河南科技学院学报》2013 年第 2 期；程美娟：《古今德育文化环境比较及启示》，《中共山西省委党校学报》2012 年第 2 期；明成满：《古代书院选址所体现的德育环境思想研究》，《党史文苑》2014 年第 2 期；王玄武等：《比较德育学》，武汉大学出版社 2000 年版，第 361－367 页；戴钢书：《德育环境研究》，人民出版社 2002 年版，第 74－104 页；等等。

② 班固：《汉书》第 48 卷，中华书局 1962 年版，第 2248 页。

家颜之推指出，"与善人居，如入芝兰之室，久而自芳也；与恶人居，如入鲍鱼之肆，久而自臭也"。① 贾谊和颜之推都用比喻的手法说明家庭人际环境对人的成长有潜移默化的影响。古代德育的家庭人际环境思想主要体现在"父慈子孝""夫义妻顺"和"兄友弟恭"三个方面，以下分别述之。

一、父慈子孝

儒家学派将父辈的道德表率作用及其对晚辈产生的效果概括地称为"父慈子孝"。这里的"父"指父辈，包括父母、岳父母、公婆、叔伯、舅父母和姨父母等。这里的"子"即子女辈，包括子女、女婿、儿媳、侄子女、外甥、外甥女等。可以看出，这里的父子关系是一种统称，既包括一般意义上的父母子女关系，也包括共同生活的其他长辈与晚辈间的关系。

（一）父辈道德表率对晚辈品德形成的重要作用

父母与子女朝夕相处，父母的言行必然成为子女最直接的模仿对象。而且，这种模仿常常是非理性、机械和外在的，因为他们尚不具备区分善恶的能力。父母的一言一行，一举一动，无论对错都成为子女模仿的对象。这就要求父母必须时刻注意自身的言行，为子女树立正确的榜样。对于这一点，古人早已有明确的认识。古人关于父辈身正的要求有许多论述，请看下列表格。

表1　　　　　　　　　　中国古代关于父辈身正的论述

朝代	人物	关于身教重要性的言论	出处
春秋	孔子	其身正，不令而行；其身不正，虽令不从。	《论语·子路》
春秋	管子	为人父而不明父子之义，以教其子而整齐之，则子不知为人子之道以事其父矣。故曰：父不父，则子不子。	《管子·形势解》
北朝	颜子推	夫风化者，自上而行于下者也，自先而行于后者也。	《颜氏家训·治家》
北朝	颜子推	父不慈则子不孝。	《颜氏家训·治家》
北宋	张商英	父孝子必孝，不教亦须孝；自己身不孝，养子谩劳教。	《戒子通录·张商英诫子》
北宋	司马光	凡为家长，必谨守礼法，以御群子弟及家众。	《居家杂仪》
南宋	李邦献	教子弟无他术，使耳所闻者善言，口所见者善行。善根于心，则动容周旋无非善。	《省心杂言》
南宋	李昌龄	为父为师之道无它，惟严与正而已。为父而不能尽父之道，则家无孝友之子。	《乐善录》

① 王利器：《颜氏家训集解（增补本）》第2卷，中华书局1996年版，第127页。

续表

朝代	人物	关于身教重要性的言论	出处
明末清初	孙奇逢	立家之规，正须以身作范。	《孝友堂家规》
明朝	庞尚鹏	父兄勉自克责，严守章程，使诸子弟承风凛然。	《庞氏家训·务本业》
明朝	吕德胜	老子终日浮水，儿子作了溺鬼。老子偷瓜盗果，儿子杀人放火。	《小儿语》
明末清初	陆世仪	教子须是一身率先。	《思辨录》

从以上看出，在长达几千年的古代社会，许多儒学思想家都强调父母道德表率的重要性。其道德表率的核心是"身正"，具体包括守礼法、守章程等。父辈只有身正才能为子女做道德表率，才能起到良好的教育效果，即"不令而行""不教亦须孝""子弟承风凛然"。否则，就会出现"虽令不从""子不子""养子谩劳教""儿子杀人放火"的现象。

中国古代文献中记载了不少家长给子女做表率的典型案例。《韩非子》就记载了孔子的学生曾参杀猪取信的故事。曾参的夫人为了让儿子不要跟随自己上街，哄骗他说回来杀猪给他吃。在妻子回来后，曾子对她说不能骗孩子的道理："婴儿非与戏也。婴儿非有知也，待父母而学者也，听父母之教。今子欺之，是教子欺也。母欺子，子而不信其母，非以成教也。[①]"即小孩子没有思考和判断能力，要向父母亲学习，听从父母亲给予的正确的教导。今天欺骗儿子，等于教儿子欺骗别人。最终曾子杀了猪烧肉给孩子吃。西汉开国功臣萧何买田宅"必居穷僻处，为家不治垣屋"，他以实际行动让子孙后代学习自己的俭朴。宋代宰相张文节，衣食起居非常节俭，与普通人没有两样，有人劝他不必过于俭朴，他认为"以吾今日之禄，虽侯服王食，何忧不足！然人情由俭入奢易、由奢入俭难。此禄安能常恃？一旦失之，家人既习惯于奢，不能顿俭，必至失所。曷若无失其常？吾虽违世，家人犹如今日乎！[②]"

（二）父母道德表率的体现：慈

在古代，父母对子女"慈"的内涵主要体现在三个方面。其一，要了解孩子的天性。关于这一点明朝王阳明指出："大抵童子之情，乐嬉游而惮拘检，如草木之始萌芽，舒畅之则条达，摧挠之则衰痿。今教童子，必使其趋向鼓舞，中心喜悦，则其进自不能已。譬之时雨春风，沾被卉木，莫不萌动发越，自然日长月化。[③]"这里指出孩子的天性的是"乐嬉游而惮拘检"，家长要顺从孩子的天性，使他们拥有一个快乐的童年，这

---

① ［清］王先慎撰，钟哲点校：《韩非子集解》第 11 卷，中华书局 1998 年版，第 287 页。
② 司马光：《家范》第 2 卷，北方妇女儿童出版社 2001 年版，第 29 页。
③ 王守仁撰，吴光等编校：《王阳明全集》第 2 卷，上海古籍出版社 1992 年版，第 87 – 88 页。

样能起到更好的教育效果。

其二，严和慈二者缺一不可。如父母对待子女只有慈爱而没有严教，则易使子女养成骄横傲慢的习性，长大后就难以改正了。颜之推认为，缺少严教的慈爱会出现"饮食运为，恣其所欲，宜诫翻奖，应诃反笑，至有识知，谓法当尔"的局面。等到孩子长大后，恶习明显，这时想要改变就非常困难了，"骄慢已习，方复制之，捶挞至死而无威，忿怒日隆而增怨，逮于成长，终为败德"①，无论如何打骂也改变不了，这样的教育毫无疑问是失败的。颜之推认为，严教之于教子，犹如汤药针艾之于疾病，"当以疾病为谕，安得不用汤药针艾救之哉?②"严教这种药能够医治父母在教育子女的过程中常犯的"爱忘其丑，恣其所求，恣其所为。无故叫号，不知禁止，而以罪保母。陵轹同辈，不知戒约，而以咎他人③"等方面的错误。

古人认为，严教与慈爱二者是有机统一的。严教的目的在于树立威信、纠正不良行为；慈爱的作用在于打开孩子的心扉，只有在孩子知道严教的目的是爱他的情况下，他才会欣然接受。否则，他很可能会抗拒、叛逆，也就达不到教育的效果。颜之推指出，"父子之严，不可以狎；骨肉之爱，不可以简。简则慈孝不接，狎则怠慢生矣。④""狎""简"是指违背常理的溺爱，溺爱的结果将导致子女长大后败德，甚至倾宗覆族，所以父母在教育子女时，应将威严和慈爱结合起来，掌握好分寸。朱熹认为，"如为人父虽是止于慈，若一向僻将去，则子孙有不肖，亦不知责而教焉，不可"⑤。也是强调父母不可对子女不端品行不加管教。

其三，父母的"慈"还应做到"爱子贵均"。人总是偏爱好的事物，父母对聪慧俊秀的孩子自然也比对愚蠢迟钝的孩子更为偏宠，古人认识到这是一种错误的做法，即"人之爱子，罕亦能均；自古及今，此弊多矣"。这种做法会引起子女间的不和，"兄弟间不觉怨愤之积，往往一待亲殁而争讼因之"。对于受偏宠者来说，这反而是害了他，"有偏宠者，虽欲以厚之，更所以祸之。""共叔之死""赵王之戮""刘表之倾宗覆族"以及"袁绍之地裂兵亡"都是惨痛的教训。所以"为人父，止于慈，不当因其子之贤愚而异爱"⑥。

（三）父母道德表率产生的影响：子女的"孝"

古代思想家认为，在"父慈"环境的影响下，就会产生"子孝"的效果。古人所

---

① 王利器：《颜氏家训集解（增补本）》第1卷，中华书局1996年版，第8页。

② 王利器：《颜氏家训集解（增补本）》第1卷，中华书局1996年版，第8页。

③ 袁采著，贺恒真、杨柳注释：《袁氏家范》上卷，天津古籍出版社1995年版，第12页。

④ 王利器：《颜氏家训集解（增补本）》第1卷，中华书局1996年版，第15页。

⑤ 朱熹著，刘永翔、朱幼文点校：《朱子语类》第1册第16卷，上海古籍出版社、安徽教育出版社2002年版，第544页。

⑥ 王利器：《颜氏家训集解（增补本）》，中华书局1996年版，第19页。

说的"孝"内涵比较丰富,主要包括这样几个方面。

养。养在孝行中居于最低层次,是奉行孝道的最基本内容。如《礼记》中将孝分为三个层次,其中"养"是最低的一个层次,"大孝尊亲,其次弗辱,其下能养"①。"养"主要表现在为父母提供足够的衣食以保证他们物质生活的满足。正如《礼记》所说的,"亨孰膻芗,尝而荐之,非孝也,养也"②。意思是说,把肉烧得香喷喷的,尝一尝端给父母,这算不上是孝,而只能算是奉养。这种低层次追求的形成在物质条件缺乏的古代是很自然的。养还体现在父母如有需要做的事,子女应当去代劳,即"事父母,能立易其力";作为儿女的,要特别为父母的健康操心,即"父母唯其疾之忧";在父亲身体不好时候,需要家中长子替父实施家庭组织和责任分工,替父分忧也是孝道中的具体体现。

敬。孝还需要在精神上敬爱、顺从自己的父母。古人认为敬亲很有必要。孔子指出,如果子女对父母仅能做到养,而不能敬亲,就与动物没有什么区别,即"今之孝者,是谓能养。至于犬马,皆能有养;不敬,何以别乎③"?孟子也指出,如果不顺从父母,就不是一个合格的子女,即"不顺乎亲,不可以为子"。敬爱自己的父母从哪些方面体现出来?主要体现在三个方面:其一,对父母的态度要好,要做到"下气怡声",《礼记》认为:"孝子之有深爱者,必有和气。有和气者,必有愉色。有愉色者,必有婉容。④"即要做到"和气""愉色"和"婉容"。其二,父母在世时,要顺从父母意志,"不违其志";父亲过世后,也要遵从他的遗愿,即"父没,观其行;三年无改于父之道,可谓孝矣"⑤。其三,尽可能不远离父母,"父母在,不远游,游必有方"⑥。

谏。传统孝道主张顺亲并不是毫无原则的,对父母的不义之行也要进行谏争,"父母之行,若中道则从,若不中道则谏"⑦。荀子则认为"从道不从君,从义不从父,人之大行也"⑧。这就是说做人最高的道德就是"从道""从义",在特定的情况下,可以不遵从父命,这不同于后世封建统治者提倡的"愚忠、愚孝"。不过这种谏并非严肃的批评,而是和颜悦色地劝说,也即所谓的"微谏"。如孔子认为"事父母几谏,见志不从,又敬不违,劳而不怨"⑨,即如果父母不听从自己的劝谏,还要像以前那样尊重他

---

① 李学勤主编:《十三经注疏·礼记正义》,北京大学出版社 1999 年版,第 1332 页。
② 李学勤主编:《十三经注疏·礼记正义》,北京大学出版社 1999 年版,第 1333 页。
③ 程树德撰,程俊英、蒋见元点校:《论语集释》,中华书局 1990 年版,第 85 页。
④ 李学勤主编:《十三经注疏·礼记正义》,北京大学出版社 1999 年版,第 1319 页。
⑤ 程树德撰,程俊英、蒋见元点校:《论语集释》,中华书局 1990 年版,第 42 页。
⑥ 程树德撰,程俊英、蒋见元点校:《论语集释》,中华书局 1990 年版,第,272 页。
⑦ [清] 孔广森撰,王丰先点校:《大戴礼记》第 4 卷,中华书局 2013 年版,第 98 页。
⑧ [清] 王先谦撰,沈啸寰、王星贤点校:《荀子集解》第 20 卷,中华书局 1988 年版,第 529 页。
⑨ 程树德撰,程俊英、蒋见元点校:《论语集释》,中华书局 1990 年版,第 270 页。

们。《礼记》详细叙述了子女劝谏父母时应注意的事项：子女在劝谏时应该"下气怡色，柔声以谏"；如果父母没有听从劝谏，应"起敬起孝"，对父母应更加孝敬；劝谏时机的选择要视父母的心情而定，待父母心情愉快时才能再次劝谏；在劝谏的过程中，如惹恼了父母，被他们严厉惩罚，也不能怨恨父母，"挞之流血，不敢疾怨。"①

承。"承"包括两层含义，一是继承父母的遗志，完成他们未竟的事业，即"善继人之志，善述人之事"。二是延续家族血脉，以嗣继亲，做到后继有人。孟子认为，如没有子嗣便是最大的不孝，即"不孝有三，无后为大"。《魏书·李孝伯传》甚至将无子作为最大的罪过，"三千之罪，莫大不孝，不孝之大，无过于绝祀。"②

显。显父母、重家声，也是传统孝道的基本内容之一。在封建社会，最能给父母精神抚慰的事莫过于做子女的立身扬名，以显父母。关于显父母的具体表现，《礼记》认为应该是父母被许多人称赞为"幸哉有子"，意即你有这样一个儿子真应感到幸运。《孝经》认为，做子女的应该安身行道，扬名于世，这是孝道的最高境界。如果达不到这一境界，最起码不能让自己的父母蒙受羞辱，不能给父母带来恶名。《礼记》还指出，显父母，不仅仅指父母在世之时，父母离世之后也要如此。

念。慎终追远是中国人对待先人的严肃恭谨态度。传统子道不但要求父母健在时赡养抚慰、极尽孝道，而且在父母去世后还要以礼葬之、以礼祭之。如孔子所言："生事之以礼，死葬之以礼、祭之以礼。③"孔子还提倡父母去世后，子女要守三年之丧。这些都是为了追念父母的恩德，寄托对先人的哀思。

二、夫义妻顺

婚姻是家庭的基础，夫妻关系是家庭最基本的关系，其他关系都是在此基础上的延伸和扩展。夫妻关系不仅关系到家庭关系的和谐与稳定，而且是封建礼仪秩序形成的源头。

古人认为，要保持夫妻关系的和谐，丈夫必须要做妻子的道德表率，即"夫义"，有了"夫义"，才会有"妻顺"，才会保持夫妻关系的和谐。《左传》认为，丈夫只有做到了"和"与"义"，妻子才会"柔而顺"。班昭所著的《女诫》对丈夫提出的要求是"贤"，否则就难以"御妇"。颜之推认为，如果丈夫不顾结发之义，那么妻子就不会顺从；丈夫的道德表率对于和谐夫妻关系形成的作用是不可替代的。在夫义妻顺的基础上，夫妻之间就会形成互敬互爱的和谐关系。孔子认为，丈夫应该敬重妻子，"三代明

---

① 李学勤主编：《十三经注疏·礼记正义》第 27 卷，北京大学出版社 1999 年版，第 838 页。

② ［北齐］魏收：《魏书》第 53 卷，中华书局 1974 年版，第 1177 页。

③ 程树德撰，程俊英、蒋见元点校：《论语集释》第 3 卷，中华书局 1990 年版，第 81 页。

王之政，必敬其妻、子也，有道。妻子也，亲之主也，敢不敬与？"① 这是强调在夫妇有别基础上的夫妻互敬。孔子指出，丈夫在结婚时要行亲迎之礼，结婚后要敬爱妻子，即"是故君兴敬为亲，舍敬是遗亲也。弗爱不亲，弗敬不正"。②

古人认为，妻子的"顺"主要表现为要守六德，做到温顺、勤劳、俭约、恭敬、毋妒、清洁等为人妇的基本道德。封建家庭里，男女分工非常明显。妻子主要负责主持家务，操办酒食衣服等礼仪方面的事物，其行为不能超越这一范围。即便女子本身聪明过人，见识广博，才华出众，也只能在内辅佐丈夫，弥补他的不足。如妻子不安守本分，凌驾于丈夫之上，则是有违礼制，终将招致祸患。妻子的顺有时还表现为在丈夫死后，妻子为其守节。如唐代楚王李灵龟死后，其兄弟劝其年轻且无子的妃子上官氏再嫁，上官氏表示："丈夫以义，妇人以节，我未能殉沟壑，尚可御妆泽、祭他胙乎。"③ 意即丈夫对我情深义重，我应为其守节，我没有为其殉葬也就罢了，怎能再嫁呢？

三、兄友弟恭

"兄友弟恭"中的"兄"和"弟"都是一种泛称，它指代的是古代同一家庭乃至同一家族同辈份年长亲属与年幼亲属之间的关系。在男尊女卑的中国封建社会，兄友弟恭更注重强调兄长对弟弟的道德表率作用。

兄弟关系是古代家庭人际环境中的首要的横向关系。颜之推在《颜氏家训·兄弟》中，一开篇即指出"夫有人民而后有夫妇，有夫妇而后有父子，有父子而后有兄弟：一家之亲，此三而已矣"④。这说明兄弟关系是家庭中最亲近的三种关系之一。明末清初学者孙奇逢就在《孝友堂家训》中指出："父父子子、兄兄弟弟，元气固结，而家道降昌，次不必卜之气数也。"⑤ 可以看出，孙奇逢认为兄弟关系同父子关系对于促进家庭和谐同样重要。和谐的兄弟关系不但是家庭和谐的基础，甚至还会影响到家族内部的子侄关系和主仆关系，即"兄弟不睦，则子侄不爱；子侄不爱，则群从疏薄；群从疏薄，则僮仆为仇敌矣"⑥。兄友弟恭强调的是一种长幼有序的伦理。这种伦理强调，一切年长于己，社会地位高于己的人，不管其品行、才德如何，都要对其恭敬、恭顺，这样才能达到维护封建统治稳定这一重要目的。维护这种长幼有序的伦理，并将其推广到乡里和社会，便会形成礼貌敬让的风尚，对于形成和谐有序的社会秩序和维护封建统治是大

① 李学勤主编：《十三经注疏·礼记正义》第 50 卷，北京大学出版社 1999 年版，第 1376 页。
② 李学勤主编：《十三经注疏·礼记正义》第 50 卷，北京大学出版社 1999 年版，第 1376 页。
③ ［后晋］刘昫：《旧唐书》第 193 卷，中华书局 1975 年版，第 5143 页。
④ 王利器：《颜氏家训集解（增补本）》第 1 卷，中华书局 1996 年版，第 23 页。
⑤ 王云五主编：《孝友堂家规及其他五种》，商务印书馆 1939 年版，第 1 页。
⑥ 王利器：《颜氏家训集解（增补本）》卷 1，中华书局 1996 年版，第 27 页。

有帮助的。孟子对这种理想的社会状况有过这样的描述："老吾老，以及人之老；幼吾幼，以及人之幼：天下可运于掌。"①

在儒家学派关于德育的家庭人际环境思想中，兄弟关系表现为"兄友"则"弟恭"，只有做到兄长对弟弟友爱，弟弟才会对兄长恭顺，兄长要给弟妹起道德表率作用。这是维系双方和谐关系的根本原则。兄长的"友"有这样两层含义：第一，兄长是同辈兄弟姐妹的道德和行为的标榜，其有带领好同胞立正形、行正道的责任，因此，在其行为规范上应当表现谦虚礼让的气度和"舍我为他"的牺牲精神，兄姊对弟妹应该具有善意，秉持爱护协助之美德。第二，兄长更承担着父亲以外家庭生存和发展的重任。尤其是在父亲不慎离世时，长兄就要独挑大梁，承担家庭责任，为兄弟姐妹撑起一片天，故而自古就有"长兄如父，长嫂如母"的说法。"恭"是弟对兄的道德规范，它要求弟对兄敬从、恭顺、谦恭而有礼。"请问为人弟？敬诎而不苟。"② 即弟妹对兄姊应见贤思齐，感恩、尊敬、顺从，兄弟姊妹间应该共同努力营造互助互爱，和睦融洽的家庭温暖气氛。

四、儒家家庭德育环境思想的借鉴价值

（一）对儒家家庭德育环境思想的评价

如上所述，儒家家庭德育环境思想集中体现于"父慈子孝""夫义妻顺"和"兄友弟恭"等三个方面。不可否认，在"三纲五常"的封建道德伦理形成后，这三个方面的家庭德育环境思想分别带有浓厚的"父为子纲""夫为妻纲"和"长幼尊卑"等封建等级制度的色彩。这些封建色彩是我们今天应该抛弃的。如果剔除这些思想中维护封建等级制度的糟粕，就其中所强调的父子有亲、夫妻互敬、长幼有序、朋友有信等内容，赋予符合时代要求的新的人伦价值涵义，则对于维护社会、家庭的道德秩序和改善人际关系会有不可忽视的重要作用。

我们更应看到，古人关于家庭人际环境对孩子成长重要性的认识是有道理的。现代教育学、心理学的研究表明，绝大多数孩子幼年时，都模仿父母。男孩自觉不自觉地模仿父亲，而女孩则自觉不自觉地模仿母亲。美国心理学家托马斯·哈里森等人根据大脑生理学和心理学的最新研究指出，在童年时期记录在大脑中的"父母意识"，即由父母或相当于父母的人身体力行、言传身教所提供的"外部经验"，将永久不衰地记录在每个人的"人格"磁带上，"它在人生的过程中都会自动播放"，"这种播放具有贯穿人生

---

① 焦循撰，沈文倬点校：《孟子正义》第 3 卷，中华书局 1987 年版，第 86 页。
② ［清］王先谦撰，沈啸寰、王星贤点校：《荀子集解》第 8 卷，中华书局 1988 年版，第 232 页。

始末的强大影响"①。父母的一言一行、一举一动都会在幼儿的心灵中留下痕迹，并影响到他未来品德的形成。正如前苏联教育家马尔库沙所指出的那样："在教育孩子这件事上，还没有发现有什么方法能比活生生的榜样力量更大，更能令人信服的。特别是当这种力量不是一时冲动，不是稍纵即逝，而是目标明确，始终如一，持之以恒时，收效就更为明显。"②

（二）儒家家庭德育环境思想的当代借鉴价值

加强当代家庭德育建设须借鉴儒家家庭德育环境思想。在当前，我国许多家庭的道德教育存在着缺陷。从德育理念上看，由于当今社会竞争激烈等原因，一些家长在子女教育的问题上往往重智轻德，往往导致孩子的畸形发展，养成胸无大志、缺乏教养、是非不辨、唯我独尊等坏习惯。在德育方法上，一些家庭存在着溺爱、粗暴教育、物质诱惑等错误的做法，往往会导致孩子出现对金钱渴望过多、人格不健全等缺陷。在自身要求上，一些家长言行不一、赌博、酗酒、不孝敬长辈、不肯助人、见利忘义，为孩子树立了坏榜样，就难以使自己的言行有说服力，影响孩子道德的判断与选择，直接影响着孩子的道德养成。儒家德育思想博大精深，其家庭德育环境思想也很丰富，这些宝贵的资源能为当代家庭的德育建设提供很好的借鉴。

借鉴儒家家庭教育的重德传统，引导家长重视德育。我国传统的家庭教育，认为良好的思想品德是为人处世之根本，教子孝亲、诫子自立、训子以俭、勉子立德成为家庭教育的重要内容，家庭教育的首要任务是让孩子成为一个能自立、懂孝道、有良知、有责任感的堂堂正正的人。通过引导使家长认识到，孩子德育的养成对其智力的发展可提供强大而持久的思想动力，并为其智力发展和运用提供正确的方向。须知，一个孩子在品德和人格上的缺陷可能贻害他一辈子，很难想象一个胸无大志、自由散漫、狭隘自私和缺乏克服困难勇气的人学习成绩会好，将来会有所作为。由此可见，家长在加强孩子智力培养的同时，一定不能放松思想品德的教育，要关心孩子的全面成长，客观分析孩子的思想和心理，教育孩子学会做人，学会求知，学会劳动，学会生活，学会健体，学会审美。

借鉴儒家家庭德育人际环境思想，引导家长做孩子的道德表率。"父慈子孝""夫义妻顺"和"兄友弟恭"强调的是父母对于子女、丈夫对于妻子、兄长对于弟弟的道德表率作用。对于当前中国的家庭状况来说，家长的道德表率对于孩子德育的形成至关重要。常言道，榜样的力量是无穷的。家长无时无处不在充当着孩子生活的导师、道德的教育家。家长首先应该严格要求自己，注意自己言行举止、生活态度、精神状态等各

---

① 转引自黄人颂主编：《学前教育学》，人民教育出版社 1993 年版，第 358 页。
② ［苏联］A. 马尔库沙著：《家庭教育的艺术》，王秉钦、李维颐等译，天津人民出版社 1982 年版，第 85 页。

个方面的表现，用自己良好的思想情操、符合道德规范的行为习惯去感染、影响和教育孩子，成为他们道德上的示范和表率。前苏联教育学家马卡连柯曾告诫做父母的说："你们自身的行为在教育上具有决定意义，不要以为只有你们同儿童谈话或教导儿童、吩咐儿童的时候才是教育儿童。父母对自己的要求，父母对自己家庭的尊敬，父母对自己一举一动的检点，这是首要的和最基本的教育方法。"① 由于孩子的模仿能力强，对家长存在着特殊的物质与精神上的依恋关系，所以父母极易成为孩子心中的榜样，而且孩子的年龄越小，榜样的感染力就会越大。因此，家长必须随时随地加强自己的道德修养，以身立教，以行导行，以德治家②。

---

① 转引自赵忠心：《家庭教育学》，黑龙江少年儿童出版社 1988 年版，第 148 页。
② 王纲：《当代家庭德育存在的问题及对策研究》，《赤峰学院学报》2012 年第 12 期。

论儒学在当代华人社会的开展之道

——从百年来读经教育的存废与复兴谈起

高玮谦　台中教育大学语文教育学系助理教授

摘　要　传统中国教育的主轴是读经和科举考试，然而这套制度一直到了晚清鸦片战争之后才起了变化。同治元年（1862）清廷设立京师同文馆，这是首次西式官学的出现。但它的影响是局部的、少数的，对于全天下成千上万的读书人而言，他们仍然延续由读经而科举考试，由科举考试而入仕为官的老路。至于根本性的变革，则是光绪二十九年（1903）颁布"奏定学堂章程"以后之事。光绪三十一年（1905）清廷正式下诏废除科举考试，传统儒学教育才正式走入历史，同时也意味着西化时代的来临。此后百年中，受到西方哲学与教育理论的影响，不仅在教育制度上有了重大的改变，连带在学校课程方面也产生了革命性的变化，此中即牵涉到读经教育的存废问题。从某个层面来说，传统儒学的薪传与承继主要是以读经方式作为基础而展开的，如果将此基础连根拔起，使得儒家经典失去了广博的学子作为研读的对象，那么，儒学要在当代奠下深厚的根基进而发挥其对华人社会远大的影响力，恐怕是有所限制的。职是之故，本文拟先简介传统经学发展之脉络，再详论百年来读经教育存废之争议以明其变迁，紧接着再分析读经存废争议的两大焦点以述其因由，最后再从读经教育的复兴阐发儒学在当代华人社会的开展之道，冀能为儒学未来的发展找出一返本开新的可能方向。

关键词　儒学　华人社会　读经教育　返本开新

一、前言

传统中国教育的主轴是读经和科举考试，然而这套制度一直到了晚清鸦片战争之后才起了变化。同治元年（1862）清廷设立京师同文馆，这是首次西式官学的出现。但它的影响是局部的、少数的，对于全天下成千上万的读书人而言，他们仍然延续由读经而科举考试，由科举考试而入仕为官的老路。至于根本性的变革，则是光绪二十九年

（1903）颁布"奏定学堂章程"① 以后之事。光绪三十一年（1905）清廷正式下诏废除科举考试②，传统儒学教育才正式走入历史，同时也意味着西化时代的来临。此后百年中，受到西方哲学与教育理论的影响，不仅在教育制度上有了重大的改变，连带在学校课程方面也产生了革命性的变化，此中即牵涉到读经教育的存废问题。

从某个层面来说，传统儒学的薪传与承继主要是以读经方式作为基础而展开的，如果将此基础连根拔起，使得儒家经典失去了广博的学子作为研读的对象，那么，儒学要在当代奠下深厚的根基进而发挥其远大的影响力，恐怕是有所限制的。

职是之故，本文拟先简介传统经学发展之脉络，再详论百年来读经存废之争议以明其变迁，紧接着再分析读经存废争议的两大焦点以述其因由，最后再从读经教育的复兴阐发儒学在当代华人社会的开展之道，冀能为儒学未来的发展找出一返本开新的可能方向。

二、传统经学发展之脉络

依徐复观先生之见，经学发端于周代，周公为经学的开创者。③ 经学主要是由《诗》《书》《礼》《乐》《易》《春秋》所构成，其基本性格是"古代长期政治、社会、人生的经验累积，并经过整理、选择、解释，用作政治社会人生教育的基本教材"。④而在经学形成的过程当中，孔子对于经书的整理与价值的转换，实居于关键的地位。⑤盖孔子一方面删述整理古代典籍，一方面又将原属贵族的文化教养内容普及于平民百姓。太史公云："孔子以诗、书、礼、乐教弟子，盖三千焉，身通六艺者七十有二人。"（《史记·孔子世家》）可见，孔子当时便以《诗》《书》《礼》《乐》等经典教授弟子，这应该可以视为读经教育的滥觞。

自秦火后，经学发展受挫。至西汉惠帝四年，明令去除挟书之禁，经学始有复苏之契机。及武帝即位，用董仲舒之言，罢黜百家，独尊儒术，设立五经博士，至此经书乃取得政治上的权威地位。⑥

南北朝时，随着时局的演变，形成了南北经学之争。迨隋统一天下，南北经学渐趋一致。及唐太宗即位，命孔颖达、颜师古编纂《五经正义》，方一统南北经学。直至诸

---

① 参见张百熙、荣庆、张之洞：〈重订学堂章程折〉，收在舒新城编：《近代中国教育史料（中）》，人民教育出版社 1962 年版，第 196－199 页。

② 参见〈清帝谕立停科举以广学校折〉，收在舒新城编：《近代中国教育史料（中）》，人民教育出版社 1962 年版，第 61－65 页。

③ 徐复观：《中国经学史的基础》，台湾学生书局 1982 年版，第 3 页。

④ 徐复观：《中国经学史的基础》，台湾学生书局 1982 年版，第 1 页。

⑤ 徐复观：《中国经学史的基础》，台湾学生书局 1982 年版，第 13 页。

⑥ 徐复观：《中国经学史的基础》，台湾学生书局 1982 年版，第 81 页。

经正义成为学校讲习与考试定本，经学思想遂陷入凝固状态，随后产生"读经与通经之争"。① 韩愈鉴于唐代取士之明经科只限于章句之记诵，并无意义上之申论，乃力求经旨大义，扫除繁琐义疏，实已开启宋儒治经新途径。②

北宋初年，"读经与通经之争"仍旧延续，至庆历年间，风气渐变，疑经之风较唐末益盛。南宋时，朱熹将《礼记》中《大学》《中庸》两篇特别标出而与《论语》《孟子》合编，纂成《四书章句集注》，四书地位遂凌驾于五经之上。此后不仅"十三经"之名确立，而且儒家思想也由尊周孔、重政治，一变而为尊孔孟、重教育。③

元代科举以朱熹《四书章句集注》为主，一改前此科考以五经为主之现象。明代科考采八股文之形式，明太祖且规定作答限朱注；明成祖则令胡广等编纂四书五经大全，以为标准本。④ 至明代中叶以后，八股取士逐渐流于僵固，士子专以诵习时文为举业快捷方式，导致弃经书传注而不读。⑤

清初学者以宋学为根柢，兼采汉学之长，其代表人物为顾炎武、胡渭、阎若璩；乾隆以后，治宋学者渐少，说经主实证，此阶段代表人物为惠栋与戴震。其后经学名家辈出，如江声、王鸣盛、钱大昕、段玉裁、王念孙、王引之等，考据训诂之学大盛。⑥

由以上概述可知，中国传统知识分子大抵以研读经书为其治学之重心，虽然在治学方法上有汉学与宋学之别，然其共同之处莫不自幼饱读诗书，博闻强记，方能有日后之通经致用。依此，如果说"读经"是中国传统教育培养人才的主轴，当不为过。

三、百年来读经存废之争议

晚清在西方文化的冲击下，传统经学独尊的局面被打破，为有效响应此一挑战，有识之士遂主张学习西方，以求变法图强。于是，如张之洞所提出的"中学为体，西学为用"的主张⑦，就成了当时应付此前所未有的大变局所采取的一个基调。如京师大学堂与南洋公学便是在"中体西用"的观念下创立，而各地书院之转型为新式学堂，进而衍生更广泛的私塾之改良，亦是缘此观念而产生。⑧

为了有系统地发展新式教育，就必须先有整体的规划，学堂章程即在此一要求下产

---

① 邝士元：《中国学术思想史》，里仁书局1981年版，第285－287页。
② 邝士元：《中国学术思想史》，里仁书局1981年版，第332页。
③ 胡美琦：《中国教育史》，三民书局1978年版，第12页。
④ 胡美琦：《中国教育史》，三民书局1978年版，第418页。
⑤ 林庆彰：《实证精神的寻求——明清考据学的发展》，收在《中国文化新论·学术篇》，联经出版公司1981年版，第297页。
⑥ 皮锡瑞：《经学历史》，河洛图书出版社1974年版，第328－345页。
⑦ 张之洞：《劝学篇》，文海出版社，近代中国史料丛刊第285册，第48上－48下页。
⑧ 王尔敏：《晚清政治思想及其演化的原质》，收入氏着：《晚清政治思想史论》，台湾学生书局1969年版，第13页。

生。光绪二十九年（1903）清廷颁布"奏定学堂章程"，史称"癸卯学制"。此制一直实施至清朝灭亡为止，它代表了晚清的教育改革。① 其改革重点在于将学制分为三段七级：第一段为初等教育，计十三年，分为三级，即家养院四年，初等小学五年，高等小学四年。第二阶段为中等教育，计五年，仅有中学堂一级。第三段为高等教育，计十一至十二年，分为三级，即高等学堂（或大学预科）三年，分科大学堂三至四年，通儒院五年。② 而其中在初等小学堂每周三十小时的课程中，读经讲经便有十二小时、占五分之二；高等小学堂每周三十六小时的课程中，读经讲经便有十二小时、占三分之一；中学堂和师范每周三十六小时的课程中，读经讲经便有九小时、占四分之一；高等学堂和优级师范加习经学大义与群经源流，由此可见其重视经学之程度。③

由于"奏定学堂章程"依旧偏重传统读经教育，当时新知识分子即大肆批评，认为不符合现代教育原理。然而因为清廷仍以"读经为中学之本"，故并未将读经课程删除，而仅将其教材和时数减少而已。此举自然令反对读经者不满，因而有日后不断的纷争。

逮至民国元年（1912），孙中山先生成立临时政府于南京，设置教育部掌理全国教育事务，任命蔡元培为首任总长。蔡元培鉴于民国已建，清廷之教育政策必须改变，故命陆费逵与蒋维乔共同拟定普通教育暂行办法十四条，元月十九日颁行各省，其中便有"小学堂读经科一律废止"一条④，此即读经教育首遭废除之法条。及至民国元年五月，教育部颁行普通教育办法九条，其中正式列有"废止师范中小学读经科"一条⑤，则废除读经的范围更加扩大了。蔡氏以为"旧学自应保全，惟经学不应另立一科"⑥，因为"十三经中，如易、论语、孟子等，已入哲学系；诗、尔雅，已入文学系；尚书、三礼、大戴记、春秋三传，已入史学系，无再设经科的必要。"⑦ 除了学校读经之改革外，蔡氏对于传统实行改革的另一个重要措施即是"祀孔"问题。民国元年七月，在北京召开的临时教育会议上，蔡氏提出"学校不应拜孔子"案，以为"祀孔有违信教自由"且妨碍"教育普及"之推行。⑧ 蔡氏改革的理念，似与其力主宗教自由之信念有关，他并且主张"以美育代替宗教"。在蔡氏此一理念之下，废除学校读经与祀孔，自是必然

---

① 参见张百熙、荣庆、张之洞：《重订学堂章程折》，收在舒新城编：《近代中国教育史料（中）》，第196－199页。

② 参见徐宗林、周愚文：《教育史》，五南图书出版公司1997年版，第177－178页。

③ 余书麟：《中国教育史》，"国立"台湾师范大学出版组1971年版，下册，第920－921页。

④ 《"中华民国"史事纪要》，"中华民国"史料研究中心1971年版，民国元年，上册，第107页。

⑤ 陶英惠：《蔡元培年谱》（上），"中研院"近史所1976年版，第334页。

⑥ 陶英惠：《蔡元培年谱》（上），"中研院"近史所1976年版，第311页。

⑦ 陶英惠：《蔡元培年谱》（上），"中研院"近史所1976年版，第368页。

⑧ 陶英惠：《蔡元培年谱》（上），"中研院"近史所1976年版，第369页。

之举，亦可自其日后批驳"尊孔教为国教"之立场得到印证①。

由于孔子之教在中国倡行已有二千多年，儒家经典早已成为国人立身处世的规范。故自民国元年废止读经以来，拥护孔子与读经之人士遂大起反感，乃形成一股反对的势力。然而，随着以康有为为代表的"孔教运动"之发展，以及袁世凯帝制复辟的野心，使得原本可以是立基于纯粹中国文化主体性立场之恢复读经的主张，变得更加模糊不清了。1915 年袁世凯因欲推行帝制而将学校读经予以恢复，此举乃引起反袁与倡导新教育者的不满。1916 年袁氏复辟失败，黎元洪继任大总统，当时的教育总长范源濂又迅速将学校读经废除②，然而倡导读经者仍继续以不同的方式鼓动读经之风潮。

1918 年，徐世昌继任总统后，乃一反范氏之所为而提倡读经。1925 年段祺瑞的北洋政府，章士钊任教育总长，又提出"读经救国"的主张。鲁迅著《十四年的读经》大加嘲讽，指出"历史上读经的忠臣孝子少之又少，倒是不读经的节妇烈女一堆"③。吴稚晖亦予以严格批判，以为经书不能做现世的训育品，并且他提出经书虽然读得烂熟的人，做出龌龊勾当的却很多，章氏自己就是一个例子，故与其曰"读经救国"，毋宁曰"读经造贼"可矣。④ 后以章氏去职，读经之议乃寝。

除政府提倡外，民间亦有鼓吹读经者，如严复主张为了保存古文化，经学应在学校别立一科。⑤ 又以读经必须自幼时开始，基础方稳。⑥ 梁启超则有感于五四时期新文化运动的冲击，决心放弃实际政治活动，转而致力于文化教育事业。1922 年以后，他先后在南开大学、清华大学等校讲学，发表了许多尊孔读经的文章。⑦ 肯定我国儒家之人生哲学为陶养人格至善之鹄，须加以发扬光大。⑧ 章太炎则斥五四时新知识分子掀起打倒孔家店之浪潮为离经叛道，于 1922 年在报刊上公开撰文，对自己先前的批孔表示悔恨。⑨ 1935 年并在苏州发起"章氏星期讲习会"，宣扬读经，尝谓"尊孔读经有千利而无一弊"。⑩

1934 年广东的陈济堂、湖南的何键、北方的宋哲元等军人也都提倡读经，一时风

---

① 陶英惠：《蔡元培年谱》（上），"中研院"近史所 1976 年版，第 476 页。

② 《政府公报》，《部令》，民国五年十月十二日。

③ 鲁迅：《十四年的读经》，收在胡晓民编：《读经：启蒙还是蒙昧?》，华东师范大学出版社 2006 年版，第 435－438 页。

④ 张文伯：《吴稚晖先生传记》，传记文学出版社 1971 年版，下册，第 228 页。

⑤ 《严几道与熊纯如书札节抄》，第四，《学衡》，第六期（1922 年 6 月）。

⑥ 《严几道与熊纯如书札节抄》，第六十三，《学衡》，第二十期（1923 年 8 月）。

⑦ 李新、孙思白主编：《民国人物传》第二卷，中华民国史料丛稿，中华书局 1980 年版，第 299－300 页。

⑧ 丁文江：《梁任公年谱长编》，世界书局 1972 年版，第 635 页。

⑨ 王泛森：《章太炎的思想（一八六八一一九一九）及其对儒学传统的冲击》，时报文化 1985 年版，第 15 页。

⑩ 李新、孙思白主编：《民国人物传》第二卷，第 287 页。

气颇盛。1935 年胡适在香港以"新文化运动与教育问题"为题公开演讲，批评广东省的读经政策，谓："现在广东很多人反对用语体文，主张用古文；不但古文，而且还提倡读经书。我真不懂。因为广州是革命策源地，为什么别的地方已经风起云涌了，而革命策源地的广东尚且守旧如此。"① 由于胡适与陈济棠有关读经理念的公开冲突，读经议题乃再度引起全国教育界人士的关注。当时执教育界舆论牛耳的《教育杂志》，有鉴于此一问题之复杂与重要，乃向全国教育界人士征求高见，而促成此次有系统的论战。总计参与撰稿的学者专家多达七十四人，赞成、反对与折衷意见都有，将读经问题的讨论推向最高峰。②

但是，读经问题仍然悬而未决，1937 年胡适发表《读经平议》③ 后，随即进入中日战争；1945 年虽有熊十力撰写《经为常道不可不读》④，再论读经问题，但因中国爆发内战（1945 – 1949），中国大陆战事尚未歇止，故读经问题亦无暇再议。

自 1949 年以后，儒家思想的传承随着两岸的分裂而有各自不同的命运。1966 年，中国大陆兴起"文化大革命"，儒家经典遭到严厉的批判，被定位成"奴隶制度的支持者"⑤，必欲去之而后快；在台湾则基于政治的需要，官方成立"中华文化复兴运动委员会"，儒家经典被加以保存和宏扬，包括所谓"古籍今注今译"的工作，以及以"文化"为名义所推行的各项活动。⑥

此后，诵读儒家经典虽然也曾受到一些有心人士的关注，但似乎都没有形一个重大的议题，成为众人瞩目的焦点。⑦ 真正影响比较大的首推王财贵所推行的读经运动。

1994 年元月，在台湾电子董事长林琦敏先生的支持下，王财贵在"华山讲堂"成立了"读经风气推广中心"，正式对外推广读经教育。1997 年秋天，王财贵应南怀瑾之邀，赴香港公开演讲儿童读经的理念；1997 年 10 月，ICI 国际文教基金会邀请王财贵前往海南岛，在海南航空总部进行了第一场大陆的读经演讲；自 1998 年暑假以后，王财贵开始到大陆各地巡回演讲，从南方到北方、从沿海到内陆、从都市到乡村，到处散

---

① 胡适：《南游杂忆》（一），《独立评论》第 141 号，第 15 – 16 页。

② 有关此一问题的讨论情形与意见分析，请参阅林丽容：《民初读经问题初探》，台湾师范大学历史研究所 1986 年硕士论文，第 103 – 119；149 – 172 页。

③ 胡适：《读经平议》，胡晓民编：《读经：启蒙还是蒙昧？》，华东师范大学出版社 2006 年版，第 444 – 447 页。

④ 熊十力：《经为常道不可不读》，胡晓民编：《读经：启蒙还是蒙昧？》，华东师范大学出版社 2006 年版，第 452 – 453 页。

⑤ 郑家栋：《近五十年来大陆儒学的发展及其现状（1950 – 1996）：历史、境遇》，《儒家思想在现代东亚》，"中研院"文哲所 1998 年版，第 15 – 80 页。

⑥ 林果显：《"中华文化复兴运动推行委员会"之研究（1966 – 1975）》，稻乡出版社 2005 年版，第 143 – 150 页。

⑦ 有关此一时期台湾读经问题的发展情形，请参阅李建弘：《经典与实践——当代台湾读经运动之研究》，政治大学宗教研究所硕士论文 2007 年版，第 25 – 34 页。

播一颗颗的文化种子，让每个角落的读经幼苗日益茁壮成长。[①] 目前初步估计全台湾已有超过五百万儿童接受过读经教育，大陆地区发展尤为迅速，正在读经人数已超过一亿。[②] 香港、马来西亚、印度尼西亚、新加坡，正如火如荼地展开，其他如纽西兰、澳洲乃至美国、加拿大、欧洲等地的华侨同胞或多或少皆受到读经教育洗礼，其影响力正日渐扩大当中，这样的景象使我们对中华文化的复兴再度燃起了希望。

四、读经存废争议的两大焦点

综观百年来读经存废之争议，其中很重要的两个焦点是：（一）我们今日配不配读经？（二）我们今日适不适合读经？以下尝试析论之。

（一）我们今日配不配读经？

1935 年胡适在《独立评论》（第 146 号）上发表了一篇《我们今日还不配读经》[③]，特别引用傅斯年在 1935 年 4 月 7 日所发表的《论学校读经》最后一段议论：

> 经过明末以来朴学之进步，我们今日应该充分感觉六经之难读。汉儒之师说既不可恃，宋儒的臆想又不可凭，在今日只有妄人才敢说诗书全能了解，有声音文字训诂训练的人是深知"多见厥疑""不知为不知"之重要性的。那么，今日学校读经，无异拿些教师自己半懂不懂的东西给学生。若是教师自己说实话"不懂"，或说"尚无人真正懂得"，诚不足以服受教育者之心。若自欺欺人，强作解事，无论根据汉儒宋儒或杜撰，岂不是以学校为行诈之练习所，以读经为售欺之妙法门？凡常与欧美人接触者，或者如我一样，不免觉得，我们这大国民有个精神上的不了之局，就是不求甚解，浑沌混过，又有个可耻之事，就是信口乱说，空话连篇。西洋人并不比中国人聪明，只比我们认真。六经虽在专门家手中也是半懂不懂的东西，一旦拿来给儿童，教者不过是浑沌混过，便要自欺欺人。这样的效用究竟是有益于儿童的理智呢？或是他们的人格？[④]

胡适对于傅斯年这段话非常推崇，直云："孟真先生这段话，无一字不是事实。"据此，胡适进一步指出：

---

① 海印子：《我对大陆读经十年的回顾（上）》，《读经通讯》第 53 期。

② 王财贵等著：《读经教育理论与实务》，洪业文化事业有限公司 2011 年版，第 31 页。

③ 胡适：《胡适文存》卷四，远东出版社 1953 年版，第 136 – 141 页。

④ 傅斯年：《论学校读经》，原刊于 1935 年 4 月 7 日《大公报》，后转载于《独立评论》第 146 号，现收在《傅斯年全集》，联经出版社 1980 年版，第 51 – 57 页。

我们今日正应该教育一般提倡读经的人们，教他们明白这一点。这种见解可以说是最新的经学，最新的治经方法。始创于新经学的大师是王国维先生。王国维先生说："《诗》《书》为人人诵习之书，然于六艺中最难读。以弟之愚暗，于《书》所不能解者殆十之五；于《诗》，亦十之一二。此非独弟所不能解也，汉魏以来诸大师未尝不强为之说，然其说终不可通。以是知先儒亦不能解也。"（《观堂集林》卷一，《与友人论诗书中成语书》)①

既然，连新经学大师王国维都承认自己对于《书经》有十分之五不懂，对于《诗经》有十分之一二不懂，那么更遑论一般教师了？而教师们拿自己半懂不懂的东西给学生，要不是浑沌混过，便要自欺欺人。因此，胡适总结云：

总而言之，古代的经典今日正开始受科学的整理的时期，孟真先生说的"六经虽在专门家手中也是半懂不懂的东西"，真是最确当的估计。《诗》《书》《易》《仪礼》，固然有十之五是不能懂的，《春秋三传》也都有从头整理研究的必要，就是《论语》《孟子》也至少有十分之一二是必须经过新经学的整理的。最近一二十年中，学校废止了读经的功课，使得经书的讲授完全脱离了村学究的胡说，渐渐归到专门学者的手里，这是使经学走上科学的路的最重要的条件。二三十年后，新经学的成绩积聚的多了，也许可以稍稍减低那不可懂的部分，也许可以使几部重要的经典都翻译成人人可解的白话，充作一般成人的读物。在今日妄谈读经，或提倡中小学读经，都是无知之谈，不值得通人的一笑。②

胡适整篇文章的重点是说，以新经学的观点，古代的经典在今日正是开始被科学地整理的时期。也许二三十年后，新经学的成绩积聚的多了，可以稍稍减低那不可懂的部分，然后使几部重要的经典都翻译成人人可解的白话，才能充作一般成人的读物。所以，在今日妄谈读经，或提倡中小学读经，都是无知之谈。

究竟我们该当如何看待群经存在的意义与价值呢？如何才是学习经典的正确方法呢？

在 1931 年，严复曾写了一篇《读经当积极提倡》的文章，其中提到：

夫群经乃吾国古文，为最正当之文字。自时俗观之，殊不得云非艰深；顾圣言

① 胡适：《胡适文存》卷四，远东出版社 1953 年版，第 136－137 页。
② 胡适：《胡适文存》卷四，远东出版社 1953 年版，第 445 页。

明晦，亦有差等，不得一概如是云也。且吾人欲令小儿读经，固非句句字字责其都能解说，但以其为中国性命根本之书，欲其早岁讽诵，印入脑筋，他日长成，自渐领会。且教育固有缮绠记性之事，小儿读经，记性为用，则虽如《学》《庸》之奥衍，《书》《易》之浑噩，又何病焉？况其中自有可讲解者，善教者自有权衡，不至遂害小儿之脑力也。果使必害脑力，中国小子读经，业已二千余年，不闻谁氏子弟，坐读四子五经，而致神经瞀乱，则其说之不足存，亦已明矣。①

严复于此指出群经实为中国古文"最正当之文字"，也是"中国性命根本之书"。所以，群经存在的意义与价值自不同于一般书籍，正如古联所谓"真学问从五伦起，大文章自六经来"。经书本是教人伦常之仪则与性命之原理，不同于一般记问之学或口耳之学。因此在学习经典的方法上，应当如朱子读书法所说的着重在"虚心涵泳""切己体察"②，而非只是强调文字训诂之认知理解。

如果以上分析不谬，则研读经书自当以义理的贯通为主，不必强求字字句句都能解说。儿童时期透过反复吟咏讽诵，将经文烂熟于心，自有一种潜移默化之功，长大之后随其悟性与阅历日益深广，对于经书的道理当能有更多的领会。况且经书当中自有一些浅近易懂的道理，善教者随机加以点拨，也能令学习者逐渐心开悟解。严复又云：

> 彼西洋之新旧二约，拉丁文不必论矣，即各国译本，亦非甚浅之文，而彼何曾废。且此犹是宗教家言，他若英国之曹沙尔、斯宾塞、莎士比儿、弥勒登诸家文字，皆非浅近，如今日吾国之教科书者，而彼皆令小儿诵而习之，又何说耶？

严复指出西方也有令儿童诵习经典的做法，如新旧约圣经、斯宾塞、莎士比亚等，其文字亦非浅近，又何曾废除？可见诵读经典并非中国人特有的方式，而废除读经反而显得不智。

东汉末年儒者董遇，学识渊博，时人向他请教如何学习经典，其言曰："读书百遍，其义自见。"③这是强调反复诵读经书百遍之后，经书义理自然会向读者显现出来。

南宋大儒朱子对于读书法更有鞭辟入里的见解，其言云：

---

① 严复：《读经当积极提倡》，胡晓民编：《读经：启蒙还是蒙昧?》，华东师范大学出版社 2006 年版，第 433 页。

② ［宋］黎靖德编：《朱子语类》（一）卷四，文津出版社 1986 年版，第 179 页。

③ 董遇，三国时魏人，性质讷而好学。汉献帝时，郡县以孝廉推举入朝，为天子侍讲。曹魏时，曾任郡守、侍中及大司农。善治《老子》，为作训注，又善《左氏传》，更为作朱墨别异。人有从学者，遇不肯教，而云："必当先读百遍。"言"读书百遍，其义自见。"事见《三国志·魏书十三》。

温公答一学者书，说为学之法，举荀子四句云："诵数以贯之，思索以通之，为其人以处之，除其害以养之。"荀子此说亦好。"诵数"云者，想是古人诵书亦记遍数。"贯"字训"熟"，如"习惯如自然"；又训"通"，诵得熟，方能通晓。若诵不熟，亦无可得思索。①

朱子这里提到司马温公的读书法，主要是依循荀子《劝学篇》里的四句："诵数以贯之，思索以通之，为其人以处之，除其害以养之。"而这四句当中朱子主要又强调第一句的重要性，认为"诵得熟，方能通晓。若诵不熟，亦无可得思索"，所以，诵读法可以说是读经的第一步工夫。

明末儒者陆桴亭在其所撰《论小学》一文中，则以十五岁为分界，谈论人类记性与悟性的发展，强调十五岁前应把当读之书熟读，其言云：

凡人有记性，有悟性。自十五岁以前，物欲未染，知识未开，多记性，少悟性；十五岁后，知识既开，物欲既染，则多悟性，少记性。故凡所当读之书，皆当自十五岁前，使之熟读。②

这是强调要配合我们学习能力发展的次第，给予适合的教法。十五岁以前，多记性，少悟性，宜以诵读为主；十五岁以后，则多悟性，少记性，宜以理解为主。

故总括来说，经典乃中国性命根本之书，不同于一般知识之学，孩童在年幼时期先不要管懂不懂，尽管反复诵读经典，久而久之，便能渐渐契入经典的微言大义，接通生命的源头活水。换言之，我们不是等到配读经典之后，才开始去诵读经典；而应该是先透过诵读经典，然后才可以逐渐通达经典的智慧。

（二）我们今日适不适合读经？

胡适在《读经平议》一文当中，首先综括了傅斯年《论学校读经》③ 一文的重点云：

（一）中国历史上的伟大朝代创业都不靠经学，而后来提倡经学之后，国力往往衰弱，汉唐宋明都是实例。（二）经学在过去的社会里，有装点门面之用，并没有修齐治平的功效，五经的势力在政治上远不如《贞观政要》，在宗教道德上远不如《太上感应篇》。（三）各个时代所谓经学，其实都只是每个时代的哲学，汉宋学者都只是用经学

---

① ［宋］黎靖德编：《朱子语类》（一）卷四，文津出版社1986年版，第169页。
② ［明］陆桴亭：《论小学》，陈弘谋编：《五种遗规·养正遗规》，华藏净宗学会2005年版，第66－67页。
③ 傅斯年：《论学校读经》，原刊于1935年4月7日《大公报》，后转载于《独立评论》第146号，现收在胡晓民编：《读经：启蒙还是蒙昧？》，第439－443页。

来附会他们自己的时代思想，我们在今日要想根据五经来造这时代哲学是办不到的了。①

仔细分析以上这段话，傅斯年几乎认定经书只是橡皮图章，徒具形式意义，没有任何实质的作用。既不足以开物成务，更不能修齐治平，往往只能拿来装点门面。甚至于中国历朝在提倡经学之后，国力往往衰弱。如此说来，经学果真是无用至极！而胡适竟表示"傅孟真先生是经史学根柢最深的人，他来讨论这读经问题，正是专家说内行话，句句值得提倡读经的人仔细考虑。当时我十分赞同傅先生的议论。"② 所以，胡适在《读经平议》一文当中，接着表达其本人对于学校读经问题的见解：

第一，我们绝对地反对小学校读经。这是三十多年来教育家久已有定论的问题，不待今日再仔细讨论。小学一律用国语教本，这是国家的法令，任何区域内任何人强迫小学校用古文字的经典教学，就是违背国家法令，破坏教育统一，这是政府应该明令禁止的。何况今日的小学教员自己本来就没有受过读经的教育，如何能教儿童读经？③

这是从国家教育政策和法令的层面来反对小学读经，并没有太深的哲学意涵，而其认为我们今日之所以不适合读经的理由，或可从底下这段文字窥其一二：

> 但我们绝对反对中学有"读经"的专课，因为古经传（包括《孝经》、四书）的大部分是不合现代生活的，是十二岁到十七八岁（中学年龄）的一般孩子们不能充分了解的。④

从这段文字中我们发现胡适反对中学读经的理由，除了经书不易为这个年龄的孩子所理解外，另一个更重要的理由是古经传大部分是不合现代生活的。前一个理由牵涉到教与学等方法层面的问题，上一小节已分析过，此不复赘；至于后一个理由则牵涉到教材内容的问题，即经书究竟有无其恒常性的意义，还是随着时代的变迁已失去其价值？此则有待进一步加以省思！

明代大儒王阳明于《稽山书院尊经阁记》一文曾云：

> 经，常道也。其在于天，谓之命；其赋于人，谓之性；其主于身，谓之心。心也，性也，命也，一也。通人物，达四海，塞天地，亘古今，无有乎弗具，无有乎弗同，无有乎或变者也，是常道也。其应乎感也，则为恻隐，为羞恶，为辞让，为

---

① 胡适：《读经平议》，胡晓民编：《读经：启蒙还是蒙昧？》，华东师范大学 2006 年版，第 444 页。
② 胡适：《读经平议》，胡晓民编：《读经：启蒙还是蒙昧？》，华东师范大学 2006 年版，第 445 页。
③ 胡适：《读经平议》，胡晓民编：《读经：启蒙还是蒙昧？》，华东师范大学 2006 年版，第 446 页。
④ 胡适：《读经平议》，胡晓民编：《读经：启蒙还是蒙昧？》，华东师范大学 2006 年版，第 446 页。

是非；其见于事也，则为父子之亲，为君臣之义，为夫妇之别，为长幼之序，为朋友之信。是恻隐也，羞恶也，辞让也，是非也，是亲也，义也，序也，别也，信也，一也。皆所谓心也，性也，命也。通人物，达四海，塞天地，亘古今，无有乎弗具，无有乎弗同，无有乎或变者也，是常道也。①

依王阳明之见，"经"即代表"常道"，其在于天，谓之"命"；其赋于人，谓之"性"；其主于身，谓之"心"。心、性、命原本相通为一，皆为经典所承载的常道所贯注。换言之，经典所承载的常道，可以透过心、性、命之活动而有所彰着，故经典不是一堆死的文字，而是具有永恒价值的智能源泉。况且，经典常道所贯注的心、性、命乃是"通人物，达四海，塞天地，亘古今，无有乎弗具，无有乎弗同，无有乎或变者也"，由此可见经典实蕴涵着"恒常性"与"普遍性"之特质。

再者，落实到具体的人伦日用之间，这经典常道所贯注的心、性、命，其应乎感则表现为"恻隐、羞恶、辞让、是非"等四端之情；其见于事则表现为"父子有亲、君臣有义、夫妇有别、长幼有序、朋友有信"等五伦之义。四端之情是人性之常，五伦之义乃人伦之常，这些都是无分于古今中外，人同此心，心同此理者也。所以，经典所蕴含的"恒常性"与"普遍性"两大特质，正是经典之所以为常道的缘故。

严复在其《读经当积极提倡》一文中，曾如此言道：

> 至谓经之宗旨与时不合，以此之故，因而废经，或竟武断，因而删经，此其理由，尤不充足。何以言之？开国世殊，质文递变，天演之事，进化日新，然其中亦自有其不变者。姑无论今日世局与东鲁之大义微言，固有暗合，即或未然，吾不闻征诛时代，遂禁揖让之书，尚质之朝，必废监文之典也。考之历史，行此者，独始皇、李斯已耳。其效已明，夫何必学！总之，治制虽变，纲纪则同，今之中国，已成所谓共和，然而隆古教化，所谓君仁臣忠，父慈子孝，兄友弟敬，夫义妇贞，国人以信诸成训，岂遂可以违反，而有他道之从？假其反之，则试问今之司徒，更将何以教我？②

严复指出"天演之事，进化日新，然其中亦自有其不变者"，强调世间有变与不变，并非时局一变，一切都改变。又指出"治制虽变，纲纪则同"，强调经书所载为父

---

① 王守仁：《稽山书院尊经阁记》，《王阳明全书》，正中书局1976年版，文录，卷四，记，第214页。
② 严复：《读经当积极提倡》，胡晓民编：《读经：启蒙还是蒙昧?》，华东师范大学出版社2006年版，第434页。

慈子孝，兄友弟敬，夫义妇贞等伦理纲常，这是古今司徒所共同推行教化之内容，舍此更不知以何为教？

熊十力在《经为常道不可不读》一文，亦曾致慨于清朝二百多年之学术，专务考据之学，遂于六经之全体大用毫无所窥，影响所及，民初学者遂至主张废弃经学。熊先生云：

> 夫有清二百余年之学术，不过拘束于偏枯之考据，于六经之全体大用毫无所窥。其量既狭碍，其识不通宏。其气则浮虚，其力则退缩。……呜乎！自清儒讲经而经亡。清之末世，迄于民初，其始也，假经说以吸引西学，及西学之焰渐炽，而经学乃日渐废弃，甚至剥死体。然则，经籍果为先王已陈刍狗，在吾侪今日与今后人类，将永远唾弃经籍，无有服膺其义者乎？抑剥极必复待时而将昌明乎？此诚一大问题。吾前已云经者，常道也。夫常道者，包天地，通古今，无时而不然也，无地而可易也。以其恒常，不可变改，故曰常道。①

熊先生肯定经为常道，故经书实不可废弃不读。而熊先生认为所谓"常道"，意谓"包天地，通古今，无时而不然也，无地而可易也"，这也是肯定经书具有"恒常性"与"普遍性"的价值。

然而，关于经书具有"恒常性"与"普遍性"的价值，胡适之先生并不具有同样高度的见识，对此，徐复观先生尝沉痛地评论道：

> 我们假使不是有民族精神的自虐狂，则作为一个中国人，总应该承认自己有文化，总该珍重自己的文化。世界上找不出任何例子，像我们许多浅薄之徒，一无所知的自己抹煞自己的文化。……中国文化，是一个有"统"的文化，不似欧洲作多角形发展。而此有统的文化的根源便是"经"。胡适之先生拿诸子来打"经"，来打儒家的策略，他没有理由说"经"说"儒家"在文化上的地位比诸子百家轻，而仅是擒贼擒王的办法。一口说不读经，实际即一口抹煞了中国文化的主流，于情于理，皆所不许。②

依徐先生看来，中国文化是一个有"统"的文化，而此有统的文化之根源便是

---

① 熊十力：《经为常道不可不读》，胡晓民编：《读经：启蒙还是蒙昧？》，华东师范大学出版社2006年版，第452－453页。

② 徐复观：《当前读经问题之争论》，胡晓民编：《读经：启蒙还是蒙昧？》，华东师范大学出版社2006年版，第465页。

"经"。胡适之反对读经，其实便等于反对儒家思想作为中国传统文化主流的地位，这于情于理都是不恰当的。所以，"读经"是维系中华文化传统于不坠的重要指标，实不容轻言废除。

所以，如果经书代表的是常道，而不是一般的知识，那么它便具有恒常与普遍的意义而仍可适用于现代社会。我们学习经典的智慧之后，并不是要人食古不化，紧守教条；相反地是要人能通经致用，守经达权，如此才真正切合圣贤经教之本意。

五、儒学在当代华人社会的开展之道

总的来看，在当代教育史上所掀起的这一场读经与废经的论战，背后牵涉到许多历史文化、民族情感、哲学思潮、教育理论等复杂的因素。它适足以提供我们儒学在当代实践所面临的挑战之省思，如果能对此一课题深入加以分析探讨，或许可以启发我们重新思考儒学在当代华人社会开展的可能方向。

溯自鸦片战争（1840 年）以来，西方文化以船坚炮利入侵，中国知识分子首先看到西方科技器物的优越，曾、左、李、胡开展的洋务运动，便是要从"科技器物"的层面来学习西方之所长。当时中国海军吨位号称世界第八位，但是中日甲午战争（1894年）一战就垮了，这在当时是非常大的震撼。知识分子开始意识到西方文化不只是科技器物，更重要的是他们的政经制度，日本的明治维新就是学西方的政经制度，所以康、梁的维新运动便是要从"政经制度"的层面来学习西方之所长。但不管是洋务运动或维新运动，都只触及"外王"的问题，依传统的思考这是不够的，还需要本于"内圣"这个精神理念，才能接上中国文化的大流。胡适之等人所倡导的五四新文化运动，表面上看来似乎是触及了"精神理念"的层面，可是实际上他们主张要"全盘西化"，要打倒孔家店，等于先打垮中国人自己的心灵世界与精神宇宙，而其西化的内容又只是科学与民主，却遗落了西方的宗教，这仍不免只是低层次的西化，终究未达到"精神理念"的最高层次。①

关于这一点，王邦雄先生有一精辟的论述云：

> 当代新儒家正视西方宗教精神，认为中国现代化过程中的挫败，洋务只看到器
> 物，维新只看到制度，未触及精神理念的层次，而五四不要中国的精神理念，也不
> 要西方的精神理念。文化的精神理念在西方是基督宗教，在中国是儒学儒教，五四
> 运动视科技器物与民主制度为宗教，卒遗落了文化最高的精神理念层次，所以由西

---

① 王邦雄：《从中国现代化过程中看当代新儒家的精神开展》，牟宗三：《时代与感受·导言》，鹅湖出版社1995 年版，第 12 - 17 页。

化而俄化。新儒家认为西方之所以为西方，不在民主科学而在其宗教。民主科学要能定得住，须通过宗教，在中国，要通过儒家传统文化而来。若光讲科学民主，就是只有"下"，而没有"上"，只有"外"，而没有"内"，只有"术"，而没有"道"，若迎进了西方的基督宗教，而不知归本于自家文化传统的话，虽有"道"实亦无"道"，因为文化的"道"，只能从自家开发，不能由外移植，所以新儒家要正视西方的宗教精神，而中国之所以为中国的"道"，舍儒家之外别无可求，儒家是当前我们能维护中国文化精神，并继续开发下去的唯一支柱。[①]

依当代新儒家的见解，中国现代化的过程不能只看到器物和制度等层面，还需关注精神理念的层次。西方文化之主要精神，不在科学、民主，而在其宗教。若光讲科学、民主，就是只有"下"，而没有"上"，只有"外"，而没有"内"，只有"术"，而没有"道"。所以，我们要正视西方的宗教精神。但中国之所以为中国的"道"，舍儒家之外别无可求，要消化西方文化的民主与科学，只能通过儒家传统文化而来。因为文化的"道"，仅能从自家开发，不能由外移植。

然而，事实上在胡适之的"全盘西化"论下，这百年来的教育思潮大抵被西方牵着鼻子走，除了教育哲学之外，教育制度、教学方法与教材内容也以西方马首是瞻，它基本上一种实用的、功利的、知识的价值取向。正是因为这些舶来的教育思想、教育制度、教学方法与课程理论，主导了华人世界的教育情境。所以，目前社会上很多知识分子对于传统以读经方式培养人才的做法便嗤之以鼻。

针对胡适之认为我们今日还不配读经的观点，王财贵先生曾有如下之表示：

> 中国人真了不起，都有自我反省的能力，一反省到自己真的没有能力解经，于是就自惭形秽，真不读了，一百年都不读了。一百年了，懂经典的人，能解经的人更少了，现在如果再出个胡适，不配读经之论，岂不更加有效？然而，我认为，要么就是胡适聪明，他故意蒙骗大家，他的目的是打倒中国文化，只要大家都不读经，中华文化不打就自倒了，而大家都被蒙骗了，百年下来，我们看到他成功了，而民族却失败了。要么就是胡适之的思想是愚昧的，而民众本来就是很愚昧的一群存在，这下子跟着胡适之走，就更加愚昧了，他的愚昧，引得民族更加失败了。总之，不管胡适之聪明还是愚昧，民族总是失败了。我们今天可以问问胡适之一句话：到底为什么百姓普遍不懂经典，是什么原因？是大家都认真读经了，还是因为

[①] 王邦雄：《从中国现代化过程中看当代新儒家的精神开展》，牟宗三：《时代与感受·导言》，鹅湖出版社1995年版，第22页。

没普遍读经？又，对经典，到底懂了才可以读，还是读了才会懂？甚至不懂的人是不是更应该去读，而不懂经典的时代，是不是反而要努力教孩子读经，以期待将来能出现一些懂得的人？①

王先生于此指出，顺着胡适的说法，如果我们一般人不懂经典，我们便不配读经，那么要到什么时候才能读经呢？于是现代的中国人果真是愈来愈不能解经，也愈来愈不配读经了。可是，反过来，如果我们反省到自己对经典还不能全然读懂，不是更应该去读经，而且更努力教孩子读经，以期待将来能出现一些懂得经典的人？否则整个民族不就更加愚昧了？

至于针对胡适之认为我们今日不适合读经的论点，王财贵先生亦曾有如下之阐述：

"经"，本义是"织布的直线"，是织成一匹布的先导，引申为天经地义的常理常道。"经书"，便是涵蕴常理常道，教导人生常则常行的书。这些书自古流传，每个民族都有其历史上所有知识分子所公认的"经书"，如中国的四书五经、印度的吠陀和佛典、西方的圣经等，大体都是给人安身立命的典册。她是人类智慧的直接表露，是抟造文化推动历史的动力核心。②

王先生于今日大声疾呼，提倡读经教育，便是有感于经书乃涵蕴常理常道，教导人生常则常行的书。而每个民族都有其历史上所有知识分子所公认的"经书"，如中国的四书五经、印度的吠陀和佛典、西方的圣经等，大体都是给人安身立命的典册，更是抟造文化推动历史的动力核心。所以，我们相信经书在今日未曾老去，也并未死去，它仍然具有亘古常新的生命力。

针对五四新文化运动所喊出来的"全盘西化"的口号，王财贵先生则另外提出"全盘化西"的主张，重点也是在强调要以中国文化为主体来消融西方文化。王先生云：

所以，想要彻底而深入地吸收西方文化，也须自己先打好基础来！否则，所吸收的必停留在浮浅而枝末上，这大概是中国费了七八十年时间，而并未学得西方精髓的缘故罢！所以，消极的"全盘西化"的梦，应该醒了，而代之以"全盘化西"。"化西"的意思是"消化西方"。"消化"是以自我为主体大方地吸收西学，消融而变化之，使西方文化之精粹"化归"为我的营养，以更充实我的生命。当然，要达到这个理想，必先要健全自我的文化体质和胃纳，自己健全了，才足以言

---

① 参见 http：//blog.sina.com.cn/s/blog_6552756e0101hcdg.html。
② 王财贵：《儿童读经教育说明手册》，第18页。

"消化"。而要健全自我的文化体质，"读经"正是一条便捷有效之路。提倡全民读经，正是恢复国族文化活力的契机。①

王先生认为消融西方文化，必先要健全自我的文化体质；而要健全自我的文化体质，"读经"正是一条便捷有效之路。提倡全民读经，正是恢复国族文化活力的契机。

所以，当我们重新思考儒学在当代华人社会开展的可能方向时，读经教育或许是其中一个简单易行的方式。

六、结论

从百年来读经教育的存废论战来看，我们不难发现：不知因应时代的变化，徒然墨守成规，如清末保守主义者，将无助于中华文化的开展与创新；而只知横向地移植西方的理论思想，却未能纵向地从中国文化传统中梳理出适切的道路来，如胡适"全盘西化"论者，将不免丧失自家文化的主体性。所以，吾人以为理性而开放的态度应是：立基中国文化传统，消化西方文化精髓，才是大中至正之道。因为，返本是为了开新，而不是单纯地为了复古。事实上，吾人今日推广读经教育，便是希望能够健全自我的文化体质，以便将东西文化作更高度的融通，为全世界人类开创出更和谐美好的文明，这便是一种"批判的继承与创造的发展"②。我想透过百年来读经教育存废之争议，可以让我们深切地去省思儒学在当代实践中所面对的挑战，以及在当代华人社会开展的可能方向。

---

① 王财贵：《儿童读经教育说明手册》，第24页。
② 傅伟勋：《从创造的诠释学到大乘佛学》，东大图书公司1990年版，第1-46页。

凭借儒家理念进行现代治理的成功样板

——李光耀政府借鉴儒家理念治国的启示

王　征　济南市社会科学院

摘　要　本文从分析新加坡政府借鉴儒家治国理念的逻辑起点着手，对新加坡政府执政的核心理念及其与儒家治国理念的关系以及在开展公共管理中的具体事例进行了深入分析，并结合当代中国社会治理的实际情况进行了具有启示意义的阐述。

关键词　李光耀　儒家思想　治国理念　现代国家

作为当年的"亚洲四小龙"之一，在瑞士洛桑国际管理学院（IMD）发布的《国际竞争力年度报告》上，新加坡的国家竞争力连续多年名列前茅。另外，根据总部位于德国的透明国际的报告显示，新加坡政府的清廉程度多年来也一直保持世界领先地位。对于新加坡成就的获得，国际上有两种观点，一种归功于儒家传统和"东亚价值观"；一种认为是因为"经济透明和法制严明"。笔者认为，这种简单的两分法并不足取。新加坡的经济奇迹得益于多种因素，但儒家的领导理念毫无疑问发挥了重要作用。因此，对于深受儒家思想熏陶的东亚国家而言，分析新加坡政府领导如何借鉴儒家思想理念治理国家，实在不无裨益。

对这一问题的思考可以分为三个层面：其一，新加坡李光耀政府借鉴了哪些儒家治国理念进行公共治理；其二，儒家治国理念的作用机制和意义是什么；其三，新加坡政府的这些做法有哪些启示？

一、新加坡借鉴儒家理念治国的逻辑起点

探讨新加坡政府为什么要借鉴儒家治国理念，有四个重要的切入点：一是其国家的"缔造者"李光耀的个人经历与价值观；二是新加坡的国家"起源"；三是新加坡的民族构成特点；四是新加坡特殊的地缘政治。

首先，李光耀先生的一生，代表着迄今为止整个新加坡奋斗的故事，充满了创业的

艰辛、选择的智慧和收获的喜悦。李先生出生在一个传统的儒家的家庭，同时受过西方教育，他在早年留学英国伦敦政经学院及剑桥大学四年之久，担任总理以后，又赴哈佛大学进修。在这些世界顶级大学的教育下，他在了解亚洲价值尤其是儒学思想的基础上，也接受了西方文化的价值观念。这为李光耀在新加坡的社会治理中选择儒家文化，并为融合西方科技和现代管理理念奠定了基础。

其次，新加坡作为一个国家的诞生具有"横空出世"的传奇色彩。1965 年 8 月，新加坡被迫脱离马来西亚联邦独立建国。这里不仅地域狭小，自然资源奇缺，连水源都来自马来西亚。而且建国之初民族矛盾尖锐复杂，生产力落后，是一个仅能靠邻国进口物质加工再出口的弱小国家。因此，凝聚民族精神、增进民族团结和培养国家意识，被富有远见的李光耀先生看作是不亚于经济建设的一件根本大事，是一种足以担当"国家意识"的文化，是事关新加坡生存的关键问题。

再次，新加坡是一个多民族国家，人口中的 75% 是华人，他们来自中国各地，15% 是马来族人，来自马来西亚和印尼各地，7% 是印度族，分别来自印度各地。其余的则来自欧洲和亚洲各地。新加坡需要一种共同的价值观来凝聚各个民族，而儒家思想无论在其历史的悠久性、多数国人的认同感、对本国和亚洲的影响力等方面，无疑具有绝对优势。因此李光耀认为，儒家思想是有国家性的，它在日本、中国台湾、韩国和中国大陆都有很大的影响，并提出"儒家基本价值观应升华为国家意识"。

最后，新加坡地处战略要地马六甲的咽喉部位，由于其特殊的地域和历史文化背景，这里在经贸、文化上都是东西方的交汇之处。因此，新加坡需要一种既能教化民心、有利于培育现代生产力，又具有涵盖力、能左右逢源的"大文化"。而在李光耀看来，"二十世纪末期的欧美标准并不是放之四海而皆准的标准"，并且"对西方的文化以及生活方面实在不敢恭维"；相反，他认为"儒家伦理道德观是经得起考验的，不应轻易放弃"。因此，东方价值观，尤其是儒家思想就成为新加坡的必然选择。

二、新加坡领导层执政的核心理念

鉴于新加坡建国时间短、国土面积小且资源匮乏、民族多元、周边局势复杂，使得新加坡的"求生"意识和危机意识十分强烈。李光耀提出了一种"虾米奋斗精神"，他以自然界存在的"大鱼吃小鱼，小鱼吃虾米"为喻，强调新加坡一定要独立自强，要比其他国家更具有坚强的求生意识。

基于这样的背景和意念，新加坡政府领导执政的核心理念集中体现在以下五个层面：第一，国家利益至上为第一原则。新加坡的国家利益意识恐怕要比别的国家表现得更为强烈，培养国民意识是其首要政治任务。李光耀在不同的场合反复强调，必须把国家利益放在第一位；社会、国家比个人更重要；好政府比民主人权重要等等。第二，实用主义的政治哲学。这类似于邓小平说过的"不管黄猫黑猫，抓到老鼠就是好猫"。李光耀在其回忆录中坦言："我读了很多理论，对它们半信半疑。因为我们注重实际，所以不会执著于理论。"他的施政准则强调两点：一是"行得通"，二是"效果好"，总之管用就行。第三，效率优先的发展理念。李光耀的国家发展理念是"先经济，后民主"。他指出："我相信一个国家在进行发展时所需要的纪律多于民主。民主洋溢，会导致无纪律和秩序混乱的局面，对发展产生不良影响。"他认为新兴国家的生存之道，首先在于建立一个廉洁的政府体系，因为新兴国家最需要的是"社会的正义公理"，而不是"民主制度"。第四，强人当政的威权主义和精英政治。李光耀对于"先经济"和"好政府"的理解和寄托是"党国一体""强人当政"与"人才重于制度"。他认为"即使政府系统一塌糊涂，只要有优秀的强人当政，还是会有差强人意的治绩和合理的进步。"因此，"治国的成功之道就是栽培优秀的人才，罗织更多的人才，提高政府素质和生活素质。"第五，政治稳定优先的根本原则。李光耀认为，新加坡成功的要素，首先在于拥有稳定的政局。因为政治稳定是国家发展和推动国家现代化的前提条件，宁可牺牲个人的利益来维护政治稳定，而不因为追求个人的权力而影响到整体的利益。把握上述新加坡领导执政的核心理念，对于理解其为什么和如何借鉴儒家的治国理念至关重要。因为新加坡领导是依据其执政需要，从而取舍和改造包括儒家思想在内的东西方治国的理念。正如李光耀所说的那样："东方和西方的精华，必须有利的融会在新加坡人的身上。儒家的伦理观念、马来人的传统、印度人的特质，必须和西方追根究底的科学调查方法和客观追求真理的方法相结合。"

三、新加坡借鉴儒家治国理念治理现代国家的主要特点

李光耀曾经坦言："如果我们不曾以西方的优点作为自己的指导，我们就不可能摆脱落后，我们的经济和其他方面迄今仍会处于落后状态，但是我们不想要西方的一切。"这是新加坡领导对待西方的态度，同样也是对待儒家思想的根本态度。本着这种态度，新加坡领导借鉴儒家治国理念治理社会具有以下四大特色：

（一）运用儒家理念构建国家意识，以服从国家利益、服务社会经济、培养民族精神为根本目的

李光耀把儒家的"忠、孝、仁、爱、礼、义、廉、耻"视为儒家思想的核心，提倡把这八个字化为新加坡政府的"治国之纲"，并作为国人的具体行动准则。为此，新加坡当局给这八个字赋予了新的内涵，进行了实用性的改造。在个人与国家的层面，以儒家的"忠"构建政治伦理。即将"忠君"思想改造为忠于国家的政治伦理原则，培养体现"忠"字内涵的归属感、群体意识和国家利益第一的国民意识。李光耀认为儒家的五伦很重要，并将其中的君臣关系重新解释为政府与人民的关系。新加坡政府特别

强调国家利益高于宗教、高于民族、高于家庭、高于个人利益，国民应忠于国家，热爱国家。在个人与家庭层面，以儒家的"孝"构建家庭伦理。新加坡领导把儒家"敬老尊贤""长幼有序"的孝道思想放到国家兴盛和现代社会治理的层面上去理解和改造，认为家庭是民族生存繁衍的重要基础、文化传承的有效机制、社会治理的基本单位。李光耀强调，家庭是"最神圣不可侵犯的"，家庭是社会的基本机构，是"巩固国家民族永远不败的基础"。为此国家要致力于维护"三代同堂"的家庭基本结构。

（二）以儒家理念为基础培育社会共同价值观，为国民建立行为准则，塑造礼仪之邦，维持社会稳定

在个人与社会关系层面，新加坡政府强调"仁爱""礼义""廉耻"的儒家基本伦理要求，目的在于培育现代社会所需要的公民道德，建立和维持必要的社会经济秩序，建设礼仪之邦。而李光耀更看重的，是培育推行民主所应具有的社会共同价值观，即通过培育包容和忍让的文化氛围，让少数人能接受由多数人做主的民主机制。为了以儒家思想培育社会共同价值观，新加坡政府于1982年在中学课本中增设了儒家伦理课，从小对国民全面灌输儒家伦理思想。更重要的是，新加坡政府在儒家思想的基础上，吸收其他文化的精华，于1991年提出了全社会必须遵守的五大共同价值观：国家至上，社会为先；家庭为根，社会为本；关怀支持，同舟共济；求同存异，协商共识；种族和谐，宗教宽容。上述内容充分考虑到新加坡种族多元、宗教多元的国情，主张不同种族、不同宗教相互容忍；主张把国家和社会利益放在个人之上，同时也强调相互照顾和尊重。从内容上看，它既是东方文化优良传统的体现，又具有强烈的针对性和现实性，可以说是儒家思想的本土化、现代化和社会生活化。

（三）运用儒家理念确立"选贤任能"的用人标准，建设廉洁高效的政府

孔子强调"为政以德"，认为官员的道德水准对社会治理的成败至关重要，所谓"其身正，不令而行；其身不正，虽令不从"。李光耀同样十分强调领袖人物的楷模作用，致力于培养一支高素质的公务员队伍。而建立一个廉政高效的政府，则是李光耀治国思想和治国方略的核心。李光耀选拔人才的标准始终如一，坚持"德才兼备、任人唯贤"的用人路线。他说："不论是政治领袖或是公务员，都必须由最好的人来担任。他们必须有最好的素质，也就是廉洁的作风，献身的精神，领导国家的能力，良好的人际关系和办事的能力。"新加坡十分注重对政府官员采取"以德育廉""以俸养廉""以法保廉"的综合性措施，廉洁高效是贯穿其公务员队伍建设的一条主线。经过多年的努力，新加坡已形成了职能专门化、结构合理化、运行制度化、水平现代化的颇具特色的公务员管理体制，建立了举世闻名的廉洁政府"标杆"形象。应当说，新加坡政府领导关于"选贤任能"和建设清廉政府的实践，深刻地诠释了儒家注重个人伦理的思想，提供了儒家关于个人修身才能治国平天下的绝好的现代样板。

（四）运用儒家领导理念打造"父爱主义"形象，为威权主义的政治模式提供"仁政"阐释和人本主义关怀

李光耀的政治领导是采取东方"家长式"的威权领导，同时推崇服从权威与注重人际关系的亚洲价值。在"铁腕治理"的背景下，政府的公权力和公信力作用至关重要。孔夫子认为，"自古皆有死，民无信不立"。在儒家的治国理念中，认为只有极少数社会精英即"君子"才应担当治理国家的重任，这些人有责任施行"德政""仁政"，以"亲民""爱民"的态度做老百姓的"父母官"。这种仁爱在当代的重要体现，就是政府应当为平民百姓的福利做长远的规划。新加坡领导正是借鉴了儒家的这些理念来打造"父爱主义"的政府形象。例如，新加坡政府施政的重点在于"富民"，符合儒家"仁政"的治国理想；新加坡政府注重发展全民教育事业，体现了儒家"有教无类"的理念；政府发展了一整套以公积金制度为基础的社会保障体系，体现其不仅宣扬东方传统的家庭道德观，更注重将这些理念在制度创新的层面上落实下来。

四、新加坡借鉴儒家理念治理现代国家的启示

中国是儒家思想的发源地。儒学鼎盛于汉武帝"罢黜百家、独尊儒术"之后，成为国家宗教、伦理规范和治国之术，在中国社会绵延数千年。到了十九世纪和二十世纪之交，中国封建王朝被推翻、资产阶级国家建立，儒学显赫的官方地位才被彻底摧毁。当儒学在中国日渐式微之时，它却在新加坡等东南亚国家"墙内开花墙外香"。同时，作为一种文化"血液"，儒家思想也一直在中国民间流淌。当前，中国要想把传统的儒家思想发扬光大，并有效运用于公共治理之中，必须"回过头"来深刻反思既往的教训，认真借鉴新加坡的"学习之道"。新加坡领导运用儒家思想治理社会给中国的主要启示在于：

（一）应当认真分析、传承并弘扬儒家思想

新加坡领导对儒家思想的借鉴，是在批判地继承中加以扬弃，并根据时代的需求，将它与西方和现代有用的理念以及管理技术相结合，既弘扬了儒家思想，又促进了社会治理。故而我们应当在继承传统、着眼当代、开创未来的意义上将儒家的智慧运用于社会治理。在这个意义上，当前首先要处理好三个关系：一是在儒家"地位"上放弃"统""废"之争，历史地对待儒家思想的传承与创新。目前学术界中有一派企图重新建立儒家思想的统治地位，将其上升为国家意识形态，建立儒教宪政制度；另一派则对儒家思想总体上进行否定，是民族文化虚无主义的新表现。正确的态度应当是尊重文化传统，对儒家思想在学习中加以继承和扬弃，令其在时代的呼唤下焕发出新的生命力。二是在意识形态上处理好先进性与传统性、群众性的关系，还原儒学作为民间意识形态的身份。儒家是百家争鸣中很有影响的一个学派，当它作为封建官方意识形态后，才渐

渐在思想和信仰方面丧失活力走向僵化。但是，儒家的思想观念和伦理道德作为一种思维惯性和心理积淀仍然在中国人际交往和行为方式上也发挥着不可替代的作用。因此，应当坚持不懈地在民间培养以儒学为代表的民族文化意识和伦理道德意识，以及精神信仰意识，从理念到实践慢慢展开。意识形态的先进性应当建立在传统性和群众性的基础上。三是在评价儒学的作用上摒弃两极思维，客观理性地评价儒家思想的现实作用。当前思维的一极是把曾经作为封建官方意识形态、确实起到禁锢国人思想的儒学极度贬低，甚至在它与封建制度分离后对于现代社会的价值也彻底否定。思维的另一极是将儒学拔高到至高无上的位置，或赋予其太多的、甚至现代的功能。甚至有的新儒家认为儒学具有开创资本主义现代化的功能。新加坡的治国实践表明，儒家思想不会妨碍资本主义的发展，与现代化也具有相容性，并可以为现代化提供伦理和精神支撑，但不必牵强附会地过度"拔高"。

（二）应当以问题构建的方式发掘儒学的现实需求与运用价值

"新儒家"人物杜维明先生指出："政治化的儒家就是国家权力高于社会，政治高于经济，官僚政治高于个人的创造性。这种形式的儒学，作为一种政治意识形态，必须加以彻底批判，才能解放一个国家的活力。另一面是儒家个人的伦理，它注重自我约束，超越自我中心，积极参与集体的福利、教育、个人的进步、工作伦理和个人的努力。所有这些价值，对新加坡的成功是至关重要的。"新加坡领导正是适应经济发展的需要，借鉴儒家"个人伦理"思想，成功地将它与现代公共治理模式结合起来，成为指导和推动社会经济发展的理性工具。其基本做法是：紧紧围绕执政理念，以问题构建的方式，发掘儒家理念在构建国家意识上的作用，把"忠君"改造为"忠于国家"，培养"国家至上"国民意识；把"仁爱""礼义""廉耻"作为社会共同价值观的基本内核，培育"社会为先"的公民行为准则；把"孝道"作为家庭核心价值观，确立"家庭为根"的道德规范；以"贤能"作为行政伦理，确立"选贤任能"的公务员选拔标准。同时，运用儒家"民无信不立"等理念，着力打造"父爱主义"和廉洁高效的政府形象。总之，新加坡领导人巧妙地将儒家理念与"党国一体""精英治国"和"正义公理优先于民主"的施政理念相交织、相结合，从而彰显出儒家理念在现代公共治理中的价值。当前的中国社会正处于转轨期，二十四字的"核心价值观"中有不少成分与儒家思想一脉相承。这为重新认识儒家思想的当代价值提供了新的契机。因此，我们应当学习借鉴新加坡的治国思维，以问题构建的方式，认真思考在完善政治伦理、建设社会公信、惩治官员腐败、提升公民道德和维护社会秩序等等方面如何借鉴儒家智慧和理念，使儒家思想不仅能在理论和实践层面都真正从传统延展到现代，并在现代生活中被重新激活，而且在社会公共治理中发挥其独有的伦理规范作用。

（三）应当以务实求真的态度在社会治理中灵活运用儒家理念

在将儒家理念"为我所用"的具体层面，应当积极借鉴新加坡领导所采取的"东西结合""法德并重""义利相融""传承创新"等多种方法，坚持实事求是的做法。比如：在治国理念上，李光耀强调党国一体，奉行精英治国和威权主义，可谓是"唯上智与下愚不移""民可使由之，不可使知之"的现代翻版。但李光耀并未在"家长制"一条道上走到黑，而是在国体、政体的形式上选择了威斯特敏斯特体制，实行"一党独大"而不是一党执政，允许反对党合法存在。这就是领导理念和体制的"东西结合"。在维护社会和谐方面，新加坡领导主张以儒家伦理教化国民，同时又有独立的司法体系，以及比中国更为完善、可操作性更强的法律制度，还有世上罕见的"鞭刑"。对道德的要求并未止于说教，而是建立在司法严明的基础之上。这就是将儒家注重的以德治国和现代西方强调的依法治国有效结合的"法德并举"。在对官员的规训方面，新加坡政府不仅仅提出道德规范要求，还设置了独立而严格的反腐败机构和相关制度，以及"高薪养廉"政策。一反古人"君子喻于义，小人喻于利"的空洞说教，在人才的稳定和激励上体现了"义利相融"，将西方的"经济人"假设与儒家的贤能标准相结合，有效地加强了对官员的治理。在国家意识的构建上，新加坡领导对儒家思想采取"拿来主义"，同时又作了与时俱进的改造，体现了"传承创新"的气魄和智慧。必须特别指出的是，上述"东西结合""德法并举""义利相融"和"传承创新"等方法论在实践中是综合或交替灵活运用的。比如在构建国家意识层面上，除了以"传承创新"之方法借鉴儒家思想外，同样运用了"义利相融"的方法。即不仅从意识形态上构建国家共同价值观，加强对国民的灌输，使国民在思想上"忠于"国家；而且在物质层面上通过"居者有其屋"计划、社会公积金计划等，使国民在利益上"离不开"国家，等等。综上所述，新加坡政府领导的治国之道深得儒家思想之精髓。中庸之道在新加坡领导人身上所体现的就是适度、均衡，就是自然法则，就是道。道可道，非常道，道是因时势而变易调整的，但又不离根本。这是新加坡领导借鉴儒家思想治国给我们所显现的最深刻的方法论启示。

参考文献

[1] 李光耀：《李光耀回忆录》，外文出版社 2001 年版。

[2] 杜维明：《工业东亚与儒家精神》，《天下》1984 年第 5 期。

[3] 新加坡联合早报社：《李光耀40 年政论选》，现代出版社 1994 年版。

[4] 陈岳、陈翠华：《李光耀——新加坡的奠基人》，时事出版社 1990 年版。

[5] 张永和：《李光耀传》，花城出版社 1994 年版。

中国梦的理论建构与孟子治国思想的当代回响

张　鹏　泰山学院副教授、博士

摘　要　梳理中国梦的理论建构，对于弘扬孟子治国思想和发扬广大古代政治伦理以及推进中国梦的实现具有现实意义和理论意义。通过《孟子》一书治国理政思想的考察，可以发现历史中那些历久常新的政治理念和管理经验，为当代政治实践提供可行的参照。

关键词　孟子　中国梦　治国理政

中国共产党第十八次全国代表大会召开以来，以习近平同志为总书记的中共中央，把握时代脉搏，立足当代国情，顺应亿万人民的殷切期待，在新的实践基础上大力推进理论创新，创造性地提出并深刻阐述了中国梦这一重大的治国理政战略思想。中国梦蕴含着丰富的科学内涵，是中国特色社会主义重大思想理论成果，为坚持和发展中国特色社会主义注入强大正能量，成为当今中国发展进步的高昂旋律和精神旗帜。梳理中国梦的理论建构对于弘扬孟子治国思想和发扬广大古代政治伦理以及推进中国梦的实现具有现实意义和理论意义。《孟子》一书既提出以法治国的具体方案，又重视道德教育的基础作用；既强调以君主为核心的政治体制，又主张以人为本，促进农工商业的均衡发展；既有雄奇的霸道之策，又坚持正义的王道理想，在思想史上具有不可抹杀的重要地位。政治思想史研究的意义就在于通过思想的考察，发现那些历久常新的政治理念和管理经验，为当代政治实践提供可行的参照。

一

任何科学理论都是对人类社会发展实践的反映，一切脱离实践的理论都没有生命力。中国共产党成立以来，每一次重大而成功的理论创新，都集中表达了实践的迫切要求。在进入全面建成小康社会的决定性阶段，习近平同志对中国梦做出集中而系统的阐述，是对历史与现实的洞察判断，是对经济社会发展规律的自觉尊重，是对时代特征与民心所向的准确把握，展现出马克思主义政治家非凡的理论勇气和高超的政治智慧。中国梦的提出，标志着马克思主义中国化、时代化、大众化达到了新的历史高度。中国梦源于对近代中华民族百年历史的深刻把握。习近平同志指出，实现中华民族伟大复兴，就是中华民族近代以来最伟大的梦想。一个国家，没有理想是落后的，没有思想是停滞的。中华民族是一个从来不缺少梦想的民族。百年一脉，千年一理。

众所周知，儒家政治上讲仁政，为政以德。孟子批驳告子"性无善无不善"说，认为人先天皆有"四心"，即"不忍人之心"（恻隐之心），"羞恶之心"，"辞让之心"，"是非之心"，是人之所以区分于动物的社会属性。人心的共性即仁义。小孩掉到井里却见危不救者为"非人"，没有"四心"者即为禽兽。这是从经验上论证人性本善。

在历史的坐标上，中国梦浓缩了中华民族的苦难辉煌，凝结着无数仁人志士的不懈努力，承载着全体中华儿女的共同向往，昭示着国家富强、民族振兴、人民幸福的美好愿景。中国梦已超越一种历史情结和民族情结，升华成一种政治理念和精神追求，深刻道出了中国近代以来历史发展的主题主线，深情描绘了近代以来中华民族生生不息、不断求索的奋斗历程，回应了马克思主义中国化的民族特质，赋予了更加明确的民族使命。在当代中国，没有任何一个梦想，像中国梦这样深入人心、激励人心、凝聚人心。中国梦源于对改革发展实践问题的清醒认识。以中国的实际问题为中心带动理论创新，是马克思主义中国化的基本经验，反映了马克思主义理论与实际相结合的内在品质。改革开放三十多年来，我国经济社会发展取得了巨大成就，但正如邓小平同志指出的，发展起来以后的问题不比发展时少。在全面建成小康社会的新阶段，我们不仅要解决快速发展所积累的大量矛盾和问题，还要解决好发展中可能产生的一系列新矛盾、新问题。习近平同志深刻指出，行百里者半九十，距离实现中华民族伟大复兴的目标越近，我们越不能懈怠，越要加倍努力。中国梦这一重大战略思想，是对世情、国情、党情、民情的清醒认识和科学把握，是对当下中国实际问题的客观正视，蕴含着鲜明的问题意识和清晰的问题指向，是以马克思主义之"矢"射中国实际问题之"的"的结果，彰显了党领导人民实现全面建成小康社会宏伟目标的坚定自觉与执政自信。"仓廪实则知礼节，衣食足则知荣辱。"中国梦，把中国特色社会主义伟大事业与国家民族的整体利益、与每一个中国人的具体利益紧密联系在一起，把民族复兴的伟大目标转化为一个个相互关联、清晰可见、具体实在的建设要求，把人民群众所期盼的更好的教育、更稳定的工作、更满意的收入、更可靠的社会保障、更高水平的医疗卫生服务、更舒适的居住条件、更优美的环境作为努力的方向，让人民群众真切触摸和感受到自己的梦想一步步化为现实，道出了亿万中华儿女的共同心声，激荡起亿万人民的强烈共鸣，最大限度汇聚了不同阶层、不同群众的愿望与追求，形成强大的凝聚力和感召力。

二

习近平同志指出："实现中华民族伟大复兴的中国梦，就是要实现国家富强、民族振兴、人民幸福。"这一重要论述把社会主义现代化建设、中华民族伟大复兴与人民群众新期待有机统一起来，全面系统阐明了中国梦的科学内涵。中国梦是强国梦，就是要实现国家富强。只有国家富强，民族复兴才有坚实基础，人民幸福才有根本指望。

孟子区别了人性与兽性的不同，由"四心"又推导出仁、义、礼、智四大伦理意识（四端）。他说："恻隐之心，仁之端也；羞恶之心，义之端也；辞让之心，礼之端也；是非之心，智之端也。人之有四端，犹其有四体也"。也就是说善心是天生的，四端也是超验的，是人人都具有的。"四端"以仁为中心，"仁，人心也"。他同意孔子"仁者爱人"之说，认为孝悌与亲亲为仁之根本，是建构社会秩序最根本的基础。"凡治国之道，必先富民，民富则易治，民贫则难治。固治国常富，而乱国必贫。是以善为国者，必先富民，然后治之。"国家富强主要体现在物质文明极大丰富，经济实力和人均水平赶上发达国家水平，在世界上占据领先地位，拥有较高的国际影响力，国防和军队建设与国家综合实力更加匹配，国家安全更有保障，人民生活更加幸福。这一梦想集中体现了"富强中国""民主中国""文明中国""和谐中国"和"美丽中国"的有机统一，体现了在中国特色社会主义总布局下推进各项建设、改革和发展的必然要求。因此，必须始终坚持以经济建设为中心，善于运用"底线思维"的方法，应对前进道路上的风险挑战，凡事从坏处准备，努力争取最好结果；必须尊重经济规律，加快转变经济发展方式，实现有质量、有效益、可持续的增长；必须把生态文明建设放到现代化建设全局的突出地位，走可持续发展之路；必须积极稳妥推进政治体制改革，拓宽民主的范围和途径，丰富民主的内容和形式，把国家各项事业纳入法制轨道，坚定不移走中国特色社会主义政治发展道路；必须坚持强国梦与强军梦相统一，全面加强军队革命化现代化正规化建设，坚决捍卫国家主权、安全、发展利益；必须始终不渝走和平发展道路，但决不放弃正当利益、决不牺牲国家核心利益，坚持开放的发展、合作的发展、共赢的发展，推动建设持久和平、共同繁荣的和谐世界。

习近平同志在参观《复兴之路》展览时用"雄关漫道真如铁""人间正道是沧桑""长风破浪会有时"三句诗，生动诠释了中华民族的昨天、今天和明天，深刻指出我们现在比历史上任何时期都更接近中华民族伟大复兴的目标，比历史上任何时期都更有信心、有能力实现这个目标。这一重要论断，充分体现了我们党的新一代中央领导集体坚定自觉的历史担当，体现了马克思主义思想和中华民族目标指向的高度统一。中国梦是幸福梦，就是要实现人民幸福。中国梦，归根到底是人民的梦。民族梦只有同个人梦融合统一起来，梦想才有生命、根基和力量。正如习近平同志指出，中国梦必须紧紧依靠人民来实现，必须不断为人民造福；生活在我们伟大祖国和伟大时代的中国人民，共同享有人生出彩的机会，共同享有梦想成真的机会，共同享有同祖国和时代一起成长与进步的机会。这"三个共同享有"，阐明了民族的责任和价值对于个体的意义，表达了在新的历史起点上实现个人梦与民族梦的一致性。中国梦把人民幸福指数纳入了内涵概括，是中国梦的核心价值所在，也是中国梦最富有生命力的构成，体现了马克思主义的经济社会发展与人的全面发展相统一，体现了党的根本宗旨与民心归依相统一，体现了外在的物质环境建设与内在的社会大众感受相统一，充满了浓浓的亲切感、现实感。国家梦、民族梦、人民梦不是彼此孤立的梦，而是内在统一的梦。

三

习近平同志指出，实现中国梦必须走中国道路，必须弘扬中国精神，必须凝聚中国力量。这"三个必须"，第一次把中国道路、中国精神和中国力量三大要素有机统一起来，清晰概括了实现中华民族伟大复兴的基本要求，指明了推进中国特色社会主义事业的方向。道路就是生命，实现中国梦就要坚持中国道路。"道路问题是关系党的事业兴衰成败第一位的问题"。中国特色社会主义道路，是我们党把科学社会主义基本原则同当代中国国情和时代特征相结合而探索出的一条实现中华民族伟大复兴的正确道路，是人民的选择、历史的选择。这条道路来之不易，它是在改革开放30多年的伟大实践中走出来的，是在中华人民共和国成立60多年的持续探索中走出来的，是在对近代以来170多年中华民族发展历程的深刻总结中走出来的，是在对中华民族5000多年悠久文明的传承中走出来的，具有深厚的历史渊源和广泛的现实基础，展现出旺盛的生命力。

仁义礼智是人类特有的社会属性，但也只是人皆俱有的一种初始道德，需要后天的修养，"扩而充之"，才能规范与制约人与人或人与社会之间的关系。"存其心，养其性，所以事天也"，达到"天人合德"的境界。孔孟仁学彻底摆脱了上古天神信仰，开启了儒家人文精神，奠定了中国传统文化的基础。"仁"是善心，是德性，是最基本的道德规范，推而广之则为善政、德治。"义"则是行为规范，是仁的延伸，见义勇为。遵从和履行仁德的要求。

实践证明，中国特色社会主义道路是实现中国梦的必由之路。中华民族是具有非凡创造力的民族，我们创造了伟大的中华文明，也能够继续拓展和走好适合中国国情的发展道路。我们应当有这样的道路自信、理论自信和制度自信，坚定不移地走下去。拓展和走好中国道路，就要坚持科学社会主义的基本原则不动摇、不能丢掉"老祖宗"，同时又随着实践和认识的深化，切实强化社会主义的理想引导，强化实践现实的自觉反思，强化解决中国实际问题的能力锻造，不断丰富其鲜明的实践特色、理论特色、民族特色和时代特色。精神就是支柱，实现中国梦就要弘扬中国精神。

对于当下全社会尤其是全党精神领域问题的清醒认识和把握，成为中国梦提出的深层依据。爱国主义始终是把中华民族坚强团结在一起的精神力量，改革创新始终是激励我们在时代发展中与时俱进的精神力量，以爱国主义为核心的民族精神和以改革创新为核心的时代精神是凝心聚力的兴国之魂、强国之魂。实现中国梦就必须大力弘扬以爱国主义为核心的民族精神和以改革创新为核心的时代精神，最大限度地凝聚共识，汇聚起中华民族生生不息、团结奋进的精神动力。力量就是保证，实现中国梦就要凝聚中国力量。中国力量是各族人民大团结的力量，是 13 亿中华儿女的力量。凝聚中国力量，对实现中国梦具有根本性和决定性。

四

理论总是随着时代的发展变化不断与时俱进。中国梦这一重大战略思想，凝结着中国特色社会主义理论体系的精华，赋予中国特色社会主义道路、理论和制度新的内容，把中国特色社会主义理论体系推进到新的境界。中国梦是中国特色社会主义理论体系的丰富和发展，反映了当代中国发展的客观需要。我们党紧紧依靠人民，把马克思主义基本原理同中国实际和时代特征结合起来，开创和发展了中国特色社会主义。

但现实社会中并非人人都是圣贤，孟子据此又提出了君子与小人的划分：能努力践行"四端"者为君子，君子是善的人格化。不践行"四端"者为小人，小人是欲念的人格化。君子求善，求仁义；小人求利，纵欲，利欲熏心而丧失仁义。为存仁持善，必须清心寡欲。诚意正心，修身克己。因此，孟子又把人分为先知先觉与后知后觉两类，先知者为君子，修养到家。"推己及人"可为圣人。

儒家依据道德建构社会秩序，修身，齐家，治国，平天下。在性善论的基础上，孟子进而又提出王道政治学说。王道就是圣王之道，又叫"先王之道""尧舜之道"，其实就是仁政，是孟子将性善论与现实政治相结合而提出的理想化政治。孟子说："以不忍人之心，行不忍人之政，治天下可运之掌上。"孟子倡导圣贤政治，圣贤都是正人君子，有怜爱之心，怜惜百姓，行仁政，以哀怜之心执行刑罚，为政以德。仁爱者推己及人，"老吾老，以及人之老；幼吾幼，以及人之幼。天下可运于掌"，也就是以仁爱之心来构建和谐社会。

中国梦的最终指向是实现国家富强、民族复兴、人民幸福。习近平同志高瞻远瞩，洞察并牢牢把握中国特色社会主义的基本规律，以形象化的表达承载着"两个一百年"的宏伟目标，用中国梦深刻回答了对"树立什么样的理想、怎样实现理想"，"实现什么样的目标、怎么实现目标"这一关乎党和国家命运的根本问题，明确了在中国特色社会主义总布局下推进改革和建设的新要求，并运用马克思主义基本原理对发展道路、依法治国、改革开放、执政根基、从严治党等重大问题作了系统阐述，具有鲜明的整体性、层次性、严谨性特征，初步形成一个相互贯通、内在联系、系统科学的理论体系。中国梦内蕴着中华儿女的共同理想，成为高扬旗帜、凝心聚力的动员令。中国梦意蕴厚重、沦肌浃髓，具有鲜明的政治性、历史性、人民性、实践性和包容性，它以中华民族深厚的文化积淀和历史智慧为底蕴，以通俗化的方式使老百姓在思想上、情感上得到广泛认同和接受。中国梦的提出，描绘了民族复兴的光明前景，表达了中华民族万众一心、戮力奋斗的共同理想，并给当代中国社会和中国人民树立了一个既有憧憬有超越又看得见摸得着的目标，必将有力地抑制社会理想和奉献精神的淡化和失落，极大地弘扬中国精神，激发全党全国人民投身中国特色社会主义伟大事业的壮志豪情。中国梦最大限度地兼顾和包容了各族人民的根本利益，让各个阶层、各个领域、各个方面的群众，都能从民族复兴的光明前景中看到自身利益所在，都能从国家富强、民族振兴中真切分享自身利益的果实，把全国人民更好地凝结成"利益共同体""命运共同体"，必将焕发出共同理想、共同目标、共同事业所具有的强大凝聚力，共圆中国梦。中国梦与世界梦辩证统一，为推动中国与世界和谐发展注入了新能量。中国梦世界瞩目，不止于中国，更开放于世界。

必须把提高执行力作为制度建设的重中之重，在执行中体现制度的价值，在实践中检验制度的效果。通过建立健全长效机制，使认同、践行中国梦的人，受到社会尊重、组织器重、群众倚重，使为实现中国梦而奋斗成为整个社会的主流价值取向和正能量。

坚守·变通·创新

——从孔德成婚礼看儒家礼俗的当代价值

王红霞　曲阜师范大学历史文化学院

摘　要　衍圣公孔德成的婚礼带有着中西合璧的特点，从其穿着的礼服到婚礼的过程都与传统婚礼有别。然而，仔细分析可知，孔氏婚礼仍以旧式婚礼为主，新增了一点西式元素。孔德成婚礼不媚俗，不守旧，与时俱进，改进婚礼之"仪"，坚守古礼之"义"，得到当时人的认可。近现代盛行的文明婚礼和革命婚礼都被"习惯的岩石所压碎"，"在表面上浮游一时"。当外在条件允许自由选择婚礼仪式时，中西结合的婚礼形式成为当今大众的首选，且与孔德成婚礼多有契合之处。这不是历史的巧合。儒家的礼遵循"始者近情，终者近义"的原则，具体礼仪在坚守礼义的基础上，随着时代加以扬弃，由此赋予了儒家礼俗强大的生命力。据此，我们得以认识儒家礼仪的当代价值，重塑儒家礼俗的信仰。儒家礼俗一定可以适应现代文明的语境，推陈出新，为当今社会风俗浅陋之弊送上一剂良方。

关键词　孔德成　婚礼　中西合璧　儒家

"孔德成是孔子第七十七代嫡孙，也是最后一位衍圣公。他出生于北洋政府时期，青少年时代主要在孔府中度过。民国二十五年（公元 1936 年），17 岁的孔德成与孙琪方①结婚。孔德成结婚之时国民政府正在倡导和推广"文明婚礼"，力求变革传统婚嫁仪式。孔德成的特殊身份决定了他的婚礼既不能不尊重传统，完全实行新式婚礼；又不能不顾及当时的社会风尚和官方要求，完全依循传统婚礼。婚礼该怎么办呢？这真是困扰孔氏家人的一个大问题。

根据孔德成婚礼的亲历人——孔德成的二姐孔德懋回忆："孔、孙两家关于婚事商

---

① 孔德懋及民国时报纸多将"孙琪方"写成"孙琪芳"。当时孔、孙二人结婚请柬写的是"孙琪方"，还有其他诸多资料可证孙琪方之名无误。

议了很长时间，最后决定以半新半旧的形式举行婚礼。"① 那么，"半新半旧"究竟是什么样子呢？

一、孔德懋所记孔德成婚礼

孔德懋著有《孔府内宅轶事——孔子后裔的回忆》一书，以参与人的身份详细地记载了孔氏后裔生活，是我们研究孔德成婚礼的第一手材料。

从婚服上看，新娘不是戴凤冠霞帔，而是与伴娘都身着白纱长裙，脚蹬高跟鞋。在以红色代表喜庆的传统婚礼中，白色服饰是非常忌讳的。而白色婚纱是西式婚礼的典型服饰。从服饰上看，新娘是"西式"的。孔德成却不是西装革履，而是长袍马褂，属于中式。新娘新郎的礼服即是"中西合璧"。孔德懋提到一个趣事，"我们到王府井定做时，只做新娘、伴娘，不做新郎和伴郎的，服装店里的人挺奇怪，不明白什么原因"。② 结婚典礼之后，新娘换上了"丝绒花的大红旗袍，大红绸鞋，梳髻"，变回大红婚服的传统服饰。

为了孔德成婚礼，整个孔府粉刷一新。新婚当天，长案上摆着龙凤饼以及象征早生贵子的各种果品等。新郎带着乐器吹拉弹唱，热热闹闹地迎亲。后面跟着扇、伞、銮驾等全套执事，还有穿彩衣的小孩抱着喜酒、背着子孙桶等，这都是"按老规矩"。

去迎亲时，新郎通过拉弓、射箭等礼仪才把新娘请出，这是传统的奠雁礼。在迎回孔府的途中，新娘乘坐汽车，中途换成八抬金顶花轿。迎亲的交通工具是中西结合。另外，婚房的布置也是中西结合的，有西式沙发，也有老式桌椅。新娘陪嫁的东西中有金表首饰，算是西式玩意。

拜堂仪式仍是旧式，行一跪四叩大礼拜天地，只是在拜堂时新娘穿着西式白纱长裙礼服，与传统稍异。拜堂结束后，新娘在新房坐帐，新郎新娘喝交杯酒。礼毕后大宴宾客、唱戏助兴。第二天早晨拜见长辈。这些均是传统婚俗的内容。总之，依照孔德懋记载，孔德成的婚礼除了婚服、家具、汽车等西式物品，整个程式更多呈现的是"旧式"婚礼的样貌。

二、报纸所载孔德成婚礼

孔德成身份特殊，他的婚礼自然是各大报纸必载内容。孔德成结婚第二天，《大公报》第四版刊登一则消息：

---

① 孔德懋：《孔府内宅轶事——孔子后裔的回忆》，天津人民出版社 1982 年版，第 174 页。
② 孔德懋：《孔府内宅轶事——孔子后裔的回忆》，天津人民出版社 1982 年版，第 176 页。

孔德成婚礼贺客万人，昨日曲阜盛典。济南十六日下午九时发专电：

孔德成与孙琪芳女士结婚礼，十六日在曲阜大成至圣先师奉祀官府举行，中央各省各界代表，连曲阜孔族亲友，共计不下万人，礼品山积，贺电贺函密如雪片，婚礼原定午前，因雨改午后举行，孔先到孙宅迎亲，行奠雁礼，二时回府行结婚礼，韩主席代表何思源证婚，读祝词，孙桐萱、陈念中、钟灵秀等均致辞。礼毕，鲁省立剧院演剧助兴。①

天津《世益报》也于同日，在该报第三版进行报道：

济南十六日下午九时本报专电：

十六日，孔德成与孙琪芳女士在曲阜举行结婚礼，到中央各省各地代表及孔族亲友万余人，礼品如山积，祝贺函电如雪片。结婚礼因雨改午后举行，孔先至孙宅亲迎行奠雁礼，二时回府行结婚礼，韩代表何思源证婚读祝词，孙桐萱、陈念中、钟灵秀等均致辞。鲁省立剧院演剧助兴。②

《申报》于1936年12月18日在第七版发表更为详尽的结婚报道：

济南通信：

至圣先师奉祀官孔德成，与前清状元孙家鼐之孙女孙琪芳女士，十六日在曲阜举行结婚典礼，中央及各省党政军长官，并地方各界，纷纷到贺。计有……

结婚典礼原定上午十时举行，嗣以本日阴雨不止，临时将礼堂移设孔府前账房内，因饰置费甚久，遂改于下午举行。男傧相为孔德高、孔静江，女傧相为孙琪芳之姊孙连芳、孔德成之姊孔德懋，证婚人山东省政府主席韩复榘（何思源代），介绍人山东民政厅长李树春（何思源代）、教育厅长何思源。中央党部原拟派邓家彦前来参加，嗣因事未到，亦由何思源代表。至下午一时许，孔德成先至孙府迎亲，行奠雁礼，孙宅系以两鹅代两雁，礼毕，迎新人赴孔宅。下午二时，举行结婚礼。仪式系用新礼，由土立夫司仪，王小隐纠仪。奏乐后，司仪人、纠仪人，男女双方家族，介绍人，证婚人依次分别入席，由男女傧相引新郎新妇入席，继即奏乐，交换饰物，新郎新妇相向三鞠躬，由证婚人宣读证书，继由新郎新妇用印，主婚人、介绍人、证婚人依次用印，继由鲁主席韩复榘读祝词，何思源致辞，教育部代表钟

① 《孔德成婚礼贺客万人》，摘自《大公报》1936年12月17日第4版。
② 《孔德成与孙琪芳昨行结婚礼》，摘自《世益报》1936年12月18日第3版。

灵秀、内政部代表陈念中，二十师师长孙桐萱等多人分别致词。词毕，新郎新妇分别向证婚人、介绍人、主婚人、双方家长，男女来宾等依次致谢，后由男女傧相引新郎新妇入洞房，嘉礼告成。即由省立剧院师生演剧助兴，是时鼓乐喧天，万头攒动。①

《申报》明确报道婚礼仪式"系用新礼"。《大公报》和《世益报》皆言迎亲后回府举行结婚礼，但是并没有详细说明是中式还是新式，然皆言婚礼证婚人读祝辞。而证婚人读祝词是新式婚礼的内容。

山东省济宁市政协文史资料委员会编《济宁风俗通览》一书，详细记载孔德成婚礼，确为新式婚礼：

> （1）奏军乐（2）司仪人入席，面向北，唱仪。……（14）证婚人宣读证书。（15）新郎新妇交换饰物。（16）新郎新妇行结婚礼，相向三鞠躬。（17）新郎新妇用印。（18）主婚人用印。（19）介绍人用印。（20）证婚人用印。……（36）主婚人致谢词。（37）新郎新妇谢证婚人，三鞠躬。证婚人退席。……（43）新郎新妇向双方家族首长三鞠躬。双方家族首长退席。（44）男女傧相引新郎新妇入洞房。（45）奏军乐。（46）礼成。（47）摄影。②

《申报》《大公报》《世益报》都是私人报刊，不为官方代言，且时有与政府相抵牾的言论。再者，即使刊物为当局政府所控，国民政府也没有必要在这等小事上加以干涉。所以，这三份报道都应是据实写就。《济宁风俗通览》详述了婚礼上的每一步，当非向壁虚构。孔德懋作为孔德成的胞姐，并且是伴娘，亲历整个婚礼过程，对婚礼的情况最为清楚。她写回忆录的初衷就是为了展示孔府的情况，且"文革"结束已有一段时间，应该也是据实写就。据孔德懋所记，拜堂仪式是旧式的，行一跪四叩大礼拜天地。报纸和《济宁风俗通览》则说结婚典礼是新式的，新郎新娘鞠躬、用印、交换信物。同样是亲历、同样是据实，为何记载有此差异，拜堂仪式究竟是旧式跪拜礼，还是新式鞠躬礼呢，到底孰是孰非？

三、还原孔德成婚礼流程

笔者认为，婚礼实行新式的鞠躬礼肯定是没有问题的，同时也不排除中式和新式两

---

① 《至圣奉祀官孔德成结婚盛况》，摘自《申报》1936 年 12 月 18 日第 7 版。
② 山东省济宁市政协文史资料委员会编《济宁风俗通览》，齐鲁书社 2004 年版，第 25 - 26 页。

者兼而有之的可能。

《民国续修广饶县志》中详细记载了民国新式结婚仪式："十二、新郎新妇相向立，行结婚礼，三鞠躬。十三、介绍人读证书。十四、新郎用印。十五，新妇用印。十六、介绍人用印。十七，介绍人为新郎新妇交换饰物。"由《申报》和《济宁风俗通览》所记可知，孔德成婚礼正是与《民国续修广饶县志》所记完全一致，符合新式婚礼。《大公报》和《世益报》也皆言婚礼中证婚人读祝词。因而，结婚典礼用新式当是历史事实。

孔德懋未曾记载新式典礼，或与记忆的特质有关，因为"'我'所亲历、亲见和亲闻的历史事实只有部分内容成为回忆并为'我'记住，记住的是储存于大脑中的部分历史事实，遗忘的则是失去记忆的部分历史事实。历史记忆实际上就是通过回忆记住的那部分历史真实。历史记忆被唤醒过程中，会出现无意的歪曲、变形和差错。这既是后来的记忆干扰与覆盖已有记忆所致，也是回忆所特有的整理性使然。"① 虽然历史记忆受到各方面的干扰，导致某些不确定性。然而，当事人是历史事件的参与者，历史叙述仍保留部分的历史真实。孔德懋所述孔德成婚礼囊括了整个婚礼从提亲到婚后第二日拜见长辈的全过程，史料价值依然很高。

孔德成与孙琪芳的婚姻不是自由恋爱基础上的婚姻，而是"父母之命，媒妁之言"。据孔德懋讲，"在圣公府最里面一进院子，还住着一位老太太，比我高五辈，是一位德高望重的本家。我和她来往密切，小弟德成的婚姻就是她做的媒。"② 孙家依礼为新娘准备了丰厚的嫁妆，且从北京运至曲阜。一般来说，赠送嫁妆当是在新郎送过彩礼后，所以，当有"纳征"之礼。因为新娘孙琪芳的娘家远在北京，为方便亲迎，在婚前三天，孙琪芳由她母亲及妹妹陪同到曲阜，借住在东五府。东五府变成了临时的孙宅。由此可见，婚期是双方商议的结果，所以应有"请期"一环。孔德成亲自到孙宅迎亲，行奠雁礼。也就说，我们从孔德懋的记述中明确可知，孔德成婚礼至少包括纳采、问名、纳征、请期、亲迎这五个环节，符合传统婚礼的程式。我们能看到的"新"包括：在迎亲时既有西式轿车，又有中式八抬大轿；结婚典礼的婚礼服装既有西式白色婚纱，又有中式红色礼服；家具既有西式沙发，又有中式桌椅。原有传统中式婚礼的物品、程式一样都不少，只是增添了西式的元素。拜堂仪式结束后，新娘孙琪芳被送入洞房后，需要坐帐，与新郎喝合卺酒。礼成之后用流水席的方式大宴宾客，向来宾敬酒，而不是西方的自助餐。婚后第二天，新娘、新郎向长辈逐个磕头请安，也是中国的传统礼仪。

① 左玉河：《历史记忆、历史叙述与口述历史的真实性》，《史学史研究》2014 年第 4 期。
② 孔德懋：《孔府内宅轶事——孔子后裔的回忆》，天津人民出版社 1982 年版，第 173 页。

通观整个婚礼，传统婚礼中从议婚到婚后第二天的拜见长辈的所有程序都予以保留，由此，传统跪拜形式的拜堂礼也加以保留当是情理之中的事情。更何况，拜堂礼是婚礼中的重头戏。因而，笔者推断，拜堂仪式先是小范围内的传统跪拜礼，然后再在各界的见证下，举行了新式结婚典礼，两种仪式都举行了。

由此可见，孔德成的婚礼不能简单地用"中西合璧"或"半新半旧"来概括。仔细分析可知，孔德成的婚礼仍以旧式婚礼为主，只是增加了部分新式物品和程式，多了点西式元素，从而呈现出"新式"或者说"西式"的特色。

四、孔德成婚礼的启迪

学者一般视孔德成婚礼为中西合璧的典范，没有更深一步加以探究。其实，孔德成的婚礼可以说是一场了不起的儒学课、文化课、民俗课，至今仍有启发意义。

（一）婚礼得到当时人的认可

1927 年，蒋介石与宋美龄结婚时，完全是西式婚礼，典型的婚纱花冠礼服、典型的仪式，当时极为轰动，可以说是我国 20 世纪发展史上最具有代表性的新式婚礼。名人效应的影响已经使得西式婚礼风靡。特别是经济发达地区和上层社会人士，争相效仿。孔德成婚礼的来宾，多来自政界和教育界上层人士，多认可新式婚礼。孔德成没有为了迎合蒋介石夫妇和来宾的感受，而选用纯粹的新式婚礼。婚礼中没有谄媚之气，不因时势而失掉儒家士大夫的本色。同时，孔德成婚礼也没有因为孔子后裔之故，为标榜身份和理念而固守传统。也没有因曲阜相对闭塞，新式婚礼极其罕见之故，而摈弃革新。民国时期的婚礼形式丰富多彩，让人目不暇接。孔德成的婚礼形式虽然不能说是其独创，然而，从五花八门的婚礼形式中择其适合者而从之，也不是一件容易的事情。在这场婚礼中，孔氏家族既坚持传统，又能适时变通，不泥古不化，在传统与现代之间加以取舍。

事实证明，孔德成的婚礼是成功的。孔德成婚礼经媒体报道后，没有引发任何波澜。至今尚未发现对孔氏婚礼非议的内容。虽然有蒋介石西安事变被羁押的轰动事件夺人眼球的客观事实，但孔德成婚礼举办得体，让各界人士都比较满意，也是一个重要原因。

（二）与当今婚礼形式契合

民国时期官方通过行政命令、教育宣传等方式推广"文明婚礼"，但是，就效果来看，新式婚礼主要集中于通都大邑。就全国来看，各式婚礼缤纷呈现，有中式婚礼、西式婚礼、中西混杂的婚礼，甚至有清朝的婚礼。如江苏宜兴，"自民国以来，政体虽变，而新郎之戴顶履靴者，仍属有之，然亦有喜学时髦者穿大礼服戴大礼帽，以示特别开通者。最可笑者，新郎高冠峨峨，履声橐橐，在前面视之，固俨然新人物也，讵知背后豚尾犹存，红丝辫线，坠落及地。"至于陪宾，"有西装者，有便服者，有仍服满清时礼服者，形形色色，无奇不有。"①

中华人民共和国建国以来，由于经济和政治原因，婚礼形式由多样走向单一，由繁复走向简朴。迎娶新娘时用马车、牛车、木轮车或者自行车，当天饭菜稍有改善，以示庆贺。"文革"时期更加简单。新婚夫妇穿着朴素的服装，高诵《毛主席语录》，演唱革命歌曲。结婚证上的照片是手拿红宝书，放在胸前，"为一个共同的目标走到一起"等标语刻印在相片底部。婚宴更是简单，请三五个朋友吃个花生和喜糖，说说笑笑，让大家见证即可。

改革开放以来，婚礼形式再次由简到繁，形式也多样化。历史似乎又回到了过往。从1936年至今，已近八十年，历史发生了翻天覆地的变化。然而，反观当下，笔者发现一个有趣的现象，如今大多数人举行的婚礼与孔德成先生的婚礼多有契合之处。

当下结婚双方婚前一般都经由订婚、商议婚期后举行婚礼。订婚对应六礼中的纳征，商议婚期则与请期相当。当今婚礼依然坚持亲迎，且多用汽车迎娶新娘。由此可见，现代大多数婚礼依然保留着纳征、请期、亲迎，是简化了的六礼，然仍未失六礼之本。在当下流行的婚礼典礼中，新娘着装多是西式婚纱和中式婚服交替。结婚典礼上穿白色婚纱，敬酒时要换上中式旗袍或者裙装。在中国，红色代表了喜庆和祝福。除了中式礼服一定选用红色外，大多数新娘即使穿着白色的婚纱，也会遵循长辈的意见，仍然穿着红鞋。拜堂成亲以及向双方父母行礼时既有跪拜者，又有鞠躬行礼者，也有二者兼具者。新郎新娘喝交杯酒的仪式一般也少不了。典礼后宴请宾客，新人挨桌敬酒，以向来宾，特别是长辈表示感谢。

当今婚礼在相当程度上是孔德成婚礼的再现，这难道是历史的巧合？当然不是！绝大多数老百姓在选择婚礼仪式时根本不了解孔德成婚礼，甚至连孔德成先生是哪位都可能不清楚。这种婚礼仪式体现了社会认同意识和从众心理。

五、重塑对儒家礼俗的信仰

民国时期，国家提倡新式文明婚礼，影响所及多是沿海发达地区和受近代文明洗礼的知识分子阶层。新中国成立以来的婚礼形式简朴，单一，多与政治形势与经济困窘密不可分，未必是新人及双方父母内心的真实选择，或许更多的是屈于现实的无奈之举。当外在条件允许自由选择婚礼仪式时，像孔德成这种中西结合，以中式为主的婚礼形式成为大众的首选。恰如鲁迅先生所言，"倘不深入民众的大层中，于他们的风俗习惯，加以研究，解剖，分别好坏，立存废的标准，而于存于废，都慎选施行的方法，则无论

---

① 胡朴安：《中华全国风俗志·下篇》卷3，河北人民出版社1986年版。

怎样的改革，都将为习惯的岩石所压碎，或者只在表面上浮游一时。"① 文明婚礼和革命婚礼都被"习惯的岩石所压碎"，"在表面上浮游一时"。而从五四时期的"打倒孔家店"到"文革"的"批林批孔"，儒家遭到劫难，被妖魔化。民众对儒家的误解极深，认为儒家文化是中国滞后、衰落的元凶，应该抛弃。在儒学式微下，儒学仍能发挥"变民风，化民俗"的作用，且其影响远大于官方政令，着实令人惊叹。

从民国到当今时代经历了社会文化的重大转型，孔德成的婚礼能够跨越时代，成为绝大多数国人的选择当然有其合理性。"约定俗成谓之宜，异于约则谓之不宜。"② 康有为曾说："一地有一地之风，一国有一国之俗，既入其中，皆能移人积习，既久与之俱化，忘其是非。非有大智慧、大元定、大勇猛之人，罕能提醒而不为所囿。"③ 只有深谙礼之本义，不囿于礼俗，才能在社会变迁的大环境下，从儒家的根本义理出发，变革出能够适应时代需求的礼仪形式，达到以礼化俗的效果。

钱穆先生在会见美国学者邓尔麟时说："在西方语言中没有'礼'的同义词。它是整个中国人世界里一切风俗行为的准则，标志着中国的特殊性。"礼和俗密不可分。柳诒徵先生在《国史要义·史原》中说："民俗之兴，发源天性，圣哲叙之，遂曰天叙。推之天子、诸侯、大夫、士庶，宜有轶次，亦出于天。而礼之等威差别，随以演进矣。从民俗而知天，原天理以定礼。故伦理者，礼之本也；仪节者，礼之文也。"④ 民俗的产生源于天性人情，而礼则据民俗而制定，"因俗制礼"。礼不是某个圣王臆想出来的，而是顺应人情拟定的。也正因为此，礼才能为社会各层认可和接受。同时，礼与俗又有差别。先王制礼作乐，遵循"始者近情，终者近义"⑤ 的原则，将人文精神注入民俗之中。《礼记·婚义》中说："敬慎重正，而后亲之，礼之大体，而所以成男女之别，而立夫妇之义也。仅婚礼来说，亲迎、夫妻敬拜、拜谢父母、饮合卺酒等礼仪增加婚礼的郑重，使新婚夫妇从隆重的仪式中体悟婚姻的敬与爱，使双方明白婚姻的意义和担当，因此才能经久不衰。敬与爱就是婚礼之义。《诗序》云："发乎情，止乎礼义。发乎情，民之性也。止乎礼义，先王之泽也。""发乎情，止乎礼义"，才能使人人交往中懂得进退，掌握分寸，以和睦社会。因此，礼虽源于俗，反过来又可以礼化俗，"润物细无声"，达到移风易俗、敦化人伦的效果。

礼俗有礼仪和礼义之别。儒家坚守礼义，而在礼仪方面则因革损益，与时俱进。孔子说过："麻冕，礼也，今也纯，俭，吾从众。拜下，礼也，今拜乎上，泰也。虽违众，

---

① 鲁迅：《习惯与改革》，《鲁迅全集》（四），人民文学出版社 1981 年版，第 224 页。

② 《荀子·正名》。

③ 康有为：《孟子微》卷二，中华书局 1987 年版，第 51 页。

④ 柳诒徵：《国史要义》，岳麓书社 2010 年版，第 13 页。

⑤ 词句引自《郭店楚墓竹简》中的《性自命出》一篇，文物出版社 1988 年版。

吾从下。"① 这段话反映出孔子对待礼俗变化的原则和态度。对于礼俗外在形式的变化既不是一味从众接受，也不是违众拒绝，对礼之变不是看重形式，而是重在"礼之本"。孔子具有与时偕行的精神，因而被尊为"圣之时者"。叔孙通为刘邦制定朝仪时，基于汉初国家疲敝，将相多粗鄙的事实，采用古礼并参照秦仪，制定出简明易行的朝仪，为汉家所宗。叔孙通说："礼者，因时世人情为之节文者也。故夏、殷、周之礼所因损益可知者，谓不相复也。"② 朱熹制订的《家礼》，根据宋朝的社会习俗，参考古今家礼而成，亦极成功。总之，两千年来，礼仪本身代有损益，总是因时代不同，与时代精神相融合加以扬弃。同时，没有一味从俗，而是在坚守礼义的基础上，创造性转化传统礼仪。由此赋予了儒家礼俗强大的生命力。

孔氏后裔洞悉礼义、礼仪、礼俗、民俗的内涵与关系，在既坚守"礼之义"，又变通"礼之仪"的理念下，对婚礼加以创新和整合，才能使孔德成婚礼获得民国及当代人的认可。这既是对传统的传承和延续，也是对新的环境条件下的调整和适应。可以说，孔德成的婚礼为移风易俗提供了"标本"。

哲学家贺麟曾说："从旧的里面去发现新的，这就叫作推陈出新。必定要在旧中之新，有历史有渊源的新，才是真正的新。"③ 在当今时代的移风易俗也必须在传统礼俗的基础上加以创新，才能真正让百姓服膺和接纳。由孔德成婚礼，我们得以明晰儒家礼仪的当代价值，重塑对儒家礼俗的信仰。儒家礼俗一定可以适应现代文明的语境，推陈出新，为当今社会风俗浅陋之弊送上一剂良方。

---

① 《论语·子罕》。
② 司马迁：《史记·刘敬叔孙通列传》，中华书局 1959 年版，第 2721 页。
③ 贺麟：《文化与人生》，商务印书馆 1988 年版，第 51 页。

叁 儒家文明的未来发展

儒学的历史形态与未来走向

——以"仁"与"礼"为视域

杨国荣　华东师范大学

一

作为包含多重方面的思想系统，儒学无疑可以从不同的角度加以理解，但从本源的层面看，其核心则可追溯到周孔之道：在人们谈孔孟之道之前，儒学更原初的形态乃是周孔之道。事实上《孟子》一书已提及"悦周公仲尼之道"，这至少表明，在孟子本身所处的先秦，周孔已并提。此后相当长的历史时期中，处于主导地位的儒学，主要被视为周孔之道或周孔之教。至唐代，李世民仍然肯定："朕今所好者，惟在尧、舜之道，周、孔之教。"这里体现的是当时关于儒学的正统观念。直到近代，以上观念依然得到某种认同，梁漱溟在他的《中国文化要义》中便指出"唯中国古人之有见于理性也，以为'是天之所予我者'人生之意义价值在焉。……自周孔以来二三千年，中国文化趋重在此，几乎集全力以倾注于一点。"这里仍是周孔并提。"周""孔"分别指周公和孔子。周公最重要的文化贡献是制礼作乐。礼的起源当然早于周公所处时代，但其原初形态更多地与"事神致福"相涉，周公制礼作乐的真正意义，在于淡化礼的"事神致福"义，突出其在调节、制约社会人伦关系中作用，使之成为确立尊卑、长幼、亲疏之序的普遍规范和体制。比较而言，孔子的思想内容，首先与"仁"的观念相联系。尽管"仁"作为文字，在孔子以前已出现，但真正赋予"仁"以深沉而丰富的价值意义者，则是孔子。

与以上历史过程相联系，周孔之道或周孔之教中的"周"更多地代表了原初儒学中"礼"的观念，"孔"则主要关乎儒学中"仁"的思想。可以说，正是"仁"和"礼"的统一，构成了本然形态的儒学之核心。广而言之，"仁"和"礼"的交融不仅体现于作为整体的儒学，而且也渗入于作为儒学奠基者的孔子之思想：孔子在对"仁"作创造性阐发的同时，也将"礼"提到突出地位，从而，其学说也表现为"仁"和

"礼"两者的统一。一方面，孔子对春秋时期礼崩乐坏的状况痛心疾首，并肯定："周监于二代，郁郁乎文哉！吾从周。"其中体现了对礼的注重。另一方面，孔子又肯定礼应当包含仁的内涵，所谓"礼云礼云，玉帛云乎""人而不仁，如礼何"便强调了这一点。可以看到，无论就整体而言，抑或在其奠基者那里，儒学都以"仁"和"礼"的统一为其核心。

作为儒学核心观念"仁"表现为普遍的价值原则，并与内在的精神世界相涉。在价值原则这一层面"仁"以肯定人之为人的存在价值为基本内涵；内在的精神世界则取得人格、德性、境界等形态。"礼"相对于"仁"而言，更多地表现为现实的社会规范和现实的社会体制。就社会规范来说"礼"可以视为引导社会生活及社会行为的基本准则；作为社会体制"礼"则具体化为各种社会的组织形式，包括政治制度。

从具体的文化意义来看"仁"作为普遍的价值原则，主要侧重于把人和物区分开来。从早期的人禽之辩开始，儒学便关注于人之所以为人、人区别于其他存在的内在价值。如所周知《论语·乡党》中有如下记载：孔子上朝归来，得知马厩失火，马上急切地问："伤人乎？"不问马。这里明确地把马和人区别开来：问人而不问马，便表明了这一点。当然，这并不是说，马本身没有任何价值，事实上，在当时，作为代步、运输的工具，马无疑也有其价值。但对孔子而言，马的价值主要体现于手段或工具的意义之上，亦即为人所用，人则不同于单纯的手段或工具，而是有其自身的价值。不难看到，人马之别，在实质的层面体现了"仁"的观念，后者的核心意义在于肯定人的内在价值，并以此将人与对象性的存在物区分开来。

较之"仁"注重于人与物之别，"礼"更多地关乎文与野之分。"文"表现为广义的文明形态，"野"则隐喻前文明的存在方式，文野之别的实质指向，在于由"野"（前文明）而"文"（走向文明）。"仁"肯定人的内在价值，"礼"则涉及实现这种价值的方式，包括旨在使人有序生存与合理行动的社会体制和社会规范。

就现实的社会功能而言"仁"和"礼"都具有两重性，后者表现为对理性秩序和情感凝聚的担保。从"礼"的方面看，其侧重之点在于通过规范和体制形成有序的社会生活。荀子曾以确定"度量分界"为礼的主要功能，"度量分界"以每一个体各自的名分为实质的内容，名分既赋予每个人以相关的权利和义务，也规定了这种义务和权利的界限。如果每一个体都在界限之内行动，社会即井然有序，一旦彼此越界，则社会便会处于无序状态。同时，"礼"又具有情感凝聚的作用，所谓"礼尚往来"，便表现为人与人之间合乎礼的交往，这种交往同时伴随着情感层面的沟通。礼又与乐相关，乐则在更广的意义上关乎人与人之间的情感凝聚：乐的特点在于使不同的社会成员之间彼此和亲和敬。荀子曾指出了这一点："故乐在宗庙之中，君臣上下同听之，则莫不和敬；闺门之内，父子兄弟同听之，则莫不和亲；乡里族长之中，长少同听之，则莫不和顺。"

在此，乐即呈现了情感层面的凝聚功能：所谓和亲、和敬、和顺，无非是情感凝聚的不同形式。礼乐互动，也赋予"礼"以人与人之间情感凝聚的意义。

根据现有的考证和研究，礼从本源的方面来说，既和早期巫术相联系，也与祭祀活动相关。巫术的特点是通过一定的仪式，以沟通天和人，这种仪式后来逐渐被形式化、抽象化，从而获得规范、程序的意义。至于礼与祭祀的关系，王国维在《释礼》一文中曾做了解释："古者行礼以玉，故说文曰'豊，行礼之器。'其说古矣。……盛玉以奉神人之器谓之豊，若豊，推之而奉神人之酒醴亦谓之醴，又推之而奉神人之事通谓之礼。""神"关乎超验的存在，"人"则涉及后人对先人的缅怀、敬仰以及后人之间的相互沟通，以"奉神人之事"为指向"礼"兼及以上两个方面。这样，在起源上"礼"既与巫术的仪式相涉而具有形式方面的规范意义，又与祭祀活动相关而涉及人与人之间的沟通。

相对于"礼"，"仁"首先侧重于人与人的情感凝聚。孔子以"爱人"解释"仁"，便突出了仁在人与人之间的交往、沟通过程中的意义。后来孟子从恻隐之心、不忍人之心等方面发挥"仁"的观念，也体现了仁与情感凝聚的关联。另一方面，孔子又肯定"克己复礼为仁"亦即以合乎"礼"界说"仁"。如上所述，"礼"以秩序为指向，合乎礼（复礼）意义上的"仁"也相应地关乎理性的秩序。可以看到"仁"和"礼"都包含理性秩序和情感凝聚的双重向度，但是二者的侧重又有所不同：如果说"礼"首先指向理性的秩序，但又兼及情感的凝聚，那么，"仁"则以情感的凝聚为关注重心，但同时又涉及理性的秩序。

从仁与礼本身的关系看，二者之间更多地呈现相关性和互渗性，后者同时构成了儒学的原初取向。对原初形态或本然形态的儒学而言，首先"礼"需要得到"仁"的引导。礼具体展现为现实的社会规范、社会体制，这种规范、体制的形成和建构，以实现仁道所确认的人的存在价值为指向。尽管礼在起源上关乎天人关系（沟通天人）但其现实的作用则本于人、为了人："礼者，谨于治生死者也。生，人之始也；死，人之终也。终始俱善，人道毕矣。故君子敬始而慎终，终始如一，是君子之道，礼义之文也。"生死涵盖了人的整个存在过程，以此为指向，也从一个方面体现了礼的价值目标，这种价值的目标，乃是由仁所规定，所谓"人而不仁，如礼何"便可视为对此的确认。

进而言之，礼应当同时取得内在的形式，礼的这种内在化，同样离不开仁的制约：从个体的角度看，作为规范的礼，应当内化为仁的自我意识；从普遍的社会层面看，礼则应当以仁为其价值内涵，由此超越外在化，所谓"礼云礼云，玉帛云乎"，便表明了这一点。

以上侧重于仁对礼的制约。另一方面，在本然形态的儒学看来"仁"本身也需要通过"礼"得到落实。仁道的价值原则乃是通过以"礼"为形式的规范和体制来影响社会生活、制约人们的具体行动。"仁"作为价值目标，唯有通过"礼"在规范层面和体制层面的担保，才能由应然走向实然。具体而言，仁道所体现的价值原则，以人伦、社会关系及其调节和规范为其实现的前提，所谓"君君臣臣、父父子子"，便是通过伦理关系（父子）与政治关系（君臣）的具体规定（君君臣臣、父父子子），以体现仁道所坚持的人禽之别。以"礼"为现实的形式和程序，"仁"不再仅仅停留于个体的心性之域或内在的精神世界而实现了对世界的现实作用。

不难看到，从形成之时起，儒学便以"礼"和"仁"的统一为其题中之义。借用康德在阐述感性与知性关系时的表述，可以说"礼"若缺乏内在之"仁"，便将是盲目的（失去价值方向）；"仁"如果与"礼"隔绝，则将是空洞的（抽象而难以落实）。事实上，在原初形态的儒学中，"礼"的内化与"仁"的外化，构成了仁与礼相互关联的重要方面。通过这种互动，一方面"礼"超越了其形式化、外在化趋向，另一方面，"仁"的抽象性也得到了某种扬弃。作为其核心的方面"仁"和"礼"的相互关联同时构成了儒学本然的形态，所谓"周孔之道"，也反映了儒学的这一历史形态，在考察儒学时，对"仁"和"礼"的如上统一，无疑需要予以关注。

二

在儒学尔后的演化过程中，其原初形态经历了一个分化过程。韩非所谓孔子之后，"儒分为八"，也涉及这一分化过程。从实质的层面看，儒学的分化主要表现为"仁"和"礼"的分离以及两者的单向展开。在先秦时期，孟子和荀子对儒学的各自阐发，便已展现以上分化。

宽泛而言，孟子儒学思想的核心表现为两个方面：其一关乎仁政，其二涉及仁心。"仁政"观念一方面将"仁"引向外在的政治领域，从而表现为"仁"的外化。另一方面，则蕴含着以"仁"代替"礼"的趋向，后者同时意味着"礼"在体制层面实质上的退隐：孔子肯定"礼"在政治生活中的作用，在主张"道之以德"的同时，又要求"齐之以礼"，孟子则由"不忍人之心"推出"不忍人之政"，并强调以仁为立国之本，所谓"三代之得天下也以仁，其失天下也以不仁，国之所以废兴存亡者亦然"。在后一进路中，广义之"仁"已消融了"礼"。这一意义上的"仁政"固然展现了价值层面的正当性，但往往既缺乏社会层面的现实根据，也难以呈现对社会生活的实际规范意义和建构作用。"仁政"相关的"仁心"则更直接地突出了"仁"作为内在心性和内在精神世界的意蕴。尽管孟子所提出的"四心"之说并非仅仅限于"仁"，但作为"仁之端"的"恻隐之心"，显然处于主导的地位。所谓"仁人无敌于天下"，便在以"仁"作为完美人格（仁人）总体特征的同时，又突出了"仁"所具有的优先性。就人的存在而言，孟子以恻隐之心为仁之端，由此强调了成人过程的内在根据，并将人格的培养视为

"求其放心"的过程，这些看法都更多地展现了"仁"及其内在化一面。孟子诚然也提到"礼"，但在总的方面，他无疑更侧重于强化"仁"；相对于"仁"的这种主导性"礼"多少处于边缘化的层面。

较之孟子，荀子更注重礼，认为："礼者，法之大分，类之纲纪也，故学至乎礼而止矣。夫是之谓道德之极。"对荀子而言，"礼"规定了人与人之间的"度量分界"，由此避免了社会生活中的争与乱；社会的秩序，需要通过"礼"加以担保。在强调"礼"的现实规范作用的同时，荀子对"仁"所体现的内在精神世界方面则不免有所忽视。从成人过程看，孟子把仁心视为成人的内在根据，在荀子那里，成就人则主要表现为以礼为手段的外在教化过程，所谓"凡治气养心之术，莫径由礼"，对成人的内在根据，则未能给予必要的关注。离开人格培养的内在根据而强调社会对个体的塑造，每每容易把成人过程理解为外在灌输，并使之带有某种强制的性质。事实上，在荀子那里，社会对个体的塑造常常被视为"反于性而悖于情"的过程，而礼义的教化，则往往与"起法正以治之，重刑罚以禁之"相联系。这一进路在某种意义上表现为对仁的抽象化或虚无化。

孟荀分别从不同方面展开了原初儒学所包含的"仁"和"礼"。在宋明时期，这一分化或片面化过程得到了另一种形式的发展。理学诚然有注重心体与突出性体的分别，但从总体上看，都趋向于将"仁"学引向心性之学。以孟子为其直接的思想源头，理学往往把内在心性提到了更加突出的位置，并以成就醇儒为成己的目标，而如何通过现实的规范系统和体制建构或体制变革以影响社会生活，则往往处于其视野之外。北宋时期王安石曾实施变法，这种关乎外在社会生活的新政，可以视为礼的实际规范作用在这一历史时期的体现，对此，理学家几乎都持否定的立场。理学固然并不否定"礼"的作用，但往往将"礼"限定于伦理等特定领域，朱熹作《家礼》，在某种意义上即体现了这一趋向。可以看到，就内圣与外王的关系而言，理学突出内圣而弱化外王；从"仁"与"礼"的关系看，理学则在强化"仁"的同时，趋向于限定"礼"的作用，并相应地淡化"礼"在更广的社会实践领域中的意义。

与理学同时的事功之学，展现的是另一种思想趋向。理学以内在心性为主要的关注之点，事功之学则反对"专以心性为宗主"，认为如此将导致"虚意多，实力少，测知广，凝聚狭"。相对于理学，事功之学更注重经世致用，后者以作用于现实的社会生活为指向。在传统儒学中，"礼"与现实的社会生活具有更切近的联系，就此而言，事功之学无疑比较多地发展了儒学中"礼"的方面。如果说，理学将"仁"引向内在心性，那么，事功之学则由"礼"而引向现实社会生活。不过，由注重外在的社会作用，事功之学往往将内在人格的培养置于比较边缘的地位，其关切之点，更多地放在外在之利的追求之上："利可言乎？曰：人非利不生，易为不可言？"相对于现实功用或功利，

"仁"所体现的内在精神世界，在事功之学中似乎没有得到合理的定位。

近代以来，儒学的演进依然伴随着儒学的分化。以当代新儒家而言，其进路表现为上承宋明理学，给予内在心性（内圣）以优先的地位，尽管其中的一些代表人物也主张由内圣开外王，并留意于政道与治道，但从总体上看，在当代新儒家之中，内在心性或内圣无疑具有更为本源的性质，而外王则最终基于内圣。在新儒家看来"讲仁而不牵涉心是不可能的"，在这方面，新儒家往往自觉地上承思孟及理学，或接着陆王说，或接着程朱说，对荀子等所代表的儒学进路，则基本上置于视野之外。另一方面，以社会的历史变革为背景，儒学与政治的关联也每每受到关注，从 19 世纪末的托古改制，到时下各种版本的政治儒学，都体现了这一点。托古改制以"礼"在历史上的前后"损益"为近代变革的根据，而政治变革本身也与社会规范和社会体制的变迁为内容，从"仁"与"礼"的关系看，后者无疑更多地关乎"礼"。同样，政治儒学也首先关注于儒学的体制之维，这种体制同时被视为"礼"的具体体现。在当代新儒家与政治儒学的以上分野之后，不难看到儒学衍化中对"仁"与"礼"的不同侧重。

相应于儒学的以上演进、分化，儒学本身也形成了不同的传统。从儒学的内在逻辑看，这种不同的传统以"仁"与"礼"为各自的内在理论根据：如果说，孟与荀、理学与事功之学、心性儒学与政治儒学分别从历史形态上展现了儒学的不同传统，那么，'仁'、求其放心、心体与心体、内圣为本，与"礼"、化性起伪、经世致用、走向政治则从理论形态上赋予以上传统以不同的意蕴。

三

从前面简单的概述中可以看到，儒学在形成之后，经历了绵绵的历史发展过程，这一过程同时呈现为儒学的分化。儒学分化之最实质的方面，即体现于"仁"与"礼"的不同发展方向。与之相联系，今天重新审视儒学，面对的突出问题便是如何扬弃"仁"和"礼"的分离。从儒学的演化看，以孔孟之道为关注之点，往往侧重于"仁"的内化（心性）；注重周孔之道，则趋向于肯定"仁"与"礼"的统一。扬弃"仁"和"礼"的分化，从另一角度看，也就是由孔孟之道，回到周孔之道，这一意义上的回归，意味着在更高的历史层面上达到"仁"和"礼"的统一。

回归"仁"和"礼"的统一，并非简单的历史复归，它的前提之一是"仁"和"礼"本身的具体化。就"仁"而言，其本然的价值指向在于区分人与物，由此突显人之为人的存在价值。今天，人依然面临"人""物"之辨，后者的具体内容表现为如何避免人的物化。在广义的形态下，人的物化表现为器物、权力、资本对人的限定。科技的发展，使当代社会面临着走向技术专制之虞：从日常生活到更广的社会领域，技术愈来愈影响、支配乃至控制人的知与行。权力的不适当膨胀，使人的自主性逐渐失落。资本的扩展，则使人成为金钱、商品的附庸。当权力、资本、技术相互结合时，人往往更容易趋向于广义的物化。以此为背景，"仁"在当代的具体化，首先便意味着通过抑制以上的物化趋向而避免对人的存在价值的漠视。

就人本身而言，"仁"的具体化过程需要考虑的重要方面之一，是关注德性和能力的统一。在德性与能力的关联中，德性侧重于内在的伦理意识、主体人格，这一意义上的德性，关乎人成就自我与成就世界的价值导向和价值目标，并从总的价值方向上，展现了人之为人的内在规定。与德性相关的能力，则主要是表现为人在成己与成物过程中的现实力量。人不同于动物的重要之点，在于能够改变世界、改变人自身，后者同时表现为价值创造的过程，作为人的内在规定之能力，也就是人在价值创造层面所具有的现实力量。

人的能力如果离开了内在的德性，往往便缺乏价值层面的引导，并容易趋向于工具化和手段化，与之相关的人格，则将由此失去合理的价值方向。另一方面，人的德性一旦离开了人的能力及其实际的作用过程，则常常导向抽象化与玄虚化，由此形成的人格，将缺乏现实的创造力量。质言之，德性规定了能力作用的价值方向，能力则赋予德性以现实力量。德性与能力的统一，表现为自由的人格。从儒学的衍化看，走向这种自由的人格，意味着通过"仁"的具体化，避免宋明以来将"仁"主要限于伦理品格（醇儒）的单向传统。

与"仁"的具体化相关的是"礼"的具体化。"礼"的本然价值取向关乎"文""野"之别，在宽泛意义上，"文"表现为文明的发展形态。与文明本身展开为一个历史演化过程相应，文明形态在不同时期也具有不同的内涵。今天考察"礼"的文明意蕴，显然无法离开民主、平等、权利等问题，而"礼"的具体化，也意味着在社会规范和社会体制的层面，体现民主、平等、权利等内涵，并使之在形式、程序方面获得切实的担保。

在形而上之维，"礼"的上述具体化表现为当然与实然的统一："当然"关乎价值理想，就儒学的传统而言，其内容表现为肯定人之为人的内在价值，以走向合乎人性的存在为价值目标；"实然"则是不同历史时期的现实背景，包括现实的历史需要、现实的社会历史条件，等等。当然与实然的统一，意味着合乎人性与合乎现实的统一，这种统一应成为"礼"所体现的社会规范和社会体制的具体内容。如何把普遍的价值理想和今天的历史现实加以结合，如何达到合乎人性和合乎现实的历史统一，构成了"礼"具体化的重要方面。从当代的社会发展看，一方面追求社会的正义与和谐，另一方面则努力完善民主与法治，以上重向度，可以视为"礼"在今天走向具体化的现实内容。

从"仁"和"礼"的关系看，两者的统一首先表现为自由人格和现实规范的统一。自由人格关乎内在的精神世界，它以真善美的交融为内容，蕴含着合理的价值发展方向与实际的价值创造能力的统一。现实规范则基于当然与实然的统一，展现了对社会生活及社会行为的普遍制约作用。自由人格体现了人的价值目的和自主性，现实规范为人的生活和行为提供了普遍的引导。走向自由人格的过程，本身包含着个体与社会的互动，在这一过程中，个体并不仅仅被动地接受社会的外在塑造，而是处处表现出自主的选择、具体的变通、多样的回应等趋向，这种选择、变通、回应从不同的方面体现了成己过程的创造性。同样，以变革世界为指向的成物过程，也并非完全表现为预定程序的展开，无论是化本然之物为人化的存在，抑或社会领域中构建合乎人性的世界，都包含着人的内在创造性。然而，成己与成物的过程尽管不囿于外在的程序，但又并非不涉及任何形式的方面。以成就自我而言，其含义之一是走向理想的人格形态，这里既关乎人格发展的目标（成就什么），又涉及人格成就的方式（如何成就）。从目标的确立，到实现目标的方式与途径之探索，都无法略去形式与程序的方面。较之成己，成物展开为更广意义上的实践过程，其合理性、有效性，也更难以离开形式和程序的规定。就变革自然而言，从生产、劳动过程，到科学研究活动，都包含着技术性的规程。同样，在社会领域，政治、法律、道德等活动，也需要合乎不同形式的程序。现代社会趋向于以法治扬弃人治，而法治之中，便渗入了程序的要求。成己与成物过程中的这种程序之维，首先与规范系统相联系：正是不同形式的规范或规则，赋予相关的知、行过程以程序性。自由人格诚然为成己与成物过程的创造性提供了内在的根据，然而，作为个体的内在规定，人的能力之作用如果离开了规范的制约，往往包含着导向主观化与任意化的可能。成己与成物的过程既要求以自由人格的创造趋向扬弃形式化、程序化的限定，也要求以规范的引导克服个体自主性可能蕴含的任意性、主观性。可以看到，自由人格与现实规范的相互制约，构成了"仁"与"礼"在现代走向统一的具体表现形态之一。

"仁"关乎内在精神世界，在当代，这种精神世界主要被视为个体领域；"礼"涉及现实的社会规范与体制，这种规范为公共领域中人与人的交往提供了前提。与此相联系，"仁"与"礼"之辩同时指向个体领域与公共领域的关系。

从自我成就的层面看，个体选择与社会引导、自我努力与社会领域中人与人的相互交往和相互作用，构成了彼此关联的两个方面。在更广的层面上，社会和谐的实现、社会正义的落实，同样关乎个体领域与公共领域。按其实质的内涵，正义不仅以个体权利为关注之点，而且表现为社会领域中合理秩序的建立，从而既关联着个体领域，也无法疏离公共领域。个体的完善展开于各个方面，它一方面基于其独特的个性，另一方面又离不开现实的条件，后者包括发展资源的合理获得与占有，亦即不同社会资源的公正分配，这种公正分配同时表现为公共领域合理秩序的建立。不难看到，这里蕴含着个体之域与公共之域、成己与成物、自我实现与社会正义的交融和互动。从现实的形态看，个体之域与公共之域的统一，既从一个方面体现了社会正义，又构成了正义所以可能的前提。

进而言之，个人领域同时关乎人的个体化，公共领域则与人的社会化相涉。人的个体化既在观念层面指向个体的自我认同，也涉及个体在人格等方面的自我完成；人的社会化则既以个体的社会认同为内容，又关乎个体之间的关联和互动。自我认同意味着"有我"，与之相联系的是个体的存在自觉；社会认同基于个体存在的社会前提，其中包含对个体社会性规定的确认以及个体的社会归属感。单纯的社会化容易趋向于个体存在形态的均衡化或趋同化，后者往往导致"无我"，并使人的个体化难以真正体现。另一方面，仅仅追求个体化，又将无视人的社会品格，并进而消解人与人之间的现实关联，由此引向人的抽象化。

在当代哲学中，海德格尔、德里达等主要关注于个体领域，他们或者聚焦于个体的生存，并把这种生存理解为通过烦、畏等体验而走向本真之我的过程；或者致力于将个体从逻各斯中心或理性的主导中解脱出来，由此消解社会地建构起来的意义世界。与之相对，哈贝马斯、罗尔斯等，则主要将目光投向公共领域。哈贝马斯以主体间的交往为社会生活的主要内容，由此表现出以主体间性（intersubjectivity）消解主体性（subjectivity）的趋向；罗尔斯固然关注个体自由，但同时又一方面将道德人格归属于公共领域（政治领域）之外的存在形态，另一方面又强调个体品格可以由社会政治结构来塑造，由此单向度地突出了公共之域对个体的作用。

可以看到，从区分公共领域与个体领域出发，当代哲学往往或者仅仅强调公共之域对个体的塑造而忽视了个体的内在品格、精神素质对于公共之域的作用（罗尔斯），或者在关注于个体生存的同时，将主体间的共在视为"沉沦"（海德格尔）。二者呈现为个体领域与公共领域的分离。如上所述"仁"作为自由人格的体现，关乎个体领域"礼"则涉及公共领域的交往，肯定二者的统一，既意味着让"仁"走出个体心性、由内在的精神世界引向更广的社会生活，也意味着通过社会秩序的建构和规范系统的确立，使"礼"同时制约和引导个体的精神生活。上述意义上"仁"与"礼"的统一，无疑将有助于扬弃当代哲学中个体领域与公共领域相互分离的趋向。

在更内在的价值层面"仁"与"礼"的统一进一步指向社会和谐与社会正义的关系。如前所述，除了内在精神世界，"仁"同时关乎普遍的价值原则，以肯定人的存在价值为核心，后者意味着对人的普遍关切。在传统儒学中，从"仁民爱物"，到"仁者与天地万物为一体"，仁道都以人与人之间的和谐共处为题中之义。相对于"仁"，"礼"在体制的层面首先通过确立度量界限，对每一社会成员的权利与义务作具体的规定，这种规定同时构成了正义实现的前提：从最本源的层面看，正义就在于得其应得，后者的实质意义在于对权利的尊重。

以权利的关注为核心，正义固然担保了社会的公正运行，但权利蕴含界限，并以确认个体差异为前提，前者容易导向个体间的分离，后者则可能引向形式的平等、实质的不平等，如果仅仅注重权利，则社会便难以避免如上发展趋向。另一方面，以社会成员的凝聚、共处为关注之点，和谐固然避免了社会的分离和冲突，但在"天下一体"的形式下，个体往往易于被消融在社会共同体之中。和谐与正义内含的如上问题，使正义优先于和谐或和谐高于正义，都难以避免各自的偏向。相对于正义，"仁"与"礼"本身各自渗入了个体与社会的两重向度，这种内在的两重性从本源的层面赋予个体与社会的统一以内在的可能，后者进一步指向和谐与正义的统一，并由此为社会生活走向健全的形态提供了历史的前提。

以"仁"与"礼"为视域，自由人格与现实规范、个体领域与公共领域、和谐与正义的统一，同时从不同方面体现了"仁"与"礼"内含的理性秩序与情感凝聚之间的交融。如果说，自由人格、个体领域、社会和谐可以视为"仁"之情感凝聚趋向在不同层面的展现，那么，现实规范、公共领域、社会正义则更多地渗入了"礼"的理性秩序义。在传统儒学中，"仁"与"礼"尽管侧重不同，但本身都兼涉理性秩序与情感凝聚，这种交融，也从一个方面为自由人格与现实规范、个体领域与公共领域、和谐与正义的统一提供了内在根据。

在更高历史层面上回到儒学的本然形态，以坚持理性的态度为其前提。这里所说的理性，既指合理（Rational），也指合情（reasonable）。而合情之"情"，则不仅关乎情感，而且涉及实情，包括具体的背景、具体的时代境况。对于儒学，既应有同情的理解，也应有合乎理性、合乎实情的态度，后者不仅意味着避免卫道或维护道统的立场，而且也表现为扬弃对儒学的单向度理解。展开而言，一方面应当具体地分析我们这个时代究竟呈现何种历史特点、面临何种历史需要，另一方面，也需要对儒学各个方面的内涵做具体梳理、分析，把握其中对今天的成己与成物过程具有积极意义的内容。从总的方面看，儒学的意义主要不在于从经验的层面提供操作性的规定，而是从形而上的层面提供原则性的引导。历史上，理学家曾化"仁"为内在心性，由此在个体之维追求所谓"醇儒"，这种"醇儒"今天已无法塑造。在社会之维，尽管"礼"涉及外在体制，然而，秦汉以后，"礼"并没有单独地成为实际的政治形态：秦汉以后二千多年的政治体制，是礼与法交融的产物，所谓霸王道杂之、阳儒阴法等等，都体现了这一点。儒家以上历史时期未曾建立仅仅以"礼"为形式的政治体制，今天更难构建所谓礼制社会或儒家宪政。当代新儒家和政治儒学，在以上方面无疑表现出不同的偏向。以此为背景，回归"仁"与"礼"的统一既关乎对儒学本然形态的理解，也指向理性地把握"仁"与"礼"的历史内涵和现代意义。

要而言之，如何理解本然形态的儒学思想，并在更高的历史层面回到"仁"和"礼"统一的儒学原初形态，是今天所需要思考的问题。作为儒学的本然形态"仁"和"礼"的统一，需要不断被赋予新的时代意义，这一意义上的历史回归，同时表现为对当代现实处境与当代哲学问题的回应。

当代儒学创造性转化的四种方式与路径

颜炳罡　山东大学儒学高等研究院

摘　要　作为中华文化的根干，儒学是随着社会发展不断进行创造性转化和创新性发展的文化系统。20 世纪，为应对西学的挑战和回应中国走向现代化的要求，儒学形成了四个形态：即以孔教会代表的儒学宗教化形态、以乡建派为代表的儒学实践化形态、以学院派学者为代表的儒学知识性形态、以民间善士为代表的儒学民间化形态。进入 21 世纪，全球化问题和国人信仰是对儒学提出的最严峻挑战，我们认为，为应对这种挑战，儒学应当实现四个方面的转化：一、由伦理规范向精神信仰的转化；二、由小众信仰即精英信仰向大众信仰的转化；三、由重知识性阐释向重生活、实践层面落实的转化；四、由区域性资源向全球性资源的转化，以此重建华人世界的共同精神信仰和克服全球化带来的自我身份认同的危机。

关键词　创造性转化、信仰、大众、实践、身份认同

儒学顺应华夏文化的大流而来，是中华文化的根干。每当面临重大社会变革或挑战，儒学都会做出自我调整，实现儒学在新的社会时空环境下的创造性转化和创新性发展。春秋之际，礼崩乐坏，价值失范，民无所措手足，孔子以文自任，承周公之德，祖述尧舜，宪章文武，创辟仁学这一本源性意义世界，创造性转活和创新性发展礼乐文化传统，开出了以仁为内在价值支撑、以礼为外在规范系统的中国文化传承与发展的新格局，"仁"这一中国文化"定海神针"的发现使中国文化发展有了无限延展的可能性。继孔子之后，孟子的仁义之说和荀子的礼义之统在孔子思想的格局下都是对不同问题的深化而已。董仲舒综合先秦百家之学而超越百家之学，回归"道术"，推明孔学，实现儒学在"大一统"帝国政治格局下的新发展。面对玄学兴起，佛学东渐，北宋诸儒以儒为宗，融化玄、佛，建立起儒学新的理论体系，实现了儒学第二期之发展。晚清以降，西学东渐，国势日衰，列强环伺，中华民族遭遇"数千年未遇之强敌"，面对"数千年未有之变局"，陷入空前危机，如何才能"保种""保国""保教"，富国强兵成为

晚清以来大多数中国人的梦想。为因应这一历史变局，现代新儒学应运而生。进入 21 世纪，面对新技术革命、全球化浪潮等等机遇与挑战，面对生态危机、国民信仰缺失、官员腐败、国民道德素质低下以及唯利是图的利己主义的泛滥，儒学还能有所作为吗？换言之，儒学怎样才能有所作为呢？这一问题严肃地摆到当代儒家学者面前。

一、近世以来，儒学自我转化的四种形态

一部儒学发展史就是儒学不断自我更新、不断自我转化的历史。仁之不容已是儒学自我更新的价值根据，"日新之谓盛德""生生之谓易""唯变所适""与时偕行"是儒学自我转化的哲学基础。近世以降，面对国势日蹙以及西方科学、民主、自由等文化冲击与挑战，儒学开始了自我调整、寻求自我突破的历史过程。由此而形成儒学向现代转化的四种模式与四个形态：

其一，宗教形态。儒学由人文化成之教向宗教形态转化模式，如孔教会、一贯道、德教等等都属于这一模式。此种模式力图效法西方基督教、佛教、道教、伊斯兰教等宗教形式，实现儒学由人文化成之教向宗教之教的转化，将儒学转化为一个建制式、制度性宗教。其代表人物为康有为，陈焕章等。孔教会在香港、马来西亚、印度尼西亚、新加坡等华人社会至今尚存，仍然是活跃在海外华人社会的重要宗教力量。

其二，实践形态。儒学现代化形态是对宗教化形态的反省、批判基础上发展而来，狭义上讲实践形态是指梁漱溟等人先在河南、后在山东推行的"乡建运动"，宽泛地讲，阎锡山在山西从事的"家性教育""村政自治"，蒋介石发起的"新生活运动"等都属此类，但以梁氏的乡建运动最为典型。

其三，民间形态。此形态以王凤仪的"善人道"、段正元的"道德学社"等最为典型。善人道长期在底层社会传播，用俗语俚话传播儒学，似难登大雅，一直不被学界所重视。其流风余韵，至今犹存，在山东、河北等地的乡间、城区仍然活跃。

其四，知识形态。为应对西学的挑战，当代儒学开始了理论形态的自我转化过程，借助于西方思辨哲学，在现代学术体系下完成了朱子学、陆王心学向现代形态的转化，熊十力、冯友兰、贺麟、唐君毅、牟宗三、徐复观等是其中的典型代表。以牟宗三的承续道统、开出学统、完成政统即"三统并建"最为典型。

四种形态是近代以来中国有识之士对儒学自我转化做出的有益探索。孔教会、一贯道、德教等等力图将传统儒学转化为制度化的、刚性的信仰体系，代表了儒学面对西方文化尤其是基督宗教的挑战做出的回应；而"乡建运动""家性教育""新生活运动"是儒家信仰体系崩解之后对儒学的再建运动，代表着传统断裂之后儒学的灵根再植；"善人道""道德学社"既是传统儒学传播方式的延续，又是儒学民间化道路的新拓展；知识性形态的儒学是当代儒学发展的最高成就，代表了儒学面对西学尤其是西方哲学的

挑战而做出的学术化回应。

现代儒学的四种形态，也可以说是儒学现代转化的四种方式和向度，代表儒学现代发展的新路径，是儒学成长的新方式。然而四种形态各有所长，亦各有所偏。孔教会、一贯道、德教等儒学宗教化转变方式得之于"政"，亦失之于"政"。得之于政是指实现了儒家信仰的体系化、组织化建构，失之于政是指孔教会过度依赖政治组织尤其是官僚集团推展儒学，但激进知识分子由于厌恶黑暗政治而迁怒于孔教会，因厌恶孔教会而迁怒于孔子乃至整个中国文化则为孔教会诸公始料不及，今日所有想重走康有为老路的孔教会人士都应汲取这一经验教训。梁漱溟先生所倡导的"乡建运动"因厌恶康有为等人对孔子、对儒家过度功利主义的解读而要求回到泰州，沿阳明后学社会实践的路向，从基层做起，培本固源，实现儒学的现代转换。乡建运动也好，村政自治也罢，最大意义在接地气，其失在于过于"着实"。由于埋头于村民自治、自救运动之具体事务而淹没了具体事务背后的精神价值、人文理想乃至忽略了对道的追求。王凤仪的"善人道"和段正元的"道德学社"既不依赖政治组织，也不依附政治势力，在民间传道，他们可能比梁漱溟先生的乡建运动或乡村自治更接近于泰州学派。"善人道"长于传道，化性了道，直面受众，然而短于说理且驳杂不纯，"认不是"作为"化病"乃至治病的良方可谓荒诞不经。知识形态的儒学长于说理，而短于实践。理论体系越精细、越高远，离百姓生活就越远。

二、当代儒学自我转化之一：由伦理规范体系向大众信仰转化

进入 21 世纪，中国社会经济快速发展，一跃成为世界第二大经济体，而且成为全球经济发展的重要引擎，"仓廪实而知礼节，衣食足而知荣辱。"中国人已经由物质上的不满足转化为精神上的不安宁，人们"饱食、暖衣、逸居而无教，则近于禽兽"，引导人们向精神方向发展，过一种理性、高雅、有品位的精神生活由是成为当代儒者的重要使命。

儒学是中国文化的根干，是人伦日用之道。长期以来，人们一直视儒学为一套伦理规范系统，在黑格尔的笔下，孔子"只有一些善良、老练的、道德的教训"，"一种常识道德"，[①] 这一观念直接影响了世人对儒学、对孔子的认知与评判。自熊十力、冯友兰、牟宗三、唐君毅等人努力实现儒学的哲学化、思辨化、体系化，旨在回应黑格尔式的对儒学认知与评判。冯友兰的自然境界、功利境界、道德境界、天地境界四重境界说，向世人展示了儒家复杂的理论体系，同时也向世人展现了道德境界之上超越道德境界的天地境界。天地境界就不再是一些道德常识，而是对哲学与宗教的超越，是对不可

---

① 黑格尔著：《哲学史讲演录》第一卷，王太庆译，商务印书馆1997年版，第119页。

言说者言说，不可思议者进行思议，这里不是思辨，却高于思辨，超越思辨。唐君毅九境哲学，判"天德流行"境界或天命流行境界为最高境界，而西方思辨哲学、基督教教理、佛教教理乃至道教教理远远未达此境界，达此境界者只有儒家。牟宗三认为儒家是一种道德宗教，可谓即道德即宗教，在中国哲学无论是儒家的性智、还是道家无的智慧，或佛教的空智，都承认人有可能智的直觉，而康德对人类知识的划界，未能彻法源底，不能穷极究竟，了无道体，尤不见根。当代新儒家最大贡献就是驳斥了黑格尔等西方哲学家对中国哲学尤其是儒家哲学的轻蔑，重建了中国的形而上学体系，证明了中国哲学的信仰意义与价值。

不过，当然熊十力、冯友兰、唐君毅、牟宗三等人理论成果没有引起人们的高度关注，因此也未转化为现实的"生产力"，即接受他们的思辨成果进而激活儒家信仰意义，建立起儒家即现实即理想和由理性通信仰的国人普遍信仰体系。这不能不说是当代儒学自我转化中一大憾事。

21世纪的儒学是在20世纪儒学发展基础上进一步拓展，而不是推翻或颠覆20世纪的儒学已有成果而重新再来。21世纪最大问题是国人信仰的重建或精神家园重建问题，孝悌忠信礼义廉耻是儒家的核心价值观，而这些核心价值观作为中华文明的DNA成为中华文明之所以为中华文明之处，也成为全球华人共同信守的道德准则。将这些道德准则转化为信仰依皈是当代儒学人的重要责任。

儒学是否是宗教，这里不予讨论，但儒学作为一种信仰体系则是完全成立。我们认为，21世纪儒学的自转化问题不是儒学要不要宗教化的问题，而是如何强化儒学的信仰意义的问题。根于人性或者说象征着人之所以为人的仁义既是儒家信仰的对象，也是儒家信仰的价值支撑，更是儒家信仰的入路与门径。"居仁由义"是儒家信仰者的精神栖居之所与处世原则，"由仁义行，非行仁义"是儒家的信仰出发点，"杀身成仁""舍生取义"是儒家信仰者对超越自然生命之上道义的追求。

儒家信仰由早期的人格神信仰经过春秋战国时代人文主义的觉醒，实现了由人格神上帝向人自身的转化，儒家没有向西方一神论方向走，而是向含义宽泛的天、天命、天理方向走。天、天命、天理取代人格神的上帝实现了儒家信仰的革命性变革。天理昭昭、天理昭然，人们遇见不公，常常喊出：天理何在?! 在儒家信仰者那里，天理是至正、至公、至平的，善恶到头终有报，只争来早与来迟。若问天理在哪里？儒家信仰者会说，天理无所不在，无时不在。

天理是超越的，同时又是内在的。因为它无所不在，无时不在，因而人在做，天在看，这个天是外在的、客观的、超越的，但当说天理无所不在时，天理、公道却又自在人心，天理就在人们的心里，只要人的良知未泯，人心即天理。天理在这里是内在，是人人具有的良知良能。这个内在的天理就是孟子所说的良心、良知，故而儒家的信仰者面对无奈时，会问对方：你良心何在？你良心安否？难道你良心被狗吃了吗？儒家的信仰者对外所关注的不是头顶上的星空，而是天理、天道、天命。天理、天道、天命比具象的头顶上的星空更具有普遍性、绝对性、真实性；而良心安否？也比内在道德自我律令更活泼、鲜明。

天理良心或天地良心在中国，人人皆知，人人皆信，贫民教育家武训没有上过一天的学，不识字，自然也没有读过儒家的书或受过儒家理论的培训。当郚若纯这位劣绅赖了他账，反而诬陷他敲诈时，他说："人凭良心树凭根，各人只凭各人心，你有钱，俺受贫，准备上天有真神。"① 武训的"人凭良心"和"上天有真神"只是中国普通百姓的基本表达，这是中国人根深蒂固的信仰，只要是中国人可谓人人都信，无人不懂。

天理良心是儒家信仰的最终根据，而礼义是儒家安排人间秩序且保证人间秩序正常运转的基本规范。任何信仰系统乃至一切宗教系统都要对人间秩序做出适当地安排以保证人们日常生活正常运转，而儒家的"三纲八目""五伦""五常""八德""十义"以及生、冠、笄、婚、嫁、娶、丧、祭等等礼仪规定，对人从生到死都做出了周详地安排。牟宗三先生曾称之为"人文轨道"。

儒家理论系统本来就是信仰系统，本来就是华人的信仰或至少说是华人信仰的底色。然而，近世以来，西学东渐，人们以西学尤其是西方分科原则割裂儒学，儒学既非哲，也非史，也非文，即是哲学，也是史学，也是文学，也是政治学、经济学、管理学、美学等等。在西方学术框架下，儒学什么都是，又什么又都不是，使其至今不能依照西方分科教育体制下找到自己的位置，得以安顿。割裂后的儒学在社会大众那里成了道德伦理规范，而不再具有信仰的意义。儒学是宗教吗？近代以来学界一直存有争议。这种追问是以西方一神教尤其是以基督教为框架去拷问儒学是否是宗教，而传统中国长期以来一直以儒、释、道三教并称，并没有刻意突出儒与释、道之不同，那是因为"教"与非教的标准与尺度不在释、道两家那里，而在儒家这里，信神不一定是教，只有"修道之谓教"，只是信神、让人信上帝而不修道就不一定是教。教都不是，何宗教之有？近代以来，评判是教或还不是教的尺度、标准变了，这一标准西方的一神宗教说了算，而不是由儒家说了算。在西人宗教框架下去思考儒学本身，儒家人物进退失据，无所适从。既有模仿西方宗教的孔教会组织，如康有为、陈焕章等；也有坚决不入西方宗教樊篱的理性主义者，如梁漱溟、熊十力、徐复观等等。问题是不以西方宗教为标准，儒家的信仰系统如何才能确立？

由于我们一开始就很自觉地进入了西方人设定的理论框架，以为非如此，不能显中国文化之高明，显儒学之现代性乃至后现代性，儒学作为人类文化独特形态在追求国际

① 李士钊编：《武训画传》，山东省内部资料性出版物准印证 2006 年版，第 44 页。

化、世界化的过程中或者在寻求西人的肯定中迷失了自己。我们并没有用中国的语言讲好儒家的故事，结果我们往往用半生不熟的西方语言来叙说、肢解儒家的故事，渐失儒学本真面目，因而儒家自我主体性的重建、自信心的找回可谓当世之急。走出西学对儒学的肢解与割裂，回复儒学信仰之本真，让儒家信仰系统重新安定华人世界的精神生活，是当代儒学自我转化的重要向度之一。

三、当代儒学自我转化之二：由小众信仰向大众信仰转化

孔子以文自任，承尧、舜、禹、汤、文、武、周公之统，担当起传承华夏文化的大任，且自觉地顺应华夏文化的大流、主流而继往圣，开来学。孔子打破"学在官府"的局面，开创私学，奉行"有教无类"的原则，将教育向全社会开放。孔子的办学，与其说是专门的"教育"，不如说是向全社会开放的"教化"。虽然他奉行精英治国的理念，但在教化方面他并没有分大众与精英。孟子的"人人皆可为尧舜"，荀子的"涂之人可以为禹"，也不阻断大众教化之路。

自秦汉博士官设立以来，儒学有了师承家法，由原来向全社会开放的教化之学转化为经生文士之业，成为专门之学。而科举取士制度设立，固然有利于儒学普及与传播，同时也不可避免地提高了儒学的入场门槛，促使儒学在社会金字塔结构中重视上行而不是下开。谭嗣同在论及儒学传播时曾指出：中国"府厅州县，虽立孔子庙，惟官中学中人，乃得祀之；至不堪，亦必纳数十金鬻一国子监生，始赖以骏奔执事于其间。农夫野老，徘徊观望于门墙之外，既不睹礼乐之声容，复不识何所为而祭之，而已独不得一与其盛，其心岂不曰：孔子庙，一势利场而已矣。如此，又安望其教行之哉？"① 农夫野老徘徊观望于孔庙门墙之外，这是数千年儒生的耻辱，更是儒家教化的悲哀！由于儒家信仰没有转化为普通民众信仰，儒教只是官中学中人之教，结果"小民无所归命，心好一事祀一神，甚且一人祀一神，泉石尸祭，草木神丛，而异教乃真起矣。"②

当然，谭嗣同说法道出了儒家信仰普及之不足，致使普通百姓异教泛滥、多神崇拜，不过，平心而论，民间儒生一直做着儒学在乡间的教化工作。儒家教化主要在两方面展开：其一是家庭，在家庭中首在敦人伦，其二是社会，在社会上主要是正风俗。儒学之所以深入人心，儒家的孝悌忠信礼义廉耻之所以成为中华文明的 DNA，人们之所以至今依然认为"在家尽孝，为国尽忠，天经地义"，原因在此。"读书志在圣贤"，不徒科第，这是知识精英对儒家信仰的回归，也是儒家士大夫对儒学信仰的自觉。明中期以后，阳明后学尤其是泰州学派自觉地走向民间，教化大众。"固知野老能成圣，谁说

---

① 《谭嗣同全集》，中华书局 1981 年版，第 353 页。
② 《谭嗣同全集》，中华书局 1981 年版，第 353 页。

江鱼不化龙。"（韩贞）颜钧、韩贞、朱恕等等，他们努力将儒学由"士"的信仰转化为"民"的信仰。

然而泰州学派将儒学由士的信仰转化为民众信仰的努力最终还是夭折了。先是张居正毁书院，禁讲学，继之大明倾灭，满清入关，打断了儒学发展的固有进程。泰州学派虽时隐时显，但再也不没有成为时代的"显学"。20世纪30年代，梁漱溟先生先在河南，继之在山东，从事乡村建设运动，有人称之为"新泰州"，但随着倭寇的铁蹄蹂躏华夏，梁先生通过改造乡村文化生态，自下而上实现中国现代化道路的方式被打断了。

20世纪是儒学衰退的世纪，也是儒学自我转型的世纪。进入21世纪，儒学的命运发生了根本性的变化。20世纪初新文化运动和70年代那样大规模地批孔反儒运动很难再来，多数有识之士意识到，在全球化的今天只有保持本民族的自我认同才能自立于世界民族之林，一个忘却自己民族信仰、没有自己精神支撑和文化徽记的民族是不值得尊敬的民族或者说是不受尊敬的民族；一个丧失了文化自信甚至丧失了自己文化特征的民族就不再成其为独立的民族。走出传统儒家信仰只是士大夫精神信仰的迷思，让儒学成为华夏民族共有的精神信仰，在当代中国具有特别的意义，因为这不仅仅是儒家影响面的扩大，更是中华文化传承方式的转变，这种转变将意味着中华文化的道之传承由少数学者的担荷转化为全民族的责任，意味着"为往圣继绝学"不再是少数学者或经生文士的专门之学而成为全民性共业。

儒学由小众走向大众至少应做好如下工作：

首先，广建书院和学堂。书院是儒家从事讲学、研究、藏书等活动的重要机构，它如同基督教的修道院，佛教的佛学院、寺院，道教的道观一样，书院是儒家的道场，是儒家的精神之家。据相关学者统计，现在有书院之名文化团体、办学机构、企业会所等等多达1500多所。然而全国仅县、区级行政机构多达2860多个，平均每县级单位还不到一所。广建书堂、学堂、精舍、国学馆、国学堂等，只有如此，儒学才能在基层社会扎根。

其次，广泛培养有识志工。实现儒学由小众信仰向大众信仰的转化需要千千万万的志于道、传道、弘道的志工。书院作为道场，要满足传道、弘道之需求，必须培养千千万万能面向大众直接陈说的志工。在志工队伍还没有完全成熟之前，高等院校、研究机构的儒家学者走出书斋，走向基层社会，直面大众，陈说儒学主张，讲明圣学，诠释儒家义理，引导百姓认同民族精神，重建儒家伦理规范，敦人伦，正风俗。尼山圣源书院的学人在山东推动乡村儒学、一些民间善士所做社区儒学等，都为儒学由小众信仰向大众信仰转化做出了有益的探索。

再次，强化儒学的宣传力度。利用现代传媒手段，在民众中不断强化、扩大儒家的声音。伴随着网络、微信等新型传媒的出现，已将全民带入自媒体时代，儒学必须善用这种新的传播方式，但书籍、报纸、杂志、电台、电视等传统媒体对宣传儒学的作用仍不可低估。基督教、佛教等都拥有自己的杂志、电台、电视台、网络、印刷所，在传统传播方式上基督教与佛教可谓占得先机。儒家信仰不是建制化、组织化的宗教，没有组织化传播体系，儒家的传播方式在几千年的历史上过度依赖于政府与学校，一旦政府反儒学、学校废经不读，儒家学者一片茫然，无所适从。因此，儒学自我转化包括自我传播体系的转化，应由过度依赖政府向广泛依赖民间自组织转化。实现传统传播方式与现代传播手段并行，不断扩大儒家的影响范围，让儒学向多领域渗透，让民众感受儒家无所不在。在中国民间众多信仰中强化儒学信仰的意义，平衡中国社会的信仰生态，以促进中国文化的多样性发展，这是儒学由小众走向大众的重要途径。

最后，儒学由小众信仰向大众信仰的转化需要进村入户，入心入脑，真正做到内化于心，外化于形，实现以文育人，以文化人的社会教化作用。人类不同民族的竞争乃至冲突历来不是单一的竞争，而是综合势力的竞争与冲突。如果说在过去两千多年中，人类的竞争主要围绕为解决身体问题展开的话，（表现为诉诸武力以对全球或区域资源实现控制和对不同部族的人群进行人身奴役）那么进入21世纪，传统的竞合模式依然存在，但动辄诉诸武力去解全球化问题显然不合乎历史发展的潮流，可以说已经行不通，"不战而屈人之兵"或"不战而胜"等新的竞争会成为21世纪之后不同民族竞争的新常态，即传统的身体之争延伸到心灵之争、文化之争、精神之争。欲亡其国，先灭其史，欲亡其族类，先灭其文化，进入20世纪以来，儒家信仰的传播体系受到严重摧残，儒家知识分子只好退守书斋眼睁睁看着儒学信仰在民间的崩解而无能为力。21世纪，当中国从沿海到内地到处树起基督徒的"十字架"的时候，自20世纪80年代以来，到处复建、兴建寺院的时候，作为中国固有信仰的儒学依然锁在高等院校、研究机构的高堂大屋之中，不少学人乃至儒家研究者对这种情形依然漠然视之，这是当代儒学发展的最大不幸！儒家人物人人守土有责，守中华文化精神之"土"，让儒家价值规范及生活方式重新回到民间，进乡村，进社区，进家庭，入心入脑，内化于心，外化于形，才能真正实现儒家的灵根再植！

四、当代儒学自我转化之三：由重知向知行并进或知行合一的转化

儒家之学是生活的智慧学，是实践的学问。儒家一向认为，行有余力，则以学文，这并非是轻知识，而是重实践、重生活。为知识而知识，不是儒家传统，也不是儒家精神所在。儒学说到底就是要改变人们的生活，给人们提供一种优雅的生活方式，其学是因行而学，为行而学。力行是儒家在社会生活中存在的第一根基。"子夏曰：贤贤易色，事父母能竭其力，事君能致其身，与朋友交，言而有信，虽曰未学，吾必谓之学矣。"（《论语·学而》）荀子也说："不闻不若闻之，闻之不若见之，见之不若知之，知之不

若行之。学至于行之而止矣。行之，明也。明之为圣人。圣人也者，本仁义，当是非，齐言行，不失毫厘，无它道焉，已乎行之矣。故闻之而不见，虽博必谬；见之而不知，虽识必妄；知之而不行，虽敦必困。不闻不见，则虽当，非仁也，其道百举而百陷也。"（《荀子·儒效》）陆游《冬夜读书示子律》也有："古人学问无遗力，少壮功夫老始成，纸上得来终觉浅，绝知此事要躬行。"明人林鸿也留下了"一语不能践，万卷徒空虚"的名句。行，是儒家思想的逻辑始点，也是儒家思想的逻辑终点。儒家信仰的逻辑建构是从行的角度立论的，而儒家思考的最终目的是为了行，利于行。

然而，自汉以来，经生文士偏重于皓首穷经，而忽视社会实践，不重视在生活中落实，宋明诸儒学以佛老的止观工夫替代儒学的实践工夫，降至近代，西学浸淫，致使知行两橛。在为知识而知识的原则下，文以载道、学以成圣的价值趋向以及儒家的人格实践之工夫已被赶出儒家学问研究的门墙之外。在价值中立原则的支配下，有知识而无价值，有学问而不信道，正如子张所说："执德不弘，信道不笃，焉能为有，焉能为亡？"（《论语·子张》）专业之士已不是执德弘与不弘的问题，因为执德弘与不弘，心中还存有德，而当代专业知识之士的问题是德的有无问题；以儒学为研究对象的学者们也不是信道笃与不笃的问题，而是对道信与不信的问题。道在许多当代学者那里早已被消解了，已经荡然无存，改信他道以攻圣贤之道，或借西人之利器以去圣贤之道才是不少学者的终身追求。

"读书志在圣贤，非徒科第"，这是中国传统文人的名训。今人读书全在"科第"，完全忘却圣贤或不知圣贤甚至诬圣蔑贤，失却了道之传承为理想的传统文化研究的现代学人，著书满屋，于中华文化道的承续究复何益？当然，我们不否认为学问而学问，为知识而知识这一近代知识论转向的意义与价值，但如果认为这是一切学问的全部甚至以此作为一切学问的标准，则大为不妥。笃信善道，传道、弘道是儒门信徒的应有之义，是其使命与理想。

从坐而论道到起而行之，这是 21 世纪儒家学人重要转向。当代中国，没有任何家（墨、道、法、名、阴阳等）、任何教（佛、道、回、耶等）像儒家那样在研究机构、高等院校荟萃了如此多的研究人才与学术精英，但儒家的学堂、书院与遍布城乡的"十字架"相比，甚至与到处兴建的寺院相比，情形如何呢？儒家信徒的数量与基督徒的信众、佛教的信众相比，情形又是如何呢？相信每一个人心里都有数。从某种意义上说，当代中国，不乏指点江山、谋划未来、气吞千古，甚至想"为万世开太平"的"医国手"乃至"医天下手"的儒家学者，却鲜见脚踏实地、埋头苦干儒家的布道者、传道士，这也是近代儒学不昌的重要原因之一。

21 世纪儒家人物的重要使命就是使历代圣贤的潜德幽光转化为显德明光，让儒家之游魂重新复体，使遮蔽了的"良知"在每一个人心里再现光明，让民族的灵根复活与再生。实现这一目标需要千千万万对儒学有同情乃至有敬意的布道士、传道者付出艰苦的努力，需要大量的学者从坐而论道到起而行动，需要他们走出书斋，侧身民间，走向社区，走入乡村，走进学校，走向企业，与大众打成一片，真正地了解百姓，同情百姓，取信百姓，才能引导百姓向善，实现儒学的大众化、草根化、生活化、实践化，让儒学重新回归百姓生活，重新成为百姓的信仰。

如果说 20 世纪的儒学问题是面对西学挑战努力实现自身理论的现代性转向的话，那么 21 世纪的儒学问题是儒学由理论到实践层面、操作层面的转化，即由知到行或者说由重知识到重行动的转化。

那么儒家学者应如何行或怎样行？有的学者主张走"上行"路线，认为只有通过自上而下的推行儒学才有复兴的可能；有的主张走"下行"路线，即认为自下而上才最为可靠。我们认为，儒家的基本精神是随感随应、当下即是，因而儒家推行不必设地画牢，而是要因地制方，能行则行，可行即行，怎么方便即怎么推行。就是说，一个人所处区域不同，在社会结构中的位置不同，社会影响力的大小不同，应根据自身的特点制定符合自己特点的行动方案。一位中学或小学教员，就根据自己课程特点去推行；一位年级班主任，就在自己的班里行；一位校长，可以在自己学校里行；一位企业老板，就在自己本公司去推行；一位村长，则可致力于将本村落打造成儒风孝道之乡……一句话，儒学的推广，是人人可行，人人能行。

能行则行，当下即行，包含两层意义：一是身体力行，二是推行之行，这两层含义是互为因果的。只有自己身体力行，才能去推行；而推行本身就是身体力行的重要方式。自己不力行，无法让别人去行；要求别人行，首先是自己行；只是自己行，而不去推行，可谓"明明德"，没有"亲民"，既身体力行，又努力推行，才做到了既"明明德"，又"亲民"，此可谓明体达用。

他山之石，可以攻玉。儒学是一个开放、包容的思想学说与信仰体系，学习或他者是儒家文化的重要特征之一。今天的儒家信仰者必须虚心向基督教、佛教等布道者学习，当激进的知识分子从事家庭革命的时候，基督教在中国悄悄走进了家庭，创设基督教家庭教会；当乡村衰退、荒芜，成为留守的"三八"（妇女）、"六一"（儿童）、"九九"（老人）时，基督教走入乡村，而佛教尤其是台湾的人间佛教通过慈善、演讲录、光盘、电台等等各种方式收引信众，这些推行模式儒家信仰者都应学习与效法。

五、当代儒学自我转化之四：由区域性精神资源向全球性资源的转化

孔子是鲁国人，但孔子学说不是为鲁国人设计的，而是为天下人设计的。儒学是中国的，同时也是世界的；儒家的价值观不仅仅适用于中国人，而是适用于所有的人或者说所有称之为人的人。儒学顺应中华文化的大流而来，由中国主流意识形态而走向东

亚，甚至通过传教士传入欧洲，这就告诉人们儒学可以而且能为所有称之为人的人所理解。

儒学早在公元前三世纪的箕氏时代，孔子思想与汉字一起就传到了朝鲜。公元一世纪到七世纪朝鲜半岛分高句丽、百济、新罗三国时代，儒家思想成为朝鲜半岛的主流意识形态。公元372年，高句丽模仿中国的教育制度建立"太学"，以儒家的五经即《诗》《书》《礼》《易》《春秋》和前三史即《史记》《汉书》《后汉书》作为教育贵族子弟的教材，并且派留学生前来中国学习。韩国是当今世界保留儒家传统最好的国家之一，韩国同时是当今世界唯一为孝立法的国家，世界上唯一设孝学科的国家。在韩国的历史上，出现了像李退溪、李栗谷、曹南冥等等一系儒学大师。

韩国在成均馆举行的祭孔典礼是当今之世最富有文化意义与敬仰意义的祭礼典礼之一。本人在韩国观看过成均馆大学明伦堂前的"告由礼"，观看过在成均馆明伦堂前依照明代礼乐举行的婚礼，无不体现出尊德重礼、庄重典雅的儒家之风。韩国传统的园林艺术、建筑亦都带有浓厚的儒家气息，如由韩国著名儒家人物林时烈（1607-1689）创建的位于韩国忠清北道槐山郡华阳里华阳九曲园林就体现了这一特点。其中华即中华，阳即《易经》一阳来复之意。该园林布局处处体现出"小中华"的意境，希望中华能否极泰来，重新复活。宋时烈，相当于中国明末清初时期韩国名臣、儒家学者，宋时烈等韩国名儒对儒学的热爱，一点也不逊色顾炎武、王夫之、黄羲之、朱舜水等人，一位韩国儒者为什么对儒学有如此情怀呢？是因为儒学在韩国已经成为儒教徒们的人生信仰。

关于儒学与日本的渊源，有的学者认为，早在春秋时代，越王勾践灭吴，吴国大量难民东渡日本，有的日本人认为自己是泰伯的后代。方士徐福东渡，带着三千童男童女、百工、五谷种子，不知所踪，有人认为去了日本。日本多处有徐福的遗迹、故事流传。日本前首相羽田孜认为自己的祖先姓秦，是徐福东渡之人的后代。

儒学作为一种学说是通过韩国传入日本的。百济学者阿直岐以及王仁带着《论语》十卷、《千字文》一卷进入日本。公元604年，圣德太子以《论语》《孟子》为根据，制定宪法，即圣德太子宪法，根据中国的典章制度进行改革，即大化改法。公元630起，日本先后派出了13批，总计约5千人的遣唐使，大规模地学习中国文化，主要是儒家文化。江户时代（1603-1867年）长达260多年时间里，儒教在日本盛极一时，由宫廷普及到民间，成为日本人的普遍信仰，出现诸如朱子学、阳明学、古学、折衷学等众多学派。公元1868年，日本通过明治维新，走向了近代的天皇制，开始了脱亚入欧的过程。

儒学与越南：中越之间山水相连，为中越之间文化提供了便利。而秦汉到唐代，越南长期处在中国的统治之下，政治制度、文教制度乃至语言文字等各方面深受中国文化的影响，加上越南早期典籍认为自己是神农氏的后裔，进而强化越南与儒学之间的亲和力。儒学在很早就传入越南，传入越南的时间不会晚于传入朝鲜半岛的时间。西元前214年，秦王朝平定越南，在越南中北部设象郡，随后迁入手工业者、商人、囚徒以及士人，儒学随之带入。西元前111年，汉武帝平定乘中原内乱建立的割据势力，在越南中北部设交趾、九真、日南三郡。直到西元968年，越南才取得了半独立的状态。此后越南经历了丁朝、前黎朝、李朝、陈朝、后黎朝、阮朝等时期，直到西元1884年，越南沦为法国殖民地，越南才结束与中国藩属国的关系。在近千年的历史行程中，儒学长期扮演着越南的主流意识形态角色。

儒学同样随着华人向东南亚迁徙，进入了东南亚地区。新加坡、马来亚半岛、菲律宾、印尼等地区，孔教会、儒学会等社团在这些地区依然犹在，不少华人依然保持自己的文化传统。

明朝中期以后，欧洲耶稣会士源源不断地来到中国，由沿海而内地，力图打开传教之门。他们在向中国输入基督教的同时，也带来了西方的文化。为了传教的便利，自罗明坚、利玛窦、殷铎泽、艾儒略、南怀仁、白晋等人起，就学习华语、顺应中国的习俗、穿上儒服，个别人甚至要求归化中国。不熟悉儒家经典，就无法与中国上层人士对话，他们开始研究儒学经典，翻译并介绍儒家经典到欧洲去。儒家经典的翻译与介绍在欧洲产生重要的影响，德国哲学家莱布尼茨、沃尔弗，法国百科全书派的思想家霍尔巴赫、伏尔泰、狄德罗，重农学派的代表人魁奈等等，都深受儒家思想的影响。朱谦之先生曾说："百科全书派在法国风动一时，其来源则在中国，这一点很少人注意到。""百科全书派崇拜理性，其结果在法国革命时候，便有人提倡理性教为国教，……实际则此理性的宗教正是在华耶稣会士所极力攻击的'理'之变形，是从中国贩出来的。[①]"孔子曾在欧洲发生过重要影响，相信未来依然会产生影响。

儒学产生于中国，从源头的意义上讲，它属于区域性文化资源或精神资源，然而她具有普适性，故而她拥有走向世界成为全球性资源的意义与价值。首先，儒家的人禽之辨指向普遍性或普适性，儒学本质上是人学，是哲学的人学，人禽之辨是其哲学的逻辑起点。儒学关注的中心问题是人与禽兽的本质差异在哪里的问题，人要怎样才算是人，人如何成为完美之人、理想之人的问题。无论东方人，还是西方人，只要是人，只要人还想做人，儒学对人就有启发与意义。其次，儒学理论本身积极地推展其普遍性，"是以声名洋溢乎中国，施及蛮貊。舟车所至，人力所通，天之所覆，地之所载，日月所照，霜露所队，凡有血气者，莫不尊亲，故曰配天。"（《中庸》）"凡有血气者，莫不尊亲"即凡是人没有不尊敬父母的，"故曰配天"，天是最大的普遍性与超越性存在，"配

---

① 朱谦之：《中国哲学对于欧洲的影响》，福建人民出版社1985年版，第268页。

天"就是指儒学指向最大的普遍性与超越性。再次，儒学历史上由中原地区走向东亚、东南亚以及欧洲的事实说明，儒学具有由区域性转化成为全球性资源的能力。

儒学由区域性资源向全球性资源转化，并不是要取代基督教文化、伊斯兰文化、佛教文化等其他文化形态在欧洲、美洲、中东、南亚及非洲等地区的存在，而是成为全球不同区域文化的有益补充，成为基督教文化、伊斯兰文化、佛教文化自身发展、完善的资源。"道并行而不相悖，万物并育而不相害"，这是儒家的文化理念；"和而不同"是儒家文化多样性企盼；"保合太和"即实现天地变化之道的最大和谐是儒家的追求。"并行不悖"是前提，"和而不同"是方法，"保合太和"是目标。"并行不悖"即儒家文化、基督教文化、伊斯兰文化、佛教文化等等在世界上共同存在，并不相互妨害；"和而不同"即儒家文化、基督教文化、伊斯兰文化、佛教文化等应相互尊重，各自保持自身独立性而和谐相处；"保合太和"即儒家文化、基督教文化、伊斯兰文化、佛教文化等等相互学习、相互吸收，充分完善自己，实现人类文化最大的和谐。

20世纪的中国是急遽变化的中国，为应对这种急遽变化，中国儒学在先辈的努力下不断做出自我调整，以适应中国社会的要求，由此形成了儒学的宗教形态、实践形态、知识化形态以及民间形态。21世纪是中华民族逐梦的世纪，中国在世界上崛起是任何力量也阻挡不了的历史潮流，儒学面临着由伦理规范向信仰、由小众到大众、由知到行、由区域性资源向全球性资源的四种转化。这是时代赋予儒学的新使命，也是儒学自我展开、自我完善的重要形式。

守先待后：汉字及孔子道德文化财富的返本创新

——中华国学承传的历史与未来新研究

谭世宝

欣逢"第22届国际历史科学大会济宁会议——儒家文明与孔孟文化遗产保护利用"之举行，本人不揣浅陋，草撰拙文，发表对汉字及孔子道德文化财富的历史与现实及未来的一些问题的粗浅之见，就教于方家。

一、传统的汉字及孔子道德文化是与中华文化天下共存的无量寿公共财富

首先，本文提出传统的汉字及孔子道德文化是与中华文化天下共存的无量寿公共财富之论，是表示不赞同时下流行的将汉字及孔子文化说成是"文化遗产"或"非物质文化遗产"之说。最近几年，笔者一直关注研究这方面的主流意见与一些学者的不同意见，曾经发表《从孔夫子到孙中山的思想现实性质新论——中国目前流行的"文化遗产"一词的名实评议》①《"非物质文化遗产"等学术"潮语"名实混乱评议》② 以及《略论"the Intangible Cultural Heritage"的对译词及不同意见》，③ 着重从汉语文字词汇学与汉外语翻译学的角度，较为全面深入地对目前流行之词语"文化遗产"及"非物质文化遗产"的用法提出了批评商榷的意见。

人们常说学术乃天下之公器，其实传统的汉字及孔子道德文化精华就是中华文化的天下公器和公道的主体部分。因为其创立者及其历代的主要承传者，都是"以天下兴亡为己任"的中华民族的文化精英，一直以公开的方式向全国乃至全"天下"的所有人传播和发展有关文化学术的公器和公道。所以其薪火传承是一木未尽燃而火种已传别木

---

① 谭世宝：《中国目前流行的"文化遗产"一词的名实评议》，孙中山基金会等编：《从孔子到孙中山——中华文化的传承与弘扬》，社会文献出版社2011年版，第370－381页。

② 谭世宝：《"非物质文化遗产"等学术"潮语"名实混乱评议》，《澳门语言学刊》2011年第2期。

③ 谭世宝：《略论"the Intangible Cultural Heritage"的对译词及不同意见》，李向玉主编：《非物质文化遗产保护的东亚经验》，澳门理工学院2014年版，第164－177页。

乃至传向天下后生新长之木，因此成为生生不息，与中华文化天下共存共荣的无量寿公共财富，绝不会因为某一个王朝的灭亡而成为短期或长期的无主遗产。这是笔者多年思索所得之新结论，乃深受明末清初的伟大儒家学者顾炎武的启发，因其不但提出区别"亡国"与"亡天下"之说（《日知录·正始》），而且亲行此说而取得巨大成果。余英时曾指出："钱（穆）先生走了，但是他的真精神、真生命并没有离开这个世界，而延续在无数和他有过接触的其他人的生命之中，包括像我这样一个平凡的生命在内"。①其实，一个学者的精神生命的延续与发展，并不限于"和他有过接触的其他人"，而包括其著述的流传以及直接或间接从其徒子徒孙及著述得到教益之人的承传发展。

再看，在中华民族陷入极度危机的清末民初，中国的文化学术界也陷入四分五裂的极度矛盾混乱中。既有言行一致地坚守汉字及孔子道德文化的核心精华的维新派康有为、梁启超等人和革命派孙中山、章太炎等人，也有原本为章太炎门下高足，猛然倒戈，走向言行不一的全盘否定汉字及孔子文化的钱玄同与鲁迅等人。而历史的发展结果是殊途同归的正反合，证明汉字及孔子道德文化的核心价值部分经得起任何狂飙巨浪的冲击，具有历劫更强的恒久生命力，能够不断从其内部产生出正反两类精英，以殊途而同归，相反而相成的方式推动其与时俱进的发展。因为就连带头倡导"全盘否定"传统的汉字及孔子道德文化的钱玄同与鲁迅等人，所发起的各种反传统文化运动的客观效果的正能量部分，仅限于否定了儒家末流的异化腐败部分。故其不但未能否定和消灭汉字及孔子道德文化中具有超越时空的普世价值的核心部分，反而在其实际的家庭伦理生活和社会文化生活中，继续承传了汉字及孔子道德文化的精华部分。所以，他们本身就成了新文化的领袖是从传统的旧文化精英中产生，新文化必然与旧文化共处于一身、一家、一国与一天下的一种典型例证。他们在大声呐喊消灭汉字与孔子道德文化的同时，以言行不一的自相矛盾方式为汉字与孔子道德文化的新发展做出了巨大的贡献。这就从反面证明了他们试图用随心所欲地创造的"新文化"彻底消灭传统的"旧文化"，是自始就无法实现的妄想。正如马克思曾指出："人们自己创造自己的历史，但是他们并不是随心所欲地创造，并不是在他们自己选定的条件下创造，而是在直接碰到的、既定的、从过去承继下来的条件下创造。"② 西方的欧洲新文化的创造固然如此，东方的中国新文化的创造更是如此。因此，在中国开始进入新文化与古老而长生的传统文化之精华融合的新常态时期，必须正确总结历史，既要在适当的范围中充分肯定钱玄同与鲁迅等人的贡献，又要从学术上厘清其全盘否定汉字与孔子道德文化的理论与实践之矛盾混

---

① 沈志佳编：《余英时文集》第五卷《现代学人与学术》所载《犹记风吹水上鳞》，广西师范大学出版社2006年版。

② 中共中央马克思、恩格斯、列宁、斯大林著作编译局编译：《马克思恩格斯全集》第八卷《路易·波拿巴的雾月十八日》，人民出版社1985年版。

乱，以消除其至今尚存的一些负面影响。

笔者在前述第一篇论文已经力证传统的汉字及孔子道德文化，是其创立者及其历代承传者在生时已经传给其他人的。因此，在几千年来的中华民族的曲折历史中，一直是由中华民族的文化精英不断承传发展扩大的财富。绝对不是可以任由一些国人决定继承还是放弃乃至消灭的遗产。钱玄同等人一边高喊汉字是"我们的祖先留传给我们的可怕的遗产"，极力主张要消灭孔学必须首先立即消灭汉字；一边却尽力利用汉字来创造和享用极为丰富的汉字的物质与非物质财富。由此可见，对于中华民族的整体包括其中全靠汉字文化哺育成熟并依靠汉字文化维生的文人个体而言，不管其是否视汉字为祖先留给我们的"遗产"，亦不论其认为这种"遗产"是"可怕"还是"宝贵"的，都无改其为中华民族古今不断承传发展的财富而并非只是祖先留下的"遗产"的事实。他们言行不一地全盘否定汉字及孔子文化的理论与实践，实际只能造成了梁启超、孙中山等一些身为汉字文化的重要承传者的文人在以往的民族危机时刻乃至当今的民族复兴时期，以割断历史的方式向中华民族提出选择继承或不继承汉字等等的文化"遗产"的问题和论述，都是思维不清，概念混乱的表现。

本来，中外的一些工具书对 heritage 复杂多样的含义都有较为全面的记述解释。例如，上海译文出版社 1985 年增补版的《新英汉词典》588 页解释 heritage 说："①世袭财产。②继承物；传统；遗产：……③长子继承权。"可见，汉字"遗产"本来只是英文 heritage 的第②义的第三个义项。因此，不加区别地把英文 heritage 都翻译为汉语的"遗产"，就会闹出天大的误会与错译。例如，原意是指世袭财产、传统以及长子继承权的 heritage，怎么可以都翻译为"遗产"呢？因此笔者认为，对于含义多元的 heritage 一词，由于汉文并没有一个含有同样复杂多样词义的名词术语，所以在一般情况下只能是用老祖宗翻译佛经以来的办法，用 heritage 的汉文音译或照抄其原本文字。对于能确定其具体所指的某种 heritage，则应该将其实际所指分别翻译为汉文的世袭财产、传统以及遗产等等。例如，heritage 如果是指汉字，就应该译称为中华民族文化的世袭财产或世代承传的财产。如果是指京剧、粤剧等一直有传承人的艺术表演，就应该译称为文化传统。至于所指为万古长存于中国的自然景观，以及中国独有的文化与自然融为一体的景观的 heritage，也只能译称作财产或财富、资产等等，绝对不能译称作遗产。因为对于"遗产"的继承人而言，面临的是能否或是否愿意行使其继承权的问题。而对于早已经是"世袭财产"或"传统"文化财富的传承人而言，则只存在今后能否把其早已承袭的"世袭财产"或从出生开始就通过母语自然习得的"传统"文化财富继续承传下去的问题。两者的名实如此不同，岂能混淆！

笔者在前述第二篇论文指出：因为由"遗产"的以一代多的误译，引致其与"文化""自然"等旧有明确意义的汉语词的新结合组成的复合词"（中国）文化遗产"

"（中国）自然遗产"的产生，从而导致了对"文化""自然"等原有定义的破坏。大家只要用循名责实的方法，就可以看出其对中国世代相传的"中国文化"财产、"中国自然"资产的历史与现状的误解。至于"非物质文化遗产"这个最新的文化学术"潮语"合成复合词的出现，不但与其前的"文化遗产""自然遗产"等形成了自相矛盾，而且从根本上对汉语词汇系统中原有的一些互相关联的基本名词术语诸如"非""文化""物质""精神"等词的定义，以及有关的文化、思想、哲学、历史的词汇系统都造成了破坏和混乱。

笔者在前述第三篇论文进一步指出，将"the Intangible Cultural Heritage"译为"非物质文化遗产"，倒不如译为"精神文化财产"或"无形文化财产"。但是，这都难免有五十步笑百步之嫌。因为现存所有汉语的"旧词"之瓶，皆无法装载英语"intangible"这个新概念之酒。鉴于现有的汉语词汇系统无一词语与"the Intangible Cultural Heritage"所明确定义的内涵和外延完全吻合，故无论用"精神文化财产""无形文化财产"或"非物质文化遗产"来做"the Intangible Cultural Heritage"的标准对译词，都会对汉语词汇系统造成"蝴蝶效应"的破坏冲击。为了维护汉语词汇系统免遭此巨大破坏，消除由此破坏而产生的汉语词汇系统的严重混乱，还是要运用传统的正确翻译方法，用"Intangible"的对音兼附意而产生一个汉语新词"人天至宝"较好。这是既维护中国自身语言文字的词汇系统的安全完整，又能较为完整准确地将"Intangible"这个新概念吸纳进汉语系统的唯一办法。因此，笔者借鉴将"Internet"翻译为"因特网"之例，建议将"the Intangible Cultural Heritage"翻译为"人天至宝文化财富"。

越来越多的事实反映了现实与可见的未来发展趋向，在当今中国已经结束了百多年的社会革命动荡与历史沧桑巨变而步入新常态时期，有几千年历史积累而无比丰厚的汉字及孔子文化已经成功利用了西方发明的电脑以及互联网络、3G乃至4G的手机"微信"等先进载体与传播通信工具，显示了极其强劲的生命力和复兴势头，日益显示出其为无量寿的"人天至宝文化财富"而具有超越其他国家的文字文化的无限发展潜力。然而，现在仍有《汉语大词典》解释"遗产"的第②义说："鲁迅《三闲集·无声的中国》：'因为那文字，先就是我们的祖先留传给我们的可怕的遗产。……'"① 《两岸现代汉语常用词典》解释"遗产"第②义说："借指古代遗留给后世的精神财富和物质财富。例文化~｜医学~｜汉字是祖先留给我们的宝贵~"。② 这虽然把汉字由"可怕的遗产"改写成"宝贵遗产"，这较以前之说无疑已经有了巨大的进步。但仍然保留了把

---

① 《汉语大词典》，汉语大词典出版社2001年版，第1208页。

② 北京语言大学、（台北）中华语文研习所合编：《两岸现代汉语常用词典》，北京语言大学出版社2003年版，第1314页。

从来未死的汉字及孔子文化财富，错判为已死民族的遗产这一最大的历史冤案。有关汉语工具书的这类解释的误导影响巨大，这是当今主流话语仍然误把汉字及孔子文化说成是文化遗产或非物质文化遗产的重要原因。至于最近还有个别大学教授公然用粗言秽语辱骂孔子、孟子，却不但没有能像其所模仿的前辈那样掀起反孔的新浪潮，反而使自己斯文扫地，遭到学生的强烈谴责并要求将其驱逐出校，[①] 这就更加证明了经历了清末以来的两次极端反孔运动之后，中华民族的主流对汉字及孔子文化的真正核心所蕴含的顽强生命力和无限价值已经有了新的认识。回顾秦朝以来的历史，以汉字及孔子文化为主体的中国传统文化虽然常常陷入"山重水复疑无路"之困境，但接着就是"柳暗花明又一村"了。尤其在清末以来百多年的历史沧桑中，汉字及孔子文化受到这么多全盘否定的批判、辱骂，乃至在"文革"中遭到政治强权空前的粗暴压制打击与摧残，还能够出现汉朝之后的第二次历史性的伟大复兴，其复兴可以具有相应之长久性，应是势所必然，不言而喻的。[②] 当然，要使这个伟大复兴能够在否极泰来的自然惯性运动中，增加大多数国人的理性觉悟认知，就必须对一些历史问题做系统深入的新探讨，以厘清以往流行的一些误论的影响。

二、对全盘否定汉字及孔子道德文化的理论与实践的负面影响的厘清

大多数国人都知道"知识就是力量"，但有多少人理性地知道，多数土生土长的国人的各种知识力量财富，主要是靠自幼习得的母语及老祖宗为母语创造的独特而优美的汉字来承传的呢？笔者认为，我们目前的汉字系统可以追溯到它的创始人，应该就是殷（商）朝的老祖宗，是商颉，现在一般写成苍（仓）颉，被认为是黄帝的史官，但实际上就是殷（商）朝的始祖偰（契）。这点是前辈学者陈梦家首先提出的，[③] 笔者在间接知道前人有此说的情况下继承发展了此说，早在 2006 年已经发表专文考证"苍颉"为殷始祖玄王契的别名，其中的主证是"苍"既有玄黑之义，又为"商"之异写，论证独创而又独传的苍颉文字就是殷商文字，故殷商文字就是汉字的嫡系始祖。虽然其字体经历了数千年的演变，但是与文字的义音形系统之诞生俱来的殷商王族文化胎记，至今

---

① http://www.guancha.cn/Education/2015_06_08_322585.shtml 所载：《复旦学生要驱逐本校教授刘清平称其言论下流侮辱圣贤败坏母校声名》。

② 谭世宝：《中国近代思想名家的师道理念与实践的殊途同归——以梁启超、马一浮与胡适、鲁迅等人的言行因果异同为中心》，吴光主编：《马一浮思想新探：纪念马一浮先生诞辰 125 周年暨国际学术研讨会论文集》，上海古籍出版社 2010 年版，第 408－417 页。

③ 陈梦家：《中国文字学》（原为 1937 年秋至 1944 年秋间的讲义），中华书局 2006 年版，第 15 页。但是，最近竟然有报道文章《南开学者新著推测：仓颉与商契或是同一人》，宣传这是南开大学历史学院朱彦民教授 2014 年出版的新著《商代社会的文化与观念》一书中的新观点。见 http://www.chinanews.com/cul/2014/05－07/6143583.shtml 所载。（2015/6/14 引）朱彦民的观点见其《商代社会的文化与观念》，南开大学出版社 2014 年版，第 66－67 页。

仍然有迹可寻，能从中发现一些殷商的遗传密码。商朝取名"商"字的古音与意象，就是典型例证之一。虽然文字系统是由契始创，但是要到其后代建立商王朝之后才完成，并有能力把它推出为天下公器。因为文字的创制与推行具有极为轰动而影响深远的效应，故在后世留下了"仓（苍）颉作书，而天雨粟，鬼夜哭"的传说①。

笔者在近来的一些学术讲座报告中进一步阐明：汉字的原始文字系统跟殷商人的观念有关，是殷商人的观念的系统反映，是商颉的非常天才的创造。整个东亚地区只有我们中华民族的祖先发明了这么一种独特的文字系统，在几千年来影响了中华民族的发展，而且覆盖了整个远东地区，是目前世界上唯一有几千年寿命而且存活的一种长寿的文字。这种文字由于它有非常独特的创造性，而且是连绵不断，所以我们今天只要下功夫，还能够知道我们的老祖宗当年是怎么会构想出这么一套字形、字义、字音的结合，其他的文字都不可能做到。这是我们祖先最伟大的发明，也是中华文明的一个最重要的奠基性产物，或者说是起源性的产物。②

中华民族的祖先不但创造了独特而优异的汉字文化系统，而且是自古就认识到文字及用文字书写的书籍具有神圣而超越天地的力量。传自上古而见诸汉以来的文献称仓（苍）颉造字使得"天雨粟，鬼夜哭"。这么一个惊天地，泣鬼神的伟大发明，不仅在精神文化财富的发展史上具有破天荒的划时代意义，而且在推动物质文化财富的创造发展与承传方面具有无限的作用。③ 这就使得我们中华民族在东亚地区首先进入文明时期。就是因为发明了汉字，并且由于汉字的独特结构和国人对汉字文化书籍广泛传播的高度重视，以致把汉字及其创造者乃至最早用文字书写的典籍都神圣化，所以历代都建立专门祭祀造字的仓（苍）颉的神庙，流行"敬惜字纸"的宗教仪式。这种庙宇和宗教活动一直到现在的澳门莲峰庙仍然存有清代碑刻的记录。④ 可见，这种对汉字功能的神化崇敬，以及汉以后历朝对文教德治的推崇，是汉字及其书写传播工具不断改进的重要动力，才有后来的造纸术以及印刷术这两项造福中国和全世界的伟大发明。至于维系中华民族的其他一系列影响中国以及世界道德与文明进步的伟大思想与发明，都是凭借汉字文化的典籍得以传承发展与传播。

现在，国人流传讽刺有钱而无识尤其是没有传统道德文化教养的富豪污吏说："穷

---

① 谭世宝：《苍颉造字传说的源流考辨及其真相推测》，《文史哲》2006 年第 6 期。

② 谭世宝：《汉字学及孔学研究之返本创新》，2015 年 3 月 28 日上午于山东省图书馆大众讲坛的报告文稿。

③ http://mp.weixin.qq.com/s?__biz=MzA3NTI2NDkyMg==&mid=200699525&idx=2&sn=490f8ad202a19ebbae7905aa031f6045&3rd=MzA3MDU4NTYzMw==&scene=6#rd 所载《（国学）仓颉造字：天雨粟·鬼夜哭》。

④ 谭世宝：《金石铭刻的澳门史——明清澳门庙宇碑刻钟铭集录研究》，澳门莲峰庙的清光绪三年《倡善社惜字会碑志》，广东人民出版社 2006 年版，第 224–239 页。

得只剩下钱了。"甚至有博文说，现在的"中国很穷很穷，穷得只剩下钱了"。① 其实，如上文所述，汉字及孔子文化实为与中华文化天下共存的无量寿公共财富。很多国人都知道《论语》所载孔子"不义而富且贵，于我如浮云"之说，② 以及相传宋真宗赵恒御笔亲作《励学篇》"书中自有黄金屋"之说。③ 而《三字经》流传至今的"人遗子，金满籯，我教子，惟一经"之名句，④ 更是童叟皆知。由此可见，中华民族自从进入了有文字知识传播的社会之后，尤其是在实行以孔教的文德之治为主的各个朝代，衡量民族、国家、家庭与个人的财富，其实都是以汉字及孔子道德文化为重中之重的标准。

但是，富甲天下长达数千年的超级富豪中华民族，却在清末民初由"富翁"变成了"负翁"，原因就在于不但西方的欧洲列强在军事上超越和打败了中国，就连原本属于汉字文化圈的日本都通过变汉化为欧化的改革，取得打败了中国的结果。空前的民族危机导致了越来越多国人的民族自信心与自豪感的丧失。使得钱玄同、鲁迅等一部分汉字文化精英都误认为汉字及孔子道德文化都是"有害的遗产"（用当今流行的术语，也可说是"负资产"），提出了彻底消灭汉字及孔子文化的主张，产生了风靡当时而至今尚有相当影响的误导。按照他们的说法，中华民族的无量寿公共财富就只能变成无量寿的公共害产。其实，无论什么人，运用什么"绝对权威"的精神或政治的力量，都永远无法消灭这被误定为"有害的遗产"的无量寿公共财富。而被其误论影响至今的一些显著恶果，就是缺乏传统道德的青壮年有不少成为"啃老一族"，多以"屌丝"自命，粗言秽语大行其道，充斥网络。⑤ 而老无所养的一些老人沦为街头的"碰瓷"讹诈者，造成了一些非讹诈而真摔倒街头的老人至死也无人敢出手救助的荒唐现象。就在道德沦亡与复兴同现的情况下，仍然有些执迷不悟的大学教授公然用粗言秽语辱骂孔子、孟子，给当前汉字及孔子文化的伟大复兴造成一些干扰。说明不认真地继续下功夫，是不可能消除钱玄同、鲁迅等人的误论的负面影响的。

不妨试看，世界上有哪一个具有独特历史文化的民族国家会主动放弃或消灭自己的文字与传统的道德宗教文化？即使是被英国殖民统治多年的印度，在被迫接受英文的同时，却仍然基本保留了本国原有的各种文字与宗教。引导印度走向独立的圣雄甘地曾在其自传中说："我一直认为作为印度人如果从小就训练他们的孩子用英语思想和谈话，

---

① http：//blog. sina. com. cn/s/blog_ 6b589be30100vmm9. html 所载"用雪碧将自己灌醉"博客之文：《穷得只剩下钱了》（2011 - 08 - 10 22：52：39）。

② 《论语·述而》。

③ http：//www. shicimingju. com/56. html 所载。（2015 年 6 月 28 日引）

④ http：//www. diyifanwen. com/tool/sanzijing/所载。（2015 年 6 月 28 日引）

⑤ 谭世宝、洪光华：《光棍、扯皮条、老千、屌丝等俗语隐词之原词新探》，李向玉主编：《澳门语言文化研究》，澳门理工学院 2015 年版，第 237 - 252 页。

那就等于背叛了他们的孩子和国家。"[1] 就连主动进行变汉化为欧化之改革的日本，不是也基本保留了本国原有的文字与宗教吗？即使是当年盛行国际主义和创造出世界语的欧洲，至今仍然是各国都保留了原有的文字与宗教，原因就在于各个具有自身传统的文字、道德宗教文化的民族、国家及其大多数的个人，都不甘愿亦不可能把自己祖先创立而承传发展了千百年的文字与道德宗教文化财富变成负资产加以自毁，也都不甘愿亦不可能在此同时学习和全盘改用外国的文字与道德宗教文化。由此可见，原本属于汉字及孔子文化精英的人带头的自毁自灭行为及其后果，是那个时代举世无双的中华民族文化的怪异悲剧。因此，有关误导只能引起不同意见的中华文化精英之士的长期内斗，并且导致备受自残自侮自贬的中国传统文字与道德文化，与备受盲目推崇而全盘引进的外国文字与宗教政治文化杂陈于一国而时常发生的矛盾冲突。

钱玄同与鲁迅等人之所以全盘否定汉字及孔子道德文化，还有一个重要原因，就是对中国现实的国民性做了极其片面的丑化观察与冷嘲热讽。这集中反映在鲁迅的《狂人日记》《阿Q正传》等影响极大的文艺作品中，造成了中华民族是世界上独具几千年吃人历史的最健忘、最伪善、最丑陋的民族的负面形象。我们只要对照同时代的中外革命伟人如何评论中国人民尤其是农民所具有的传统优良道德秉性，就可以看出钱、鲁等人的极端错误。20世纪初日本革命志士宫崎寅藏（滔天）《三十三年之梦》引述寅藏的二哥弥藏说："人人都说中国国民是尊古的国民，所以不进步。这个说法是非常不明智的。他们是以三代之治为政治的理想。……他们之所以怀古，不正是为了大步前进吗？……愿我们能为共同的事业贡献此生，思深入中国内地，一心以中国人为念，思想当谋及百世，收揽英雄，以奠定'秉天意、树正道'的基础。倘若中国得以复兴，申大义于天下，则印度可兴，暹罗、安南可以奋起，菲律宾、埃及也可以得救。……我认为广泛地恢复人权，在宇宙上建立一个新纪元的方策，才是唯一的出路。"[2] 又有异本记载孙中山与寅藏对话时指出：

> 人或云共和政体不适支那之野蛮国，此不谅情势之言耳。共和者，我国治世之神髓，先哲之遗业也。我国民之论古者，莫不倾慕三代之治，不知三代之治实能得共和之神髓而行之者也。勿谓我国民无进取之气，即此所以慕古之意，正富有理想之证据，亦大有进步之机兆也。试观僻地荒村，举无有浴政（清）虏之恶德，而消灭此观念者，彼等皆自治之民也。敬尊长所以判曲直，置乡兵所以御盗贼，其他

---

① 转引自 http：//www.beduu.com/read‑111_3.html 所载《甘地自传》第二十三章《家务一瞥》。（2015年6月13日引）。

② 宫崎滔天著，林启彦译：《三十三年之梦》，广西师范大学出版社2011年版，第40‑41页。

一切共通之利害，皆人民自议之而自理之，是非现今所谓共和之民者耶？苟有豪杰之士起而倒清虏之政府，代敷善政，约法三章，慰其饥渴，庶爱国之志可以奋兴，进取之气可以振起也。①

在近代率先代表和领导中华民族走向伟大革命和复兴之路的孙中山，虽然当时身处失败而亡命日本的困境，其立足于中华民族优良传统道德的革命宏图伟论及其自身的伟大革命形象，令寅藏五体投地，矢志追随终身，故感言道：

彼何其简而能尽乎？言贯义理之精，语挟风霜之气，若不胜如焰之热情，燃而向上，又不胜如花之辩舌，灿以发舒。此实自然之音乐也，革命之律吕也，……余首肯，余心折，余私自忏悔。彼其胸中，具数万甲兵；彼其度量，可容卿百辈；彼其手腕，可以挥斥八极而无怍；彼其容貌，可以备具四时而有余；余无以尽之矣！"百年老树中琴瑟，一斛旧水藏蛟龙。"孙君者，可谓东亚之珍宝也。我岛国民，所谓侠，所谓武士道，大和魂者，皆不足当一笑。呜呼！不愧死，其亦当羞死。②

这种观点，与当时及现在中日两国一些人的丑化华人而同时美化日人之论截然相反，是全面透视和比较了中日两国的历史与现实的真知灼见。《孟子·离娄下》载："孟子告齐宣王曰：'君之视臣如手足，则臣视君如腹心；君之视臣如犬马，则臣视君如国人；君之视臣如土芥，则臣视君如寇仇。'"本来当时的中国农村并没有几个阿Q，但是由于颇具盛名的《阿Q正传》的流行误导影响，中国人的民族与个人的自信心和自豪感备受摧残打击，不独农民被（或自）视为阿Q者渐多，其他各阶层之人被（或自）视为阿Q者亦渐多，而阿Q也就长期成了中国国民普遍存在的丑陋本性的典型形象了。假如孙中山等革命领袖都像鲁迅那样视几千年的国史为吃人的丑史罪史，视国民为阿Q，则怎么会有信心在中国发动国民革命呢？又如何能致力于以民为主的共和国的建立，以及追求实现中华民族的复兴，进而实现东西方民族国家的平等呢？

能否把钱、鲁等人误说成有害的负遗产的汉字及孔子道德文化，正名为汉字及孔子道德文化财富，是能否彻底消除钱、鲁等人之误导所加诸国人的民族与个人的历史原罪感，自我丑化矮化的民族与个人的自卑感的关键。也是能否彻底消除中华民族走向伟大复兴的重要障碍的关键。

---

① 广东省社会科学院历史研究室、中国社会科学院近代史研究所中华民国史研究室、中山大学历史系孙中山研究室等编：《孙中山全集》第一卷《与宫崎寅藏平山周的谈话》，中华书局1981年版，第172-174页。

② 金一译：《三十三年落花梦》《兴中会主领孙逸仙》，出版合作社民国十四年（1925年）重印本，第61-66页。（金一用古雅的文体所译这段话较林启彦的当代白话文译文接近寅藏当时的文体，故选引之）

三、汉字及孔子文化财富返本创新的历史与未来略论

我们回顾历史，在殷周以后的中国几千年文明史中，每到一个非常重大的动乱变革时期，中华民族的文化精英之士都是以承传发展汉字及其所表现的道德文化为己任的。春秋时儒家创立者孔子以"天不丧斯文"之说，作为自己承担创教传道授业的历史使命之依据，以"文"为四教之首，注重文字的整理与教学，特别强调正名（亦即正字）之学。又如经过了六国战乱，到了秦始皇命令李斯等人搞了一套新的篆字来统一天下的文字，目的是要把与秦篆不同的古代的文字及古书都消灭掉，以至搞了焚书坑儒。所以到汉朝兴起以后，孔学与儒生重新得到朝廷的重视与重用，儒学经典尤其是其基础性的语言文字学都得到复兴而大盛。汉朝否定秦始皇厚今薄古、是今非古的文字与教育政策之后，所实行的政策和客观效果既非是古非今，亦非是今非古。而是"不薄今人爱古人"，今文经典书籍与古文经典书籍兼容并蓄。故在现实生活已经普遍使用汉代当时流行的新型隶体字的同时，为了恢复和保存发展古代老祖宗的汉字及孔子的道德礼教文化，汉代的儒家要把先秦至三代的历史典籍重新挖掘出来加以整理传播，所以首先要做好古今文字的通变研究整理工作。由于汉代流行的是隶体字，在经过几十年之后，对于秦以前至殷商的各种古体文字包括秦篆已经逐渐少人认识，所以在汉代就有了《尔雅》《说文解字》《释名》《方言》这些词书、字书、音书出来，使人们能够重新认识各种古字与今字的形音义关系，认识古今通语与方言的关系。代汉而起的三国曹魏也继承了汉朝古今文字并存通行的政策，于正始二年在洛阳开刻，用古文、隶书、篆书等三种文字刻成的《三体石经》，就是这方面的典型的成果。说明当时的儒家读书人必须而且能够掌握这三种字体书写的经典。

其后经过了魏晋十六国南北朝的动乱，曾有很多少数民族进入中原立国建朝，再次使汉语言文字受到很大的冲击和改变。其间不断有各种研究古今语言文字变异汇通的"小学"类书籍出现。例如，在南方的梁朝就有《玉篇》这种承前启后的大型字典出来。后来在隋朝就有《切韵》这种继古开新的音书出来。都是唯恐把老祖宗的语文的古形、古音、古义给弄丢了，在记述整理历代祖宗留下的各种古籍及字书、音书的基础上，编撰很多新的"小学"书籍。达到开新而不忘古，创新而不灭古的目标。其后唐、宋、明等朝的儒家精英在小学方面都有一脉相承的贡献。先后有《唐韵》《广韵》《集韵》与《洪武正韵》等书出现。到了清朝，我们可以看到，满洲人进来了，作为国语的满语也必然把中国古代流传下来的汉语言文字音韵冲击得很厉害。而当时最精英的学者，最天才的那些研究汉字的知识分子，他们是干什么去了？他们首先把精力用于研究老祖宗的文字和音义，致力于古汉字文化道德礼教的复兴。最值得注意的，就是顾炎武这位大师率先出来，提出了不可亡天下的主张：认为明朝的国家政权虽亡，而中华民族

礼教文化的"天下"不可亡。他原来也是反抗清朝的义士,但是为了在清朝统治之下以"匹夫"之责,承担起保卫和发展中华民族礼教文化的"天下"重任,他要留下自己宝贵的生命,不再去搞什么复明的活动了,在他不搞政治活动的时候,就发挥了江南的儒家文化精英的天才优势,埋头研究那些鲜有人懂的语言文字音韵的古今变化,花了三十年时间编撰成了影响巨大深远的《音学五书》,探讨还原"三代六经"的古字音义,创造出超越偏于理学的宋儒的伟大新成果。后来受他影响,康熙时学者编撰出了集古今汉字大成的《康熙字典》。继承他们的乾嘉时期的一些大儒戴震、段玉裁等人,以及清末的孙诒让等人,他们也都主张首先研究解决所谓"小学"的文字问题,然后才能谈义理。"小学"就是研究古今的文字、音韵和训诂的学问,所以梁启超总结清代三百多年的儒学发展成就,远远超过了宋朝的儒家,就在他所说的清学主要成就,就是汉学。真正的汉学是超越了宋学回到了汉代的儒学,把老祖宗原创的宝贝重新弄出来。这是中国意义的"文艺复兴"。

到了清末民初,来自西方的强力冲击和中国内部一些人的全盘西化的追求,使我们的语言文字受到了史无前例的极大破坏。但是,即使是在从事伟大的反清救国革命运动之时,在日本的国学大师兼同盟会革命领袖章太炎仍然开班授徒,举行国学讲习班,传授说文解字、音韵、训诂之"小学",撰写和发表了《新方言》《文始》等一系列承传国粹的天才论著。章太炎还在其主编的《民报》疾呼:"吾未闻国学不兴而国能自立者也,吾闻有国亡而国学不亡者矣,而吾未闻国学先亡而国仍立者也,故今日国学之无人兴起,即将影响于国家之存灭,是不亦视前世为尤岌岌乎?"① 但是,章太炎始料不及的是,当年在其门下亲受教益的两个最有才华而后来影响极大的两个学生,竟然在民国初年成为主张消灭汉字和消灭国学、国粹的领袖。这就是钱玄同与鲁迅。他们都是我本来很敬佩的人,他们受到西方外国强力冲击的影响,出于对民国初年国家民族极度危机的忧虑悲观乃至有时陷入极度恐慌绝望之心境,同样是为了救亡,他们却开出惊世骇俗的夺命药方。一反其师之道而行,不但没有想办法挽救老祖宗的东西,反而提出要消灭汉字、消灭国学、国粹。大家知道,最为偏激要命的一个人就是钱玄同。钱玄同其实是章太炎培养的汉字精英文化代表,当时对汉字学的研究没有什么人比他高深。但是,就是这么一个人,他提出要消灭孔学,就首先必须要消灭汉字。我觉得这是一个非常怪诞而悲哀的事情,怎么会这样呢? 他这个人一辈子就是靠汉字来吃饭,他离开了汉字,我看这个人就活不了。他既是靠写字、靠书法来收润笔,同时在大学里边也是靠教汉字文化领取高薪的人,但是就是这么一个人天天说要消灭汉字。用今天流行的俗话说,这就

① 转引自王宁为《章太炎说文解字授课笔记》所作的《前言》,见王宁整理:《章太炎说文解字授课笔记》的《前言》,中华书局 2010 年版,第 3 页。

是"一边吃肉，一边骂娘"。我说我们儒家最大的一个特点，就是为人必须言行一致，你说得到就要做得到。你都极力主张要消灭汉字，那你就要带头做起。但是你却做不了，你一天都离不开汉字。就等于我们有人天天吸毒，却同时教人不要吸毒。自己天天抽烟，却说你不要抽烟，怎么行呢？所以这个人呢，后来鲁迅先生讽刺他，讽刺他什么呢？他说人过四十岁就要枪毙，讲了这样偏激的话，那么结果他过了四十，他也没有枪毙，他还在活着。鲁迅就说他，"作法不自毙，悠然过四十，何妨赌肥头，抵当辩证法。"这后两句诗是因为他还说过：如果你们要在大学里边开辩证法的课程，我就砍我的头。实际上大学开了辩证法的课，他的头不但没有断，而且长成肥头了。就像这样的人，言行不一，提出非常过激的主张，食言而肥，但是影响非常大。其实，包括鲁迅也有这样的问题。我也是很尊重鲁迅先生文学上面的伟大成就，对他的全集我在年轻时读得滚瓜烂熟，非常崇拜。但是后来对中国汉字学及孔学研究深入了，就深感鲁迅有一些言论也是太过激了，跟钱玄同差不多。例如，他将国粹比喻为人"脸上长了一个瘤，额上肿出一颗疮"。[1] 说汉字是"我们的祖先留传给我们的可怕的遗产"。[2] "中医不过是一种有意的或无意的骗子"。[3] 讽刺以梅兰芳为代表的中国伟大的京剧艺术就是"男人看见'扮女人'，女人看见'男人扮'。"[4] 又如他提倡追求婚姻自由，但是他自己就一辈子，也都没有与那个包办婚姻的原配夫人朱安女士离婚。他是另外与许广平结婚，同时保留着原配在他家里，那就跟孙中山不一样。孙中山的处理方式是，我以前结了婚，是父母包办的。我现在跟她不合了，我就离了婚，再娶另一个，那是合理合法的。但是鲁迅先生他一方面讲应该追求婚姻自由，但是他的包办婚姻却没解除。包括胡适也是这样的人，他一辈子就是跟那个小脚的夫人从一而终了，但理论上他是非常追求个性自由的新学派的人。胡适主张全盘西化，但是就是这么一个主张全盘西化的人，实际上他的中国传统的东西是最多的。对于这类情况，我们只能给予同情与理解。

鲁迅反对孝、反对孔教，但其实他是最孝顺母亲的一个孝子。这方面有点像他论述过的晋代竹林七贤的思想言行的矛盾痛苦，表面以非常偏激惊世的言行反对世俗的礼教，而内心实际是非常尊重忠孝礼教的。我觉得，他有些话真是过激，有些主张不但过去做不到，将来也不可能做到。而且不是因为太过超前而无人能做到，是因为太过偏激而无人能做到。比如说我们最近看到，我们前任的外交部部长李肇星说中医怎么好，把不能动的外国总统治得能打乒乓球了，声称我们最恨的就是中医存在偏见。就在昨天我

---

① 鲁迅：《热风》"随感录三十五"。原文最初发表于一九一八年十一月十五日《新青年》第五卷第五号，署名唐俟。

② 鲁迅：《三闲集·无声的中国》。

③ 见鲁迅：《〈呐喊〉自序》。

④ 鲁迅：《坟·论照相之类》，最初发表于一九二五年一月十二日《语丝》周刊第九期。

看到这样的新闻。但我们知道，鲁迅讲了这么一句话：中医就是有意或无意的骗子。他就以他自己个人小时候的经验为例，他父亲得病了，结果给一些中医治没治好，反而花费了很多医药费。对此，我们不排除有一些中医是骗子，但是你不能把所有中医都说成骗子，是不是？我们也不排除有些礼教的执行者是偏执的，因为墨守礼教把人害死了，这是有的。但是我们不能这样就说礼教就是吃人，我们看看西方有没有人说天主教是吃人的宗教，伊斯兰教是吃人的宗教？没有，根本没有这回事。

那么我们怎么会得出，我们几千年的道德礼教是吃人的礼教呢？这是过激的。礼教本来是教育人、保护人，使人脱离禽兽的，怎么成了吃人呢？而且要吃孩子，这样批评礼教是很偏激的。我想如果说是有哪句话是害人的，就是钱玄同说"人过四十就要枪毙"，这样的话如果真正做起来，害死的人会很多。礼教有没有说人过几十就要枪毙、杀头？没有。所以说，在他们那些时候，有一些人在中国国家和民族处于危亡的时候，心里过于着急了，讲一些过头话，我们可以理解。那么我们今天要重新审视，我们要超越他们。从汉字、孔学到中医、京剧、功夫、百宋千元，金人玉佛等等国粹，被鲁迅等人当年全盘否定的历代祖宗留给我们的宝贵财富，现在都得到新的肯定保护与继承发展。

我们现在为孔子恢复名誉了，我们的孔子学院建到全世界，我们怎么样推动这个儒学的新发展？我觉得是应该从最根本的"小学"亦即汉字学入手。我觉得钱玄同他看得很准，他知道如果你要消灭孔学，不消灭汉字是不行的。因为汉字本身就是传统道德规范的一个化身，它不仅仅是一个工具。我们现在有些人受西方语言文字学的影响，以为文字只是一种工具。我们中国古代的文字，不仅仅是一种工具，直到清朝，都是如此。我在澳门就看得很清楚，在莲峰庙一直有一间仓沮大殿，拜仓颉和沮诵这两个神，就是文字的神。由于信徒要把文字当成是有特别功能的一种道德体现的神来崇拜，所以提出一个口号就是要"敬惜字纸"，凡是在纸上写有汉字的东西都不能随便糟蹋，不能扔掉，要把它收集起来，集中起来举行一定的仪式，把它焚化掉。这种敬拜文字的神庙和信徒的活动，在清朝以前的中国是普遍存在的。为什么我们中国以前的人，对这个文字这么崇敬呢？这是因为有了汉字，我们中国人才真正进入一个文明的时期。所以，必须认清仓颉造字的效果是怎么样的伟大惊人。就是由于文字的发明，使得天上掉下"大馅饼"给我们了，苍颉造字使得"天雨粟，鬼夜哭"，惊天地，泣鬼神。这么一个伟大的发明，使我们整个中国在东亚地区首先进入文明时期，就是因为发明了汉字。所以几千年来，直到明清时期，我们中国华夏文明一直领先于世界。是由于有了汉字，才有后来的一系列影响中国以及世界文明进步的伟大发明，诸如"四大发明"等等。特别是其中的造纸术与印刷术，完全是由汉字文化不断发展的强劲需要而直接推动产生的。

要使得汉字文化能够在今后获得理性的指导下的健康与顺利发展，就必须正确认识原本是一些汉字文化精英在清末至民初提出的简化字方案的历史地位和作用。以便正确处理传统的汉字正体字与当今中国大陆通行的简化字的关系。本来由清朝一些大臣首先提出的简化字以及民国初年教育部准备采纳的简体字方案，目的是让贫民较容易掌握一些日常用字，并无消灭汉字的意图。但是，民国初年制定简体字方案的钱玄同，是坚定的汉字消灭论的倡导者，其制定简体字方案实为权宜之计。该方案原本已经被当时的教育部决定采用，只是被孙中山的忠实信徒戴季陶在国民党中常会上提出反对，才使得这个方案未能在民国实行。否则，可能现在懂得传统的正体汉字的人就成为国宝熊猫一样的濒危稀有动物了。笔者无意贬低简体字，更不是要全盘否定现行的简化字。简体字和今天的简化字是怎么产生出来的？首先是因为在国家危亡之际，很多国民都处于极度彷徨恐慌之中，主张全盘西化的汉语言文字学者颇有市场，他们都受钱玄同这些人提出要消灭汉字的误论影响，以为只有消灭汉字才能救中国人。但是实际上他们自己都不能丢掉汉字，就想出一个权宜的代替品，用作暂时过渡一下之用，先搞几千个常用的简体字让你们用一下。等到时机成熟了，就可以强行把汉字给消灭掉。请看当年《国语月刊》的汉字改革这么一个专号的封面，画的都是什么人呢？这些人拿着西洋文字的字母刀枪，把我们的汉字全部枪毙掉了，表明要用强权武力把汉字给消灭掉。但是消灭不掉的时候，就搞一个简单一点的临时过渡一下。而这种用简化字做临时过渡的主张，恰好适应了中华人民共和国初期经济非常贫困，文化教育非常落后的情况。那时不但人民群众文盲多，而且政府干部也文盲多，急于要用简化字满足迅速扫盲的需要。对于简化字的这种历史功能，可以给予客观的肯定评价。但是，对于现在还继续发展传播清末民初以来夸大了传统汉字的繁难程度及其负面影响的理论，在目前中国文化进入伟大复兴的新常态中，应该给予理性的分析厘清。

那么繁体字，是否真的不能再让中国内地的学生学习使用呢？2009年以来，不断有人大代表提议恢复繁体字。这引起了极大的关注与争论。反对者的主要理由首先是繁体字太难了。我们不妨研究一下，在古代，中国人的识字率是否比西方高？在中国的四大发明传入西方以前，西方人的文盲率肯定比中国高得多。而没有汉字文化的长期发展，造纸术和印刷术这两大发明就根本无从谈起。再看，以往中国的平民百姓是不是因为汉字难才没有学会汉字而成为文盲呢？不是。过去我们老百姓的大多数成为文盲的原因，不是因为汉字太难，而是因为贫穷，很多人连温饱的基本生活都成问题，根本没有金钱和时间去学习。但是，现在这个国家发展了，文化教育乃至大学教育都逐渐普及了，就可以更清楚地看到，这个繁体字对于绝大多数中国人都不存在难学难用的问题。特别是有了电脑，我们现在学用繁体汉字比学用简体更容易，更全面，更正确。因为学繁体字的人再学简化字就非常容易，可以繁简兼用而不会混乱。反过来只学简体字的要读繁体字的书也不很难，只不过相比较而言有时繁简转换会出错。总之，中国人无论学习使用繁体字还是简体字，都比学用英文更容易，在电脑上打汉字的速度比英文更快。那么你看看大陆现在文盲率高还是港澳台地区高？那肯定暂时还是大陆比较高，香港、澳门、台湾人学繁体字，他们那些小孩有没有说比你们学简体字难的？没有这个问题。作为中国内地的人，学英文难不难？难，非常难！有专家研究过，英文是世界上最难学的语言文字之一，比中文难得多。为什么现在中国这么多人从幼儿园就学英文，一直学到博士，也仍然有很多人不能达到"四会"，而且多数人后来由于使用的机会不多，英文就逐渐退步，等于白学了。为什么还有这么多人继续从小就学英文，花了大量的时间、金钱？完全是因为既有某种家庭和社会的压力与动力，而且现在中国的家庭、学校也有多余的人力物力供给孩子学这未必对他将来有用的外国文字。反而目前外国越来越多人学习汉语汉字，也是受到利益的驱动。那么我们怎么可以说繁体字难就不去学呢？明明繁体字对于中国人是比英文易学而又非常有用的宝贵财富，却被说成是既难学又无用甚至是有害有毒的东西，要消灭掉。试想世界上哪有一种文字可以练出一字千金乃至一字万金的书法家呢？只有精通汉字，包括简体、繁体、各种古体的汉字学家可以。当然，当今也有一些贪官，利用略懂书法之便，借写字豪取巨额金钱润笔。这也可以说明汉字在不论古代还是在今天与将来，的确是非常有用的宝贵财富。

但是因为汉字拉丁化根本就是无法实行的错误空想，故此使得本来是权宜之计，不成系统的部分简化字变成内地长期使用的合法字体，而被简化了的这部分汉字的原型就成为内地长期不能合法学习和使用的"繁体字"。而随着内地的开放改革和经济发展，电脑普及使得涵盖古今各体汉字都得到广泛的应用。这就形成了现在只有几千个简体字，再加上绝大多数没有被内地简化或规范化的繁体字混用的局面，这样就搞得现在我们内地的文字系统及使用情况十分混乱，严重影响了两岸四地的书同文。因为我们现在普遍的教育程度已经到了大学，试问在大学里，你光是几千个简体字能够满足我们大学生尤其是他们在研究中国文化历史时的读书撰论的需要吗？不能，满足不了。那么在满足不了的时候，人们自然会把简化字与没有简化的字混到一块使用。严重的问题就在于人民群众自发将繁简字兼用的情况下，造成了很多文字使用的错误与混乱情况。我另外有文章专门讨论这个问题，这里不多谈了。

再说在清末民初，当时与钱玄同他们不同主张的，就是以领导国人进行返本创新的伟大革命的孙中山、章太炎等人为代表。孙中山在领导国民革命中一直提倡，要保存我们伟大的汉字和传统道德文化，我这里略举一下，就在他的《建国方略》中批评了这些所谓新学之士要废除汉字的主张。认为中国"虽以积弱，屡遭异族吞灭，而侵入之族不特不能同化中华民族，反为中国所同化，则文字之功为伟矣。虽今日新学之士，间有倡废中国文字之议，而以作者观之，则中国文字决不当废也。"到过美国留学并且受过英文大学教育的孙中山，却留下了大量发扬孔学的既革命又传统的"天下为公""大道之行"等书法墨宝。我觉得孙中山先生这个言行一致，知行合一的主张和实践是非常正确的，值得我们继承发扬。

我今天提出一个观点，唐朝韩愈提出"文以载道"这样的说法。我认为可以更进一步提出"字本表道"之论，因为在古代中国，这个文字不仅是工具，其实它就是"道"的另一种表现方式，这是我们老祖宗非常伟大的一个发明。我看西方欧洲的文字，就没有这么一种表道的功能结构，故此它只能够是一种工具、记录语言的载体。虽然古印度人把梵文说成是梵天发明的，完全是神创造的，原本也可能有类似汉字的表道的功能结构，但早已随着印度佛教的灭亡而基本失传，只有在汉传的佛教梵文字母学中留下一些痕迹。

在古往今来的世界上，我觉得汉字的实践功能效果是非常独特伟大的。首先必须认清汉字为什么具有这么大的凝聚力。我们中国就相当于欧洲，如果按照西方文字的发展，那只能够每一个省都有自己一套文字符号，像欧洲那样相当于中国一个省的国家都有自己的文字。所以欧洲人就有一种说法，你想搞一种国际通用的文字，上帝是不会同意的。按照《圣经》有关巴别塔的传说，上帝既然不能同意世界各国的人有统一的语言，也就不会允许人类有统一的文字。以防人类共同联合起来，超越上帝。所以各个民族、各个国家都有自己的语言文字。但是我们中国古人就是发明了这么一套具有特殊功能的汉字，可以让说不同的语言、方言的民族或国家的人，都可以用这么一套文字。如果单纯讲话，北方人听不懂我们讲广东话的，但是你写出来我们都知道，那就是汉字的伟大功能。甚至日本人、韩国人、越南人都可以用汉字表述他的语言。早期去日本留学的中国人，不懂得日本话，他们都可以互相用汉字来和日本人做笔谈交流。欧洲的文字没办法做到这一点。这就是我们汉字为什么能够成为大一统的中华民族的共同文字，甚至东亚各国的共同文字，这个非常了不得。因为它并不是像欧洲文字那样靠武力征服殖民地来强迫别国使用它。古代东亚各国对汉字的采用，完全是出于心悦诚服的自愿学习借取。可以说，没有连绵不断的汉字，就不可能有连绵不断的中华文明。

那么我们如果在过去或将来废除或消灭了汉字的全体或大部分，你想想这个后果会怎么样？如果我们现在不开始集中两岸四地的汉字文化精英，利用电脑这个新工具进行全面整理继承发展古今各体汉字的工程项目，使得伟大的汉字文化系统得到创新发展的复兴，如何能真正实现中华民族的伟大复兴？所以我想，我们既然说要创新发展，就要用我们传统的老祖宗的方法，就是你每要创新、每要发展，都离不开你那个本源。历朝历代的儒学精英，他们为了民族的复兴，国家的发展，他们都必定要重新去老祖宗那里找出他真正本源的东西出来加以新的发展。既然毛笔时代的中国儒家精英有能力同时掌握三体汉字、四体汉字，那么电脑时代的很多中国人，尤其是在香港、澳门地区的中国人，已经显示出同时掌握包括繁简字体在内的五体或更多体汉字的能力。同时还有余力掌握英语或葡萄牙语等外国文字。

总结中国几千年的文明史，可以说："字本表道"，汉字文化兴则中国兴，汉字文化衰则中国衰。正如章太炎先生所言："吾未闻国学不兴而国能自立者也！"

四、针对"目不识一"的情况：略析"一"之义蕴与音衍

必须正确认识汉字文化的博大精深，才能够从理性上珍惜和维护发展汉字文化。有些人说我们汉字是象形文字，或者说是表意文字，这些都是片面的。因为任何一种文字都是有它的形音意，我们汉字是非常高级的一种用独特的字形和原来的口语的词义、词音结合起来的文字，这跟古埃及那些低级的象形文字不可同日而语，千万不要说我们是象形文字或者表形或者表意文字，这都是片面的误说。对汉字做出一个非常准确的评价的，我觉得就是陈寅恪先生，他提出这么一个观点，是从史学大师的眼界来看的。他说："依照今日训诂学之标准，凡解释一字即是作一部文化史。"[①] 我想我们现在有些人研究古文字，只是逐个字地简单解释几句就完了。汉字不是这么简单，我想只有像陈寅恪先生这样非常精通国学，真正的国学大师才讲得出这么一句发人深省的话。

傅斯年先生创立历史语言研究所的时候，他就总结出中国的学问只有历史和语言两部分。所以在当时的中央研究院，没有什么哲学研究所，也没有什么文学研究所。因为中国传统的学问就是历史和语言文字学。孔子就是一个历史学家，就是一个语言文字学家。他教的东西是什么？《论语》说："子以四教：文行忠信。"[②] 文就是文字，离开了文字你讲什么大道理？所以当时中国的孔子信徒，首先都要跟他学习体现传统道德的文字学，也就是"正名（这里的"名"就是指文字）"之学。因为孔子是述而不作的，他所传教的文字，就是他的祖宗仓颉所创造和传下来的那一套"雅语""雅言"的文字系统。而这套文字系统本身就是殷朝人的道德礼教系统的文字化身。

以前有一句话讽刺人家不识字、文盲，说是目不识丁。这个丁字，我想今天很多人也不一定知道丁字有几个读音，有什么意思。这里我不讲丁字了，我就讲比丁字更简单的"一"字。"一"字是最简单的一个字，就这么一横。但是，现在也可以说大多数人都是目不识一。我讲这句话可能得罪很多人，但是你看看，你能够讲出"一"字有什么意思吗？我看没有几个人能够讲出来。我也是经过反复研究了好多年，才知道原来"一"字不是这么简单。我以为我在小学一年级前的幼儿时期，父母早已经教会我知道

---

① 沈兼士：《"鬼"字原始意义之试探》的附录：《陈寅恪先生来函》，载《沈兼士学术论文集》，中华书局1986年版，第202页。又载陈美延编：《陈寅恪集·书信集》，三联书店2001年版，第172页。

② 《论语·述而》。

"一"字怎么写了。以前有一个笑话，说有一个有钱人请一个老师教儿子学写字。首先教"一"字，"一"字就一横，"二"字就两横，"三"字就三横。这个富翁的儿子学到三字以后就对父亲说，不用学了，我都懂了，你省下这个钱吧。行了，把老师给解雇了。结果这个老爸叫儿子，说我明天要请一个客人来吃饭，你帮我写个请帖。儿子说好，你告诉我客人的姓名。结果，这客人姓万，他怎么写呢？他写了老半天连个姓都没写出来，他老爸就看他。他说不行了，我写老半天才写了一百来画，你干脆给个梳子给我，用梳子沾墨拼命画。他以为一字一画，二字二画，三字三画，万字就是一万画。还埋怨说：怎么这个人这么多姓不姓，偏要姓万？这个讲笑话了。这个一字不是这么简单，这一划并不仅仅表示一的数字。其实，在 20 世纪 30 年代，由王云五领衔，实际是由饶宗颐编纂的《中山大辞典"一"字长编》，[①] 就用了近五百页的篇幅收载了"一"字的 58 个义例和以"一"为字头的历代词语。

我们知道，从《说文解字》到《康熙字典》，都把"一"字排在第一个部首的第一个字。这样的排列不是没有意思的，是有非常深刻的意思在里边。而我们现在的《新华字典》把"一"字排在哪里？因为它受英文字母的影响，用汉语拼音字母的排列，排到倒数第二个的 Y 音部底下，那么就差不多是排在最后了。这样"一"字的重要地位和意义根本看不出来，这个问题很严重。

那么"一"字到底有什么意思？《说文解字》总共收录了九千四百多字，它把这个"一"字列为第一个部首，第一个字来解释。它说"唯初太始，道立于一。造分天地，化成万物。"这里的"太始"是大徐本的写法，清人多从小徐本写成"太极"。我还是比较认同"太始"的，当然详细我不论证了。你想想，这个"一"字象征着太始，它是整个道的立足点。道与万物都是由这个"一"产生出来的。那么这个"一"的意思是非常多变了，而我们的《新华字典》不但把它排到倒数第二个音部那个位置，把它解释得很简单："最小的正整数"，一二三四的一，就是一个最小的正整数嘛，很简单。那么这个差别就很大了，如果我们光知道《新华》的解释，我们就没办法懂得古人赋予"一"字的很多含义。我很简单地问你，秦始皇的著名诏书说："廿六年，皇帝尽并兼天下诸侯，黔首大安，立号为皇帝，乃诏丞相状、绾，法度量则不壹，歉疑者，皆明壹之。"这个一字的异体繁写"壹"是什么意思？《阿房宫赋》说"六王毕，四海一"，这么一句中的"四海一"是什么意思？这个"一（或壹）"就是最小的正整数字吗？用这能解释通吗？其实这个"一（或壹）"都是统一的意思。

我们看《说文》，直属于"一"这个部首的有几个字？直属"一"部的第一个就是"元"字，它解释说："元，始也，从一"。那么这个元字就是"一"的一个变体，这点

① 王云五总编纂：《中山大辞典"一"字长编》，商务印书馆香港分厂 1938 年印行。

在《春秋》鲁隐公元年，已经对"元年"的元字做同样的解释。本来说鲁公一年也可以，用它的变体元字，是更清楚地从字形结构上表现出天人合一的"道"的原始功能和意义。这个元字的结构，底下是一个人，再上面这个一是代表天的。而直属于"一"部的第二个字是"天"字，"天"字取意于人头的"颠也，至高无上，从一大"。而这个"大"字是用张开四肢的人来表示，在人的头顶就是天。他为什么要用人头，不用猪头或牛头、马头呢？那是造字者认为在这个宇宙中间只有"天地人"为三才，没有说天地猪或其他三才，这是天人合一的一个基本思想，从"一"这个部首的几个基本文字开始构建表现道统观念的文字系统。以人的头或者人的形象，再加上表示至高无上这个天，这么一横，这表示天了。因为你很难用图画画出一个天来，我们古人就想出，用一个人的头顶来表示天。在天字之后的"丕"字，也是"大也，从一，不声"。其实所有的汉字都离不开"一"及其变体，只不过这个"一"在汉字里面的不同位置，表示不同的意思，就是这样衍生出一个个汉字。

我这里不能全部列举，我选了一些比较有代表性的。比如说"甘"字，"从口含一"。这个"一"表示"道也"。这个官吏的"吏"字，"治人者，从一，从史。"这个"一"字代表道法，关键是要守法的。这个"不"字也是"从一，一犹天也。"表示一只鸟往天上飞而不下来，这里的"一"呢，是表示天。这个至字是"从一，一犹地也。"表示一只鸟下飞方至地上。故这里的"一"是表示地。三（天地人之道也），这里的三横分别表示天地人之道也。干（从反入从一），这用反写的入字进入表示咽喉的一，以表示干犯之义。丂（气欲舒出，丂上碍于一也）；亏（象气欲舒，亏从一。一者，其气平之也）；音（从言含一）；都是用"一"表示咽喉。丙（从一入冂，一者，阳也。）；酉（为秋门，万物已入一）；都是用"一"表示气、物入藏之处或之时。《说文》最后两个字：戌（从戊含一）、亥（复从一起）。这表明汉字系统是始于"一"，又终于"复从一起"。也就是说，这个"一"字贯穿了一万三千多个汉字。也就是孔子所说的"吾道一以贯之"在文字系统的体现，这也是《易经》太始之一所立之道的文字体现，可见绝对不是"最小的正整数"这么简单。现在《新华字典》把它的含义简单化了，把由它衍生的文字系统打乱了，把它的位置排后了。我们就很难知道老祖宗以一字为首的文字系统的个体与整体的意思，就根本没办法认识孔学为代表的传统学问的真意了。

孔子讲过："吾道一以贯之。"你必须认识到"一"的含义这么复杂，你才会明白孔子说"吾道一以贯之"，是有这个"一"字的基本解释为基础的。虽然老子是道家，但是他也继承和说明过"一"的复杂含义，他说："天得一以清，地得一以宁……万物得一以生，侯王得一以为天下正。"这个"正"字也是"一"加上一个"止"字。太阳的日字，里面那一横也是跟阳有关系，不是偶然的。除了太阳的日字，中间那"一"

或"乙"表示"阳"或"阳乌"的意思，从音来讲，这个日字跟一是一个同音关系，与"阳"是入阳对转关系。普通话的日字声母由 j－变成了古汉语没有的 r－声，这就是使得日与普通话声母做 y－的一、阳的同声关系改变了。我们广州话就很清楚的，表太阳的日字没有卷舌音 r，明朝以前的汉语都没有 r 音，故"日"在粤语是 yat6，"一"的音是 yat1，两音非常接近。日里边的一横，既是表阳的"一"在里边，也是表日字从"一"声读作 yat6 的原因。我们现在普通话受到满语的影响，有很多音韵没有了，声母也改变或增加了。故没法表现"一"与"日""阳"等一系列字的形音义关系。

最近有人发表一篇文章，他说如果当年日本人占领了全中国。那么我们汉字都要按照日语的读音来，就会变得更加不成样子。比如"东京"的日语拼音为 tokyo，它没有－ng 尾的。清朝是满洲人统治中国当了皇帝，满语成了国语，我们汉语受到满语的影响。所以当时只有南方人还保留了较多较古的正音，因此，顾炎武这些南方的学术精英，才有能力把古音搞出来。那么现在我们推广普通话的同时，就要特别注意保护南方的各种方言，因为古音主要保存在南方方言中。目前在汉语里边，唯一保留古音系统比较完整的，就是我们粤语方言。不是因为我是广东人，所以我特别强调保存粤语方言的意义。传统的广州话，光是声调就有九声。我们今天普通话没有入声，把古代的入声全部都分配到平上去三声了。没有 ng－的声母，反而增加了 r－声母与 er 韵母。没有－m 的韵尾，把－m 合并到－n 了。没有－on、－ong 的韵尾，把－on、－ong 分别合并到－an、－ang 了。这样就没办法读准古书文字的音，也没法准确理解古书文字的义，因为古音是跟古义是联系在一起。你没办法懂得它那个音，你很难正确理解它的义，你只能用简体字和普通话阅读古书，就很难从文字的形音义的关联来理解古人的原意。例如，人与仁普通话读作古代没有的卷舌声母 ren2。儿与而字，普通话读作古代没有的卷舌韵母 er2。义字读作 yi4，殷字读作 yin1。但是人与仁在广东话读作 jan4，儿与而字读作 ji4，义字读作 ji6，殷字读作 jan1，都有相同的声母 j－。可见，普通话把很多原本声韵相同或近同的字变成了声韵很不同的字，这样就使你很难知道它们原有的音义密切关系。

如上所述，这"一"字可以表示太始，表示道，表示法，表示大，可以表示天、地、人、阳、气、咽、嗌等等。我们说，为什么这个"一"字要读这样的声音呢？就是跟我们咽、嗌有关系。我们古人对这个字的读音，首先是根据人本身的发音来命名的，而将之推广用于没有发音的事物或者别的能发音动物的相关或相似部分。

首先，汉语古音学说的五音，是古人总结基本的五个发音，喉音、牙音、舌音、齿音、唇音，实际上这些音的命名用字的形音义都跟它的发音部位是一致的，喉音就是指以喉字为代表的一类字音，都是在喉这个部位发的。牙音就是指以牙字为代表的一类字音，都是在后颚的大牙这个部位发的。齿音就是指以齿字为代表的一类字音，都是在口前面的小齿这个部位发的。我们现在的人，已经牙、齿不能分，以为牙就是齿，齿就是牙。其实古文字的牙与齿的象形是区分得很清楚的，在口腔内靠后颚较大的臼牙才是牙，靠前唇较小的才是齿。舌音与唇音都可以如此类推。所以这个"一"与"咽"字的声音，都是从咽这个地方发的。我们试用保留古音的粤语看看，这个"一"可以读作 jit1 或 jat1，其发音就是这个气仅仅在后颚与喉咙交界的咽、嗌这个部位挤压出声。为什么我们汉语把人体这个部位叫作 jin1 并且写作"咽"呢？咽字从口表示它位于口内。左从因表其声因，兼表其为决定人生之因。其字音就是由"一"这个入声转为阳声，结果就是 jin1 咽。又如前所述，"丂，气欲舒出，勹上碍于一也。"又"一"形变音转为义近同而经常互用的乙（jyt6）字（太一又作太乙，一个又作乙个）。其字形"象春草木冤曲而出，阴气尚强，其出乙乙也。与丨同意。乙承甲，象人颈。"乙字形取象人颈，其音又取人咽喉所发入声的"一"，故"一"与"乙"的原始音义出于人的咽、颈。一、乙又转音为噎 jit1 嗌 jik1，又转为阳声 jin1 即为"咽"的正名之音。我们都有这样的经验，如果吃东西不小心噎住了，发出的音都大同小异，保留古音的粤语能较为准确地反映这种声音，就是把噎读作 jit1 或 jik1、it1、ik1。所以"一"与"噎"、乙、咽、嗌等，都是同一个读音的轻微转变。其他有关的字音也是由"一""因""咽"的同声变异衍生的。例如，用人口讲的为语（ju3）、言（jan4）、音（jam1）、曰（joek6），用人口的吃喝的吃（jak3）、饮（jam2）等等，在保留古音的粤语都属 j–声类的。所以我认为由于说咽为人体最要害之处，就是所谓"一"的出入部位，如果你这个地方卡住了人就会死，这是气、水及食物进出口。所有动物都有决定其生死的咽喉亦即"一"的部位，故类推决定其他事物生死成败的原因之点也叫作"一"。另有"嗌"的音义与咽、噎相同。古代杀人多用割喉斩首，故也叫"殪"，音同而反义。绞刑用绳索吊颈，故称为"缢"。因为"道"是很抽象的，故古人不用属人和动物的咽、嗌，而用既可表咽、嗌，同时又可表抽象而含义复杂的"一"来表示"道"所立之元始。同理，用人的头顶这个部位之上来表示含义复杂的天。由此可见，我们老祖宗造字的基本原则是"近取诸身，远取诸物"。首先我们最基本的字音是从我们人本身的发音的部位来命名的。其他没有声音的，就用关联类推的方法为它造字定声定义，如"缢""殪""乙"等字皆如此。至于甲乙的"乙"与表示"燕子"的那个乙（乚）的古字形差不多，读音也差不多。是由于玄鸟（乌鸦或燕子）是殷朝人传说和最崇拜的神鸟，也跟当时天下第一的这个殷朝的"一""殷"之音有关，故一、殷、玄、燕、雅（鸦）、乙都是属 j–声类的同声音转关系。在音意方面有密切的关联。

再看，我们的"人"字为何与殷朝的殷字音韵相同？这个朝代的名称跟其对"人"的定义与称呼一致的情况，其实在古代中国及其周边的各民族、国家是普遍存在的。日本学者白鸟库吉的《东洋民族考》曾有所论述。①创造文字的殷朝人将其他比自己落后、弱小的族国及"人"的名称用兽旁或虫旁等丑化的字来蔑称之，此习惯一直沿用到清朝民国。虽然中华人民共和国在文字上已经有所更改，猺、獞等字都已经改为瑶、壮。其实在方言里边，还保留了很多古代少数民族对于自己部族的"人"的自称之音，不是叫"人"的，其称之音如"狼""熊""蛮""蚊""貉""狢""獠"等等都有。比如说福建，至今仍保留古称旧字而写作"闽"，其实就是蛮的转音变形。由于东亚其他国族的祖先都没有文字，只有我们华夏族的殷人发明了汉字，就把自己这个"人"字的美好形音义归于自己这个族国的人专用。至于其他的族国之"人"，你没有文字可以丑化我华夏族国及人之称，而我则可以把你的族国及人之称写成反犬旁或者虫字旁等等。其实蛮、猺、獞、闽、蜀等字音的原词，都应是"人"的意思，都同样具有"自大""自尊"的美好意义。像英国男人自称为"man"，如果我们清朝人最初照音写，就可以把他们的"man"译写成"蛮"字。对于日本国人，我们的汉朝祖先对他们相当客气了，还给他加了一个单人旁，写作"倭"。

殷朝人确立"人"字的定义为"天地之性最贵者也。"同时还确立"人"字的字形为"象臂胫之形"的殷人行礼形态。"殷"字的右旁定义为"归也，从反身"，具有自我反省修道之义。而"殷"字的定义为"作乐之盛，称殷。"这并非"夜郎自大"，而是因为殷朝的"人"确是当时东方最先进，最懂文明礼貌，最强大的国家之人。因此，其以"一"为始的道德系统与文字系统，显示了"一"与其自我尊崇和珍重的人、仁、日、殷、恩、咽、燕、乙、元、义、儿等字的形音义的密切关联。例如，义（ji6）跟儿（ji4）是同音异调。它们与仁、人（jan4）都是阴阳对转关系。相对而言，人比儿大，仁比义高。所以分别以阳声和阴声表示。人的异形同音同义的古体字作"儿"，《说文》释其义说："ﾌ（儿），仁人也。古文奇字人也。象形。孔子曰：在人下，故诘屈。"而今天的简体儿字的原本正字，则是在此古文奇字的人字之上加一个代表小孩的大头"臼"作"儿"。古之造字者所以用"在人下，故诘屈"的字来象征"仁人"之形态，原因就是孟子所揭示的大人亦即仁人长者与儿童赤子之心的关联。所谓能保持赤子之心方为大人。其外在的表现就是保持"在人下，故诘屈"行礼形态。这与《说文》关于ﾌ（人）的正字是"象臂胫之形"的行礼形态是一致的。而现在我们把它作为指小孩的简化字是"儿"了，但现在儿童的"儿"原来的前面还会加上一个小孩的头，特别的大，那才是儿，是读。这个简化字的"儿"在古代是表示仁义道德的仁，是这样。那么这么一个符号，是表示玄鸟，一般写成甲乙丙的乙，其实原来就差那么一点点，玄鸟后来

---

① 白鸟库吉著：《东洋民族考》上编《东胡考》，方壮猷译，商务印书馆1934年版，有关文字见该书第3-4页，第16-18页。

一般解释为燕子，后来我想呢，与其说是燕子，倒不如说可能是乌鸦。我等一会儿再解释这个事情。

那么我们知道，我们现在主流的读音都把"人"读成"人"了。其实在方言里边，保留了很多古代少数民族对于自己部族的"人"的自称，不是叫"人"的，叫"狼"的也有，叫"蛮"的也有。比如说福建人，为什么叫闽，也就是蛮呢？他没有文字，那么我们华夏族的殷商人发明了汉字，他把自己这个"人"字归自己这个部族。那么其他的部族，你说你是"蛮"，那我就把你写成反犬旁或者虫字旁的那个蛮。其实那个"蛮"字是"人"的意思，在他的部族。像英国人叫自己叫"man"这样，意思一样。如果我们照意音写，他们叫人叫"man"，你可以写成"蛮"字。为什么有瑶族的，"瑶"其实既是那个族的称呼，也是他们自己对自己的称呼。你问他是什么人？他说我是瑶族，就是这样的。所以在古代，有很多异族的名称，都给人家加个"虫"字，加上一个反犬旁。那么日本人，我们当时对他客气，还给他加多一个单人旁，是"倭"，他自称是倭，那么那是他对人的称呼。

那么只有殷的国族之人，他们自称为"殷（jan1）"，所以稍微转一下音调，由阴平变成阳平声，就变成"人（jan4）"，可见国族的自称跟他们对自己的"人"称是一样的。那么为何写成这么简单的意音形结合的字"ᐣ（人）"呢，为什么这样写？为何不把"大"字作为"人"字呢？"大"字也是人形，为什么比"人"字加了一横就是"大"字呢？《说文解字》给了"人"字这么一个解释：所谓"人"是"天地之性最贵者也"。那些不属于"天地之性最贵者"的国族，那些被认为很下贱的跟禽兽差不多的，就可以全部加上反犬旁或虫字旁，不承认他们是人。《说文》在"人"字的定义之后接着说明其字形是"象臂胫之形"。这个象臂胫之形为何能够作为"天地之性最贵者也"的标志性象征呢？这应该是汉朝儒家的常识或由于当时的老师会对学生进行口头的讲解说明，故《说文》无须多加赘说。但是，在今天就成为无人解释的千古之谜了。据我的浅见，这其实就是象征一个人在按照儒家，按照殷朝人既定的礼节在那里敬礼。我来示范一下，就是这样，是这样打躬作揖之礼。那么如果要用一竖的字形对此行礼作正面的象形是不可能的，因为正面就变成一竖了，是不是？他得从侧面来象形，就可以用这样最简单的两画的字形符号，象征了打躬作揖这个流行了几千年的礼教行为的最基本最有代表性的标志性动作形态。这样一个"人"字的意音形的结合，的确是殷人始祖仓（商）颉的伟大发明创作，那是很了不得的。因为人有很多不同的国族文化，有很多不同定义和发音的"人"称，在不同的文字系统中可以用不同的字形来表示。但是，仓（商）颉就用这样简单的"人"字，将殷朝所继承发扬和传播的华夏道德礼教文化的"人"的基本行为规范确立，成为殷朝及继殷的周、汉至明清皆沿用不替的基本礼节。虽然今人用了简体字，但是这个人字是无法简化的。不过却是知其然而不知其所以然，大多数人已经不知行传统的"人"礼，不懂得打躬作揖了。值得注意的是，近年来香港已经有人提倡复兴拱手礼，我们国家的领导人也经常对公众拱手致敬。我认为，随着汉字文化和孔学的复兴，几千年的拱手礼也应该复兴。

五、汉文字的原始义音形与孔学的真意价值

我们看到了"人"字跟"儒"，跟仁义道德的"仁"，跟"殷"，恩惠的"恩"，跟优秀的"优"，跟"柔"都是同一个声母，稍微转一下。我们读了顾炎武的《音学五书》、章太炎的《新方言》《文始》等书，我们知道他们很讲究音训，都讲到字形变异的声音相同或相近，或古今通语与方言的音韵稍微转变的音义关系。

那么"仁"字，是"亲也，从人从二"。有不少人以为这"二"字，就是指两个人。怎么仁义道德光是讲两个人的关系，不是讲所有人的关系吗？这不能够解释为数目的二。而且徐铉最早的注释就说"仁者兼爱，故从二"，这个兼爱不是儒家的学说，是墨子的。这个基本的东西都搞错。所以我说，这个"二"字在《说文解字》里面，一直都说这个"二"字表示上，表示天。下面这长的一横是表示地，加上上面这短的一横呢，就表示上或天。它有些时候写成一竖一横，也表示上或天。如果是表示数目的"二"字，在《说文解字》里边，是两横一样长短的。所以我认为，"仁"就是天人合一，这左边这个"人"旁，与右边这个"天"合起来成为一个字，这天人合一的结果就是表示"仁"。仁义道德的"仁"就一定要天人合一，保持它的天良，保持它的天性。汉儒所谓道之大原出于天。

这个"示"字，从上边的"二"这个符号就是表示上天，我们不能读"er"。上天显示的意思才叫作"示"，所以这下面的三竖呢，是所谓日月星。古人为什么要观天象？看看天意如何，这也是天人合一的理论。那么你可以不相信，但是我们不相信归不相信，我们不能不知道，老祖宗为什么这样造这个字，凡是与神、与天有关的，都从"示"字旁。你不知道这个意思，你就对所有的有"示"字偏旁的字的意思，都难以理解。遗憾的是，我们现在的《新华字典》就完全没有这个解释了。

"仁义"跟孔学的关系。当我们现在很多人根据古文字各种变体的说法，就否定董仲舒这样的说法，我觉得这是一个标准的解释。你可以说异体有别的解释，但是我还是认同。为什么"王"字是要有三横加一竖？这个意思，我相信它是比较接近我们古代人对"王"字比较标准的一个看法。引用孔子的说法，孔子曰"一贯三为王"。在天地之间有很多动物，比如说大象、马、骆驼等等比人高，为什么不用它头顶来表示天呢？他要用人？那肯定人不是从体积、面积来讲的，从他的道德、力量各方面来解释人的"大"的意思。

西方的哲学家，他对人的定义有一个很著名的说法，柏拉图说，什么叫人？人就是没有毛、两只脚的动物。老天爷，你怎么能够这样定义人呢？所以当时有一个人不服气，就把一只鸡给扒光毛，这就是你说的人吗？他无言以对。不能够把人说成是没毛的动物。那么近现代也有一些西方的哲学家说，人是会思想的动物，到底这些所谓猩猩甚至鸟类，它会不会有思想呢？可能这也是很大的争议，能不能把思想作为人和其他动物的一个区分点？还有人说，人是会说话的动物。我们古代荀子他们说，鹦鹉就能说话，就是这样说的。能不能说动物没有语言？我想动物有语言。现在研究了那些海豚，那些禽、鱼，它都可以发出声音，动物有动物的语言，你不能说动物没有语言。还有一种说法是，人是会使用工具的动物。现在《新华字典》用了这么一个定义，人是会使用和创造工具的劳动的动物。这个定义是不是能够得到所有人认同？我看也未必。我个人认为这也是一家之言。你可以讲这个，你可以认为你对。但是你不能把别的说法都不提。你可以不赞同，但是你不提，那么我们没办法理解古人关于"人"的定义。天地之最贵者也，这个定义，你可以不赞同，但是你不能不提。我觉得作为一本传播汉字知识而影响极大的字典，一定要保留古人关于人的定义。

古罗马法规定，奴隶及蛮族都不是人。那么我们也可以看到，关于人的定义实际上是很复杂的。殷朝人只承认他们自己国族是人，其他国族都是近于禽兽蛮族，那跟古罗马的法律有相通之处，在当时有它的合理性。即使在今天，我们也不能够完全抹杀类似的说法呢！比如说，我们看到有些人从生物学讲，他是个人，是自然的人。但是他的行为，他犯过的罪，从道德和法律方面说，我们认为他不是人，是豺狼是禽兽，甚至禽兽不如，是乌龟王八蛋，是害人虫。法律规定不能杀人，但是我们通过法律可以判决某些反人类的罪犯不是人，可以枪毙他，杀掉他，怎么还能说他是人呢？你看好像那些侵华的日本人，他本来是人，但是他侵略了我们中国，杀人放火强奸，我们还说他是人吗？我们说他是小鬼子，是不是？我们不是杀日本人，我们是杀小鬼子。本来"鬼"在古代是好的，是神的意思。但是在后来，变成邪恶的东西。我们不是杀人，我们是杀鬼子，是杀豺狼。那么你就没有犯罪感了。相反，美国放了两个原子弹，杀死了很多普通的日本人，那个飞行员难免有犯罪感，后来就发疯了。所以为什么我们战士上了战场，对于侵略者没有一点犯罪感就开枪把他打死了？因为在我们战士心目中，这些是人吗？这是人形的动物，衣冠禽兽而已。所以来讲，我觉得人的定义，还不能这么简单，说知道使用工具都是人。那么我们开枪把那个罪犯打死了，我们就杀了人吗？在古代，我们老祖宗曾研究、讨论过这个问题：杀盗贼是不是等于杀人？按照人是"天地之性最贵者也"的定义，显然杀盗贼并非杀人。桀纣虽然窃据了人君之位，汤武起兵诛杀桀纣既非杀人，更非弑君，是应天顺人的革命，诛杀"独夫民贼"而已。

我觉得我们《新华字典》对"人"字只用这么一个解释，是过于简单片面的，因为单凭制造和使用工具的能力，既不能够把人类与其他动物截然区分，也不能把人类中的自然人、禽兽人、败类人与文明、法律和道德规定的人区分。任何文明社会都有道德、法律规定的做人资格。另外我们现在法律上还有法人，法人不是自然人。法人只是一个商业机构，怎么说是会制造工具、使用工具的动物就叫做人呢？所以我觉得，现在我们关于人的定义，还要重新讨论。这些都是西方的一些语言文字的观念传过来，对我们传统的一个破坏。

《新华字典》解释"天"，说在地面以上的高空。怎么地面以上的高空就是天？那在海面以上的不是天吗？海比地还大，你这样解释全面吗？为什么我们古人不说地面呢？我们说，除了天地还有人呢？不是直接从地就讲到天，还在人之上才有天。到底谁的定义好？我觉得老祖宗的定义比现在《新华字典》要好，大家都可以讨论一下。那比如说民以食为天，这个"天"就是指地面以上的高空吗？我们古代人说"上邪"，就是天啊，这个天是表示高空吗？所以说，天是非常复杂的。天人之间的关系，不是我们现在《新华字典》这样的解释就可以解释得通的。如果按照它这个定义，我们根本没办法读古书了。

另外什么叫作大小？纯粹从物理的形状、大小甚至多少来比较，我就问你一下，按照你这个定义，那么什么叫小人呢？是讲他的体积不够那个君子大吗？纯粹是从道德层面上讲。正面的人尽量张开四肢来表示大的意思，那是有深刻用意的。不然他为什么不用大象表示大，要用人来表示大？除了形状还有道德的东西在里面，你不能光看这个表面。

我刚才讲到"示"字，我们古人的"示"字，上面两横是表示上天的意思，下面这个"小"字不是大小的小，现在变成了大小的小。它（示）是表示日月星，用天上的星象最显著的东西来表示显示的意思。但是我们现在的解释，把事物拿出来，指出来，就好像是人的行为。这个"示"不一定是人的行为，自然的东西也可以写"示"。当然你说他写得对不对，一些神秘主义说地震是表示什么天意，那个月食怎么样，我研究通过天象、自然的现象，表示某种道在运行，告诉皇帝要注意。那你可以不赞同他这个说法，但是你不能够抹杀这种说法的存在和它的影响，不能不提。

我下面要讲一下孔子的儒学就是人（仁）学。除了我刚才从文字音意这样讲，这个儒字跟人、仁、而、儿、义的意思和读音有关联。所以孔子的教学首先要学生从基本的文字入手，不但要认识人、仁、而、儿、义、儒等字的意思，而且要坚持实践，做个名副其实的人与儒。所以《论语》说："子以四教，文行忠信。"这里的文就是文字。另外他还教育学生："弟子入则孝，出则弟，谨而信，泛爱众，而亲仁，行有余力，则以学文。"这是因为他不是从小学生教起，孔子所面对的学生多数是中青年，甚至有比他年纪大的人，但是他也要从最根本的东西教起。所以说，最理想的当然是教育小孩，从小孩培养起。但是他当时的情况，追寻他的七十二个弟子都是成年人，有的年纪比他还大。那么面对着一些可能受到错误思想影响的人，他要重新教育他懂得做人的基本道理。即使学生是一个国君齐景公问政，孔子也是从最基本的名词教学与实践入手说："君君，臣臣，父父，子子。"① 同样，子路问孔子为政的首要事情是什么，孔子回答说："必也正名乎！"② 这说明孔子的教学始终是从正确传授有关人伦道德的名词术语之含义与实践入手。教育学生做名副其实的人，言行一致的人。在充当社会伦理与政治的任何具体角色中，都要做到名副其实。

什么是人的基本礼仪？孔子在教学中以身作则，显示了当时一个人的基本礼仪规范。我刚才讲了，ク（人）字是一个人行礼的侧面象形。请看这个唐代吴道子所画的孔子的行教标准像，为什么也是侧面？其实就是这个"人"字的画像化，是孔子以身作则传播"人"字的具体表现。"人"要"孝养父母，奉事师表"。那么有志于内，必形于外。这个孝养、奉事首先要通过一个基本的礼节表示出来，就说你平时对父母和师长都要恭敬有礼，就是像孔子这样的仪态，这个是作为弟子行礼的基本动作规范。他虽然是老师，他要示范给学生知道，这就是"人"字的一个形象化，在古代都是这样。《论语》第一篇的篇名叫做《学而》，其第一句说"学而时习之，不亦说乎"，以前一般的解释为学而且习。我觉得这样解释没有把握住这个学习的目的。似乎孔子的教学没有如后代儒家荀子那样开章明义，只是漫无目的地空谈学习的快乐，并没有讲明学什么，习什么，才是人生的要事和乐事。

我们再看《荀子》的《劝学》篇，也是作为《荀子》书的第一章，他很明确学习的目的就是学做人、学礼节、学仁义道德。所以我理解这个"而"字，不应该作连词而且的而字解。我以前也发表过这方面论文，我在这里也介绍一下。这个"帀（而）"字是象形，是象什么形呢？不是传统所说的象人的胡须之形（按：表胡须之正字后来演变为髯，古音 jin3，今普通话为 ran2，与而的形音义皆有别）。这个"而"字也是象一个"人"形，是一个正面的"人"形，不是侧面的。这个"人"字怎么这两只手跟两只脚差不多，他其实在行礼，在下跪或者在鞠躬。低着头，这个头向着你，（起身离座向听众演示"而"字的形态）你看这两只手就差不多到这儿，与两只脚同长。这就是个"而"字，这个"而"应读作"ren"。"学而"就是学仁，必须经常复习。孔子还有一句话，"学而不厌，诲人不倦"，"学而"跟"诲人"是一个对句，就是一个动宾结构。"而"当然后来假借为连词作而且解。这个"而"字，在我们粤语中与儿童的"儿"字是同音，是读"ji4"不是读"er2"，当然这个儿童的"儿"在普通话也是读

---

① 《论语·颜渊》。
② 《论语·子路》。

"er2"。但是它跟仁字的关系就不多了。我说一个是侧面的，一个是正面的。因此，这个表现人正面行礼的"而"字，成为"儒"字的组成部分，是构成"儒"字音义的要素。

接下来要讲的，就是我刚才讲人的古文奇字的"𠈌（儿）"到现在成了繁体"兒"的简化字，也是一个侧面的，它代表一个人的脚比较弯曲，就是柔软的。人呢，不能够老是直梆梆的，你要表示谦卑，表示居人之下，要经常行礼。日本人没学到中国别的东西，他就学到了老是鞠躬，这一点保留了我们中国古代那一套，我们现在的中国人反而没有。在孔子那个年代，就是要经常卑躬，要屈膝，要行礼，表示"敬"，敬师长辈，敬长官，敬父母，从小就要训练这些基本的礼节。

有子说为人之本，就是孝悌。① 为什么孔子儒学回归到为人之本的孝悌？因为春秋所处的时代是开始大乱的时代。很多人已经失去了基本的为人礼节，特别是追随他学习的那些成年人。所以他要回归到最根本，从小孩做人的道理那里教他，重新教孝教悌。而我们近代却有人反对孝教，说孝是吃人的。其实"孝"字的组成就是把一个"老"字跟一个"子"字结合起来。为什么要教育子女讲孝？这是做人最根本的。你在儿子的阶段，你做了孝，你孝顺，那你当父亲自然是慈父，是不是？你不能像鲁迅那样说，现代的古今的中国人都不懂得做父亲，先要专门针对父亲教人要怎么做父亲。教育应该从小孩抓起，这是古今相同的。如果大多数小孩是孝顺的，那么大多数父母亲自然就会很爱护孩子。我们比较一下那些雄性的动物，在动物界，雄性一般不会爱儿子，多数只有"慈母"单独养育后代。只有人类经过儒家或者殷朝的礼教，许多人知道这个儿子将来是会孝顺他的，那么这个父亲自然就会养儿防老。这样就同时解决了幼有所养与老有所养的两个方面的问题。所以在这种情况下，父亲就会爱孩子，孩子孝敬父亲，这样形成一个良性的互动关系。相比之下，古代野蛮人的子女还存在着不但不养父母甚至把年老的父母杀死以致吃掉的情况，华夏殷周相传的孝文化教育很早就摆脱了动物界及蛮族社会流行的父母养子子养子的基本模式，使得其国族的文明得到领先周边各国族的高速发展。为什么说"孝"是儒家，也就是中国传统文化的核心？因为别的文化，周边的蛮族都没有，动物世界也没有。通过这样的一种教化，使得华夏族能够理性地搞好这个家庭、家族、国族内部的父子关系。

在古代，我们中国人的祖先，首先注意和解决这个问题，是因为意识到人到了老年会存在着很大的危机。这种危机在动物世界普遍存在，看看现在很多研究动物的电视及著作，你就知道那个猴子群里边，那个猴王在年轻力壮的时候，威风凛凛，但是当它年老的时候，新的猴王就要出来，把它打倒、驱逐。可能那个新的猴王是它的弟弟，也可

① 《论语·学而》。

能是它的儿子。那么老猴王给新猴王打败了以后，晚景凄凉，就会孤独地死掉了，没人管它。它有权的时候，它在那里享受满足食欲与性欲的特权，是不是？好吃的它先吃了，它也不用管它孩子怎么样。但是我们老祖宗首先要想到，父亲必须爱护孩子，把孩子养育成一个孝子，你将来才有保障，你年老的时候，你才不会无依无靠，跟猴王一样孤独悲凉地死掉。古代很多野蛮部族都将老人遗弃，让其自生自灭。更有甚者将其杀死，甚至吃掉。曾经长期与汉族竞争的匈奴人，"贵壮健，贱老弱。"只有华夏族及其精华的儒家文化最早意识到这样的家庭伦理悲剧的危害，并且想出了用父慈子孝的道德文化教育解决这个问题。养出孝儿是为了自己的防老、养老。那么当人老而体衰的时候，还能够一直保持尊严，有子孙去孝养他。他还可以尽老年人的智慧与人生经验为家庭、国家出谋划策。为什么华夏族在古代能够发展这么快，一直领先和战胜其他周边的野蛮国族呢？就是有这个孝敬父祖老人的孝文化在里边。但是我们很不幸，近代以来，我刚才也讲了，钱玄同提出要消灭孔教。而实际是大孝子的鲁迅，他也反对孝。实际上其思想言行处于极度的矛盾混乱中。在其实际的家庭伦理生活中，鲁迅既是孝顺母亲的贤孝子，又是友于弟弟的好长兄。还是养出一个孝子的慈父。他五十岁才有儿子海婴，可谓晚年得子，未能免于世俗人情，故对儿子慈爱得过分而近于溺爱，颇受亲友非议。所以他写一首诗说："怜子如何不丈夫。"最后那句就是"知否兴风狂啸者，回眸时看小于菟"，用老虎都爱子来为自己溺爱儿子解嘲。说明他处理自己的家庭上下关系仍然是传统的上慈下孝关系。虽然法家说"慈母多败儿"，鲁迅这个慈父却养出了非常孝顺的儿子海婴。他写"俯首甘为孺子牛"的诗句，我觉得这句话也是合乎情理的。老年得子而非常疼爱孩子，自然甘心为之当牛做马。但是不足为天下法，若将此提倡为做父母的一种普遍模式，就不好了。

我们古人提倡什么呢？正常的家庭不是教育做父亲的应该做"孺子牛"，而是首先着手加强教育儿童，提倡儿童要学习"羊跪乳"目的就是使人从小要有感激父母养育恩之心，知道父母养育孩子的辛苦。使之从小成为很有人性的孝子，那么长大自然就是慈父。父母爱儿养儿而不害儿，是属动物的自然本能，实际是无须教的。需要防止的只是对子女教育过分严格或过分溺爱这两个极端。现在中国的问题是为人父母、祖父母者大多数都甘为孺子牛了，过分溺爱使得很多孩子都成了小皇帝、小公主。本来中国过去从来就不存在"救救孩子"的问题。现在我们中国就更加不存在这个问题。现在显然不是孩子有危机问题，是老年人有危机问题。老年人陷入了老无所养的生存危机，因为既缺乏有孝心和孝力足以使老人安度晚年的子女，又缺乏健全的社会养老保障，特别是农村的老人晚景堪虞。我们现在的很多年轻人在小的时候享受了父母甚至祖父母的过度溺爱，在中青年的时候，还成为啃老一族，这麻烦得很。所以我觉得在中国的古代和近现代都不存在着"救救孩子"的问题，救救孩子是就一些片面情况总结出来的伪命题。

你说哪有父母不爱自己孩子的？虎毒都不吃儿，为人父母，除了个别禽兽不如的人才会害孩子。最近香港有个名人，他的女儿很叛逆，可能精神出了问题。经常通过网络公开说父母的不是，结果他要向媒体公开讲话澄清，有记者问他，你对女儿的问题有什么要讲的？他讲了一句话："现在没有父母说子女的不是，只有子女说父母的不是。"这是多么令人震惊而值得深省的一个例子。以前的老话说，天下没有不是之父母。而现在呢？是只有子女说父母的不是。这就说明，我们现在中国的文化，对子女尤其是独生子女的溺爱，使得老年人的问题非常严重。本来一直是有一个孝文化的养儿防老的机制。现在没有了。大多数年轻人既没有孝的观念，又是备受溺爱的独生子女，又没有能力独自成家立业，变成了啃老一族。你说麻烦不麻烦？问题严重不严重？

六、中国独有的孝文化与乌鸦崇拜

我们觉得现在还是要靠正确理解这个孝文化，把它发扬光大，才能够解决我们现在一些问题，不然很麻烦。

我现在要讲到乌鸦的问题。可能我们很多人以为，古代中国人最崇拜的兽类就是龙，最崇拜的鸟类就是凤凰，不是的。我们的祖先最崇拜的鸟类是什么？讲出来很多人不相信。我说是乌鸦，你信不信？我们现在很多人很讨厌乌鸦，以为它不祥。我们古人一直把这个乌鸦当成是崇拜学习的榜样。像我们见到很多乌鸦，在北京、故宫成天满天飞，在黄昏归巢的时候特别多。乌鸦在农村，在我们山东也是很常见的一种鸟。有人说，这个玄鸟就是燕子，我觉得可能是一种误解。因为这个燕子肚子是白的，只有背是黑的，乌鸦才全部都是黑的。所以从玄鸟这个名字来讲，我觉得乌鸦还是应该说是玄鸟，起码是玄鸟的一种。

其实，中国人将乌鸦神与太阳神结合起来崇拜，是在中华民族从远祖的原始图腾文化时代就开始产生的。现存考古发现的良渚文化玉器刻符、大汶口陶文有大量证据。还有四川三星堆的太阳树。[①] 我们古人造日字的时候，就已经把神乌置于其中。汉代有神乌赋说："蠕蜚（飞）之类，乌最可贵。其性好仁，反哺于亲。行义淑茂，颇得人道。"[②]

不知道我们老祖宗怎么这么厉害，观察动物非常细致。我可以这样讲，我们现在的人，很多人猫狗不分。为什么猫狗不分呢？你看原来的"猫"字偏旁是"豸"，狗字偏旁是反犬旁的，就把狗类跟猫类分得很清楚。老虎是因为它是特殊的兽王，所以特别造

---

① 参考《饶宗颐二十世纪学术文集》第一册一卷《史溯》的《有翼的太阳与古代东方文明》《佛书之鸟夷与古印度火祭之"玄鸟"崇拜》《古代东西方鸟俗神话——论太皞与少皞》等文。新文丰出版公司 2003 年版。

② 参考 http://blog.sina.com.cn/s/blog_5e6d6b3e0100e6q4.html 所载《〈神乌赋〉释文与译文》。

了一个不从"豸"旁的虎字。那个豹是猫科动物，它跟猫是同偏旁的。狗啊、狼啊、狐，都属犬科，从"犬"的反犬旁。我们把"猫"简化为"猫"，却保留了豹的"豸"旁，那就搞乱了。我们古人呢，观察了很多鸟类，观察得很细致，他给乌鸦一个极好而富有人性的定义，《说文解字》说："乌，孝鸟也。"为什么说它是一个孝顺的鸟呢？我们读孝顺的启蒙教材就知道相传所谓"羊跪乳，鸦反哺"。羊跪乳是对父母养育的感恩，就跪着来接受哺乳，像孝子对父母行跪拜之礼，礼敬父母。但它是不是有意识，我不知道。但是古人是通过小羊羔跪乳的现象，来说明为人子女应该孝顺父母，礼敬父母。还有一点，古人提倡学习"鸦反哺"，说乌鸦长大以后会反哺它的父母，它的父母老年没有能力去找食物了，它会反过来喂养父母。我们过去都不相信，以为是古人编出来的，哪有这回事？我现在终于相信，这是我们祖先的一个伟大的发现。这鸦字在古文里本写作文雅的雅字。这左边的"牙"字是声旁，反映乌鸦的叫声"啊啊啊"的特征，符合"其名自鸣"的造字命名的音义原则。我们普通话加到一个"y－"的声母，读"呀（ya1）"，实际上原来应该读"啊"普通话 a1 或粤语 nga1。我们古代的人，很多表示正确意思的都有这个"雅"字。雅跟燕也是阴阳对转关系，这个雅是阴声，这个燕是阳声。华夏文明都要加上个雅字，所谓雅言、雅诗、雅音、雅乐、文雅等等。《论语》总结孔子所讲的都是雅言，"诗、书、执礼，皆雅言也"。为什么他用雅言表示当时的殷商人那种标准语？别的地方的意思，其他的奇怪的鸟语。我们今天还有人形容听不懂的话，是什么兽语、鸟语，稀奇古怪的话。当然现在孔子的话，我们听不懂，我们按今天普通话标准，他都是不正的。每个人都把自己讲的话当成正确的读音，对自己不懂的其他地方的语言、方言，都认为是不正的讹言错音。当时的正音，就是用"雅"来命名的，跟乌鸦的名字有关联。我们可想象到，这个雅（乌鸦）在我们造字者心目中的地位，因为殷人开始崇拜的太阳神就是乌鸦。日字中间那"一"或"乙"表示"阳"或"阳乌"。所以，古人为什么不把正语叫雀语呢？不叫狼语呢？把它叫雅语。这个值得我们做深入研究，可以做一个很大的文章，也可以作为一部文化史来讲。我这里也不展开了。

根据现在西方人研究证明，乌鸦是最聪明的动物，不但具有传递信息给同类乃至下一代的复杂语言，而且能够制造和使用工具，还具有非常高贵的品质。我不知道大家有没有看有关的一些视频，因为我研究人，我喜欢看看动物世界做一个对比。我就发现有关乌鸦的一些视频很有教益。

我们刚才的视频，西方人研究得很细。乌鸦已经是被证明是最聪明的动物，是可以制造工具、使用工具、利用工具的动物。充分证明《新华字典》有关人的定义是片面的。但是我们中国古人早已经看到这方面的情况，但是他的着眼点是乌鸦所表现出的人性，从而把它上升为自然人或人的幼儿学习的榜样。我们再看另外一个视频，乌鸦还会喂狗猫。表明乌鸦有喂食非其亲生幼鸟的能力，可以推断其有反哺父母的能力。

乌鸦不但会利用工具，还会制造工具。最新研究表明，其智力相当于 7 岁儿童。而且具有非常复杂的语言，兼有良好的家庭与群体关系，会在乌鸦群内互相传播知识，甚至把有关知识传给下一代。

你只要在互联网的搜索引擎中打上"聪明的乌鸦"，就有很多这样的视频。因此，我相信我们的老祖宗也看到过这方面的情景，只不过他没有摄像机把它摄录下来，而且他的着眼点不是它会利用工具，他主要突出它最宝贵的那一点，就是它会反哺它的父母，这是我们古人最关注的一个地方。我希望我们有能力去研究乌鸦的科学家，好好研究一下，看看能否重新发现和摄录乌鸦的反哺现象。虽然我本人没有这个能力，但我现在不怀疑我们淳朴的老祖宗的观测和能力。他不会随便乱说，他就说乌鸦会反哺。你想想这个乌鸦真是绝顶聪明。以前我们小学的时候就读过，乌鸦喝水，瓶子里边水浅，乌鸦喝不着，就丢了很多石头进去，最后把水位提高了，它就喝到水了。这是我们小学课本有的。很多人以为它是讲寓言故事，不是真的。现在看来确实是真的。那么我们就不应该怀疑，关于乌鸦会反哺的说法。

我们今天还有一个地方叫作义乌，这个地名应该就是这么来的，说明中国人自古就相信乌鸦是很有人性、很有智慧的。为什么别的雀鸟没有被说成是太阳的精华呢？那个日字中间那一横，有时候写成稍有弯曲的乙字，都是象征着太阳里边的乌鸦。古画及古物的扶桑树有十个太阳，每个太阳都有一只乌鸦在里边。我们古人造日字的时候，就已经把神鸟置于其中。正如顾炎武提倡："读经自考文始，考文自知音始。"由清初至清末民初的一系列儒学大师，都是遵从这个原则的。所以我觉得我们现在讲"复兴儒学"，就要从最基本的文字的正名、正音、正义入手。你不要连一、人、天、日等基本文字的形音义的关系都未讲通讲透就谈大道理。我不是说现在一些讲儒学的完全没有道理，完全没有成绩。只是在汉字及汉字学都受到严重破坏而未恢复的情况下，能够这样讲儒学已经是勉为其难了。我们汉朝的儒家，我们清代的儒家，在比我们现在好得多的语文条件下，他们搞儒学仍然要下苦功首先要从"小学"入手。因为"小学"是儒学的入门基础。我们现在有很多人，小学的语文基础不行，就讲《大学》《中庸》《论语》《孟子》等等。当然对这些书的大道理知其然而不知其所以然的人，也可以"人云亦云"地讲到一些正确的东西，不能完全否定其意义。但是你如果要真正复兴儒学，我个人认为，现在需要的是老老实实从我们的汉字文化复兴开始，要把整个汉字系统尤其是繁体字的学习使用给恢复过来。所谓繁体字难学难写的理由，在当今的电脑时代根本就不是一个问题。例如，在香港、澳门的中国学生，学习使用繁体字，同时又学习使用简体字，还要同时学习使用英文或葡文都没问题。我们现在有些人还是拿繁体字很难写作为阻挡内地学生恢复学习使用繁体字的理由，这是站不住脚的。我觉得我们现在如果不及时让学生恢复学习使用繁体字，以便越来越多人有能力研究老祖宗的东西，特别是清初至民初的儒学大师呕心沥血挖掘保存下来的那些文字、音韵、训诂、方言的那些宝贵东西，需要被好好地重新整理、研究、总结、发扬光大。如果再让钱玄同那些消灭汉字、汉字肯定要被拼音文字取代之类的错误思想继续影响几代人，我们的汉字文化就完蛋了。我们的孔子儒学就根本不可能真正复兴。我们现在的孔子学院，有没有真正把老祖宗最精华的东西传播出去？我看目前还是没有。你光是教汉语拼音和普通话、简体字，我看不太行，这是我个人的一点浅见。

七、结语

总而言之，中华文化的伟大复兴，实有赖于汉字及孔子道德文化财富的复兴，其关键之处，就在于将原本的汉字文化重新挖掘整理研究，作返本创新的推广。正如目前很多人保留含有干细胞的脐带血，以备将来有病时作康复之用。包含历代字体的原本汉字文化，就是历代祖宗为后代保存的民族传统文化的脐带血，现在是抢救这些即将湮灭的脐带血的最后时机了。成功抢救就既可为当今中华文化的伟大复兴急需之用，更可为后世保存这些脐带血，留给将来的后代继续返本创新的需要之用。

以上只是个人一些粗浅的见解，希望能够跟大家分享，得到大家的指教。

谢谢大家！

2015 年 6 月 30 日稿

国教之争与康有为儒学复兴运动的失败

赵法生　中国社会科学院

康有为发动的戊戌变法不仅是近代第一次政治改革运动，也是近代第一次儒学复兴运动。这场儒学复兴运动不仅有完整的理论建构，而且有其创新性的儒家组织设计，无论就其深度、规模还是对于后来的影响都是罕有其匹的。可是，一场轰轰烈烈的儒学复兴却以失败告终，这与贯穿其中的儒学国教化运动密切相关。在儒学复兴声势初起的今天，重新检讨康有为的国教活动之得失及其与整个儒学复兴运动成败之关系，对于中国今后的儒学发展当是不无裨益的。

一、康有为的儒学复兴运动的整体规划

自从董仲舒的"罢黜百家，独尊儒术"之后，儒家已经与君主专制政体紧紧捆绑在一起，这种结局或许不是孔孟所愿意看到的。孔子告诫弟子"从道不从君"，明确将道统置于君统之上，这无疑启发了孟子对于有关君主、社稷与民众之关系的思考，进而得出了"民为贵，社稷次之，君为轻"的结论，并公然承认人民有通过革命推翻暴政的权利，惹得一千多年后的明太祖大发雷霆。这清楚地表明了原始儒家政治哲学与后儒之间的差异，也说明康有为用民主解释孟子的政治哲学并非空穴来风[1]，它起码说明孔孟政治思想中具有可以接引西方宪政制度的元素，原始儒家的政治思想与宪政民主制度并不构成对立的两极，并不截然对立的东西总是可以彼此嫁接通融的，比如我们很难从斯大林主义中找出与宪政相通的思想内涵。萧公权曾这样评论康有为的解经方式：康氏的"解释常超越了字面，但那是对于儒家经典意义的延伸而非否定。西方的影响使他的经解绝对的'非正统'。但并不是'非儒'"，[2] 这是极有见地的观察。可是，在孔孟身后两千多年的君主专制政体中，得以发扬光大的并非原始儒家那些可以接引宪政民主制

---

[1]　康有为：《孟子微礼运注中庸注》，中华书局1957年版，第20页。
[2]　萧公权：《近代中国与世界：康有为变法与大同思想研究》，江苏人民出版社1997年版，第81页。

度的思想元素，而是一套以儒表法里且政教合一为特征的君主专制政治形态。

儒家的意识形态化对于儒学喜忧参半，官方的支持使得儒学普及大为加速，但也使得儒家的发展受到了前所未有的限制，它只能带着镣铐跳舞。君主专制对于儒学的吸收与传播是有其明确的选择性的，它力图将儒学纳入到它自己的意识版图之中，而对于儒学中与专制制度相对立的部分保持着高度的警惕，乃至怀有深深的敌意，朱元璋删节《孟子》便是一个典型的例子。战国以后的儒家为了在君主专制体系中存活下去，不得不做出相当的调整，董仲舒意识到失去制度约束的君主专权的危险，想借助于天命的权威来约束君主，"屈君以伸天"，为此，他不得不重新安排君与民的关系，"屈民以伸君"，这与《尚书》中民的政治地位显然不同，《尚书》以天为至上主宰，但天意是完全通过民心来开显自身的，所谓"天听自我民听、天视自我民视""民之所欲，天必从之"等论断表明，天在很大程度上是一种虚设，它完全依靠民意来表达自身，民实际上被赋予了最高的地位，民等同于天。这种对于民的定位比董仲舒要高得多，所以，汉代以后的儒学史其实是儒家与专制制度相博弈的历史，真正的儒者并未放弃其儒家的根本价值，并努力从体制内部发挥制约君权的力量。

但是，这种体制内的定位也同时也为它日后的危机埋下了伏笔。传统文化由儒释道三教构成，其中佛道二教的传播系统显示了相当的超越性和独立性，它们本身并不直接构成为政治体系的一部分，它们的生存也拥有广大信众的支持而不必过度依赖政府的恩典。但是，儒教的教化体系则不同，它明显具有政教合一的特征，不但代表着礼制最高层次的国家层面的天地祭祀（北京今天依然有天地坛和日月坛古迹）、孔子祭祀、国子监、科举制均有政府直接管理，各地的书院也多由地方政府资助建立，用以推动儒学义理的探讨和传播。儒教政教合一的组织体系的弊端是毋庸置疑的，它不是一个独立的组织体系，一旦君主制度崩溃，儒教的组织系统便会轰然倒塌，儒家便会成为无所附的游魂从而陷于严重的生存危机，如果儒家不想成为君主专制的殉葬品，必须将它与君主专制制度进行切割，最早意识到儒家的危机并试图使之从日渐衰朽的君主专制政体中剥离下来的正是康有为。

作为中国近代第一个睁开眼睛看世界的人，康有为也是近代中国最早意识到西方的富强在于其政治制度的人，所以，戊戌变法的矛头伊始便明确无误地对准了君主专制制度。但是，鉴于儒家道统已经在历史上与君主制产生密切联系，如何保护儒学不至于倾覆成了康有为的重要心结。为此，康有为变法的理论建构与蓝图设计都有明确的考量。康有为的变法维新是一个全面改造中国社会使之现代化的系统工程，也是近代以来最初的儒学复兴方案，它对于儒学复兴有一个整体的规划，包括儒学义理的重新诠释和儒家社会存在形态的重构两个方面，前一方面表现为他的今文经学体系，后一方面便是儒学的宗教化。

首先，作为今文学最后的大师，康有为从公羊学的立场重新诠释儒家经典，建立一个内容广博的儒学思想体系，以便为变法维新寻找理论支持。他借助于公羊学重新阐释儒家的政治思想，根据公羊学的"通三统""张三世"之说，提出据乱世适合于君主专制，升平世适合于君主立宪，太平世适合于民主共和，成了一个托古改制的理论依据。在光绪二十七年到光绪二十八年间（1901－1902），康有为完成了五部重要儒家经典的注释，这就是《礼运注》《孟子微》《中庸注》《大学注》和《论语注》，这些注解的特点是结合三世进化说和西方的宪政民主来诠释儒家的社会政治思想，进而评判历史上从汉代到宋明的儒家学派。他在这些注解中认为儒学非但不与近代宪政民主制度相矛盾，反而可以成为后者的重要思想资源。康氏重新诠释儒家思想，目的在于将儒家道统从君主专制身上剥离下来，以避免玉石俱焚的结局，从而达到儒学复兴和政治转型一箭双雕的目的。

其次，重新诠释儒家经典只是康有为复兴儒学运动的一部分，他深知儒学不仅仅是一套心性之学，它的教化作用是通过一系列社会组织来实现的，而他所发动的变法维新势必严重冲击这些传统的社会组织，从而危及儒学的社会根基。为此，他同时发动了一个将儒家宗教化的孔教运动，他说："遍考遗经，大书特书发明大同之道者，惟《礼运》一篇。若此篇不存，孔道仅有小康，则君臣之义被攻，而孔教几倒。中国礼文，皆与空为缘，随之同尽，则中国为墨西哥矣。"[1] 君主专制政体既倒，儒家将以何种形式在社会中继续存在下去？在思考这一问题时，基督教独立专业化的传教组织给他以启发，产生了将儒学改造成为建制性宗教的设想，他在上光绪皇帝书中也明确承认孔教会的模本就是基督教。[2] 这自然是对于儒教脱胎换骨式的变革，是一场名副其实的宗教改革运动，故弟子梁启超称其为儒教的马丁·路德。康氏并非不知道儒教与佛教等制度化宗教的差异，他多次申言历史上的儒教主要是教化之教，神道色彩相对淡薄，也曾经对于儒教、佛教和基督教的特征和优劣详加比较，而他之所以决意要模仿基督教的组织形式革新儒教，在于他感到非如此则儒家在改革后的社会中无法存活下去，所谓"空言提倡，无能为也"。[3] 民国建立之后，儒教原来在官府、孔庙、学校和相关社会组织中的祭祀活动统统被废止，一切其他本土宗教与外来宗教皆依赖宗教自由的保护而大行其道，唯有作为中国文化主体的儒教被排除在宗教之外而遭到毁禁，正应了康有为早年的忧虑。康氏建立孔教的主张在其变法运动的前期已经提出，在其生命的后半期，社会上的反孔运动越激烈，他建立孔教的努力也越执着，乃是一种出于深沉危机意识的情不

① 曾亦：《共和与君主——康有为晚期政治思想研究》，上海人民出版社 2010 年版，第 279 页。

② 干春松：《制度儒学》，上海人民出版社 2006 年版，第 109 页。

③ 康有为：《中国颠危误在全法欧美而尽弃国粹说》，汤志均主编：《康有为政论集》下卷，中华书局 1998 年版，第 911 页。

自禁。

二、国教说与近代宪法原则的内在矛盾

《中华民国临时约法》引援西洋近代宪法之成例，规定"人民有信教之自由"，首次将保护公民信仰自由的条款列入了中国第一部宪法。后来袁世凯废除《临时约法》，但新颁《中华民国约法》依然承诺"人民于法律范围内，有信教之自由"。公民信教自由的条文不能不对儒教的命运产生巨大而深远的影响，按照信仰自由的宪法精神，由政府建立并管理的孔庙自然不具备继续存在下去的合法性，故民国初期第一任教育总长蔡元培下令废除孔庙丁祭、没收孔庙学田并禁止学校学生拜孔子，这两项举措既取消了孔庙中的祭孔仪式，又取消了孔庙赖以维持经济基础的学田，是晚清以来废除孔教运动中最为重要的措施。引起了康有为的忧虑，并于1913年《孔教会杂志》第一卷发表文章抨击教育部将孔庙学田充作小学经费的规定。

1913年10月7日，孔教会在上海成立，同年国会讨论制订宪法时，陈焕章、梁启超、严复等人便向参众两议院提交了《孔教会请愿书》，正式提出"于宪法上明定孔教为国教"。但是，国教倡议遭受到多数议员的反对。1913年和1916年两次提案均被否决。反对的主要法理依据是宪法中的信教自由条款，以孔教为国教和是否有违宪法中的信仰自由条款，成了孔教会与反对派的最大分歧。梳理和解读两边的理由，可以增进我们对这场争论的性质之理解。

国教的提倡者并不认为他们的主张违背信教自由，《孔教会请愿书》中有如下的说明：

> 周秦之际，儒学大行，至汉武罢黜百家，孔教遂成一统。自时厥后，庙祀遍于全国，教职定为专司，经传立于学官，敬礼隆于群校。凡国家有大事则昭告于孔子，有大疑则折衷于孔子。一切典章制度、政治法律，皆以孔子之经义为根据。一切义理学术，礼俗习惯，皆以孔子之教化为依归。此孔子为国教教主之所由来也。

又说：

> 或疑明定国教，与约法所谓信教自由，似有抵触，而不知非也。吾国自古奉孔教为国教，亦自古许人信教自由，二者皆不成文之宪法，行之数千年，何尝互相抵触乎？今日著于宪法，不过以久成之事实，见诸条文耳。①

---

① 中国社会科学院近代史研究所编：《孔教会资料》，第33－34页。

可见，孔教会所以要立孔教为国教，其参照系乃是中国数千年来的政教制度，尤其是汉武帝罢黜百家、独尊儒术以后的政教合一模式，这对于解读国教论的思想至关重要。他们认为古代中国既奉孔教为国教，又允许人民有信仰道教、佛教与伊斯兰教等各种宗教的自由，完全不妨碍信仰自由，康有为本人在《中华救国论》①也有这样的论说，他依据的同样是中国两千余年的政教模式。

应该指出，在传统中国的政教模式中，儒教与佛、道、回等宗教的相对和平共处，是有其特定缘由的。古代中国儒释道三教并称由来已久，儒教之义理与形态却与佛道两教具有显著不同。从义理上讲，儒教是入世的宗教而非出世的宗教，它关注的重点问题是在此世做圣贤，至于来世、鬼神等彼岸世界的问题，儒家一向抱着"六合之外，圣人存而不论"的态度，亦不求永生、复活等。如果说儒家解决了现实生活中大多数人的生存价值和道德规范问题，佛道两家则满足了人们对于彼岸世界的向往和追求，更加具有终极关切的意义，对于儒教教义过于重视现世的缺陷也是良好的补充。因此，教义上的互补性是三者能够和平共处的重要条件。另外，从宗教形态上看，儒教并非制度化宗教，而是杨庆堃所说的那种分散性宗教，它缺乏佛教式的统一的教团组织，儒教组织与现实社会的政治和社会组织合为一体，不同阶层的祭祀对象和礼仪制度也不完全相同。缺乏专业、独立和统一的宗教组织的儒教自然不易于与佛道两教发生冲突。但是，康有为的设想是参照基督教、佛教等制度化宗教的形式将儒教制度化，一旦儒教得以摆脱传统的政教合一的形态，其组织系统能够从政治和社会组织中独立出来，它必然会强化自身特色，强化其有关超越性问题的关怀，它与其他宗教之间的关系便会发生根本性改变。梁启超就曾以欧洲中世纪长期的宗教战争和宗教迫害来警告将儒教国教化的危险，他说："今之持保教论者，其力固不能使自今以往，耶教不入中国。昔犹孔自孔，耶自耶，各行其自由，耦俱而无猜，无端而画鸿沟焉，树门墙焉，两者日相水火，而教争乃起，而政争亦将随之而起是为国民分裂之厉阶也"②。中国近代以来的教民之争屡见不鲜，梁启超的担心并非无的放矢。

对国教说的大挑战是它将使得宪法陷于法理上的困境之中。传统中国社会中的三教格局下，三教的关照重心有所不同，加以专制君主的绝对权力，佛道两教对于儒术独尊的局面也只好接受。但是，两千多年前的政教合一模式来证明当下的国教说，并不能构成充分的依据。在一个以宗法制为纽带的君主专制社会中形成这种政教模式，并不意味

① 康有为：《中华救国论》，《康有为全集》第九卷，中国人民大学出版社 2007 年版，第 327 页。
② 梁启超：《保教非所以尊孔论》，《饮冰室合集》，中华书局 1989 年版。转引自曾亦：《共和与君主——康有为晚期政治思想研究》，世纪出版集团、上海人民出版社 2010 年版，第 260 页。

着它在现代同样合理和适用，因为君主专制社会并没有信仰自由的宪法规定，独尊儒术后形成的儒教在事实上的国教地位，并不会招致法理矛盾。但在有关信仰自由的内容明确载入宪法之后，再在宪法中规定某一种宗教为国教，事实上导致宗教之间的不平等，使得宪法内容相互矛盾，这自然是民国立国初期的许多人许多议员不愿意看到的。

启蒙运动以来，政教分离与信仰自由已经成为绝大多数国家的通例，康有为变法方案中津津乐道的日、英、美国皆无国教之说，对此，康有为是这样解释的：

> 若日本盛强，虽宪法不以孔教著为国教，而举国风俗咸诵《论语》，奉其天皇诏敕，以忠孝为本，则不成文之以孔教为国教云尔。①

1890 年 10 月 30 日，日本明治天皇颁布《教育敕语》，要求将忠、孝、信、和等儒家道德作为学校道德教育的主要内容，规定了儒家道德在维新以后的日本国民教育中的基础地位。日本的明治维新既完成了君主立宪式的政治制度改革，又没有废弃包括儒学在内的固有道德传统，这无疑给一向主张君主立宪制度的康有为留下了极为深刻的印象。但是，尽管明治天皇赋予了儒家道德重要的地位，《明治宪法》却并没有规定儒教为国教，其间的区别不容忽视。代政府可以倡导某一种道德学说，但只应是教化而非强迫老百姓遵守，甚至也不宜直接向人民灌输宣传这种道德，因为这已经超越了宪政制度下政府的定位。政府所做的是应该率先垂范，通过自身的道德示范作用以完成教化的任务，这也是儒家向来强调的，所谓"其身正，不令而行"，所谓"远人不复则修文德以来之"，皆是此意。日本维新以后并没有奉儒教为国教却继续倡导儒教道德，以此化民成俗，便既维护了固有道德又不与宪法精神冲突，无疑比国教说更为可取，而康有为以此论证其国教论，不但不相应，恰恰暴露了国教论自身的问题。

陈焕章又列举美国宗教影响社会政治的情形说：

> 美国虽无国教，而国家所行之典礼，如总统上任和国会开会等事，皆用耶稣教之仪式，未闻其用别教也。以耶稣之降生纪年，未闻其用其他教主之纪元也。夫美国之教门亦多矣，然其国典之仪式，则从耶稣教，虽天主教不能争也。……若其历任总统，皆耶稣教徒，而民间普通之礼俗，皆以耶稣教为主，盖不必言矣。②

---

① 康有为：《康有为全集》第十卷，人民大学出版社 2007 年版，第 83 页。
② 陈焕章：《明定原有之国教为国教并不碍于信教自由之新名词》，《民国经世文编》第八册，第 5056 – 5057 页。转引自曾亦：《共和与君主——康有为晚期政治思想研究》，世纪出版集团、上海人民出版社 2010 年版，第 261 页。

陈氏所言俱为事实，但同样不足以证明他的国教主张的正确性。美国是一个深受新教影响的国家，从百姓日常生活到政治生活无不都打上了深深的基督信仰的烙印，托克维尔甚至说"在美国，宗教从来不直接参与社会的管理，但却被视为政治设施中的最主要设施"①，这听上去颇有些国教论者的意思，但是托克维尔指出，在美国的宗教与政治之间有一道不可跨越的鸿沟，美国的政府经常更迭，政府政策时常变化，政党之间的关系也随着利益关系的改变而不断改变，政治处理的总是具体、实际和短期的问题，反复无常是它的主旋律②，而宗教信仰所要提供的则是永恒的终极价值关怀和永远的价值准则，永恒性与固定性是它的主要特色③，所以，美国人绝对不许宗教沾政治的边，同样也不许政治干涉宗教事宜，坚决阻断政治与宗教结合的任何可能④。结果，"在道德精神方面，一切都是事先确定和决定了的，而在政治方面，一切可任凭人们讨论与研究。因此，人们的精神在基督教面前从来没有自由活动的余地"⑤。因此，美国宪法并没有立新教为国教，更没有借助于政治力量向民众推广。美国开国者们从英国的残酷宗教迫害下死里逃生来到美洲大陆，深知信仰自由之可贵，他们最初的宪法上写下的不是保障国教地位的文字，而是保证信仰自由的神圣条款。由此可见，陈焕章对于美国政教关系的理解恰恰没有像托克维尔那样抓住问题的实质。

那么，美国和其他现代国家如何确保他们的传统宗教信仰的存在和影响力的发挥呢？自然是通过社会化的教会组织。在政教分离的现代国家，教会是社会事业而绝不能成为政治事业，包括新教在内所有教会都是民间组织，不管其对于社会的影响力是如何强大，都不具备政治强力，而政府站在客观中间立场为所有宗教提供平等的政策和服务。陈焕章曾说，既通过宪法规定国教又不限制信仰自由的政策是"最为中和"⑥的，此言差矣！由于国教规定与信仰自由和保障公民基本权利的宪法宗旨相冲突，像日本、美国那样既没有国教又通过社会化的教会完成了社会教化和文化传承的国家的宗教政策才是真正"中和"的。康有为师弟将儒学宗教化的努力具有重大意义，代表了先代儒学的发展方向。但是，国教主张却和他们大力提倡的宪政的基本精神与原则具有内在冲突，这是康有为儒学复兴运动的致命伤，也是其儒教改革最终不能不归于失败的主要原因之一。

---

① 托克维尔：《论美国的民主》上册，商务印书馆 2004 年版，第 339 页。
② 托克维尔：《论美国的民主》上册，商务印书馆 2004 年版，第 346 页。
③ 托克维尔：《论美国的民主》上册，商务印书馆 2004 年版，第 338 页。
④ 托克维尔：《论美国的民主》上册，商务印书馆 2004 年版，第 346 页。
⑤ 托克维尔：《论美国的民主》上册，商务印书馆 2004 年版，第 338 页。
⑥ 上海经世文社编：《民国经世文编》，北京图书馆出版社 2006 年版，第 5121 页。

三、国教运动与帝制复辟势力的联合及其在现实操作过程中的异化

如果说国教论在理论上的困难在于它无法与信仰自由的宪法条款彼此协调，民国以后国教运动更是深深卷入了帝制复辟的过程，这使得问题变得更为复杂。

在民国初期，高度强调尊孔读经意义的，除了康有为，还有袁世凯。袁世凯从登上总统之位后密集发布一系列有关尊孔读经的政令，重新恢复祭孔和学生读经，表明袁氏对于孔子学说的高度倚重，政令中一再申述"纲常沦弃，人欲横流"社会风气，反映了民国初年道德崩解的社会现实，也为我们理解民初孔教运动提供了一个必要的社会背景。应该说，试图以尊孔读经重整道德本身并没有错误，但政治家的言辞往往充满机锋，我们必须注意他们的言意之辨，在他们的所言与所指之间做出区分，有关袁世凯恢复尊孔读经的真实意图，以总统令发布的《尊孔崇圣令》做了如下说明：

> 近自国体改革，缔造共和，或谓孔子言制大一统，而辨等威，疑其说与今之平等自由不合。浅妄者流，至悍然倡为废祀之说，此不独无以识孔学之精微，即于平等自由之真相亦未有当也。……天生孔子为万世师表，既结皇煌帝谛之终，亦开选贤与能之始，所谓反之人心既安，放之四海而准者……值此诐邪充塞，法守荡然，以不服从为平等，以无忌惮为自由，民德如斯，国何以立。……根据古义，将祀孔典礼，折中至当，详细规定，以表尊崇，而垂久远。①

这里开始就说孔学与自由平等并不相矛盾，所强调者则是孔子的大一统思想和等级制主张，似乎是孔子的这些思想与自由平等不矛盾，这无疑表明袁氏尊孔的政治意图，袁氏以"忠、孝、节、义"中华民国的立国精神，将"忠"置于首位，也显示了同样的用意。尽管我们不能说袁氏以孔子学说重整道德的说法毫无诚意，但鲁迅在《现代中国的孔夫子》中说权势者们"在尊孔的时候已经怀着别样的目的"，应该是敏锐的观察。

袁氏心目中孔学与自由、平等的关系究竟为何，是一个颇值得玩味的问题。上面否认孔学的大一统和倡等级与自由平等不合，那么，袁氏心目中的平等自由又是如何呢？且看下文：

> 今人人嘴上谈"平等"一词，而平等之世在法律面前人人平等，并不意指等级之分应予取消，个人皆可否定法律……"自由"是另一华丽的现代词，但它是

---

① "大总统发布尊崇孔圣令"，《中华民国史档案资料汇编》第3辑，江苏古籍出版社1991年版，第1－2页。

限制在法律范围之内的，在此范围内人是自由的……再者，共和也是一个雅致的词，但外国人对这个术语的理解，只是在国内有普遍的发言权，而不是全民都必须干涉政府行动。①

一个号称是共和国的总统竟然以如此冷嘲热讽的口气谈论自由、平等、共和等概念，反映了这个以小站练兵崛起的晚清重臣、而今的共和国大总统其实并不能理解自由与平等的真意，这是一个危险的信号，所以后来袁氏干脆以决策太麻烦为由，公然冒天下之大不韪取消国会、解散国民党并恢复帝制绝非偶然。

孔教会与袁世凯称帝之间存在微妙而复杂的关系，尽管康有为曾明确希望袁世凯支持尊孔读经，但孔教会主要人物康有为、陈焕章、严复都不支持袁氏称帝，康有为还专门致函袁世凯劝其退位，有学者指出严复参加"筹安会"亦属被迫，说明他们依然与复辟帝制保持相当距离，但是，一些地方孔教会团体确有劝进举动。② 另一方面，袁世凯虽然支持尊孔读经，却并不完全支持孔教运动。这很可能是由于他意识到孔教国教化所面临的法理问题和种种现实阻力，反映了袁氏政治上的老道。

但是，袁氏称帝对于儒学的影响是致命性的。由于袁氏对于尊孔读经的大力支持，不能不使人们对于儒家与帝制的关系产生深深的疑问，如果孔学不是帝制的附庸，为何称帝的袁世凯会对它如此情有独钟呢？不幸的是，张勋复辟以及此间孔教会与张勋的关系，使得当时的社会更加坐实了儒学与专制不可分割的结论。

辛亥革命之后，盘踞各地的军阀割据势力成为民国初期政治生态中的重要力量，其中包括张勋在内的许多人大力支持孔教的国教化。1916 年重开国会后张勋联合曹锟、张作霖发表"争孔教为国教电"，内称：

> 窃谓宪法为国家之根本，国教又为宪法之根本，问题何等重要，非另组特别制宪机关，直接取决于多数之民意，不足以称完善。断不能用国会中寻常议事法则，以院内少数议员，三分之二之多数为多数，所能轻言规定者。……倘因之更发生种种问题，危及国家，为祸愈烈，安见宗教之战，不于我国见之！彼时虽欲重治反对者流以误国之罪，亦已晚矣。③

为了通过国教条款，通电竟然称孔教可以违背三分之二多数赞成有效的原则，可谓

---

① "总统在政治会议上发表的演说"，《中华民国史》上卷，中国社会科学出版社 1998 年版，第 271 页。
② 干春松：《制度儒学》，世纪出版集团、上海人民出版社 2006 年版，第 177 页。
③ 中国社会科学院近代史研究所编：《孔教会资料》，第 39 - 40 页。

对宪法基本精神的践踏；而对于反对派议员"治以重罪"的威胁，更是充满杀气。这种杀气很快成为现实，1917 年 6 月 8 日，张勋带着辫子军进京，胁迫黎元洪解散了国会，在康有为参与下，正式拥戴溥仪复辟，孔教会核心成员均在新朝中任职，其中康有为任弼德院副院长。如果说在袁氏复辟帝制的过程中，康有为等孔教会主要成员尚能与袁保持适当距离，在张勋复辟的事件中他们则深深卷入其中。袁氏尊孔的结局是恢复帝制，张勋等人同样如此，孔教与帝制的关系确实是跳进黄河也洗不清了。

那么，是什么因素让康有为和袁世凯接近进而最终和张勋走到一起？把康氏和袁世凯乃至于张勋等同起来是肤浅的，在他的行为背后，当有其更为深层的思想动因，那就是古代中国流传了数千年之久的伦理政治模式。此一模式的基础是内圣外王之道，它通过内圣解决外王问题，将政治弊端的存在归结为修身功夫的欠缺，良治的实现不是依靠对于权力的制度约束，而是依靠个人的德性修养。在这种政教模式下，政治的基础不是民意权威而是德性权威。将政治伦理化，同时将伦理政治化是这一模式的基本特征，这就将政治的基础与伦理的基础完全等同了起来，孔子道德学说因此具有非同寻常的政治学意义，陈焕章第一次国教请愿书所说"一切典章制度、政治法律皆以孔子之经义为根据，一切义理、学术、礼俗、习惯皆以孔子之教化为依归"，正是此种政教模式的典型表达。陈焕章还引用《王制》中的话说："'修其教不易其俗，齐其政不易其宜'。修其教，齐其政者，即确定国教之谓也。"[①]"修教"的目的在于"齐政"，清楚地说明了他心目中教的政治功能。宗教的本质是终极关怀，是生命价值的寄托，最具有超越性的精神向度，在这里却主要被作为政治治理的措施。由此可见，康有为所说的孔教，并非真正意义上的宗教。伦理政治模式是诱人的，对于浸沁在内圣外王的相关经典并在具有浓郁人情味的家族氛围中成长起来的古代士人尤其如此。但是，伦理原则能够与政治原则完全合一吗？依靠内圣就能够解决外王问题吗？一个人仅仅通过修身就可以做好官吗？这一模式显然低估了人性中恶的力量以及制度制约的重要性。尽管政治问题的有效解决离不开一定的道德基础，但近代以来的政治史已经表明，确保政治清明的首要条件并非个体化的修身努力，而是以权力制约权力的宪政制度。康有为师弟尽管在维新伊始就确立了宪政取向的改革目标，但却对于源远流长的伦理政治模式与宪政制度之间的原则差异缺乏明确的认识，而袁世凯、张勋等人则是从来没有真正理解和接受过宪政民主理念，儒家的内圣外王之道也不过是他们要实现自身权力合法化的手段。所以，康有为主导孔教会最终在伦理政治方面与张勋等人殊途同归了。

因此，不论在袁世凯和张勋的帝制梦中，还是在康有为国教化的操作过程中，我们可以发现一个共同的政治文化基因：中国古代的伦理政治。即使在今天，在所谓干部要

---

① 上海经世文社编：《民国经世文编》，北京图书馆出版社 2006 年版，第 5121 页。

为人民服务的教诲中，我们不是依旧可以听见这个古老模式的当代回响吗？清理这一充满着迷人色彩的中国式的政治文化模式，指出其温情面纱下的专制属性及其与宪政民主的根本性差异，是中国政治完成现代化转型的必修课。对于那些直到今天依然执着于儒教国教论，依然要将儒学意识形态化的人，康有为国教运动的结局殷鉴不远。

结　语

综合以上，康有为国教运动的失败具有多方面的原因，但孔教学会本身理念、路径以及策略上的失误无疑是其中的关键因素。

首先，如上所述，"国教"的提法本身与民国宪法原则的内在冲突是孔教运动失败的首要原因。国教的定位将孔教置于与宪法理念相冲突的地位，以至于通过了国教条款便等于否定了民国宪法中信仰自由的根本精神，这自然招致了多数议员的反对，使得国教提议在国会中始终不能通过。孔教会在提出国教提案时，显然对于这一问题的性质和严重性缺乏足够的认识。

其次，受其政治理念和国教目标的影响，康有为在建立国教的过程中自然走向了政治路径，试图借助于政治力量实现国教化。其实，当时还存在着建立儒教的另一条道路，我们可以称之为社会化道路，如果不将孔教定位为国教，也不走政治化的立教路径，而是将孔教定义为与其他宗教出于平等法律地位的社会组织，将重建孔教的努力诉诸社会大众，主要依靠民间力量来推动和达成儒家的复兴，结局必定会为之改观。可惜，这一社会化的孔教路径并未引起康有为师弟之注意。20 世纪印尼孔教等海外建制化儒教的成功，都是走的社会化发展的路径。1913 年第一次国教提案表决失败后，有人提议在十九条后加上"国民教育以孔子之道为伦理之大本"，经讨论后改为"国民教育以孔子之道为修身之大本"，有三十一票赞成后获得通过[1]，这说明当时多数议员尽管不赞成国教说，依然赞成孔子之道作为国人修身基础的地位，因此，社会化发展孔教的可能性是客观存在的。

再次，从行动策略上看，国教提法本身将其他各派宗教置于对立面，进而引发了基督教、佛教、道教、伊斯兰教等宗教全国性的抗议活动，呼吁宗教自由并反对立孔教为国教，基于各宗教反对国教的巨大声势，袁世凯公开表态："自未便特定国教，致戾群情"，"至于宗教崇尚，仍听人民之自由"[2]，南方的孙中山也表态要尊重信仰自由。[3] 国教提议在全国激起的反弹，通过当时南北政治上两位最有影响的人物的反应可见一斑。

---

① 干春松：《制度儒学》，世纪出版集团、上海人民出版社 2006 年版，第 170 页。
② 曾亦：《共和与君主——康有为晚期政治思想研究》，世纪出版集团、上海人民出版社 2010 年版，第 264 页。
③ 曾亦：《共和与君主——康有为晚期政治思想研究》，世纪出版集团、上海人民出版社 2010 年版，第 264 页。

另外，在民国建立后，康有为为建立国教而站在民国的对立面，事实上不但没有达到目的，反而损害了他企图保护的儒学，对此，萧公权先生曾有精辟的分析：

> 假如康氏放弃亡清而以共和的拥护者提倡近代儒学，也许有更多的成功希望。换言之，假如他于辛亥以后倡"太平"之说，即以民治为适当的政治结构，不依恋小康之说而认同王政，儒教的命运可能好得多，即使中华民国不可能受到他努力的益处。可惜他对清朝太重感情而不能改变政治信仰，又太迷于王政而不能改变思想立场。他对民主的热情描述，对自由、平等与民权的乐观看法，仍然是他大同乌托邦中的理论，而不拟实际运用。王政一直是他认为唯一适当的政府，特别要光绪皇帝或其合法继承人坐上皇位。他不自知他的忠诚与他分割儒学与帝制的理论相冲突。他在行动上表现出二者似乎不可分割。这样做，他使儒学运动受损，又无补于已倾覆的朝廷。①

萧公权还指出：

> 康氏自己或许在不知不觉中，不断地造成儒学的式微。在戊戌前夕，他勇敢地将儒学与专制分离；然而在政变之后，他以保皇会首领自居，自戊戌至辛亥，反对共和而主君主立宪，复于民国六年（1917）以及十二年（1923）两度参与复辟，使他的形象与帝制认同，因而被认为民国之敌。同时，他首倡儒教运动无意间使儒术复与王政结合，而有碍于此一运动，因此在主张共和者的眼中，儒学的信誉全失。我们便可以理解何以儒学被斥为政治民主与社会进步的障碍。②

萧先生的这些评论，是符合历史实际的持平之论。康氏发挥公羊学重新诠释儒学以及使儒学宗教化的企图，最初都是为了要使得儒学和专制政治切割开来，使得儒学在君主专制政体垮台后得以继续存续下去，作为民族文化的精神基础。当年康有为的变法蓝图，是想将宪政转型和儒学复兴同时并举，且以改良之手段达成此目的，比后来的一切革命都更为可取，但最终却归于失败，这与他本人政治理念的矛盾与策略上的失误密切相关。

戊戌变法和儒学复兴努力的失败并非康有为的个人悲剧，此后，当陈独秀等人得出

---

① 萧公权：《康有为思想研究》，新星出版社 2005 年版，第 85 页。
② 萧公权：《近代中国与世界：康有为变法与大同思想研究》，江苏人民出版社 1997 年版，第 108 – 109 页。

"孔教和共和乃绝对两不相容之物，存其一必废其一"① 的决绝结论，并将彻底清除儒家伦理以及孔子思想作为政治社会实现现代转型的首要条件，并视之为国民的"最后觉悟"时，立即在知识界获得广泛同情，掀起轩然大波，绝非偶然，孔教会诸公大概也是有口莫辩，因为这是从国教化的实际历程中所导致的结论。此后，五四运动中"打倒孔家店"的运动大兴，中国社会思潮在前所未有的激进主义中走向彻底的反传统主义，进而逐渐由以日本美国为师走向以俄为师，确定了此后中国社会大半个世纪的运行轨迹，孔子的命运因此而决定，传统文化的命运由此而决定，国人之命运由此而决定。

时下，就在儒家的历史命运在大陆上出现了一阳来复的转机，又一阵儒教国教说鼓噪而至，新的儒教国教说对于儒家义理并无发明，其提倡者不探究儒家政治思想与宪政民主之间的内在相关性，不体会现代新儒家决意要从内圣中开出新外王的苦心，对康有为最先引进的自由民主等现代政治价值更是显示出毫无理性的排斥态度，其根本取向在于重新将儒学意识形态化，重蹈政教合一的老路子。由此我们才明白余英时先生在20世纪90年代中期发出的如下警告，的确显示了历史学家的洞见："由于民族情绪和文化传统在后冷战时代又开始激动人心。我们看到在文化多元化的趋势下，中国文化正面临另一可能：它将被歪曲利用，以致诸如袁世凯'祀孔'和《新青年》'打倒孔家店'这样的历史未尝不会重演，而中国人也将再一次失去平心静气地理解自己文化传统的契机。"② 余先生的警告，值得每一位真正护惜传统文化之当代国人再三深思！

---

① 陈独秀：《复辟与尊孔》，载庞朴等编《先秦儒家研究》，湖北教育出版社2003年版，第114页。
② 余英时：《中国现代的文化危机与民族认同》，见《现代危机与思想人物》，生活·读书·新知三联书店2005年版，第36页。

20世纪30年代的反尊孔话语
对当下儒学复兴的启示

吕厚轩　曲阜师范大学历史文化学院

摘　要　20世纪30年代，在民族主义思潮高涨的情况下，尊孔逐渐成为一大热门话题。1934年，南京国民政府官方祭孔，将尊孔运动推向高潮，尊孔与反尊孔之争再次上演。当时的反尊孔话语，内容虽丰富多彩，但多将尊孔看成是复古的前奏，是统治阶级利用孔子巩固统治的手段。从现在看，反尊孔话语虽多有偏颇，但并非毫无道理，对当下儒学复兴有极大的借鉴意义。

关键词　20世纪30年代　反尊孔话语　儒学复兴　启示

进入21世纪后，随着中国经济的腾飞，大国崛起之梦仿佛触手可及，文化复兴之梦似乎也近在眼前。中华文化之复兴，必然尊孔，尊孔思潮之高涨，又引发了反尊孔思潮之出现。自清末以来，尊孔与反尊孔之争不断上演，一方面说明孔子于中国文化之重要，中国不可能脱离孔子谈文化复兴；另一方面，则凸显了孔子及儒家思想的困境，即如何应实现创造性转化，继续引领中国文化的发展。历史惊人地相似，20世纪30年代，由于国民政府公开提倡尊孔，引发了民间激烈的尊孔与反尊孔之争。对这次论争的评价，如同其争论的问题一样，到现在也未能取得一致的结论。① 在将来，类似论争，

---

① 关于国民政府尊孔运动的研究，学界已有关注，如赵美玉：《20世纪30年代反击尊孔读经复古逆流》，《哈尔滨学院学报》，2005年第4期；罗玉明：《20世纪30年代湖南尊孔祀孔活动述论》，《湘潭大学学报》，2008年第1期；孔繁岭：《中国近代评孔思潮研究》，中央文献出版社2009年版；章亮：《20世纪30年代读经问题研究》，北京师范大学硕士学位论文，2012年等。上述研究，关注重点皆在双方论争的背景、过程及观点的孰是孰非上。文化转型，除了从文字和理论层面做论辩外，更需从历史和实践中汲取智慧，进而找到文化融合与创新之途径。本文立足于此，希望借助于话语分析的方法，通过分析反尊孔者的话语体系，肯定反尊孔者提出的问题，指出反尊孔者自身存在的局限，为尊孔者传承孔子及其思想提供一些借鉴。

仍将持续。殷鉴不远，通过话语分析方法①，了解反尊孔者对尊孔者的诘难，化解分歧，寻求共识，必定可以为当下尊孔及中国文化的复兴提供一些借鉴。

一

20 世纪 30 年代反尊孔话语的兴起，有着复杂的历史背景。

近代以降，随着西方列强的入侵，由于无法有效应对西方文化的挑战，孔子及儒家思想独尊的地位开始遭遇挑战。洋务运动时期，"中学为体，西学为用"的思想暂时缓解了中西文化间的紧张，但并未能真正消解中西文化间的对立。甲午战后，对国家民族前途的担忧，对洋务运动的反思，导致"欧风美雨席而东"，学习西方蔚为风潮，无形中对孔子及儒家思想的地位是一种冲击。新文化运动兴起后，"打孔家店"的口号出现，中国的文化观念发生巨大变化，试图斩断与传统文化之关联，面向未来创造新的民族文化的观念诞生，对孔子及儒家思想带来沉重打击。但是，仔细审视此一过程，不难发现，批孔的要求虽不断高涨，但为孔子及儒家思想辩护的声音也从未消失。特别是西方现代民族主义思潮进入中国后，由于民族主义多与传统文化息息相关，所以，保存国粹、弘扬国粹、整理国故的活动也不断上演。于是，反孔与尊孔之争，在中西文化冲突的背景下，多属于两种不同类型的民族主义话语之争。正因如此，反孔与尊孔，成为近代中国社会最让人纠结的一个话题。

20 世纪 30 年代，日本侵略带来的民族危机日益严重，民族主义思潮高涨，国民政府亦有意借助孔子，安内攘外，尊孔的呼声再度兴起。1934 年前后，尊孔反尊孔之争达到高潮。是年 6 月，国民党中央执行委员会第 123 次会议决定以每年 8 月 27 日为孔子诞辰纪念日，届时全国人民举行纪念活动。7 月 23 日，国民政府公布孔诞纪念办法，规定以夏历 8 月 27 日为孔诞纪念日，届时全国休假一天，全国各界一律悬旗志庆，各党政机关、各学校，各法团分别集会纪念，由各地高级行政机构召开纪念会。② 8 月 27 日，国民政府派代表参加了在曲阜举行的大规模祀孔活动，政府各机关也纷纷举行相关活动。政府出面，主导祭孔，优待圣裔，维修孔庙，这些活动自然在社会上掀起了大规模的尊孔风潮。此前，何键在湖南、陈济棠在广东亦极提倡尊孔读经。官方的尊孔活

---

① 话语分析的研究方法，不同于以往的思想文化史研究，其优点表现在三个方面：首先，"话语"分析注重话语实践的倾向，容易在所讨论的思想问题范围之内，导致将思想史和社会史自然紧密地结合起来的论述和思考——即凸显思想观念的"社会性"和"社会化"的向度。其次，话语分析突出语言的特殊意义、思想政治功能，进一步强化了思想史研究对关键词、重要命题和概念的敏感和重视向度。第三，研究者已开始将以往对重要的思想文化事件和现象的那些历史阐述本身作为探索和反思对象，也就是把历史书写和历史本身结合在一起进行双重性透视。从短期看，这可能造成了某种程度的认识混乱，但从长远看，它要求学者在"去熟悉化"的创新过程中，消解对权威解释的盲从和迷信。（见黄涛：《话语分析与中国近代思想文化史研究》，《历史研究》，2007 年第 2 期。）

② 中华民国档案史料汇编（第五辑第一编）文化（二）江苏古籍出版社 1994 年版，第 530 页。

动，多被当时的知识分子视为复古行为，激起了反尊孔势力的强烈反弹，尊孔与反尊孔的论争，也达到了一个高峰。

20世纪30年代，思想文化的多元化存在，是反尊孔话语得以形成并产生多种形态的另外一个原因。民国南京政府建立后，国民党曾试图用三民主义统一思想，但由于国民党内部的不统一、地方军阀的割据及列强势力的存在等原因，导致南京政府无法有效使用国家机器统一思想，更无法确立政府的绝对权威。因此，即使南京政府1934年亲自上阵，倡导尊孔，仍会激起民间反尊孔力量的批评。

二

前面提到，20世纪30年代，中国社会中，思想文化领域是一个多元的存在，许多人反对尊孔，但反对尊孔的理由却并不尽相同。仔细分析当时反尊孔的话语体系，可以把时人反尊孔的理由，归纳为以下几点：

第一种观点，认为孔子早已失去本来面目，已经成为权势者的敲门砖，是统治者所树立的偶像，和一般民众无关。

鲁迅是此一观点的代表人物，在他看来，孔子活着的时候，颠沛流离，理想不得实现。孔子死了以后，时来运转，成为统治者膜拜的对象，"因为他不会噜苏了，种种的权势者便用种种的白粉给他来化妆，一直抬到吓人的高度。"而对于一般百姓来说，他们内心对孔子的尊崇，比不上释迦牟尼等宗教偶像。"诚然，每一县固然都有圣庙即文庙，可是一幅寂寞的冷落的样子，一般的庶民，是决不去参拜的，要去，则是佛寺，或者是神庙。若向老百姓们问孔夫子是什么人，他们自然回答是圣人，然而这不过是权势者的留声机。他们也敬惜字纸，然而这时因为倘不敬惜字纸，会遭雷殛的迷信的缘故；南京的夫子庙固然是热闹的地方，然而这是因为另有各种玩耍和茶店的缘故。虽说孔子作《春秋》而乱臣贼子惧，然而现在的人们，却几乎谁也不知道一个笔伐了的乱臣贼子的名字。说到乱臣贼子，大概以为是曹操，但那并非是圣人所教，却是写了小说和剧本的无名作家所教的。"

因此，鲁迅认为："总而言之，孔夫子之在中国，是权势者们捧起来的，是那些权势者或想做权势者们的圣人，和一般的民众并无什么关系。然而对于圣庙，那些权势者也不过一时的热心。因为尊孔的时候已经怀着别样的目的，所以目的一达，这器具就无用，如果不达呢，那可更加无用了。在三四十年以前，凡有企图获得权势的人，就是希望做官的人，都是读'四书'和'五经'，做'八股'，别一些人就将这些书籍和文章，统名之为'敲门砖'。这就是说，文官考试一及第，这些东西也就同时被忘却，恰如敲门时所用的砖头一样，门一开，这砖头也就被抛掉了。孔子这人，其实是自从死了以后，也总是当着'敲门砖'的差使的。"①

第二种观点，认为民国以后中国社会在没有尊孔的情况下，已取得重大进步，所以尊孔是没必要的。

在胡适看来，国民政府之所以尊孔，主要是由于"这两年来，中国人受了外患的刺激，颇有点手忙脚乱的情形，也就不免走上了'做戏无法，出个菩萨'的一条路"。对于政府要员们鼓吹的要"培养精神上之人格""奋起国民之精神，恢复民族的自信"等说法，胡适表示，他是赞成的，但他反对通过尊孔达到这个目的。对于当时中国的社会状况，胡适的看法与大多数人不同，他认为："平心来说，'最近二十年'是中国进步最速的时代；无论在智识上，道德上，国民精神上，国民人格上，社会风俗上，政治组织上，民族自信力上，这二十年的进步都可以说是超过了以前的任何时代。这时期中自然也有不少的怪现状的暴露，劣根性的表现，然而种种缺陷都不能减损这二十年的总进步的净赢余。"

胡适总结了社会进步的五个表现：一、帝制的推翻，二、教育的革新，三、家庭的变化，四、社会风俗的改革，五、政治组织的新试验。"这些都是毫无可疑的历史事实，都是'最近二十年'中不曾借重孔夫子而居然做到的伟大的进步。革命的成功就是这些，维新的成绩也就是这些。可怜无数维新志士，革命仁人，他们出了大力，冒了大险，替国家民族在二三十年中做到了这样超越前圣，凌驾百王的大进步，到头来，被几句死书迷了眼睛，见了黑旋风不认得是李逵，反倒唉声叹气，发思古之幽情，痛惜今不如古，梦想从那'荆棘丛生，檐角倾斜'的大成殿里抬出孔圣人来'卫我宗邦，保我族类'这岂不是天下古今最可怪笑的愚笨吗？"②

第三种观点，认为过去时代旧文化的代表，不能适应现代社会。③ 这种观点，可以细分为两个类似观点：其一，中西文化之别，其实是古今之别，尊孔不过是"中学为体，西学为用"的翻版；其二，认为孔子及其思想是封建社会的代表，不能适应现代工业社会，所以尊孔是一种倒退。

冯友兰在《读经尊孔与提倡理工》一文中写道，"近来国内有两种思想，可引人注意，一种是读经尊孔，一种是提倡理工。在表面上看，这两种思想似乎是不相合的。"但究其实质，这两种思想其实是一种思想的两方面。张之洞当年提倡"中学为体，西学为用"时，暗含一个前提，西洋所超过中国的，不过是"物质文明"，至于"精神文

① 鲁迅：《在现代中国的孔夫子》，《杂文》，1937 年第 2 号。

② 胡适：《胡适说社会与文明》，广东旅游出版社 2014 年版，第 212－213 页。

③ 持类似观点的文章还有陶希圣的《对于尊孔的意见》，《清华周刊》，1934 年第 3、4 期合刊；张午昌的《复古与维系人心》；慰青的《封建社会尊崇孔子》；醒翮：《社会经济方面的不中用》。均见《复古与尊孔意见汇录》，《清华周刊》1934 年第 3、4 期合刊，等等。

明"，还是中国占先。我们如果必需学西洋，也只可学他们的"物质"方面。至于"精神"方面，我们还是保守旧有的。读经尊孔与提倡理工，其思路和当年的张之洞是一样的。冯友兰认为，"普通所谓中西之分，实在是古今之异。古有古之'物质文明'，随其'物质文明'而有古之'精神文明'。今有今之'物质文明'，依其'物质文明'，而有今之'精神文明'。"物质文明与精神文明不一致的时候，社会往往会出现分崩离析的局面。冯友兰指出，"古"不是不能存的，因为历史是有连续性的，一时代之"物质文明"及其"精神文明"皆自有其前代脱演而出。但他同时强调："凡古代事物之有普遍价值者，都一定能继续下去。不过凡能继续下去者，不都是因为他古，是因为他虽古而新。"①

更多反尊孔者根据唯物史观，从经济基础与上层建筑之关系去论证尊孔的不合时宜。在他们看来，孔子是封建社会文化的代表，孔教是封建社会的意识形态，② 现代中国之所以还会有人提倡尊孔，乃因为"这二千多年中国社会经济没有什么重大的改变，于是封建势力便维持了这么多年，而中国人的思想也就只打了二千多年的筋斗，没有跳出孔家学说的范围。"③ 对此，陶希圣在文章中表达过类似观点：中国社会之所以尊孔，其主要原因在于文化革新仅局限在几个大都市，而在广大乡村，新的生产方式没有大量发达，一般的社会经济没有前进，"现在手工业农业及至一般社会经济的破坏，影响到了大都市了。所以上面的抗议，很觉有力。都市人受到一般社会经济破产的袭击，对于这个抗议也不免有点含糊起来"。④ 持此观点者，都坚信"时代变了，人类创造的与需要的文化也变了。即假定孔子学说在中国历史的进展上曾尽过某种推动的作用，但现阶段的中国则绝对不再需要腐朽不堪的孔教学说来推动了——正如同近代工厂不需要牛马来推动机器一样。不求新的发展而但乞灵于陈尸骸骨为我们说教，为我们制定言行的准则，在客观上是放弃了自己肩上担着重新文化的责任，主观上是减低了对自我的自信心，这样岂不使今人含羞，古人齿冷？我们竟这样没出息吗？"⑤

也有人认为，尊孔不仅与中国落后的农村经济息息相关，代表新式生产方式的民族资本，由于受到诸多的压迫，也加入到了尊孔的行列。"在现时，民族资本和外国资本终竟不曾完全走上妥协的道路，前者时时有被后者吞并的危险，所以它无时不在挣扎着要排斥后者离开中国的国土，好容它本身自由地发展。在这样的经济基础上民族主义便

① 冯友兰：《读经尊孔与提倡理工》，《清华周刊》1934 年第 3、4 期合刊。
② 徐日洪：《现阶段尊孔运动的剖析》，《清华周刊》1934 年第 3、4 期合刊。
③ 墨兰：《垂死的挣扎》，《复古与尊孔意见汇录》，《清华周刊》1934 年第 3、4 期合刊。
④ 陶希圣：《对于尊孔的意见》，《清华周刊》1934 年第 3、4 期合刊。
⑤ 玉卿：《复古与尊孔运动的展望》，《清华周刊》1934 年第 3、4 期合刊。

把握住一部分中国人的心灵，'民族复兴'成了口号。"①

第四种观点，认为尊孔可以理解，但由于提倡尊孔应当得法，如果只是想利用孔子，不仅无补于时艰，也会害了孔子。②

张东荪认为："假定我们把孔子本人与后世推崇孔子之故分开来论，则我敢说孔子的思想置诸西方哲学内，例如柏拉图，亚里士多德等，丝毫无逊色。并且孔子的思想在人类思想界内确是一个特别的。西方思想素以方面繁多、内容丰富见长。然而却竟没有一派能和孔子一样。凡孔子之所长，西方思想都寻不着相当的以为代替。可见孔子的价值不仅是在东方，实是在于全人类。近来西方颇有人羡艳东方思想，想来或亦就是因此。"历代帝王通过尊孔来利用孔子，因为孔子在文化上所持的是维持的立场，不是破坏的立场，"不过又须知破坏的思想容易被不得势的人们利用；而维持的思想却容易被得势的人们利用。所以孔子被人们利用数千年就是因为他对于文化取维持的态度。"正是因为孔子总是被利用，导致被人误解。除此之外，孔子的思想也有其自身的缺陷，"……孔子的德治主义在精神上是对的，而问题乃在于如何实现。换言之，即以修身为本，这是不错的；不过修身以后要齐家，则必有齐家之法；要治国必有治国之术。所修养是一方面，而方法（即治术）又是一方面。决不能以其一而代替其他。孔子的大失败就在于缺少后一方面。而余疑心这个失败不在孔子自身，而在于传孔子道理的门徒。"张东荪强调，文化不仅有古今，而且有中外，我们一方面要承认中国文化的短处，另一方面也应看到其长处。他主张，应先恢复中国人的自信，恢复主体的健全，才能更好地学习吸纳外来文化，所以，欧化与复古不是对立的、相反的。他之所以不太支持当时的尊孔活动，原因在于"现在人们把学问总当作纸片上的工夫，所以论孔子的文章愈多，而孔子的真义愈失。"更让人难以接受的是，很多打着尊孔旗号的人，所干的事情让人侧目，"……有湖南的禁读白话，广东的提倡孝经，禁止男女共泳，甚至有条陈禁男女同行同车，严令光头剃发，免得三千烦恼丝诱惑异性的。形形式式，口号是维持风化和复兴民族。"③"如此尊孔，我亦反对尊孔。我以为今后孔子要在现代的中国发生一些效用，必须把孔子贯入人们的血管里才行。倘只是腾在口头，则孔子依然是个死东西。所以尊孔不能使孔子复活。唯有体会孔子的精神，……不然，孔子早已死了，不但不能复活，并且近于无聊。所以今后的关键只在于四万万人中究竟能有几个是真把孔子贯入血管中去的。倘这样的人多起来了，我敢说中国的民族复兴必定有望。否则全是空谈。这

---

① 张遵俭：《狭义的民族主义之转化》，《复古与尊孔意见汇录》，《清华周刊》1934 年第 3、4 期合刊。

② 持类似观点的文章，还有林语堂的《沙蒂斯姆与尊孔》，《论语》1934 年第 5 期；伏园的《尊孔与复兴儒道》，《新社会半月刊》1934 年第 7 卷第 8 期；侯封祥的《尊孔的真义是什么》，《北强》1934 年第 1 卷第 6 期等。

③ 徐日洪：《现阶段尊孔运动的剖析》，《清华周刊》1934 年第 3、4 期合刊。

便是我和时流意见不同的所在了。"①

张申府指出，农村经济的破产与帝国主义的进攻，是中国面临的两大难题，所有与社会政治经济相关的活动，如果不能有益于这两个问题的解决，就无助于救亡，就没有意义。尊孔对于恢复民族自信力是有帮助的，但是，一定要有正确的途径，他主张："现在如果要尊崇孔子，只有奖励对于他的研究：不妨选几个大学，特设研究孔子的讲座，努力阐发他的真正的教义，以洗两千年来的利用的误解；同时也注意他所受时代环境的限制，辨明他教义中的是与非，于是更努力实践其是，袪除其非。我相信，这是尊孔唯一要得的办法。照这样子当然也不能直接解决了中国今日的根本问题，但对于国家社会却必不至于全无补益。"②

以上四种观点，虽不能完全涵盖当时反尊孔者的所有观点，且有些观点现在看来明显有失偏颇，但基本上代表了当时知识分子群体对于尊孔的基本态度，反映了他们在民族危机情况下对国家民族命运的思考。

三

时至今日，中国经济的腾飞，让国人信心倍增，民族文化复兴的呼声再起，尊孔随之又成为一大热点话题。如今，民族危机已不存在，国家富强基本实现。没有了焦虑感，没有了急功近利的心态后，国人对尊孔一事的争论，已不再像民国时期那样火药味十足。但是，在尊孔的旗号下，如何处理传统文化与外来文化之间的关系，仍是一极具争议的话题。以上所列民国时期反尊孔者所给出的种种理由，有一些仍需要尊孔者进一步思考，尝试着回答。其实，文化的复兴，绝不是单纯的讨论所能解决，但讨论带给我们的启示，必将对民族文化的复兴做出积极贡献。

启示之一，提倡尊孔者，如何让儒学真正走入平常百姓的生活，而不再仅仅是权势者维持统治秩序的一种工具。

张东荪指出，孔子的学说，之所以被历代帝王利用，主要原因就在于它是一种维持派的学说，从历史上看，这种学说对文化的贡献是大于破坏派的，"不过又须知破坏的思想容易被不得势的人们利用；而维持的思想却容易被得势的人们利用。所以孔子被人们利用数千年就是因为他对于文化取维持的态度。"③ 那么，怎样才能让孔子及其学说摆脱这种尴尬的状态呢？其实，一种思想学说能得到统治者的欣赏，肯定有助于其统治，孔子及儒学在现代社会的价值，同样通过这个特点来体现。但是，时代毕竟已经发

---

① 张东荪：《现在的中国怎样要孔子》，《正风》半月刊 1934 年第 1 卷第 2 期。
② 张申府：《尊孔救得了中国吗》，《清华周刊》1934 年第 3、4 期合刊。
③ 张东荪：《现在的中国怎样要孔子》，《正风》半月刊 1934 年第 1 卷第 2 期。

生巨变，统治者仅仅靠官方的宣讲已不足以让民众真正接受，正如当年反尊孔者所说的："任何运动，如果它的目的不在解除多数民众的痛苦，或压根儿就没有能力来解除，这种运动就决不能号召一般民众来参加，脱离民众的运动只会引起他们的反感。少数阶层的独角戏是没前途的。"① 因此，在为统治秩序服务的同时，儒学还应积极服务于一般民众的日常生活，才能彰显其价值。

启示之二，提倡尊孔者，如何身体力行，践行孔子的学说，而不是仅仅停留在口头的宣讲上。

仲绍骧指出："孔孟的思想，为我国汉朝以来，二千余年间立国精神所在，但孔孟之道，即从汉时起，便为御用化，统治阶级的工具化。御用化的结果，把孔孟的思想，削足适履，仅留其便利于统治之目的之一部分，而抹杀其余，工具化的结果，只有一半老百姓，才能用宗教式的信仰来实践孔孟之道，站在上面提倡的，因为把孔孟之道，当作一种工具，自处于信仰者范围之外，反而不能身体力行之，所以中国的老百姓，确是传统的十足地道的孔孟信徒，而二千余年间的皇帝贵族士大夫，开口孔孟，闭口孔孟者，有几个实行了孔孟之道？"② 此一论断，虽有失偏颇，但也不乏洞见，确实是尊孔者难以化解的一大困局。再者，尊孔者的身体力行，还应得法，如果尊孔的实践走错了方向，也会害了孔子。20 世纪 30 年代，提倡尊孔的活动中，"……有湖南的禁读白话，广东的提倡孝经，禁止男女共泳，甚至有条陈禁男女同行同车，严令光头剃发，免得三千烦恼丝诱惑异性的。形形式式，口号是维持风化和复兴民族。"③ 这种表面尊孔的活动，实际复古倒退的活动，不仅无助于尊孔，反而会伤害孔子在人们心目中的形象。

启示之三，提倡尊孔者，如何突破"中学为体，西学为用"的困局，让尊孔与复古脱离关系。

"中学为体，西学为用"的提出，在近代中国一度缓解了中西文化间的紧张关系，为中国学习西方打开便利之门。但是，中体西用的思想暗含一个前提，即中国在道德层面上高于西方，仅在器物层面上落后于西方。随着时代的发展，社会的进步，历史与现实都已证明，体用二分有无法解决的内在矛盾，即在保留中学之"体"时，不免就要排斥西学之"体"，进而排斥西学之用，走上复古一途。"不管提倡尊孔的人怎样讳言复古，而尊孔与复古在本质上的联系，确是鲜明的事实而不能否认的。"④ 有论者对尊孔即复古一说曾提出抗议，"最可笑的是把尊孔与复古混为一谈。殊不知尊孔与复古绝不相同。历史是演进的，当然不能退到中世纪去。然而尊崇先哲，绝不是说要把社会环

① 玉卿：《复古与尊孔运动的展望》，《清华周刊》1934 年第 3、4 期合刊。
② 仲绍骧：《为尊孔进一言》，《生力月刊》1936 年第 1 卷第 5 期。
③ 徐日洪：《现阶段尊孔运动的剖析》，《清华周刊》1934 年第 3、4 期合刊。
④ 涤青：《现阶段复古尊孔运动的经济背景》，《清华周刊》1934 年第 3、4 期合刊。

境改得与孔子生时一般。一种学说的成立，往往是一个伟大理想，真正好的理想的实现，便是人类生活的完成，虽则这完成与改善是无穷期的，但决不能说努力于完成中国文化之精华的孔子的某一部分的理想，便是复古。"此一论点，提醒我们，尊孔，并非要尊孔子的全部，而是选择其中能超越时代限制的部分。如果仍将孔子打扮成"圣人"，一切学说皆伟大而正确，那么，尊孔未免又走上复古之路。正如李零先生所言，"去圣乃得真孔子"，尊孔可以，但不能再将其打扮成无所不知，无所不能的圣人。

启示之四，提倡尊孔者，如何对儒学进行创造性转化，对时代的挑战做出回应。

在反尊孔者的话语中，都有这样一种判断，即社会的进化，必然出现新的问题，作为两千多年前文化代表的孔子，其思想如何能帮我们解决现实中出现的新问题。孔子之伟大，确实在于他提出了许多超时代的思想和原则，多年以后，对后人依然有启发。但是，一个民族，在继承先贤文化成果的同时，如果没有任何创造的话，那么这个民族是没有前途的。正如反尊孔者所言，"不求新的发展而但乞灵于陈尸骸骨为我们说教，为我们制定言行的准则，在客观上是放弃了自己肩上担着重新文化的责任，主观上是减低了对自我的自信心，这样岂不使今人含羞，古人齿冷？我们竟这样没出息吗?"[1] 在笔者看来，张东荪的观点值得肯定。他说："以我观之，可以说中国总是偏于以自己为对象，以自己为起点，来研究如何修养，如何做人，如何处世。外国则注重于研究外物是什么，怎样去利用他，克服他。这两方面其实并没有冲突的必要。张君劢先生主张给科学以相当范围，同时承认人生问题不在科学以内。他的思想可以说始终是想从中国固有的文化中创出一个新理学（我以为可以说是新儒家），同时又从西方文化中尽量吸取其科学（自然科学与社会科学）。就我个人论，我对于这样的态度在大体上是赞成的。"[2]

总之，孔子在中国历史上之伟大地位，是毋庸置疑的。但如何尊重他，光大他思想中那超越时代的精华部分，为人类建设美好社会服务，是一非常值得探索的课题。在尊孔的同时，如何消除人们对于复古的担忧，如何抹去统治者工具的色彩，使其真正渗入普通人的日常生活，才更有价值和意义。历史上关于这一问题的争论，尽管受时代局限而多有偏颇，但有些问题在当下仍有继续探讨的空间。站在前人的肩膀上，我们可以看得更远。

---

① 玉卿：《复古与尊孔运动的展望》，《清华周刊》1934 年第 3、4 期合刊。

② 张东荪：《现在的中国怎样要孔子》，《正风》半月刊 1934 年第 1 卷第 2 期。

幽赞明数而达乎德

——《敦煌本数术文献辑录》前言

关长龙　浙江大学古籍所

摘　要　数术文献在早期出土文献中一直占据着较大的比重，其中敦煌数术文献又以其近两百种的丰富内容，给今日认知和反思这一特殊领域的学术传统提供了甚可宝贵的鲜活资源和意味深远的问题意识：一、作为古典时代学人"究天人之际"的重要手段，它的类型该如何划分才更合理？二、作为民间影响巨大的知识谱系，它对传统文明的塑型功能该如何理解？三、数术传统与主流学术特别是儒学的关系该如何认知？

关键词　数术　敦煌　儒学　礼义　文献

如果说十九世纪末甲骨刻辞的发现是龟卜研究得以展开的因缘，而二十世纪七十年代以来简帛文献的发现又是日书研究走向深入的触媒，那么也许可以期待，二十一世纪初叶敦煌文献的整合乃是数术研究得以升华的进阶。

敦煌文献的发现虽始于 1900 年，但直到 1909 年伯希和携带部分写卷觐见京师名儒后，才在罗振玉、蒋黼、王仁俊诸先生的推介下而为世所重，其后随着文献的陆续披露和研究的展开，这些带有中古"温度"的资源才逐渐得以条分缕析，拥着自己的色彩和波澜，重新融入浩浩荡荡的中华文化之传统洪流中。

敦煌数术文献的整理研究，自亦有其一波三折的历程[①]，然迄今而及的诸多成果，则颇有称于水到渠成之势，其文献分疏之集大成者有黄正建先生《敦煌占卜文书与唐五代占卜研究》[②]、王晶波先生《敦煌占卜文献与社会生活》[③]、郑炳林、陈于柱先生《敦煌占卜

[①]　王晶波：《敦煌占卜文献与社会生活》的四阶段说：一、1949 年前的起步阶段，二、20 世纪 50－70 年代的整体停滞与局部掘进期，三、20 世纪 80 年代至新世纪的复兴与拓展期，四、21 世纪以来至今的全面展开期。甘肃教育出版社 2013 年版，第 6－7 页。

[②]　黄正建：《敦煌占卜文书与唐五代占卜研究》，学苑出版社 2001 年，中国社会科学出版社 2014 年增订版。

[③]　王晶波：《敦煌占卜文献与社会生活》，甘肃教育出版社 2013 年版。

文献叙录》①，皆能即敦煌数术文献之全体大貌而作文化之分疏，转益发明，创获该备；若文献校录之大者则有郑炳林、羊萍先生《敦煌本梦书》②、王爱和先生《敦煌占卜文书研究》③、郑炳林、王晶波先生《敦煌写本相书校录研究》④、陈于柱先生《敦煌写本宅经校录研究》⑤、金身佳先生《敦煌写本宅经葬书校注》⑥、王祥伟先生《敦煌五兆卜法文献校录研究》⑦、陈于柱先生《区域社会史视野下的敦煌禄命书研究》⑧ 等等，亦皆能即类专攻，决排疏瀹，然后敦煌数术文献可得而读也。即今汇录众智之际，盖亦欲对敦煌数术资源所面临的类型、功能和学术定位等问题略申私臆，幸祈达者正焉。

一、敦煌数术文献的类型检讨

黄正建先生在《敦煌占卜文书与唐五代占卜研究》中指出："占卜文书的分类是个非常复杂的问题。这一方面因为各类占卜术本身有兴衰存没、分化组合的变化，另方面也因为不同时代的人对占卜的认识也在变化。"⑨ 这一点我们通过下面的简表即可略窥一斑⑩：

	天文	历数	算术	阴阳	易占	易图	轨革	筮占	龟卜	射覆	登坛	遁甲	太乙	九宫	六壬	式经	元辰	三命	行年	婚姻	产乳	风角	逆刺	鸟情	占梦	杂占	葬书	堪舆	相笏	相印	相字	相法
七略	天文	历谱	蓍龟								五行															杂占			形法			
隋志	天文	历数	五行																													
通志	天文	五行																														
通志	天文	历数	算术	阴阳	易占	易图	轨革	筮占	龟卜	射覆	登坛	遁甲	太乙	九宫	六壬	式经	元辰	三命	行年	婚姻	产乳	风角	逆刺	鸟情	占梦	杂占	葬书	堪舆	相笏	相印	相字	相法
通考	天文	历算		占筮							五行																		形法			
宋志	天文	历算	蓍龟								五行																					
四库	占候⑪	阴阳		占卜							（阴阳）五行							命书（相书）							杂技（存目）			相宅 相墓				相书

---

① 郑炳林、陈于柱：《敦煌占卜文献叙录》，兰州大学出版社 2014 年版。

② 郑炳林、羊萍：《敦煌本梦书》，甘肃文化出版社 1995 年版，其后郑炳林修订版作《敦煌写本解梦书校录研究》，民族出版社 2005 年版。

③ 王爱和：《敦煌占卜文书研究》，兰州大学 2003 年博士学位论文。

④ 郑炳林、王晶波：《敦煌写本相书校录研究》，民族出版社 2004 年版。

⑤ 陈于柱：《敦煌写本宅经校录研究》，民族出版社 2007 年版。

⑥ 金身佳：《敦煌写本宅经葬书校注》，民族出版社 2007 年版。

⑦ 王祥伟：《敦煌五兆卜法文献校录研究》，民族出版社 2011 年版。

⑧ 陈于柱：《区域社会史视野下的敦煌禄命书研究》，民族出版社 2012 年版。

⑨ 黄正建：《敦煌占卜文书与唐五代占卜研究》，学苑出版社 2001 年版，第 9 页。

⑩ 《七略》，参《汉书》卷三十《艺文志》所载，中华书局 1962 年版。《隋书》卷三十四（《隋志》），中华书局 1973 年版。《通志》卷六十八《艺文六》，中华书局 1987 年版。《文献通考》（《通考》）卷二百一十九《经籍四十六》、二百二十《经籍四十七》。《四库全书总目》（《四库》），中华书局 1965 年版。

⑪ 《四库全书总目》把此前数术目之天文历算类中纯以计算为目的而不及于人事吉凶的部分别出另设"天文算法类"，下设"推步""算书""数学"三个子目。

从上列诸录之分类依据看，其或以对象如天文、相宅、相墓、相术，或以工具如易占、蓍龟、历算，或以术语如太乙、遁甲、六壬、奇门、五行，或以目的如命理云云，遂致泛滥无涯，难以知其学术所自。若《隋志》等概以"五行"言之，简约混一，遂失于条理；若《通志》之因文为目，巨细无遗，又繁细难通，皆不免有过与不及之讥①。郑樵云："士卒之亡者，由部伍之法不明也；书籍之亡者，由类例之法不分也。"②数术文献之散佚流失与数术学理之纷纭迷离，盖皆与其类例不明有着直接的关系。

近年来，随着出土文献研究的深入，诸多佚名数术文献的类型归属问题日益突出，然简帛文献的数量较少，且颇能与秦汉之际的旧例相契，故学者尚可因类而归之③。至于唐五代时期的敦煌数术文献，其量巨类繁，且"古无其目而今增，古各为类而今合"者亦颇有之④。故黄正建先生创设十二类目之分，王晶波先生与郑炳林、陈于柱先生等又因而损益之作十类和十六类，盖亦各有所见也。

《四库全书总目》云："术数之兴，多在秦汉以后，要其旨，不出乎阴阳五行生克制化，实皆《易》之支派，傅以杂说耳。"⑤ 刘乐贤先生已指出此论"并不合乎早期数术的本来面貌"："例如，它说术数多兴起于秦汉以后，既与《左传》《史记》《汉书》等史籍的记载不合，也与考古发现相左。又如，它说术数为《易》之支流，也与《汉书·艺文志》著录的数术书目及出土数术文献不合。实际上，早期数术及古人对数术的看法，都与《总目》所说有较大差异。"⑥ 那么，早期数术及古人对数术的看法又是怎样的呢？《国语·楚语下》云：

> 古者民神不杂，民之精爽不携贰者，而又能齐肃衷正，其智能上下比义，其圣能光远宣朗，其明能光照之，其聪能听彻之，如是则明神降之，在男曰觋，在女曰巫。……及少皞之衰也，九黎乱德，民神杂糅，不可方物，夫人作享，家为巫史。

斯盖云轴心时代以前，随着人类理性的觉醒，"万物有灵"的"天人合一"状态已经失落，然而在这个失落的渐进过程中，群体中那些"精爽不携贰者"仍能"上下比

---

① 如《通志》之目，黄正建即揭其"流于过细"："像'式经'与'六壬、遁甲、太一'等分开就不大合理，它们完全可以归为一类；'易占、筮占、龟卜'等、'相法、相笏、相印'等、'三命、行年'等也都可以各自归为一类。"参《敦煌占卜文书与唐五代占卜研究》，第10页。

② 《通志》卷七十一〈校雠略〉之"编次必谨类例论"，第831页。

③ 刘乐贤：《简帛数术文献探论》（湖北教育出版社2003年；又中国人民大学出版社2012年增订版）、骈宇骞《出土简帛书籍分类述略（数术略）》（载《中国典籍与文化》2006年第2期）。

④ 《四库全书总目》卷九十一"子部总叙"，第769页。

⑤ 《四库全书总目》卷一〇八，第914页。

⑥ 刘乐贤：《简帛数术文献探论》（增订本），中国人民大学出版社2012年版，第1页。

义"而通晓"神意"（"神"指终极本体），然与"万物有灵"时代的通晓"神意"相比，其已用到"齐肃衷正"等"降神"之术了，若《说文解字》"巫"字释云："巫祝也，女能事无形，以舞降神者也。"① 则又有以舞降神之术矣，而随着人类群体理性的增长，巫觋们创制"术"法以弥补其通灵天赋失落所带来的缺憾也就在情理之中了。若《礼记·表记》载孔子语云："昔三代明王，皆事天地之神明，无非卜筮之用，不敢以其私亵事上帝，是故不犯日月，不违卜筮。"② 其"筮"字构形盖正可说明彼时之巫已启用"竹"算以通神意了，然卜筮的结果是可以加以记录和统计验证的，故"史于祭祀之外，亦掌星历卜筮"③，是以中国的三代时期又被称作"巫史时代"。进入轴心时代以后，理性的完善使得"通神"之术的发展日趋丰富，《汉书·艺文志》云："数术者，皆明堂羲和史卜之职也。"④《隋书·经籍志》则进而申论其理云：

> 五行者，金、木、水、火、土，五常之形气者也。在天为五星，在人为五藏，在目为五色，在耳为五音，在口为五味，在鼻为五臭。在上则出气施变，在下则养人不倦。故《传》曰："天生五材，废一不可。"是以圣人推其终始，以通神明之变，为卜筮以考其吉凶，占百事以观于来物，睹形法以辨其贵贱。《周官》则分在保章、冯相、卜师、筮人、占梦、视祲，而太史之职实司总之。⑤

由巫术入于史术，而数术之目明矣。追本溯源，则知其体用所在。即用明体，盖数术可由四端而论其类⑥：一、拟象卜：此类指采用模拟天地结构之象的运转变化来占卜的方法，主要有龟卜和栻卜。二、拟数占：此类指采用模拟宇宙生成之象的数理变化来占卜的方法，主要有易占，至于汉以后拟《易》而为的诸般作品，如《太玄》《元苞经》《范围数》《五兆卜法》《灵棋经》《潜虚》《皇极经世》《洪范》等等，皆以其蔽于本体生成之理而成为少数人自娱自乐的游戏，盖不足论也。三、本象卜：此类则是对天文、地理、人文、物理各种自然存在的现象加以观察归纳，因以得出与个人和社会吉凶相关的特征，如占星、占候、风水、相术、诸杂占等。四、本数占：此类是对客观存在的时间数序加以观察、推测和吉凶系联，主要指历谱和禄命术等。若以今日的学理言之，则拟象卜、拟数占二者似数学建模（Mathematical Modeling），即通过建构"法象时

① 段玉裁：《说文解字注》，上海古籍出版社1981年版，第201页。
② 《礼记正义》，上海古籍出版社2008年版，第2095页。
③ 陈来：《古代宗教与伦理——儒家思想的根源》，三联书店1996年版，第52页。
④ 《汉书》卷三十，第1775页。
⑤ 《隋书》卷三十四，第1039-1040页。
⑥ 关长龙：《法象时空——中国数术的基本理念》，《浙江大学学报》2008年第3期。

空"的模型来解释和推测未来时空里万物的存在和变化；本象卜、本数占则与现代科学的气象分析、情报推理、医疗诊断之理同①，唯其征验如何，则在历代学人之补充修正和完善而已。当然，以占验与否为"生存"指标的数术发展，也必然会出现整合多种术法而参用之的情况，唯循名责实，盖可明之。下表附列本书十目之源流所本，以便省览。

巫	史								
	拟象卜	拟数占		本象卜				本数占	
巫祝	栻占	易占	拟易	占候	堪舆	相术	杂占	阴阳	禄命

二、敦煌数术文献的致用考察

敦煌数术文献汉文写卷计有 300 个左右卷号，经断裂缀合、同卷离析、异抄汇校后，本书辑拟写本十类四十六目 180 种左右，凡此皆当时民间所抄行传用者。杨秀清先生于《数术在唐宋敦煌大众生活中的意义》一文中指出：

> 在敦煌大众的日常生活中，上梁立木、修房建屋要选择时间、地点，嫁女娶妇要选择良辰吉日，安葬死者要选择风水宝地，发生疾病要占卜病因和治疗方法，出门远行要选择方向、时辰，出现问题要进行镇压、解除……数术有如此深远而又广泛的影响。数术如同佛教一样，作为主流文化的一部分，支配着唐宋敦煌大众的社会生活。

数术作为一种把握现实生活和预测未来吉凶的知识与技术，其目的也在于建立一种日常生活的秩序。②

所谓"生活的秩序"实即传统所谓的礼义秩序，钱穆先生即指出："在西方语言中没有'礼'的同义词。它是整个中国人世界里一切习俗行为的准则，标志着中国的特殊性。"③ 礼义秩序的依据源自终极本体，《礼记·礼运》有云："是故夫礼，必本于大一。"④《说文解字》云："礼者，履也，所以事神致福也。"⑤ 此中的"神"与前之"大

---

① 如清孙殿起《贩书偶记·数术类》中的"杂技术之属"中收有清代著作《格致古微》《格物中法》等书，盖亦略可表明当时学人对数术学理与明末以来西方分科治学之法一致性的认同。

② 《南京师大学报》2012 年第 2 期。

③ 邓尔麟：《钱穆与七房桥世界》，社会科学文献出版社 1998 年版，第 8 页。

④ 《礼记正义》，上海古籍出版社 2008 年版，第 939 页。

⑤ 段玉裁：《说文解字注》，上海古籍出版社 1981 年版，第 2 页。

一"同，皆为生化万物的终极本体。《礼记·礼运》又云："故礼也者，义之实也。协诸义而协，则礼虽先王未之有，可以义起也。"① 义者宜也，故礼乃是来源于终极本体而又能给人们带来恰到好处之生活秩序的规则，它由有德的"先王"制定承传且后人又可以即体协义来制定新礼，而数术正是先王用以体知终极本体的重要"工具"之一，《礼记·曲礼上》云："卜筮者，先圣王之所以使民信时日、敬鬼神、畏法令也，所以使民决嫌疑、定犹与也。故曰疑而筮之则弗非也，日而行事则必践之。"② 亦即在礼义生活中如有嫌疑难解、犹豫不决者，皆可以"卜筮"取意于终极本体而解之决之。李安宅先生在其著作《〈仪礼〉与〈礼记〉之社会学的研究》中指出：

> 卜筮的应用，几于个个礼节上都有地位，如冠礼之"筮日""筮宾"，婚礼之卜而"纳吉"、卜而"请期"，丧礼之筮葬地、筮葬日、筮尸，特牲馈食礼之筮日、筮尸，少牢馈食礼之诹日而筮与筮尸等，载于《仪礼》者甚多。只有因着节气而行的定礼，用不着这一层，如"大享（冬至祀天，夏至祭地）不问卜"《曲礼下》是。③

传统礼仪有其常见的类分，若《周礼·春官宗伯》所载大宗伯之职：

> 掌建邦之天神、人鬼、地示之礼，以佐王建保邦国。以吉礼事邦国之鬼神示，以禋祀祀昊天上帝，以实柴祀日、月、星、辰，以槱燎祀司中、司命、飌师、雨师，以血祭祭社稷、五祀、五岳，以狸沈祭山林、川泽，以疈辜祭四方百物。以肆献祼享先王，以馈食享先王，以祠春享先王，以禴夏享先王，以尝秋享先王，以烝冬享先王。以凶礼哀邦国之忧，以丧礼哀死亡，以荒礼哀凶札，以吊礼哀祸灾，以禬礼哀围败，以恤礼哀寇乱。以宾礼亲邦国，春见曰朝，夏见曰宗，秋见曰觐，冬见曰遇，时见曰会，殷见曰同，时聘曰问，殷眺曰视。以军礼同邦国，大师之礼，用众也；大均之礼，恤众也；大田之礼，简众也；大役之礼，任众也；大封之礼，合众也。以嘉礼亲万民，以饮食之礼，亲宗族兄弟；以婚冠之礼，亲成男女；以宾射之礼，亲故旧朋友；以飨燕之礼，亲四方之宾客；以脤膰之礼，亲兄弟之国；以贺庆之礼，亲异姓之国。④

---

① 《礼记正义》，上海古籍出版社 2008 年版，第 943 页。
② 《礼记正义》，上海古籍出版社 2008 年版，第 118 页。
③ 《〈仪礼〉与〈礼记〉之社会学的研究》，上海人民出版社 2005 年版，第 51–52 页。
④ 《周礼注疏》，上海古籍出版社 2010 年版，第 645–673 页。

此中所谓的吉、凶、宾、军、嘉五礼乃指典礼而言，古又称经礼、礼仪；与仪式组合繁杂的典礼相对的是仪式单一的常礼，古亦称曲礼、威仪、通礼。以此点检敦煌数术文献中的决疑之用，盖亦或可有导川归海之功。

常礼之内容多为个人衣食住行的对象与时空选择，生老病患之救治选择，岁时风雨、星曜气候遽变时的应急选择，以及生计得失、职业选择、灾难应对等等。其具体条目多见于阴阳历书、天文占候及杂占中；唯遽变之应急选择更多倾向于使用数术之具如巫、易、栻、相、堪舆等的临时占问。典礼之内容则自吉礼之祭祀的对象选择、时空选择以及程序安排，凶礼之丧葬时空选择及程序安排，宾礼之拜访宜否，军礼之攻防选择、敌情判断等，以及嘉礼之产育的时空、宜忌选择，嫁娶之合婚宜忌及婚礼时间选择等等。因子术在典礼中亦是针对每个具体仪节的选择判断加以使用的，故其使用原理与前常礼同，只是因为典礼的复杂性，同一个典礼中往往要多次使用到同一种甚至多种数术工具，以保证典礼的程序能够最大可能地符合礼义要求的神圣秩序。

然而，礼义选择中也常会占得不祥之兆，此盖亦生活秩序中所无可回避的"失序"之痛，数术则为此准备了繁复的应变措施——祈报厌禳，其独立成帙者，本书概以"巫祝"目之，此可谓"变礼"之用。其虽在礼义生活中所在多有，而于建宅、丧葬及疾病占卜中特为尤多①。这也是传统礼义生活之在今日遭受诟病最多的仪节之一，且展卷所及，其鬼怪神煞之繁而寡据亦颇令学人望而畏厌，历代术者亦颇有因以妄言惑众，谋取财利②。但对于已成为人们日常生活之常识的鬼神观念，盖亦应有其必然的学理之据。按中国作为一个文明不曾中断的国度，其终极关怀仍延续原始的"万物有灵"信仰，故以作为终极本体的"神"（不同的学术体系中称法多有不同，如儒家名之曰道、太极、一、天理、上帝等；道家名之曰无、神、太极、气等；佛家名之为空、佛性、法性、真如、理等）在生化万物之后仍寓于万物之中，其寓于山中者名之曰山神，水中者名之曰水神，树石者名之曰树神、石神，其在于尸体者名之曰鬼等等③，其物虽异，其神则一，不可以多神论名之。若水之在江河湖海、杯碗盆壶者，其具虽异，其水则同，

---

① 杨秀清《数术在唐宋敦煌大众生活中的意义》一文在回顾了敦煌历注及数术文献中的厌禳之术后得出几个结论：唐宋时期敦煌大众认为，有各种神灵和鬼怪和他们在同一时空中共同生活；由此神鬼观念出发，唐宋时期敦煌大众认为，生活中的不幸与灾难，或因为冒犯了某些神明及鬼怪，或本身就是鬼怪作祟，危害人间；由神鬼作祟引发的不幸和灾难，厌劾祥妖是解决的有效办法。载参前引。

② 如《史记》卷一二七《日者列传》司马季主提及世俗已有类似的看法："夫卜者，多言夸严以得人情，虚高人禄命以说人志，擅言祸灾以伤人心，矫言鬼神以尽人财，厚求拜谢以私于己。"中华书局1959年版，第3216－3217页。

③ 此又参拙文《一本万殊：中国民间信仰的本体反思》及《"鬼"字考源——兼论中国传统生命理解中的鬼神信仰》二文，分载于《中国俗文化研究》第五辑（2008）、第七辑（2012）。

不可以多水论名之。故数术颇为列置"假名"以引导求占者之心灵指向，欲使其可与周遭的存在进行本体沟通，天人合一，以达成相协共生之愿景。要之，作为终极实在之"一本"既立，则鬼神"假名"之万殊固不能乱也。

三、传统数术文献的学术定位

法国学者华澜（Alain Arrault）在研究敦煌占卜文献时指出：

> 占卜术在中国古代的地位，在今天可以被准确地界定为一种与宇宙论相关的"实用科学"。宇宙论代表着世界的象征体系，同时又是整个中国思想与宗教象征的中心。中国古代的占卜活动几乎无所不包，……就所有的占卜术的预测内容来看，它们涉及了日常生活的所有方面。[1]

敦煌数术文献与当时诸宗教虽然"均有着密切联系"[2]，但其主体的架构却应属"儒教"的范畴，这一点我们回顾一下儒学的精神脉络即可明之：

> 通天地人曰儒。[3]
> 圣人之为道者，上合于天，下合于地，中合于人事，必有明法，以起度数，法式检押，乃后可传焉。[4]
> 所谓圣者，德合于天地，变通无方，穷万事之终始，协庶品之自然。敷其大道而遂成情性。明并日月，化行若神。下民不知其德，睹者不识其邻，此谓圣人也。[5]
> 儒者论圣人，以为前知千岁，后知万世，有独见之明，独听之聪，事来则名，不学自知，不问自晓，故称圣，［圣］则神矣。[6]

按"儒"字初形当作"儒"，是为形声兼会意字，其义为"浸润于天的人"，此与其本义"通天地人曰儒"义合[7]。然则儒家如何做到"通天地人"而成圣成贤？或以其

---

① 华澜著：《9 至 10 世纪敦煌历日中的选择术与医学活动》，李国强译，《敦煌吐鲁番研究》第 9 卷，中华书局 2006 年版。
② 陈于柱：《区域社会史视野下的敦煌禄命书研究》，民族出版社 2012 年版，第 261 页。
③ 汪荣宝：《法言义疏》之《君子卷第十二》，中华书局 1987 年版，第 514 页。
④ 河北医学院：《灵枢经校释》卷六《逆顺肥瘦》，人民卫生出版社 1982 年版，第 542 页。
⑤ 《孔子家语》之《五仪解》，辽宁教育出版社 1997 年版，第 15 页。
⑥ 黄晖：《论衡校释》卷二十六《实知》，中华书局 1990 年版，第 1069 页。
⑦ 关长龙：《原儒杂俎》，《浙江大学学报》2001 年第 4 期。

为"多学而识之"①，然孔子已自申其学乃"一以贯之"②，故后世多用曾子"忠恕"之解，北宋理学家程颢论之最明："忠者天理，恕者人道。忠者无妄，恕者所以行乎忠也。忠者体，恕者用，大本达道也。"③ 后之学人因而究其心性的"体用一如"之法，然其法脉之正者亦颇守"一物不知，君子所耻"的格致故法④，而"于书无所不读"⑤，故于数术传统所推究体证的天地人之道，尤不容有所忽也。张永堂先生在《朱熹与术数——兼论理学与命理学》一文中指出：

> 朱熹主格物穷理，所格乃天下万事万物，所穷乃万事万物之理，气数亦万物之一，其理亦所当穷。以风水地理而言，实即探究山脉河川之气之理；命理则研究人之阴阳五行气之理，朱熹格物穷理自当及此。卜筮及其他各种术数亦然。⑥

然正如1973底湖南长沙马王堆3号汉墓出土帛书《易·要》所载孔子语云："君子德行焉求福，故祭祀而寡也；仁义焉求吉，故卜筮而希也。祝巫卜筮亓后乎？"⑦ 学人之所重乃在于道德的体证而不必屡烦卜筮。另外，也正因《易·要》的出土，使我们更有幸得知孔子明道进德的学统路径：

> 子赣曰："夫子亦信亓筮乎？"子曰："吾百占而七十当。唯周梁山之占也，亦必从亓多者而已矣。"子曰："《易》，我后亓祝卜矣！我观亓德义耳也。幽赞而达乎数，明数而达乎德，又仁[守]者而义行之耳。赞而不达于数，则亓为之巫；数而不达于德，则亓为之史。史巫之筮，乡之而未也，好之而非也。后世之士疑丘者，或以《易》乎？吾求亓德而已，吾与史巫同涂而殊归者也。"⑧

德业建构的道统流动须"仁[守]者而义行之"，此正与前述"一以贯之"的"忠恕"体用之理同，然其德业建构的学统，则是从巫统和史统上得来，而巫统与史

---

① 《四书章句集注》之《论语集注·卫灵公》载孔子与子贡对话："子曰：'赐也，女以予为多学而识之者与？'对曰：'然，非与？'曰：'非也，予一以贯之。'"中华书局1983年版，第161页。
② 《四书章句集注》之《论语集注·里仁》："子曰：'参乎，吾道一以贯之。'曾子曰：'唯！'子出，门人问曰：'何谓也？'曾子曰：'夫子之道，忠恕而已矣。'"第72页。
③ 程颢、程颐：《二程集》之《河南程氏遗书》卷十一，中华书局1981年版，第124页。
④ 赵吕甫：《史通新校注·外篇·杂说中》，重庆出版社1990年版，第954页。又汉扬雄《法言·君子》亦有云："圣人之于天下，耻一物之不知。"汪荣宝《法言义疏》之《君子卷第十二》，第517页。
⑤ 《宋史》卷四二七《道学一》程颐、邵雍传下，中华书局1977年版，第12720、12726页。
⑥ 刘大均主编《大易集奥》，上海古籍出版社2004年版。
⑦ 廖名春：《帛书〈要〉释文》，廖名春《帛书〈周易〉论集》，上海古籍出版社2008年版，第389页。
⑧ 廖名春：《帛书〈要〉释文》，廖名春《帛书〈周易〉论集》，上海古籍出版社2008年版，第389页。

统如前所述，实皆轴心时代以前操数术为用的职业学人所为，从儒家立场言之，盖巫统乃是以天赋感通本体的"幽赞神明"之学①，而史统则是以理性认知本体的"参天两地而倚数"（《周易·说卦》）之学，至于"通天地人"之儒则须打通"天赋"与理智而用之，所谓"性之德也，合内外之道也"（《中庸》），乃得"与史巫同涂而殊归"。孔子"幽赞""明数"双修学统的建立，亦与《大学》"诚意正心""格物致知"、孟子"立大""集义"、程朱"涵养须用敬，进学在致知"的双修路径得以贯通，且与佛教"止观双运"、道教"性命双修"之法相契，盖皆先知之"英雄所见略同"也。

余论

数术文献作为传统"究天人之际"的智慧结集②，在华夏文明的历代因革损益中尤能得"时中"之先。昔《中庸》载孔子语云："生乎今之世，反古之道，如此者，灾及其身者也。"③ 盖已指明儒者的生活方式不应"迷信"旧有的认知结果而不进行与时俱进的体证更新。那么生于轴心时代两千年后的今日，我们不能以当代自然哲学的基本思考和假说来对接和更新传统的数术学统，那么，我们又如何去面对儒家"通天地人"的古始诉求和道统重建的现代转化？而要实现这一对接和更新，厘清数术学统的历史脉络就显得尤为重要。章学诚即从数术学统的视角对《汉书·艺文志》数术类的独立列目提出批评：

> 以道器合一求之，则阴阳、蓍龟、杂占三条，当附《易经》为部次；历谱，当附《春秋》为部次；五行，当附《尚书》为部次，纵使书部浩繁，或如诗赋浩繁，离《诗经》而别自为略，亦当申明源委于叙录之后也。乃刘氏既校六艺，不复谋之术数诸家，故尹咸无从溯源流也。至于天文、形法，则后世天文、地理之专门书也，自立门类，别分道法，大纲既立，细目标分，岂不整齐而有当乎！④

此论之具体归属的当否虽仍可斟酌，但其对我们该如何认知和理解儒家文献的内涵却无疑有着重要的启迪意义。

---

① 英国人类学家马林诺夫斯基指出："宗教里唯一专门的地方，乃是原始的灵媒，然而这不是专业，而是个人的天赋。"马林诺夫斯基著，李安宅译：《巫术科学宗教与神话》，中国民间文艺出版社1986年版，第76页。

② 何丽野：《论术数对中国古代哲学的影响》云："如果说，西方的天人对立的分离工具是理性，那么，中国哲学的天人合一的主要沟通工具就是术数。"《哲学研究》2003年第11期。

③ 此中的"道"是指认知结果，乃《中庸》所谓"率性之谓道"的"道"，与道统、道德说中"道之大原出于天，天不变道亦不变"（《汉书·董仲舒传》）的终极本体之"道"不同。

④ 《校雠通义》之《内篇二》"补校《汉书·艺文志》第十"，古籍出版社1956年版，第17页。

封建命书的真伪存亡

贾海生　浙江大学古籍所

封建诸侯，藩屏王朝，是西周以来实行的统治措施之一。综合《周礼》《礼记》等文献的记载及汉代学者的衍述，封建诸侯有畿内授土、畿外封土之分，涉及封建之礼、畿服之制、分封之制、牧伯之制及都邑之法、治邦之法、黜陟之法、寓公之法等等，其中不免有想象与虚构的成分，故有实有虚。因封建之礼有铜器铭文的印证，则不容置疑。西周早期宜侯夨簋铭文云：

> 唯四月辰在丁未，王省武王、成王伐商图，徙（诞）省东或（国）图，王立（莅）于宜，入土（社），南乡（向），王令（命）虞（虎）侯夨曰：“迁侯于宜，赐矩鬯一卣、商瓒一□、彤弓一、彤矢百、旅（旅）弓十、旅（旅）矢千，赐土：厥川（甽）三百□，厥□百又廿，厥宅邑卅又五，厥□百又四十，赐在宜王人十又七生（姓），赐奠（甸）七伯，厥卢□又五十夫，赐宜庶人六百又□六夫。”宜侯夨扬王休，作虞（虎）公父丁尊彝。

宜侯夨簋 1954 年出土于江苏丹徒烟墩山，研金诸家皆断为西周初期成康时器。在周人的观念中，社中祭祀五土总神，社神职掌土地，封建既是裂土封侯，故在社中行礼，以渗透着信仰的仪式郑重其事。相传东都雒邑建有大社，专门用于诸侯受命。《逸周书·作雒》云：“诸侯受命于周，乃建大社于国中。其壝东青土、南赤土、西白土、北骊土，中央衅以黄土。将建诸侯，凿取其方一面之土，苞以黄土，苴以白茅，以为土封，故曰受则土于周室。”《白虎通·社稷》等文献皆有类似的说法，可见汉代人对于先秦时在社中以一方之土封建当方诸侯的仪式信之不疑。

武王克商以来，代有封建。《左传·昭公二十八年》云：“昔武王克商，光有天下，其兄弟之国者十有五人，姬姓之国者四十人，皆举亲也。”《荀子·儒效篇》云：“武王崩，成王幼，周公屏成王而及武王以属天下，恶天下之倍周也。……兼制天下，立七十一国，姬姓独居五十三人，而天下不称偏焉。"社中封侯，周王所言，史官录之，即是命书。因命书既是异姓功臣、同姓亲戚立国的凭证，也是继世诸侯、二王之后享国的法宝，故或铸于铭文，或书于简策。每封一侯，必有命书。若仅以上引《左传》《荀子》所言而论，当初封建诸侯的命书计有百二十六篇之多。然而绝大多数的命书都已随着时间的推移永远消失在历史的长河之中了，仅有极少数的命书因偶然的机会得以流传下来，也有部分亡佚的命书仅有后人所拟篇名还见于各类文献。据《左传·定公四年》所载祝佗之语，周公相王室以尹天下，封鲁公伯禽于少皞之虚而命之以《伯禽》；封康叔于殷虚而命之以《康诰》；封唐叔于夏虚而命之以《唐诰》；封蔡叔之子蔡仲而命之以《蔡》，其命书中有"王曰：胡！无若尔考之违王命也"之语。

伏生所传二十八篇《今文尚书》、孔壁本《古文尚书》皆有《康诰》，《史记》的《周本纪》《卫康叔世家》及《书序》叙述以命书封建康叔时皆出《康诰》《酒诰》《梓材》三篇篇名，但是《韩非子·说林下》引今本《酒诰》中的"无彝酒"一句，则明言是《康诰》中语。段玉裁云："此《酒诰》而系之《康诰》者，盖周时通以《酒诰》《梓材》为《康诰》也。"[1] 皮锡瑞先引段氏之说后施案语云："据此则三篇实同一篇，韩非在焚书之前，其说可据。"[2] 先秦时既通以《酒诰》《梓材》为《康诰》，则分《康诰》为三而另加《酒诰》《梓材》两个篇名或始于伏生，本是今文传授系统的家法，孔传本《古文尚书》沿袭了《今文尚书》的旧式，亦分《康诰》为三而别有《酒诰》《梓材》两个篇名。至于《伯禽》《唐诰》《蔡》三篇命书的真伪存亡，随着出土文献的不断发现及有关研究的不断深入，似有重新作出判断的必要。

周公以命书《蔡》封建蔡仲，伏生所传二十八篇《今文尚书》、孔壁本《古文尚书》皆无此篇，《书序》著录的篇名有《蔡仲之命》，或是据《左传》改《蔡》为《蔡仲之命》。郑注云："《蔡仲之命》亡。"孔传本《古文尚书》有《蔡仲之命》，文中"无若尔考之违王命"见于《左传·定公四年》所载祝佗之语，文中又有"皇天无亲，惟德是辅"见于《左传·僖公五年》所引《周书》，故宋代以来的辨伪诸家皆以为孔传本《蔡仲之命》系掇拾《左传》中的成文以成篇，是晋代出现的伪书。

最近，《清华大学藏战国竹简》第五册公布了一篇封建许国的命书。整理者在说明中指出，原有九支简构成，简背有简序编号，第九简简背下部有《封许之命》的篇题，是周初成王亲政后不久封建许国始封之君吕丁的文件。[3] 从《封许之命》来看，主要包括三个方面的内容：一是周王陈述文王受命、武王克商而得以封建吕丁于许；二是细数

---

[1] 段玉裁：《古文尚书撰异》卷一七，《续修四库全书》第四十六册，第 217 页。

[2] 皮锡瑞：《今文尚书考证》卷十五，《续修四库全书》第五十一册，第 200 页。

[3] 清华大学出土文献研究与保护中心编、李学勤主编：《清华大学藏战国竹简》，中西书局 2015 年版，第 117 页。

封建吕丁时所赐圭璧、秬鬯、路车等诸物，三是详记周王封建吕丁时的叮咛告诫之语。以此简文与宜侯夨簋铭文合观，似可断定《封许之命》是西周初期以来封建命书的标准格式。《封许之命》在战国中期就已入藏地下，是一篇未经后人有意或无意篡改的重要文献，持之与孔传本《蔡仲之命》相互比勘，二者在语词、文势与思想等方面都有许多相似之处，列表比较如下：

《封许之命》	《蔡仲之命》
则惟汝吕丁，肇右文王，毖光厥烈。	率乃祖文王之彝训。
命女侯于许，女惟臧耆尔猷。	克慎厥猷，肆予命尔侯于东土。
王曰：于呼！丁，戒哉！	王曰：呜呼！小子胡，汝往哉！
女亦惟淑章尔虑，祗敬尔猷，以永厚周邦。	懋乃攸绩，睦乃四邻，以蕃王室，以和兄弟。
勿废朕命。	无荒弃朕命。

两篇命书中的相似之处不仅反映了封建命书本有固定的格式，似乎还隐隐约约地证明了孔传本《蔡仲之命》中仍有更多属于原本《蔡》中的文句。魏晋时期的人掇拾《左传》中的两句成文，上探周初时的历史情景与周公心迹，缀合成一篇周初封建蔡仲的命书，不仅所拾成文与自作之文水乳交融，而且与未经任何改动的《封许之命》在语词、文势和思想等方面高度相似，是否有这种可能性，颇令人怀疑。另一值得注意的现象是《左传·定公四年》和孔传本《蔡仲之命》叙述封建蔡仲的背景有同有异，亦表之比较如下：

《左传·定公四年》	《蔡仲之命》
管、蔡启商，惎间王室，王于是乎杀管叔而蔡蔡叔，以车七乘、徒七十人。其子蔡仲改行帅德，周公举之，以为己卿士，见诸王，而命之以《蔡》。	惟周公位冢宰，正百工，群叔流言，乃致辟管叔于商，囚蔡叔于郭邻，以车七乘，降霍叔于庶人，三年不齿。蔡仲克庸祗德，周公以为卿士。叔卒，乃命诸王，邦之蔡。

二者所述历史事实虽基本相同，但孔传本《蔡仲之命》所记霍叔的命运却不见于《左传》。阎若璩根据《康诰》《文侯之命》的文例，认为原本《蔡》当是以"王曰：胡！无若尔考之违王命也"为发端第一语，自"惟周公位冢宰"至"邦之蔡"之冠于篇端之前的所谓序系抄自《左传》。[①] 如果孔传本《蔡仲之命》的作者抄袭《左传》，何必要不厌其烦地据其他文献补入霍叔的命运呢？可见未必一定是本于《左传》敷衍而成。当然，需要说明的是，《封许之命》与孔传本《蔡仲之命》的不同之处就在于前者有一段文字专门记述封建吕丁时所赐诸物，而后者竟无一语涉及封建蔡仲时所赐之

---

① 阎若璩：《尚书古文疏证》，黄怀信等点校，上海古籍出版社 2010 年版，第 288 – 289 页。

物。若据此怀疑孔传本《蔡仲之命》确为后人伪作，似仍有可以辩解的理由。《康诰》《酒诰》《梓材》是周公封建康叔时的命书，除《康诰》开篇自"惟三月哉生魄"至"乃洪大诰治"四十八字属《洛诰》错简之外，① 历代学者皆不曾质疑其真实性，三篇亦无一语记载分封时所赐诸物。以《康诰》《酒诰》《梓材》例之，孔传本《蔡仲之命》不记赏赐诸物也就不足为怪了，更何况蔡仲不是始封之君，周初克商之后武王始封其父蔡叔时未必没有赏赐之物。另外，从思想史的角度来看，陈来认为孔传本《蔡仲之命》提出的克勤克慎、惟忠惟孝的思想无疑是儒家思想的源始成分，② 也可证孔传本《蔡仲之命》有更早的来历。

根据上文的论述，是否可以做出这样的推测：封建蔡仲的命书自西周以来广泛流传，《左传》的作者亦曾研习，其时或称《周书》，或仅称《蔡》，撰作《左传》时，引其"皇天无亲，惟德是辅"二句称为《周书》而叙于僖公五年，据流传下来的命书叙述周公封建诸侯的业绩则称为《蔡》而叙在定公四年，孔传本《蔡仲之命》或许是后来的整理者据原本《蔡》重新写定。当然，做出这样的推测，并非要证明孔传本《蔡仲之命》不是伪书，而是要说明作伪者未必没有见过流传下来的原本命书《蔡》，只是面对满纸的古文字，加之没有师说，不能通其训诂，徘徊犹豫在似懂非懂之间，不得已就根据自己的理解重新改写成孔传本的模样。正是整理者的水平有限，导致了古文真本变成了孔传本。正如今天面对相同的古文字材料，不同的整理者会有不同的释文一样。

周公以命书《伯禽》封鲁公于少皞之虚，则《伯禽》是以人名为书篇之名。顾炎武云："益都孙宝侗仲愚谓：'《书序》为后人伪作，逸《书》之名亦多不典。至如《左氏传·定四年》祝佗告苌弘，其言鲁也，曰命以《伯禽》而封于少皞之虚；其言卫也，曰命以《康诰》而封于殷虚；其言晋也，曰命以《唐诰》而封于夏虚。是则《伯禽之命》《康诰》《唐诰》，《周书》之三篇而孔子所必录也。今独《康诰》存而二书亡。为《书序》者，不知其篇名而不列于百篇之内，疏漏显然。是则不但《书序》可疑，并百篇之名亦未可信矣。'其解命以《伯禽》为书名《伯禽之命》尤为切当，今录其说。"③ 伏生所传二十八篇《今文尚书》、孔壁本《古文尚书》皆无《伯禽》或《伯禽之命》，《书序》亦不著录篇名，孔传本《古文尚书》亦无《伯禽》或《伯禽之命》，世人皆以为其文早已亡于先秦。然而《诗经·鲁颂·閟宫》云：

王曰叔父，建尔元子，俾侯于鲁，大启尔宇，为周室辅。乃命鲁公，俾侯于

---

① 蔡沈：《书经集传》，中国书店 1994 年版，第 132 页。
② 陈来：《春秋时期的人文思潮与道德意识》，《中原文化研究》2013 年第 2 期。
③ 黄汝成：《日知录集释》，岳麓书社 1994 年版，第 74 – 75 页。

东，锡之山川，土田附庸。

鲁人作诗，自叙其开国历史，固无可疑之处。唐兰认为，《閟宫》所述当是转述《伯禽》中的命辞，[①] 可见《伯禽》并非没有任何踪迹可寻，而是改头换面地隐藏在鲁人自作的诗中了。以诗歌的语言，叙述《伯禽》中的命辞，固然要合乎诗歌的创作要求，仍然还反映了命书的特点。若再以《封许之命》《康诰》等为参照，还可断定《閟宫》所述并不是原本《伯禽》的全部，当还有其他的告诫之语。检讨传世文献，《说苑·君道》有一段文字记载了封建伯禽时的告诫之语：

> 成王封伯禽为鲁公，召而告之曰："尔知为人上之道乎？凡处尊位者，必以敬下，顺德规谏，必开不讳之门，蹲节安静以藉之。谏者勿振以威，毋格其言，博采其辞，乃择可观。夫有文无武，无以威下，有武无文，民畏不亲。文武俱行，威德乃成。既成威德，民亲以服，清白上通，巧佞下塞，谏者得进，忠信乃畜。"伯禽再拜受命而辞。

刘向领校中秘，辑录西汉皇室、民间藏书中的资料分门别类编成《说苑》，"其书皆录遗闻佚事足为法戒之资者，其例略如《诗外传》"，"古籍散佚，多赖此以存"。[②] 所辑诸文，既是采自传记，则非其自作。上引成王封鲁公的一段文字虽然不见于任何文献，当是本有来历，或许就是据《伯禽》一文敷衍而成。封伯禽于鲁国，本是周公摄政时的措施。《康诰》是周公封康叔于卫的命书，文中云"王若曰：孟侯，朕其弟，小子封"，伪孔传云"周公称成王命，顺康叔之德，命为孟侯"，历代学者对此疑议纷呈，莫衷一是。实际上，周公摄政期间曾称王，顾颉刚等学者皆有论证，[③] 则"王若曰"之"王"固指周公而非成王。以《康诰》观之，《说苑·君道》中记周公封伯禽时的告诫之语所依据的底本恐怕也是以"王若曰"云云开端，汉代人据古本《伯禽》隶写为今文，讳言周公称王一事，故云"成王封伯禽为鲁公"，实际上当是周公所为。若《说苑·君道》所记周公封伯禽时的告诫之语确实来自《伯禽》，则根据《閟宫》《说苑》的记载，仍可窥见《伯禽》原来面貌之一斑。当然，值得特别关注的是《韩诗外传》卷三也有一段文字记载了封建伯禽时周公的告诫之语：

① 唐兰：《西周青铜器铭文分代史征》，中华书局1986年版，第52页。
② 永瑢等撰：《四库全书总目》（上册），中华书局1965年版，第772页。
③ 顾颉刚：《周公执政称王——周公东征史事考证之二》，《文史》第二十三辑。

　　成王封伯禽于鲁，周公诫之曰：往矣！子无以鲁国骄士。吾，文王之子、武王之弟、成王之叔父也，又相天下，吾于天下亦不轻矣。然一沐三握发，一饭三吐哺，犹恐失天下之士。吾闻德行宽裕，守之以恭者荣；土地广大，守之以俭者安；禄位尊盛，守之以卑者贵；人众兵强，守之以畏者胜；聪明睿智，守之以愚者善；博闻强记，守之以浅者智。夫此六者，皆谦德也。夫贵为天子，富有四海，由此德也。不谦而失天下，亡其身者，桀纣是也，可不慎欤！故《易》有一道，大足以守天下，中足以守其国家，近足以守其身，谦之谓也。夫天道亏盈而益谦，地道变盈而流谦，鬼神害盈而福谦，人道恶盈而好谦。是以衣成则必缺衽，宫成则必缺隅，屋成则必加拙，示不成者天道然也。《易》曰：谦亨，君子有终吉。《诗》曰：汤降不迟，圣敬日跻。诫之哉！其无以鲁国骄士也。

　　此文明显地反映了以道为本、顺势迁移、应物变化的道家思想，不仅与周初大事封建时自王朝至于邦国率循天命、奋发有为、出世建功的思想不一致，也与其他封建诸侯的命书如《康诰》《封许之命》等反映的思想背道而驰，似乎可以断定是后人据封建伯禽一事衍生创作的文本。《史记·鲁周公世家》叙周公的事迹亦有相似的记载："于是卒相成王，而使其子伯禽代就封于鲁。周公戒伯禽曰：'我，文王之子，武王之弟，成王之叔父，我于天下亦不贱矣。然我一沐三握发，一饭三吐哺，起以待士，犹恐失天下之贤人。子之鲁，慎无以国骄人。'"因无《韩诗外传》所言"吾闻德行宽裕"以下诸文，则其主旨在于告诫伯禽"慎无以国骄人"，仍是周初以来治国的理念，绝无任何道家思想的色彩。因此，《史记》所述或许也是本于《伯禽》一文。

　　伏生所传二十八篇《今文尚书》、孔壁本《古文尚书》皆无《唐诰》，《书序》亦不载其篇名。杜预云："《唐诰》，诰命篇名也。"然而春秋时期晋公盆铭文云：

　　晋公曰：我皇祖唐公，〔膺〕受大命，左右武王，鯀〔燮〕百蛮，广嗣四方，至于大廷，莫不来〔王〕。〔王〕命唐公，肇宅京师，□□〔晋〕邦。

　　根据唐兰的研究，此器是晋定公所制媵女之器。[①] 唐兰后来又进一步指出，铭文也是叙述《唐诰》的册命之辞。[②] 若如此说，则《唐诰》亦未绝迹而是见于铭文。从残存的文字来看，先是叙述唐公的事迹，继而叙述周公封建唐公，仍然可以看出命书的格式，视为转述《唐诰》，当无疑问。

---

　　① 《唐兰先生金文论集》，紫禁城出版社 1995 年版，第 15 页。
　　② 唐兰：《西周青铜器铭文分代史征》，中华书局 1986 年版，第 52 页。

《伯禽》《唐诰》本是封国的命书，至少各自在其国内曾广泛传习，因而皆是耳熟能详的文献，故能自然而然地融入诗歌或铭文之中，尚可据以窥其原本之一斑。至于原本亡于先秦的原因，阎若璩以为因文中训诫之辞不足为后世垂法而为孔子所删，① 恐也是推测之论。

综上所述，古代文献的流传过程十分复杂，并非用真伪存亡就可以做出令人信服的判断。所有流传至今的先秦文献，都经历了由古文变为今文的过程，同时也都经历了掇拾残简以成篇的整理过程；经过整理的文献在流传研习的过程中，或是保持了整理后的面貌，或是有意无意地又不断经历改动，或是改头换面地窜入其他文献之中。因此，随着新材料的不断出现及相关研究的不断深入，重新审视先秦时代的文献，就会发现以往许多深入人心的研究结果未必符合历史的真相。

---

① 阎若璩：《尚书古文疏证》，黄怀信等点校，上海古籍出版社 2010 年版，第 293 – 294 页。

古书校释应重视理论语言学指导

王永超　山东济宁学院

一

将理论语言学与传统的文字音韵训诂之学结合起来，兼采版本目录校勘诸学科之长，辅之以现代计算机检索技术，古籍中俯拾即是、至今仍然悬而未决的疑难问题，往往多能迎刃而解。对于这种治学理念和方法的科学性与可行性，杨师逢彬先生曾做过形象的阐发。他说：

> 我们经常可以听到这样的议论，说今之治古文字者必定不如前辈学者。因为前辈学者古文献烂熟于胸，旁征博引，挥洒自如，而他们遇到的问题相对容易；今之学者古文献基础相对薄弱，而古文字中较容易解决的问题已被前辈学者解决殆尽，剩下的都是硬骨头、老大难。以较弱的学力，解决更难的问题，又如何可能重现前辈学者的辉煌？这话不能说没有一定道理。骑着驽马的唐·吉诃德与手持青龙偃月刀，骑着赤兔马的关云长对阵，自然胜负立判。但如果一个白面书生驾驶直升机，操纵空对地导弹与同样横刀立马的关云长对阵呢？不也胜负立判了吗？我们的直升机与导弹就是理论语言学和计算机检索等现代手段。时至今日，恐怕不会有人认为，一支高度现代化的军队会打不赢手持长矛大刀的队伍；同样，如果我们在熟悉古文字和古文献的基础上再熟练掌握理论语言学等"热兵器"，前辈学者研究过的问题我们可以重新审视，前辈学者没有解决的问题我们可以着手解决。诚能如此，今天学者的综合学力将不但不比前辈学者逊色，殆有过之。这又正好说明了理论语言学是何等重要。①

---

① 杨逢彬师：《殷墟甲骨刻辞词类研究·绪论》，花城出版社 2003 年版，第 5–6 页。

杨先生这一议论虽然是就甲骨刻辞词义考释而发的，但我们认为它在古汉语研究特别是在古籍整理研究中同样适用。对于理论语言学的原理和方法在语言研究中的重要意义，王力先生曾多次强调。王先生在其《中国现代语法·自序》中指出："中国语法学者应该有两种修养，第一是中国语史学；第二是普通语言学。"还说："用普通语言学的理论来指导我们的汉语研究，就能开辟许多新的园地。有人说我做了许多开创性的汉语研究工作，其实并不是什么开创性，只是普通语言学原理在汉语研究中的应用。"王先生所谓"中国语史学"当然是指汉语史这门科学。先生此番不无自谦的经验之谈，事实上可以跟杨先生的论述互相发明补充，本质上并无二致①。可见，以传统小学结合普通语言学，作为辨析解决古书疑难问题的指导性原则和方法，既是科学的，也是可行的。

语言具有社会性。语言是社会的产物，没有社会便没有语言。因此，特定时代、特定地域中的人们在使用语言开展交际活动时（包括文本创作），必定会遵守在全社会"约定俗成"的语言规约。语言研究中"孤证不立论""例不十，法不立""例外不十，法不破"等等原则，其实都遵循着语言的社会性原则。"孤证不立论"，所谓"孤证"，即"缺乏社会性的偶尔出现过一次的例证"。例如，某词在某部书中具有某种意义，而该意义在其他的同时代典籍中也在普遍使用，这样的意义才符合词义的社会性要求；反之，某词仅仅在某部书中具有某种意义，而在同时代的其他典籍中却见不到或仅有极少用例，我们据此可以说，这个违背语言社会性的所谓"词义"，是很值得怀疑的。清儒王引之在其《经传释词·自序》中提到的训释虚字"揆之本文而协、验之他卷而通"的方法原则，事实上正与此论相合。当然，作为语言符号的文字也具有社会性，而这也是古籍整理研究工作中所必须注意的。

语言是历史的社会产物，具有时代性。因此，语言研究必须先要区分共时历时。语言是发展变化的，语言各子系统的发展变化也并非毫无规律可循。某种语法结构从萌芽发展到成熟定型都可以进行历史的考辨；某个语词词义发展的结果往往也表现为本义古义跟今义的共现，从而构成一个多层次的、意义间联系密切的词义系统，诸义项各别的首见年代又是考虑古书疑义的重要参照；词义具有时代性，这就要求在语言研究中特别注重古今词义的差异，既要区分语词共时平面上的意义，更要对词义进行历时的观照。举个简单的例子来说，"洋"字直到宋代之后才发展出"海洋"一义，因此，把《庄子》中"望洋向若而叹"中的"洋"训为"海洋"无疑就是错误的。曹广顺、遇笑容二先生曾根据语言的时代性特征（还包括语言使用者的个人习惯）对翻译时代与作者

---

① 王力讲述，奚博先整理：《我的治学经验》，奚博先主编《著名语言学家谈治学经验》，商务印书馆2008年版，第10页。

失考的汉译佛典做过谨密的考证，并总结自己的研究方法说："在语言发展的历史上，不同时代的有不同的特征，当我们能够把不同时期中语言特征的有无和多少通过统计和计量确定下来之后，这些研究结果反过来也就成了文献时代的语言标志。同样，每一个作者（译者）对语言的使用也会有其自己的语言，这些语言习惯通过对已知可靠的文献的统计和计量确定之后，就可以作为一个作者（译者）的语言标志，用于判断可疑的、不确定的文献。"① 曹、遇二先生透过语言的时代性特征考辨释家经典的译者和译成年代，是从历史语言角度解决古籍疑难问题的成功范例。

语言的时代性和社会性密切相关。事实上，不独是本学科，其他相关学科也极为重视对其在本学科中的应用。譬如，纵观我国古籍辨伪的历史，从刘向刘歆父子辨《伊尹说》为伪书开始，到杨伯峻先生的《从汉语史的角度来鉴定中国古籍写作年代的一个实例——列子著述年代考》，历代学者都非常重视辞气、文字、词汇、语法、语音等在辨伪实践工作中的应用。例如，《伊尹说》二十七篇，《汉书·艺文志》说（向歆父子的辨伪成绩主要见于《别录》《七略》二书。二书早已亡佚，但班固《汉书·艺文志》是据《七略》"删其要"而成的，保存了刘氏父子辨伪的部分材料）："其语浅薄，似依托也。"赵岐继承了刘向从文辞上辨伪的方法。他在注《孟子》时，发现《内篇》七篇外，还有《外篇》四篇，经过研究认为"其文不能宏深，不与《内篇》相似，似非孟子本真，后世依仿而托之者也"（《孟子题辞》）。如果说两汉时期的学者从辞气上辨伪，多少还带有一定的主观因素的话，那么，后世的学者就能够更加自觉地从古籍的词汇、语法等角度进行辨伪，大大增强了辨伪成果的科学性。拿词汇举例，我们知道，词汇总是随着人类认识能力的发展和新事物的产生逐步丰富发展的，某个语词的出现尤其是一些特殊语词的出现一定是有条件的，而且当它被人们普遍接受之后就会很快见之于书面材料（指书籍大量产生之后）。因此，一般的语词总是可以大体找到它的源头，即大体确定其产生年代。很多学者正是利用这种方法确定一部古籍的产生年代，从而进行辨伪活动的。

元人宋濂辨《关尹子》云："间读其书，多法释氏及神仙方技家，而藉吾儒言文之。如'变识为智''一息得道''婴儿蕊女、金楼绛宫、青蛟白虎、宝鼎红炉''诵咒土偶'之类，聃之时无是言也。"（关尹子与老聃同时，所以宋氏这样说）可见，宋濂是颇为通晓语言时代性与社会性的道理的——虽然这种"通晓"可能仅仅是建立在语感之上的主观意识。顾炎武也重视从文字和词汇上辨伪。他辨《古文尚书》之伪云："'相'之名不见于经，而《说命》有'爰立作相'之文。刘氏毓谓《论语》以前经无'论'字，而《周官》有'论道经邦'之语，皆梅氏之漏义也。"又云："'业'字在三代古书中只作'大板'或'谨慎'讲，无作'事业'讲者，但梅赜所上《古文尚书》

① 曹广顺、遇笑容：《中古汉语语法史研究》，巴蜀书社 2006 年版，第 166 页。

有'业广惟勤'之语，因此绝非三代之书。"（均见惠栋《古文尚书考》卷一引）近人吴世昌在那篇受过胡适表扬的论文《释〈书〉〈诗〉之"诞"》中，也正是利用了《今文尚书》《诗经》之"诞"字均作"其也，当也"讲，而《古文尚书》和《列子·黄帝篇》之"诞"字却截然不同，作"大也"讲，这一词汇上的矛盾，替伪《古文尚书》找出了一个强有力的反证，同时也证明《列子》一书，至少《黄帝篇》是汉以后人的作品。因为"诞，大也"是汉人对《诗》《书》的一个误解，而伪《古文尚书》和《列子·黄帝篇》却把这种误解当作"诞"的本来含义用到行文之中去了。顾颉刚先生是古书辨伪史上较早明确提出从语法上辨伪的人。早在1921年，他在致钱玄同的一封信中指出利用文章风格辨伪的流弊，并提出利用语法辨伪的设想。顾氏云："这种'文气''文格'似是而非之谈，不说则觉得实有这个意思，说则又是言之无物，这样的辨伪是不确实的。先生对于音韵文字之学这般有研究，若是从文法上去考究，真不知道可以发现多少伪迹。"而后，高本汉、杨伯峻先生以及江蓝生先生等语言学家也都用此方法从事过古籍考辨的工作。

从上述古籍辨伪的实例可以看出，从语言的时代性和社会性特征出发辨识古籍真伪是科学有效的。同样的道理，在对古书疑难问题进行辨析时，也必须时刻注意真正从语言角度着手，这样的研究工作才可以称得上是建立在科学基础之上的。

语言也是一个系统，各子系统之间有着密切的联系；语言的历史发展同样也是系统的，这是普通语言学的基本原理。因此，在具体的研究过程中，要重视语言系统间的联系。

语义的客观性包括两个方面，首先是词义本身的客观性和词义引申的客观性，二者已包括在词义的时代性和社会性之中；其次是语义联系的客观情理和叙述情理。训解语词不仅必须遵循词义的社会性和时代性原则，词义的客观性原则也不容忽视，即训释必须要符合客观情理和小语境叙述情理（小语境叙述情理表现为语言的语法规则）。当然，遵循客观情理原则，务必力戒"以古人之心为心"的主观臆测，探究古人到底"说了什么"，而不必毫无根据地揣测古人"应该说什么"。

从事古籍疑难问题的考辨，广搜异本、即网罗古书的各种版本是一项重要的基础性工作。事实上，古书中的很多疑难问题，原本就是由于版本差异造成的；同时，古籍的版本差异有时候还能提供诸多重要信息，甚至疑义的正解也可能就包藏其中。例如，对《论语·为政》章"攻乎异端，斯害也已"一句，历来歧说纷纭。概括地说，"攻"有"攻伐"和"攻治"两解。蒋绍愚先生从语言学角度考察后，认为"攻"当训"攻治"[①]。1973年，河北定州八角廊40号汉墓出土《论语》残简中，本句正作"功乎异

---

① 蒋绍愚：《读〈论语〉札记》，郭锡良、鲁国尧主编《中国语言学》第四辑，北京大学出版社2010年版，第122-125页。

端，斯害也已"。这或许可以作为"攻"当以"攻治"为正诂的一个佐证。

当然，辨析古籍疑义，在选用古籍的不同版本时也需要慎之又慎，否则，本来自认为已成定评定谳的结论或许会走向事实的反面。例如，南朝梁代的皇侃曾为《论语》作《疏》，此书在我国久已亡佚，日本有传本，《四库全书》收入，清代学者鲍廷博刻入《知不足斋丛书》，流传遂广。敦煌遗书中有《论语》皇侃单疏本（仅有疏文，正文不全）残卷，取校鲍本，出入颇多。《八佾》篇"夷狄之有君，不如诸夏之亡也"，鲍氏刻本皇侃《疏》云："此盖为下僭上者发也。诸夏，中国也。亡，无也。言中国所以尊于夷狄者，以其名分定而上下不乱也。周室既衰，诸侯放恣，礼乐征伐之权不复出自天子，反不如夷狄之国尚有尊长统属，不至如中国之无君也。"敦煌写本皇《疏》却作："此明孔子重中国，贱蛮夷。言夷狄之有君，生而不如中国之君，故云不如诸夏之亡。故孙绰云：'诸夏有时无君，道不都丧；夷狄强者为师，理同禽兽。'释慧琳云：'有君无礼，不如有礼无君，言季氏有君无礼。'"显然，这两种皇侃《疏》用意正相反。知不足斋刻本皇《疏》，显然是曾经遭到篡改的本子，但究竟何时何人何由篡改，目前还无从查核。如果没有敦煌写本，这句话的皇侃《疏》文就完全被歪曲篡改的文字掩盖了。设想，如果辨析"夷狄之有君"云云的原义，并据此总结孔子思想，拿知不足斋刻本皇侃疏作为立论的基础，必定得不出符合历史事实的结论来，势必会误入歧途。

总之，面对为数众多的古籍传本和聚讼纷纭的歧注异疏，在考辨工作中，对不同性质的典籍和疑难问题，采用的角度方法以及辨析的侧重点当然会有所差异，但基本方面却是基本一致的。首先，尽可能穷尽性地占有材料（历代相关研究成果），作为研究工作的起点和保证，其意义不言而喻；其次，坚持普通语言学理论指导的同时，发扬传统"小学""无证不信"的求实作风；最后，遵循学术研究的"自然"（自身规律），在老老实实锻炼"不负有心人"的文献学功夫的前提下，力争让最终的学术成果都可以经得起重复验证。

二

对古书疑难问题进行辨析，可以说代有其人。历代学者基于各自不同的人生经验、学术背景、期待视野和解释视角，对传世典籍进行了各具时代特征和个人主观化的诠释。对传世典籍的诠释特别是对其中疑难问题的辨析，同典籍的传播流布相伴始终。甚至可以说，一部《论语》学史、一部《孟子》学史，本身就是一部《论语》、一部《孟子》原典的意义重构史和疑义辨难史。

缘于时代的局限以及研究方法手段的滞后或其他因素的制约，历史上为数不少的研究者在对古书诠释的实践中，或株守旧说、陈陈相因，以至守讹传谬；或师心自用、妄说臆断，以至陵籍故训、脱略章句；或坐谈空妙、辗转相迷，于时哲先贤的精善诠释也视而不见。凡此数端，在今天的古籍研究工作中也并不鲜见。举例来说，我们知道有关《论语》的今译今读、新解别裁、校注汇释、义说心得之类的著作，近年来可谓层出不穷。可是，只要仔细地读一读，就可以发现不少著作中附会牵强甚至主观臆测的地方的确为数不少。不少著作中都存在一个问题，即有的注解家都乐于从"已知的孔子的思想"出发，训解词句，以为圣人应当有某种思想或不应当有某种思想，因此某词某句就一定当作某种解释。显然，这是不对的。事实上，早在半个多世纪以前，王力先生就提出了经典阐释时，是应该"从思想上去体会还是从语言上去说明"的问题。看来，这一并不难回答的问题，似乎一直没有引起古籍整理研究等领域学者的足够重视。不少著作仍然颠倒先后，倒置本末，认为凡与孔子思想有所抵牾的训解，一定非为确诂。另外，更有不识史实、不明制度、不通文情而强为说解改是为非者，不一而足。这里不再赘述。

周秉钧先生在《尚书易解·自序》中总结了今人读古书需要坚持的四项原则，即"核之以诂训，衡之以语法，求之以史实，味之以文情"①。今天，在解决古书疑难问题时，这些原则无疑也是适用而且必须坚持的。事实上，今天有愈来愈多的学者运用普通语言学的理论方法从事相关研究。这些学者能够立足历史文献，从对语言事实作穷尽性定量定性研究的角度入手，考辨古书疑义，解决疑难问题。他们的研究，方法科学、材料扎实、论证严密、论析允当，结论大都牢不可拔。

例如，《汉书·杜周传》中"俱以材能称京师故衣冠"句，清儒王念孙以为当于"称"字后绝句，"故"应在"京师"之上，"故京师衣冠"五字连读。杨树达先生不同意王氏的意见，但没有做详细的考辨。杨师逢彬先生通过举证大量的语言事实，证明汉代"动＋于＋处所补语"式跟"动＋处所补语"式存在变换关系，原句中"京师故"不必为倒文，从而以无可辩驳的语言规律揭示了王氏在此论断上的虚妄②。又如《孟子·滕文公上》"孟子曰吾固愿见今吾尚病病愈我且往见夷子不来"句，赵岐注云："是日夷子闻孟子病，故不来。"焦循《孟子正义》不同意赵岐的意见，他认为本句不当如赵注所示"夷子不来"是记其事实，这一句话实际上也当为孟子所说。显然，赵岐注和焦循《正义》这两种相矛盾的意见不能同真。杨师逢彬先生全面考察了《孟子》一书中否定副词的用法，认为"《孟子》一书中，否定副词'不'否定客观事实，表示

---

① 周秉均：《尚书易解》，华东师范大学出版社 2010 年版。
② 杨逢彬：《〈汉书〉句读辨析一例——兼证汉代〔动·于·处补〕式与〔动·处补式〕存在变换关系》，载《汉语史论文集》，武汉出版社 2002 年版；又载氏着《沧海一粟——汉语史窥管集》，复旦大学出版社 2007 年版，第 152－165 页。

'不要'则用'勿'……王引之说:'不,毋也,勿也'笼统言之,不足为训"①。因此,这句话就不当是孟子说的。为本句断句时,就应该将"夷子不来"放在引号之外。从语法学的角度为古书解疑释难,千百年疑案,或可于一旦涣然冰释。

《论语·述而》篇"子在齐闻韶,三月不知肉味"句,武亿《经读考异》称:"'闻韶三月'当作一句。《史记·孔子世家》:'闻韶音,学之三月。'详玩此文,正以'闻韶'属'三月'为义。"如果按照这种说法,这个句子就应该标点为"子在齐闻韶三月,不知肉味"。蒋绍愚先生不同意武氏的这种断句法,他说:"确实,《史记》中说的是'闻韶音,学之三月','学之三月'是合乎语法的。但'闻韶三月'却不合语法。因为'学'是持续动词,所以后面可以跟时间词,表示'学'这个动作持续的时间。而'闻'是瞬间动词,动作是瞬间完成的,所以后面不能跟时间词,不能说'闻一日''闻三月',当然也不能说'闻韶三月'。在先秦典籍中,只有'学'后面跟时间词的例子,没有'闻'后面跟时间词的例子,只有说'闻'以后过了多少时间的例句。"蒋先生还列举了很多例子,从而证明了武氏断句的错误。②

再如,《四部丛刊》本《世说新语·忿狷》中这样一段话:"王令诣谢公,值习凿齿已在坐,当与并榻。王徙倚不坐,公引之与对榻。去后,语胡儿曰:'子敬实自清立,但人为,尔多矜咳,殊足损其自然。"其中的"尔多"连文,不少学者据此论述汉语史的相关问题,称指示词"尔"修饰形容词"多"的结构式至迟在刘宋时期就已经出现。冯春田先生不赞同"尔"属下句的断句法,认为"尔"应属上句,读作"子敬实自清立,但人为尔",这应该是个转折句,"尔"为句末语气词。先生从汉语史的角度对"尔多"结构式进行了细致考察,指出,中唐以前的文献中没有"尔多"组合,直到晚唐时期敦煌变文中才可以见到例子,并且整部《敦煌变文集》也仅见孤例,而就是这一孤例还是"尔许多"的缩略式,不是"尔"与"多"的直接组合。③ 冯先生将这一疑难问题放在汉语发展的纵向链条中进行考察,得出的结论无疑应该是可靠的。王力先生曾言:"从前的文字学家也喜欢研究语源,但是他们有一种很大的毛病是我们所应该极力避免的,就是'远绍'的猜测。所谓'远绍',是假定某一种语义曾于一二千年前出现过一次,以后的史料毫无所见,直至最近的书籍或现代方言里才再出现。这种神出鬼没的怪现状,语言史上是不会有的。"④ 王先生的议论虽然是就汉语语义学的有关研究而发的,却也可以作为《世说新语》时代不可能存在"尔多"结构式颇好的注脚。

① 杨伯峻、杨逢彬师:《孟子译注》,岳麓书社 2009 年版,第 103 页。
② 蒋绍愚:《读〈论语〉札记》,郭锡良、鲁国尧主编《中国语言学》第四辑,北京大学出版社 2010 年版,第 122 页。
③ 冯春田师:《从汉语史角度看古籍注释、校点例》,《山东图书馆学刊》,2010 年第 2 期。
④ 王力:《新训诂学》,《王力语言学论文集》,商务印书馆 2003 年版,第 507 页。

虽然近来诸如此类的研究成果不断面世，但是遗憾的是，比起浩如烟海的古代典籍以及数不胜数的歧注疑义来，相关的研究以及相应的学术成果还都略显薄弱。

事实上，早在20世纪二三十年代，杨树达先生已清醒地意识到先贤时人在解读古书方法上的局限。他明确指出：

> 凡读书有二事焉，一曰明训诂，二曰通文法。训诂治其实，文法求其虚。清儒善说经者，首推高邮王氏。其所著书，如《广雅疏证》，征实之事也；《经传释词》，捣虚之事也。其《读书杂志》《经义述闻》，则交会虚实而成者也。呜乎！虚实交会，此王氏之所以卓绝一时，而独开百年来治学之风气也。①

治国学者必明训诂，通文法。近则益觉此二事相须之重要焉。盖明训诂而不通文法，其训诂之学必不精；通文法而不明训诂，则其文法之学亦必不至也。②

杨先生将这种虚实交会的治学理念和方法贯穿于自己的研究工作中，取得了举世公认的学术成就。先生以缜密系统的理论建构和熔铸中西、贯通古今的学术造诣被陈寅恪誉为"一代儒宗"，沈兼士对先生更有"超迈段王"的高度评价。杨先生治甲骨文所作的《释迫逐》《释漳》等篇，至今仍是甲骨学界的名作经典、不刊之论；以文法治训诂而成《诗于以采蘩解》，因其精妙深湛，被学界目为可与王念孙《终风篇》相媲美而后先辉映，曹孟其更曾以"《于以》《终风》同一妙，淘金呕血渡诸生"的诗句加以赞美；紧密结合句法分析，从词序和句读层次、句法结构、语义关系、词的句法功能、语义制约分析以及虚词解释等诸方面对《汉书》词语句段进行训释，撰写而成的《汉书窥管》一书，不仅在当时就为先生赢得了"汉圣"的美誉，而且作为一部古籍整理学、语言学和历史学研究的典范性著作，至今嘉惠士林。凡此种种，都与杨先生一贯重视语言研究必须坚持普通语言学理论的指导密切相关。《高等国文法》虽然是专论古汉语语法的著作，但是在书首，杨先生科学地论述了语言起源、语言变迁、语言类别、国语（指汉语）缘起和发展等普通语言学问题。尽管受到时代的局限、学术发展和著作体例的限制，所论未能详深，但是都能处处结合汉语实际，颇能补苴外国普通语言学著作的不足。此外，杨先生还比某些外国学者更早地指出了孤立语、关节语（即黏着语）和屈折语区分的缺点。③ 因此，邢公畹先生曾评论该书说："它的成就，与其说在文法方面，不如说在训诂方面——一种受了西洋文法影响的新训诂学。"邢先生的评论是中肯的。

---

① 杨树达：《词诠·序例》，中华书局1978年版，第5页。
② 杨树达：《高等国文法·序例》，商务印书馆1934年大学丛书版。
③ 伍铁平：《论语言和语言学的重要性》，载赵蓉辉主编《普通语言学》，上海外语教育出版社2005年版，第115–116页。

　　王力先生在建构其"新训诂学"的理论时，非常重视语义同语法的结合，特别强调从语法、语音同语义兼顾的角度从事语义研究。章太炎先生《新方言》追溯疑问代词"啥"的来源称："余，语之舒也。余亦训何，通借作舍，今通言甚么，舍之切音也。川楚之间曰舍子，江南曰舍，俗作'啥'，本余字也。"又举例说："《孟子·滕文公》篇：'舍皆取诸宫中而用之'，犹言何物皆取诸宫中而用之也。"王力先生对章氏的看法提出了两点质疑，他说："这上头有两个疑问无法解答：第一，'何物皆取诸宫中而用之'一类的句子不合于上古的语法；'什么都……'只是最近代语法的产品，唐宋以前是没有的，何况先秦？第二，'舍'字变为'甚么'很奇怪，'舍'是清音字，'甚'是浊音字，不能成为切音，而且中间有个 m 为什么消失了，也很难解释。""至于语法和语义的关系，向来很少有人注意到。上面说及'什么都……'一类的语法（疑问代词后紧跟着范围副词）是上古所没有的，于是我们知道'舍皆……'不能解作'何物皆……'，就是从语法上证明语义的"。① 王先生证明章氏观点欠妥的同时，又在考辨此类古书疑难问题上给我们重要启示，即应该特别留意语义跟语法的关系以及从历史语言发展的角度思考解决疑难。

　　杨伯峻先生也善于将普通语言学的理论运用到古籍注解等学术研究之中。在他的《论语译注》《孟子译注》《春秋左传注》《列子集释》等著作中，以语法结合训诂、虚实交会解决疑难问题的例证不胜枚举。具体来讲，先生尤其注意运用古汉语语法规律解决古书中的疑难问题，这方面最能体现他突破前修、独树一帜的学术品格。例如，《孟子·滕文公下》"与钻穴隙之类也"句，先生注曰："这句不合语法，孔广森《经学卮言》以为'与'读为'欤'，当属上句，作表停顿的语气词用。但《孟子》全书不见相同的句例，故难以相信。焦循《正义》以为'之类'的'之'字是衍文，本作'与钻穴隙类也'；俞樾《孟子平议》则谓'与'当读为'如'，亦俱无确证。"② 虽然先生没有就此问题提出自己全新的解决方案，但是他不仅彻底否定了孔广森的看法，对焦循和俞樾的观点也提出了质疑。先生的研究思路和方法给人以启发，为后世的学者继续从事此问题的研究打下了良好的基础。

　　如果说，在古籍整理实践中，干嘉学者特别是高邮王氏父子，尚未能自觉运用语法结合训诂的方法解决古书疑难问题的话，那么，杨树达、王力先生以及杨伯峻先生等前辈学者则已经有意识地交会虚实，即用现代普通语言学的理论方法跟传统"小学"结合起来开展学术研究了。他们所以能在各自的学术领域中取得斐然的成就，无疑是与他们能够自觉地运用先进的科学方法从事研究工作密不可分的。辨析古书疑难问题，既有

---

① 王力：《新训诂学》，《王力语言学论文集》，商务印书馆 2003 年版，第 501 – 506 页。
② 杨伯峻：《孟子译注》，中华书局 1960/2005 年版，第 145 页。

前辈大师成功的经验可资凭借，更有历代学者未晓根本曲解文意的教训可作镜鉴。以现代语言学结合传统小学，兼顾版本校勘学之长，虚实交会、扬长避短，将相关学科的优势横连纵贯、融冶一炉，就应该能对古书中的疑难问题做出较为科学的解答。

三

接近或者还原传世古籍的文本意义，这是不是一件徒劳无功的事？探究乃至再现传世古籍的作者原意，是不是注定可望而不可即？不同的学科对这些问题的回答似乎注定难以一致。从当代诠释学的角度看来，任何文本一经流传，其意义就必然表现为经由读者解释过的意义，任何企图还原、再现传世文本或作者原意的做法都是历史客观主义的天真行为；对文本的诠释，也只能是在与之做历史性的对话中不断地生成新的意义。然而，在普通语言学、汉语史等学科的视域之中，语言是社会的产物，它是人类最重要的思维工具和交际工具，具有社会性特征。虽然为了发挥交际功能，在一定的历史时期之内，语言必定会保持相对的稳定，但同时它又是处在不断发展变化之中的。任何成书年代和作者（编纂者）确定的传世典籍，其语言都必然反映该时代的语言面貌、体现该时代的语言特征。也就是说，通过各种方法探寻传世典籍的文本意义、把握作者（编纂者）的思想主旨，不仅是可能的、也是有效的。同时，如果能够将不同典籍、不同时期中语言特征的有无和多少通过统计计量确定下来，这些研究结果反过来也就成了文献时代的语言标志。在这些研究成果的基础上，从事古书疑难问题的辨正，无疑会使得出的结论更为科学允妥。

需要申明的是，这种基于语言本体研究的理论和实践并无意于否定在特殊政治、学术背景下形成的对传世典籍（特别是儒家经典）转换式传意的训解方式，也并不因为历史上某些注释文本的思想信息与原典有某些差异，就试图否认其传递的语言信息的客观性。我们相信，在中国学术思想史上，对经典（特别是对儒家经典）的种种"误读"并不能粗暴地一概视为解释"错误"，这中间其实体现着历代儒生在诠释经典文本时所采取的注释诠释和问题诠释两种不同路径。我们知道，通常认为宋儒经学重发新论、造新说。朱熹其人就常常被认为在对《论语》等经典微言大义的阐释上，渗透了浓厚的理学观念气息。但据《朱子全书》《晦庵先生朱文公文集》等典籍的记载可以知晓，朱子本人其实是非常尊重汉唐故训的。他曾批评前人轻弃故训的错误做法，说："祖宗以来，学者但守注疏，其后便论道，如二苏便是要论道，但注疏如何弃得。"他认为在对经典的理解这一主体性活动之中，一定要将先儒的凿空之说、自家的一偏之见统统从胸中清空，并明确提出"唯本文本意是求，则圣贤之指得矣"的主张。①

笼统地说，语言是可以代表思想的。研究历史人物的思想观念，无疑地应该从记录

---

① 此小节参考了杜敏《赵岐朱熹〈孟子〉注释传意研究》，中国社会科学出版社 2004 年版。

此人思想观念的语言入手，舍此别无他路。反过来，从体会某人的思想出发试图对其语言进行研究，则有可能陷入主观臆测的泥淖。只有准确地了解古人说了些什么，才可以谈得上把握并进一步研究其思想。这是一个前后不容颠倒、关乎方法论的问题。这种基于语言本体研究的理论和实践无意于跟经学史、学术思想史上的有关问题多所牵连，而只是试图将疑难问题所涉及的典籍单纯地置于汉语史链条之中，通过对它以及其他共时平面典籍的语言进行必要的定量定性分析，进而同历时平面的语言进行动态比较，从纵横两个层面探究解决疑难问题的方法和路径，尽可能地揭示文本语言所要传递的原有思想信息，据此衡量、测度与历代注释文本传达出的思想信息重合度的高低，重合度越高当然就越有可能接近客观事实。

总之，以普通语言学为工具，结合传统的文字音韵训诂、版本目录校勘之学，辅之以现代的计算机检索手段，对古书中的疑难问题进行重新审视、辨析，是可以大有作为的。

参考文献

[1] 曹广顺、遇笑容：《中古汉语语法史研究》，巴蜀书社 2006 年版。

[2] 杜敏：《赵岐朱熹〈孟子〉注释传意研究》，中国社会科学出版社 2004 年版。

[3] 杜泽逊：《文献学概要》，中华书局 2001 年版。

[4] 冯春田：《从汉语史角度看古籍注释、校点例》，《山东图书馆学刊》2000 年第 2 期。

[5] 黄俊杰：《中国孟学诠释史论》，社会科学文献出版社 2004 年版。

[6] 蒋绍愚：《读〈论语〉札记》，载郭锡良、鲁国尧主编《中国语言学》（第四辑），北京大学出版社 2010 年版。

[7] 刘小枫：《经典与解释的张力》，上海三联书店 2003 年版。

[8] 汪耀楠：《注释学纲要》，语文出版社 1991 年版。

[9] 王力：《王力语言学论文集》，商务印书馆 2003 年版。

[10] 伍铁平：《论语言和语言学的重要性》，载赵蓉辉主编《普通语言学》，上海外语教育出版社 2005 年版。

[11] 奚博先：《著名语言学家谈治学经验》，商务印书馆 2005 年版。

[12] 杨树达：《词诠》，中华书局 1978 年版。

[13] 杨树达：《高等国文法》，上海古籍出版社 2007 年版。

[14] 杨伯峻：《杨伯峻学术论文集》，岳麓书社 1984 年版。

[15] 杨逢彬：《殷墟甲骨刻辞词类研究》，花城出版社 2003 年版。

[16] 杨逢彬：《征实捣虚学步编》，湖北人民出版社 2005 年版。

[17] 杨逢彬：《沧海一粟——汉语史窥管集》，复旦大学出版社 2007 年版。

[18] 周秉均：《尚书易解》，华东师范大学出版社 2010 年版。

子午与司南

东野长德

现代人都明白，我们人类生活在地球上，而且地球是一个大磁场。

据传中国，"上古天皇氏继盘古氏以治，是曰天灵，淡泊无为，而俗自化，始治干支，名以定岁之所在"。

国人所言"子午"是指时间而言，当然有时又有方向之意。"子"者为十二地支之首，是指夜半廿三时和廿四时，称为"子时"；"午"是十二地支之第七位，是指白昼十一时和十二时，称为"午时"。"子时"和"午时"取其中的连线即是该地的"子午线"，恰好是该地的地球经度线。

人类活动在自然界中，人类的社会属性决定了人们在总想改造大自然的同时，又必须使自身适应于自然，而且首先是适应的问题。

人们既然在自然界中生活，就要选择参照系，以示定位和方向。国人选择了面南向阳，背北而立（因为中国在北半球），头为阳象南方火，足为阴象北方水，左为阳象东方木，右为阴象西方金，四方之中象于土，以合五行之则。

根据中国古人"天圆地方"的理论设想，古人以首都为中心，将国土划分成方千里（指华里，以500米为一里）为天子直属京畿之地，方两千里，方三千里，方四千里，方五千里，方六千里几个方环，由内向外分别被命名为甸服、侯服、绥服、要服、荒服，合称五服。方六千里之外，则无服称荒外。

古人认为地（球）处于天元之中，大地的阴阳周期（即春夏秋冬四季轮回）为365.25 天，因此古代历法产生闰月闰年来加以调整。

月亮本无光，赖日光以为光。因此月为阴，日为阳。由于月亮是地球之卫星，地球在绕日旋转称公转的同时，也在自转，故此月亮有朔晦、望明和上弦、下弦周期之变。以日定之，朔为初一，上弦初八，月望十五，下弦廿三，有奇、复朔为一个月之终，亦是下月之始，月月如此，经久不息。

人们在日常生产生活中，特别是古代之人几乎都有这么个习惯，离开居住地往往要辨别方向，即使在居住地也要看天象以判定时间，观天断时有时对人们至关重要，如在森林中穿行，在旷野的夜晚，在陌生的城市，航行在浩瀚的海洋等。国人为了最大地采光，取热，避寒需要，而将房屋，耕种的田垄等尽量设计为南北方向，都是以子午线为基准的。方家在宅基建房，造墓点穴以及测绘制图，建筑物规划，放样等也经常用到子午线，特别是航行于阴天时的海洋上，人们是多么渴求示向东西南北啊！

我国是世界上最早发现磁铁指极性的国家。据传说早在五千年前的黄帝时代，元女（风后）为帝制作司南车，当其前，居其右，在炎黄大战中黄帝与蚩尤战于逐鹿时，破除蚩尤作雾，昏迷军士，以司南车示四方。司南车发挥重要作用，黄帝取得胜利。其实，那时的司南车只不过是将简易司南仪放在人力车上而已。

据清四库全书，史学部录山东曲阜《东野志亨》介绍，早在三千多年前的西周初期即已发生周公姬旦制作司南记里鼓车以送荒外远使归国的故事。

三千一百年前，武王伐纣建立西周不久，武王七年驾崩，成王年幼，周公摄政当国又七年，在进行了第二次东征平叛之后，于公元前1109年（壬辰）周公还政成王时，举行国庆大典，盛况空前，到会者，除京畿文武官员和五服九州一千七百七十三国各路诸侯外，还有九夷、八蛮、六戎、五狄以及荒外藩属国派来的远使团队，如西底旅（今西藏）、朝鲜、扶南、越裳、交趾、林邑、海际等，他们都渴望中原文化，主动来华晋奉交往，甚至有三重译来京朝贺，于是出现了"八方向化，一统中华"的空前繁荣景象。朝贺已毕，各领封赏打道返程回国。南方远程五国使者结伴而行。在出发两个月后，他们又不得已返回洛阳来向周公求助，说是因归途森林密布，人烟稀少，路途遥远，路径难辨又易迷失方向而不能回国。周公一面安慰他们，一面设计并命能工巧匠连续加工五乘（五辆）司南记里鼓车，赠送五国荒外藩属使团，并把中华五服地区图讲解给他们（五服各区服饰稍有区别），结果期年返回祖国。从此周公赠司南车送荒外远使归国载入史册，传为佳话。

有诗为证：

大明　太原　乔宇

五言俳

有周开帝业，元圣合归公……化顽东土治，柔远越裳通。

百代茅封尽，千秋血食同……西望窗尼庙，灵光并郁葱。

大明　海盐　姚士粦

题记里鼓车

圣思传巧革里奏，一声知鸣岂风飞。

疾听如月黑迟升，山堂直上下泽喑。

深驰响答穷埏，微因思亥步时。

大明　桐乡　颜俊彦　推官

越裳白雉

玉纛霜输簇海云，华虫远副衮衣文。鸱鸮翻惜能成什，鸣鸟如何道不闻。

人羡飞翻明盛世，天为羽翼圣时勋。越裳万里来中国，彩凤真堪共一群。

大明江阴　李应昇

记里鼓

圣泽玄功大，凌空白雉来。期知燕胎远，山龙配衮裁。

在此后的三千多年里，我国不少当政者和许多科学家对周公制作司南记里鼓车很感兴趣。有些还亲自到曲阜周公庙拜谒先圣，并考察司南记里鼓车及其制作方法，然后回朝复造。据有关文献记载先后有：

东汉大科学家张衡（公元78到139），少善属文，通五经，贯六艺，曾到首都洛阳就读于最高学府——太学。安帝永初四年，（公元110年）应征进京，先后任郎中，太史令，公车司马令等。他认为混天说符合观测实际，创制了"浑天仪"，机械日历"瑞轮蓂荚"，"水运浑象"，"候风地动仪"等。张衡复制了司南记里鼓车，说明他还是一位出色的机械专家。

三国初机械制造专家马钧，陕西扶风人，曾改制古代纺织提花机具，使手足并用功效倍增。也曾设计制作了新的灌溉机械——足踏龙骨翻车，牛转翻车，水动翻车，风动翻车等。魏明帝青龙三年（公元235年）马钧就任给事中的官职，明帝令其复制司南记里鼓车。须知马钧与周公是同乡，虽时隔将近千年，但对司南记里鼓车早有耳闻。他经过刻苦钻研，在能工巧匠的配合下，终于复造成功，"天下服其巧也"。

在马钧之后，历代也有不少人复制司南车，但史书记载都相当简略。如：南北朝时南朝宋齐之间，祖冲之（公元429－500年）是一位非常杰出的科学家，他在数学、天文历法、机械制造等领域都卓有贡献。他没有上什么学校，但他非常刻苦勤奋，对数学、天文具有浓厚兴趣，他广泛搜集认真阅读前人的有关天文数学等浩繁著述，却从不盲目接受，而是经常"亲量圭尺，躬察仪漏，目尽毫厘，心穷筹策"。他曾赴山东曲阜瞻仰元圣周公，考察司南记里鼓车之事，回（南）京城后，潜心复造司南记里鼓车和欹器（也是曲阜周公庙陈列古迹之一，孔子及其弟子们受其启发而续中庸之道）。关于祖冲之复造司南记里车，史书记载得较简略："记里鼓车驾四马，其中有木人执槌向鼓，行一里，则打一槌。"

北宋中期，仁宗天圣五年（公元 1027 年）工部郎中燕肃和关德仁奏请仁宗复制指南车。《宋史》对司南记里鼓车的制造方法和内部结构做了明确记载。

二十世纪五十年代，根据历史文献记载，我国学者又一次复造司南记里鼓车模型，现珍藏于中国历史博物馆。

指南车的动作原理是：出发前先调整木人，使它的手指向正南。当车直行的时候，由于左右小平轮 C 和 C' 是用绳索 F 和 F' 悬挂起来的，因此他同附足立子轮 B 和 B' 以及中心大平轮 E 不相接触，也不发生传动关系。一旦车子拐弯，比如车辕 M 的前端向左转，它的后端必向右转，这时牵着左边小平轮 C' 的绳索 F' 被拉紧，把 C' 向上提起，同时使系着右边小平轮 C 的绳索 F 松弛，由于铁坠子的重力作用，小平轮 C 就沿杆 H 向下滑落，插在中心大平轮 E 和右附足立子轮 B 之间，使三者发生传动关系。如果车子由向南行转向正东行（左转九十度），右边的车轮 A 恰好向前转动了半周，右附足立子轮 B（共二十四齿）却转过十二个齿，小平轮 C 也相应向左转十二个齿，因而使中心大平轮 E 向右转十二个齿（E 共四十八个齿，转动十二个齿，就是向右转了九十度），和 E 同行止的木人也就向右转动了九十度，结果木人的手仍指向南方。同样道理，车子向其他方向转弯的时候，也能保证木人手指永远指向南方。指南车设计的关键在于中心大平轮和附足立子轮或联或断的自动离合。这种巧妙的设计是我国古代技术卓越成就。西方学者对于我国三千多年前的这项伟大发明给予了高度评价，说它是控制机械的祖先。

指南车又名司南车，是古代帝王出行时的导向先驱车，当其前，居其右。民间无人敢使用。后来的春秋战国时期，方家以磁（铁）石磨成杓制造了民间能用的司南盘。正如后来东汉王充在《论衡》记载的"司南之杓，投之于地，其柢指南"，方家主要用于民间阴阳二宅之堪舆等。但司南毕竟是最早的磁性指南仪器，被视为指南针的祖先。

从司南到指南针经历了一个漫长的演进过程，方伎家道人居多，而且乐于隐蔽修炼。指南针究竟何时问世，一时尚无法确定。现实发现的关于指南针的早期文字记载主要有：

一、成书于北宋庆历元年（公元 1041 年）的《茔原总录》是一部相墓书，作者杨维德是当时的天文学家、星占学家和堪舆学家。文中提到"客主的取，宜匡四正以无差，当取丙午针"，此"针"可断定是磁针无疑。说明当时已把磁针和罗盘配套使用作为定向仪器。书中并且已发现了地球的磁偏角，定为正南偏东 7.5 度。

二、《梦溪笔谈》和《补笔谈》是北宋沈括所著，撰于 1088 - 1095 年间。二书均记载指南针是方家（风水先生）首先发明和使用的，用的是"磁石磨针锋"的人工磁化法制成，并且详细地记述了水浮，置于指甲，置于碗唇和悬丝等四种指南针的装置方法。以及各种方法的优缺点。沈括还记载了磁针有指南的，也有指北的。并提出了石性不同的解释，体现了实事求是的科学态度和勇于进取的探索精神。

三、撰于公元1116年的《本草衍义》为北宋药物学家寇宗奭所著。书中"磁石条"说：磁石磨针锋，则能指南，然常偏东，不全南也。其法取新纩中独缕，以半芥子许蜡，缀于针腰，无风处垂之，则针常指南。以针横贯灯芯，浮水上，亦指南，然常偏丙位。（注：即正南偏东15度地点不同磁偏角有异）。

上述材料中，可以看到指南针在千年之前已是我国普遍使用的定向仪器，有多种装置方法并已发现了地球之磁偏角。从而表明了指南针在我国已经使用了相当的时间。如果把指南针的发明再上溯一两个世纪，也是不无根据的，唐末五代初期的诗人王仮（王赵卿）曾留有"虚危之间针路明"的诗句。时间稍早些的佚名的《九天玄女青囊海角经》中说："今之象占，以正针天盘，格龙以缝针地盘。"（引自《古今图书集成》卷651）。这里说的"针路""正针""缝针"都是指南针与罗经盘配套定向的术语。

指南针最大的功绩是它大大地促进了航海事业的发展。当指南针被用作航海的导向仪器时，它才有了更新的生命力，并且发挥了巨大的作用。

在指南针用于航海之前，航海者是利用天上的日月星辰等来判断方向和时间的。公元前二世纪成书的《淮南子·齐俗训》中云："夫乘舟而惑者不知东西，见斗极则寤矣"。五世纪初，东晋高僧法显在访问印度、斯里兰卡后，乘船由海路回国，写有《历游天竺记传》（即《佛国记》）。书中记述："大海弥漫无边，不识东西，唯望日月星宿而进。"天象观测定向导航是指南针使用前的唯一导航方法，如果遇到阴雨天，日月星辰不见，只有听天由命了。

指南针的出现弥补了天文导航的致命缺陷，在我国北宋宣和五年（公元1123年）指南针开始用于航海，宋史徐兢出使高丽，就乘船阴天用指南针辨向导航，（见所著《宣和奉使高丽图经》）起初它仅作为天文导航的辅助工具，随着人们对指南针性能和用途的积累和开发，南宋时，指南针便逐步上升为主要航海仪器。南宋淳祐年间（公元1241年－1252年），朱继芳《静佳乙稿》的航海诗说"浮针定四维"，正反映了指南针导航地位的提高。到明代航海时，更是"浮针于水，指向行舟"；"鼓枻（yì）扬帆，截流横波，独恃指南针为导引……凭其所向，荡舟以行"。

指南针的应用促使航海技术从定性导航进入避礁、避浅的定量导航，从而提供准确的导航指令，出现了"针路""针薄""针谱""针经"等航海指南。现存最早的航海图和真经是郑和下西洋后留下的。著名的有《郑和航海图》和《两种海道针经》，详细记录了船舶从我国开航到东南亚、印度洋沿岸，以至横渡印度洋，直达非洲东海岸的各条航线的具体情况。

由此可见，指南针的充分应用引起了航海技术的重大变革，开创了人类航海的新纪元。我国南宋和元代航海事业的高度发展，明朝初郑和七下西洋的空前壮举，都是与指南针的充分应用分不开的。

哥伦布于公元 1492 年第一次横渡大西洋航行美洲，并发现地磁偏角，较我国晚了将近五百年。英国著名中国科技史专家李约瑟博士称，指南针在航海中的应用，是"航海技艺方面的巨大改革"，它把"原始航海时代推至终点"，"预示计量航海时代的来临。"这个评价是符合历史真实的。

我们的时代日新月异，科学技术革命高速而又深刻地改变着人类的社会生活，中国人民重振雄风，面向世界，面向未来，正酝酿着新的崛起，新的振兴。在这一巨大变革中，在计算机、人造卫星、宇宙飞船、超导体、遗传工程纷至沓来的时候，我们仍然会深深感受到无所不在的中华传统文化的力量。传统文化的历史积淀如此丰厚，以至于我们伴随着每一项现代化工程的伟大胜利，几乎都要想起我们前人所创造的无与伦比的灿烂文化。今天，我们站在新的历史高度，以重振雄风的决心，把祖国的传统文化置于整个世界文明的背景之中，定能找出精华，区分糟粕，在看来杂乱无章、盲目被动的历史表象中，寻找规律性的东西，为我们今天的创造活动服务，为我们走向世界走向未来服务。